WERNER BÄTZING

HOMO DESTRUCTOR

WERNER BÄTZING

HOMO DESTRUCTOR

EINE MENSCH-UMWELT-GESCHICHTE

Von der Entstehung des Menschen
zur Zerstörung der Welt

C.H.BECK

Mit 4 Karten

www.chbeck.de
Umschlaggestaltung: Rothfos & Gabler, Hamburg
Umschlagabbildung: Hoover-Damm, Nevada,
© plainpicture/Bénédicte Lassalle
Satz: Fotosatz Amann, Memmingen
Druck und Bindung: Pustet, Regensburg
Printed in Germany
ISBN 978 3 406 80668 1

myclimate

klimaneutral produziert
www.chbeck.de/nachhaltig

Inhalt

Vorwort

Ist der Mensch ein Homo destructor, der die Erde und damit auch sich selbst hemmungslos zerstört? Die aktuelle Situation der Umwelt wie Klimaerwärmung oder globales Artensterben scheint den Beweis für diese heute so populäre Sichtweise zu liefern.

Was aber ist die Ursache für diese Umweltzerstörungen? Ist der Mensch schon immer ein Homo destructor, wird er dies erst zu einem bestimmten Zeitpunkt, oder ist dies vielleicht doch ein falsches Menschenbild, ein Zerrbild? Und sind die von ihm verursachten Umweltzerstörungen unvermeidlich, oder kann ihnen der Mensch vielleicht Einhalt gebieten?

Um diese Fragen zu klären, ist anstelle von Spekulationen über das Wesen des Menschen ein Blick in die Geschichte nützlich: Dadurch kann verständlich werden, wie es zur heutigen Situation kam, und daraus kann eine neue Wahrnehmung der gegenwärtigen Umweltkrise erwachsen, bei der der Untergang der Menschheit nicht am Ende der menschlichen Geschichte stehen muss.

Damit jedoch eine Mensch-Umwelt-Geschichte diese Aufgabe erfüllen kann, benötigt sie eine große Breite und Tiefe. Dieses Buch basiert auf meinen über vierzig Jahre langen empirischen Analysen der Mensch-Umwelt-Beziehungen im Alpenraum und auf meinen über fünfzig Jahre langen Auseinandersetzungen mit philosophischen Grundsatzfragen der Mensch-Natur-Beziehung. Daraus ist im Verlauf von vielen Jahren diese Mensch-Umwelt-Geschichte entstanden, die ein sehr breites inhaltliches Spektrum abdeckt.

Damit man die Frage nach dem Homo destructor jedoch angemessen beantworten kann, muss man in kritische Distanz zu unserer Gegenwart treten, in der so vieles als «natürlich» erscheint, was kulturell geprägt ist. Deshalb geht diese Mensch-Umwelt-Geschichte nicht von vielen heutigen ökonomischen, ökologischen und kulturellen Selbstverständlichkeiten aus, sondern sie fragt, wie es früheren Gesellschaften gelang, trotz erheblicher Naturveränderungen die Natur nicht zu zerstören, und warum dies modernen Gesellschaften nicht mehr möglich ist. Die Perspektiven, die daraus für den Umgang mit der aktuellen Umweltkrise erwachsen, stellen zahllose Strukturen und Werte in Frage, die uns sehr vertraut sind, die aber Teil der Umweltkrise sind.

* * *

Die Frage, ob der Mensch ein Homo destructor ist oder nicht, ist so voraussetzungsträchtig und so schwierig, dass man sie nicht mit kurzen, Internet-geeigneten Texten beantworten kann. Das gedruckte Buch kann hier seine Stärke zur Geltung bringen und einen komplexen Gedankengang nachvollziehbar und übersichtlich darstellen. Dies erfordert jedoch viel Erfahrung. Ich danke dem Verlag C.H.Beck und seinem Lektor Stefan Bollmann für die lange Zusammenarbeit, die stets zu überzeugenden Ergebnissen geführt hat.

Im Laufe der Erarbeitung dieses Buches habe ich mit vielen Kollegen aus verschiedensten Fachgebieten intensiv über Grundsatzfragen ihres Faches und über Einzelthemen gesprochen, und relevante Ergebnisse daraus sind in dieses Buch eingegangen; ihnen allen möchte ich an dieser Stelle herzlich für viele anregende Diskussionen danken.

Ein besonderer Dank gilt den Kollegen der Geschichtswissenschaften an den Universitäten Bern und Erlangen-Nürnberg, mit denen ich einen langen und guten Austausch pflegen konnte. Und am Geographischen Institut der Universität Bern erlebte ich eine gelingende interdisziplinäre Zusammenarbeit und konnte den Aufbau einer «Allgemeinen Ökologie» an der Universität Bern aus der Nähe mitverfolgen.

Die häufigsten und intensivsten Diskussionen fanden jedoch zu Hause am Küchentisch statt, wo meine Frau, Evelyn Hanzig-Bätzing (Philosophie, philosophische Grundsatzfragen der Chaostheorien und der Biotechnologien), und mein Stiefsohn, Ulrich Hanzig (Soziologie, Prozesse der Vergesellschaftung in der Moderne), sehr anregende Gesprächspartner waren, gerade weil sie oft anderer Meinung waren.

Bamberg, im Februar 2023 Werner Bätzing

Ausführliches Inhaltsverzeichnis

1.

Eine vernetzte Gesamtperspektive

Zielsetzung und Grundlagen der Mensch-Umwelt-Geschichte

In diesem Einleitungskapitel wird dargestellt, was das Ziel der hier vorgelegten Mensch-Umwelt-Geschichte ist (1.1). Da ein kurzer Abriss der Geschichte des Faches Umweltgeschichte (1.2) deutlich macht, dass es bei diesem Thema keine allgemein anerkannte «richtige» Position gibt, auf die man sich beziehen könnte, muss die hier vorgestellte Position sorgfältig begründet werden. Deshalb werden die inhaltlichen und methodischen Grundlagen, von denen diese Darstellung ausgeht, zu Beginn vorgestellt: Zuerst geht es darum, wie die Beziehung des Menschen zur Natur gedacht und gesehen werden kann (1.3), dann werden die wichtigsten Leitideen einer Mensch-Umwelt-Geschichte diskutiert (1.4), und zum Schluss geht es darum, wie diese Mensch-Umwelt-Geschichte gegliedert ist und was die «vernetzte Gesamtperspektive» bedeutet, die im Titel dieses Kapitels erwähnt wird (1.5).

Die Inhalte der Kapitel 2 bis 10 sind nur dann angemessen nachzuvollziehen, wenn verständlich wird, aus welcher Sichtweise heraus und auf welcher Grundlage sie geschrieben wurden. Wer jedoch an solchen Grundsatzfragen nicht interessiert ist, kann die Lektüre dieses Buches gleich mit Kapitel 2 beginnen.

1.1 Aufgabe und Zielsetzung

Die vom Menschen verursachten Umweltprobleme auf dem Planeten Erde – Verschmutzung von Boden-Wasser-Luft sowie aller Ökosysteme, Zerstörung der Artenvielfalt, Klimaerwärmung, schnelle Vernutzung aller Ressourcen, aber auch vielfältige Belastungen des menschlichen

Körpers – sind heute so stark ausgeprägt, dass ein Zusammenbruch der menschlichen Welt immer unausweichlicher erscheint.

Trotz dieser bedrohlichen Lage ist es jedoch nicht möglich, mit diesen Umweltzerstörungen einfach aufzuhören. Obwohl unser heutiger Umweltbezug erst zweihundert Jahre alt ist – er entsteht im Gefolge von Aufklärung, moderner Naturwissenschaft und Industrieller Revolution –, ist er für uns heute so normal und selbstverständlich, dass ein anderer Umgang mit Natur und Umwelt nicht mehr vorstellbar ist. Und sogar die beiden extremsten Alternativen, die heute immer öfter als ultimative Lösungen vorgeschlagen werden, greifen ins Leere: Dies sind einerseits technokratische Zukunftsphantasien, die alle Umweltprobleme mit noch mehr und noch größerer Technik lösen wollen; und dies sind andererseits nostalgische Vergangenheitsvorstellungen, die zu einer ursprünglichen Harmonie von Mensch und Natur zurückkehren wollen, die es irgendwann einmal gegeben habe.[1]

Geschichte als Infragestellung des heutigen Umweltbezugs

Wenn man den heutigen Umweltbezug für zerstörerisch und die beiden ultimativen Alternativen für nicht sinnvoll hält, dann macht es Sinn, sich mit der Geschichte der menschlichen Beziehung zur Natur zu beschäftigen, um zu verstehen, wie es überhaupt zur heutigen Situation kommen konnte, und um zu fragen, ob es früher einmal anders war: Ist der Mensch ein Homo destructor, der seine Umwelt von Anfang an zerstört? Oder besitzt der Mensch eine destruktive Seite, die nur unter bestimmten Rahmenbedingungen sichtbar wird? Oder wird der Mensch überhaupt erst zu einem bestimmten Zeitpunkt zum Homo destructor?

Erst wenn man mit diesen Fragen Distanz zu den Selbstverständlichkeiten der Gegenwart schafft, wird es möglich, echte Alternativen zum heutigen Umweltbezug denk- und vorstellbar zu machen, die einen Rückhalt in der Geschichte, also in der Realität haben und die nicht von völlig bodenlosen Voraussetzungen ausgehen.

Zu Beginn soll gleich betont werden, dass ich davon ausgehe, dass es in der Vergangenheit in der Tat andere, nicht zerstörerische Umweltbeziehungen des Menschen gab und dass die Kenntnis, wie es zur heutigen Umweltzerstörung kam, wichtig ist: Beides besitzt für die Lösung unserer heutigen Umweltprobleme eine erhebliche Bedeutung – wäre es nicht so, dann hätte ich dieses Buch nicht geschrieben. Da es jedoch nicht möglich ist, in eine vergangene Zeit zurückzukehren, kann ein anderer, positiver Umweltbezug aus einer früheren Zeit nicht direkt auf die Gegenwart übertragen werden. Aber er kann uns wichtige Anregungen geben, um unsere heutige Sichtweise in Frage zu stellen und die heutige Situation der Umwelt auf eine neue Weise wahrzunehmen. Daraus können dann neue Lösungen für die aktuellen Umweltprobleme entstehen.

Weder Addition von Einzelergebnissen noch Ableitung aus einem Prinzip

Dieses Buch blickt also nicht mit einer neutralen, sondern mit einer interessengeleiteten Perspektive – also mit der Frage, ob es in der Vergangenheit einen «anderen» Umweltbezug gab, wie dieser aussah und warum er verschwand – auf die Mensch-Umwelt-Geschichte.[2] Wenn man ein solches Ziel verfolgt, dann macht es keinen Sinn, aus zahllosen einschlägigen Forschungen die wichtigsten Fakten herauszuziehen: Die Addition unzähliger Einzelergebnisse ergibt aus sich heraus keine sinnvolle Gesamtdarstellung, sondern nur eine unübersichtliche und verwirrende Informationsfülle, die keine Antwort auf die gestellte Frage ermöglicht.[3] Aber auch das Gegenteil macht keinen Sinn: Viele Darstellungen einer Mensch-Umwelt-Geschichte gehen nur von einem einzigen Leitgedanken aus, den sie als «Prinzip» der gesamten Geschichte zu Grunde legen. Da dieser Leitgedanke in der Regel aus der Gegenwart stammt (Näheres dazu in den Abschnitten 1.3 und 1.4), wird in solchen Publikationen die Vielfalt der Geschichte nicht wirklich ernst genommen, und es wird lediglich die heutige Sichtweise in die Vergangenheit projiziert. Deshalb bieten solche Mensch-Umwelt-Geschichten in der Regel keinen Erkenntnisgewinn und werden relativ schnell langweilig.

In der vorliegenden Mensch-Umwelt-Geschichte gehe ich anders vor. Ich gehe erstens nicht vom aktuellen Forschungsstand der einschlägigen wissenschaftlichen Fächer aus, sondern befrage stattdessen diese Forschungen gezielt und kritisch, ob darin ein Umweltbezug des Menschen sichtbar wird, der mehr als eine Projektion unseres heutigen Umweltbezugs in die Vergangenheit ist. Und ich gehe zweitens davon aus, dass es weder ein einziges «Prinzip» gibt, das die gesamte Mensch-Umwelt-Geschichte prägt, noch dass diese Geschichte rein zufällig oder chaotisch verläuft, sondern dass die Leitideen dieser Geschichte mit zentralen Eigenschaften der Gattung Homo sapiens in Verbindung stehen. Daher braucht es neben der Fülle der Empirie der Geschichtswissenschaften und der Nachbarfächer auch philosophische Überlegungen, um einer Mensch-Umwelt-Geschichte die notwendige Tiefe zu geben.

Sammelband oder Monographie?

Bei einer solch komplexen Thematik stellt sich sofort die Grundsatzfrage: Kann überhaupt ein einzelner Wissenschaftler über die Breite und Tiefe an Kenntnissen verfügen, die für solch ein Unterfangen notwendig sind? Die Antwort, die der Physiker und Wissenschaftstheoretiker Erwin Schrödinger (1887–1961) im Jahr 1944 darauf gegeben hat, ist auch heute noch sehr relevant:

> «Wir haben von unseren Vorfahren das heftige Streben nach einem ganzheitlichen, alles umfassenden Wissen geerbt ... Aber das Wachstum in die Weite und Tiefe, das die mannigfaltigen Wissenszweige seit etwa einem Jahrhundert [seit 1840] zeigen, stellt uns vor ein seltsames Dilemma. Es wird uns klar, dass wir erst jetzt beginnen, verlässliches Material zu sammeln, um unser gesamtes Wissensgut zu einer Ganzheit zu verbinden. Andererseits aber ist es einem einzelnen Verstande beinahe unmöglich geworden, mehr als nur einen kleinen spezialisierten Teil zu beherrschen.
> Wenn wir unser wahres Ziel nicht für immer aufgeben wollen, dann dürfte es nur den einen Ausweg aus dem Dilemma geben: dass einige von uns sich an die Zusammenschau von Tatsachen und Theorien wagen, auch wenn ihr Wissen teilweise aus zweiter Hand stammt und unvollständig ist – und sie Gefahr laufen, sich lächerlich zu machen. So viel zu meiner Entschuldigung.»[4]

Dieser Aussage von Erwin Schrödinger stimme ich voll zu. Dem heutigen wissenschaftlichen Zeitgeist würde ein Sammelband entsprechen, also die Zusammenstellung von Texten, in dem jede einzelne Epoche von einem anerkannten Spezialisten für diese Epoche verfasst ist. Aber die einzelnen Experten gehen mit völlig unterschiedlichen Fragestellungen, Methoden und Schwerpunktsetzungen an ihre jeweilige Epoche heran, so dass es fast unmöglich ist, diese Unterschiede zu vereinheitlichen. Darüber hinaus sind in *allen* empirischen Analysen zwangsläufig normative Elemente enthalten, die mit dem Weltbild des jeweiligen Wissenschaftlers, mit seinem Wissenschaftsverständnis und seinem Vorverständnis der zu untersuchenden Epoche zusammenhängen.[5] Diese normativen Elemente sind in den publizierten Ergebnissen der empirischen Forschung meist nicht mehr zu erkennen. Aber sie verhindern, dass aus der Zusammenstellung der Ergebnisse von Wissenschaftlern, die mit unterschiedlichen normativen Grundlagen und mit unterschiedlichen Fragestellungen arbeiten, ein sinnvolles Ganzes – eine «Zusammenschau von Tatsachen und Theorien» (wie es Schrödinger ausdrückt) – entsteht.

Da es mir um eine in sich zusammenhängende Mensch-Umwelt-Geschichte geht, habe ich mich dazu entschieden, keinen Sammelband herauszugeben, sondern einen solchen Entwurf selbst zu erarbeiten. Dieser Entschluss wurde mir durch meine vielfältige akademische Ausbildung und durch meine langen Erfahrungen mit breit angelegten empirischen Untersuchungen erleichtert. Und zusätzlich habe ich mir sehr viel Zeit gelassen, um im Laufe der Zeit einzelne Teilaspekte aufzuarbeiten, und ich habe dabei immer wieder mit Wissenschaftlern aus unterschiedlichen Fachgebieten gezielt darüber diskutiert. Daraus ist dann allmählich dieses Buch entstanden.[6]

Empirische und theoretische Voraussetzungen dieses Buches

Für eine solche Mensch-Umwelt-Geschichte bedarf es zweier sehr unterschiedlicher Voraussetzungen: Man benötigt einerseits persönliche Erfahrungen im Themenfeld Mensch-Umwelt, die eine erhebliche empirische Tiefe und Breite besitzen müssen; diese Erfahrungen sorgen sozusagen für die inhaltliche Substanz der Darstellung, die ohne sie «blutleer» bliebe. Und man benötigt zweitens ein sehr breites theoretisches Wissen über die gesamte Menschheitsentwicklung, mit dem der Stellenwert der eigenen empirischen Arbeiten bewertet und in den großen Zusammenhang gestellt werden kann. Und da es prinzipiell nie möglich ist, dass die eigenen empirischen Arbeiten die gesamte Menschheitsentwicklung umfassen, kommt diesem zweiten Schritt ein großer Stellenwert zu, um inhaltliche Verengungen zu vermeiden.

Empirische Grundlage dieser Mensch-Umwelt-Geschichte ist meine mehr als 40 Jahre andauernde Beschäftigung mit dem Alpenraum, bei der die Frage nach dem Umweltbezug der betroffenen Menschen im Zentrum stand und steht.[7] Das Hochgebirge der Alpen ist für diese Fragestellung besonders gut geeignet, weil die ausgeprägten kleinräumigen Gegensätze und die hohen naturräumlichen Dynamiken sehr spezifische Handlungen des Menschen erfordern, um hier leben zu können. Dabei können diese Handlungen immer wieder auch ins Leere laufen, was besonders aufschlussreich ist. Deshalb lassen sich die komplexen und schwierigen Mensch-Umwelt-Beziehungen hier ziemlich direkt nachvollziehen, und sie werden nicht so leicht wie im Flachland durch viele andere Faktoren überlagert und verunklart. Und zusätzlich ermöglichen es die Alpen auf Grund des Nebeneinanders unterschiedlicher Wirtschafts- und Lebensformen, die Umweltbezüge von traditionellen (vorindustriellen) Bauern-, Industrie- und Dienstleistungsgesellschaften vergleichend zu untersuchen.

Die Bewertung dieser sehr konkreten empirischen Alpenumwelterfahrungen in Hinblick auf die Gesamtentwicklung der Menschheit ist mir möglich, weil ich mich seit über 50 Jahren im Rahmen der Philosophie mit Grundsatzfragen der Mensch-Natur-Beziehung beschäftigt und mich dabei auch mit Natur- und Technikphilosophie auseinandergesetzt habe. Diese Qualifikationen versetzen mich in die Lage, meine konkreten empirischen Ergebnisse in den großen Zusammenhang der gesamten Menschheitsentwicklung stellen zu können.[8]

Zu den normativen Grundlagen dieser Darstellung

Damit ein solcher Ansatz, der von zahlreichen normativen Voraussetzungen ausgeht, von den Lesern auf eine angemessene Weise nachvollzogen werden kann, muss ich zu Beginn meine inhaltlichen und methodischen Grundlagen offenlegen. Im Verlauf dieses Kapitels wird erläutert, wie ich die zentralen Themenfelder Natur, Mensch, Geschichte verstehe, wie ich mich ihnen jeweils nähere und auf welche Weise ich sie dann miteinander verbinde. Damit sollen die Leser in die Lage versetzt werden, beim Argumentationsgang dieses Buches zwischen den Ergebnissen empirischer Untersuchungen und meiner normativen Bewertung unterscheiden zu können. Denn bei diesem Buch handelt es sich nicht um die Darstellung von Richtigkeiten, sondern um einen Diskussionsbeitrag zu einer äußerst komplexen Problematik, der auf ganz bestimmten Erfahrungen, Normen und Werten aufbaut, und über den deshalb diskutiert und gestritten werden muss.[9]

Da Diskussionen um das «richtige» Mensch-Umwelt-Verhältnis heute emotional stark aufgeladen sind, ist die Offenlegung der eigenen Voraussetzungen besonders wichtig. Nur wenn man in solchen Diskussionen die eigenen Grundlagen explizit benennt und sie trotz bestehender Differenzen wechselseitig anerkennt, kann man angemessen über Interpretationen und Bewertungen diskutieren und sich dabei auf eine bereichernde Weise austauschen. Heute dagegen treffen häufig nur noch absolut gesetzte Richtigkeiten aufeinander, und dann gibt es keine Diskussionen mehr, sondern nur noch Machtkämpfe um die «richtige» Position. Angesichts dieser kulturellen Verarmung möchte ich mit diesem Buch dazu beitragen, über solche schwierigen Grundsatzfragen wieder angemessen und produktiv zu diskutieren und zu streiten.

1.2 Geschichte des Faches Umweltgeschichte

Viele Leser meinen, die Umweltgeschichte sei ein Teilgebiet des Fachs Geschichte und habe eine lange Tradition mit festen Inhalten. Doch so einfach ist es nicht, und deshalb macht es Sinn, sich die Geschichte des Fachs Umweltgeschichte etwas näher anzusehen.

Phase 1: Umweltgeschichte bis 1970

Wie das Verhältnis zwischen Natur und Mensch und seine geschichtliche Entwicklung zu verstehen sei, hat die Menschen schon immer interessiert und ist seit gut zweitausend Jahren ein Kernthema von Theologie und Philosophie. Mit der Ausdifferenzierung der Wissenschaft in immer mehr Einzelfächer im 19. Jahrhundert fangen immer mehr Disziplinen wie Medizin, Verhaltensforschung, Biologie, Geographie, Geschichte oder Ethnologie an, sich mit der Mensch-Umwelt-Geschichte zu beschäftigen. Am Ende dieser Phase gibt es in den 1960er Jahren ein breites Fächerspektrum, das die Mensch-Umwelt-Geschichte auf sehr unterschiedliche Weise bearbeitet. Die Philosophie versucht zwar, diese

Arbeiten grundsätzlich zusammenzufassen, aber ihre Zeit als «Königin der (empirischen) Wissenschaften»[10] ist längst abgelaufen, so dass die einzelnen Ansätze unverbunden nebeneinander stehen bleiben. Und die Umweltthematik spielt in den damaligen Diskussionen auch keine besonders wichtige Rolle.

Phase 2: Umweltgeschichte von 1970 bis 2010

Mit der Entstehung der Umweltbewegung zu Beginn der 1970er Jahre erhält die Mensch-Umwelt-Geschichte plötzlich einen völlig neuen Stellenwert:[11] Jetzt wird erstmals wahrgenommen, dass der Mensch seine Umwelt nicht nur verändert, sondern auch zerstört und damit seine eigene Existenz gefährdet. Die Umweltthematik wird jetzt für knapp zwei Jahrzehnte zu einem zentralen Thema der öffentlichen Diskussionen, und sie findet ihren Höhepunkt in der zweiten Hälfte der 1980er Jahre mit den Diskussionen um das «Waldsterben» und die Atomkatastrophe von Tschernobyl. Mit der Epochenwende der Jahre 1989/90, dem Zerfall der Sozialistischen Staaten, der beschleunigten Globalisierung und dem Aufstieg des Neoliberalismus dominieren dann aber wirtschaftliche und soziale Themen die öffentlichen Diskussionen, und das Umweltthema tritt dahinter zurück.

Die Wissenschaft reagiert auf diese neue Situation mit der Erkenntnis, dass Umweltforschung jetzt keine wertfreie oder neutrale Forschung mehr sein könne, sondern problemorientierte Lösungen für die aktuelle Umweltkrise erarbeiten müsse. Daraus folgt ein starker Anstieg der einschlägigen Forschungen. Diese werden jedoch in den traditionellen akademischen Strukturen, also innerhalb der bestehenden Fächer durchgeführt. Eigentlich würde die Umweltthematik neue, interdisziplinäre Konzepte erfordern, aber Ansätze wie Humanökologie, Sozialökologie, (Kultur-)Anthropologie und andere können sich letztlich gegenüber den etablierten Fächern nicht durchsetzen.[12] Damit bleiben die Forschungen zur Mensch-Umwelt-Geschichte weiterhin fachlich zersplittert und erfahren keine interdisziplinäre Zusammenarbeit.

Das Fach Geschichte, das vielleicht am ehesten geeignet wäre, eine systematische Umweltgeschichte zu entwickeln, setzt sich in dieser Zeit sehr stark mit Sozial-, Alltags- und Geschlechtergeschichte auseinander, und die Umweltgeschichte tritt demgegenüber etwas zurück.[13] Am ehesten noch erfüllt die amerikanische «cultural ecology», eine Forschungsrichtung innerhalb des Faches Ethnologie, den Anspruch auf einen breiten Ansatz, weil in den USA – im Gegensatz zur übrigen Welt – Entwürfe für eine Globalgeschichte einen wichtigen Stellenwert besitzen und Eingang in die «cultural ecology» finden.[14] Am Ende dieser Phase steht die Umweltthematik zwar deutlich besser als am Ende der ersten Phase da, aber sie ist weiterhin fachlich stark zersplittert und nimmt in den öffentlichen Diskussionen nicht die erste Stelle ein.

Phase 3: Umweltgeschichte nach 2010

Um das Jahr 2010 herum setzt eine neue Entwicklung ein, die der Umweltthematik und der Umweltgeschichte eine immer größere Bedeutung verleiht, bis sie schließlich ab etwa 2015 zum globalen Schlüsselthema werden:

- Bereits im Jahr 2000 schlagen Geologen erstmals vor, auf Grund der massiven menschlichen Naturveränderungen ein neues geologisches Zeitalter, das «Anthropozän» oder das «Zeitalter des Menschen» auszurufen, aber erst im Jahr 2011 erfolgt der Durchbruch für diesen neuen Begriff.[15] Dies ist der Beginn einer neuen Umweltwahrnehmung.
- Mit der globalen Finanz- und Wirtschaftskrise der Jahre 2008–2009 werden plötzlich vielen Menschen die intensiven weltweiten Vernetzungen unserer Welt bewusst. Daraus erwächst eine gesteigerte Sensibilität gegenüber der ökologischen Globalisierung, die auch nach dem Ende der Wirtschaftskrise nicht abnimmt.
- Der Klimawandel, also die Erwärmung der Erde, wird bereits in den 1990er Jahren zum weltweiten Thema, aber er erlangt erst in den 2010er Jahren eine zentrale Relevanz, und erst im Jahr 2018 entwickelt sich mit «Fridays for Future» eine globale soziale Bewegung.
- Die Corona-Pandemie, die Ende 2019 in China ausbricht und schnell die ganze Welt erfasst, stellt auch ein Umweltproblem dar, das den menschlichen Körper, also die dem Menschen unmittelbarste Form der Umwelt, betrifft. Weil diese und andere Pandemien auf einmal die Gesundheit und das Leben der Menschen stark bedrohen, ist damit eine grundsätzliche Verunsicherung des Menschen in Bezug auf seine Umwelt verbunden.
- Seit dem Jahr 2019/20 mehren sich Stimmen, die vor einem Zusammenbruch unserer Welt («Kollaps») warnen und ihn in naher Zukunft für immer wahrscheinlicher halten.[16] Solche Warnungen sind in der Regel mit der Forderung verbunden, dass die aktuellen Umweltzerstörungen nicht so weitergehen dürften wie bisher.

Auf diese Weise wird die Bedeutung des Themas Umwelt ab dem Jahr 2010 stark aufgewertet. Einige Jahre lang sieht es so aus, als würde die Klimaerwärmung für lange Zeit *das* zentrale Schlüsselproblem für die Zukunft der gesamten Menschheit sein. Seitdem jedoch im Februar 2022 Russland seinen Krieg gegen die Ukraine begann, verschieben sich die Gewichte: Themen wie militärische Sicherheit, Energieversorgung und Wirtschaftskrise verdrängen die Klimaproblematik von der ersten Stelle, obwohl der Krieg Russlands auch für die Umwelt und für die globale Klimaerwärmung katastrophale Auswirkungen besitzt.

Die aktuellen Schwächen des Fachs Umweltgeschichte

In diesem neuen Rahmen wird die Umweltgeschichte als Teildisziplin der Geschichtswissenschaften deutlich aufgewertet, und sie erhält an den Universitäten einen neuen Stellenwert. Auch andere Fächer neben der Geschichte intensivieren ihre Umweltforschungen, und darüber hinaus entstehen mit den computergestützten Fächern Klimatologie und Genetik zwei völlig neue Ansätze zur Analyse der Umweltgeschichte. Damit werden die Forschungen zur Mensch-Umwelt-Geschichte quantitativ stark ausgebaut, sie werden methodisch und inhaltlich noch sehr viel vielfältiger als zuvor, aber sie spezialisieren sich dabei auch auf immer kleinere Ausschnitte aus der Gesamtthematik.[17] Damit rückt eine allgemein anerkannte und breit akzeptierte Konzeption, welches die zentralen Elemente einer Mensch-Umwelt-Geschichte seien und wie diese inhaltlich aussehen könnten, in weite Ferne – dieses Themenfeld ist nach wie vor durch eine sehr große Heterogenität und Unübersichtlichkeit geprägt.

Zwar werden parallel dazu jetzt auch völlig neue und größere interdisziplinäre Strukturen geschaffen, weil man wahrnimmt, dass die Probleme des Anthropozäns eine umfassende und vernetzte Perspektive auf die Mensch-Umwelt-Thematik erfordern;[18] aber dies bleiben vorerst nur (vielversprechende) Ansätze. Und es fällt auf, dass sich die Grundsatzüberlegungen zur Mensch-Umwelt-Beziehung, über die im Fach Philosophie reflektiert nachgedacht wird, und die konkreten Analysen der einzelnen empirischen Wissenschaften zum Nachteil beider immer weiter auseinanderentwickeln. Dieser mangelhafte Bezug zwischen

«Tatsachen und Theorien» (Schrödinger), der bislang noch nicht durch eine Aufwertung interdisziplinärer Konzeptionen überwunden wird, stellt eine große Schwäche der aktuellen Mensch-Umwelt-Forschungen dar.

1.3 Denkfiguren der Mensch-Natur-Beziehung

Jetzt können wir uns der ersten Grundsatzfrage jeder Mensch-Umwelt-Geschichte zuwenden: Welches Verhältnis besteht zwischen der Umwelt bzw. der Natur und dem Menschen? Antworten geben die drei folgenden Denkfiguren, die oft anzutreffen sind: Der Mensch dominiert die Natur, die Natur dominiert den Menschen, oder der Mensch wird von der Natur nur teilweise dominiert und besitzt ihr gegenüber gewisse Freiheitsgrade.

Diese drei Denkfiguren werden jetzt kurz vorgestellt, damit die Leserinnen und Leser sich an dieser Stelle fragen können, welche Denkfigur sie selbst für richtig halten, und damit ich meine eigene Position in Absetzung von diesen drei Denkfiguren angemessen darstellen kann.

Der Mensch dominiert die Natur

Dies ist die weitverbreitete klassische Position, die seit der Aufklärung das abendländische Denken bzw. das Denken der «Ersten Welt» repräsentiert. Der Mensch ist als Geistwesen durch die Fähigkeit zu Kultur und Technik ausgezeichnet und dadurch von Natur unterschieden. Je weiter er diese Fähigkeiten entwickelt, desto besser kann er aus der Natur heraustreten, sie beherrschen und sie für sich nutzen. Die aktuellen Umweltprobleme sind in dieser Perspektive Ausdruck dessen, dass der Mensch die Natur noch nicht angemessen beherrscht und dass es dabei noch Verbesserungsbedarf gibt, weshalb die aktuellen Umweltprobleme nur durch die konsequente Weiterentwicklung der Technik gelöst werden können.[19]

Diese Position, die durch die Entstehung der Umweltbewegung zu Beginn der 1970er Jahre radikal in Frage gestellt wird, ist heute immer noch in großen Teilen von Wirtschaft und Politik präsent. Sie wird seit einiger Zeit in Teilen der Philosophie, in vielen Sozialwissenschaften und in Teilen der Öffentlichkeit durch eine Spielart postmodernen Denkens unterstützt, die davon ausgeht, dass der Mensch die Natur außerhalb seiner eigenen Welt gar nicht wahrnehmen könne: «Die Natur ist unser Modell von ihr.»[20] Bei dieser Weltsicht bewegt sich der Mensch ausschließlich in menschlich bzw. gesellschaftlich konstruierten Realitäten, und die Frage, ob es eine Welt oder Natur jenseits davon gibt, gilt als nicht relevant. Damit wird die Dominanz des Menschen über die Natur auf die Spitze getrieben.

Die Natur dominiert den Menschen

Dies ist die traditionelle Position, sie wird mit der Umweltbewegung in den 1970er Jahren auf neue Weise populär, und sie erlebt seit 2010 mit den Diskussionen über das Anthropozän eine neue Aufwertung.[21] Sie geht von der Überzeugung aus, dass der Mensch eigentlich ein Teil der Natur ist und dass alle heutigen Umweltprobleme darauf zurückzuführen seien, dass der heutige Mensch sich so verhält, als würde er außerhalb der Natur stehen. Nicht zufällig werden in den 1970er Jahren traditionelle Kulturen wie die Indianer Nordamerikas, von denen es heißt, dass sie sich der Natur unterordnen, zum Vorbild für ein Verhalten «im Einklang» oder in «Harmonie» mit der Natur. Deshalb betont diese Position, dass sich der Mensch als Teil der Natur in seinem Verhalten nach der Natur richten müsse und dass er nur auf diese Weise die aktuellen Umweltprobleme lösen könne.

Den theoretischen Rahmen für diese Position bildet die Darwin'sche Evolutionstheorie und die daraus entstandene Evolutionsbiologie, für die der Mensch «nur eine Säugetierart wie andere», konkret: eine Spezies im Rahmen der Familie der Menschenaffen ist:[22] «Wie bei jedem Tier, so müssen auch beim Menschen Fühlen, Denken und Verhalten bis ins Detail mit dem Körper abgestimmt sein ... und sie lassen sich als Anpassungen an eine frühere oder die heutige Umwelt erklären.»[23] Und nur eine gute Anpassung ermöglicht den Individuen das Überleben und die Weitergabe ihrer Gene an möglichst viele Nachkommen. Noch radikaler als die Evolutionsbiologie versteht die Soziobiologie den Menschen als ein biologisches Wesen,[24] indem selbst ein Phänomen wie die Kunst, das üblicherweise aus dem Bereich der Kultur heraus verstanden wird, in dieser Perspektive als ein biologisches Phänomen gilt, das für das Überleben von Individuen und Gruppen eine wichtige Rolle spielt.[25]

Der Mensch wird von der Natur nur teilweise dominiert

Diese dritte Position, die Possibilismus genannt wird, geht davon aus, dass Natur und Umwelt dem Menschen einerseits eine Reihe von Grenzen setzen, dass sie sein Verhalten aber andererseits auch nicht vollständig determinieren.[26] Daher besitzt der Mensch gegenüber der Natur zwar keine absolute Freiheit, aber doch gewisse Freiheitsgrade, die größer oder kleiner ausfallen können. Allerdings bleibt oft unklar, was Possibilismus konkret bedeutet und welches die Ursachen für größere oder kleinere Freiheitsgrade sind.[27]

Der Ansatz dieses Buches

Die meisten wissenschaftlichen Ansätze versuchen das, was sie unter Natur, Umwelt, Mensch oder Mensch-Umwelt-Beziehung verstehen, auf eine positive Weise, also in Form von Richtigkeiten oder wahren Aussagen, Regeln und Gesetzen zu definieren. Hierbei besteht stets die Gefahr, dass die positiv entwickelten Vorstellungen mit der Realität selbst verwechselt werden, gerade wenn sie auf aufwendige Weise wissenschaftlich begründet werden. Ein solches Vorgehen führt leicht dazu, dass der Mensch den Eindruck erhält, er würde die Welt mit Hilfe der von ihm entwickelten Regeln und Gesetze verstehen und kontrollieren, und die Welt würde auch wirklich so funktionieren, wie er sich das vorstellt.

Deshalb gehe ich von einem «negativistischen Ansatz» aus, der nur sehr vorläufige und vorsichtige positive Antworten liefert und für den negative Aussagen die zentrale Rolle spielen.[28] Ein solcher Ansatz ist gerade beim Verständnis von Natur sehr wichtig. Da der Mensch als Produkt der Evolution ein Teil der Natur ist und als Körperwesen mitten in ihr lebt, kann er den Gesamtzusammenhang der Natur nicht verstehen; denn dazu musste er eine Position außerhalb der Natur oder der Welt einnehmen, was in der Sprache der europäischen Tradition mit der «Position Gottes» bezeichnet wird. Da der Mensch aber auf die

Natur angewiesen ist und nicht aus ihr heraustreten kann, erlebt er Natur immer nur auf eine beschränkte und begrenzte Weise. Dabei erfährt er Natur immer wieder negativ, indem sie sich seinen Handlungen und Zielsetzungen entzieht oder sogar aktiv widersetzt und ihn im Extremfall sogar in seiner Existenz bedroht. Solche negativen Naturerfahrungen sind für den Menschen sehr viel wichtiger als seine zahlreichen positiven Erfahrungen im Umgang mit Natur in der Routine des alltäglichen Handelns, weil dadurch seine Sicherheit und Selbstverständlichkeit im Naturumgang immer wieder in Frage gestellt und ein scheinbarer Erfolg bei der Naturbearbeitung schnell vollständig zunichtegemacht werden kann.

Dieses negativistische Verständnis von Natur ist auch deshalb für diese Mensch-Umwelt-Geschichte von zentraler Bedeutung, weil die menschliche Herrschaft über Natur darin besteht, Natur positiv zu definieren, und diese Definition von Natur dann zur Grundlage seiner Handlungen zu machen. Dies gilt übrigens nicht nur für alle Naturdefinitionen, die Grundlage für eine ökonomische und technische Vernutzung von Natur sind, sondern genauso auch für das Gegenteil, nämlich für alle Naturvorstellungen des Naturschutzes, dessen positive Naturdefinitionen – ökologische Vielfalt, Stabilität, Schönheit oder Heiligkeit – als Ursache ihrer Schutzwürdigkeit angesehen werden. Demgegenüber ist zu betonen, dass der Mensch als auf Natur angewiesenes Körperwesen die Natur in ihrer Gesamtheit gar nicht positiv definieren kann.[29] Daher bleibt dem Menschen nur die Einsicht, dass er seine Handlungen stets an vorläufigen Naturvorstellungen ausrichten kann, und deshalb muss er ständig bereit sein, diese Naturvorstellungen zu überprüfen und zu verändern, um seine Existenz nicht zu gefährden.

Philosophische Anthropologie

Auch für das Verständnis des Menschen ist ein negativistischer Ansatz sinnvoll. Ich greife hierbei auf die «Philosophische Anthropologie» zurück, eine «Denkrichtung des 20. Jahrhunderts», die den Menschen aus dem Spannungsfeld zwischen Biologie und Kultur heraus auf negative Weise zu verstehen sucht.[30] Der Mensch entsteht zwar einerseits aus der Natur heraus und ist Teil von ihr, aber er geht andererseits auch nicht vollständig in ihr auf. Er ist mit seiner biologischen Umwelt nicht unmittelbar identisch, weil er in Distanz zu sich treten und sich selbst als Teil seiner Umwelt wahrnehmen kann, so dass er in der Lage ist, ein Stück weit aus seiner Umwelt herauszutreten («exzentrische Positionalität»). Deshalb nimmt der Mensch in der Welt einen «utopischen Standort» ein, und seine Natur besteht darin, ein Kulturwesen zu sein («natürliche Künstlichkeit»), das seiner Umwelt mit «vermittelter Unmittelbarkeit» begegnet und das von Natur aus keine feste Mitte und keine feste Identität besitzt, sondern diese immer erst aufbauen muss.[31] Deshalb ist «die Philosophische Anthropologie Ausdruck der Unsicherheit des Menschen über seine ‹Bestimmung›».[32] Ein solches Verständnis des Menschen, bei dem das Spannungsfeld zwischen dem Natur- und Kulturwesen im Zentrum steht, verzichtet auf positive Definitionen; und dies erscheint in der Tat sinnvoll, um sich dem schwierigen Mensch-Umwelt-Verhältnis angemessen nähern zu können.

Der Mensch, der als Kulturwesen Teile der Natur für seine Zwecke nutzt und verändert, schafft im Laufe der Zeit immer größere Produkte – von Werkzeugen und einfachsten Behausungen bis hin zu bäuerlichen Kulturlandschaften und zu Großstädten –, die zwar Menschenwerk, also Kulturprodukt sind, die aber trotzdem tief in der Natur verankert sind. Selbst wenn sie im Laufe der Zeit so umfangreich werden, dass sie große Teile der Erde bedecken und am Schluss so naturfern wirken, dass sie als künstliche Produkte erscheinen, so bleiben sie doch immer auch ein Teil der Natur. Deshalb laufen in diesen menschlichen Produkten permanent natürliche Prozesse ab, die der Mensch berücksichtigen muss, wenn diese Werke eines Tages nicht plötzlich zusammenbrechen sollen.

Zweite Natur

In der Tradition der Philosophie werden diese menschlichen Produkte «zweite Natur» genannt,[33] und sie sind eng mit der «Ersten Natur» (der Natur außerhalb und innerhalb des Menschen) und mit der menschlichen Kultur verbunden. Im Rahmen einer Mensch-Umwelt-Geschichte kommt dieser zweiten Natur, die im Laufe der Zeit immer größer und wichtiger wird, eine besondere Bedeutung zu, und die Geschichte der

Mensch-Umwelt-Beziehung kann nur über diese zweite Natur – als materieller Niederschlag der Veränderungen, die der Mensch an der Natur vornimmt – dargestellt werden.

Diese zweite Natur wird in diesem Buch mit Hilfe der im Fach Geographie entwickelten Methoden analysiert: Das Zentrum dieses Faches bildet die Analyse der Kulturlandschaften (zweite Natur) als Ergebnis der Wechselwirkungen zwischen naturräumlichen Dynamiken und menschlichen Handlungen. Um diese Wechselwirkungen angemessen analysieren zu können, setzt sich das Fach Geographie aus einem naturwissenschaftlichen Teil (Physische Geographie) und einem humanwissenschaftlichen Teil (Anthropogeographie) zusammen, die eng zusammenarbeiten und die dafür über ausgearbeitete Methoden und über sehr viel Erfahrungswissen verfügen.[34] Aus diesem Grund kann man die Geographie mit Recht als «integrative Umweltwissenschaft» bezeichnen,[35] und es ist kein Zufall, dass auch aus diesem Fach heraus wichtige Ansätze für Mensch-Umwelt-Darstellungen entstanden sind.[36] Da ich selbst Geograph bin, sind die Leitideen dieses Buches zu den Wechselwirkungen zwischen naturräumlichen Dynamiken und menschlichen Handlungen stark von der geographischen Perspektive geprägt. Die räumlichen Veränderungen der zweiten Natur im Laufe der Geschichte erhalten daher eine größere Aufmerksamkeit, als es sonst in solchen Darstellungen üblich ist.

Mit der Philosophischen Anthropologie und der zweiten Natur wird ein Bezugsrahmen aufgespannt, der es verhindern soll, dass die Frage nach dem Mensch-Umwelt-Verhältnis auf eine zu einfache Weise beantwortet wird.

1.4 Leitideen der Mensch-Umwelt-Geschichte

Jetzt kann die zweite Grundsatzfrage jeder Mensch-Umwelt-Geschichte thematisiert werden: Wie wird geschichtliche Entwicklung gedacht?

Sieht man sich Mensch-Umwelt-Geschichten näher an, dann stellt man fest, dass es eigentlich nur vier verschiedene Leitideen dafür gibt: Humanes Dauerproblem – Fortschrittsgeschichte – Verfallsgeschichte – Paradies und Sündenfall. Auch hier geht es wieder darum, dass sich die

Leserinnen und Leser fragen, welche Position sie selbst vertreten, und dass ich durch die Absetzung von diesen Leitideen – also ex negativo – meine eigene Position entwickele.

Umweltprobleme als humanes Dauerproblem

Diese Denkfigur geht davon aus, dass es Umweltprobleme in der menschlichen Geschichte schon immer gegeben hat und dass die heutigen Umweltprobleme nichts grundsätzlich Neues oder Besonderes sind. Sie sind ein «humanes Dauerproblem», eine permanente Herausforderung für den Menschen, an der er nur wachsen kann. Deshalb dürfe man die heutigen Umweltprobleme weder beschwichtigen noch dramatisieren, sondern es wäre «mehr Gelassenheit» erforderlich.[37]

Fortschrittsgeschichte

Diese Denkfigur stammt aus der Theologie – am Ende der Geschichte stehen die Erlösung des Menschen und das Reich Gottes (Heilsgeschichte). Seit der Aufklärung wird sie in säkularisierter Form als Fortschrittsgeschichte erzählt: Der Mensch, der anfangs stark von der Natur abhängig ist, verbessert durch die Entfaltung seines Geistes in Form von Kultur, Kunst, Wissenschaft und Technik im Laufe der Zeit seine Situation auf der Erde immer mehr. Zu Beginn des dritten Jahrtausends ist es ihm dann – so meint er – gelungen, die drei zentralen Probleme der Menschheit – Hunger, Krankheit, Krieg – endlich im Zaum zu halten, so dass es ihm jetzt möglich wird, sich mit aller Kraft den Umweltproblemen zuzuwenden und auch diese zu lösen.[38] Diese Denkfigur geht davon aus, dass alle anstehenden Probleme vom Menschen mit Hilfe seines Geistes gelöst werden können und dass es grundsätzlich keine unlösbaren Probleme für ihn gibt, so dass auch «unsere künftige Evolution in unserer Hand liegt».[39]

Bei der Frage nach der Zukunft gibt es im Kontext dieser Denkfigur zwei Antworten: Entweder man bezieht sich auf den oft zitierten Gedanken des Philosophen Schelling: «Die Natur schlägt im Menschen ihre Augen auf und bemerkt, dass sie da ist», und stellt sich die zukünftige Evolution so vor, dass endlich die perfekte Einheit von Natur und Mensch erreicht wird.[40] Oder man macht das Gegenteil und koppelt den Menschen von seinen biologischen Grundlagen ab, die als Begrenzung erlebt werden. Indem der Mensch dann Altern und Tod überwindet, strebt er danach, «Menschen in Götter zu verwandeln und aus dem *Homo sapiens* den *Homo deus* zu machen».[41] Damit hätte sich dann der Geist von seiner biologischen Grundlage gelöst, und die Geschichte hätte ihr positives Ende gefunden.

Verfallsgeschichte

Diese Denkfigur geht davon aus, dass der Mensch ein Wesen ohne jede Begrenzungen ist: «Während alle Lebewesen ihrer Umwelt Ressourcen entnehmen, gehen Menschen regelmäßig über ihre Bedürfnisse von Überleben und Fortpflanzung hinaus», und deshalb ist «seit dem Entstehen des Homo sapiens das Motiv, der Umwelt so viel Ressourcen zu entnehmen, wie es die Technologie zulässt, ein menschlicher Charakterzug».[42] Oder drastischer ausgedrückt: Der Mensch ist ein Homo destructor, ein «Irrläufer der Evolution», eine «biologische Missgeburt», die ihren «instinktiven Kontrollmechanismus irgendwann im Laufe der Evolution verloren hat»[43] und «deren Gier nach Wachstum evolutionär in uns angelegt ist».[44] Diese Denkfigur, die heute sehr populär ist, geht davon aus, dass der Mensch schon immer seine Umwelt zerstört: Zu Beginn der menschlichen Entwicklung sind seine Möglichkeiten der Umweltzerstörung zwar noch bescheiden, aber durchaus bereits vorhanden[45], und je weiter er seine kulturellen und technischen Fähigkeiten ausbaut, desto größer werden die von ihm verursachten Umweltzerstörungen, bis er heute in der Lage ist, die gesamte Erde zu zerstören.

Das, was in der Denkfigur der Fortschrittsgeschichte als die Ursache des Fortschritts angesehen wird – der menschliche Geist, der sich über alle natürlichen Grenzen hinwegsetzt –, wird in dieser Denkfigur als Ursache des Verfalls angesehen, der letztlich zur unaufhaltsamen Zerstörung der gesamten Erde und damit zur Selbstzerstörung des Menschen führt.[46]

Paradies und Sündenfall

Diese heute ebenfalls populäre Denkform, die auch aus der Theologie stammt, geht davon aus, dass der Mensch am Anfang in Harmonie und Eintracht mit der Natur lebt, bis er zu einem bestimmten Zeitpunkt durch eine kulturelle Innovation («Sündenfall») aus der Natur heraustritt und die Umwelt zu zerstören beginnt. Als Sündenfall werden heute meist die drei folgenden Innovationen genannt:

Innovation 1 – Neolithische Revolution: Als Jäger, Sammler und Fischer leben die Menschen in Harmonie mit der Natur, weil sie nur das nutzen, was die Natur spontan hervorbringt. Mit der Erfindung der Landwirtschaft greift der Mensch dagegen erstmals aktiv in die vorgefundene Natur ein und verändert sie für seine Zwecke. Dies ist der Beginn der Umweltzerstörung.[47]

Innovation 2 – Urbane Revolution: Mit der Entstehung der Stadt entwickeln sich die dynamischen Kräfte Arbeitsteilung, Herrschaft und Krieg, der Zwang zur Überproduktion (das Land muss die Stadt miternähren) sowie eine grundsätzliche Trennung von Natur und Kultur,[48] was den Beginn der Umweltzerstörung bedeutet. Die traditionellen Bauerngesellschaften vor der Entstehung der Städte, deren Wirtschaft an der Selbstversorgung ausgerichtet ist, betreiben noch keine Umweltzerstörung.

Innovation 3 – Industrielle Revolution: Mit der Industriellen Revolution geht das solare Zeitalter der Menschheit zu Ende (die Sonne als zentrale Energiequelle), und der extrem starke Verbrauch der fossilen Ressourcen der Erde führt in Verbindung mit der Behandlung der Natur als beliebig nutzbares Material zu Umweltveränderungen, wie es sie vorher noch nie gegeben hat.[49] Dies ist der Beginn der Umweltzerstörung im globalen Maßstab.

Das Problem bei dieser Denkfigur besteht darin, dass man erklären muss, warum ein eigentlich idealer und harmonischer Zustand, der lange Zeit gut funktioniert, zu einem bestimmten Zeitpunkt auf einmal aufgegeben wird und dann in sein Gegenteil umschlägt. Diese Erklärung bereitet oft große Schwierigkeiten.

Diese vier Leitideen, die in säkularisierter Form theologische Motive aufgreifen, sind Denkfiguren, die aus der Gegenwart stammen. Wenn sie zur Grundlage einer Mensch-Umwelt-Geschichte gemacht werden, dann projizieren sie heutige Ideen und Vorstellungen in die Geschichte hinein und werden damit der Geschichte nicht gerecht.

Ich selbst vertrete keine dieser vier Denkfiguren, auch wenn die vierte – mit der Industriellen Revolution beginnt die große Umweltzerstörung – auf den ersten Blick meiner Position zu ähneln scheint. Allerdings verstehe ich schon die vorindustrielle Situation als ein schwieriges Verhältnis, innerhalb dessen sich der Mensch permanent darum bemühen muss, dass er mit seiner Naturnutzung die Umwelt nicht zerstört. Eine Harmonie zwischen Mensch und Natur hat es nie gegeben.

Entwicklungen vom Anfang her verstehen, nicht vom Ende

Eine weitere Besonderheit der hier erzählten Mensch-Umwelt-Geschichte besteht darin, dass Entwicklungen nicht vom Ende oder vom Ergebnis, also von der heutigen Situation her gedacht werden. In einer solchen Perspektive erscheinen nämlich viele Innovationen und Entwicklungen als logisch, selbstverständlich und zwangsläufig, und die einzige Frage, die sich dabei stellt, ist die, warum eine bestimmte Innovation nicht schon viel früher gemacht wurde. Diese Perspektive wird der geschichtlichen Entwicklung aber nicht gerecht: Betrachtet man zum Beispiel die Entstehung der Landwirtschaft nicht von ihrem Ende, sondern von ihrem Anfang her, dann erscheint sie überhaupt nicht mehr selbstverständlich, sondern außergewöhnlich und teilweise sogar ungeheuerlich.[50]

Sieht man sich einzelne Erfindungen des Menschen an, dann wird schnell deutlich, was diese neue Perspektive bedeutet.[51]

Keramik: Keramik (gebrannter Ton) wird als erster künstlicher Werkstoff bereits vor 30 000 Jahren hergestellt, und er dient sehr lange Zeit zur Herstellung von Menschen- und Tierfiguren, also zu religiösen Zwecken. Erst ab 15 000 v. Chr. werden Gefäße aus Keramik hergestellt, die dann für die sichere Aufbewahrung von Lebensmitteln und zum Kochen von Speisen eine sehr große Bedeutung erhalten, vor allem im Rahmen der neu entstehenden Landwirtschaft.

Metall: Der metallische Glanz verschiedener erzhaltiger Gesteine ist den Menschen schon früh aufgefallen und hat ihr Interesse geweckt.

Aus Kupfererzen werden um 10 000 v. Chr. zuerst Farbstoffe (wohl für den menschlichen Körper) gewonnen, dann werden daraus um 8000 v. Chr. Perlen (Schmuck mit kultischer Bedeutung) hergestellt. Die ersten Werkzeuge aus Kupfer – zum Beispiel das Beil der Gletschermumie «Ötzi» – sind wegen der Weichheit des Kupfers mehr Statussymbole als echte Gebrauchsgegenstände. Erst mit der Erfindung der Bronze (Legierung von Kupfer und Zinn) gelingt es, Werkzeuge und Waffen herzustellen, die auf Grund ihrer Härte jenen aus Stein deutlich überlegen sind.

Rad: Viele Tausend Jahre lang ist das Rad ein Symbol für die Sonne, für Vollkommenheit und für ein göttliches Wesen, und es wird im religiösen Rahmen als Symbol gebraucht. Später werden Kultobjekte mit Rädern (Sonnenwagen, Kesselwagen) für rituelle Zwecke hergestellt, und erst um 5000 v. Chr. wird das Rad als Töpferdrehscheibe und für Transportzwecke erfunden.

Die verbreitete Vorstellung, der Mensch erfinde die Keramik, das Metall oder das Rad, um sich mit einem neuen Gebrauchsgegenstand das Leben einfacher zu machen, ist also falsch und trifft nicht zu. Stattdessen erfindet der Mensch etwas Neues, gebraucht es viele tausend Jahre lang in einem ganz bestimmten Kontext und überträgt es dann sehr viel später in einen völlig anderen Kontext mit einer ganz anderen Funktion – und daraus entsteht dann etwas völlig Neues, was zuvor nicht absehbar war. Der Fortschritt verläuft also nicht linear, sondern macht Umwege und Sprünge, die logisch nicht zu erklären sind, und die nur von hinten, vom Ergebnis her logisch aussehen, nicht jedoch vom Beginn! Das zweckrationale oder utilitaristische Verhalten, mit dem wir selbstverständlich die gesamte Geschichte interpretieren, ist eine moderne Verhaltensweise, die der vorindustriellen Welt nicht gerecht wird.

Aus diesem Grund versucht diese Darstellung, die wichtigen Weichenstellungen in der Mensch-Umwelt-Geschichte nicht vom Ende, sondern von ihrem Anfang her zu verstehen und damit eine neue Perspektive auf vertraute Sachverhalte zu entwickeln.

1.5 Zur Gliederung dieses Buches

Jetzt kann die dritte und letzte Grundsatzfrage einer Mensch-Umwelt-Geschichte angesprochen werden: In welche großen Epochen kann man diese Geschichte gliedern? Diese Frage ist keineswegs banal, denn mit der Frage nach der Gliederung werden bereits wichtige inhaltliche Entscheidungen getroffen.

Wenige große Wendepunkte

Grundsätzlich gesehen ist es Konsens, dass sich die Beziehung des Menschen zur Umwelt im Laufe der Geschichte nicht permanent und immer wieder in kleinen Schritten wandelt, sondern dass es dabei nur relativ wenige wirkliche «Wendepunkte» («turning points») gibt, durch die diese Beziehung jeweils stark verändert und auf eine neue Grundlage gestellt wird. Diese Wendepunkte können daher genutzt werden, um eine Mensch-Umwelt-Geschichte zu gliedern.[52]

Der älteste Ansatz einer solchen Gliederung stammt aus dem 19. Jahrhundert, und er verwendet das Material der menschlichen Werkzeuge als Gliederungselement: Steinzeit – Bronzezeit – Eisenzeit.[53] Dieser Ansatz ist heute nicht mehr sinnvoll, weil die Steinzeit (Lithikum) sowohl die Altsteinzeit (Paläolithikum) mit den Jäger-und-Sammler-Gesellschaften als auch die Jungsteinzeit (Neolithikum) mit den Bauerngesellschaften umfasst, und damit den wichtigen Wendepunkt der «Neolithischen Revolution» oder besser «Transformation» (Übergang zur Landwirtschaft) außer Acht lässt.[54] Analoges gilt für die Gegenwart, in der die Eisenzeit erst nach 1960 durch eine Kunststoffzeit (in Erweiterung des Ansatzes aus dem 19. Jahrhundert) abgelöst wird, was den Wendepunkt der Industriellen Transformation nicht berücksichtigt.

Gliederung der Geschichte in Epochen auf der Basis der Wendepunkte

Da die traditionelle Gliederung der Mensch-Umwelt-Geschichte nach «Gesellschafts- und Wirtschaftsstufen»[55] mit der traditionellen geographischen Gliederung von Landschaften übereinstimmt,[56] und beides vor kürzerer Zeit durch die Gliederung nach unterschiedlichen Formen der

Energienutzung ergänzt und unterstützt wurde,[57] greife ich darauf zurück und verwende folgende Hauptgliederung:

Epoche 1: Jäger-und-Sammler-Gesellschaften (Kapitel 3)
Wendepunkt 1: Neolithische Transformation
Epoche 2: Bauerngesellschaften mit Stadtstaaten und Großreichen, Hirtennomaden und Achsenzeit (Kapitel 4 bis 6)
Wendepunkt 2: Industrielle Transformation
Epoche 3: Moderne Gesellschaften: Industrie- und Dienstleistungsgesellschaften (Kapitel 7 bis 9)

Die Entstehung der Städte (Urbane Transformation) im Kontext der Bauerngesellschaften verändert zwar vieles innerhalb der Bauerngesellschaften; aber da trotz der städtischen Dominanz die traditionelle Umweltbeziehung der Bauerngesellschaften erhalten bleibt, die Landwirtschaft weiterhin die Ernahrungsgrundlage auch für die Städte darstellt und die Solarenergie weiterhin die wichtigste Energiequelle ist, werden die dadurch ausgelösten Veränderungen von mir nicht als ein primärer, sondern lediglich als ein sekundärer Wendepunkt innerhalb der Bauerngesellschaften angesehen. Und da die Dienstleistungsgesellschaften, die sich ab 1970 entwickeln, genau wie diese auf der Nutzung fossiler Energiequellen basieren, wird die Transformation von den Industrie- zu den Dienstleistungsgesellschaften als ein weiterer sekundärer Wendepunkt, diesmal innerhalb der modernen Gesellschaften, dargestellt. Damit wird diese Mensch-Umwelt-Geschichte durch zwei primäre und zwei sekundäre Wendepunkte geprägt. Sie besteht aus fünf spezifischen Epochen, die durch zwei Parallelentwicklungen (Hirtennomaden und achsenzeitliche Gesellschaften) und eine Vorbereitungsphase (der dreifache Beginn der Moderne) ergänzt werden. Diese sieben Epochen werden in sieben Kapiteln dargestellt.

Diese inhaltliche Breite ist aber für eine Mensch-Umwelt-Geschichte noch nicht ausreichend: Erst wenn man nachvollziehen kann, wie sich der Homo sapiens innerhalb der Evolution entwickelt, versteht man, was die «natürliche Künstlichkeit» des Menschen[58] für seine weitere Entwicklung auf der Erde bedeutet. Aus diesem Grund beginnt diese

Mensch-Umwelt-Geschichte in Kapitel 2 mit der Entstehung des Menschen im Rahmen der biologischen Evolution. Und da man positive Erfahrungen im Umgang mit der Natur nicht unmittelbar aus der Vergangenheit in die Gegenwart übertragen kann, zieht Kapitel 10 am Ende dieses Buches eine Bilanz und stellt dar, welcher neue Blick auf die heutigen Umweltprobleme erwächst, wenn man sich auf die Mensch-Umwelt-Geschichte einlässt.

Epochenuntergliederungen

Der Umweltbezug einer Epoche lässt sich nur angemessen darstellen, wenn man dabei auf die epochenspezifischen Eigendynamiken der Bereiche Wirtschaft, Gesellschaft und Raum zurückgreift und diese mit der Frage nach der Beziehung zur Natur verknüpft. Deshalb wurde für die Untergliederung der Kapitel folgendes Konzept entwickelt: Der erste Abschnitt stellt jeweils dar, welches die Besonderheiten der jeweiligen Epoche sind und wann und wo sich diese auf der Erde ausbilden. Der zweite Abschnitt ist den Veränderungen der Wirtschaft, der dritte den Veränderungen im menschlichen Zusammenleben, der vierte den Veränderungen der Raumstrukturen und der fünfte den Veränderungen des Umweltbezugs (Synthese) gewidmet.

Diese Gliederung wurde gewählt, um diejenigen Teilbereiche, die beim menschlichen Umweltbezug eine relevante Rolle spielen, und ihre jeweiligen Eigenheiten und Eigendynamiken angemessen darstellen zu können; dies wäre bei einer gemeinsamen Darstellung nicht möglich.

Kein Eurozentrismus

Auf diese Weise entsteht eine sehr breit angelegte Darstellung, die vor sieben Millionen Jahren beginnt und mit der Gegenwart und einem Blick in die Zukunft endet. Damit läuft die gesamte Umweltgeschichte auf Europa, besser: auf die sogenannte «westliche Welt» zu. Diese Konzeption könnte als «eurozentristisch» oder gar als «imperialistisch» angesehen werden, wenn diese Entwicklung positiv dargestellt würde. Dies ist jedoch nicht der Fall: Die kurze Entwicklung seit der Industriellen Revolution, die allein in Europa entsteht, ist durch eine extrem starke Umweltzerstörung geprägt. Sie dominiert inzwischen die gesamte

Erde und hat fast alle anderen Umweltbezüge überprägt oder zerstört. Dieser Umweltbezug hat keine Zukunft, und bei der Suche nach Alternativen besitzen die vormodernen Naturerfahrungen eine große Relevanz. Deshalb wird Europa nicht zum Maßstab und Ziel dieser Umweltgeschichte.

Mit diesem Konzept wird eine ungewöhnlich breite Umweltgeschichte vorgelegt, die die Grenzen des Faches Geschichte bei weitem sprengt[59] und die den Einbezug weiterer Wissenschaften erforderlich macht.[60] Je komplexer menschliche Gesellschaften durch die Ausbildung einer arbeitsteiligen Wirtschaft und unterschiedlicher sozialer Schichten werden, desto weniger reicht es aus, das direkte oder unmittelbare Verhältnis zur Umwelt zu berücksichtigen, weil die indirekten und vermittelten Strukturen für die Umweltbeziehungen allmählich immer wichtiger werden. Deswegen bezieht diese Darstellung ab Kapitel 5 die Eigendynamiken der wirtschaftlichen, gesellschaftlichen und politischen (Teil-)Systeme mit ein, weil anders ein angemessener Umweltbezug nicht dargestellt werden kann. Da dieser Aspekt in den meisten Mensch-Umwelt-Geschichten nur eine geringe Rolle spielt, ist diese Gewichtung eine weitere Besonderheit dieser Darstellung.

Zur ganzheitlichen oder holistischen Perspektive

Zum Abschluss soll noch kurz das Thema «Holismus» angesprochen werden: Üblicherweise sind Mensch-Umwelt-Geschichten einer ganzheitlichen oder holistischen Perspektive verpflichtet, weil eine disziplinäre Sichtweise – die Aufteilung der Welt in einzelne thematische Fachgebiete – bei diesem Thema mit seinen vielfältigen Wechselwirkungen als ungeeignet gilt. Das Problem bei ganzheitlichen Ansätzen ist jedoch, dass dabei oft nur ein einziges Motiv oder «Prinzip» absolut gesetzt wird, das eine unüberschaubare Komplexität erklären soll.

Aus eigenen, sehr umfangreichen empirischen Analysen bin ich im Laufe der Jahrzehnte zum Schluss gekommen, dass Ganzheitlichkeit – das Ergebnis des wechselseitigen Zusammenwirkens zahlloser, teilweise sehr heterogener Einzelelemente, die auf unterschiedlichen räumlichen und zeitlichen Ebenen ablaufen – nicht auf ganzheitliche Weise analysiert und dargestellt werden kann. Stattdessen müssen zuerst die einzelnen Teilbereiche mit ihren Eigendynamiken getrennt voneinander analysiert werden, und erst in einem zweiten Schritt können dann diese Einzelergebnisse auf reflektierte Weise zu einem Gesamtbild zusammengefügt werden.[61]

In dieser Mensch-Umwelt-Geschichte werden die Bereiche Wirtschaft, Gesellschaft und Raum als die Teilbereiche angesehen, die zum Verständnis des menschlichen Umweltbezugs herangezogen werden müssen. Sie werden jeweils zuerst getrennt voneinander dargestellt, und die Ergebnisse werden dann in einem zweiten Schritt unter der Leitfrage der menschlichen Beziehung zur Natur zu einem Gesamtbild zusammengesetzt. Auf diese Weise entwickelt dieser Entwurf ex negativo eine vernetzte Gesamtperspektive, die weder holistisch im Sinne einer falschen Ganzheitlichkeit konzipiert ist, noch in verschiedene, beliebig nebeneinanderstehende Einzelteile zerfällt. Um die heutigen Umweltprobleme angemessen verstehen zu können, ist gerade eine solche vernetzte Gesamtperspektive wichtig.

2.

Die Entstehung des Menschen im Rahmen der Evolution

Zur kulturellen Selbstbegrenzung eines unbegrenzten Wesens

Dieses Kapitel stellt dar, wie der Mensch als Naturwesen im Rahmen der Evolution entsteht und wie er dabei gewisse Freiheitsgrade gegenüber der Natur entwickelt, ohne aus dem Naturzusammenhang herauszutreten. Zuerst werden die zentralen Evolutionsschritte der Menschwerdung dargestellt (2.1 bis 2.3), dann wird herausgearbeitet, welches dabei die Besonderheiten des Menschen sind (2.4), und zum Schluss wird gefragt, was diese Entwicklung für die menschliche Umweltbeziehung bedeutet (2.5).

2.1 Der Kontext der biologischen Entwicklung des Menschen

Die Gefahr ist groß, dass wir die Entwicklung hin zum Menschen als Höhepunkt oder Ziel der Evolution ansehen. Deshalb zu Beginn ein Verweis auf die zeitliche Größenordnung der Evolution:[1]

Entstehung der Erde	4,5 Milliarden Jahre
Erstes Leben auf der Erde	3,5 Milliarden Jahre
Einzeller	1,5 Milliarden Jahre
Pflanzen auf dem Festland	410 Millionen Jahre
Säugetiere	240 Millionen Jahre
Primaten	80 Millionen Jahre
Menschenaffen	20–15 Millionen Jahre
Beginn menschlicher Entwicklung	8–7 Millionen Jahre
Gattung Homo	2,8 Millionen Jahre
Homo sapiens	300 000 Jahre

Damit wird deutlich, dass der Mensch ein extrem junges Produkt der Evolution ist. Unterteilt man die Zeit seit der Entstehung der Erde in 24 Stunden, dann beginnt die menschliche Entwicklung erst zwei Minuten vor Mitternacht, und der Homo sapiens tritt sogar erst sechs Sekunden vor Mitternacht auf. Da es bei den Lebewesen im Verlauf dieses langen Zeitraums extrem vielfältige Entwicklungen gibt, die oft abbrechen und auf neue Weise fortgesetzt werden – besonders stark beeinflusst durch die fünf großen Massenaussterbe-Ereignisse der Erdgeschichte (vor 444, 372, 252, 201 und 66 Millionen Jahren) –, würde ein Aussterben des Menschen nicht weiter auffallen und zur Normalität der Evolution gehören.

Die Familie der Menschenaffen

Ausgangspunkt für die Entwicklung hin zum Menschen ist die Familie der Großen Menschenaffen – nicht die heutigen, sondern die damaligen Menschenaffen – mit den Gattungen Orang-Utan (Südostasien), Gorilla (Afrika) und Schimpanse oder lateinisch Pan (Afrika).[2] Dabei steht der Schimpanse, der sich relativ spät noch einmal in zwei Arten unterteilt (Gemeiner Schimpanse und Zwergschimpanse oder Bonobo) dem Menschen biologisch am nächsten; sein Erbgut unterscheidet sich nur zu 1,2 Prozent von dem des Menschen. Aber auch zum Gorilla sind die Differenzen noch gering, denn der Unterschied beim Erbgut beträgt nur 1,4 Prozent.[3]

Es hat sich seit langem durchgesetzt, den Menschen im Rahmen der Evolution als fünfte Gattung der Großen und Kleinen Menschenaffen oder als vierte Gattung der Familie der Großen Menschenaffen einzuordnen.[4] Indem man aber für den Menschen die Gattungsbezeichnung Homo verwendet, hebt man ihn zugleich deutlich von den anderen Menschenaffen ab. Naturwissenschaftler, die die Sonderstellung des Menschen in Frage stellen und den Menschen als Teil der Natur sehen, verwenden deshalb oft eine eigene Begrifflichkeit, um ihre Position deutlich zu machen. Dies hat immer wieder zu heftigen Diskussionen in der Öffentlichkeit geführt: Der Mensch als «nackter Affe» (die einzige Primatenart, die kein Fell besitzt),[5] als «fünfter Affe»,[6] als «dritter Schimpanse» (neben Gemeinem Schimpansen und Bonobo).[7] Als wissenschaftliche Bezeichnung schlagen diese Naturwissenschaftler statt «Homo sapiens» den Namen «Pan sapiens» (der intelligente Schimpanse) vor.[8]

Die Gemeinsamkeiten zwischen Schimpanse und Vormensch sind in der Tat beeindruckend: Beide entstehen und leben im gleichen Ökosystem, nämlich im tropischen Regenwald in Afrika, verfügen über eine ausgeprägte räumliche Sehfähigkeit und über eine differenzierte Greiffähigkeit, nutzen die gleichen, vielfältigen Nahrungsquellen (Früchte und weiche Pflanzenteile, daneben aber auch Insekten und kleine Säugetiere), verwenden Werkzeuge, die sie auch selbst herstellen, und leben in gleichen Sozialsystemen (die Mitglieder einer größeren Gemeinschaft streifen in kleineren Gruppen umher und treffen sich zu bestimmten Gelegenheiten), die von engen Sozialbeziehungen zwischen den Mitgliedern einer Gruppe geprägt sind.[9]

Drei unterschiedlich alte Teile des menschlichen Körpers

Auf welche Weise entwickelt sich nun der Mensch? Sieht man sich den heutigen menschlichen Körper an, dann erkennt man drei große Bestandteile, die unterschiedlich alt sind:[10]

Der Rumpf des Menschen mit Armen und Greifhänden ist etwa 15 Millionen Jahre alt und stammt aus der Zeit der gemeinsamen Vorfahren der Menschenaffen.

Becken, Beine und Füße sind durch den aufrechten Gang geprägt, der sich vor etwa acht Millionen Jahren bei den Vormenschen herausbildet.

Der Kopf mit dem übergroßen Gehirn ist der jüngste Teil, und er ist gut eine Million Jahre alt.

Das bedeutet, dass sich die biologische Entwicklung hin zum Menschen in zwei deutlich voneinander getrennten Schritten vollzieht: Zuerst entwickelt sich der aufrechte Gang (Vormenschen), dann erst wächst – wesentlich später – das Gehirn (Frühmenschen und Moderne Menschen). Oder plakativ ausgedrückt: «Die Geschichte der Menschheit beginnt mit den Füßen.»[11]

Keine lineare Entwicklung hin zum Menschen

Diese zwei Entwicklungsschritte werden in den beiden folgenden Abschnitten dargestellt. Zuvor ist jedoch noch darauf hinzuweisen, dass es erstens im Verhältnis zum langen Zeitraum von acht Millionen Jahren nur relativ wenige Fundstücke von Vor-, Früh- und Modernem Menschen gibt und dass diese Fundstücke meist auch noch unvollständig sind (vollständige Skelette sind extrem selten); diese Situation erlaubt kaum eine seriöse Rekonstruktion der menschlichen Entwicklung. Und zweitens scheint es – unabhängig von der schlechten Fundsituation – keine klare, eindeutige Entwicklungslinie zu geben, bei der der Mensch Stück für Stück immer menschlicher würde. Stattdessen sieht es so aus, als gäbe es viele verschiedene Entwicklungsstränge, als würden wichtige Merkmale des Menschen in verschiedenen Regionen und zu verschiedenen Zeiten jeweils mehrfach entstehen und als würden wichtige Entwicklungen immer wieder abbrechen (Aussterben von Arten). Von heute, also vom Ergebnis her, sieht es so aus, als verliefe die Entwicklung hin zum Menschen auf eine lineare, logische und stringente Weise, nämlich als Höherentwicklung oder als «Fortschritt», aber dieses Bild täuscht: Wir müssen mit vielen, teilweise chaotischen Entwicklungssträngen rechnen, die sich weiter entwickeln oder auch nicht, und die durch Zufälle immer wieder maßgeblich beeinflusst werden.[12] Und dabei ist es keineswegs selbstverständlich, dass der Mensch überlebt – es gibt immer wieder «genetische Flaschenhälse», zuletzt vor etwa 75 000 Jahren, die fast zum Aussterben des Menschen führen.[13]

Wenn man sich bei der Entwicklung hin zum Menschen über etwas wundern muss, dann ist es weniger das Ergebnis, dass er heute die gesamte Welt dominiert, als vielmehr das Faktum, dass er nicht früher oder später wieder ausgestorben ist.

2.2 Der aufrechte Gang der Vormenschen – der erste Schritt zum Menschen

Die Entwicklung hin zum Menschen beginnt mit der Herausbildung des aufrechten Ganges. Dieser entsteht bei den Primaten im Rahmen der Evolution offenbar mehrfach; aber da alle anderen Arten mit aufrechtem Gang außer den Vormenschen wieder aussterben, stellt er unter den heute lebenden Primaten ein außergewöhnliches und einzigartiges Merkmal dar.[14] Vorbereitet wird er dadurch, dass sich die schwereren Menschenaffen im tropischen Regenwald häufig auf Ästen aufrichten, um an Früchte zu gelangen, und sich mit hangelnden Bewegungen von Ast zu Ast schwingen, was die spätere Ausbildung des aufrechten Ganges erleichtert.[15]

Um aber aufrecht gehen zu können, muss der Körper erheblich umgebaut werden: Die Füße werden gewölbt und verstärkt – wobei sie ihre Greiffähigkeit verlieren –, das Becken wird verbreitert und gedreht, und der Kopf (mit dem kleinen Gehirn) wird senkrecht auf die Wirbelsäule gesetzt.[16] Sehr lange Zeit ist der aufrechte Gang nur eine von mehreren Fortbewegungsmöglichkeiten, und er wirkt aus heutiger Sicht anstrengend und mühsam.

Neuer Lebensraum durch aufrechten Gang

Ausgelöst wird die Entwicklung des aufrechten Ganges offenbar durch ein trockener werdendes Klima, durch das die tropischen Regenwälder in Afrika – der Lebensraum der Menschenaffen – deutlich kleiner werden. Durch die Ausbildung des aufrechten Ganges verlieren die Vormenschen die exzellente Kletterfähigkeit der Menschenaffen, so dass ihnen das Höhenstockwerk des tropischen Regenwaldes mit seinen Früchten als Lebensraum nicht mehr zur Verfügung steht (und am Boden der Regenwälder gibt es wenig Nahrung). Aber sie gewinnen zugleich die Möglichkeit, in flacheren Seen und Flüssen nach Nahrung zu suchen, weil sie jetzt dank des aufrechten Gangs im Wasser waten können.[17] Eigentlich wären für sie dank des aufrechten Gangs auch die Savannen, also die großen tropischen Grasländer, als Lebensraum geeignet; aber dort leben die großen Raubkatzen, für die die Vormenschen eine leichte Beute sind. Deshalb können die Vormenschen nur diejenigen Teile der Savanne nutzen, in denen es genügend Bäume in der Nähe gibt, auf die sie sich schnell flüchten können.[18]

Das bedeutet: Der Vormensch entsteht im Randbereich der tropischen Regenwälder in Afrika, im Übergangsbereich zwischen geschlossenen Wäldern und offener Savanne, und er bleibt für sehr lange Zeit auf diesen Lebensraum beschränkt (siehe Karte 1). Die frühesten Funde, die jedoch nicht sehr eindeutig sind, deuten darauf hin, dass sich der aufrechte Gang vor sieben bis acht Millionen Jahren herausbildet. Vor etwa fünf Millionen Jahre entsteht die sehr erfolgreiche Vormenschen-Gruppe der sogenannten «Australopithecinen» mit fünf verschiedenen Gattungen und fünfzehn Arten, die erst vor einer Million Jahren ausstirbt;[19] über einige ihrer Vertreter wie z. B. über «Lucy» oder «das Kind von Taung» wird sogar in Tageszeitungen ausführlicher berichtet.

Vom Erscheinungsbild her ähneln diese Vormenschen trotz ihres aufrechten Gangs mehr den Menschenaffen als den späteren Menschen: Sie haben kurze Beine und lange, sehr bewegliche Arme, sie haben wegen ihres kleinen Gehirns noch ein affenähnliches Gesicht, und sie besitzen am gesamten Körper noch ein Fell.

Aufrechter Gang und freie Hände

Mit der Festigung des aufrechten Gangs beginnt eine neue Entwicklung: Durch den aufrechten Gang werden die Hände allmählich von der Aufgabe der Fortbewegung freigemacht und können für andere Zwecke eingesetzt werden, nämlich als Werkzeug (größere Geschicklichkeit bei der Herstellung und Benutzung von Werkzeugen), für soziale Aufgaben (Zunahme der sozial so wichtigen Körperkontakte zwischen den Gruppenmitgliedern) und um Dinge zu tragen (Möglichkeit, gefundene Nahrungsmittel nicht direkt an Ort und Stelle essen zu müssen, sondern sie zum Lager zu tragen und Gruppenmitglieder damit versorgen zu können).

Bereits bei den Menschenaffen hatte sich zur Steuerung der Arm- und Handbewegungen eine spezifische Interaktion mit dem Gehirn herausgebildet, denn das Gehirn muss die vorgesehenen Bewegungen antizipieren, um sie steuern und kontrollieren zu können. Und da die Hand nach der Entwicklung des aufrechten Gangs immer häufiger und differenzierter eingesetzt und ihre Feinmotorik immer weiter perfektioniert wird, werden immer mehr und immer kleinere Bewegungen im Gehirn gespeichert, die immer besser gesteuert und kontrolliert werden. Durch diese wechselseitige Stimulation kommt es im Laufe der Zeit zu einer Ko-Entwicklung von Hand und Gehirn, die sich beide immer weiter

Karte 1: Die Entstehungsregionen der Vor- und Frühmenschen

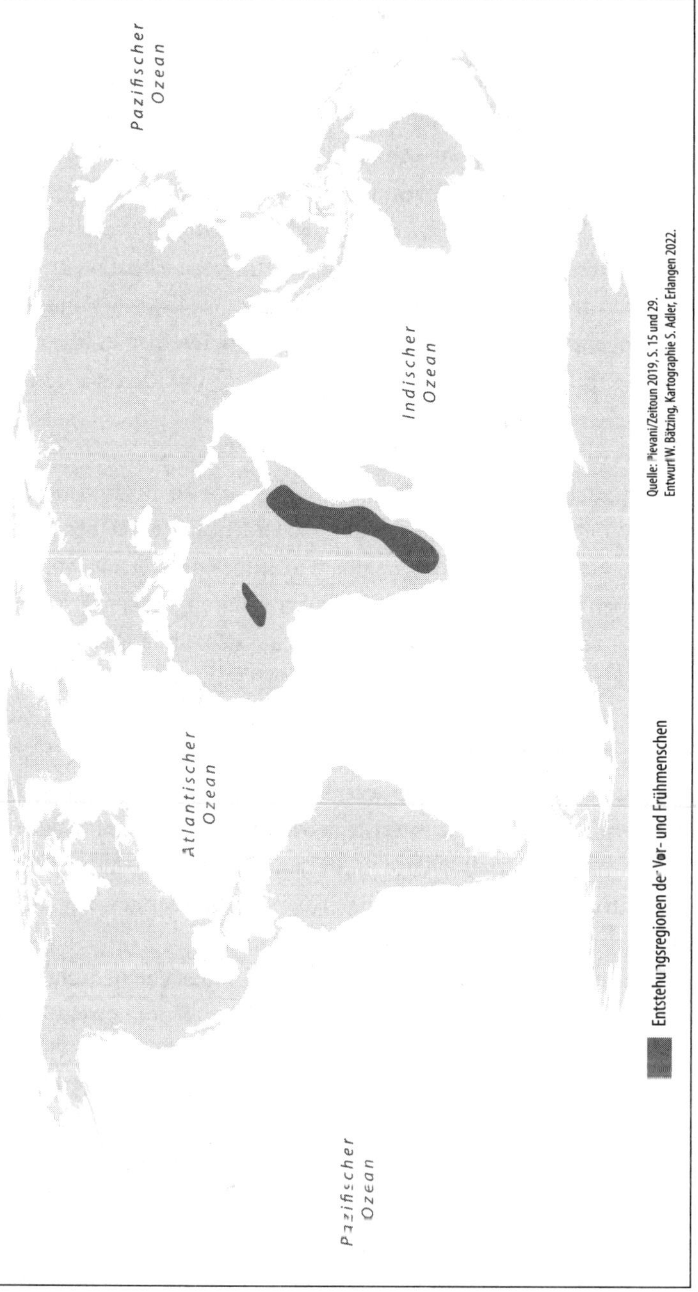

Quelle: Pievani/Zeitoun 2019, S. 15 und 29.
Entwurf W. Bätzing, Kartographie S. Adler, Erlangen 2022.

ausdifferenzieren, wobei sich das Gehirn intern umstrukturiert, ohne größer zu werden. Deshalb kann man die Hand zu Recht als «Geniestreich der Evolution» bezeichnen.[20]

Da bereits Menschenaffen Werkzeuge nutzen und sogar selbst herstellen, dürften die Vormenschen dies ebenfalls getan haben. Die intensive Hand-Gehirn-Interaktion führt dann dazu, dass der Mensch dabei immer geschickter und effizienter wird und dadurch Vorteile der Nahrungsgewinnung und Nahrungsaufbereitung erwirbt. Die ältesten bislang gefundenen Werkzeuge sind 3,3 Millionen Jahre alt und stammen von unbekannten Vormenschen,[21] aber es ist wohl damit zu rechnen, dass in Zukunft auch noch ältere Werkzeuge gefunden werden.

Sozialleben der Vormenschen

Das Sozialleben der Vormenschen dürfte sich zu Beginn nicht signifikant von dem der Schimpansen unterscheiden: Die einzelnen Individuen leben in Gruppen zusammen, pflegen untereinander ein ausgeprägtes Sozialleben und kommunizieren intensiv miteinander. Auffällig ist jedoch, dass männliche Vormenschen kleine Eckzähne besitzen, während diese Eckzähne bei den Menschenaffen groß und scharf ausgebildet sind und als Waffen benutzt werden. Dies wird üblicherweise so interpretiert, dass bei Schimpansen und Gorillas die männlichen Individuen aggressiv um die fruchtbaren weiblichen Individuen kämpfen und dass diese Rivalität bei den Vormenschen fehlt, weil die weiblichen Vormenschen offenbar gezielt Männer als Sexualpartner wählen, die sozial kooperativ sind und die «nicht permanent ihre langen Eckzähne drohend entblößen».[22]

Dies könnte ein Hinweis darauf sein, dass die Vormenschen ein ausgeprägteres Sozialverhalten und eine engere Kooperation innerhalb ihrer Gruppe als Menschenaffen besitzen. Dies lässt sich durch Knochenfunde archäologisch allerdings nicht nachweisen, und andere Hinweise aus dieser Zeit existieren nicht. Aber die spätere Entwicklung beim Homo sapiens scheint dies durchaus zu bestätigen.

Auf jeden Fall kommunizieren die Vormenschen – wie auch die Menschenaffen – mittels Laut- und Gebärdensprache miteinander: Bei der Lautsprache werden bestimmte Laute (Vokale) auf unterschiedlichen

Tonhöhen produziert, die mit bestimmten Inhalten besetzt sind; dies ist heute noch nachvollziehbar, wenn man sich z. B. den Laut Iiiiihhh in hoher Tonlage vorstellt, der ein Gefühl des Entsetzens, Erschreckens oder Ekels ausdrückt. Und mit der Kombination unterschiedlicher Laute zu spezifischen Lautabfolgen lassen sich auch etwas komplexere Inhalte ausdrücken.[23] Bei der Gebärdensprache sind dagegen einzelne Gesten – z. B. ausgestreckte Arme für «Willkommen» – mit bestimmten Inhalten verbunden, und auch diese Gesten können zu bestimmten Abfolgen verbunden werden. Auf diese Weise können Menschenaffen gut miteinander kommunizieren. Und wenn die Vermutung stimmt, dass Vormenschen besser und enger miteinander kooperieren als Menschenaffen, dann dürften die Vormenschen auch ihre Kommunikation untereinander verbessert haben.

Kulturen bei Menschenaffen und Vormenschen

Menschenaffen haben darüber hinaus auch bereits unterschiedliche Kulturen entwickelt: Neben den angeborenen und fest ausgeprägten Verhaltensweisen gibt es bei ihnen erlernbare und erlernte Verhaltensweisen wie z. B. den Gebrauch eines gebogenen Stöckchens als Werkzeug oder das Knacken von harten Nüssen mittels zweier Steine. Solche neuen Verhaltensweisen werden von einem einzelnen Individuum durch Ausprobieren erfunden, an andere Individuen weitergegeben und später von der gesamten Gruppe übernommen. Von Kultur spricht man bei Menschenaffen dann, wenn eine Gruppe eine bestimmte Verhaltensweise erlernt und benutzt, die sich bei anderen Gruppen nicht findet. Beim Vormenschen dürfte sich dies genauso abgespielt haben; es ist lediglich zu vermuten, dass sie auf Grund ihrer intensiveren Hand-Gehirn-Interaktion mehr Dinge lernen und diese wegen ihrer engeren Kooperation schneller weitergeben als Menschenaffen.

Obwohl die Vormenschen beim genetischen Erbmaterial fast mit den Schimpansen identisch sind, führen diese beiden Veränderungen – aufrechter Gang und engere soziale Kooperation – dazu, dass sich die Vormenschen einen anderen Lebensraum (Übergangssaum zwischen tropischem Regenwald und Savanne) erschließen, diesen im Laufe der Zeit besser nutzen und ihn langsam etwas weiter in die Savanne hinein vergrößern können. Charakteristisch ist dabei, dass bereits beim Beginn der menschlichen Entwicklung biologische und soziale Veränderungen eng miteinander verknüpft sind.

2.3 Gehirnwachstum und Herausbildung der Gattung Homo

Vor gut 2,8 Millionen Jahren wird das Klima in Afrika etwas kühler und deutlich trockener. Dadurch werden die tropischen Regenwälder erneut kleiner, und die Savannen vergrößern sich. Viele Pflanzen reagieren auf die Trockenheit mit einer Verstärkung ihrer Außenhüllen, um Feuchtigkeitsverluste zu reduzieren. Viele Körner und Nüsse, die für die Vormenschen wichtige Nahrungsquellen darstellen, bilden daraufhin eine harte Schale aus, die erst mühsam geknackt werden muss, um an das nahrhafte Innere zu kommen.[24]

«Nussknackermenschen» und Frühmenschen

Auf diese Lebensraumveränderung gibt es in der menschlichen Entwicklung zwei Reaktionen:

Erstens entwickelt sich in dieser Zeit der sogenannte «Nussknackermensch», der ein besonders kräftiges Gebiss mit sehr breiten Zähnen und einer extrem kräftigen Kaumuskulatur ausbildet, der also mit einer biologischen Anpassung auf die Umweltveränderungen reagiert. Vor einer Million Jahren stirbt er dann im Rahmen einer erneuten Klimaveränderung (wärmer und feuchter) wieder aus.[25]

Zweitens entwickeln sich in dieser Zeit die ersten Frühformen des Menschen, also der Gattung Homo. Allerdings ist der Beginn derzeit noch ziemlich unklar, und es gibt auch keine sinnvolle Definition, um die Gattung Homo eindeutig gegenüber den Vormenschen abzugrenzen.[26] Offenbar reagieren die Frühmenschen auf die Umweltveränderungen mit einer Intensivierung und Verbesserung ihres Werkzeuggebrauchs, so dass sie es immer besser lernen, die harten Schalen der Körner und Nüsse mit Werkzeugen statt mit ihrem Gebiss zu öffnen.[27]

Biologische und kulturelle Entwicklung der Gattung Homo

Die biologische Entwicklung des Menschen lässt sich im Überblick folgendermaßen skizzieren:[28] Vor 2,8 Millionen Jahren entstehen die ersten Frühmenschen, und vor zwei Millionen Jahren entsteht dann der Homo erectus, der «aufrechte Mensch», der die bis heute erfolgreichste Menschenart ist, weil er 1,5 Millionen Jahre lang auf der Erde lebte (von dieser Lebensdauer ist der Homo sapiens noch sehr weit entfernt).[29] Die biologische Entwicklung ist dadurch geprägt,

- dass das Gehirn allmählich sehr viel größer wird – die typisch menschliche Hirnstruktur entsteht vor 1,7 Millionen Jahren, das große Gehirn vor gut einer Million Jahren;
- dass der aufrechte Gang (u. a. durch längere Beine) deutlich verbessert wird, so dass der Mensch jetzt zu einem guten Dauerläufer wird;
- dass der Schulter-Oberarm-Bereich beweglicher wird, so dass der Mensch jetzt zu einem guten Werfer wird;
- dass die Daumenbeweglichkeit deutlich zunimmt, so dass ein Präzisions- oder Pinzettengriff möglich wird, der für die Werkzeugherstellung wichtig ist;
- und dass der Mensch sein Fell verliert.[30]

Die kulturelle Entwicklung des Menschen kann folgendermaßen skizziert werden:[31] Die verbesserte Werkzeugherstellung und der effektivere Werkzeugeinsatz verbessern die Nahrungsmittelversorgung der Frühmenschen erheblich. Mit Werkzeugen, die als Waffen verwendet werden, können sie jetzt mehr Fleisch erbeuten: Sie können erstmals Aasfresser wie Hyänen gut vom Aas vertreiben, und sie beginnen, gemeinsam erfolgreich zu jagen (was eine komplexe Sozialstruktur und eine hoch entwickelte Kooperation voraussetzt). Gleichzeitig können sie mit ihren Waffen die großen Raubkatzen zurückdrängen und dadurch ihren Lebensraum weit in die Feucht-, Trocken- und Dornsavanne hinein, also auf große Teile Afrikas ausweiten.

Vor gut zwei Millionen Jahren verlässt der Frühmensch erstmals den afrikanischen Kontinent und beginnt, sich diejenigen Gebiete in Asien als Lebensraum zu erschließen, die denen seiner afrikanischen Heimat ähneln, die subtropischen und tropischen Räume mit offenen, baum- und walddurchsetzten Landschaften. Später lernt der Homo erectus, das Feuer zu kontrollieren, was ihm zusammen mit der Erfindung der Kleidung ermöglicht, in weiteren Auswanderungswellen aus Afrika auch die kühl- und kaltgemäßigten Klimaregionen Eurasiens zu besiedeln. Im Laufe der Zeit passen sich die ausgewanderten Homo-erectus-Vertreter auch biologisch ihren neuen Lebensräumen etwas an und entwickeln in Eurasien unterschiedliche regionale Arten, wie den Neandertaler- oder den Denisova-Menschen.[32]

Der Homo sapiens

Dann tritt der Homo sapiens auf. Während man früher meinte, der Moderne Mensch oder Homo sapiens sei vor 200 000 Jahren in Ostafrika entstanden, geht man heute davon aus, dass er vor 300 000 Jahren im Rahmen eines «afrikanischen Multiregionalismus» entsteht.[33] Die Vorfahren des Homo sapiens leben in deutlich abgegrenzten, aber miteinander doch etwas verbundenen Populationen in ganz Afrika, entwickeln in den einzelnen Populationen je unterschiedliche biologische und kulturelle Innovationen (in kleinen, abgegrenzten Populationen können sich Veränderungen schnell durchsetzen und dominant werden) und tauschen diese wechselseitig miteinander aus, wodurch allmählich der Moderne Mensch oder die Art Homo sapiens entsteht.

Nachdem er sich in Afrika konsolidiert hat, verlässt er vor etwa 85 000 Jahren diesen Kontinent und beginnt, die gesamte Erde bis hinauf zu den subpolaren Gebieten zu besiedeln.[34] Dabei trifft er in verschiedenen Regionen Eurasiens auf andere Menschenarten, mit denen er sich gelegentlich vermischt – 2 bis 4 Prozent des Genoms der heutigen Eurasier stammen vom Neandertaler, bis zu 6 Prozent des Genoms der heutigen Südseebewohner vom Denisova-Menschen – und die einige Zeit nach seiner Ankunft alle aussterben, am spätesten die Neandertaler vor 27 000 Jahren.[35] Über das Verschwinden dieser anderen Menschenarten nach dem Auftreten des Homo sapiens ist viel spekuliert worden, und immer wieder wird die Vermutung geäußert, dass der Homo sapiens sie ausgerottet oder ermordet hätte.[36] Dafür gibt es jedoch keinerlei Anhaltspunkte. Grundsätzlich ist bis heute nicht geklärt, was die konkreten Ursachen für das Verschwinden dieser Menschenarten sind, zumal zum Beispiel der Neandertaler ein größeres Gehirn hatte und auch symbolisch denken konnte. Die Vermutungen gehen in die Richtung, dass sich der Homo sapiens durchgesetzt habe, weil er dank einer höher entwickelten Kultur flexibler mit Klimaänderungen umgehen konnte.[37]

Das bedeutet, dass alle heute lebenden Menschen zur Art Homo sapiens zählen und auf einen gemeinsamen Ursprung zurückgehen, der in Afrika liegt. Oder plakativ ausgedrückt: Wir sind alle Afrikaner. Der Mensch ist deshalb in Afrika auch genetisch am vielfältigsten ausgeprägt, und seine genetische Vielfalt nimmt immer mehr ab, je weiter er sich von Afrika entfernt.[38] Daher gibt es keine unterschiedlichen «Rassen» beim Menschen – alle heutigen Menschen sind genetisch sehr ähnlich, und Unterschiede in Haut-, Haar- oder Augenfarbe stellen biologisch gesehen lediglich minimale Umweltanpassungen dar.

Damit tritt die außergewöhnliche Situation ein, dass der Mensch auf dem Höhepunkt seiner Entwicklung – als er die gesamte Erde besiedelt – erstmals seit seiner Entstehung nur noch aus einer einzigen Art, nämlich aus dem Homo sapiens besteht. Daher stellt sich die – nicht zu beantwortende – Frage, wie sich der Mensch weiterentwickelt hätte, wenn neben dem Homo sapiens andere Menschenarten überlebt hätten.

2.4 Die spezifischen Eigenschaften des Homo sapiens

Um die Entwicklung hin zum Menschen besser verstehen zu können, ist es sinnvoll, sich diejenigen Eigenschaften etwas näher anzusehen, die den Menschen zum Menschen machen. Zu Beginn werden vier biologische Merkmale dargestellt, die dafür wichtig sind, die aber leicht übersehen werden, und dann werden die fünf Eigenschaften diskutiert, die traditionellerweise als Ursache der Einzigartigkeit des Menschen angeführt werden.

Vier biologische Merkmale

Folgende vier biologische Merkmale prägen den Homo sapiens im Unterschied zu den Schimpansen:

Erstens ist der Mensch eine «physiologische Frühgeburt»: Da beim Wachstum des Gehirns der Kopf des ungeborenen Säuglings immer größer wird, muss er früher geboren werden, damit er noch durch den Geburtskanal im Becken der Mutter passt. Im Endergebnis wird der Säugling ein Jahr früher geboren, als es für seine Kopfgröße «normal» wäre. Deshalb entwickelt sich die Reifung des Gehirns zum Teil erst nach der Geburt – Biologen sprechen von der «extrauterinen Frühzeit des Menschen» –, und das Gehirn kann so viel stärker als im Uterus der Mutter sozial geprägt werden.[39]

Zweitens besitzt der Mensch eine sehr lange Wachstumsphase. Schon bei den Menschenaffen zieht sich das körperliche Wachstum relativ lange hin. Bei den Schimpansen ist es erst mit 11 bis 12 Jahren abgeschlossen, beim Menschen mit 16 bis 18 Jahren noch einmal deutlich verlängert. Dabei gibt es verschiedene biologische Wachstums- und Reifephasen, von denen die letzte – die Pubertät – nur beim Menschen anzutreffen ist. Dadurch erhöht sich der Stellenwert des sozialen und kulturellen Lernens gegenüber der Entfaltung biologisch geprägter Verhaltensweisen stark.[40]

Drittens verändert sich die Sexualität beim Menschen: Bei fast allen Säugetieren sind die weiblichen Individuen jeweils nur für kurze Zeiten im Jahr empfängnisbereit. Beim Menschen dagegen sind die Frauen vom Ende der Pubertät bis zur Menopause durchgehend empfängnisbereit, und sie kennen – im Unterschied zu den Menschenaffen – ihre fruchtbaren Tage nicht, was biologisch gesehen dysfunktional ist, weil der Paarungsakt beim Menschen meist nicht zum biologisch richtigen Zeitpunkt stattfindet, also selten zur Schwangerschaft führt. Zusätzlich sind die Brüste der Frau und der Penis des Mannes größer als bei den Menschenaffen und zudem gut sichtbar, so dass ihnen eine Signalbedeutung zukommt. Bei der Biologie der menschlichen Sexualität geht es daher nicht nur um Fortpflanzung, sondern ebenso um die Intensivierung und Festigung der Sozialkontakte zwischen Frau und Mann.[41]

Viertens besitzt der Mensch ein sehr langes Leben: Der Mensch lebt etwa doppelt so lange wie die Menschenaffen, was sehr außergewöhnlich ist. Besonders auffällig ist dabei, dass die Frauen nach der Menopause noch lange Zeit leben – da biologisches Leben normalerweise mit Fortpflanzung identisch ist, ist diese Eigenschaft biologisch dysfunktional. Das hohe biologische Alter besitzt beim Menschen offensichtlich die Aufgabe, die in einer Generation gemachten Erfahrungen besser und effizienter an die nächste Generation weitergeben zu können.[42] Und bei den Frauen kommt im Alter noch zusätzlich die Aufgabe hinzu, die jungen Mütter bei der Versorgung ihrer Säuglinge und Kleinkinder, die beim Menschen besonders lange auf Hilfe angewiesen sind, aktiv zu unterstützen und auf diese Weise das Überleben der Säuglinge zu verbessern.[43]

Diese vier biologischen Eigenschaften des Homo sapiens sind besonders aufschlussreich, weil sie exemplarisch deutlich machen, dass bei der evolutionären Entwicklung hin zum Menschen biologische und kulturelle Veränderungen nicht voneinander getrennt werden können, sondern miteinander verflochten sind.

Großes Gehirn

Bereits die Entwicklung der Primaten und besonders die der Menschenaffen ist durch ein größer werdendes Gehirn geprägt. Gorillas haben ein 1,6- und Schimpansen ein 2,4-mal größeres Gehirn, als es bei einem durchschnittlichen Säugetier ihres Körpergewichts zu erwarten wäre. Schimpansen besitzen ein Gehirnvolumen von 400 cm^3, die Vormenschen von weniger als 600 cm^3, der Homo erectus von zwischen 800 und 1200 cm^3 und der Homo sapiens schließlich von 1400 cm^3.[44] Damit macht das Gehirn beim Modernen Menschen 2 bis 3 Prozent seines Körpergewichts aus, verbraucht aber im Ruhezustand 25 Prozent seiner gesamten Körperenergie, während dieser Wert beim Schimpansen nur bei 8 Prozent liegt.[45] Was ist die Ursache für diese Entwicklung, die bei den Primaten einsetzt und beim Menschen einen außergewöhnlichen Höhepunkt erreicht?

Das Gehirn dient dazu, auf die Umwelt und die Umweltveränderungen auf eine differenzierte und effektive Weise reagieren zu können, indem es die verschiedenen Sinneseindrücke – Fühlen, Riechen, Schmecken, Hören, Sehen – miteinander verknüpft. Dabei gibt es offenbar zwei Triebkräfte, die das Gehirnwachstum im Rahmen der Evolution stimulieren:[46] Auf der einen Seite fördern schwerer zu erreichende Nahrungsquellen ein größeres und leistungsfähigeres Gehirn, weshalb zum Beispiel Raubtiere, die ihre Beute erst mühsam aufspüren müssen, ein größeres Gehirn als Pflanzenfresser besitzen. Auf der anderen Seite erfordert ein Leben in komplexen sozialen Systemen – und die Entwicklung der Primaten ist ja gerade dadurch geprägt, dass ihre sozialen Systeme immer komplexer werden – eine differenzierte Wahrnehmung aller einzelnen Gruppenmitglieder einschließlich ihrer derzeitigen Handlungen und zukünftigen Absichten, weil diejenigen Individuen in der Gruppe einen Vorteil haben, die dies möglichst gut können.[47]

Auf diese Weise bedeutet ein größeres Gehirn bereits für Menschenaffen einen wichtigen evolutionären Vorteil. Die Verdreifachung der Gehirngröße gegenüber dem Schimpansen ermöglicht dem Menschen große zusätzliche Vorteile bei Nahrungssuche und Werkzeugherstellung sowie im sozialen Verhalten, die die der Schimpansen weit übersteigen. Dadurch lohnt es sich aus evolutionärer Sicht, dass Menschen ein so extrem energieintensives Organ wie das Gehirn ausbilden.

Werkzeugherstellung

Genau wie die Menschenaffen dürften auch die Vormenschen von Anfang an spontan Werkzeuge gebraucht und Werkzeuge hergestellt haben, von denen aber wohl nichts erhalten geblieben ist. Die ältesten bislang aufgefundenen menschlichen Werkzeuge sind Steine, die durch gezieltes Abschlagen eine scharfe Kante erhalten und zum Schneiden oder Schaben genutzt werden (Geröllgeräte).[48] Die Gattung Homo verbessert das Werkzeug, indem sie vor 1,7 Millionen Jahren den Faustkeil erfindet, also einen Stein, der auf zwei Seiten durch Abschläge geschärft und zugespitzt wird. Dies ist lange Zeit das Universalwerkzeug des Menschen, das 1,5 Millionen Jahre in Gebrauch ist. Vor 200 000 Jahren werden die Steinwerkzeuge kleiner und feiner (sog. «Klingen-Industrien»), die Werkzeuge werden erstmals für unterschiedliche Zwecke ausdifferenziert, und sie weisen jetzt regionale Unterschiede («Werkzeug-Kulturen») auf. Vor 75 000 Jahren dann tauchen in Afrika kleine Klingen, sogenannte «Mikrolithe», auf, die in andere Werkzeuge eingesetzt und als Spitzen und Widerhaken in Lanzen, Speeren, Harpunen oder Pfeilen verwendet werden. Diese Mikrolithe sind der Höhepunkt der Steinwerkzeuge; sie werden ab 9000 v. Chr. systematisch poliert oder geschliffen (wodurch sie noch schärfer werden), und sie werden dann ab 3000 v. Chr. allmählich durch Metallwerkzeuge ersetzt.

Wenn es um menschliche Werkzeuge geht, dann haben sich fast nur Steinwerkzeuge erhalten. Es kann aber mit Sicherheit angenommen werden, dass bereits die Frühmenschen auch Gegenstände aus Holz, Horn, Elfenbein, Leder und anderen Materialien verwendet haben und dass sie diese im Lauf der Zeit ebenso weiterentwickelt haben wie Steinwerkzeuge. Der eindrücklichste Beleg dafür sind die 300 000 Jahre alten «Schöninger Speere» aus Niedersachsen, die bislang ältesten Jagdwaffen der Erde aus Holz. Sie sind sehr perfekt gearbeitet, fliegen siebzig Meter weit, und ihre sehr guten Flugeigenschaften ähneln denen moderner Sportspeere, was auf eine sehr lange Tradition im Umgang mit Holz verweist.[49]

Auf diese Weise entwickelt der Mensch immer raffiniertere Werkzeuge, die mit denen der Menschenaffen kaum noch vergleichbar sind.

Feuerbeherrschung

Natürliche Buschfeuer sind ein häufiges Phänomen in der Savanne, und genauso wie die Menschenaffen dürfte auch der Vormensch ihre positiven Auswirkungen geschätzt haben: Er nutzt die Reste solcher Feuer als Wärmequelle in der Nacht und sucht in der Asche nach halb verkohlten Pflanzen und Tieren. Auf diese Weise lernt er sehr früh die positiven Auswirkungen des Kochens, Röstens und Garens für seine Lebensmittel kennen. In einem zweiten Schritt lernt er dann, natürlich entstandene Feuer zu kontrollieren und ihre Brenndauer stark zu verlängern (über Monate, eventuell auch über Jahre hinweg), wobei ihm seine differenzierten Bewegungen mit den Händen eine große Hilfe sind. Und in einem dritten Schritt gelingt es ihm, Feuer selbst zu entzünden.[50] Archäologisch sind diese Schritte nur sehr schwer zu fassen; man geht heute davon aus, dass bereits der Homo erectus vor 1,8 Millionen Jahren das Feuer aktiv nutzt, aber die erste menschlich angelegte Feuerstelle ist erst 800 000 Jahre alt. Und da alle historischen Jäger-und-Sammler-Gruppen, die jemals – auch an den entlegensten Orten der Erde – beschrieben wurden, Feuer selbst entzünden können, kann man vermuten, dass dieser Entwicklungsschritt ein höheres Alter besitzt.[51]

Der Gebrauch des Feuers durch den Menschen ist etwas Außergewöhnliches, weil kein anderes Lebewesen auf der Erde diese Fähigkeit besitzt. Um ein Feuer kontrollieren zu können, darf der Mensch weder leichtsinnig sein noch schnell in Panik geraten. Dies setzt ein großes Maß an Selbstkontrolle und Voraussicht voraus, was im Umgang mit dem Feuer erst gezielt gelernt werden muss.

Mit dem Feuer verändert sich die menschliche Entwicklung in vier Bereichen auf eine relevante Weise:

Erste Veränderung: Durch Kochen und Garen wird die Nahrung viel besser für den Menschen aufgeschlossen. Während Affen stundenlang auf ihrer Nahrung herumkauen müssen, um sie verdauen zu können, kann der Mensch gekochte Pflanzen und Fleisch relativ schnell essen und gut verdauen. Darüber hinaus bleibt die Nahrung durch Kochen deutlich länger haltbar. So lassen sich Pflanzen, die im ungekochten Zustand für den Menschen ungenießbar sind, verzehren. Weiterhin können mittels brennender Holzscheite Raubtiere und Aasfresser gut von Tierkadavern vertrieben werden. Dadurch erhält der Mensch leichter Zugang zu Fleisch in Form von Aas, und das Feuer erlaubt effektivere Jagdmethoden (Anzünden eines Buschfeuers, um Tiere in eine bestimmte Richtung zu treiben), so dass mehr Fleisch erbeutet werden kann. Manche Wissenschaftler vermuten, dass erst durch das Kochen der Nahrung, durch die durch das Feuer verbesserte Nahrungssituation und vor allem durch die bessere Fleischversorgung das starke Wachstum des energieintensiven Gehirns möglich wird.[52]

Zweite Veränderung: Während die Menschen über sehr lange Zeit in ihren Nachtlagern stets von Raubtieren bedroht sind, bietet ihnen das nächtliche Lagerfeuer erstmals Schutz vor diesen Angriffen. Dadurch entsteht erstmals die Möglichkeit, dass der Mensch unbedroht und ungestört die Nacht verbringen kann. Dies ist die Voraussetzung dafür, dass er tief und erholsam schlafen und intensiv träumen kann, so dass er ausgeruht und psychisch stabilisiert aus dem Schlaf erwachen kann. Weiterhin verschafft das Feuer dem Menschen den Freiraum und die Sicherheit, sich auf die eigene Gruppe konzentrieren zu können, also die langen dunklen Abende zu nutzen, um am Lagerfeuer zu kommunizieren, gemeinsam zu singen und zu tanzen und die Gruppentraditionen zu festigen. Deshalb dürfte die Kontrolle des Feuers einen großen Sprung für die Intensivierung des sozialen und kulturellen Lebens bedeuten.[53]

Dritte Veränderung: Mit dem Feuer können die Menschen die Raubtiere zurückdrängen und dadurch die gesamte Savanne zur Nahrungssuche nutzen. Und später können sie sich damit sogar – zusammen mit der Erfindung wärmender Kleidung – die kühlen Zonen der Erde als Lebensraum erschließen, die ihnen von der Biologie ihres Körpers her eigentlich verschlossen wären.

Vierte Veränderung: Im Naturzustand sorgen periodische Buschbrände in der Savanne dafür, dass Sträucher und Bäume zurückgedrängt werden und die Savanne ihren offenen Landschaftscharakter behält. Diese Buschbrände fördern das Wachstum von Gräsern und Hülsenfrüchten, die Nahrungsgrundlage für diejenigen Wildtiere sind, die für den Menschen eine wichtige Jagdbeute darstellen. Irgendwann bemerkt der Mensch diese Zusammenhänge, und er beginnt – wahrscheinlich erst relativ spät –, selbst solche Buschbrände gezielt zu legen, um sich seine Nahrungsgrundlage selbst dauerhaft zu sichern.[54]

Das bedeutet, dass die Kontrolle und der Gebrauch des Feuers dem Menschen viele neue Möglichkeiten eröffnen, die weit über die der Menschenaffen hinausgehen.

Sprachvermögen

Da bei der Entwicklung der Menschenaffen die Sozialsysteme immer komplexer werden, wird auch die Kommunikation zwischen den einzelnen Gruppenmitgliedern mittels Laut- und Gebärdensprache ausgebaut und intensiviert. Diese Art der Kommunikation prägt auch die Vormenschen am Beginn ihrer Entwicklung.

Je weiter sich dann aber Vormenschen und Menschen entwickeln, das heißt, je differenzierter sie ihre Hände und Finger einsetzen, je besser sie innerhalb der Gruppe kooperieren und je weiter sie ihren Lebensraum in die Savanne hinein ausdehnen, desto stärker dürfte sich ihre Kommunikation verändern:[55] Die Gebärdensprache erlaubt ihnen dank der differenzierten Arm-, Hand- und Fingerbewegungen immer vielfältigere und differenziertere Ausdrucksmöglichkeiten, während die Lautsprache, die im Regenwald eine große Bedeutung besaß (Verständigung zwischen Individuen, die sich im Blätterdach der Bäume nicht sehen können), in der Savanne etwas an Bedeutung verliert, weil durch sie Raubtiere angelockt werden und die gemeinsame Jagd Stille erfordert. Daher ist zu vermuten, dass sich die Lautsprache eher langsam, die Gebärdensprache jedoch eher schnell weiterentwickelt.[56]

Die weitere Entwicklung ist sehr schwer zu rekonstruieren, weil wichtige Veränderungen für die Herausbildung der Sprache im Gehirn und beim Kehlkopf archäologisch kaum nachweisbar sind. Eindeutig feststellen kann man lediglich das Ergebnis: Beim Homo sapiens existiert ein Broca-Areal im Gehirn, das den Sprechvorgang steuert. Zudem sind Mundraum, Rachen und Kehlkopf etwas verändert, so dass Stimmbänder ausgebildet werden können, mit denen sich ein größeres Spektrum an Lauten erzeugen lässt und mit denen der Mensch seine Laute zugleich viel besser kontrollieren kann. Um diesen Fortschritt bei der Artikulation zu erzielen, muss der Kehlkopf tiefer gelegt werden. Dies ist eigentlich eine biologische Fehlanpassung, weil es dadurch leichter zum Verschlucken von Nahrung kommt, was dem Menschen erhebliche Probleme bereiten kann (im Extremfall bis hin zum Ersticken). Aber diese Fehlanpassung wird im Verlauf der Evolution nicht wieder beseitigt, weil der Nutzen der verbesserten Artikulationsfähigkeit offenbar die Probleme durch Verschlucken weit übersteigt.[57]

Viele Wissenschaftler sind der Meinung, dass die Sprachfähigkeit erst beim Homo sapiens auftritt und die zentrale Ursache für seine Überlegenheit über alle anderen Menschenarten darstellt. Aber da in der Evolution Entwicklungssprünge selten sehr groß sind, könnte man eher vermuten, dass die Veränderungen von Mundraum-Rachen-Kehlkopf schon deutlich früher beginnen und erst im Lauf der Zeit allmählich perfektioniert werden. Das würde bedeuten, dass nicht erst der Homo sapiens plötzlich sprechen kann, sondern dass bereits frühere Menschenarten – etwas weniger perfekt – Sprachvermögen ausbilden; allerdings ist dies archäologisch nicht zu belegen.[58]

Das menschliche Sprechen unterscheidet sich von der Lautsprache dadurch, dass zahlreiche verschiedene Konsonanten klar und deutlich ausgesprochen – was Menschenaffen nicht möglich ist – und dass Konsonanten und Vokale zu Silben und Worten zusammengesetzt werden können.[59] Auffällig ist, dass es in keiner Sprache der Welt – abgesehen von Lautmalereien – eine Ähnlichkeit zwischen einem Wort und dem, was es inhaltlich bedeutet, gibt. Oder anders ausgedrückt: Die Beziehung zwischen Zeichen (Wort) und Bedeutung (Inhalt) ist bei der menschlichen Sprache nicht fest (wie noch bei der Laut- und Gebärdensprache der Menschenaffen), sondern flexibel. Dies lässt sich dadurch erklären, dass die menschliche Sprache offensichtlich auf einer weit entwickelten Gebärdensprache aufbaut, die bereits zahlreiche abstrakte Elemente ausgebildet hatte, die sie übernimmt.[60] Die fehlende Identität von Zeichen und Bedeutung macht aus der Sprache ein sehr flexibles Kommunikationselement.

Mit der Entstehung der Sprache werden die Informationsweitergabe und das kulturelle Lernen revolutioniert: Bei den Menschenaffen läuft dies über Zeigen, Zusehen, Vormachen und Nachmachen. Hat ein Schimpanse bei der Suche nach Termiten die geniale Idee, einen gebogenen Stock zu benutzen, aber niemand sieht zu, dann kann er diese Innovation nicht weitergeben – er ist vom konkreten Hier und Jetzt, also der direkten und unmittelbaren Informationsweitergabe abhängig. Menschen dagegen können mit ihrer Sprache ihre Erfahrungen auch an Gruppenmitglieder weitergeben, die bei einem bestimmten Ereignis gar nicht anwesend waren. Indem sich die Menschen mit der Sprache vom konkreten Hier und Jetzt etwas unabhängiger machen und so eine gewisse Distanz zur direkten oder unmittelbaren Realität aufbauen, beginnen sie, vom Hier und Jetzt zu abstrahieren. Und diese Abstraktionsfähigkeit verbessert die Informationsweitergabe und fördert das kulturelle Lernen in einer zuvor nicht vorstellbaren Weise.

In einem zweiten, späteren Schritt ermöglicht es die Sprache, noch stärker aus dem Hier und Jetzt herauszutreten und über räumlich entfernte Orte und zeitlich entfernte Ereignisse, über Vergangenheit und Zukunft sowie allgemein über Dinge und Situationen zu sprechen, die nicht, noch nicht oder nie existieren.[61] Damit werden Möglichkeiten vorstellbar gemacht, die jenseits der Wirklichkeit liegen, die aber Wirklichkeit werden können.

Sozialverhalten

Während die ersten vier Punkte dieses Abschnitts klassische Argumente für die Besonderheit des Menschen darstellen, die seit langer Zeit vorgebracht werden, ist dieser letzte Punkt relativ neu und wird erst seit gut zwanzig Jahren thematisiert.[62]

Menschenaffen und besonders Schimpansen bauen im Verlauf der Evolution immer komplexere Sozialsysteme auf, und sie sind in der Lage, mit ihren Gruppenmitgliedern auf eine differenzierte Weise zu kommunizieren und zu kooperieren. Dieses Verhalten bedeutet für sie einen wichtigen evolutionären Vorteil im Vergleich mit anderen Säugetieren, weil sie in einer größeren Gruppe bessere Lebensbedingungen besitzen, als wenn sie im Kleinfamilienverband leben würden.

Es gibt einen relevanten Unterschied im Sozialverhalten zwischen Schimpansen und Menschen, der jedoch erst deutlich wird, wenn man sehr genau hinsieht.

Schimpansen sind in der Lage, die individuellen Eigenarten und die jeweiligen Stimmungen ihrer Gruppenmitglieder wahrzunehmen und diese bei ihren eigenen Handlungen zu berücksichtigen. Sie können sich auch – wenn sie zum Beispiel in einer Gruppe im Wald unterwegs sind und als Erste einen besonderen Leckerbissen entdecken – in andere Schimpansen hineinversetzen und wahrnehmen, dass diese an der Stelle, an der sie sich gerade befinden, diesen Leckerbissen noch gar nicht sehen können. Das kann dann zu gezielten Täuschungsmanövern führen, damit sie diesen Leckerbissen für sich allein haben können. Und Schimpansen wissen, dass sie ihre Interessen bei anderen Schimpansen durchsetzen können, wenn sie bestimmte Rahmenbedingungen beachten: sie sind in der Lage, intentional zu handeln.

Es gibt bei ihnen zwei Typen von Gesten, mit denen sie auf Gruppenmitglieder zugehen, um diese zu bestimmten Handlungen zu motivieren: Intentionsbewegungen wie Arm-Heben (um ein Spiel zu beginnen) oder Rücken-Berühren (um als Baby getragen zu werden) und Aufmerksamkeitsfänger wie Auf-den-Boden-Schlagen, Anstupsen oder Dinge-Werfen (um die Aufmerksamkeit eines anderen auf sich zu richten). Allerdings beziehen sich diese Handlungsintentionen stets nur auf die Durchsetzung der eigenen Interessen, weshalb dies «zweigeteilte

Intentionalität» (der Akteur lenkt die Aufmerksamkeit des Adressaten auf sich) genannt wird. Grundsätzlich kann man feststellen, dass Schimpansen zwar miteinander kooperieren, zum Beispiel indem sie gemeinsam jagen, aber sie tun dies nur, um ihre eigenen Ziele zu erreichen: Die erlegte Beute wird am Ende nicht gemeinsam geteilt, sondern individuell gefressen, wobei die Rangordnung in der Gruppe die Auswahl und die Größe der Beutestücke bestimmt.[63]

Menschen besitzen dagegen ein anderes Sozialverhalten: Sie gehen ebenso intentional auf andere zu wie Menschenaffen, aber sie sind in der Lage, ihre Aufmerksamkeit auf etwas Drittes, also auf eine gemeinsame Sache oder ein gemeinsames Ziel zu konzentrieren. Dabei sehen die Beteiligten – zwei oder mehrere Personen – ein Stück weit von sich und von ihren unmittelbaren Bedürfnissen und Interessen ab und ordnen diese der gemeinsamen Sache unter. Dies wird «geteilte Intentionalität» genannt. Es ist die Voraussetzung dafür, dass Menschen kooperieren, und zwar nicht, um die jeweils eigenen Ziele, sondern um ein gemeinsames Ziel zu erreichen. Davon profitiert dann im Endergebnis jeder Einzelne der Gruppe mehr, als wenn er nur sein eigenes Ziel verfolgt hätte. Dies zeigt sich daran, dass beim Menschen alle Gruppenmitglieder vom Ergebnis einer gemeinsamen Jagd profitieren, selbst wenn sie gar nicht an der Jagd beteiligt waren.[64] Deshalb wird der Mensch im Unterschied zu den Menschenaffen auch als «hyperkooperatives Wesen» bezeichnet.[65]

Dieses Verhalten ist beim Menschen übrigens nicht erlernt oder kulturell erworben, sondern angeboren, also biologisch fixiert. Vergleichende Verhaltensversuche mit neun Monate alten Kindern von Schimpansen und Menschen zeigen eindeutig, dass sich bereits in diesem Alter die Verhaltensweisen zwischen beiden Kindern signifikant unterscheiden: Schimpansenkinder agieren und reagieren mit zweigeteilter Intentionalität, Menschenkinder mit geteilter Intentionalität; und während sich bei Menschenkindern in diesem Alter spontan ein Interesse an gemeinsamen Dingen und an uneigennütziger Hilfe ausbildet, fehlt Schimpansenkindern dafür jedes Verständnis.[66]

Dieses hyperkooperative Verhalten hat sich offenbar im Verlauf der biologischen Evolution beim Menschen entwickelt; beim Homo sapiens ist es voll ausgebildet. Da bereits beim männlichen Vormenschen die Eckzähne klein geworden sind, was als Hinweis auf einen Rückgang von Aggressionen und auf eine verstärkte Kooperation innerhalb der Gruppe interpretiert wird (siehe Abschnitt 2.2), kann man mit einigem Recht vermuten, dass bereits am Beginn der menschlichen Entwicklung eine verstärkte Kooperation steht und dass diese auf dem Weg zum Homo sapiens immer weiter ausgebaut wird.

Dieses hyperkooperative Verhalten ist mit spezifischen Vorteilen verbunden: Es stärkt den Zusammenhalt und die Identität der eigenen Gruppe, es erleichtert die Kooperation untereinander, und es macht gemeinsame Aktivitäten effizienter und erfolgreicher als bei den Menschenaffen.

Erst durch eine geteilte Intentionalität wird das kulturelle Lernen wirklich dynamisch: Eine Erfindung, die ein Gruppenmitglied per Zufall macht, wird an andere weitergegeben und schnell von der gesamten Gruppe übernommen. Andere Gruppenmitglieder bauen darauf auf, verbessern diese Erfindung und geben sie wieder an die gesamte Gruppe weiter. Dadurch entsteht eine Art «kultureller Wagenheber-Effekt», eine «kumulative kulturelle Evolution», bei der einmal gemachte Lernerfolge nicht wieder vergessen werden, sondern die Grundlage für permanente weitere Verbesserungen darstellen.[67] Dies ist die Ursache dafür, dass sich die kulturelle Evolution – im Unterschied zur biologischen Evolution – im Laufe der Zeit immer mehr beschleunigt. Menschenaffen kennen dieses aufeinander aufbauende Lernen kaum oder gar nicht, so dass sich ihre Kulturen aus sich selbst heraus auch nicht weiterentwickeln.

Schließlich gibt es noch einen dritten Vorteil des hyperkooperativen Verhaltens: Durch die Konzentration auf ein gemeinsames Drittes sehen alle Beteiligten von ihren unmittelbaren Bedürfnissen und Stimmungen ab und treten aus ihrem konkreten Hier und Jetzt heraus. Dies fördert Abstraktionsleistungen aller Art. Dadurch kann das gemeinsame Dritte in Form von Traditionen und Symbolen gestärkt und ausgebaut werden, wie es Menschenaffen – «ihnen fehlt jede symbolische Bedeutung»[68] – nicht möglich ist. Diese Eigenschaft menschlichen Sozialverhaltens ist dann die Grundlage dafür, dass später gemeinsame Normen und Werte und noch viel später soziale Institutionen aufgebaut werden können.[69]

An dieser Stelle ist noch ein Hinweis auf die Geschlechterdifferenz sinnvoll: Lange Zeit wurden im Rahmen der Tradition der Paläoanthropologie die relevanten Entwicklungsschritte bei der Herausbildung des Menschen gern dem Mann zugeschrieben, der dank seiner Körperkraft, seines handwerklichen Geschicks und seiner spezifisch männlichen Eigenschaften dabei eine zentrale Rolle spielen würde. In den letzten Jahrzehnten hat man jedoch erkannt, dass bei der Entstehung des Menschen die Bedeutung des Sozialverhaltens eine sehr bedeutende Rolle spielt, und dies hat dazu geführt, dass der Anteil der Frau zu Recht immer mehr in den Mittelpunkt gerückt ist.[70] So richtig diese Argumentation ist, so sehr bin ich davon überzeugt, dass sich die Entwicklung des Menschen gleichermaßen Impulsen des weiblichen wie des männlichen Geschlechts verdankt (siehe Abschnitt 2.5).

Der Mensch als Produkt der Evolution

Als *Erstes* kann festgestellt werden, dass die Besonderheit des Homo sapiens nicht auf einem einzigen Merkmal oder auf einer einzigen Eigenschaft beruht, sondern dass sie Ergebnis von sehr verschiedenartigen Merkmalen ist, die erst in ihren Wechselwirkungen gemeinsam die Besonderheit des Menschen ausmachen.

Als *Zweites* lässt sich feststellen, dass die einzelnen spezifisch menschlichen Eigenschaften nicht plötzlich entstehen, sondern dass sie im Rahmen der Evolution sehr allmählich ausgebildet werden. Bei jedem einzelnen Merkmal wie Gehirnentwicklung, Werkzeugherstellung, Feuerbeherrschung, Sprache oder Sozialverhalten gibt es direkte Anknüpfungspunkte bei den Schimpansen, die jeweiligen Frühformen sind denen der Schimpansen anfangs noch ziemlich ähnlich, und erst mit der Ausbildung der Vollformen dieser Merkmale oder Eigenschaften werden die Unterschiede zwischen Schimpanse und Mensch und die Besonderheit des Menschen richtig deutlich.

Dies bedeutet, dass die Besonderheit des Menschen ein Ergebnis der Evolution, ein natürliches Produkt ist, und daher ist es nicht nötig, dafür nach nichtnatürlichen Ursachen zu suchen. Gleichzeitig führt die menschliche Entwicklung dazu, dass der Mensch als Produkt der Evolution im Laufe der Zeit gewisse Freiheitsgrade gegenüber der Natur erlangt, die im Rahmen der Evolution einzigartig sind: Natürliche Evolution und Distanz zur Natur stellen offensichtlich keinen Gegensatz dar.

2.5 Die Besonderheit der menschlichen Entwicklung

Wie ist diese Entwicklung hin zum Menschen zu verstehen? Da die Antworten, die üblicherweise auf diese Frage gegeben werden, sehr stark vom wissenschaftlichen Fach und der jeweils angewandten Methode abhängen, sollen zu Beginn kurz die drei dafür zuständigen Fächer vorgestellt werden.

Die Sicht des Menschen in Paläoontologie, Paläoanthropologie, Paläogenetik

Damit Fundstücke aus der menschlichen Geschichte angemessen interpretiert werden können, muss ihr räumlicher und zeitlicher Kontext bekannt sein. Dies ist die Aufgabe der Paläoontologie, die die damaligen Lebensräume mit ihrem Klima und ihrer Pflanzen- und Tierwelt rekonstruiert; dazu werden in erster Linie geologische Methoden (Analyse von Gesteinsschichten und von Versteinerungen aller Art) verwendet. Die Paläoanthropologie untersucht die Entwicklung des Menschen, wobei sie sich in erster Linie auf Funde von menschlichen Fossilien (meist Knochen und Zähne, selten Teile von Skeletten und extrem selten vollständige Skelette), aber auch auf Werkzeuge, Fußspuren (wichtig zur Rekonstruktion des aufrechten Gangs) und Lagerspuren stützt. Mit der Entstehung der Genetik, also der Analyse des Erbguts und seiner Veränderungen, entsteht ab der zweiten Hälfte des 20. Jahrhunderts eine völlig neue Methode, um Informationen über die menschliche Entwicklung zu erhalten; aber erst mit dem Abschluss des Humangenomprojektes im Jahr 2001 und vor allem mit der Entschlüsselung des Neandertalergens im Jahr 2010 entwickelt sich eine Paläogenetik, die inzwischen zahlreiche neue und wichtige Erkenntnisse für die menschliche Entwicklung erarbeitet hat, die auf herkömmliche Weise nicht hätten gewonnen werden können.[71]

Diese drei Wissenschaften – Paläoontologie, Paläoanthropologie,

Paläogenetik – sind naturwissenschaftliche Disziplinen. Sie orientieren sich an den theoretischen Grundlagen der Evolutionsbiologie, also an der Leitidee der Anpassung aller Lebewesen an ihre jeweilige Umwelt vermittels genetischer Variation (die von den Eltern gezeugten Nachkommen variieren stets etwas in ihrer genetischen Ausstattung) und natürlicher Selektion (Überleben nur der jeweils am besten an die Umwelt anpassten Individuen).[72]

Deshalb lautet die Antwort auf alle Fragen nach der Ursache evolutionärer Veränderungen, dass diese eine Reaktion auf veränderte Umweltbedingungen seien, wobei die Umweltveränderungen am häufigsten durch Klimaänderungen ausgelöst werden. Auch wenn man nach der Entstehung des Menschen und des aufrechten Gangs, der Vergrößerung des Gehirns oder anderer biologischer Veränderungen fragt, erhält man in der Regel von diesen Wissenschaften die immer gleiche Antwort, nämlich dass dies jeweils durch eine Klimaänderung ausgelöst worden wäre.[73]

Dieses Argument ist zwar nicht falsch, aber auch nicht ausreichend: Da sich das Klima der Erde permanent wandelt, stellt sich die Frage, warum die Entwicklung hin zum Menschen gerade zu diesem Zeitpunkt und nicht schon viel früher oder viel später entsteht? Und warum entsteht überhaupt eine Entwicklung hin zum Menschen – hätte sich nicht durch Klimaänderungen auch ein ganz anderes Lebewesen als der Mensch herausbilden können?

Die Sicht der Philosophischen Anthropologie: Der Mensch als Generalist

Ich vertrete die Auffassung, dass die Entwicklung hin zum Menschen zwar durch viele evolutionäre Entwicklungsschritte auf naturwissenschaftliche Weise erklärt werden kann – die Darstellung der Abschnitte 2.1 bis 2.4 war dieser Leitidee verpflichtet –, dass dadurch aber im Laufe der Zeit mit dem Menschen etwas Neues entsteht, was weit über die Möglichkeiten der Menschenaffen und auch der Saugetiere hinausreicht. Und da dieses Neue mittels naturwissenschaftlicher Methoden und Prinzipien allein nicht zu fassen ist, beziehe ich mich auf die Philosophische Anthropologie, um ein angemessenes Verständnis der menschlichen Entwicklung erarbeiten zu können.[74]

Die Menschenaffen haben sich im Verlauf der Evolution jeweils auf ein ganz bestimmtes Waldökosystem in den Tropen spezialisiert – auf den immergrünen oder den sommergrünen Regenwald, auf die Wälder der Tiefländer oder der Gebirgsstufe –, und sie sind daran gut angepasst. Der Mensch dagegen besitzt diese gute Anpassung an einen spezifischen Lebensraum nicht: Im tropischen Regenwald kann er nicht gut existieren, weil er nicht mehr sehr gut klettern kann (Verlust der Greiffähigkeit der Füße durch den aufrechten Gang), in der Savanne ist er eine leichte Beute der Großkatzen, und in flachen Seen und Flüssen ist er den auf das Leben im Wasser spezialisierten Amphibien, Vögeln und Säugetieren deutlich unterlegen. Der Mensch kann vieles, aber nichts wirklich perfekt, und deswegen ist er in allen Ökosystemen gegenüber den jeweiligen spezialisierten Tierarten benachteiligt. Dies beschreibt der Verhaltensforscher Konrad Lorenz folgendermaßen, wobei in seinem Beispiel die drei Lebensräume Savanne (marschieren), Wasserökosysteme (schwimmen und tauchen) und Regenwald (klettern) angesprochen werden:

> «Wollte der Mensch die ganze Klasse der Säugetiere zu einem sportlichen Wettbewerb herausfordern, der auf Vielseitigkeit ausgerichtet ist und beispielsweise aus den Aufgaben besteht, 30 Kilometer weit zu marschieren, 15 Meter weit und 5 Meter tief unter Wasser zu schwimmen, dabei einige Gegenstände gezielt heraufzuholen und anschließend einige Meter an einem Seil emporzuklettern, was jeder durchschnittliche Mann kann, so findet sich kein einziges Säugetier, das ihm diese drei Dinge nachzumachen imstande ist.»[75]

Das bedeutet: Der Mensch entsteht durch die Evolution nicht als ein an einen bestimmten Lebensraum angepasster Spezialist, sondern als ein Generalist, der sehr vieles, aber nichts wirklich kann.[76] Dies zeigt sein Körper deutlich, bei dem heute noch bestimmte Merkmale auf ein früheres Leben im Regenwald, in der Savanne und im Wasser verweisen – aber diese Merkmale passen nicht wirklich gut zusammen.[77] Und diese Eigenschaft als Generalist erklärt auch, weshalb der Vormensch gerade im Übergangsbereich zwischen tropischem Regenwald und offener Savanne entsteht: Nichtspezialisierte Lebewesen haben mitten in einem spezifischen Lebensraum auf Grund der starken Konkurrenz durch die daran angepassten Arten keine guten Überlebensmöglichkeiten. Aber in

Grenz- oder Übergangsräumen, in denen die eine Spezialisierung nicht mehr und die andere noch nicht richtig greift, gibt es bessere Lebensmöglichkeiten für sie.

Was ist die Ursache für die Entstehung des Vormenschen? Offensichtlich bringt ein Zufall der Evolution vor sieben Millionen Jahren ein neues Wesen hervor, das eher einem Generalisten als einem Spezialisten ähnelt und das deshalb unter einem starken Selektionsdruck steht. Die Evolution verläuft nicht logisch und konsequent – also als permanente biologische Verbesserung oder als Fortschritt – , sondern ist durch zahllose Zufälligkeiten, durch chaotische Entwicklungen und durch viele Rückschritte geprägt. Im Normalfall verschwinden dann die weniger gut angepassten Arten nach einiger Zeit wieder, oder sie spezialisieren sich.[78] Wir dürfen uns also nicht wundern, dass der Vormensch als ein nichtspezialisiertes Lebewesen entsteht, sondern wir müssen uns darüber wundern, dass er auf Grund seiner körperlichen Ausstattung nicht bald wieder verschwindet.

Was ist die Ursache dafür? Die evolutionären biologischen Veränderungen, die beim Vor-, Früh- und Modernen Menschen auf Grund des starken Selektionsdrucks ablaufen, fördern nicht – wie es zu erwarten wäre – seine allmähliche Spezialisierung, sondern stärken im Gegenteil seine Ausrichtung als Generalist, indem diejenigen kulturellen Fähigkeiten gefördert und ausgebaut werden, mit denen er seine körperlichen (biologischen) Defizite ausgleicht – dies stellt im Rahmen der Evolution offenbar eine außergewöhnliche Entwicklung dar.[79] Deshalb sind beim Menschen biologische und kulturelle Entwicklungen nicht nur sehr eng miteinander verzahnt, sondern man kann sogar davon sprechen, dass die biologische Entwicklung das kulturelle Lernen fördert.[80]

Lebensraumanpassung und kulturelles Lernen

Vor diesem Hintergrund werden jetzt die Unterschiede zwischen Menschenaffen und Mensch besser sichtbar: Die Menschenaffen sind zwar ebenfalls in der Lage, ein kulturelles Lernen zu entwickeln, was sich im Umgang mit Werkzeugen und im Sozialverhalten zeigt. Aber da sie an ihren Lebensraum gut angepasst sind, bleiben die zusätzlichen Möglichkeiten, die ihnen die Evolution in Form des kulturellen Lernens bereitstellt, lediglich spielerische Möglichkeiten, die für ihr Leben und Überleben – im Unterschied zum Menschen – keine zentrale Bedeutung besitzen: Sie können diese Möglichkeiten einsetzen, müssen es aber nicht. Dies erklärt, weshalb Schimpansen in Gefangenschaft bei geduldiger Motivation und Stimulation durch Menschen oft erstaunliche Lernerfolge erzielen, die in Freiheit kaum anzutreffen sind. Und dies dürfte auch die Ursache dafür sein, dass Menschenaffen ein kumulatives Lernen eigentlich nicht kennen, also bereits gelernte Erfahrungen kaum gezielt weiter verbessern.

Der zentrale Unterschied zwischen Menschenaffen und Menschen ist auf der einen Seite sehr klein – beide können kulturell lernen – und auf der anderen Seite sehr groß – nur Menschen können das Gelernte systematisch weiterentwickeln und permanent weiter verbessern. In beiden Fällen stellt das Absehen vom konkreten Hier und Jetzt – oder anders ausgedrückt: die Negation des Hier und Jetzt – die Voraussetzung für das kulturelle Lernen dar. Aber dieses Absehen gelingt dem Menschenaffen, der sich auf seine Instinkte und auf seine Natur verlassen kann, immer nur sporadisch und erfordert von ihm immer wieder neue Versuche und Ansätze. Beim Menschen dagegen, der sich auf seine Natur nicht verlassen kann, wird dieses Absehen vom konkreten Hier und Jetzt zu einer dauerhaften Verhaltensweise, die für seinen gesamten Lebensvollzug konstitutiv wird und ihn zu einem Wesen macht, das aus sich heraus permanent Grenzen überwinden kann und muss. Der Philosoph Helmuth Plessner drückt diesen Unterschied so aus: Der Menschenaffe lebt «aus seiner Mitte heraus», und ihm «fehlt der Sinn für's Negative»; dem Menschen dagegen fehlt eine feste Mitte, und er besitzt einen «utopischen Standort» in der Welt.[81]

Die fehlende feste Mitte und der «utopische Standort in der Welt» ermöglichen dem Menschen einerseits zwar schier unglaubliche Erfolge beim kulturellen Lernen, aber sie stellen andererseits auch eine sehr große Selbstgefährdung dar: Wenn der Mensch bei seinen Grenzüberschreitungen die natürlichen Rahmenbedingungen seiner Umwelt und seines eigenen Körpers vernachlässigt oder gar übersieht, dann kann er schnell seine Umwelt und sich selbst zerstören. Deshalb besitzt das kulturelle Lernen einen sehr ambivalenten Charakter.

Frauen und Männer im Rahmen der menschlichen Entwicklung

In diesem Zusammenhang erhält die biologische Ausdifferenzierung des Menschen in Frauen und Männer eine zusätzliche Bedeutung: Während Männer im Rahmen der Fortpflanzung für die Befruchtung der Eizellen zuständig sind, bringen Frauen die Kinder zur Welt und stillen sie über eine lange Zeit. Da eine gelingende Fortpflanzung für die Existenz der Gattung Homo sapiens von existentieller Bedeutung ist, besitzen beide Geschlechter gleichermaßen das zentrale Interesse, die Fortpflanzung optimal zu gestalten und deshalb dafür zu sorgen, dass die Schwangerschaft der Frau und die Betreuung der Kleinkinder möglichst gut verlaufen können. Deshalb organisieren sie ihre jeweiligen Tätigkeiten und Arbeiten so, dass Frauen eher diejenigen Tätigkeiten ausführen, die im Lager oder in seiner Nähe ausgeführt werden können, die leichter unterbrochen werden können und die körperlich nicht extrem anstrengend sind, um Schwangerschaft und Kinderbetreuung gut mit ihren weiteren Tätigkeiten verbinden zu können. Männer übernehmen dagegen eher Tätigkeiten, die eine größere räumliche Entfernung vom Lager und eine besonders große körperliche Kraft erfordern und die besonders risikoreich sind.[82]

Da diese ethnologisch fundierte Darstellung heute schnell als «frauenfeindlich» wahrgenommen wird, muss an dieser Stelle explizit betont werden, dass Frauen und Männer biologisch unterschiedlich konstituiert sind und dass damit auch unterschiedliche Fähigkeiten und Tätigkeitsschwerpunkte verbunden sind, dass diese Unterschiede aber nichts mit einer Dominanz des Mannes oder Unterordnung der Frau zu tun haben. Im Gegenteil: Frauen und Männer sind zwar unterschiedlich, aber gleichwertig, und sie können ihre Existenz lange Zeit nur dadurch absichern, dass sie als gleichwertige Menschen zusammenwirken. Dieser Unterschied stellt sogar einen Vorteil für beide dar: Da die spezifischen Qualitäten und Fähigkeiten von Frau und Mann unterschiedlich sind, sich aber wechselseitig ergänzen, ist die Summe der Fähigkeiten von Frau und Mann deutlich größer, als wenn Frau und Mann biologisch identisch wären.

Auch bei der Wahrnehmung und Bewertung der Welt gibt es Unterschiede zwischen Frauen und Männern: In Frauen wie in Männern sind gleichermaßen natürliche und kulturelle Aspekte eng miteinander verknüpft, aber jeweils auf eine etwas unterschiedliche Weise. Da Frauen durch Schwangerschaft, Geburt und Säuglingsbetreuung enger als Männer mit biologischen Prozessen verbunden sind, spielen bei ihnen natürliche Aspekte oft eine etwas größere Rolle als bei Männern.[83]

Dies ist für die Sicherung des utopischen Standorts des Menschen in der Welt von Bedeutung: Da das kulturelle Lernen einen ambivalenten Charakter besitzt und leicht selbstzerstörerisch werden kann, ist es ein großer Vorteil, wenn Frauen und Männer dabei unterschiedliche Positionen vertreten und Natur- und Kulturfaktoren jeweils etwas unterschiedlich gewichten – dies verhindert übereilte Konsensentscheidungen und verbessert die Voraussetzungen für ein gelingendes kulturelles Lernen.[84]

Vier Veränderungen im menschlichen Naturverhältnis

Auf diese Weise gelingt es dem Menschen im Laufe der Zeit, vier grundsätzliche Veränderungen in seinem Verhältnis zu Natur und Umwelt umzusetzen:

Erstens: Die Nichtspezialisierung ihrer körperlichen Ausstattung wird von den Vormenschen auf zweierlei Weise verbessert. Zum einen verstärken sie die Kooperation innerhalb ihrer Gruppe, wodurch ihnen Verhaltensweisen möglich werden, die sonst nur hochspezialisierte Arten beherrschen; zum anderen verbessern sie Werkzeuggebrauch und Werkzeugherstellung, wodurch sie bestimmte Defizite ihres Körpers ausgleichen können. Diese beiden kulturellen Entwicklungen führen dazu, dass die Vormenschen in der Savanne immer besser leben und überleben und eine Lebensqualität wie spezialisierte Savannenbewohner erreichen. Biologen würden in diesem Zusammenhang von «Anpassung» des Menschen an den Lebensraum Savanne sprechen. Aber dieser Begriff passt hier nicht, da das kulturelle Lernen etwas ganz anderes als Anpassung ist.

Zweitens: Mit der Erschließung des Lebensraums Savanne durch kulturelles Lernen schlägt der ursprüngliche Nachteil des Menschen – als Generalist an keinen Lebensraum optimal angepasst zu sein – in einen großen Vorteil um: Da er durch seinen Körper nicht auf einen spezifischen Lebensraum fixiert ist, kann er mittels kulturellen Lernens letztlich in *allen* Lebensräumen leben und so die gesamte Erde besiedeln. Es ist kein Zufall, dass diese Entwicklung bereits beim Frühmenschen beginnt.

Drittens: Indem die Menschen beim kulturellen Lernen immer besser vom Hier und Jetzt absehen können, gewinnen sie immer mehr Handlungsalternativen in Bezug auf ihre Umwelt, und ihre Umwelt erscheint ihnen immer weniger als vorgegeben, sondern als veränderbar. Zu einem gewissen Zeitpunkt kommen sie daher in die Lage, erstmals die Umwelt selbst aktiv für ihre Bedürfnisse und Interessen zu verändern, indem sie Buschfeuer legen, um Landschaften offen zu halten.

Viertens: Mit dem gemeinsamen Dritten, das aus der geteilten Intentionalität in der Gruppe erwächst, und den Möglichkeiten der Sprache, über Nicht-Gegenwärtiges und Nicht-Reales sprechen zu können, entsteht in den Köpfen der Menschen etwas Neues, was es zuvor in der Welt nicht gab und dann durch das gemeinsame Handeln eine Realität erhält. Dieses Neue sind in einer langen Anfangszeit Erzählungen, Traditionen, Gesänge und Tänze, sehr viel später Felszeichnungen, Malereien, Grab- und Opferstätten und noch später menschlich geschaffene Produkte und Strukturen. Damit beginnt der Mensch, neue Dinge zu schaffen und der Natur hinzuzufügen, die es zuvor nicht gab. Dies ist die Grundlage, um noch einmal sehr viel später künstliche Welten zu errichten.

Allerdings tritt der Mensch dabei keineswegs – auch nicht heute oder in einer fernen Zukunft – vollständig aus der Natur oder dem Naturzusammenhang heraus: Der Mensch bleibt trotz seiner großen kulturellen Entwicklung nach wie vor ein Körperwesen, das in seiner Existenz weiterhin auf Natur (Luft, Wasser, Nahrung) angewiesen ist. Und selbst seine künstlichen Produkte sind keine wirklichen Ex-nihilo-Neuschöpfungen, sondern stets nur Umformungen und Veränderungen von Naturstoffen, die wie alle Naturstoffe der Vergänglichkeit der Materie unterworfen sind und bleiben.

Das menschliche Gehirn

Bislang hat das Gehirn bei der Darstellung der menschlichen Entwicklung zwar eine gewisse, aber keineswegs die zentrale Rolle gespielt. Weil man heute oft meint, dass der Mensch mit seinem Gehirn und seiner Denk- und Abstraktionsfähigkeit aus dem Bereich der Natur heraustrete und sich von ihr unabhängig mache, ist es notwendig, sich zum Abschluss dieses Kapitels das Gehirn etwas genauer anzusehen.

Das Gehirn ist Bestandteil des menschlichen Körpers, entwickelt sich mit ihm und wird von seinen Eigenschaften geprägt. Das Ziel des Körpers besteht darin, seine Lebensfunktionen aufrechtzuerhalten, und dazu benötigt er permanent Nahrung, Wasser, frische Luft, Wärme und Sexualität sowie darüber hinaus als soziales Wesen auch Anerkennung, Geborgenheit und regelmäßigen wechselseitigen Austausch. Deshalb nehmen lebendige Wesen (Körperwesen) ihre Umwelt mit ihren Sinnen keineswegs neutral, sondern interessengeleitet oder intentional in Hinblick auf die Befriedigung ihrer Lebensbedürfnisse wahr. Davon macht auch das Gehirn, das die Wahrnehmungen der einzelnen Sinne koordiniert und zu einem Gesamtbild der Außenwelt zusammensetzt, keine Ausnahme: Seine beiden Hauptaktivitäten – die Interaktion mit anderen Menschen («verstehen») und die Hand-Gehirn-Interaktion («begreifen» in der Doppelbedeutung von anfassen und erkennen) – sind stets interessengeleitet und verfolgen die Aufgabe, den Lebensvollzug des Menschen als Körperwesen zu gewährleisten. Je weiter sich der Mensch kulturell entwickelt, desto weniger muss sich das Gehirn mit den Herausforderungen der direkten Bedürfnisbefriedigung beschäftigen und desto wichtiger werden die Aktivitäten, die den indirekten oder vermittelten Bedürfnisbefriedigungen dienen. Aber dabei bleibt die Grundstruktur der Umweltwahrnehmung, die Intentionalität, stets erhalten.

Das bedeutet, dass das Gehirn keinesfalls – wie man heute oft meint – die Umwelt oder die Realität objektiv abbildet. Wir können uns nicht einmal ansatzweise vorstellen, wie wir die Welt wahrnehmen würden, wenn wir die Sinnesorgane von Fischen, Amphibien, Reptilien oder Vögeln besäßen, und erst recht nicht, was eine neutrale, nichtintentionale Umweltwahrnehmung für uns bedeuten würde.

Daher wäre es völlig falsch, sich das Gehirn als eine Art von Informationszentrum nach dem Vorbild des Computers vorzustellen: Der Computer ist eine Maschine; er verarbeitet die Informationen, die ihm eingegeben werden, so wie es seiner Programmierung entspricht, und er besitzt selbst keinerlei Bedürfnisse oder Selbsterhaltungsinteressen. Deshalb sind Gehirn und Computer nicht miteinander zu vergleichen. Wollte man das Gehirn dadurch perfektionieren, dass man es direkt an einen Computer anschließt oder es zu einem Computer umbaut, dann würde der Mensch gerade seine Menschlichkeit verlieren; denn diese besteht ja in der Verflechtung von Natur und Kultur, in der Intentionalität des menschlichen Geistes als Körperwesen und in der untrennbaren Verbindung von Gefühl und Logik.

Das Spezifische des Menschen – also das, was den Menschen zum Menschen macht – sind daher nicht seine Denk- oder Abstraktionsleistungen, sondern – und hier greife ich einen Gedanken von Helmuth Plessner auf – seine Ausdrucksformen des Lachens und Weinens.[85] Beide gibt es in dieser deutlichen und klaren Form bei den Menschenaffen nicht. Sie sind ein äußerlich sichtbarer Ausdruck starker innerlicher Gefühle, die auf eine intensive Weise mit anderen Menschen geteilt werden. Zugleich drücken Lachen und Weinen eine klare Distanz zur Welt aus: Indem ich plötzlich über eine bestimmte Situation lache, springe ich aus den Sachzwängen dieser Situation heraus und distanziere mich deutlich davon, gemeinsam mit anderen, die in mein Lachen einfallen. Und indem ich über einen Verlust weine, springe ich aus der Unmittelbarkeit des Verlustgefühls heraus, das mich zu überwältigen droht, und bewältige gemeinsam mit anderen meine Trauer, um auf neue Weise mit dem Verlust weiterleben zu können. Im Lachen und Weinen zeigt sich der Mensch als Mensch, nämlich als ein soziales Wesen, das gemeinsam mit anderen eine Distanz zu den Unmittelbarkeiten der Welt aufbaut.

Das Fehlen einer festen Mitte

Am Ende dieses Kapitels können wir jetzt Folgendes feststellen: Am Beginn der menschlichen Entwicklung steht weder eine Harmonie zwischen Mensch und Natur, also kein paradiesischer Zustand einer vollständigen Übereinstimmung von Mensch und Natur, noch ein permanenter Kriegszustand aller Menschen untereinander und gegen die Natur. Am Beginn steht vielmehr ein Lebewesen, das durch eine Laune der Natur keinen Lebensraum auf der Erde besitzt, an den es mit seiner Körperlichkeit optimal angepasst wäre. Stattdessen muss der Mensch in einer langen Anfangsphase mittels kultureller Entwicklung erst langsam lernen, den Lebensraum, in den er per Zufall von der Evolution hineingesetzt wurde, auf eine gute Weise zu nutzen – er muss sich also seinen Lebensraum zu großen Teilen erst selbst erschließen oder selbst erarbeiten. Dies gibt ihm später die Möglichkeit, alle Lebensräume der gesamten Erde besiedeln zu können, und es eröffnet ihm noch später die Möglichkeit, die Natur nach seinen eigenen Bedürfnissen zu verändern und sie im Laufe der Zeit sogar grundlegend umzugestalten.

Da diese kulturelle Fähigkeit des Menschen vom Ergebnis der Naturveränderung her als eine große Stärke erscheint, sei an dieser Stelle an ihre Grundlage und an ihre grundsätzliche Ambivalenz erinnert: Der Mensch besitzt im Unterschied zu den Menschenaffen keine verbindliche eigene Instanz für richtig und falsch, die sein Handeln anleitet. In den Worten von Helmuth Plessner: Der Mensch besitzt keine feste Mitte, auf die er sich untrüglich und instinktiv verlassen könnte, sondern er muss permanent von sich selbst und von seinen unmittelbaren Bedürfnissen und Interessen absehen, um kulturell lernen und sein Leben dauerhaft sichern zu können.[86] Und dieser Lernprozess kann durchaus – wie alle Lernprozesse – misslingen: Das permanente Absehen vom Hier und Jetzt ist erstens mit der Gefahr verbunden, die natürlichen Rahmenbedingungen der Umwelt und des menschlichen Körpers zu übersehen, und es ist zweitens mit einem Wachstum der menschlichen Bedürfnisse verbunden, die immer größer werden, je mehr Möglichkeiten sich der Mensch erschließt. Die Grenzenlosigkeit des Menschen, die daraus erwächst, führt im Extremfall zur Selbstzerstörung.[87] Damit der Mensch leben kann, muss er seine eigene Grenzenlosigkeit beherrschen und sich selbst begrenzen. Damit ist der Mensch von Natur aus kein Homo destructor: Er besitzt zwar die Potenzialität dafür, aber er wird nur zerstörerisch, wenn es ihm nicht gelingt, seine Grenzenlosigkeit selbst zu begrenzen.

Der «utopische Standort» in der Welt stellt für den Menschen auf der einen Seite eine unglaubliche Ermöglichung und auf der anderen Seite gleichzeitig eine unglaubliche Selbstgefährdung dar. Diese menschliche Doppelstruktur – als ein unbegrenztes Wesen muss er sich kulturell selbst begrenzen – wird uns durch die gesamte Mensch-Umwelt-Geschichte bis hin zur Gegenwart begleiten.

3.

Jäger-und-Sammler-Gesellschaften

Natur als natürliche Ordnung

Der Mensch lebt nahezu im gesamten Zeitraum seiner Existenz als Jäger und Sammler. Deshalb kommt dieser Lebensform für eine Mensch-Umwelt-Geschichte eine zentrale Bedeutung zu. Zuerst wird dargestellt, warum Jäger und Sammler in Europa als «Fremde» wahrgenommen und auf welche Weise sie untersucht werden (3.1), dann werden ihre Wirtschaft (3.2), ihre Lebensform (3.3) und ihr Umweltbezug (3.4) vorgestellt. Zum Schluss werden die spezialisierten Jäger und Sammler thematisiert (3.5), die sich erheblich von den bekannten Jäger-und-Sammler-Gesellschaften unterscheiden.

3.1 Jäger und Sammler als «Fremde»

Jäger und Sammler werden dadurch definiert, dass sie eine aneignende oder extraktive Wirtschaftsform praktizieren, die auf der bloßen Nutzung der vorhandenen natürlichen Ressourcen beruht; sie verändern daher die Natur zum Zweck der Lebensmittelgewinnung nicht.[1]

Die europäische Wahrnehmung von Jägern und Sammlern

Während Jäger und Sammler in Afrika, Asien und Amerika stets in einem gewissen Kontakt zu den dortigen Bauerngesellschaften und Hochkulturen stehen, gibt es sie in Europa seit der Römerzeit nicht mehr. Daher löst ihre «Entdeckung» im Rahmen der europäischen Eroberung der Erde große Irritationen aus, und für eine gewisse Zeit ist es für die europäischen Eliten unklar, ob dies wirklich Menschen sind oder nicht.

Jäger und Sammler werden in Europa sehr lange als «Wilde» oder «Primitive» im abwertenden Sinne bezeichnet. Der Philosoph Johann

Gottfried Herder bezeichnet sie im 18. Jahrhundert dann als «Naturvölker», um die negative Bewertung durch einen positiven Begriff zu ersetzen. Aber da der Begriff Naturvölker mit dem Gegenbegriff Kulturvölker eng verbunden ist und in Europa die Kultur deutlich über der Natur steht, erhält auch dieser Begriff im Laufe der Zeit eine abwertende Bedeutung.[2]

Schon an diesen Begriffen wird deutlich, dass Jäger und Sammler für Europäer eine völlig fremde Welt bedeuten, die sie nicht verstehen und die sich förmlich dazu anbietet, bestimmte gesellschaftliche Idealvorstellungen auf sie zu projizieren. Da diese auch heute noch unser Bild von Jägern und Sammlern mitprägen und da sie im Zusammenhang mit den heutigen Umweltdiskussionen oft erneut aktiviert werden, werden die beiden wichtigsten Idealvorstellungen zu Beginn kurz vorgestellt.

Das erste und ältere Bild der Jäger und Sammler ist das eines gesellschaftlichen Urzustandes ohne Recht und Ordnung, ohne Staat und Gesetze; es wird vom englischen Philosophen Thomas Hobbes (1588–1679) als «Krieg aller gegen alle» ausgemalt. Dieses Bild dient dazu, staatliche Herrschaft als notwendige Ordnung und als sozialen «Fortschritt» legitimieren zu können. Mit Charles Darwin (1809–1882), dem Begründer der Evolutionstheorie, erhält dieses Bild eine neue Akzentuierung: Der von Darwin thematisierte «Kampf ums Dasein» – im Rahmen der Evolution überleben nur die jeweils am besten an die Umwelt angepassten Individuen – wird als Natur- oder Urzustand interpretiert, und der «Kampf ums Dasein» wird mit dem «Krieg aller gegen alle» gleichgesetzt. Dieses Bild wird im 20. Jahrhundert oft von rechtsradikalen Kräften bis hin zu den Nationalsozialisten aufgegriffen, um ihren Aggressionen gegen die bürgerliche Gesellschaft eine «natürliche» Grundlage zu geben. Dadurch bleibt das Bild der Jäger und Sammler als einer von Gewalt und Aggression geprägten Lebensform bis heute lebendig.

Das zweite und jüngere Bild ist das eines idyllischen gesellschaftlichen Naturzustandes, in dem die Menschen friedlich miteinander und in der Natur leben, und in dem sie mit ihrem einfachen Leben höchst zufrieden sind. Dieses Bild entwirft der Genfer Philosoph Jean-Jacques Rousseau (1712–1778) als Kritik an der damaligen absolutistischen Herrschaft. Auch nach dem Zerfall des Absolutismus gerät dieses Bild nicht in Vergessenheit, weil eine einfach-glückliche Gesellschaft als Gegenbild zur hochkomplexen modernen Gesellschaft weiterhin eine große Plausibilität besitzt. Mit der Umweltbewegung der 1970er Jahre erhält dieses Bild eine neue Aktualität, indem der Naturbezug der Jäger und Sammler und ganz besonders der der Indianer Nordamerikas nach dem Bild von Rousseau als vorbildlich wahrgenommen und als Alternative zur aktuellen Naturzerstörung herausgestellt wird.

Wichtige wissenschaftliche Fächer zum Verständnis der Jäger und Sammler

Weil beide Bilder so wirkmächtig sind, ist es wichtig, bei der Darstellung der Jäger-und-Sammler-Gesellschaften nicht in diese Bilder zu verfallen, sondern sich auf die Ergebnisse der einschlägigen Wissenschaften zu beziehen. Dabei handelt es sich um die folgenden Fächer:

Prähistorische Archäologie (auch Ur- oder Vor- und Frühgeschichte oder Prähistorie): Basis sind materielle Hinterlassenschaften des Menschen, die in der Regel bei Ausgrabungen gefunden werden. Dabei handelt es sich um menschliche Überreste, Grabbeigaben, Schmuck, Werkzeuge, Waffen oder Gefäße sowie um Bodendenkmäler (Lagerplätze, temporäre Siedlungsreste, Kultstätten). Damit ist es zwar möglich, das Leben der Jäger und Sammler anhand ihrer Sachkultur zu rekonstruieren (Grabbeigaben ermöglichen sogar indirekte Hinweise auf religiöse Vorstellungen), aber die archäologischen Methoden erlauben nur eine Darstellung «von außen» und können das Selbstverständnis der Jäger und Sammler und ihr Weltbild nicht erfassen.[3] In jüngster Zeit werden diese Methoden durch genetische Analysen ergänzt und bereichert, und es beginnt sich ein neues Fach, die Archäogenetik, herauszubilden.

Ethnologie (auch Sozial- oder Kulturanthropologie, früher Völkerkunde): Die Ethnologie als «Wissenschaft vom kulturell Fremden» untersucht das Leben gegenwärtiger Jäger und Sammler mittels Feldforschung. Die Forscher leben oft mehrere Jahre mit einer Gruppe zusammen und versuchen dabei, ihr Welt- und Naturverständnis, ihre Wirtschaftsaktivitäten und ihre Sozialbeziehungen mittels teilnehmender Beobachtung zu verstehen.[4] Auch bei diesem reflektierten Vorgehen ist es möglich, dass eine untersuchte Gruppe viel zu idyllisch dargestellt wird.[5] Wenn die angewandten Methoden und erzielten Ergebnisse aber kritisch mit anderen Ethnologen diskutiert werden, dann lassen sich solche Fehlurteile minimieren. Auf diese Weise kann man den Umweltbezug heutiger Jäger-und-Sammler-Gesellschaften gut rekonstruieren. Zuvor ist aber noch zu klären, ob dieser Umweltbezug auch für prähistorische Jäger und Sammler zutrifft; dies ist Gegenstand der Ethnoarchäologie.

Kunst- und Religionsgeschichte: Bereits früh tauchen in der Geschichte der Menschheit außergewöhnliche Kunstwerke auf (vor 70 000 Jahren in Afrika, vor 40 000 Jahren in Europa). Dabei handelt es sich um Höhlenmalereien, Felszeichnungen oder um plastische Darstellungen (Frauen, Tier-Mensch-Mischwesen oder Tiere),[6] bei deren Interpretation das Fach Kunstgeschichte hilfreich ist. Da diese Kunstwerke sehr wahrscheinlich eine religiöse Bedeutung besitzen, ist daneben auch das Fach Religionsgeschichte bzw. Religionswissenschaften für ein angemessenes Verständnis unverzichtbar.

Sprachwissenschaften: Die Sprachen der Jäger und Sammler sind extrem vielfältig, und ihre Analyse kann wichtige Hinweise auf die Weltwahrnehmung einer Gruppe (Vielfalt des Wortschatzes, Präsenz von wenigen oder vielen Abstrakta und Zahlwörtern; bestimmte Eigenschaften der Grammatik) geben.[7]

Die Analyse der Jäger und Sammler im Rahmen einer Mensch-Umwelt-Geschichte erfordert daher einen interdisziplinären Zugang, bei dem die Ethnologie das zentrale Fach darstellt.

Zeitliche Gliederung und räumliche Entwicklung

Der erste Schritt, um sich den Jägern und Sammlern zu nähern, besteht darin, die sehr lange Epoche ihrer Existenz zu untergliedern und ihren Anfang und ihr Ende zu bestimmen. In Rückgriff auf die Epochen der Werkzeugherstellung (siehe Abschnitt 2.4) lässt sich folgende Gliederung entwickeln, wobei der Beginn traditionellerweise mit der Entstehung der Gattung Homo gesetzt wird:[8]

Altpaläolithikum	Geröllgeräte, Faustkeile	2,8 Mio. bis 200 000 Jahre vor heute
Mittelpaläolithikum	Klingen-Industrien	200 000 bis 75 000 Jahre vor heute
Jungpaläolithikum	Mikrolithe	75 000 bis 20 000 Jahre vor heute
Mesolithikum[9]	spezialisierte Jäger und Sammler	20 000 bis 10 000 Jahre vor heute
Neolithikum	Landwirtschaft	ab 10 000 Jahren vor heute

Während es im Paläolithikum (Altsteinzeit) auf der gesamten Erde ausschließlich Jäger und Sammler gibt, bilden sich im Mesolithikum (Mittelsteinzeit) in einigen Regionen spezialisierte Jäger und Sammler heraus (siehe Abschnitt 3.5). In der üblichen zeitlichen Gliederung endet das Mesolithikum zum Zeitpunkt der Entstehung der Landwirtschaft, und es wird durch das Neolithikum (Jungsteinzeit) abgelöst.

Diese Epochendarstellung impliziert automatisch einen «Fortschritt», also eine wirtschaftlich-kulturelle Höherentwicklung, die der Mensch «natürlicherweise» in Form verschiedener Wirtschafts- und Kulturstufen durchlaufe. Dies ist jedoch lediglich die junge westlich-abendländische Perspektive, die von vorindustriellen Gesellschaften nicht geteilt wird.

Für Jäger und Sammler bedeutet die Entstehung der Landwirtschaft, dass sie aus den günstigen in weniger günstige Lebensräume verdrängt werden. Je weiter sich die Landwirtschaft auf der Erde ausbreitet, desto mehr werden die Jäger und Sammler in die Ungunsträume der Erde verdrängt, also in tropische Regenwälder, Trockensavannen, Halbwüsten und sehr kalte (subpolare) Regionen, in denen Landwirtschaft nicht mehr möglich ist (siehe dazu Karte 2 in Abschnitt 4.2). Die Eroberung und die spätere Kolonialisierung der Erde durch die europäischen Staaten verkleinern dann den Lebensraum der Jäger und Sammler ab dem 16. Jahrhundert noch einmal dramatisch, so dass diese bis ins 20. Jahrhundert nur noch in kleinen Ungunsträumen überleben. Die modernen Staaten machen sie nach 1945 meist mit Gewalt sesshaft, weil sie eine nomadische (grenzüberschreitende) Lebensweise als Bedrohung ihrer inneren und äußeren Sicherheit empfinden. Daher sind Jäger und Sammler heute fast vollständig von der Erde verschwunden.

Wenn es in diesem Buch um die Umweltbeziehung der Jäger-und-Sammler-Gesellschaften geht, dann konzentriert sich die Darstellung auf die Jäger und Sammler des Jungpaläolithikums, des Mesolithikums sowie auf diejenigen Jäger-und-Sammler-Gruppen, die bis ins 20. Jahrhundert hinein gelebt haben. Die Jäger und Sammler des Alt- und Mittelpaläolithikums werden dagegen ausgeblendet, da über ihre Umweltbeziehung einfach zu wenig bekannt ist.

Heutige und jungpaläolithische Jäger und Sammler

Wenn man von heutigen Jägern und Sammlern auf jungpaläolithische Jäger und Sammler schließen möchte, muss man vier Aspekte berücksichtigen:[10]

Erstens: Alle heutigen Jäger-und-Sammler-Gruppen leben in marginalen Räumen, die relativ ungünstige Voraussetzungen für diese Wirtschafts- und Lebensweise bieten. Dies verzerrt zahlreiche Sachverhalte.

Zweitens: Mit Ausnahme der auf Robben- und Waljagd spezialisierten Eskimos gibt es seit langer Zeit keine auf Großwildjagd ausgerichteten Jägergruppen mehr. Damit fehlt ein wichtiger Typ, der im Jungpaläolithikum eine große Bedeutung hatte.

Drittens: Es gibt Jäger-und-Sammler-Gruppen, die zuerst Landwirtschaft betreiben und dann zum Sammeln und Jagen zurückkehren, aber als Jäger und Sammler ihre bäuerliche Sozialstruktur beibehalten. Beispiele dafür sind die Maori in Neuseeland, die diese Inseln im 13. Jahrhundert als Bauern besiedeln und dort zu Jägern und Sammlern werden, oder Teile der Indianer Nordamerikas, die als sesshafte Bauerngesellschaften durch die europäische Besiedlung vertrieben und zu Jägern und Sammlern gemacht werden. Grundsätzlich kann man feststellen, dass viele Gruppen seit Jahrhunderten oder Jahrtausenden je nach Situation zwischen Sammeln-Jagen und Ackerbau-Viehwirtschaft hin- und herwechseln.[11]

Viertens: Nahezu alle heutigen Jäger und Sammler stehen seit langem in Kontakt mit sesshaften Gesellschaften und pflegen einen gewissen wirtschaftlichen und kulturellen Austausch mit ihnen. Dabei spezialisieren sich Jägergruppen bei ihren wirtschaftlichen Aktivitäten oft auf seltene Produkte wie Pelze, Felle, Schlangenhäute oder Elfenbein und tauschen diese dann gegen Landwirtschafts- und andere Produkte ein.

Das bedeutet: Auch wenn sich viele Jäger-und-Sammler-Gruppen seit der Entstehung der Landwirtschaft deutlich verändern, so lassen sich trotzdem – wie die Abschnitte 3.2 bis 3.4 im Vergleich mit Kapitel 4 noch zeigen werden – sehr große Unterschiede im Welt- und Umweltbezug zwischen Jäger-und-Sammler-Gesellschaften und Bauerngesellschaften feststellen. Trotz erheblicher materieller Veränderungen bleibt offenbar der Kern der Weltwahrnehmung der Jäger und Sammler bis ins 20. Jahrhundert hinein erhalten.

Durch diese Diskussion wird gleichzeitig eine andere wichtige Frage beantwortet: Da es immer wieder vorkommt, dass Bauerngesellschaften wieder zu Jäger-und-Sammler-Gesellschaften werden, kann man nicht davon sprechen, dass Bauerngesellschaften prinzipiell einen «Fortschritt», also eine bessere Wirtschafts- oder Lebensform als die der Jäger und Sammler darstellen. Wäre dies der Fall, dann gäbe es diesen «Rückschritt» bestenfalls in wenigen Ausnahmesituationen; so aber zeigen diese Gruppen, dass es offenbar gute Gründe geben kann, wieder aus der Landwirtschaft auszusteigen.

Drei exemplarische Jäger-und-Sammler-Gesellschaften

Zum Abschluss dieser Einführung sollen drei Jäger-und-Sammler-Gesellschaften genannt werden, die eine besondere Aufmerksamkeit verdienen:

Die *Khoisan* in Südafrika dürften nach genetischen Analysen die ursprünglichsten von allen heute lebenden Menschen auf der gesamten Erde sein. Ihre Individuen weisen eine besonders große genetische Vielfalt auf. Sie leben lange Zeit fast im gesamten subsaharischen Afrika und werden seit etwa zweitausend Jahren durch von Norden einwandernde Viehzüchter und seit dem 18. Jahrhundert auch durch Europäer in die Trockenräume der Kalahari verdrängt, wo kleine Gruppen noch heute als Jäger und Sammler leben.[12] Damit besitzen die Khoisan die längste Tradition aller Jäger und Sammler Gruppen der Erde.

Die *Aborigines* Australiens besiedeln diesen großen Kontinent vor knapp 50 000 Jahren und entwickeln sich hier ungestört bis zum Jahr 1788 (erste englische Sträflingskolonie), ohne zur Landwirtschaft überzugehen. Seitdem werden sie zwar immer weiter zurückgedrängt und immer stärker kulturell überprägt, aber ihre Traditionen sind so stark und eindrucksvoll, dass sie nicht verloren gehen.[13] Dies ist der größte zusammenhängende Raum der Erde, der bis ins 19. Jahrhundert hinein seine Jäger-und-Sammler-Prägung erhalten kann. Seine riesige Ausdehnung führt zusammen mit einer sehr langen Zeit der ungestörten Entwicklung dazu, dass die Jäger-und-Sammler-Kulturen hier besonders komplex, ausdifferenziert und vielfältig sind. Aus diesem Grund sind sie für die Erarbeitung der Umweltbeziehung der Jäger und Sammler von besonderer Bedeutung.

Die *Amazonas-Indianer* Südamerikas erreichen ihr heutiges Siedlungsgebiet erst vor 12 000 Jahren, also relativ spät. Viele kleine Gruppen leben hier bis in die zweite Hälfte des 20. Jahrhunderts verhältnismäßig ungestört und teilweise ohne Kontakt zur modernen Welt. Selbst in den letzten Jahrzehnten werden gelegentlich noch kleine Gruppen neu entdeckt, die bislang keinerlei Kontakt zur Außenwelt hatten. Deshalb sind diese Gruppen für die ethnologische Feldforschung besonders wichtig.[14]

3.2 Wirtschaftliche Aktivitäten

Jäger und Sammler praktizieren eine aneignende Wirtschaftsform: Sie entnehmen der Natur diejenigen Produkte, die die Natur von sich aus – ohne Zutun des Menschen – hervorbringt. Da Säugetiere das gleiche Verhalten zeigen – auch sie sammeln, jagen und fischen –, sieht es von außen so aus, als würden sich Jäger und Sammler genauso wie Säugetiere, also naturgemäß verhalten.

Kapitel 2 hat jedoch gezeigt, dass diese Sichtweise falsch ist: Der Mensch wird erst durch kulturelles Lernen zu einem erfolgreichen Sammler und Jäger in Afrika, und seine Ausbreitung über fast alle Klimaregionen der Erde stellt erst recht kein naturgemäßes Verhalten dar, sondern ist Ausdruck einer weit entwickelten Kultur.

Nur mit einer einzigen Aktivität greifen Jäger und Sammler in die vorgefundene Natur ein und verändern sie für ihre Zwecke, nämlich mit der Brandrodung. Diese verfolgt das Ziel, Landschaften offen zu halten und eine Verbuschung oder Verwaldung zu verhindern, um dadurch das Wachstum der für ihn nützlichen Pflanzen und Tiere gezielt zu fördern (siehe Abschnitt 2.4). Nach diesem Eingriff werden jedoch die sich spontan neu ansiedelnden Pflanzen und Tiere wie üblich gesammelt und gejagt.

Sammeln und Jagen

Sammler und Jäger entnehmen der Natur durch Sammeln und Jagen folgende Produkte und setzen dabei als Hilfsmittel folgende Werkzeuge ein:[15]

Gesammelt werden Früchte, Nüsse, Wurzeln, Knollen, Samen, Hülsenfrüchte, Kräuter, Wildgemüse, Beeren, Pilze, Eier, Honig sowie Maden, Raupen, Insekten, Weich- und Kriechtiere. Gesammelt werden zwar in erster Linie Nahrungsmittel, daneben aber auch Pflanzen, die medizinischen Zwecken dienen oder die als Ausgangsmaterial für Kleidung, Behausung, Körbe, Netze, Schlingen und Ähnliches verwendet werden. Um Wurzeln und Knollen besser im Boden zu finden und leichter ausgraben zu können, wird oft ein Grabstock verwendet. Die gesammelten Produkte werden teilweise in Körben, die aus Gras oder Binsen geflochten werden, zusammengetragen und zum Lager transportiert.

Um erfolgreich sammeln zu können, braucht es sehr genaue Kenntnisse zahlloser Pflanzen und ihrer Eigenschaften sowie sehr gute Kenntnisse ihrer Wuchsbedingungen und ihrer Reaktionen auf bestimmte Wetter- und Klimaereignisse.

Gejagt werden in erster Linie große und kleine Säugetiere sowie Vögel; dabei werden Wurfhölzer, Lanzen, Blasrohre, Speere, Speerschleudern (Gerät zum Abwurf von Speeren, die dadurch doppelt so weit fliegen), Pfeil und Bogen sowie Netze und Schlingen eingesetzt. Diese Jagdwaffen können bei manchen Gruppen durch den Einsatz von vergifteten Pfeilen noch effektiver verwendet werden. Tiere werden in der Regel nicht allein wegen ihres Fleisches gejagt, sondern ihr Fell, ihre Hörner, ihre Knochen und vieles andere werden ebenfalls verwendet. Die Jäger warten entweder in einem Hinterhalt auf vorbeiziehende Tiere, oder sie veranstalten eine Hetzjagd oder eine Treibjagd, wobei sie teilweise auch gezielt Feuer einsetzen.

Um erfolgreich jagen zu können, braucht es sehr genaue Kenntnisse der zu jagenden Tiere und ihrer Verhaltensweisen in verschiedensten Situationen und im Jahresverlauf. Die Jäger müssen sehr gut Fährten lesen können.

Neben dem Sammeln und Jagen entwickelt sich im Jungpaläolithikum auch das Fischen in Seen, Flüssen und im Meer (mit Angel oder Netzen) und die Jagd auf Meeressäuger (mit Harpune).

Da man aus heutiger Sicht oft meint, Jäger und Sammler nutzten die Natur ganz spontan, muss man sofort ergänzen, dass Jagen und Sammeln sehr vorausschauende Tätigkeiten sind: Die Menschen kennen die Art und Weise des Wachstums und der Vermehrung der gesammelten Pflanzen und gejagten Tiere sehr gut; sie führen ihre Sammel- und Jagdtätigkeiten so aus, dass sich Pflanzen und Tiere mit der menschlichen Nutzung gut reproduzieren können, so dass auch in der nächsten Saison eine reiche Ernte und eine große Jagdbeute zur Verfügung stehen.

Während das Sammeln einen regelmäßigen und sicheren Ertrag bringt, ist die Jagd nicht in jedem Fall erfolgreich und erzielt nur in unregelmäßigen Abständen einen Ertrag, der dann aber in der Regel sehr groß ist.

Geschlechtsspezifische Arbeitsteilungen

Da man üblicherweise davon ausgeht, dass es die Männer sind, die jagen, während die Frauen sammeln, ist an dieser Stelle darauf hinzuweisen, dass dieses Bild inzwischen durch neuere Forschungen korrigiert worden ist.[16] Im Alt- und Mittelpaläolithikum haben wohl beide Geschlechter gesammelt und gejagt, und erst im Jungpaläolithikum hat sich dann diejenige klare geschlechtsspezifische Arbeitsteilung herausgebildet, auf die wir in den Beschreibungen historischer Jäger-und-Sammler-Gruppen immer wieder treffen. Ursache dieser Arbeitsteilung ist offenbar die weitere Perfektionierung der Sammel- und Jagdtätigkeiten, bei der die unterschiedlichen körperlichen Konstitutionen von Frau und Mann gezielter als vorher berücksichtigt werden. Da die Erträge aus Sammel-

und Jagdtätigkeiten gleich wichtig sind, folgt aus dieser geschlechtsspezifischen Arbeitsteilung keine Benachteiligung oder Abwertung der Frau – beide Geschlechter sind gleichwertig, und es gibt keinerlei Unterschiede zwischen Frau und Mann bei der Ernährung, bei der täglichen Arbeitszeit oder in ihrer sozialen Position (ablesbar an Grabbeigaben). Das bedeutet zugleich, dass es sich bei der geschlechtsspezifischen Arbeitsteilung keineswegs um eine naturgemäße, sondern um eine kulturell entwickelte Arbeitsteilung handelt, die auch nicht am Anfang der Entwicklung steht, sondern die sich erst mit der Perfektionierung des Sammelns und Jagens ausbildet.

Ernährungsweisen

Üblicherweise spricht man davon, dass Jäger und Sammler etwa zwei Drittel ihres Nahrungsenergiebedarfs durch Pflanzen und ein Drittel durch Fleisch decken.[17] Da der Mensch von Natur aus eine sehr breite Nahrungsgrundlage besitzt, ist die konkrete Art und Weise seiner Ernährung nicht biologisch, sondern kulturell geprägt. Deshalb kann die Zusammensetzung seiner Nahrung je nach Jahreszeit und Lebensraum sehr unterschiedlich ausfallen.

In Extremfällen kann seine Ernährung sogar ausschließlich auf Pflanzen (im tropischen Regenwald) oder ausschließlich auf der Jagd (Eskimos im subpolaren Raum) beruhen. Das bedeutet, dass es keine naturgemäße Ernährung (die sog. Steinzeit- oder Paläodiät ist eine Fiktion) gibt, sondern dass sich der Mensch mit seiner Ernährung auf sehr unterschiedliche Lebensräume einstellen kann, was eine große kulturelle Leistung bedeutet.

Wanderungen

Die Jäger und Sammler verändern die Pflanzen und Tiere, die sie nutzen, nicht, sondern entnehmen sie so der Natur, wie sie im Verlauf der Evolution entstanden sind.

Bestimmte Pflanzen und Tiere konzentrieren sich zwar manchmal an bestimmten Orten, aber meistens verteilen sie sich in eher geringen Konzentrationen über ein großes Gebiet, so dass man weite Wege zurücklegen muss, um sie zu ernten oder zu jagen. Nutzt man obendrein unterschiedliche Pflanzen und Tiere, dann wird das Sammel- und Jagdgebiet noch größer, weil man dazu Räume mit unterschiedlichen Standortbedingungen aufsuchen muss. Darüber hinaus gibt es große Veränderungen von Flora und Fauna bei spezifischen Wetterereignissen und im Verlauf der Jahreszeiten.

Diese Eigenschaften von Pflanzen und Tieren führen dazu, dass Jäger und Sammler keinen festen Wohnsitz haben können, denn an *einem* Ort ist das Nahrungsangebot stets zu gering. Von einem Nachtlager aus durchstreifen sie auf der Suche nach Nahrung täglich größere Gebiete, und diese Lager werden in regelmäßigen Abständen verlegt. Je bedeutender dabei der pflanzliche Nahrungsanteil einer Gruppe ist, desto (relativ) kleiner kann ihr Lebensraum sein, je wichtiger die Jagd ist, desto größer muss er sein; deshalb sind Großwildjäger besonders mobil. Und da die jahreszeitlichen Veränderungen beim Pflanzen- und Tierbestand sehr entscheidend sind, sind großräumige jahreszeitliche Wanderungen für alle Jäger-und-Sammler-Gruppen charakteristisch.

Die Nahrungsmittel, die Jäger und Sammler in ihren Lagern ansammeln, reichen bestenfalls für einige Tage, und sie legen keine Vorräte an, um davon in der ertragsärmsten – also in der trockensten oder kältesten – Jahreszeit zu leben. Stattdessen versuchen sie, saisonale Nahrungsengpässe durch großräumige Wanderungen zu vermeiden, was ihnen jedoch auf Grund ihrer körperlichen Konstitution – im Unterschied zu Zugvögeln, die Tausende von Kilometern im Jahr zurücklegen können – nur in begrenztem Rahmen möglich ist. Grundsätzlich gilt deshalb für Jäger und Sammler, dass das saisonale Minimalangebot, das ihnen die Natur in ihrem Gebiet in der ertragsärmsten Jahreszeit zur Verfügung stellt, ihre Existenzgrundlage darstellt, an der sich ihre Gruppengröße und ihre Bevölkerungsdichte ausrichtet. Das bedeutet gleichzeitig, dass Jäger-und-Sammler-Gruppen in den ertragreicheren Jahreszeiten – also während des größten Teils des Jahres – ein relativ reichliches Nahrungsangebot vorfinden.[18]

Am Ende des Jungpaläolithikums benötigen Jäger und Sammler in den Gunstregionen der Erde schätzungsweise einen Lebensraum von einem bis zwei Quadratkilometern pro Person, in den Ungunsträumen die zehnfache Fläche und mehr. Bei den Khoisan in der Kalahari und bei den Aborigines in Australien liegt dieser Wert in historischen Zeiten bei zehn Quadratkilometern. Da Jäger-und-Sammler-Gruppen aus etwa 25 bis 75 Menschen bestehen und oft um die fünfzig Personen herum zählen, braucht eine solche Gruppe einen Lebensraum von 500 Quadratkilometern. Dabei legen die Menschen täglich eine Wegstrecke von etwa zehn Kilometern (Frauen, die ein Kind tragen, weniger, Männer und Frauen ohne Kind deutlich mehr) zurück, und die jahreszeitlichen Wanderwege betragen etwa zweihundert Kilometer pro Jahr.[19]

Ursprüngliche Überflussgesellschaft

Betrachtet man die Wirtschaftsform der Jäger und Sammler unter einer energetischen Perspektive,[20] dann kann man feststellen, dass der Energieertrag, der pro Fläche gewonnen wird, extrem niedrig liegt, dass er aber in Bezug auf die eingesetzte menschliche Arbeitskraft oder Arbeitszeit sehr hoch liegt.[21] Deshalb werden bei dieser Wirtschaftsform nur relativ wenige Nahrungsmittel gewonnen, aber diese Produktion wird auf eine sehr effiziente Weise, also mit einem sehr geringen Arbeitseinsatz durchgeführt.

Aus diesem Grund liegen die täglichen Arbeitszeiten im jährlichen Mittel bei nur zwei bis vier Stunden,[22] weshalb Jäger-und-Sammler-Gesellschaften als «ursprüngliche Wohlstands- oder Überflussgesellschaft» («original affluent society») bezeichnet werden.[23] Oder anders ausgedrückt: Ihr Wirtschaften ist «underproductive» («unterproduktiv» im Sinn von wenig produktiv), weil ihre wirtschaftlichen Möglichkeiten nicht voll ausgeschöpft werden: «Die Arbeitskraft wird zu wenig genutzt, technische Mittel werden nicht voll eingesetzt, und natürliche Ressourcen bleiben teilweise ungenutzt.»[24]

Diese systematische Unternutzung, die sich bereits in der Orientierung am Minimalangebot zur ungünstigsten Jahreszeit gezeigt hatte, ermöglicht es den Jägern und Sammlern, eine «Mußepräferenz» auszubilden, also ein Leben zu führen, bei dem der Einzelne über viel freie Zeit verfügt: Alle Arbeiten werden niemals in Eile und stets mit einer gewissen Ruhe ausgeführt, zwischen den Arbeitsphasen gibt es lange Zeiten mit Nichtstun und Schlafen, und gemeinschaftliche Aktivitäten wie Erzählen, Spielen, Feiern, traditionelle Rituale und religiöse Zeremonien besitzen einen großen Stellenwert.[25] «Heute wissen wir, dass diese Völker … nicht von der Angst gepeinigt werden, zu verhungern, und nicht fürchten, in einer feindlichen Umwelt nicht überleben zu können.»[26]

Das Wirtschaften der Jäger und Sammler ist also keineswegs ein naturgemäßes Handeln, sondern es beruht auf großen kulturellen Erfahrungen, Kenntnissen und Lernerfolgen. Diese werden in sehr langen Zeiträumen erworben und perfektioniert, und sie sind die Ursache dafür, dass die Effizienz dieses Wirtschaftens im Lauf der Zeit eine hohe Lebensqualität ermöglicht.

3.3 Lebensformen

Grundlage von Jäger-und-Sammler-Gruppen sind oft (aber nicht immer) Familien mit einem bis drei Kindern und Großeltern. Mehrere solcher Familien schließen sich zu einer Gruppe zusammen, weil eine einzelne Familie allein nicht überlebensfähig ist und erst eine größere Gruppe das gemeinsame Überleben ermöglicht. Auf Grund der hohen Mobilität müssen die Kleinkinder getragen werden, wobei eine Mutter immer nur ein Kind tragen kann. Der dafür nötige Geburtenabstand wird dadurch erreicht, dass die Kleinkinder so lange mit Muttermilch ernährt werden, bis sie selbst laufen können; dieses lange Stillen wirkt sich empfängnisverhütend aus. Daher beträgt der Geburtenabstand bei den Müttern oft vier Jahre, und sie bringen im Laufe ihres Lebens selten mehr als vier bis fünf Kinder zur Welt; da die Säuglingssterblichkeit relativ hoch ist und immer wieder auch Säuglinge getötet werden, folgt daraus nur ein sehr geringes Bevölkerungswachstum.[27]

Gruppen und Großgruppen

Diese Gruppen sammeln und jagen gemeinsam in einem gewissen Gebiet und leben in jeweils wechselnden Lagern zusammen. In der ertragsärmsten Jahreszeit teilt sich die Gruppe auf, um die Nahrungssuche effizient zu gestalten und um zu lange Wege zu vermeiden; in der übrigen Zeit des Jahres lebt man wieder zusammen. Diese Gruppen können unterschiedlich groß sein: Je knapper das Nahrungsmittelangebot ist, desto kleiner wird die Gruppe, wobei die Untergrenze bei drei bis vier

Familien liegt; je mehr Nahrung zur Verfügung steht, desto größer kann die Gruppe werden, wobei eine Obergrenze von etwa 75 Personen nur selten überschritten wird.

In der Nachbarschaft einer solchen Gruppe gibt es andere Gruppen, die die gleiche Sprache sprechen und die die gleiche oder eine ganz ähnliche Kultur besitzen. Es ist charakteristisch für Jäger und Sammler, dass einzelne Personen und Familien nicht fest an die eigene Gruppe gebunden sind, sondern dass sie sie oft verlassen und sich einer Nachbargruppe mit gleicher Sprache und Kultur anschließen. Dies geschieht bei Problemen in der eigenen Gruppe, die auf einfache Weise durch Weggehen gelöst werden, oder wenn man sich in einer anderen Gruppe bessere Möglichkeiten als in der eigenen verspricht oder auch ohne einen ersichtlichen Grund. Dadurch gibt es regelmäßig eine gewisse Fluktuation von Einzelpersonen und Familien zwischen den Nachbargruppen.[28] Dadurch, dass die jeweiligen Ehepartner nicht aus der eigenen, sondern aus einer Nachbargruppe genommen werden (im Normalfall verlassen die Frauen ihre Gruppe, sie sind also meist mobiler und innovativer als die Männer), werden zusätzlich relativ enge soziale Beziehungen zwischen den Gruppen hergestellt. Bei allen Not- und Krisensituationen unterstützen sich die Gruppen wechselseitig, indem andere Gruppen auf dem eigenen Gebiet sammeln und jagen, wodurch sie sehr flexibel auf außergewöhnliche Ereignisse reagieren können.

Insgesamt bilden etwa zehn bis fünfzehn solcher Gruppen eine Großgruppe, die durch eine gemeinsame Sprache und durch gemeinsame kulturelle Traditionen zusammengehalten wird und die sich mehrmals im Jahr zu großen Feiern und Zeremonien trifft, die oftmals eine Woche und länger dauern.[29]

Jenseits einer solchen Großgruppe leben weitere Großgruppen, die teilweise eine andere Sprache sprechen und eine andere Kultur besitzen und die im Unterschied zu den Mitgliedern der eigenen Großgruppe als «Fremde» wahrgenommen werden. Die Beziehungen zwischen solchen Großgruppen sind eher distanziert und vorsichtig-zurückhaltend. Bei den wenigen Treffen, die jedoch regelmäßig stattfinden, werden wechselseitig zahlreiche Geschenke ausgetauscht, um eine gute Nachbarschaft zu gewährleisten.

Gabentausch

Da der Einzelne, besser gesagt die einzelne Familie, allein nicht überlebensfähig ist, braucht man die Gruppe zum Überleben. Aber innerhalb von menschlichen Gruppen gibt es immer gewisse Probleme mit Trittbrettfahrern (Menschen, die zu Lasten von anderen profitieren wollen) und Egoisten (Menschen, die Vorteile nur für sich selbst suchen), die eine Gruppe von innen heraus zerstören können. Der große Stellenwert der gemeinschaftlichen Feste und Rituale hat offenbar die Aufgabe, ein Gleichgewicht zwischen Geben und Nehmen bei allen Gruppenmitgliedern zu festigen und mittels der Stärkung der Gruppenidentität die gemeinschaftlichen Interessen über die Interessen der Einzelpersonen zu stellen.

In diesem Rahmen spielen Geschenke – oder besser: Gaben, die erwidert werden – eine große Rolle. Der Gabentausch geschieht anlässlich der gemeinsamen Treffen von Gruppen und Großgruppen; oft stellt er den Höhepunkt einer Zeremonie dar. Alle Angelegenheiten, die mehrere Gruppen innerhalb einer Großgruppe betreffen – Heirat, Geburt, Bestattung, Vollzug bestimmter Rituale –, werden von einem Austausch von Gaben begleitet. Weil Gaben erwidert werden müssen, gibt es einen permanenten wechselseitigen Austausch von Gaben, der eigentlich nie aufhört und der die Beziehungen der Menschen und Gruppen untereinander auf eine positive Weise stabilisiert.

Geschenkt werden neben Nahrungsmitteln und Gebrauchsgegenständen auch «Prestigegüter», die nur zum Zwecke des Weitergebens hergestellt werden. Ethnologen haben immer wieder festgestellt, dass diese Gaben häufig sehr großzügig ausfallen und dass sich die Schenkenden und die Beschenkten mit ihren Gaben oft wechselseitig zu übertreffen versuchen. Wer sich dieser gesellschaftlichen Verpflichtung entzieht, gilt als sozialer Außenseiter, dessen Verhalten schnell geächtet wird.[30]

Europäer haben diesen Gabentausch mit Unverständnis beobachtet: Sie haben ihn als Verschwendung angesehen und ihn irrtümlicherweise als eine ursprüngliche Form des Handels, also als eine wirtschaftliche Tätigkeit, verstanden. Aber dies ist eine Fehlinterpretation: Die ursprüngliche Überflussgesellschaft nutzt einen Teil ihres Überflusses gezielt dazu, um die Beziehungen zwischen Individuen und Gruppen durch kulturelle Handlungen positiv auszugestalten. Daher können wir feststellen, dass Jäger und Sammler mehr Energie und Zeit für gemeinsame kulturelle Aktivitäten aufwenden als für Sammeln und Jagen – Kultur ist ihnen wichtiger als Arbeit.[31]

Zwischenraum zwischen Natur und Mensch und Herrschaftslosigkeit

Grundsätzlich bedeutet das, dass Jäger und Sammler ihren materiellen Überfluss nicht für wirtschaftliche Zwecke nutzen, dass sie also nicht versuchen, Reichtum und Macht anzuhäufen, sondern dass sie ihn für kulturelle Zwecke einsetzen: Indem sie ihr Wirtschaften so organisieren, dass sie sehr viel Zeit für kulturelle Aktivitäten besitzen, können sie nicht nur persönliche und soziale Konflikte minimieren, sondern auch Distanz zwischen sich selbst und den Sachzwängen der Natur entwickeln. Oder in den Worten des Ethnologen Claude Lévi-Strauss:

> «Sie erfreuen sich gegenüber der Umwelt einer größeren Unabhängigkeit als die Ackerbauern und Viehzüchter. Sie verfügen über mehr Muße, die es ihnen erlaubt, dem Imaginären einen großen Platz einzuräumen, zwischen sich und die Außenwelt, gleich Puffern, Glaubensvorstellungen, Träumereien, Riten zu schieben, kurz, all die Tätigkeitsformen, die wir religiös und künstlerisch nennen.»[32]

Typisch für diese Jäger-und-Sammler-Gruppen ist es, dass sie lockere Zusammenschlüsse von Einzelpersonen und Familien sind, die stets einer gewissen Fluktuation unterliegen, und dass sie innerhalb der Gruppe oder Großgruppe keine Hierarchien oder Herrschaftsstrukturen kennen. Bestenfalls gibt es so etwas wie «charismatische Herrscher», also Frauen oder Männer, die auf Grund langjähriger Erfahrungen und besonderer persönlicher Eigenschaften in gewissen Ausnahmesituationen für kurze Zeit eine Verantwortung für das Handeln einer ganzen Gruppe übernehmen. Eine solche Position wird jedoch nicht langfristig ausgeübt, und sie ist nie erblich.[33] Jäger-und-Sammler-Gruppen haben zahlreiche Mechanismen entwickelt, um die Ausbildung von Herrschaft gezielt zu verhindern. Dies zeigt, dass die Herrschaftslosigkeit kein «naturgemäßer» Zustand ist, sondern dass Jäger und Sammler die Probleme kennen, die mit Herrschaft verbunden sind, und dass sie diese genau deshalb zu verhindern suchen.[34]

Konflikte und Aggressionen

Die Herrschaftslosigkeit bedeutet keinesfalls, dass Jäger-und-Sammler-Gruppen grundsätzlich konfliktfreie, harmonische oder friedliche Gesellschaften sind, sondern nur, dass sie zahlreiche Mechanismen entwickelt haben, um Konflikte und Aggressionen im Zaum zu halten. Ihr Überleben hängt ja daran, dass sie nur als Gruppe gemeinsam überleben und leben können. Würde die Gruppe auf Grund innerer Konflikte zerbrechen, bekämen alle Familien sehr große Probleme. Deshalb haben sie ein breites Repertoire von Verhaltensweisen – von Klatsch und Tratsch über Lächerlich-Machen und Zauberei bis hin zur Aufkündigung des gegenseitigen Austausches und genau geregelter Blutrache – entwickelt, mit denen Gruppen dafür sorgen, dass Verhaltensweisen, die den Zusammenhalt der Gruppe gefährden, kritisiert und Fehlverhalten von einzelnen Mitgliedern bestraft werden.[35]

Selbstverständlich gibt es auch in Jäger-und-Sammler-Gruppen Aggressionen zwischen Menschen, die bis hin zu Totschlag und Mord reichen. Jäger-und-Sammler-Gruppen können auf der Grundlage ihrer gemeinsamen kulturellen Normen und Werte mit Aggressionen sehr unterschiedlich umgehen: Wenn man diesen Umgang typisiert, dann gibt es drei verschiedene Gruppen, nämlich «lebensbejahende, nichtdestruktiv-aggressive und destruktive Gesellschaften», also erstens Gruppen, in denen Aggressionen nur eine sehr untergeordnete Rolle spielen, zweitens Gruppen, in denen Aggressivität und Krieg zwar regelmäßig vorkommen, aber keine zentrale Bedeutung haben, sowie drittens Gruppen, deren Handlungen «durch interpersonale Gewalttätigkeit, Zerstörungslust, Aggression und Grausamkeit sowohl innerhalb des Stammes als auch anderen gegenüber» gekennzeichnet sind.[36] Da die Kultur der Jäger und Sammler keine «natürlich» gewachsene, sondern eine erlernte Kultur ist, ist es vorstellbar, dass auch Normen und Werte gelernt werden, die sich langfristig kontraproduktiv und selbstzerstörerisch auswirken. Deshalb ist zu vermuten, dass nichtdestruktiv-aggressive Gruppen seltener und destruktive Gruppen ziemlich selten vorkommen und dass die Mehrheit der Jäger und Sammler aus lebensbejahenden Gruppen besteht.[37]

Die Ursache für Aggressionen zwischen einzelnen Personen, die bis hin zum Mord gehen können, sind persönliche Motive und Konflikte, Racheakte wegen angeblicher Zauberei und Familienfehden, die manchmal sehr lange dauern können. Dagegen gibt es kaum Gründe für eine Aggression einer Gruppe gegen eine andere: Kämpfe um die Nutzung eines anderen Territoriums als Sammel- und Jagdgebiet werden nicht geführt, da man zu diesem «fremden» Gebiet keine spirituelle Beziehung besitzt und es daher gar nicht «richtig» nutzen kann (siehe Abschnitt 3.4). Bewegliche Güter oder Vorräte, die man sich aneignen könnte, gibt es bei Jägern und Sammlern nicht, und die Sklaverei ist unbekannt. Zusätzlich werden viele Konflikte auch auf Gruppenebene durch Weggehen gelöst, und häufig ersetzen Drohgebärden und rituelle Kampfzeremonien den direkten Kampf. Die Männer, die stets bewaffnet und bereit sind, ihre Interessen zu verteidigen, sind ausgesprochene Individualisten, die es vorziehen, unabhängig von anderen zu kämpfen. Es gibt keine militärischen Führer, die einen Kampf vorbereiten und organisieren könnten. Deshalb sind die meisten gewalttätigen Auseinandersetzungen unter Jäger-und-Sammler-Gruppen eher «bewaffnete Handgemenge und überhaupt keine Kriege».[38] Wirkliche Kriege benötigen andere Voraussetzungen, als sie in Jäger-und-Sammler-Gesellschaften gegeben sind, und sie entstehen erst zu einem späteren Zeitpunkt (siehe Abschnitt 5.2).

Diese Konfliktregelungen und dieses Umgehen mit Aggressionen machen deutlich, dass Jäger-und-Sammler-Gesellschaften weder gewalttätige («Krieg aller gegen alle») noch friedlich-idyllische Gesellschaften («Naturzustand») sind.

3.4 Naturbezug: Ehrfurcht vor der beseelten Landschaft

Traditionelle Ethnologen haben «die Naturvölker lange Zeit als Wilde angesehen, die hilflos und willenlos einer übermächtigen Natur ausgeliefert sind».[39] Die Abschnitte 3.2 und 3.3 haben jedoch gezeigt, dass diese Vorstellung nicht zutrifft: Der breite kulturelle Zwischenraum, den Jäger und Sammler zwischen sich und ihre Außenwelt schieben, führt dazu, dass die Sachzwänge der Natur sie nicht direkt oder unmittelbar bedrohen. Deshalb erleben sie die Natur nicht als feindlich, und sie fühlen sich überall in der gesamten Natur zu Hause – im Unterschied zu den auf sie folgenden Bauerngesellschaften.[40]

Natur und Landschaft als beseelt

Jäger und Sammler erleben die gesamte Natur – nicht nur Tiere, sondern auch Pflanzen, Gewässer, Felsen, Hügel und Landschaften – als beseelt; sie selbst verstehen sich als Teil der Natur, der sich in nichts von den anderen beseelten Wesen der Natur unterscheidet. Die gesamte Welt bildet einen großen Zusammenhang, ein mythisches Miteinander-in-Beziehung-Sein aller Lebewesen, das Ausdruck der natürlichen Ordnung ist. Diese Ordnung, die stets gefährdet ist, darf der Mensch nicht stören oder gefährden, weil er sonst sich selbst zerstören würde. Deshalb muss der Menschen bei seinen Handlungen zahlreiche Regeln einhalten und Tabus beachten, und grundsätzlich muss er der gesamten Natur mit Ehrfurcht gegenübertreten.[41]

Menschliche Eingriffe in die Natur – das Töten eines Tieres oder die Brandrodung eines Waldstücks – stellen eine Störung der natürlichen Ordnung dar, die entschuldigt werden muss. Adressat für diese Entschuldigung ist ein «Herr der Tiere» oder ein «Herr des Waldes», also kein abstrakter Gott, der *über* der Natur steht oder der mit Natur insgesamt identisch wäre, sondern eine Art gleichberechtigte Person, die hinter den Tieren oder hinter dem Wald steht, und die die Tiere oder den Wald beschützt.[42]

Im Amazonasgebiet heißt der Herr der Tiere Corupira, und er ist «… sowohl der Schutzgeist des Wildes als auch der Wälder, der diejenigen straft, die das Wild vernichten wollen, und solche belohnt, die ihm gehorchen oder denen er sich erbarmt. Er ist es, der dem Jäger das Wild verbirgt oder es ihm in den Schuss führt, der die Geheimnisse der Wälder bewahrt, die Heilkraft der Pflanzen zeigt und die Erzeugnisse des Waldes spendet.»[43]

Mittlerpersonen zwischen Geisterwelt und Menschenwelt

Da es den meisten Menschen nicht leichtfällt, mit den Geistern oder den beseelten Wesen Kontakt aufzunehmen, gibt es in fast allen Jäger-und-Sammler-Gruppen Personen mit besonderen psychischen Befähigungen, die dabei als Mittler auftreten. In vielen – aber nicht in allen – Teilen der Erde werden diese Personen Schamanen genannt.[44] Sie durchlaufen oft eine schwere Krankheit, die sie als Ausdruck einer «Erwählung» zum Mittler erleben. Anschließend werden sie von einem «alten Meister» in die Geheimnisse dieser Mittlertätigkeit eingeführt und haben dabei harte Proben zu bestehen (Einsamkeit, Fasten, körperliche Peinigungen). Am Ende ist der Schamane dann in der Lage, seine Seele vom Körper zu lösen und in einer Art Trance in eine direkte Verbindung mit der Welt der Geister zu treten.[45] In dieser Situation kann er den Herrn der Tiere um Erlaubnis fragen, ob seine Gruppe bestimmte Tiere zum Zweck des Überlebens töten dürfe oder nicht. Er erhält auf diese Frage eine Antwort, die immer wieder auch negativ ausfällt und die im positiven Fall mit einer Reihe von Bedingungen (Zahl der zu tötenden Tiere, Zeitraum) verbunden ist.

Dieses Ritual, das den Schamanen körperlich und geistig sehr stark fordert und belastet, findet vor jeder Jagd und vor anderen Eingriffen in die Natur statt. Es ist sehr viel wichtiger als die Jagd selbst, denn die Jagd gelingt nur dann, wenn vorher die Erlaubnis dazu gegeben wurde – andernfalls findet man kein jagdbares Wild, oder es geschieht ein Unglück:

> «Wenn die Brandrodung nicht verantwortungsbewusst durchgeführt wurde, das heißt, wenn die Baumgeister nicht vorher um ihre Genehmigung gefragt wurden, musste man innerhalb kürzester Zeit mit einer Erosion der abgebrannten Fläche rechnen. Wenn trotz ausdrücklicher Weisung der Herrin der Tiere die Abschussquoten des jagdbaren Wildes nicht eingehalten wurden, kam es zu einer verhängnisvollen Dezimierung des Wild- und Fischbestandes, wenn der Bund zwischen Jäger und Wild vom Jäger missbraucht wurde oder die Verwandtschaft von Mensch und Tier in Frage gestellt wurde, verlor man den Sinn für die Zusammengehörigkeit im Kosmos, und die natürliche Ordnung geriet ins Wanken.»[46]

Diese Weltsicht ist uns heute völlig fremd: Der eigentliche, nämlich der aufwendigste und anstrengendste Teil der «Arbeit» bei der Jagd und bei anderen Tätigkeiten besteht gar nicht in der Tätigkeit des Jagens selbst, sondern in den aufwendigen Ritualen zu ihrer Vorbereitung – die Jagd selbst stellt dagegen nur einen vergleichsweise geringen Aufwand dar.

Ehrfurcht vor der Ordnung der Natur

Jäger und Sammler besitzen einen großen Respekt und eine tiefe Ehrfurcht vor der Natur – nicht nur vor den Tieren und Pflanzen, sondern auch vor der unbelebten, aber beseelten Natur. Deshalb ist ihre Naturnutzung nicht einfach eine Ausbeutung der Natur – man nimmt all das, was man bekommen kann –, sondern eine bewusst geregelte Naturnutzung, die sich an der Ordnung der Natur orientiert und die sich ihr gegenüber «verantwortlich» fühlt.[47]

Das Territorium, das eine Jäger-und-Sammler-Gruppe nutzt, ist für sie keinesfalls eine wilde, ungeordnete Natur oder bloß eine Ressourcenquelle, sondern eine vom Menschen und von vielen anderen Wesen beseelte Landschaft, die überall mit ganz spezifischen, nicht austauschbaren Erinnerungen, Erfahrungen, Traditionen und Identitäten besetzt ist. In den Worten eines Vertreters der australischen Aborigines: «Das Nitmiluk-Gebiet ist kein wilder Raum ..., es ist ein Ergebnis der menschlichen Tätigkeit. Es ist eine von uns in Zehntausenden von Jahren durch unsere Zeremonien und unsere Verwandtschaftsbande, durch das Buschfeuer und durch die Jagd geformte Erde.»[48]

Auch wenn Jäger und Sammler die Natur nur randlich durch Sammeln, Jagen und Brandrodungen verändern, so erleben sie die von ihnen genutzte Natur nicht als eine fremde oder gar feindliche Natur, sondern als eine vom Menschen und anderen beseelten Wesen zutiefst geprägte und gestaltete Landschaft, zu der sie einen starken innerlichen Bezug besitzen und die «ihre» Landschaft ist.

Die «Traumzeit»

Um diesen Naturbezug besser verstehen zu können, soll die «Traumzeit» der australischen Aborigines kurz vorgestellt werden, weil sie die wohl am weitesten ausdifferenzierte Vorstellung der Welt darstellt, die uns von Jägern und Sammlern überliefert wurde.[49] Grundlage dieser Weltsicht, die auf dem gesamten australischen Kontinent in unzähligen regionalen Varianten verbreitet ist, ist die Vorstellung einer mythischen Ur- oder Schöpfungszeit, die mit «dream time» oder «Traumzeit» falsch übersetzt wurde. In dieser mythischen Urzeit erscheinen gottähnliche Traumzeitwesen, die zwei verschiedene Bereiche schaffen:

«Zum einen agierten die mächtigen Traumzeitwesen, die in beliebiger, tierischer oder menschlicher Gestalt auftreten konnten, auf der Erde und formten die Landschaft so, wie sie heute noch wahrgenommen werden kann: Höhenzüge wurden geschaffen, Wasserlöcher gestaltet, Felsblöcke in der Landschaft verteilt, der Wuchs von Gräsern und Bäumen bestimmt oder der Fischreichtum in Seen und Flüssen geschaffen. …
Zweitens legten diese Traumzeitwesen als Kulturheroen, das heißt als Begründer aller kulturellen Errungenschaften, die sozialen Gesetze und Vorschriften fest, die das Zusammenleben der Menschen und ihre Einstellung gegenüber der Natur und Tierwelt regelten. Sie schufen die Jahreszyklen, Vegetationszonen und die Fruchtbarkeit der Tiere und Pflanzen. Gleichzeitig lehrten sie die Menschen, wie diese sich den von ihnen angelegten Nahrungsreichtum zunutze machen konnten, und wiesen sie in die Techniken des Jagens und Sammelns ein. Damit einher gingen Jagdvorschriften und Verhaltensmaßregeln gegenüber bestimmten Tieren, so dass ein Verhaltenskodex in Bezug auf die Umwelt geschaffen wurde. Darüber hinaus legten die Schöpferwesen fest, wie die Menschen mit ihren Mitmenschen umgehen, in welchen sozialen Gruppen und Gemeinschaften sie leben und wie sie sich gegenüber anderen Gruppen und deren Mitgliedern verhalten sollten. Der gesamte, nicht nur die Menschheit betreffende Moralkodex allen Lebens auf der Erde wurde somit während der Traumzeit geschaffen.
Nach dem Abschluss der Schöpfungsphase gingen die Traumzeitahnen an bestimmten markanten Orten in die Landschaft selbst ein. Sie verwandelten sich in prägnante Landschaftsformationen wie Gebirgs- und Höhenzüge, fanden Unterschlupf in Wasserlöchern oder stiegen zum Himmel oder bestimmten Sternenformationen auf, die sie seither verkörpern.»[50]

Nach dem Ende dieser mythischen Urzeit beginnt das Zeitalter der Menschen. Damit die Menschen leben und überleben können, müssen sie sich immer wieder neu an diese Traumzeit, also an die ursprüngliche Ordnung erinnern – nur so können sie in dieser Ordnung leben und ein sinnvolles Leben führen. Diese Erinnerung wird in Form regelmäßig abgehaltener Rituale und Zeremonien wachgehalten, die an heiligen Orten (Felsen oder Wasserlöcher, in die sich die Traumzeitahnen verwandelt hatten) durchgeführt werden. Hier trifft man sich, erzählt und singt gemeinsam von den Ereignissen der Traumzeit und hält sie auf diese Weise gegenwärtig. Würde der Mensch die Traumzeit und die von ihr begründete Ordnung vergessen, dann wäre die Fruchtbarkeit der Tiere und Pflanzen und letztlich auch die der Menschen gefährdet, und die Menschheit müsste vergehen.[51]

Die Aborigines verstehen ihre Gegenwart von der Traumzeit her, als ewige Gegenwart ist sie eigentlich mit der Traumzeit identisch. Deshalb darf sich die Gegenwart nicht verändern, denn das würde ein Abfallen von der Ordnung der Traumzeit bedeuten und wäre identisch mit dem Tod. Dieses Denken kreist daher um die ewige Vergegenwärtigung der Traumzeit. Vergangenheit und Zukunft, Veränderung, Entwicklung oder gar Geschichte sind vor diesem Hintergrund gar nicht vorstellbar oder auch nur denkbar; und es ist kein Zufall, dass es dafür in den Sprachen der Aborigines auch keine Worte oder Begriffe gibt.

In dieser Weltsicht gibt es auch die für uns so selbstverständliche Unterscheidung zwischen Natur und Kultur nicht: Der Mensch ist eines von vielen beseelten Wesen der Natur, er lebt in der natürlichen Ordnung, die die Grundlage seines Lebens ist. Deshalb ist seine Kultur ein Teil der natürlichen Ordnung: Natur und Kultur sind identisch, und es macht keinen Sinn, sie voneinander zu trennen.[52]

Umweltzerstörungen durch Jäger und Sammler?

Jetzt haben wir die wichtigsten Voraussetzungen geklärt, um abschließend die Frage beantworten zu können, ob Jäger und Sammler die Umwelt, in der sie leben, zerstören oder nicht. Die Antwort fällt ziemlich eindeutig aus: Durch die Orientierung der Bevölkerungsgröße am Minimalangebot zur ungünstigsten Jahreszeit, durch das sehr geringe Bevölkerungswachstum, das eine unkontrollierte Bevölkerungsexplosion verhindert, und durch den Respekt und die Ehrfurcht vor der natürlichen Ordnung der Welt gelingt es den Jägern und Sammlern, ihre eigenen Lebensgrundlagen dauerhaft zu nutzen, ohne sie zu zerstören und ohne dabei bestimmte Pflanzen und Tiere auszurotten. Der beste Beleg dafür sind die afrikanischen Savannen, die Urheimat des Menschen, die trotz extrem langer Nutzung durch den Menschen bis weit ins 20. Jahrhundert hinein extrem artenreiche und wildreiche Lebensräume sind.[53]

Allerdings ist diese Umweltbeziehung kein Produkt der biologischen Evolution, sondern das Ergebnis eines kulturellen Lernprozesses. Und dieser kann durchaus auch anders ausfallen, wie die Entstehung von destruktiven Gesellschaften (siehe Abschnitt 3.3) zeigt. Daher ist es wahrscheinlich, dass es auch Jäger-und-Sammler-Gruppen gab, die ihre eigenen Lebensgrundlagen zerstört haben, indem sie wichtige Pflanzen und Tiere in ihrem Gebiet durch zu intensive Nutzung ausgerottet haben.

Allerdings verschwinden solche Gruppen schnell wieder, weil sie keine alternativen Nahrungsquellen nutzen können. Eine Lebensgrundlage, die auf der Ausbeutung einer Nachbargruppe beruht, ist für Jäger-und-Sammler-Gruppen nicht belegt und auf Grund ihrer Lebens- und Wirtschaftsform auch nur schwer vorstellbar.

Heute werden Jäger und Sammler oft als Vorbild für ein menschliches Umweltverhalten angesehen, das seine eigenen Lebensgrundlagen nicht zerstört, sondern dauerhaft erhält. Dies ist jedoch ein schwieriges Thema,[54] weil unser Umweltschutz-Begriff eine Trennung von Natur und Kultur und von Mensch und Welt voraussetzt, die Jägern und Sammlern völlig fremd ist. Wenn diese ihre Lebensgrundlage dauerhaft nutzen und nicht zerstören, dann tun sie dies nicht aus Umweltschutzgründen, sondern weil die natürliche Ordnung der Welt nicht gestört werden darf. Dies sind zwei völlig unterschiedliche Begründungen, die jedoch in einer heutigen funktionalistischen Perspektive zu einem sehr ähnlichen Ergebnis führen.

Die Idee der natürlichen Ordnung als kulturelle Selbstbegrenzung

Reflektieren wir von heute her den Natur- und Weltbezug von Jäger-und-Sammler-Gruppen, dann können wir etwas Erstaunliches feststellen: Die Vorstellung einer großen natürlichen Ordnung, in der der Mensch als ein beseeltes Wesen in Harmonie mit allen anderen beseelten Wesen lebt, widerspricht eigentlich seiner eigenen Realität. Der Mensch ist ja als nichtspezialisiertes Säugetier gerade kein harmonischer Bestandteil der Natur, sondern er muss sich seinen Lebensraum durch kulturelles Lernen erst selbst schaffen (siehe Kapitel 2). Dazu ist es erforderlich, immer wieder neu in Distanz zur Natur zu treten und natürliche Beschränkungen und Grenzen in Frage zu stellen. Dabei besteht die Gefahr, dass der Mensch mittels kulturellen Lernens nicht nur viele neue und großartige Möglichkeiten entwickelt, sondern dass er eine grundsätzliche Grenzenlosigkeit ausbildet, die zerstörerisch und selbstdestruktiv werden kann.

Die Weltsicht der Jäger und Sammler gibt auf diese Gefahr eine Antwort, indem sie – eine Kulturleistung ersten Ranges! – den Leitgedanken einer großen natürlichen Ordnung entwickelt, die der Grenzenlosigkeit des Menschen sehr deutliche Grenzen setzt und seine destruktiven Möglichkeiten – destruktiv in Bezug auf die Umwelt, auf die Mitmenschen und auf sich selbst – unterbindet, damit sich die positiven Seiten seines kulturellen Lernens voll entfalten können. Indem diese Ordnung als natürliche Ordnung dargestellt wird, wird sie der menschlichen Infragestellung entzogen und erhält eine absolute Gültigkeit. Es bedeutet, dass Jäger und Sammler die Doppelstruktur des kulturellen Lernens – Ermöglichung und Gefährdung zugleich – auf eine intuitive Weise kennen und ihr erfolgreich mit einer Kultur der Selbstbegrenzung begegnen. Aus heutiger Sicht lässt sich feststellen, dass diese Lebens- und Wirtschaftsform durch eine außerordentliche Stabilität geprägt ist, die es dem Menschen ermöglicht, dauerhaft auf der Erde zu leben. Wir werden in den folgenden Kapiteln sehen, dass diese Dauerhaftigkeit keineswegs selbstverständlich ist.

3.5 Spezialisierte Jäger und Sammler

Am Ende der Altsteinzeit oder des Paläolithikums entwickeln sich bei Jäger-undSammler-Gesellschaften verbesserte Sammel- und Jagdstrategien. Die dadurch geprägte Epoche wird Mittelsteinzeit oder Mesolithikum genannt.[55] Sie beginnt in den Gunsträumen der Welt um 20 000 v. Chr., in Europa um 10 000 v. Chr. und endet mit dem Beginn der Herausbildung der Landwirtschaft (Jungsteinzeit oder Neolithikum), ist jedoch nicht überall auf der Welt zu finden.

Verbesserte Sammel- und Jagdstrategien

Jäger-und-Sammler-Gruppen konzentrieren sich jetzt erstmals relativ stark auf wenige Nahrungsquellen, die reichlich zur Verfügung stehen, verfeinern dabei ihre Sammel- und Jagdstrategien und verbessern auch die Verarbeitung der so gewonnenen Produkte.

Sammlergruppen spezialisieren sich zum Beispiel auf das Sammeln von Eicheln, Haselnüssen, Wildreis oder Wildgetreide (Wildgras). Sie kümmern sich zugleich darum, die Wachstumsvoraussetzungen der genutzten Pflanzen zu verbessern, so dass sie besser als vorher gedeihen und sich vermehrt ausbreiten. Daher können sie sie vermehrt nutzen, ohne ihren Bestand zu gefährden. Ein Beispiel dafür ist die Haselnuss in Mitteleuropa, die eine sehr energiereiche Nahrungsquelle darstellt und deren räumliche Verbreitung offenbar gezielt vom Menschen gefördert wird.[56] Eine andere Möglichkeit besteht darin, durch erste Ansätze einer Bewässerung oder durch eine Art gärtnerischer Pflege die Wachstumsbedingungen der gewünschten Pflanzen gezielt zu verbessern, oder gesammeltes Wildgetreide in kleinem Rahmen wieder auszusäen.

Weil die zu sammelnden Nahrungsmittel jetzt in großer Menge anfallen, wird auch ihre Ernte und ihre Verarbeitung verbessert: Bei spezialisierten Sammlern sind bereits Sicheln aus Silex (Silikatgestein) bekannt, um Wildgetreide oder Wildreis effektiver in größeren Mengen schneiden zu können, und man verwendet bereits lange vor der Entstehung der Landwirtschaft schon Mahlsteine, um das Wildgetreide effektiver zu verarbeiten.[57] Weil jedoch die vergleichsweise wenigen Pflanzen, die im Zentrum der spezialisierten Sammler stehen, jeweils zu einem ähnlichen Zeitpunkt reif werden, kann man sie nur dann effektiv nutzen, wenn man sie zugleich durch Trocknen, Dörren oder Räuchern haltbar macht und eine Vorratshaltung entwickelt;[58] nur so kann man die große Menge dieser Nahrungsmittel auch wirklich effektiv nutzen.

Jägergruppen spezialisieren sich auf die Jagd von ausgewählten Tierarten, und so entstehen Mammut-, Rentier-, Elch- oder Rothirschjäger; in besonderen Lebensräumen gibt es auch besondere Spezialisierungen wie Steinbock- und Gemsjäger in den Alpen. Diese Jäger kennen die Verhaltensweisen der von ihnen gejagten Tiere noch besser als nichtspezialisierte Jäger, ihre Jagdwaffen sind auf diese Aufgabe weiter perfektioniert, und Tierherden werden durch großräumige Treibjagden vom Menschen stärker als vorher gelenkt. Eventuell werden Tiere am Ende einer Treibjagd bereits in Gatter getrieben, in denen sie kurzfristig bis zur Schlachtung gefangen gehalten werden.[59] Die Jäger lernen, Fleisch durch Trocknung und Räucherung haltbar zu machen.

Neben spezialisierten Sammler-und-Jäger-Gruppen entstehen jetzt auch spezialisierte Fischergruppen an Flüssen, Binnenseen und Meeresküsten. Sie verlegen sich auf den Fang von Lachs, Hering und anderen Fischarten sowie auf die Jagd auf Meeressäuger (Wale, Seelöwen, Seehunde, Robben) und entwickeln dafür neben geeigneten Booten ein breites Inventar von Netzen, Reusen, Angelhaken, Speeren und Harpunen. Diese Gruppen lernen ebenfalls die Kunst des Trocknens und Räucherns, so dass sie Vorratshaltung betreiben können.[60]

Veränderte Lebensräume

Auf Grund dieser Spezialisierungen sind die Lebensräume dieser Sammler-und-Jäger-Gruppen deutlich kleiner als die von nichtspezialisierten Gruppen.[61] Die jahreszeitlichen Wanderungen werden kürzer, und die Menschen leben jetzt deutlich länger als vorher in *einem* Lager, wodurch Vorratshaltung möglich wird.[62] Spezialisierte Fischergruppen entwickeln jetzt sogar eine ganzjährige Sesshaftigkeit, weil sie im benachbarten Fluss, See oder Meer ganzjährig so viele Nahrungsmittel finden, dass sie keine unterschiedlichen Standorte mehr aufsuchen müssen. All dies ermöglicht es, die Natur besser als vorher zu nutzen, ohne sie zu übernutzen und ohne den Arbeitsaufwand stark zu erhöhen. Es führt dazu, dass Bevölkerungsgröße und Bevölkerungsdichte dieser Gruppen deutlich ansteigen.

Mit der Spezialisierung auf unterschiedliche Nahrungsmittel erhält der traditionelle Gabentausch der Jäger und Sammler eine zusätzliche und neue Bedeutung: Verschiedene Gruppen produzieren jetzt unterschiedliche Lebensmittel und Gebrauchsgegenstände, so dass der wechselseitige Austausch eine Bereicherung für jede dieser Gruppen bedeutet. Typisches Beispiel ist das regelmäßige Aufeinandertreffen von auf Karibu-Jagd (Rentierjagd) spezialisierten Indianergruppen mit auf Robbenjagd spezialisierten Eskimogruppen. Es findet jeweils im Herbst im Norden Kanadas statt und wird mit einer großen Zeremonie gefeiert; dabei werden Fleisch gegen Fisch und Felle gegen Häute getauscht. Dieser Gabentausch verbleibt zwar noch im traditionellen Rahmen, aber da man jetzt nicht mehr nur gleiche oder ganz ähnliche Gaben oder reine Prestigegaben, sondern wechselseitig nützliche und wichtige Produkte austauscht, bekommt der Gabentausch sehr allmählich auch eine wirtschaftliche Bedeutung.[63] Aus heutiger Sicht kann man mit aller Vorsicht davon sprechen, dass an dieser Stelle der Handel in der Geschichte der Menschheit beginnt.

Beginn von Hierarchien und Herrschaft

Mit diesen wirtschaftlichen Innovationen sind zugleich wichtige gesellschaftliche Innovationen verbunden: Die einzelnen Gruppen, die deutlich größer als früher sind, beginnen gewisse soziale Hierarchien auszubilden. An ihrer Spitze steht jetzt immer öfters ein Anführer oder «Häuptling», der mehr als nur ein «charismatischer Herrscher» ist und der diese Position oft lange ausübt.[64] Zugleich gibt es in manchen Regionen Hinweise darauf, dass jetzt erstmals größere gewalttätige Auseinandersetzungen zwischen verschiedenen Gruppen auftreten, die miteinander um den Zugang zu Ressourcen (Jagd-, Sammel- und Fischgebiete) und um Reichtümer (Vorräte) kämpfen.[65]

Damit beginnt sich die Welt der Jäger und Sammler, die über Zehntausende von Jahren als unveränderbar erschien, erstmals zu verändern. Da diese Entwicklung regional und zeitlich unterschiedlich abläuft und keinesfalls überall auf der Erde anzutreffen ist, ist es schwer, daraus allgemeine Schlussfolgerungen zu ziehen; allerdings sieht es so aus, als würde der Kern der Weltsicht der Jäger-und-Sammler-Gesellschaften, die Orientierung an der natürlichen Ordnung, weiterhin seine Gültigkeit behalten.

Ausrottung von großen Säugetieren durch den Menschen?

Ein Aspekt muss an dieser Stelle noch angesprochen werden: Am Ende der Mittelsteinzeit sterben auf vielen Kontinenten große Säugetiere wie das Mammut oder das Mastodon (elefantengroßes Säugetier in Nordamerika) aus, die Jagdbeute von spezialisierten Jägern sind. Für Autoren, die den Menschen grundsätzlich und immer als Umweltzerstörer sehen, ist es völlig evident, dass das Verschwinden dieser Tiere auf Überjagung zurückgeht und dass es der Mensch ist, der diese Tiere ausrottet.[66] Allerdings geht zur gleichen Zeit die letzte Eiszeit zu Ende, und viele Graslandschaften auf der Nordhalbkugel der Erde bewalden sich wieder. Tiere, die solche Landschaften benötigen, verlieren dadurch ihre Existenzgrundlage.

Da es bis heute keine eindeutigen archäologischen Belege für die Ursache des Aussterbens dieser großen Säugetiere gibt, bleiben nur Indizien übrig: Faktum ist, dass zahlreiche spezialisierte Jäger ihre bevorzugte Jagdbeute – Robben, Karibus, Bisons, Elche, Rothirsche, Steinböcke – gerade nicht ausrotten, sondern dass ihr Bestand dauerhaft und in großer Zahl (bis in historische Zeiten hinein) erhalten bleibt. Und es ist auch keinesfalls so, dass «Menschen regelmäßig über die Bedürfnisse von Überleben und Fortpflanzung hinausgehen … und dass von allen Tieren nur der Homo sapiens bis zur Ausrottung anderer Tierarten tötet»,[67] denn auch die spezialisierten Jäger fühlen sich weiterhin der natürlichen Ordnung verpflichtet. Ohne diese Frage definitiv klären zu können, sieht es doch so aus, als wären Klima- und Lebensraumveränderungen und nicht der Mensch für das Aussterben der großen Säugetiere verantwortlich.[68]

Das außerordentliche Naturwissen der Jäger und Sammler

Am Ende dieses Kapitels sei noch einmal daran erinnert, dass der Mensch am längsten als Jäger und Sammler auf der Erde lebt und dass die Zeit, in der er als Bauer existiert, im Vergleich dazu extrem kurz ist. Das bedeutet, dass auch alle heutigen Menschen noch sehr stark vom Erbe der Jäger-und-Sammler-Zeit – sowohl in Hinblick auf das biologische als auch auf das kulturelle Erbe – geprägt werden, selbst wenn uns dies nicht bewusst ist und wir diese Erfahrungen längst vergessen haben.

In diesem Zusammenhang ist darauf hinzuweisen, dass Jäger und Sammler über eine außergewöhnlich gute, genaue und vielfältige Naturkenntnis verfügen, die bereits mit der Entstehung von Sesshaftigkeit und Landwirtschaft abnimmt. Jäger und Sammler kennen nicht nur die Eigenschaften und die Wachstums- und Verhaltenscharakteristika von sehr vielen Pflanzen und Tieren, sondern sie besitzen auch ein großes Wissen in Bezug auf aktuelle und zu erwartende Wettersituationen, in Bezug auf den Wandel der Jahreszeiten, in Bezug auf unterschiedliche Boden-, Gesteins- und Holzqualitäten und auf unterirdische Wasservorräte, und sie können mit wenigen Naturmaterialien Feuer entfachen, gezielt bestimmte Flächen mit Brandrodung baumfrei machen und vieles andere mehr. Diese Naturkenntnisse werden im Laufe der Zeit durch kulturelles Lernen immer weiter ausdifferenziert und verfeinert.

Dieses Wissen um Natur liegt in qualitativer Form vor, und es betrifft alle Sinne. Es wird durch die Weitergabe der Traditionen an die nächste Generation unmittelbar vor Ort bewahrt. Dafür kommt Erzählungen, Legenden, Sagen und Mythen, die oft mit konkreten Orten verbunden sind, ein wichtiger Stellenwert zu. Bereits Bauerngesellschaften kennen die Natur schlechter als Jäger-und-Sammler-Gesellschaften, und wir heutigen Menschen haben fast deren gesamtes Naturwissen verloren: Gegenüber Jägern und Sammlern sind wir fast blind und taub, haben eine verstopfte Nase, einen unempfindlichen Gaumen und einen degenerierten Tastsinn.

Deshalb stellt das Naturwissen der Jäger und Sammler einen einzigartigen Erfahrungsschatz der Menschheit dar, der nicht in Vergessenheit geraten darf. Dabei geht es weniger um einen möglichen Nutzen für heute (zum Beispiel in Form neuer pharmazeutischer Produkte), als vielmehr um ihre Natur- und Umweltbeziehung und um ihre Lebensweise und Lebenseinstellung. Trotz aller Fremdheit dürfen wir sie nicht vergessen, weil der allergrößte Teil der Menschheitsgeschichte von diesem kulturellen Erbe geprägt ist.[69] Und da dieses Wissen nicht in schriftlich-abstrakter, sondern nur in sinnlich-konkreter Form vorliegt, kann es nur dann erhalten werden, wenn auch die Lebensform der Jäger und Sammler dauerhaft erhalten bleibt. Für eine reflektierte Umweltbeziehung des Menschen, die auch seine eigene Vergangenheit miteinschließt, ist dies eigentlich eine Selbstverständlichkeit.

4.

Egalitäre Bauerngesellschaften

Natur als Kulturlandschaft

Mit der Entstehung der Landwirtschaft ändert sich für die Menschen alles: Lebensform, Wirtschaftsweise, Gesellschaftsstruktur und Umweltbezug. Deshalb ist diese Transformation in der gesamten Geschichte der Menschheit nur noch mit der der Industriellen Transformation zu vergleichen.

Zuerst wird dargestellt, auf welche Weise diese Transformation abläuft und was die Ursachen dafür sind (4.1). Danach werden die Landwirtschaftsregionen der Erde (4.2), die neuen Wirtschafts- und Raumstrukturen (4.3) sowie die neue Ökologie der Kulturlandschaft (4.4) vorgestellt, und zum Schluss werden die bäuerlichen Lebensformen (4.5) sowie ihr Umweltbezug (4.6) thematisiert. Dabei konzentriert sich dieses Kapitel auf die erste, einige tausend Jahre lange Phase der Bauerngesellschaften, nämlich auf die der egalitären Bauerngesellschaften.

4.1 Entstehung und Ursache der Neolithischen Transformation

Auf die Frage nach der Ursache der Neolithischen Transformation[1] gibt es bis heute keine klare Antwort: «Der Übergang zur Landwirtschaft gehört zu den am heftigsten umstrittenen Problemen der Universalgeschichte.»[2] Deshalb wird zuerst dargestellt, wie dieser Übergang abgelaufen ist, bevor nach seinen Ursachen gefragt wird.

Die Wissenschaften, die diese Frage beantworten, sind Archäologie, Archäobotanik, Archäozoologie und Archäogenetik. Wenn es darüber hinaus darum geht, Aussagen zu Wirtschaftsweisen, Lebensformen und

Umweltbezügen von Bauerngesellschaften herauszuarbeiten, dann werden zusätzlich auch die Ergebnisse von Ethnologie, Geographie, Sprach- und Religionswissenschaften wichtig.

Domestizierung von Pflanzen und Tieren

Die Domestikation von Pflanzen und Tieren ist kein plötzliches Ereignis, sondern setzt eine sehr gute, genaue und lange Kenntnis der spezifischen Eigenschaften zahlloser Pflanzen und Tiere voraus. Dabei spielen offenbar die Erfahrungen eine große Rolle, die der Mensch bei der Beherrschung des Feuers im Allgemeinen und beim Einsatz des Feuers in Form gezielter Buschbrände im Besonderen macht (siehe Abschnitt 2.4): «Die Domestizierung von Pflanzen und Tieren ist in vielen bedeutenden Zügen der Domestizierung des Feuers vergleichbar.»[3]

Um den Prozess der Domestizierung von Pflanzen und Tieren angemessen verstehen zu können, betrachten wir ihn am Beispiel des sogenannten «Fruchtbaren Halbmondes» – der Region von der Levante bis zum Persischen Golf mit den angrenzenden Gebirgen im Vorderen Orient (diese Region liegt innerhalb der heutigen Staaten Israel, Libanon, Syrien, Türkei, Irak und Iran) – etwas näher, weil er hier besonders intensiv untersucht wurde.

Getreide: Schon Sammlergruppen nutzen die Samen von Wildgräsern, weil diese Samen – auch wenn sie relativ klein sind – hoch konzentrierte Nährstoffe enthalten. Und da im Fruchtbaren Halbmond solche Wildgräser ziemlich häufig vorkommen, werden sie im Laufe der Zeit zu einem wichtigen Sammelgut. Bereits in der Zeit um 21 000 v. Chr. werden in Israel Wildgräser mit der Sichel geerntet, und ihre Samen werden mit Mörsern und Mahlsteinen verarbeitet. Dies ist ein Hinweis darauf, dass Wildgräser damals in großen Mengen geerntet werden; dazu trägt auch bei, dass die Samen gut lagerfähig sind und sich lange halten. Der erste Schritt zur Domestikation besteht in der Kultivierung, also im Aussäen von noch unveränderten Grassamen auf ausgewählten kleinen Flächen. Dazu eignen sich Wildgräser deshalb gut, weil es Pionierpflanzen sind, die gestörte Böden (Böden ohne stabile Vegetationsdecke) schnell besiedeln und die als einjährige Pflanzen schnell wachsen und sehr viel Energie in ihre Samen stecken. Im Laufe der Kultivierung selektioniert der Mensch dann diejenigen Pflanzenindividuen, die für ihn besonders wertvolle Eigenschaften besitzen, und vermehrt nur diese durch wiederholte Aussaat, bis sich die domestizierte Pflanze deutlich von ihrer Wildform unterscheidet. Dies betrifft drei Eigenschaften: Der reife Samen fällt nicht mehr von selbst aus der Ähre, alle Gräser werden etwa gleichzeitig reif, und die Samenkörner werden deutlich größer. Das erste domestizierte Getreide wird um 9500 v. Chr. an mehreren Orten im Fruchtbaren Halbmond nachgewiesen, aber erst ab 7500 v. Chr. setzt sich der Getreideanbau so stark durch, dass Getreideprodukte zum Hauptnahrungsmittel werden.[4]

Haustiere: Jägergruppen, die ein Muttertier erlegt haben, bringen immer wieder einmal lebende Jungtiere mit ins Lager, entweder aus Freude an oder aus Mitleid mit den Tieren. Dabei stellt man fest, dass Jungtiere in einem bestimmten frühen Alter auf den Menschen «geprägt» werden können; dadurch verlieren sie ihre Scheu vor dem Menschen und können als Arbeits- oder Nutztier oder als menschlicher Begleiter verwendet werden. Dabei handelt es sich jedoch noch nicht um Haustiere, sondern um gezähmte Wildtiere (Gazellen, Antilopen, Elefanten, Affen, Falken und andere).[5] Als Haustiere eignen sich nur solche Tiere, die sich in Gefangenschaft fortpflanzen, die einen geringen Fluchtreflex haben, die wenig aggressiv sind, und die zugleich Herdentiere sind, bei denen der Mensch die Rolle des Leittieres übernimmt. Wenn sich diese Tiere in Gefangenschaft vermehren, dann werden die männlichen Tiere kastriert, um ihre Aggressionen in den Brunstzeiten zu reduzieren,[6] und der Mensch sorgt dafür, dass sich nur solche Individuen fortpflanzen, die die für ihn nützlichen Eigenschaften besitzen. Im Verlauf einer Reihe von Generationen entstehen dann Haustiere, die sich in folgenden Merkmalen von ihren Wildformen unterscheiden: geringere Körpergröße, kleineres Gehirn, Verkürzung der Schnauze, kleinere Zähne, frühere Geschlechtsreife, größere Fruchtbarkeit und Ausbildung einer breiten Palette von Färbungs- und Musterungsvarianten bei Fell und Federn.[7] Im Fruchtbaren Halbmond treten diese Haustiermerkmale erstmals um 9000 v. Chr. bei Ziege und Schaf auf, um 8500 v. Chr. beim Schwein und um 8000 v. Chr. beim Rind.

Auffällig und keineswegs selbstverständlich ist es, dass der Prozess der Domestizierung von Pflanzen und Tieren lange vor Christi Geburt abgeschlossen ist – seitdem gibt es keine neuen Nutzpflanzen und keine neuen Haustiere mehr,[8] sondern nur noch Veränderungen und Verbesserungen bei den bestehenden Arten. Und weiterhin ist auffällig, dass aus der sehr großen Zahl von Pflanzen und Tieren, die von Jägern und Sammlern genutzt werden, nur sehr wenige Arten zu Nutzpflanzen und Haustieren gemacht werden.

Stark weiblich geprägte Domestizierung

Wenn man sich an die Arbeitsteilung zwischen den Geschlechtern bei Jägern und Sammlern erinnert (Abschnitt 3.2), dann liegt die Pflege und Betreuung der Nutzpflanzen in den Händen der Frauen. Daher ist es sehr naheliegend, dass die Frauen auch für die entscheidenden Innovationsschritte bei der Domestizierung der Pflanzen verantwortlich sind und diese selbst ausführen.

Und weil die Versorgung von gefangenen Jungtieren der Versorgung von Säuglingen ähnelt, dürfte die Aufzucht der Tiere und ihre Prägung auf den Menschen in den Händen der Frauen liegen. Deshalb dürften alle Domestikationen von Pflanzen und Tieren von Frauen initiiert und ausgeführt sein – die Neolithische Transformation ist offenbar sehr stark weiblich geprägt.[9]

Entstehung von Reichtum und Eigentum

Da sowohl Pflanzen als auch Tiere in den Entstehungsregionen der Landwirtschaft in der ungünstigen Jahreszeit (zu trocken oder zu kalt) nicht oder nur sehr wenig wachsen, bedeutet die Erfindung von Ackerbau und Viehwirtschaft, dass am Ende der guten Jahreszeit große Lebensmittelerträge anfallen, die die Versorgung des Dorfes für ein halbes oder ein ganzes Jahr gewährleisten müssen. Das hat zur Folge, dass die gewonnenen Lebensmittel haltbar gemacht und sicher gelagert werden müssen, was einen nicht unerheblichen Arbeitsaufwand bedeutet.

Diese Lebensmittelvorräte, die jetzt regelmäßig in jedem Dorf anfallen, stellen einen räumlich konzentrierten Reichtum dar, wie es ihn bislang in der Geschichte der Menschheit noch nie gegeben hatte. Während Lebensmittelvorräte bei Jäger-und-Sammler-Gesellschaften, die für große Feste bereitgestellt werden, allen gehören und gemeinsam verzehrt werden, gehören die landwirtschaftlichen Vorräte einzelnen Familien oder Gruppen von Familien, sind also Eigentum von Personengruppen, die dieses Eigentum zum Überleben benötigen. Damit ist mit der Entstehung der Landwirtschaft die Entstehung von Reichtum und Eigentum verbunden.

Steigerung des Flächenertrags

Betrachtet man den Energieertrag pro Fläche, den Bauerngesellschaften erzielen, dann fällt der Unterschied zu Jäger-und-Sammler-Gesellschaften deutlich ins Auge: Während Jäger und Sammler einen jährlichen Nettoenergieertrag von 0,6 bis 6 Megajoule pro Hektar (MJ/ha.) erzielen, liegt dieser Wert bei einfachen Landwirtschaftsformen um 1000 MJ/ha., bei entwickelten Landwirtschaftsformen (Weizen und Mais) bei 10 000 bis 30 000 MJ/ha. und bei einer traditionellen Intensivlandwirtschaft (Nassreisanbau in China) sogar bei 280 000 MJ/ha.[10] Das bedeutet, dass durch die Einführung einer einfachen Landwirtschaft der Ertrag pro Fläche bereits um den Faktor 200 gesteigert und dass dieser Ertrag mit der weiteren Verbesserung der Landwirtschaft noch einmal um das Zehn- bis Dreißigfache erhöht werden kann. Dies ist jedoch nur möglich, wenn auch viel menschliche Arbeitszeit eingesetzt wird, denn Säen und Ernten, Bewässern, Unkrautjäten, Vertreibung von Fressfeinden, Haltbarmachen und Lagern verlangen einen hohen und permanenten Arbeitseinsatz. Deshalb beträgt die tägliche Arbeitszeit in Bauerngesellschaften oft acht bis zehn Stunden. Der hohe Lebensmittelertrag pro Fläche führt in Verbindung mit dem hohen Arbeitskräftebedarf dazu, dass Bauerngesellschaften eine im Vergleich mit Jägern und Sammlern sehr hohe Bevölkerungsdichte ausbilden.[11]

Bewertung der Neolithischen Transformation

Wie ist diese Neolithische Transformation zu bewerten? Lange Zeit wird sie als Ausdruck der Höherentwicklung des Menschen oder als Fortschritt ausschließlich positiv gesehen: Dank der Landwirtschaft kann die Produktivität des menschlichen Wirtschaftens so stark erhöht werden, dass erstmals Menschen von der Notwendigkeit der Lebensmittelgewinnung freigestellt werden können. Damit entsteht die Voraussetzung für wirtschaftliche Spezialisierungen und für Kultur, Literatur, Kunst und Wissenschaft, und damit ist die Entstehung der Landwirtschaft die Ursache für das gewaltige Aufblühen von Wirtschaft und Kultur, auf dem unsere gesamte moderne Welt aufbaut.[12]

Seit einiger Zeit mehren sich jedoch die negativen Bewertungen: Die tägliche Arbeitszeit steigt von zwei bis vier Stunden bei Jägern und Sammlern auf acht bis zehn Stunden bei Bauerngesellschaften, die Gefahr der Mangelernährung durch einseitige Ernährung wird groß, die Menschen werden durch das enge Zusammenleben mit anderen Menschen, aber vor allem mit ihrem Vieh oft krank (Entstehung von Seuchen), die durchschnittliche Lebenserwartung sinkt, und die Menschen werden im Durchschnitt um 14 bis 18 Zentimeter kleiner.[13] Grundsätzlich meinen viele Wissenschaftler, dass Sesshaftigkeit und Landwirtschaft nach einer gewissen Zeit automatisch zur Herrschaft von wenigen Menschen über die große Mehrheit und zur Konzentration des gesamten Reichtums in wenigen Händen führen. Deshalb gilt die Entstehung der Landwirtschaft als «schwerster Fehler in der Geschichte der Menschheit» oder als «der größte Betrug der Geschichte».[14]

Die Beantwortung der Frage, ob die Entstehung der Landwirtschaft der größte Fortschritt oder der größte Fehler in der Geschichte der Menschheit ist, hängt jedoch nicht nur allein davon ab, wie man die Entstehung der Landwirtschaft selbst bewertet, sondern dabei spielt die Bewertung der von ihr ausgelösten Folgeentwicklungen – Entstehung von Spezialisierung, Herrschaft, Städten, Großreichen – sowie die Bewertung der heutigen Situation der Welt eine sehr wichtige Rolle. Deshalb lässt sich diese Grundsatzfrage an dieser Stelle des Buches, an der es um den Beginn der Neolithischen Transformation geht, noch nicht beantworten; sie wird dann in Abschnitt 5.4 geklärt werden.

Ursachen für die Entstehung der Landwirtschaft

Was ist die Ursache für diese Entwicklung, die für die betroffenen Menschen gleichzeitig mit Vorteilen (große Lebensmittelmengen und -sicherheit) und mit Nachteilen (lange Arbeitszeiten, Mangelernährung, Krankheiten) verbunden ist? Die Antwort auf diese Frage wird dadurch erschwert, dass es etwa zehn Regionen auf der Erde gibt, in denen die Landwirtschaft jeweils eigenständig entsteht (siehe Abschnitt 4.2), dass es innerhalb dieser zehn Regionen nicht ein einziges, sondern jeweils viele dezentrale Domestikationszentren gibt und dass sich die Landwirtschaft überall auf der Erde zwischen 9500 und 3000 v. Chr. – also in Hinblick auf die sehr lange Zeit des Paläolithikums nahezu gleichzeitig – herausbildet.[15] Und zusätzlich stellt sich auch noch die Frage, warum diese fundamentale Innovation nicht in der Region entsteht, in der der Mensch zum Menschen geworden ist, also in Ost- und Südafrika, sondern in Regionen, die weit davon entfernt liegen.

Die klassische Antwort auf die Frage nach der Ursache der Entstehung der Landwirtschaft, die auch heute noch von den meisten Wissenschaftlern vertreten wird, lautet, dass es verschlechterte Umweltbedingungen gewesen seien, die Jägern und Sammlern ihr traditionelles Leben sehr erschwert oder verunmöglicht hätten. Dafür werden meist Klimaänderungen im Gefolge des Endes der letzten Eiszeit – ein wärmeres, aber vor allem ein deutlich trockeneres Klima – als Ursache genannt. Auf diese Verschlechterung oder Herausforderung hätten dann Jäger und Sammler mit der Entwicklung der Landwirtschaft reagiert.[16] Allerdings ist diese Position heute stark umstritten.[17]

Die Denkfigur, die hinter dieser Erklärung steckt, wird «Challenge and Response» (Herausforderung und Antwort) genannt, und sie geht davon aus, dass es einer Herausforderung, also eines Problems oder gar einer Krise bedarf, damit der Mensch eine Antwort darauf findet und das Problem beseitigt.[18] Zugleich beinhaltet diese Denkfigur, dass sich der Mensch ohne solche Herausforderungen nicht weiterentwickeln und seine Kultur stagnieren würde.

Die Darstellung der Jäger-und-Sammler-Gesellschaften (Kapitel 3) hatte jedoch gezeigt, dass diese Gesellschaften nicht am Rande des Hungers existieren, so dass die Denkfigur «Challenge and Response» bei ihnen nicht zutrifft. Und zusätzlich haben neuere Forschungen gezeigt, dass die Landwirtschaft gerade nicht in kargen, sondern in Regionen mit einem reichlichen Nahrungsangebot entsteht.[19]

Überfluss und Muße

Aus diesen Gründen ist es sinnvoll, anders anzusetzen und von Überfluss und Muße als Ursache für die Entstehung der Landwirtschaft auszugehen:

> «Landwirtschaft entsteht nicht auf der Grundlage eines wachsenden oder chronischen Nahrungsmangels. Gruppen, die im Schatten des Hungers leben, haben weder die Mittel noch die Zeit, diejenigen langsamen und gemächlichen experimentellen Schritte auszuführen, aus denen in einer ferneren Zukunft eine bessere Ernährungsgrundlage entsteht. Pflanzen, die in Hungerzeiten genutzt werden – und davon gibt es viele –, haben wenig Gemeinsamkeiten mit Pflanzen, die durch Kultivierung verbessert werden. Und diese Kultivierung gelingt nur Gruppen, die deutlich über der Grenze des Lebensnotwendigsten leben. Die Behauptung, dass die Notwendigkeit die Mutter der Erfindung ist, ist einfach nicht wahr. Gruppen, die sich in einer bedürftigen und elenden Lage befinden, sind nicht innovativ, weil ihnen die Muße zum Nachdenken, zum Experimentieren und zur Diskussion fehlt.»[20]

Deshalb haben nur Jäger-und-Sammler-Gruppen mit einer reichlichen Nahrungsgrundlage den Freiraum, die Muße und die Neugier, zusätzlich zu ihren normalen Tätigkeiten mit der Kultivierung von Pflanzen und Tieren herumzuexperimentieren und die damit verbundenen neuen Möglichkeiten auf eine spielerische Weise zu entdecken und auszutesten.

Allerdings entsteht auf diese Weise lediglich eine neue, zusätzliche Form der Gewinnung von Lebensmitteln und keineswegs eine völlig neue, auf der Landwirtschaft basierende Lebens- und Wirtschaftsform. Experimente mit Wildgräsern haben gezeigt, dass sich die entscheidenden Genmutationen, die zur Domestikation führen, in gut zweihundert Jahren erreichen lassen.[21] Ähnliches gilt für Wildtiere, die im Verlauf von etwa dreißig Generationen zu Haustieren entwickelt werden können.[22] Das bedeutet: Wenn spezialisierte Jäger und Sammler konsequent diesen Weg eingeschlagen hätten, dann hätte die Landwirtschaft relativ schnell entstehen können. Doch offensichtlich haben Jäger und Sammler genau dies *nicht* getan, denn es dauert gut zehntausend Jahre vom Einsatz von Sicheln, Mörsern und Mahlsteinen – also einer guten Vertrautheit mit den Eigenschaften der Wildgräser – bis zu den ersten domestizierten Getreidearten, und es braucht dann noch einmal weitere zweitausend Jahre, bis Landwirtschaftsprodukte zur Grundlage der Ernährung werden.[23]

Dies ist nur so zu verstehen, dass Jäger und Sammler die neuen Möglichkeiten zwar entdecken und nutzen, sie aber keinesfalls systematisch ausbauen; sie wissen offenbar, wie viel Arbeit und wie viele andere Nachteile mit dem Vorteil der großen Nahrungsmittelmengen verbunden sind. Das eindrucksvollste Beispiel dafür dürften die Aborigines im Norden und Nordosten Australiens sein, die vom nahen Hochland von Neuguinea her die Praxis der Landwirtschaft kennen, diese aber – offensichtlich bewusst – nicht übernehmen. Ein allmählicher Übergang von spezialisierten Jäger-und-Sammler-Gruppen zu sesshaften Bauerngesellschaften ist also ziemlich unwahrscheinlich. Dieses Ergebnis macht die Beantwortung der Frage nach der Ursache der Entstehung der Landwirtschaft noch schwieriger.

Die Revolution der Symbole

Diese Schwierigkeit hängt aber auch damit zusammen, dass wir aus unserer heutigen Perspektive auf eine völlig selbstverständliche Weise immer nur auf eine zweckrationale und utilitaristische Weise fragen, dass wir also immer nur fragen, welche (materiellen) Vorteile die Entstehung der Landwirtschaft den Menschen bringe – denn ohne solche Vorteile würde ja die Entstehung der Landwirtschaft (für uns) keinen Sinn machen.[24] Aber vielleicht liegt gerade in dieser eingeschränkten Weise des Fragens der Grund dafür, dass wir uns heute mit der Ursache der Entstehung der Landwirtschaft so schwertun.

Ethnologische und religionsgeschichtliche Beobachtungen und Überlegungen gehen in eine ganz andere Richtung, um die Entstehung der Landwirtschaft zu verstehen: Während für Jäger und Sammler die *gesamte* Welt beseelt ist, also *alle* Dinge in der Welt heilig oder göttlich sind, verehren Bauerngesellschaften ihre jeweils wichtigste Nutzpflanze als zentrale weibliche Gottheit – Ethnologen sprechen von Dema-Gottheiten –, und die einzelnen Nutzpflanzen sind ein Teil dieser Gottheit, die sie den Menschen überlassen hat.[25] Das bedeutet, dass Bauerngesellschaften in ihrer religiösen Praxis einen fundamentalen Bruch mit den religiösen Vorstellungen der Jäger und Sammler vollzogen haben.

Dieser auffällige Unterschied legt die Vermutung nahe, dass die Entstehung der Landwirtschaft durch eine neue Religion oder eine «Revolution der Symbole» ausgelöst wird.[26] Dann würde am Beginn der Landwirtschaft eine neue Sicht des Menschen auf die Welt stehen, die sich in einer neuen Religion und in neuen Symbolen niederschlägt, bei der die Nutzpflanzen eine zentrale religiöse Bedeutung besitzen. Und da die Frauen bei der Entstehung der Landwirtschaft eine so zentrale Bedeutung haben und da die neue Religion stark weiblich geprägt ist, ist es vorstellbar, dass diese «Revolution der Symbole» von Frauen ausgeht.

Wenn man eine «Revolution der Symbole» als Auslöser für die Entstehung der Landwirtschaft annimmt, dann steht nicht das Interesse an der Lebensmittelproduktion am Anfang, sondern die Verehrung eines neuen großen, weiblichen und göttlichen Wesens in Pflanzenform. Bei den religiösen Feiern und Opferfesten zu Ehren dieser Gottheit werden die «Kinder der Gottheit» – die Getreidekörner – an die Menschen übergeben, und diese nehmen sie in Form berauschender Getränke, die aus den verehrten Pflanzen hergestellt werden, zu sich. Damit stehen nicht Nahrungsmittel (Brot, Fladen oder Brei) am Beginn der Landwirtschaft, sondern «göttliche» Gaben, also rituelle Getränke wie Gerstenbier, Reiswein oder Maisbier.[27] Das bedeutet, dass domestizierte Pflanzen zuerst aus religiösen Gründen angebaut und erst später zu normalen Lebensmitteln werden.

Das Heiligtum von Göbekli Tepe

Diese Hypothese erhält ab 1995 eine zusätzliche Plausibilität, als es im Südosten der Türkei auf dem Berg Göbekli Tepe – also in der Region, in der das Getreide domestiziert wird – zur Ausgrabung eines monumentalen Heiligtums von Jägern und Sammlern kommt. Es wird ab 9600 v. Chr. errichtet, also kurz bevor sich hier das erste domestizierte Getreide nachweisen lässt, und es besteht aus drei Ringanlagen mit je vierzehn T-förmigen Steinpfeilern, die drei bis fünf Meter hoch sind und flächendeckende Reliefs mit Tierfiguren aufweisen. Solche Monumentalanlagen, an denen viele Tausend Menschen jahrzehntelang gearbeitet haben müssen, waren zuvor bei Jägern und Sammlern nicht bekannt.

Man konnte sie sich nicht einmal vorstellen, weil man nicht wusste, wie solch riesige Menschenmengen an einem Ort mit Jagen und Sammeln hätten ernährt werden können. An diesem Heiligtum haben sich offenbar Gruppen aus einem sehr großen Gebiet – mit einem Radius von etwa 200 Kilometern um Göbekli Tepe herum – zu bestimmten Zeiten zu großen religiösen Feiern getroffen.[28]

Das Aufeinandertreffen von sehr vielen verschiedenen Gruppen, die normalerweise weit voneinander entfernt leben und nur durch ein gemeinsames Symbolsystem oder eine gemeinsame Religion miteinander verbunden sind, führt dazu, dass sehr viele unterschiedliche Kenntnisse aus den einzelnen Gruppen an einem einzigen Ort präsent sind. In Verbindung mit den neuen religiösen Aufgaben und Praktiken entwickeln die Menschen offenbar von hier aus neue, sehr großräumige Jagdtechniken, die bereits Züge eines Landschaftsmanagements annehmen und als Vorstufe der Domestikation von Ziege und Schaf verstanden werden können, und sie beginnen einen intentionalen Getreideanbau auf großen, gegenüber Wildtieren geschützten Flächen.[29]

Entstehung der Landwirtschaft und kulturelle Entwicklung

Dass die Entstehung der Landwirtschaft durch eine Revolution der Symbole ausgelöst worden sein könnte, wird also durch die Ausgrabungen von Göbekli Tepe unterstützt. Diese Hypothese kann gut den relativ plötzlichen Beginn der Landwirtschaft erklären, nachdem spezialisierte Jäger und Sammler sehr lange Zeit mit der Domestizierung von Pflanzen und Tieren lediglich herumexperimentieren. Andererseits muss man aber auch berücksichtigen, dass die Landwirtschaft in etwa zehn verschiedenen Regionen der Erde unabhängig voneinander entsteht, so dass es also auch genauso viele Revolutionen der Symbole geben müsste, was nicht so einfach zu erklären ist.

Denkt man diese Hypothese weiter, dann dürfte eine solche Revolution der Symbole kein einmaliges Ereignis und kein individuelles religiöses Erlebnis sein, mit dem einige Menschen eine völlig neue Weltsicht entwerfen.[30] Offensichtlich handelt es sich um ein Ereignis, das einen relativ hohen Stand der kulturellen Entwicklung benötigt, dann jedoch mehrfach geschieht:[31] Erst wenn weit entwickelte Kenntnisse und Erfahrungen von Natur, Umwelt, Kultur und Mensch vorliegen und wenn der Mensch eine gewisse Sicherheit im Umgang mit der Natur und mit sich selbst erreicht hat, erst dann sind Menschen in der Lage, mit der traditionellen Weltsicht zu brechen und die große natürliche Ordnung der Jäger und Sammler in Frage zu stellen. Erst dann sind sie in der Lage, eine völlig neue Weltsicht dagegen zu setzen, die mit neuen Glaubensvorstellungen, Werten, Lebensformen und Handlungen verbunden ist.[32] Und erst nachdem den Menschen dieser große religiöse Wandel gelungen ist, können sie die Wirtschaftsform des Sammelns und Jagens, die der alten natürlichen Ordnung der Welt entspricht, aufgeben und durch eine neue Wirtschaftsform ersetzen, die Ausdruck der neuen Religion und einer neuen Ordnung der Welt ist.

Zum Schluss bleibt noch das auffällige Faktum zu erklären, dass die Regionen, in denen sich der Vor-, Früh- und der Moderne Mensch herausbildet, von den Regionen, in denen die Landwirtschaft entsteht, meist weit entfernt liegen. Eigentlich könnte man annehmen, dass die Regionen, die für die Entstehung des Menschen so innovationsfördernd sind, die gleichen Regionen sind, die auch die Entstehung der Landwirtschaft fördern. Aber diese Vorstellung ist falsch: Im tropischen Afrika wird die Entwicklung hin zum Menschen nicht durch besonders gute Umweltbedingungen, also nicht auf eine positive Weise gefördert. Vielmehr ist der entscheidende Punkt das kulturelle Lernen, durch das der Mensch das konkrete Hier und Jetzt negiert. Ebenso sind bei der Entstehung der Landwirtschaft nicht etwa ganz besonders positive Umweltbedingungen der Auslöser – diese wären wohl in den Tropen zu finden –, sondern eine völlig neue Art und Weise, die Welt wahrzunehmen.[33]

Die Frage nach der Ursache der Entstehung der Landwirtschaft ist also untrennbar mit der Grundsatzfrage nach der menschlichen Entwicklung verbunden. Wenn wir diese Frage aus unserer heutigen Perspektive heraus stellen, wenn wir also zweckrational und utilitaristisch fragen, erhalten wir keine sinnvolle Antwort.

4.2 Landwirtschaftsregionen der Erde

Die Landwirtschaft entwickelt sich in mehreren Regionen der Erde unabhängig voneinander. Sie basiert auf unterschiedlichen Pflanzen und Tieren, und die damit verbundenen Unterschiede prägen die Welt bis heute.[34]

Regionen der Entstehung der Landwirtschaft

In den folgenden Regionen der Erde entsteht die Landwirtschaft auf eine jeweils eigenständige Weise (siehe Karte 2):[35]

Fruchtbarer Halbmond (Vorderasien), ab 9500 v. Chr.:
Nutzpflanzen: Einkorn, Emmer, Gerste und Hülsenfrüchte, später Roggen und Weizen
Haustiere: Ziege und Schaf, etwas später Rind und Schwein

Huang-He-(Gelber Fluss-)Becken (China), ab 8000 v. Chr.:
Nutzpflanzen: Hirse und Sojabohne
Haustiere: Huhn, Schwein

Jangtse-Becken (China), ab 6000 v. Chr.:
Nutzpflanzen: Reis
Haustiere: Schwein, Wasserbüffel, Karpfen

Subsahara-Afrika, ab 7000 v. Chr.:
Nutzpflanzen: Hirse, Sorghum, Afrikanischer Reis, Hülsenfrüchte
Nutztiere: Rind

Zentral-Mexiko, ab 7000 v. Chr.:
Nutzpflanzen: Mais, Kürbis, Paprika, Bohnen
Haustiere: keine

Südamerika (Hochland von Bolivien und Anden/Peru), ab 6000 v. Chr.:
Nutzpflanzen: Kartoffel, Bohne, Quinoa, Amaranth, Chilischoten, Maniok
Haustiere: Lama, Alpaca, Meerschweinchen

Amazonien, ab 6000 v. Chr.:
Nutzpflanzen: Pfeilwurz, Süßkartoffel, Baumwolle
Haustiere: keine

Hochland von Neuguinea, ab 5000 v. Chr.:
Nutzpflanzen: Banane, Zuckerrohr, Taro (als Gartenkulturen)
Haustiere: keine

Östliche USA, ab 3000 v. Chr.:
Nutzpflanzen: Kürbis, Sonnenblume, Sumpfkraut
Haustiere: keine

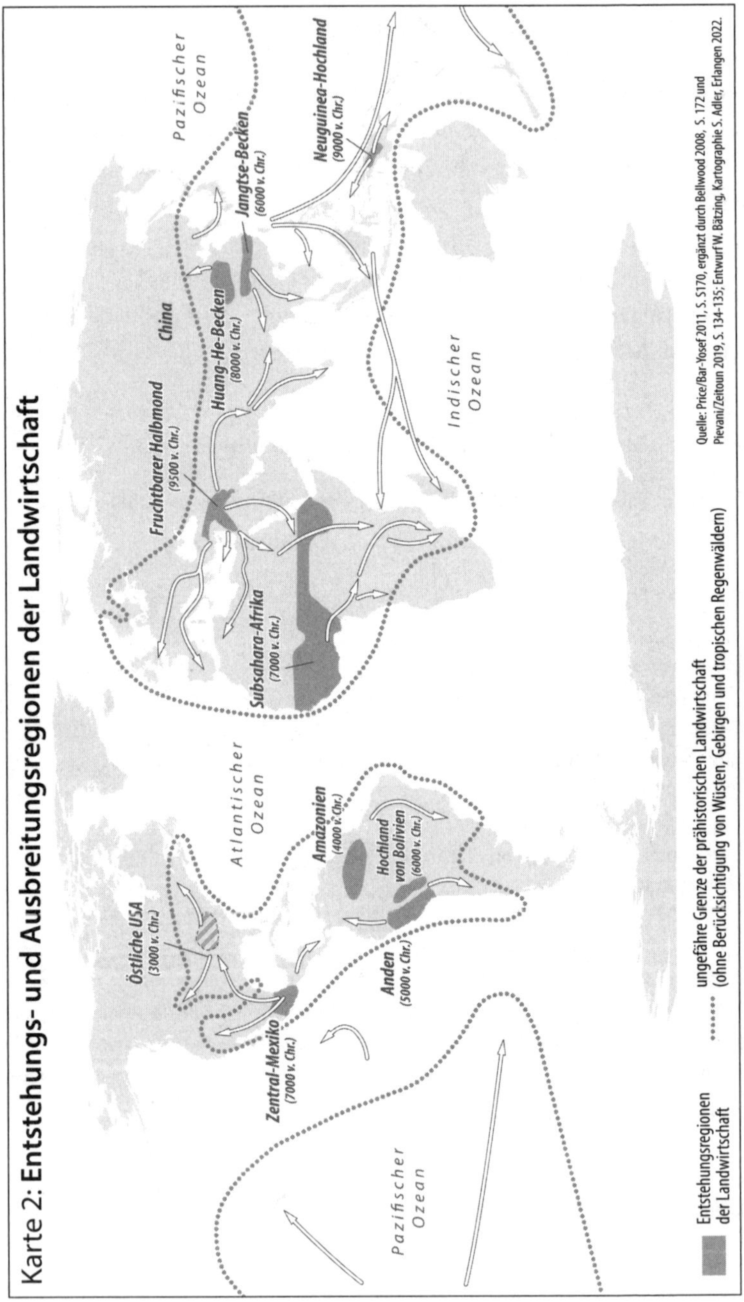
Karte 2: Entstehungs- und Ausbreitungsregionen der Landwirtschaft
Pazifischer Ozean
Atlantischer Ozean
Indischer Ozean
Pazifischer Ozean
Östliche USA (3000 v. Chr.)
Zentral-Mexiko (7000 v. Chr.)
Amazonien (4000 v. Chr.)
Hochland von Bolivien (6000 v. Chr.)
Anden (5000 v. Chr.)
Fruchtbarer Halbmond (9500 v. Chr.)
Subsahara-Afrika (7000 v. Chr.)
Huang-He-Becken (8000 v. Chr.)
China
Jangtse-Becken (6000 v. Chr.)
Neuguinea-Hochland (9000 v. Chr.)
Entstehungsregionen der Landwirtschaft
ungefähre Grenze der prähistorischen Landwirtschaft (ohne Berücksichtigung von Wüsten, Gebirgen und tropischen Regenwäldern)
Quelle: Price/Bar-Yosef 2011, S. S170, ergänzt durch Bellwood 2008, S. 172 und Pievani/Zeitoun 2019, S. 134-135; Entwurf W. Bätzing, Kartographie S. Adler, Erlangen 2022.

In den einzelnen Regionen der Erde werden in Abhängigkeit von den verschiedenen ökologischen Voraussetzungen jeweils sehr unterschiedliche Pflanzen und Tiere domestiziert. Dies führt dazu, dass die jeweiligen Nutzflächen unterschiedlich geprägt sind (Gebiete mit Getreide-, Reis- oder Maisanbau unterscheiden sich ökologisch stark voneinander) und sehr verschiedenartige Landschaftsformen ausbilden (südostasiatische Reisterrassen, vorderasiatische Weizenlandschaften, mediterrane Coltura mista, mitteleuropäische Waldbauerngebiete, Weinbergterrassen). Dabei ist auch das Verhältnis von Ackerbau und Viehwirtschaft unterschiedlich: Es gibt Regionen, in denen Ackerbau und Viehwirtschaft gleichwertig nebeneinanderstehen (Fruchtbarer Halbmond), in denen die Viehwirtschaft weniger Bedeutung als der Ackerbau hat (Südostasien) oder in denen die Viehwirtschaft völlig fehlt (Mittelamerika, Neuguinea).

Aus diesen Gründen unterscheiden sich auch die einzelnen bäuerlichen Gesellschaften sehr stark voneinander: Nicht nur die Ernährung, sondern auch die gesamte materielle Sachkultur wird von den jeweils zentralen Nutzpflanzen und Haustieren geprägt ebenso wie die darauf aufbauenden immateriellen und religiösen Vorstellungen. Deshalb steht am Beginn der Bauerngesellschaften in den einzelnen Landwirtschaftsregionen der Welt eine sehr große ökologische und kulturelle Vielfalt. Ein auswärtiger Betrachter würde diese Regionen jeweils als vollkommen fremde und verschiedenartige Welten erleben, die gar nichts miteinander zu tun haben.

Räumliche Ausbreitung der Landwirtschaft über die Erde

Wenn die Landwirtschaft in ihren jeweiligen Entstehungsgebieten zur Grundlage der Ernährung wird, dann setzt ein sehr starkes Bevölkerungswachstum ein, das zwei Entwicklungen antreibt: erstens die weitere Verbesserung und Intensivierung der landwirtschaftlichen Nutzung auf den bestehenden Flächen (was ein erneutes Bevölkerungswachstum mit sich bringt) und zweitens die räumliche Ausweitung der Landwirtschaftsflächen, also die Vergrößerung der eher kleinen Entstehungsgebiete der Landwirtschaft. Dabei verlassen Bauernfamilien ihre Ursprungsregion und wandeln Nachbarregionen zu Landwirtschaftsregionen um. Die dortigen Jäger-und-Sammler-Gruppen werden dabei integriert, überprägt oder verdrängt, was bäuerlichen Gruppen auf Grund ihrer großen Bevölkerungszahl oft schnell gelingt.

Damit breitet sich die Landwirtschaft relativ bald nach ihrer Entstehung über große Teile der Erde aus. Diese Ausbreitung wird im Laufe der Zeit durch zwei Faktoren begrenzt: zum einen durch kulturelle Gründe, indem Jäger-und-Sammler-Gruppen es ablehnen, die Landwirtschaft zu übernehmen und/oder bäuerliche Siedler aktiv daran hindern, sich in ihrem Gebiet niederzulassen.[36] Zum anderen durch klimatische Gründe: In einem ersten Schritt werden Nutzpflanzen und Haustiere innerhalb von Regionen verbreitet, die die gleichen oder ganz ähnliche ökologische Rahmenbedingungen wie die Ursprungsgebiete der Domestikation besitzen. In einem zweiten Schritt werden Nutzpflanzen und Haustiere allmählich an veränderte ökologische Rahmenbedingungen angepasst, wodurch weitere Regionen landwirtschaftlich genutzt werden können. Bei dieser Ausbreitung sind Regionen der Erde mit einer ausgedehnten West-Ost-Erstreckung im Vorteil, während diejenigen mit einer Nord-Süd-Erstreckung benachteiligt sind, weil bei dieser Ausbreitungsrichtung die Landwirtschaft relativ schnell in eine Klimazone gelangt, die für die domestizierten Arten ungünstig ist.

Deshalb ist die Ausbreitung der Landwirtschaft in Mittel- und Südamerika räumlich ziemlich limitiert, während in China, wo sich die beiden Domestikationszentren von Hirse und Reis relativ früh miteinander verbinden und gemeinsam entwickeln, und im subsaharischen Afrika die Ausbreitungsmöglichkeiten deutlich besser sind. Am besten kann sich jedoch die Landwirtschaft des Fruchtbaren Halbmonds entwickeln: Auf Grund der zufälligen Lage der Kontinente, der Wüsten und der Gebirge kann sie sich im Westen und Nordwesten bis Marokko, Irland und Skandinavien, im Süden und Südosten bis nach Pakistan und Indien und im Südwesten bis nach Ägypten und Äthiopien ausbreiten.

Vier Nutzungsgrenzen der Landwirtschaft

Je weiter sich jedoch die Landwirtschaft ausbreitet, desto schwieriger wird die Anpassung der Nutzpflanzen und Haustiere an die sich ändernden ökologischen Standortbedingungen. Und am Schluss bleiben dann relativ große Gebiete der Erde übrig, die sich aus klimatischen Gründen grundsätzlich einer landwirtschaftlichen Nutzung sperren: Dies sind Wüsten (zu trocken), polnahe Gebiete (zu kalt), Höhenlagen in Gebirgen (zu kalt) und immerfeuchte tropische Regenwälder (zu schwül, sehr ungünstig für die meisten Nutzpflanzen und Haustiere; siehe Karte 2).[37]

Während Nutzpflanzen an ihrem Standort bestimmte klimatische Bedingungen benötigen, sind Haustiere mobil und können mittels längerer Wanderungen in der guten Jahreszeit Regionen nutzen, die für sie in den schlechten Jahreszeiten nutzungsfeindlich sind. An allen vier Nutzungsgrenzen – Wüsten, polnahe Gebiete, Höhenlagen in Gebirgen, immerfeuchte tropische Regenwälder – gibt es großflächige Grenzsäume, in denen Ackerbau nicht mehr, in der guten Jahreszeit aber eine saisonale viehwirtschaftliche Nutzung möglich ist. Hier entwickeln sich im Laufe der Zeit spezielle Systeme einer mobilen Viehwirtschaft – Nomadismus, Transhumanz, Almwirtschaft –, die die Ursache dafür sind, dass die Viehwirtschaft saisonal deutlich weiter in die landwirtschaftlichen Ungunsträume der Erde hinein vordringen kann als der Ackerbau.[38]

Die räumliche Ausbreitung der Landwirtschaft erfolgt relativ schnell und ist bereits einige tausend Jahre nach ihrer Entstehung, also noch in vorrömischen Zeiten, abgeschlossen. Lediglich im subsaharischen Afrika (Ausbreitung von Norden nach Süden) und in der pazifischen Inselwelt (Ausbreitung von Westen nach Osten) läuft sie erst in historischen Zeiten ab. Die europäische Eroberung der Erde verändert dann ab dem 16. Jahrhundert diese räumlichen Strukturen erheblich und führt dazu, dass neue große Gebiete in Nord- und Südamerika, im südlichen Afrika und in Australien erstmals landwirtschaftlich genutzt werden.

Die große Bedeutung der Landwirtschaft kann man mit den folgenden Flächenangaben gut erfassen: Ganzjährig landwirtschaftlich genutzte und besiedelte Gebiete nennt man Ökumene oder Vollökumene. Diese Räume umfassen am Ende des Agrarzeitalters 43 Prozent der Landoberfläche der Erde. Saisonal, also nur durch Viehwirtschaft in einem Teil des Jahres genutzte und besiedelte Gebiete nennt man Subökumene, und diese Räume machen 37 Prozent der Landoberfläche aus.

Gar nicht genutzte und unbesiedelte Gebiete nennt man Anökumene, und diese Räume machen 20 Prozent der Landoberfläche aus.[39]

Landwirtschaftsregionen der Erde als Beharrungsregionen

Die sehr großen Unterschiede in Bezug auf Ernährungsgrundlage, Kultur und Religion zwischen den einzelnen Landwirtschaftsregionen der Erde, die sich gleich zu Beginn herausbilden, bleiben sehr lange erhalten. Dabei gibt es bereits sehr früh einen gewissen Austausch von domestizierten Arten: Das Huhn wird z. B. um 6000 v. Chr. in mehreren Gebieten in Südostasien domestiziert – übrigens ursprünglich mit dem Zweck, rituelle Hahnenkämpfe zu veranstalten –, und es erreicht um 2500 v. Chr. den Vorderen Orient, um 2000 v. Chr. Ägypten und um 800 v. Chr. Europa. Der Karpfen wird in China domestiziert und gelangt um Chr. Geb. ins Römische Reich. Die Weinreben werden in Georgien und einige Obstbaumarten in Zentralasien domestiziert und gelangen ebenfalls um Chr. Geb. ins Römische Reich. Und die Bananen, die um 5000 v. Chr. in Neuguinea domestiziert werden, erreichen um 3000 v. Chr. das Industal und die Küste von Ostafrika.[40]

Solche eher vereinzelten Im- und Exporte von Nutzpflanzen und Haustieren bereichern die Palette der regionalen Lebensmittel, bedeuten jedoch keine Angleichung der Landwirtschaftsregionen der Erde aneinander. Die europäische Eroberung der Erde ab dem 16. Jahrhundert führt zwar erstmals dazu, dass Nutzpflanzen und Haustiere im größeren Stil zwischen einzelnen Regionen ausgetauscht werden. Aber erst die wirtschaftliche und kulturelle Globalisierung ab den 1970er Jahren sorgt dafür, dass die unterschiedlichen, regional verankerten Ernährungstraditionen immer stärker durch eine westlich ausgerichtete, globale und uniforme Ernährungsweise überprägt werden. Damit besitzen die unterschiedlichen Formen der Ernährung, die mit dem Beginn der Landwirtschaft entstehen, eine nahezu unglaubliche Tendenz zur kulturellen Beharrung. Und diese Beharrung verweist darauf, dass landwirtschaftliche Produkte keineswegs nur der Ernährung dienen, sondern dass mit ihnen jeweils eine ganz bestimmte Art und Weise des Lebens und Arbeitens, des Denkens und Fühlens, der regionalen Identität und der Religion verbunden sind.

4.3 Neue Siedlungs-, Wirtschafts- und Raumstrukturen

Die erste Phase der Bauerngesellschaften, die einige tausend Jahre dauert, ist weltweit dadurch geprägt, dass überall relativ kleine Siedlungen entstehen, die sich auf dezentrale Weise über den gesamten landwirtschaftlich genutzten Raum verteilen. Woher kommt diese dezentrale Struktur, die bis heute ein zentrales Charakteristikum landwirtschaftlich geprägter Räume ist?

Solarenergie als Ursache für dezentrale Struktur

Da die Sonnenenergie flächenhaft auf die Erde auftrifft, wachsen alle Pflanzen – sofern es Feuchtigkeit, Relief und Bodenverhältnisse zulassen – von Natur aus auf eine flächenhafte Weise, und Gleiches gilt für alle Tiere, die diese Pflanzen als Nahrung benötigen. Auch Jäger und Sammler, für die die vorgefundene Natur die Lebensgrundlage darstellt, bilden flächenhafte und mobile Wirtschafts- und Lebensformen aus, um dieses dezentrale Angebot angemessen und effektiv nutzen zu können. Und auch die Landwirtschaft, die auf dem Wachstum der Nutzpflanzen und der Haustiere basiert, verdankt ihre biologische Grundlage der Sonnenenergie. Zwar ist der Energieertrag pro Fläche bei Nutzpflanzen sehr viel größer als bei Wildpflanzen, und er kann durch Bewässerung, Düngung und verbesserte Züchtung noch weiter gesteigert werden. Aber trotzdem bleiben auch die Nutzpflanzen weiterhin von der Sonnenenergie abhängig, und deshalb ist die Landwirtschaft eine flächenhafte Wirtschaftsform, die große Nutzflächen benötigt: Die Sonnenenergie wird im Verlauf der Nutzungszeit dezentral-flächenhaft in den angebauten Nutzpflanzen und in den weidenden Haustieren gespeichert und am Schluss in Form von reifen Feldfrüchten und ausgewachsenen Haustieren geerntet.

Aus der Notwendigkeit, das Wachstum der Nutzpflanzen und Haustiere mit viel Arbeit ganzjährig initiieren, unterstützen, beaufsichtigen und gegen pflanzliche, tierische und menschliche Nahrungskonkurrenten verteidigen zu müssen, ergibt sich, dass die Menschen sehr häufig auf ihren Landwirtschaftsflächen anwesend sind und deshalb auch in ihrer Nähe sesshaft werden. Nach der Ernte transportieren sie dann die auf den großen Flächen gewonnenen Lebensmittel ins Dorf und machen sie dort haltbar und lagerfähig. Nutzpflanzen und Haustiere brauchen eine gewisse Zeit zum Wachsen, und ihr Wachstum wird mindestens einmal pro Jahr durch eine Kälte- oder Trockenzeit unterbrochen. So kann man nicht permanent, sondern nur zu bestimmten Zeiten ernten. Indem die gewonnenen Lebensmittel im Dorf zusammengetragen und hier haltbar gemacht werden, wird die dezentral geerntete Sonnenenergie räumlich konzentriert.

Viele kleine Siedlungen statt weniger großer

Die landwirtschaftlichen Tätigkeiten sind deshalb einerseits flächenhaft ausgerichtete Tätigkeiten auf den Landwirtschaftsflächen (Säen und Ernten, Unkrautjäten, Hüten der Tiere), andererseits räumlich konzentrierte Tätigkeiten im Dorf (Dreschen und Mahlen von Getreide, Brotbacken, Schlachten von Haustieren und ihre Verarbeitung). Da dabei immer wieder zahlreiche Wege zwischen dem Dorf und den Landwirtschaftsflächen zurückgelegt werden müssen – Raumüberwindung, um flächenhafte und räumlich konzentrierte Tätigkeiten miteinander zu verbinden –, müssen beide Tätigkeiten räumlich so organisiert werden, dass sie sich wechselseitig fördern: Wenn die Wegstrecke zwischen einer bäuerlichen Siedlung und ihren Landwirtschaftsflächen sehr gering ist, dann muss die Siedlung sehr klein sein. Allein schon, um wechselseitige Hilfe in Not- und Unglücksfällen zu gewährleisten, benötigt eine solche Siedlung andererseits eine gewisse Mindestgröße, um gut existieren zu können. Ist dagegen eine Siedlung ziemlich groß, dann sind die Entfernungen zu den Äckern und Weiden relativ weit, so dass der Zeit- und Energieaufwand zur Raumüberwindung hoch wird, vor allem, wenn auch noch Lasten – Saatgut, Dünger, Ernte – transportiert werden müssen.

Aus diesem Grund werden auf der gesamten Welt innerhalb der Landwirtschaftsflächen jeweils viele kleinere – und nicht wenige große – Siedlungen angelegt, um die Wegstrecken relativ kurz zu halten und zugleich eine gewisse Mindestsiedlungsgröße erzielen zu können.[41] Im Detail wird die Siedlungslage so gewählt, dass die fruchtbarsten und ertragreichsten Böden – die zugleich den größten Arbeitseinsatz erfordern – möglichst nahe am Dorf liegen, während sich weniger fruchtbare Böden, für die weniger Arbeit aufgewendet wird, in größerer Entfernung befinden.

Räumliche Gliederung der Kulturlandschaft

Daraus ergibt sich folgende idealtypische Raumgliederung der Kulturlandschaft (die folgende Darstellung orientiert sich an den Verhältnissen im Fruchtbaren Halbmond):

Im Zentrum steht das *Dorf*, in dem man wohnt, Lebensmittel verarbeitet, das Vieh in der schlechten Jahreszeit im Stall hält, Vorratshaltung betreibt und das den sozialen und kulturellen Mittelpunkt der Bauernfamilien bildet. Die *Gärten* sind kleine, aber sehr arbeitsintensiv genutzte Flächen innerhalb des Dorfes oder direkt am Dorfrand für Gemüse, Obst und Sonderkulturen. Die *Äcker* sind nicht sehr große, aber arbeitsintensiv bewirtschaftete Flächen in der Nähe des Dorfes oder um das Dorf herum, auf denen Getreide angebaut wird. Die *Weiden* sind sehr ausgedehnte Flächen in etwas größerer Entfernung zum Dorf, auf denen das Vieh des gesamten Dorfes gemeinsam weidet. Die *Wälder* liegen jenseits der Weiden, wobei die Grenzen zwischen Weiden und Wäldern in der Regel nicht klar ausgeprägt sind und beide Nutzungen häufig allmählich ineinander übergehen. Die Wälder dienen der Waldweide, der Holzgewinnung (Bau-, Werk-, Brennholz), der Sammelwirtschaft (Beeren, Pilze) und der Rohstoffgewinnung (Harz, Gerbstoffe). Je größer die Entfernung zum Dorf wird, desto weniger wird der Wald genutzt. Am Ende geht der Wald allmählich in einen natürlichen Wald oder die Weiden gehen allmählich in Ödland über, oder es gibt – wenn aus den Gebieten jenseits der Kulturlandschaft Gefahr droht – eine feste Außengrenze, die notfalls auch überwacht wird.

Das Dorf liegt also in der Mitte der von ihm genutzten Landwirtschaftsflächen, seine Bauern sind die Einzigen, die das Recht haben, diese Flächen zu nutzen (dauerhafte Nutzungsrechte an den Landwirtschaftsflächen als Voraussetzung dafür, dass sich die eingesetzte Arbeit langfristig lohnt), und ihre Nutzungen sind so organisiert, dass sie nach außen hin – also mit zunehmender Entfernung – immer weniger Arbeitseinsatz erfordern. Die Flächen um ein Dorf herum, die von den Bauern des Dorfes genutzt werden, werden in Europa Flur oder Gemarkung genannt. Sie bilden zusammen mit dem Dorf eine Einheit, und sie stellen den Lebensraum der Bäuerinnen und Bauern dar, innerhalb dessen sich ihr Denken und Handeln abspielt und in dem sie sich «zu Hause» fühlen.

Räumliche Fluktuationen

In der Anfangszeit sind die Dörfer mit ihren jeweiligen Fluren so weit voneinander entfernt, dass sie inselförmig im großen Naturraum liegen. Sind die Böden erschöpft, dann werden Dorf und Flur verlegt. Im Laufe der Zeit lernen die Bauern, die Bodenerschöpfung mittels Fruchtwechsel und Düngung zu verhindern, so dass die Dörfer nicht mehr verlegt werden müssen. Gleichzeitig wächst die Zahl der Dörfer, die dann irgendwann mit ihren Fluren direkt aneinanderstoßen, was oft mit Grenzproblemen zwischen ihnen verbunden ist. Auf diese Weise bilden sich in den Gunstregionen der Erde flächengroße Kulturlandschaften aus.

Da diese Kulturlandschaften sehr stark von den natürlichen Voraussetzungen der Erde abhängig sind, verändern sie sich mit den natürlichen Klimaschwankungen: In Zeiten, in denen mehr Niederschläge fallen und es wärmer wird, dehnen die Bauern ihre Kulturlandschaften in Richtung Subökumene aus, in trockeneren und kälteren Zeiten dagegen ziehen sie sich aus den Randgebieten wieder auf die besser nutzbaren Flächen zurück. Dadurch werden die Kernräume der Ökumene dauerhaft und über längere Zeiträume genutzt, während die Nutzung der – teilweise flächengroßen – Randgebiete je nach klimatischen Verhältnissen mehr oder weniger stark fluktuiert.

Raumstruktur in Form von Zellen

Die Raumstrukturen, die durch die Landwirtschaft entstehen, können also als unendlich viele und kleine Zellen (jeweils ein Dorf mit seiner Flur) beschrieben werden, die alle parallel und gleichberechtigt nebeneinander liegen. Jedes Dorf ist wirtschaftlich autonom, versorgt sich selbst aus seiner Flur, organisiert seine Vorratshaltung selbst und erledigt alle notwendigen Handwerkstätigkeiten und Dienstleistungen innerhalb des eigenen Dorfes. Daher stellt jedes Dorf einen Mikrokosmos, eine eigene Welt für sich dar, die autonom existiert und die ihren Sinn (eine eigenständige, dezentrale Lebensgestaltung) jeweils in sich trägt.

Da jedes Dorf nur die Lebensmittel produziert, die es selbst verbraucht, kann sich auch keine räumliche Arbeitsteilung entwickeln. Zudem sind alle Transporte sehr langsam und aufwendig (das Rad ist noch nicht erfunden). Weil ein menschlicher Träger oder ein Tier, das eine Last trägt, während des Transports mit Nahrung versorgt werden muss, wird schnell die Grenze erreicht, in der genauso viele Lebensmittel transportiert werden, wie Nahrungsmittel während des Transports verbraucht werden, so dass ein längerer Transport von Lebensmitteln keinen Sinn macht. Das erschwert alle Ansätze von Arbeitsteilung und Handel (mit Ausnahme von Luxus- und Prestigeobjekten), mit der Folge, dass alle Dörfer jeweils einen eigenen, nach außen deutlich abgegrenzten Mikrokosmos darstellen.

Aber obwohl alle Dörfer die gleiche Struktur – eigenständiger Wirtschafts-, Lebens- und Kulturraum – besitzen und obwohl innerhalb einer Landwirtschaftsregion der Erde alle Dörfer die gleichen Nutzpflanzen und Haustiere wie ihre Nachbardörfer verwenden, sind sie trotzdem nicht gleich: Überall auf der Welt kann man feststellen, dass die Dörfer eine sehr starke Tendenz haben, sich aktiv von ihren Nachbardörfern abzugrenzen und zu unterscheiden. Dies führt im Laufe der Zeit zu signifikanten Unterschieden im Dorfleben: Jedes Dorf entwickelt seine spezifische Identität, seine eigene Tradition und seinen eigenen Dialekt, und es bilden sich ein ausgeprägtes Kirchturmdenken und Lokalrivalitäten aus, die über Jahrhunderte hinweg bestehen bleiben. Offenbar ist gerade die strukturelle Gleichheit der Dörfer die Triebkraft dafür, sich so stark voneinander zu unterscheiden. Letztlich führt dieses Phänomen zu einer sehr großen kulturellen Vielfalt des Dorflebens. Dieses Phänomen prägt bis heute das bäuerliche Leben auf der gesamten Erde.

4.4 Ökologische Eigenschaften der Kulturlandschaft

Mit der Entstehung der Landwirtschaft greift der Mensch erstmals großflächig in die vorgefundene Natur ein und verändert sie tiefgreifend für seine Zwecke. Mit der Domestikation von Nutzpflanzen und Haustieren, also mit der kulturellen Veränderung von Teilen der Natur, schafft er sich eine völlig neue Grundlage für seine Existenz auf der Erde, von der sein Leben jetzt vollständig abhängig ist.

Im Unterschied zu den Jägern und Sammlern ist jetzt nicht mehr die Natur die Lebensgrundlage des Menschen, sondern die vom Menschen veränderte Natur. Dies betrifft nicht nur Nutzpflanzen und Haustiere, sondern auch alle landwirtschaftlich genutzten Flächen. Bei Siedlungen, Gärten und Äckern liegt es auf der Hand, dass es sich um menschlich geprägte Ökosysteme handelt, denn solche Flächen kommen ja in der Natur spontan nicht vor. Aber auch die so natürlich wirkenden Weiden und Wälder werden durch eine länger andauernde landwirtschaftliche Nutzung stark verändert:[42] Das regelmäßige Abweiden modifiziert die Artenzusammensetzung der Vegetationsdecke der Weiden erheblich, indem dominante Gräser zurückgedrängt werden und mehr Pflanzenarten Wuchsmöglichkeiten erhalten; die Wälder werden durch die Nutzung aufgelichtet, und der Mensch sorgt dafür, dass sich die für ihn nützlichen Baumarten stark vermehren, während er weniger nützliche zurückdrängt. Deshalb handelt es sich bei allen landwirtschaftlich genutzten Flächen um kulturell geprägte Ökosysteme.

Umwandlung von Natur- in Kulturlandschaften

Noch größere Veränderungen der Natur entstehen, wenn die Landwirtschaft ihre Ursprungsregionen verlässt und sich über große Teile der Welt ausbreitet. Dabei werden in der Regel größere Eingriffe in die natürlichen Ökosysteme notwendig, um sie landwirtschaftlich nutzen zu können. Dies betrifft in erster Linie vier Veränderungen:[43]

Waldrodungen: Während es in den Ursprungsregionen der Landwirtschaft viele Grasländer gibt, die man direkt als Weide nutzen oder leicht in Ackerflächen umwandeln kann, gibt es in vielen Regionen der Erde im Naturzustand sehr ausgedehnte Wälder. Diese müssen erst aufwendig gerodet werden, bieten dann aber gute Nutzungsmöglichkeiten für die Landwirtschaft.

Entwässerungen: Es gibt im Bereich vieler Flüsse der Erde und am Rande vieler Seen und Meere Gebiete, die regelmäßig überschwemmt werden. Diese Gebiete sind zwar meist nicht sehr groß, aber ihre Böden sind besonders fruchtbar, so dass sie für die Landwirtschaft besonders attraktiv sind. Die baulichen Maßnahmen der Entwässerung müssen fast immer mit langen Deichen ergänzt werden, um Zerstörungen durch zu große Wassermassen zu verhindern.

Bewässerungen: Es gibt auf der Erde größere Gebiete, die im Naturzustand keine Landwirtschaft ermöglichen, weil sie zu trocken sind, die aber sehr gute Nutzungsmöglichkeiten bieten, wenn sie bewässert werden. Häufig greifen Be- und Entwässerungsmaßnahmen ineinander.

Terrassierungen: Steile und felsdurchsetzte Hänge sind im Naturzustand oft nur mit einer sehr schütteren Vegetation bedeckt. Wenn hier Terrassen angelegt werden, die bewässert werden, werden aus nahezu sterilen Hängen ertragreiche Kulturlandschaften. Diese können in Bergregionen sehr große Flächen einnehmen.

Kleinräumigkeit und Vielfalt der Kulturlandschaften

Auf diese Weise werden in großen Teilen der Erde Naturlandschaften in Kulturlandschaften umgewandelt. Wichtig ist dabei zweierlei: Zum einen werden zwar sehr viele Flächen mit Vegetation in irgendeiner Form landwirtschaftlich genutzt und dadurch verändert, aber diese Veränderungen sind bei weitem nicht so gravierend, wie man sich das aus heutiger Sicht vorstellt. Der Naturraum der Erde ist fast überall sehr kleinräumig geprägt, und die zahllosen naturraumlichen Unterschiede zwischen feuchteren und trockeneren, steileren und flacheren, tief- und flachgründigen, sonnenexponierten und schattigen Standorten werden bei der Nutzung meist nicht eingeebnet oder nivelliert, weil der damit verbundene Arbeitsaufwand zu hoch und der zusätzliche Ertrag (bei Handarbeit) zu gering wäre. Stattdessen werden diese Flächen jeweils unterschiedlich genutzt, so dass die Kulturlandschaften aus einem kleinräumigen Mosaik verschiedenster Nutzungsformen bestehen, die jeweils durch sehr lange Randstreifen voneinander getrennt sind. Zum anderen gibt es in fast allen Regionen der Erde innerhalb der Kulturlandschaften bestimmte Landschaftsteile, die sich jeder Nutzung sperren (Teile der Gebirge, Vulkane, Karstflächen, isolierte Felsen, Moore) und die als Naturlandschaftselemente mitten in der Kulturlandschaft langfristig erhalten bleiben.

Es bedeutet, dass Bauerngesellschaften die Erde zwar flächenhaft umgestalten, dass aber die kleinräumige ökologische und landschaftliche Vielfalt der Natur dabei nicht verschwindet, sondern sogar noch größer wird, und dass sich Natur- und Kulturlandschaften häufig kleinräumig ineinander verzahnen. Dies ist die Ursache für die große Vielfalt und die ausgeprägte Kleinräumigkeit aller traditionellen Kulturlandschaften.

Die zentrale ökologische Eigenschaft der Kulturlandschaft ist ihr Mosaikcharakter: Die einzelnen Teile der Kulturlandschaft – Dorfflächen, Wege, Äcker, Weiden, Wälder – sind zwar jeweils unterschiedlich ökologisch geprägt, stehen aber wechselseitig miteinander in enger Verbindung und bilden als «ökologisches Gefüge» ein kleinräumig vernetztes komplexes Ökosystem. Dieses ist häufig kleinräumiger und vielfältiger ausgebildet als die frühere Naturlandschaft an der gleichen Stelle.

Notwendigkeit der ökologischen Reproduktion

Die Naturlandschaften werden durch sogenannte «Klimaxgesellschaften», also durch Pflanzengesellschaften in einem relativ stabilen Endzustand (oft Waldgesellschaften) geprägt, und diese bilden sich nach Störungen früher oder später erneut wieder aus. Etwas Vergleichbares gibt es in der Kulturlandschaft nicht: Hier bestimmt der Mensch, welche Pflanzen und Tiere auf einer bestimmten Fläche wachsen oder weiden sollen. Und wenn sich dies nicht wie gewünscht entwickelt, dann greift er zusätzlich ein (Unkrautjäten, Entfernen von nachwachsenden Gehölzen, Be- oder Entwässerung), um das gewünschte Ergebnis zu sichern. Insofern ist die Ökologie der Kulturlandschaft sehr direkt von menschlichen Entscheidungen abhängig, die immer wieder neu getroffen werden.

Stellt der Mensch seine landwirtschaftliche Nutzung ein, dann entwickelt sich die Kulturlandschaft wieder allmählich in Richtung Naturlandschaft: Nutzpflanzen und Haustiere verwildern, Dörfer verfallen,

Äcker werden zu Grasländern oder verschwinden im Wald, Be- und Entwässerungskanäle sowie Deiche verfallen, und Weiden und Wälder bilden wieder ihre ursprüngliche Vegetation aus. Deshalb bleiben Kulturlandschaften als vom Menschen geprägte Landschaften ohne permanente menschliche Nutzung und Pflege nicht dauerhaft bestehen. Aus sich selbst heraus sind sie ökologisch nicht stabil, und sie verändern sich wieder, so dass sie vom Menschen permanent stabilisiert werden müssen, damit sie der Lebensmittelproduktion dienen können.

Anders ausgedrückt: Weil Kulturlandschaften nicht Natur sind – Natur ist das, was aus sich selbst heraus entsteht, bestehen bleibt und vergeht[44] –, weil sie vom Menschen veränderte Ökosysteme sind, muss ihnen der Mensch mittels permanenter Arbeit und Pflege diejenige ökologische Stabilität vermitteln, die sie von Natur aus gerade nicht besitzen; andernfalls verliert der Mensch seine Existenzgrundlage auf der Erde.

Diese permanente ökologische Stabilisierung der instabilen Kulturlandschaft bezeichne ich als «ökologische Reproduktion»:[45] Seit der Entstehung der Landwirtschaft besteht bäuerliche Arbeit nicht nur aus produktiven Arbeiten (Säen und Ernten), sondern auch aus reproduktiven Arbeiten (aufwendige Pflege- und Reparaturarbeiten). Und dies gilt bis heute.

Fünf Herausforderungen für die ökologische Reproduktion

Bei der ökologischen Reproduktion geht es vor allem um die Bewältigung von fünf zentralen Herausforderungen:

Verlust der Bodenfruchtbarkeit: Wird über einen längeren Zeitraum stets das gleiche Produkt angebaut, dann verliert der Boden seine Fruchtbarkeit, und das Pflanzenwachstum wird stark eingeschränkt.

Bodenabtrag oder Erosion: Da der Ackerboden zwischen der Ernte und dem Aufkeimen der neuen Saat ohne schützende Vegetationsdecke daliegt, kann er in dieser Zeit leicht abgetragen werden, entweder auf geneigten Flächen durch fließendes Wasser oder auf ebenen Flächen durch starken Wind. Ähnliches passiert auf Weideflächen, wenn sie so stark beweidet werden, dass die Vegetationsdecke zerstört wird.

Bodenversalzung: In Gebieten mit sehr hoher Sonneneinstrahlung, die über längere Zeit bewässert werden, kommt es zur Bodenversalzung, weil durch die starke Verdunstung die im Wasser gelösten Salze an der Bodenoberfläche zurückbleiben. Dadurch können Böden vollständig unfruchtbar werden.

Bodenversauerung: In feuchten Klimazonen scheiden die Pflanzen beim Wachsen organische Säuren aus, die sich im Boden konzentrieren. Gleichzeitig werden basische Produkte aus dem Boden in tiefere Schichten ausgewaschen. Dadurch versauert der Boden, und seine Fruchtbarkeit sinkt stark ab.

Verbuschung und Verwaldung: Überall dort, wo Landwirtschaftsflächen durch Waldrodung gewonnen wurden, tendiert die spontane Vegetationsentwicklung über eine Phase der Verbuschung wieder hin zur Ausbildung eines Waldes. Dies setzt bereits während der landwirtschaftlichen Nutzung ein. Die Ansätze dazu müssen schnell unterbunden werden, damit sich die Verbuschung nicht flächenhaft durchsetzt.

Diese fünf Probleme würden die landwirtschaftliche Nutzung innerhalb kürzerer Zeit stark beeinträchtigen oder ganz verunmöglichen, wenn die ökologische Reproduktion der Kulturlandschaft nicht berücksichtigt würde.

Erfahrungswissen für die ökologische Reproduktion

Um die ökologische Reproduktion langfristig zu gewährleisten, muss die landwirtschaftliche Produktion auf eine ganz spezifische Art und Weise gestaltet werden, und es muss zusätzlich eine große Menge von Pflege- und Reparaturarbeiten ausgeführt werden. Das damit verbundene bäuerliche Erfahrungswissen lässt sich in sechs Punkten zusammenfassen:[46]

Berücksichtigung von Nutzungsgrenzen: Nicht jede Fläche kann in eine landwirtschaftliche Nutzfläche umgewandelt werden, weil die damit verbundenen Naturveränderungen ökologische Folgeprozesse auslösen können, die der Mensch nicht mehr beherrscht und die sich für ihn katastrophal auswirken. Dies gilt für sehr steile und für extrem gelegene Flächen, die deshalb nicht genutzt werden können.

Kleinräumige Nutzungsgestaltung: Wenn sich die Landwirtschaft an den vorgefundenen Strukturen der Naturlandschaft orientiert und unterschiedliche Standortbedingungen nicht homogenisiert, sondern auf unterschiedliche Weise nutzt, dann bleiben diese Flächen leichter stabil, und die Vielfalt der kleinräumigen Strukturen unterstützt die Stabilität der gesamten Kulturlandschaft.

Sicherung der Bodenqualität: Um zu verhindern, dass der Boden erodiert, versalzt, versauert oder seine Fruchtbarkeit verliert, braucht es eine Reihe von Maßnahmen (von Fruchtwechselsystemen über spezifische Formen der Bodenbearbeitung bis hin zu komplizierten Formen der Be- und Entwässerung) sowie eine systematische Düngung, wofür die Exkremente der Haustiere besonders geeignet sind.

Verbindung Ackerbau-Viehwirtschaft: Spezialisierte Nutzungen stehen in der großen Gefahr, den Boden schnell auszulaugen. Werden Ackerbau und Viehwirtschaft kleinräumig gemischt (innerhalb eines Betriebes und Dorfes), dann stellt der Abfall eines Bereiches eine Ressource für den anderen Bereich dar: Die Exkremente des Viehs düngen den Boden, und der Abfall beim Getreide dient dem Vieh als Einstreu. Dadurch können ökologische Defizite leichter wechselseitig ausgeglichen werden.

Das richtige Maß der Nutzung: Sowohl eine zu intensive als auch eine zu extensive Form der Nutzung gefährdet oder zerstört die Kulturlandschaft, weil der Boden erodiert und zerstört wird oder weil sich die natürliche Vegetation spontan wieder durchsetzt. Deshalb ist das richtige Maß der Nutzung – weder zu intensiv noch zu extensiv – für die Kulturlandschaft von entscheidender Bedeutung. Dies betrifft nicht nur die Quantität der Nutzung (Dichte der Nutzpflanzen oder Zahl der Weidetiere pro Fläche), sondern auch die Dauer der Nutzung und die Wahl des richtigen Nutzungsbeginns und sein jeweiliges Ende (Aussaat- und Erntetermine, Beginn und Ende der Beweidung). Auf diese Weise kann sich die Vegetation bei und mit der Nutzung relativ gut regenerieren.

Reparatur- und Pflegearbeiten: Zusätzlich braucht es eine große Menge von Reparaturarbeiten, nämlich die Ausbesserung von Schäden durch Naturereignisse wie Hochwasser, Stürme, Gewitter, Trockenzeiten, Lawinen oder Vulkanausbrüche, sowie von Pflegearbeiten, nämlich permanente Eingriffe auf den Nutzflächen, um das Wachstum der Nutzpflanzen und Haustiere zu fördern und zu verbessern und um Störungen durch natürliche Dynamiken gering zu halten.

Wenn Bauerngesellschaften dieses Erfahrungswissen berücksichtigen, dann ist es ihnen möglich, dass Kulturlandschaften als nichtnatürliche Ökosysteme ökologisch ähnlich stabil sind wie die ursprünglichen Naturlandschaften. In denjenigen Fällen, in denen eine Naturlandschaft durch eine erhebliche Dynamik geprägt ist, kann die Kulturlandschaft sogar die ökologische Stabilität dieser Landschaft erhöhen. Grundsätzlich zerstören die Kulturlandschaften weder die Vielfalt der Vegetation noch die der Landschaften, sondern vergrößern beides durch ihren kleinräumigen Mosaikcharakter. Auf diese Weise kann der Mensch an der natürlichen Produktivität der Natur nicht nur teilhaben (wie Jäger und Sammler), sondern er kann sie für seine Zwecke sogar gezielt verändern und vergrößern. Aber er muss dabei mittels der ökologischen Reproduktion dafür sorgen, dass die natürliche Produktivität nicht beeinträchtigt, gestört oder beschädigt wird.

Allerdings setzt dies voraus, dass für die Reproduktion permanent viel Arbeit aufgewendet wird, dass sich die landwirtschaftliche Produktion an der Reproduktion orientiert und dass die betroffenen Menschen die Verantwortung für die ökologische Stabilität ihrer Kulturlandschaft übernehmen. Den Beweis dafür, dass dies möglich ist, liefern viele traditionelle Kulturlandschaften auf der gesamten Erde, die seit Tausenden von Jahren kontinuierlich genutzt werden und die heute noch fruchtbare und ertragreiche Böden, artenreiche Pflanzengesellschaften und vielfältige Landschaften besitzen.

Kulturlandschaften als zweite Natur

In Bauerngesellschaften wird erstmals in der Geschichte der Menschheit konkret sichtbar, was es bedeutet, dass sich der Mensch eine «Zweite Natur» aufbaut:[47] Nutzpflanzen, Haustiere und Kulturlandschaften sind einerseits Produkte des Menschen, die es ohne ihn nicht geben würde, und die er nur geschaffen hat, um seine Bedürfnisse besser erfüllen zu können; es sind aber andererseits gleichzeitig auch Produkte der Natur, über die der Mensch nie eine vollständige Kontrolle erlangt. Deshalb kann er seine Kulturlandschaften oder die Zweite Natur nicht so nutzen, wie er es selbst gern spontan möchte und wie es für ihn unmittelbar sinnvoll wäre, sondern er muss stets berücksichtigen, dass er die darin enthaltenen Naturdynamiken nie vollständig kennt und beherrscht.

In der landwirtschaftlichen Tätigkeit handelt der Mensch daher nicht unmittelbar, sondern er bezieht die Eigendynamik der Natur mit ein und berücksichtigt die ökologische Reproduktion seiner Kulturlandschaften. So gesehen handelt es sich um eine vermittelte Tätigkeit, die im Handeln der Gegenwart viel Erfahrungen aus der Vergangenheit benötigt, um langfristig ausgeübt werden zu können. Damit wird sehr deutlich, wie eng in der Zweiten Natur Mensch und Natur miteinander verknüpft sind, dass dabei die Natur aber stets über dem Menschen steht.

4.5 Bäuerliche Lebensformen

Weil das gesamte Leben und Wirtschaften von Bauerngesellschaften auf dem Fundament der ökologisch instabilen Kulturlandschaft aufbaut, besteht die zentrale kulturelle Herausforderung aller Bauerngesellschaften der Erde darin, das Wissen um die Notwendigkeit der permanenten ökologischen Stabilisierung der Kulturlandschaft stets präsent zu halten und die Verantwortung dafür bei allen Menschen immer wieder neu zu festigen und zu stärken.

Die Gruppe als Zentrum

Da eine einzelne Person allein nicht in der Lage ist, Landwirtschaft zu betreiben und die Kulturlandschaft dauerhaft zu stabilisieren, steht im Zentrum jeder Bauerngesellschaft immer eine Gruppe (eine Dorfgemeinschaft, ein Verband aus zwei oder drei kleinen benachbarten Siedlungen oder aus mehreren Höfen). In der langen ersten Phase der Bauerngesellschaften gibt es keine hierarchischen Strukturen innerhalb dieser Gruppen, und auch die einzelnen Gruppen stehen gleichberechtigt nebeneinander.[48] Alle Familien eines Dorfes bewirtschaften ähnlich große Flächen und besitzen die gleichen Rechte und Pflichten, und die gegenseitige Hilfe und Unterstützung hat im Alltag, in Krisenzeiten sowie bei Not- und Unglücksfällen eine zentrale Bedeutung.

Da die gemeinsamen Interessen des Dorfes bald sehr vielfältig werden (gemeinsame Nutzung von Weiden und Wäldern, gleichzeitiger Beginn der Getreideernte auf Grund fehlender Wege, Haltung eines Zuchtstieres für das gesamte Dorf, gemeinsame Reparatur- und Pflegearbeiten in der Flur), werden für ihre Organisation und Durchführung eigene Strukturen notwendig. Zu diesem Zweck entstehen genossenschaftliche Strukturen, bei denen die Verantwortung für das Gemeinwohl von allen Familien gemeinsam wahrgenommen wird und bei denen bestimmte Aufgaben nach einer festen Reihenfolge regelmäßig von allen Familien eines Dorfes nacheinander ausgeführt werden. Auf diese Weise ist die Dorfgemeinschaft intern stark egalitär geprägt.

Diese dezentralen und eher kleinen Bauerngruppen sind gemeinsam für die Sicherung ihrer Lebensgrundlage (Produktion von Lebensmitteln) und für die ökologische Stabilisierung ihrer Kulturlandschaft (Reproduktion) verantwortlich. Weil beide Aufgaben in einer Hand (Dorfgemeinschaft) liegen und weil die Vernachlässigung der Reproduktion direkt zu Lasten der Nutzer gehen würden, stellt die Berücksichtigung der Reproduktion für Bauerngesellschaften eigentlich eine Selbstverständlichkeit dar. Aber diese Selbstverständlichkeit muss trotzdem über gemeinsame kulturelle Werte und Normen zusätzlich abgesichert werden, weil auch Gruppen kurzfristig handeln können und weil es auch immer Menschen gibt, die zu Lasten ihrer Gruppe zu leben versuchen.

Dabei gibt es drei Herausforderungen: Erstens darf das alltägliche Leben und Wirtschaften des gesamten Dorfes die Kulturlandschaft nicht schleichend immer intensiver nutzen, so dass schließlich eine Übernutzung unausweichlich wird. Zweitens darf man nicht kurzfristig wirtschaften, denn die Vorteile von heute werden morgen zur existenziellen Bedrohung. Und drittens dürfen sich einzelne Familien nicht zu Lasten der Stabilität der Kulturlandschaft und des gesamten Dorfes einen Vorteil verschaffen.

Bereits Jäger-und-Sammler-Gesellschaften hatten eine Reihe von Mechanismen entwickelt, um die Gefährdung des Gruppenzusammenhalts durch bestimmte Verhaltensweisen unterbinden und Fehlverhalten von Gruppenmitgliedern bestrafen zu können (siehe Abschnitt 3.3). Diese Aufgabe wird mit der Sesshaftigkeit sehr viel anspruchsvoller, weil die traditionelle Form der Problemlösung, das Weggehen, nicht mehr möglich ist und weil mit Bodennutzung (Eigentum) und Vorräten (Reichtum) neue Konfliktpotenziale auftreten. Die noch größere Herausforderung besteht jedoch darin, dass die Verantwortung für die Reproduktion der Kulturlandschaft mittels bestimmter Normen und Werte kulturell abgesichert werden muss. Deshalb gibt es in allen Bauerngesellschaften eine deutliche Zunahme von institutionalisierten Regelungen.[49] Diese dienen dem Zweck, die auftretenden Probleme gemeinsam und gleichberechtigt zu lösen; an ihnen diskutiert entweder die gesamte Dorfgemeinschaft oder eine repräsentative Auswahl vor dem gesamten Dorf über mögliche Problemlösungen. Die gefundenen Lösungen sind stets Einzelfalllösungen, bei denen das Gemeinwohl an der obersten Stelle steht.

Kulturelle Werte von Bauerngesellschaften

Auch wenn sich die Bauerngesellschaften der Erde im Einzelnen sehr stark voneinander unterscheiden, so kann man doch folgende Gemeinsamkeiten bei der Bewältigung dieser Herausforderungen festhalten:[50]

Vorsicht im Umgang mit Natur: Bauerngesellschaften besitzen eine große Ehrfurcht vor der Natur, die sie als einen großen göttlichen Lebenszusammenhang wahrnehmen. Sie wissen, dass kleine Veränderungen in den Kulturlandschaften schnell katastrophale Auswirkungen für sie haben können. Deshalb bilden sie eine vorsichtige und konservative Grundhaltung in Bezug auf die Natur und die Welt aus. Neuerungen, Nutzungsänderungen oder neue Eingriffe in die Natur werden in der Regel zuerst für längere Zeit nur auf kleinen Flächen ausgeführt; erst wenn sie sich hier wirklich bewähren, werden sie auf vorsichtige Weise Stück für Stück ausgeweitet.

Langfristigkeit im Denken und Handeln: Bauerngesellschaften wissen, dass ihre Existenz vollständig auf der Arbeit der vorausgegangenen Bauerngenerationen aufbaut, die die Natur- in eine Kulturlandschaft umgewandelt haben, und dass sie von dieser Arbeit ganz direkt profitieren; deshalb entsteht jetzt ein ausgeprägter Ahnenkult, der dieser Dankbarkeit einen sichtbaren Ausdruck verleiht. Weiterhin wissen sie, dass das heutige Wirtschaften von entscheidender Bedeutung für die nachfolgenden Generationen ist und dass deren Lebensbedingungen von der heutigen Generation nicht verschlechtert werden dürfen. Deshalb denken und handeln Bauerngesellschaften langfristig, das heißt, sie beziehen die vorausgegangenen und die nachfolgenden Generationen in ihr Handeln mit ein und sehen sich selbst nur als ein kleines Glied in einer langen Kette bäuerlicher Existenzen, das nicht das Recht hat, aus dieser Kette herauszutreten – die Tradition ist gleichzeitig Existenzgrundlage und Verpflichtung.

Bevölkerungsregulierung: Wächst die Zahl der Menschen eines Dorfes stark, dann tritt schnell die Situation ein, dass die zur Verfügung stehenden Flächen übernutzt werden. Wenn es in dieser Situation keine zusätzlichen Flächen gibt, die erschlossen werden können, wenn keine landwirtschaftlichen Intensivierungen möglich sind, wodurch mehr Menschen von der gleichen Fläche ernährt werden können, oder wenn es keine Auswanderungsmöglichkeiten in andere Regionen gibt, dann entwickeln Bauerngesellschaften Maßnahmen zur Bevölkerungsregulierung. Diese sehen überall auf der Welt sehr unterschiedlich aus, verfolgen aber immer den gleichen Zweck, nämlich durch die gemeinsame Beschränkung des Bevölkerungszuwachses die eigene Lebensgrundlage, also eine stabile und produktive Kulturlandschaft, zu sichern.[51]

Zentraler Stellenwert der Gemeinschaft: Grundlage von Bauerngesellschaften sind nicht Einzelpersonen, sondern Gruppen von Menschen, deren zentrales Ziel es ist, gemeinsam und miteinander das eigene (Über-)Leben zu sichern. Solche Gruppen können ein «Haus» (ein Familienverband) oder ein Hof oder ein Dorf sein, wobei das Verhältnis zwischen den verschiedenen Gruppen und zwischen den einzelnen Mitgliedern einer Gruppe im Alltag keineswegs konfliktfrei ist. Entscheidend ist aber, dass in allen Krisen-, Not- und Unglücksfällen der Erhalt der Familie, des Hofes oder des Dorfes *über* den Interessen des Einzelnen steht, denn ohne diese Struktur wäre der Einzelne schutzlos allein auf sich gestellt und nicht überlebensfähig. Deshalb muss er seine persönlichen Interessen nach den Interessen seiner Gruppe ausrichten und sich ihr im Konfliktfall unterordnen, oder er muss das Dorf verlassen.[52]

Große Bedeutung der Allmende: In allen Bauerngesellschaften der Erde wird nur ein Teil der Parzellen durch die einzelnen Familien bewirtschaftet, während größere, oft weiter vom Dorf entfernte und weniger fruchtbare Landwirtschaftsflächen gemeinschaftlich genutzt werden. In Europa werden solche Flächen «Allmende» genannt. Aber es gibt sie auch in vielen außereuropäischen Bauerngesellschaften, weil eine gemeinschaftliche Nutzung dieser Flächen auf Grund der großen Entfernung zum Dorf und der eher geringen Erträge oft sehr viel effizienter ist als eine familiäre Nutzung. Damit sich dabei keine Familie zu Lasten der Gemeinschaft einen Vorteil verschaffen kann und damit die Allmende nicht übernutzt und zerstört wird, gibt es für ihre Nutzung überall feste Regeln, deren Einhaltung genau überprüft wird. Im Gegensatz zur verbreiteten modernen Sichtweise der «Tragik der Allmende» haben diese Regelungen und ihre Einhaltung bei traditionellen Bauerngesellschaften in der Regel gut funktioniert und nicht zur Übernutzung der Allmende geführt.[53]

Diese fünf kulturellen Merkmale prägen das Zusammenleben von Bauerngesellschaften auf der gesamten Erde mehr oder weniger stark, und sie sorgen dafür, dass die ökologische Reproduktion der Kulturlandschaft nicht bloß eine gemeinsame Verantwortung ist, sondern dass sie auch konkret umgesetzt und gelebt wird.

Zentrale Merkmale von Bauerngesellschaften

Betrachtet man Bauerngesellschaften von außen, dann fallen drei Merkmale auf, die bei ihnen weltweit ausgeprägt sind:

Orientierung an einer hohen agrarischen Dichte: Nahezu alle Bauerngesellschaften der Erde entwickeln im Laufe der Zeit eine hohe agrarische Dichte, indem sie ihre Flächen relativ arbeitsintensiv nutzen, damit möglichst viele Menschen in einem bestimmten Raum leben können. Rein theoretisch wäre es auch möglich, eine deutlich geringere Dichte zu wählen, die mit weniger Arbeitseinsatz und höherem Ertrag pro Kopf verbunden wäre, aber dies passiert eher selten. Die hohe Dichte zeigt sich besonders deutlich in den agrarischen Gunstregionen der Erde wie dem Niltal, dem Zweistromland oder den südostasiatischen Reisanbaugebieten. Die Ursache könnte darin liegen, dass gerade die besonders ertragreichen Agrarregionen im Überschwemmungsgebiet größerer Flüsse liegen, wo die wasserbaulichen Maßnahmen einen sehr hohen Arbeitseinsatz erfordern, so dass eine möglichst große Bevölkerungszahl einen wichtigen Nutzungsvorteil darstellt. Darüber hinaus können sich größere Bauerngruppen leichter gegen kleinere Gruppen von Jägern oder Nomaden, die ihre Vorräte rauben wollen, zur Wehr setzen; dies spricht ebenfalls für eine hohe agrarische Dichte.[54]

Mangelgesellschaften: Obwohl die Landwirtschaft sehr große Mengen an Lebensmitteln produziert und eigentlich eine sichere Ernährungsgrundlage darstellt, stellen Hungersnöte mit vielen Toten, die in größeren zeitlichen Abständen auftreten, doch ein Merkmal von Bauerngesellschaften dar. Dies liegt daran, dass sie sich an einer möglichst hohen agrarischen Dichte orientieren, so dass sie schnell in eine Krise kommen, wenn ihr Normalfall nicht mehr richtig funktioniert. Immer wieder gibt es Naturereignisse – Kälte- und Hitzeeinbrüche, Dürreperioden, Überschwemmungen, Stürme, Hagelschlag, Heuschreckeneinfälle –, die die Ernten großflächig vernichten und gegen die die Bauern machtlos sind. Hinzu kommen Krankheitsepidemien, weil die Menschen sehr eng miteinander und mit ihrem Vieh zusammenleben. Treffen Epidemien auf von Hunger geschwächte Menschengruppen, werden sie besonders problematisch. Da diese Hungersnöte zwar nur in größeren Abständen, aber doch mit einer gewissen Regelhaftigkeit auftreten – überwunden werden sie erst im Verlauf der Industriellen Transformation –, prägen sie das bäuerliche Leben tiefgreifend. Deshalb sind Bauerngesellschaften grundsätzlich Mangelgesellschaften, die aus zahllosen dezentralen «Knappheitsinseln» bestehen.[55]

Verwundbarkeit: Im Gegensatz zu den räumlich mobilen Gruppen der Jäger und Sammler sind Bauern an ihren Boden gebunden, den sie nicht verlassen können, weil er ihre Lebensgrundlage darstellt. Dadurch können sie Konflikte mit anderen Gruppen nicht mehr durch Weggehen oder Ausweichen lösen. Und da Bauern notwendigerweise über ein (im Vergleich mit Jägern und Sammlern) relativ großes Eigentum an Erntevorräten und Vieh verfügen, besteht die Gefahr, dass andere Gruppen Interesse an diesem Reichtum bekommen und sich ihn mit Gewalt aneignen. Mit der Entstehung der Landwirtschaft nimmt die Häufigkeit von gewalttätigen Übergriffen deutlich zu. Bauerngesellschaften sind solchen Angriffen relativ schutzlos ausgeliefert, so dass sie eine große Verwundbarkeit besitzen.[56]

Am Schluss dieses Abschnitts kann man Folgendes feststellen: Obwohl Bauerngesellschaften verwundbare Mangelgesellschaften mit hoher agrarischer Dichte sind, gelingt es ihnen in der Regel, die Verantwortung für die Notwendigkeit der ökologischen Reproduktion der Kulturlandschaft immer wieder neu zu festigen und zu stärken und selbstzerstörerische Entwicklungen zu minimieren. Dazu trägt auch bei, dass Bauern die von ihnen bewirtschafteten Kulturlandschaften als ein Stück Umwelt wahrnehmen, das von ihrer eigenen Arbeit und von der der vorausgegangenen Generationen unübersehbar geprägt wird und dadurch zu einer einmaligen, unverwechselbaren Landschaft mit einer ganz spezifischen Geschichte wird. Kulturlandschaften sind daher viel mehr als nur agrarische Produktionsräume; sie sind eine Außenwelt, die mit der Innenwelt der dort lebenden und arbeitenden Menschen emotional und inhaltlich korrespondiert und die für diese Menschen sowohl eine Bestätigung und Verstärkung ihrer Identität als auch eine permanente Herausforderung und Aufgabe darstellt.[57]

4.6 Naturbezug: Landwirtschaft als religiöse Tätigkeit

Während sich Jäger und Sammler überall auf der gesamten Welt «zu Hause» fühlen, gilt das für Bauerngesellschaften nicht mehr: Sie leben in und mit den Kulturlandschaften und fühlen sich nur in ihnen heimisch. Diese Kulturlandschaften liegen meist inselförmig inmitten großer, nutzungsfeindlicher Naturlandschaften – nutzungsfeindlich für Bauern, nicht für Jäger und Sammler –, sind von dort aus stets durch wilde Tiere und feindliche Jäger-und-Sammler-Gruppen bedroht und müssen deshalb nach außen geschützt und notfalls auch verteidigt werden.

Daraus erwächst eine neue bäuerliche Weltsicht, bei der die Natur in eine freundliche, nutzbare Natur (die Kulturlandschaften) und in eine wilde, bedrohliche Natur (die Wildnis) zerfällt. Dabei handelt es sich nicht nur um zwei räumlich getrennte Naturteile, sondern beide Naturen werden auch als zwei unterschiedliche Naturmächte vorgestellt, die sich unversöhnlich gegenüberstehen und miteinander um die Vorherrschaft im Kosmos kämpfen.[58] Trotzdem besteht «die» Natur aus diesen zwei Teilen, die untrennbar zusammengehören.

Landwirtschaftliche Nutzung als religiöse Tätigkeit

Bei ihren alltäglichen wirtschaftlichen Aktivitäten verlieren Bauerngesellschaften im Verlauf einiger Generationen die sehr breiten und detaillierten Kenntnisse der Jäger und Sammler über die gesamte Natur. Ihre eigenen Naturkenntnisse konzentrieren sich immer stärker auf die Pflanzen und Tiere ihrer Kulturlandschaften sowie auf deren ökologische Eigenschaften.

Die Umwandlung der Natur in Kulturlandschaften und die Entnahme von Lebensmitteln aus der Natur in Form der Ernte wird von Bauerngesellschaften keineswegs als normal oder selbstverständlich, sondern als etwas Außergewöhnliches wahrgenommen:

> «Für den ‹primitiven› Menschen ist der Ackerbau wie jede wesentliche Tätigkeit nicht bloß eine profane Technik. Durch seine Beziehung zum Leben, zu dem ungeheuren Wachstum dieses Lebens, das in den Körnern, den Furchen, dem Regen und den Wachstumsgeistern gegenwärtig ist, wird der Ackerbau zuvörderst ein Ritual ... Der Ackerbauer dringt in eine Zone vor, die reich an Heiligem ist, und verbindet sich mit ihr. Seine Handlungen, seine Arbeit tragen die Verantwortung für gewichtige Folgen, weil sie sich im Inneren eines kosmischen Zyklus vollziehen.»[59]

Deshalb muss der Mensch den jeweiligen Gottheiten dankbar sein, dass er überhaupt Landwirtschaft betreiben kann, und er muss ihnen immer wieder Opfer bringen, in denen er den Tod des göttlichen Urwesens, aus dessen Körper ursprünglich die Nutzpflanzen hervorgehen, auf rituelle Weise wiederholt. Zugleich sind diese Opfer Ausdruck der Entschuldigung für seine Eingriffe, die den Gesamtzusammenhang der kosmischen Natur stören, aber auch Ausdruck der Dankbarkeit, dass diese Störung der Natur durch regelmäßige Opfer wieder beseitigt werden kann.[60]

Aus diesem Grund orientieren sich alle Bauerngesellschaften an der Selbstversorgung, also an derjenigen Entnahme von Lebensmitteln aus der Natur, die sie zum Leben benötigen. Eine größere Entnahme von Lebensmitteln, die über den eigenen Bedarf hinausginge, gilt als schwere Verfehlung gegenüber der jeweiligen Gottheit; dadurch würde die kosmische Ordnung der Natur gestört, und der bäuerliche Mensch würde seine Existenzberechtigung verlieren. Die Orientierung an der Selbstversorgung und die Ablehnung eines darüber hinausgehenden Wirtschaftens entspricht den bäuerlichen Erfahrungen mit Natur, die besagen, dass landwirtschaftliche Nutzungsmöglichkeiten stets begrenzt sind und dass ein permanentes Wachstum der Erträge in einem begrenzten Gebiet nicht möglich ist.

Fruchtbarkeit als Zentrum bäuerlichen Denkens und Handelns

Mit der großen Bedeutung der Fruchtbarkeit in der Landwirtschaft – der in die Erde gesäte Same der Nutzpflanzen muss aufgehen und die Haustiere müssen Nachkommen bekommen, damit sich die Menschen ernähren und selbst Nachkommen bekommen können – rückt der Erhalt der Fruchtbarkeit ins Zentrum des bäuerlichen Denkens und Handelns. Die Fruchtbarkeit ist daher das Kernthema aller bäuerlich geprägten Religionen, und bei ihnen stehen überall auf der Welt weibliche Gottheiten im Zentrum:

> «Zwischen Frau und Ackerbau besteht von jeher eine enge Bindung ... Die mystische Bindung zwischen der Fruchtbarkeit der Erde und der Schöpfungskraft der Frau ist eine Grundanschauung dessen, was wir das ‹Ackerbaubewusstsein› nennen können.»[61]

Weil sie mit ihrem eigenen Körper eine unmittelbare Erfahrung beim Thema der Fruchtbarkeit besitzen, spielen Frauen in diesen Religionen – und damit auch in den bäuerlichen Gesellschaften – eine zentrale Rolle.[62] Dabei gilt, dass die Fruchtbarkeit von Pflanzen, Tieren und Menschen keineswegs einfach vorhanden ist, sondern von den weiblichen Gottheiten immer wieder neu verliehen werden muss: Die Wiederkehr des Frühlings und mit ihm das erneute Erwachen der Fruchtbarkeit ist keineswegs selbstverständlich, sondern muss von der weiblichen Gottheit durch entsprechende Zeremonien und rituelle Handlungen stets neu erbeten werden.

Neues zyklisches Zeitverständnis

Daraus erwächst ein neues Zeitverständnis: An die Stelle der «Traumzeit» der Jäger und Sammler, also der ewigen Gegenwart, tritt bei Bauerngesellschaften die Erfahrung der wechselnden Jahreszeiten, die jeweils mit unterschiedlichen Arbeiten und unterschiedlichen Bedeutungen (Geburt, Jugend, Reife, Altern, Tod) besetzt sind. Damit stehen bei Bauern die Naturveränderungen in Form von Frühling, Sommer, Herbst und Winter im Zentrum, die jedoch nicht als geschichtliche Abfolge, sondern als Wiederkehr des ewig Gleichen erlebt werden:

> «Der Winter ist niemals endgültig, denn ihm folgt eine vollständige Regeneration der Natur, eine Offenbarung neuer, unendlicher Lebensformen; nichts stirbt wirklich, alles reintegriert sich in der ursprünglichen Materie und ruht aus in der Erwartung eines neuen Frühlings.»[63]

Allerdings ist diese Wiederkehr nie selbstverständlich: Sie muss jedes Jahr neu erbeten werden, und sie wird jedes Jahr als etwas Neues erlebt.

Aus heutiger Sicht könnte man das Verhältnis der Bauerngesellschaften zur Natur so interpretieren, dass der Mensch als Bauer die Natur nicht «einfach so» nutzen kann, sondern dass er in sich eine Verantwortung gegenüber der Natur für seine Nutzungseingriffe spürt und fühlt, so dass die Reproduktion der Kulturlandschaft nicht nur eine zweckrationale Notwendigkeit, sondern auch ein inneres oder religiöses Bedürfnis darstellt.

Naturzerstörungen durch Bauerngesellschaften

Selbst wenn es Bauerngesellschaften in der Regel gelingt, ihre Kulturlandschaften zu stabilisieren, so bedeutet das nicht, dass sie nie Umweltzerstörungen auslösen würden. Dafür gibt es drei mögliche Gründe: Erstens ist damit zu rechnen, dass in verschiedenen Krisen- und Notsituationen Kulturlandschaften doch einmal übernutzt und degradiert werden. Zweitens stellt die Bevölkerungsregulierung eine erhebliche Herausforderung dar, so dass in Ausnahmesituationen unkontrolliert steigende Einwohnerzahlen zu einer Übernutzung und Degradierung führen können. Und drittens können bei der erstmaligen Erschließung einer Region für die Landwirtschaft erhebliche Umweltzerstörungen auftreten, weil die Bauern die neue Ökosysteme und ihre Eigenschaften noch nicht gut genug kennen.

In allen diesen Fällen können Bauerngesellschaften durch nicht angepasste Nutzungen die Vegetationsdecke schädigen und zerstören, so dass eine landwirtschaftliche Nutzung nicht mehr möglich ist. Im Normalfall dauert die natürliche Regeneration der Vegetationsdecke einige bis viele Jahrzehnte; erst danach lassen sich diese Flächen wieder neu landwirtschaftlich nutzen. Wird jedoch die gesamte Vegetationsdecke zerstört und der Boden anschließend durch Wasser oder Wind vollständig abgetragen, dann können die damit verbundenen Umweltschäden auch über Jahrhunderte, manchmal sogar über Jahrtausende erhalten bleiben, weil die Neubildung des Bodens ein sehr langsamer Prozess ist.

Mit der Entstehung der Bauerngesellschaften steigen also die Möglichkeiten der Naturzerstörung gegenüber Jäger-und-Sammler-Gesellschaften stark an – die sehr viel größeren und intensiveren Nutzungsmöglichkeiten der Natur sind untrennbar mit sehr viel größeren Zerstörungsmöglichkeiten der Natur verbunden.

Aber trotz dieser Umweltzerstörungen, die auf der Erde durchaus nicht selten passiert sein dürften, muss an der Hauptaussage festgehalten werden: Bauerngesellschaften wissen um die von ihnen verursachten Umweltveränderungen, sie fühlen sich dafür verantwortlich, dass daraus keine zerstörerischen Wirkungen erwachsen, weil das ihre materielle und immaterielle Lebensgrundlage zerstören würde, und sie behandeln deshalb ihre Kulturlandschaften auf eine pflegliche Weise.

Deshalb ist es falsch zu behaupten, dass die flächenhaften Umweltveränderungen, die durch die Bauerngesellschaften in die Welt kommen, den Beginn der großen Umweltzerstörung der Erde darstellen. Stattdessen muss man betonen, dass die heute oft zitierte Gleichung «Umweltveränderung = Umweltzerstörung», die für uns so logisch und selbstverständlich ist, nicht stimmt: Nicht jede Umweltveränderung führt zwangsläufig zur Umweltzerstörung – diese Aussage gilt nur dann, wenn die ökologische Reproduktion der menschlich veränderten Natur nicht berücksichtigt wird.

Größere Möglichkeiten der Selbstzerstörung und kulturelle Selbstbegrenzung

Trotzdem muss man festhalten, dass die größeren Nutzungsmöglichkeiten der Natur, die Bauerngesellschaften möglich sind, mit spezifischen Problemen verbunden sind: Bauerngesellschaften brechen zwar in der Regel aus inneren Widersprüchen heraus nicht flächenhaft zusammen und verschwinden auch nicht einfach wieder,[64] aber sie durchlaufen immer wieder ausgeprägte Hungersnöte, die ihre Bevölkerung reduzieren und ihre Existenz bedrohen; vergleichbare Hungersnöte gibt es bei Jäger-und-Sammler-Gesellschaften nicht. Damit zeigt sich auch hier: Die neuen, größeren und besseren Lebensmöglichkeiten durch die Landwirtschaft sind untrennbar mit steigenden Gefahren der Selbstzerstörung verbunden.

Bauerngesellschaften wissen jedoch um diese Probleme; deshalb zeigen sie in ihrem Handeln eine besondere Zurückhaltung gegenüber Neuerungen und «Verbesserungen» aller Art, und sie halten sehr hartnäckig an der Leitidee der Selbstversorgung fest. Sie verstehen ihre Naturveränderungen als Eingriffe in den kosmischen Naturzusammenhang, für die regelmäßig Opfer gebracht werden müssen. Deshalb sind für sie alle landwirtschaftlichen Arbeiten religiöse Tätigkeiten, die nicht einfach zweckrational ausgeführt werden können, und die ökologische Reproduktion der Kulturlandschaft ist ein selbstverständlicher Teil davon. Auf diese Weise praktizieren Bauerngesellschaften sehr bewusst eine kulturelle Selbstbegrenzung, die ihrer Wirtschafts- und Gesellschaftsform eine relativ große Stabilität verleiht.

5.

Stadtstaaten und Großreiche

Stadt als Distanzierung von Natur

Aus den egalitären Bauerngesellschaften entwickeln sich nach einigen tausend Jahren im Rahmen der «urbanen Revolution» völlig neue (städtische) Formen von Gesellschaft und Wirtschaft. Um diese Veränderungen verstehen zu können, werden zu Beginn die neuen Entwicklungen erläutert, die aber erst über einen «Umweg» zur Entstehung von Städten führen (5.1). Darauf werden die ersten Städte, ihre Eigenschaften und ihr Umlandbezug (5.2), dann der große Glanz und der schnelle Untergang von Stadtstaaten und Großreichen (5.3) und am Schluss der neue Umweltbezug (5.4) dargestellt. Die neuen politischen, kulturellen, sozialen und wirtschaftlichen Strukturen, die um 3300 v. Chr. entstehen, prägen die Welt bis zum Beginn der Industriellen Revolution.

5.1 Neue Entwicklungen – Vom immer größeren Dorf zur Stadt?

Bei der «urbanen Revolution», besser: «urbanen Transformation»,[1] die im Zentrum dieses Kapitels steht, geht es nicht nur um die Entstehung der Stadt, sondern gleichzeitig auch um die Entstehung des Staates, der politischen Herrschaft, der komplexen Gesellschaft oder «Klassengesellschaft»[2] und um die Entstehung einer arbeitsteiligen und spezialisierten Wirtschaft.[3]

Der Bruch durch die urbane Transformation

Sehr häufig wird diese Entwicklung als logische Folge der weiteren Verbesserungen in Landwirtschaft und Handwerk, des damit verbundenen Bevölkerungswachstums und der immer größer werdenden gesellschaftlichen Komplexität dargestellt, was sozusagen automatisch zur urbanen Transformation führe.[4]

Eine solche Interpretation, die von den heutigen Selbstverständlichkeiten her denkt, wird erstens dem revolutionären Charakter dieser Transformation nicht gerecht und übersieht zweitens die Eigenständigkeit egalitärer Bauerngesellschaften, die sich keineswegs automatisch oder freiwillig in städtische Gesellschaften verwandeln. Um diesen Bruch angemessen zu verstehen, ist es sinnvoll, die folgenden Fragen zu stellen:

- Wieso entstehen neben vielen kleinen Dörfern auf einmal große Städte?
- Wieso entsteht aus einer Selbstversorgerwirtschaft eine arbeitsteilige Wirtschaft, die Überschüsse produziert?
- Wieso wandeln sich egalitäre Bauerngesellschaften in hierarchisch gegliederte Gesellschaften, an deren Spitze ein Alleinherrscher steht?
- Wieso werden die Frauen, die in Bauerngesellschaften eine zentrale Stellung besitzen, durch männliche Spezialisten und Herrscher abgelöst?
- Wieso entstehen aus Tausenden von gleichberechtigten Einzelzellen zentralistisch strukturierte Stadtstaaten und dann sogar Großreiche?

Die Wissenschaften, die diese Fragen beantworten, sind zu Beginn Archäologie, Ethnologie, Geographie und Sprach- und Religionswissenschaften. Mit der Herausbildung der Stadtstaaten entsteht dann die Schrift; die Interpretation von schriftlichen Zeugnissen bildet die Grundlage des Faches Geschichte, dessen Darstellung im Rahmen der Alten Geschichte eigentlich mit den ersten schriftlichen (städtischen) Gesellschaften beginnt.[5] Da jedoch in einer langen Anfangszeit die schriftlichen Dokumente sehr schwer lesbar sind, nicht sehr häufig sind und nur einen kleinen Teil der Lebenswelt thematisieren, bleiben Archäologie und andere Fächer weiterhin relativ wichtig.[6]

Um den Bruch, der durch die urbane Transformation ausgelöst wird, zu verstehen, ist es sinnvoll, zuerst die weitere Entwicklung der (Land-) Wirtschaft darzustellen, um dann zu sehen, wie und wodurch Städte, spezialisiertes Wirtschaften und politische Herrschaft entstehen.

Weiterentwicklungen in der Landwirtschaft

Je länger die Menschen Landwirtschaft betreiben, desto besser verstehen sie die Naturprozesse, die Bedeutung der kleinräumigen Unterschiede beim Boden, die Regelmäßigkeiten und Unregelmäßigkeiten bei Wetter und Klima sowie die Eigenschaften der Nutzpflanzen und Haustiere. Und je besser sie diese Prozesse verstehen, desto besser können sie die Bodenfruchtbarkeit erhalten, landwirtschaftliche Arbeiten effektiver ausführen und die Ertragsfähigkeit der Böden, Nutzpflanzen und Haustiere erhöhen. Dadurch könnten die Bauernfamilien rein theoretisch mehr Lebensmittel produzieren, als sie selbst zum Leben benötigen. Wie jedoch archäologische Untersuchungen sowie zahlreiche Beispiele archaischer Bauerngesellschaften des 19. und 20. Jahrhunderts aus Afrika, Asien und Südamerika zeigen, produzieren solche Gesellschaften keinen Überschuss,[7] sondern sie nutzen die verbesserten Möglichkeiten, um weniger zu arbeiten, und sie halten weiterhin an der Leitidee der Selbstversorgung fest.

Im 5. und 4. Jahrtausend v. Chr. erlebt die Landwirtschaft – zuerst im Fruchtbaren Halbmond, später auch in den anderen Agrarregionen der Erde – eine Reihe wichtiger Innovationen, die den Flächenertrag und die Produktivität spürbar erhöhen: Die künstliche Bewässerung wird eingeführt, um sterile Flächen in fruchtbare Ackerböden umzuwandeln, an die Stelle der Feldbestellung durch den arbeitsintensiven Hackbau tritt der Pflug, der von Rindern oder Ochsen gezogen wird, die Milch der Haustiere wird zur Grundlage einer Milchwirtschaft, die Käse, Quark und Joghurt produziert,[8] das Wollschaf wird gezüchtet und der Flachs domestiziert, um Rohmaterialien für Textilien zu erhalten, und mit der Erfindung des Rades und des von Rindern bzw. Ochsen gezogenen Wagens können landwirtschaftliche Transporte sehr viel effizienter als früher ausgeführt werden.[9]

Mit diesen Innovationen kann die Landwirtschaft in den agrarischen Gunstregionen der Erde noch besser als vorher produzieren, ohne die Reproduktion der Kulturlandschaft zu vernachlässigen.

Die höhere Produktivität der Landwirtschaft führt dazu, dass die agrarische Dichte dieser Regionen und die Einwohnerzahlen der einzelnen Dörfer größer werden, aber beide wachsen letztlich nur auf eine sehr begrenzte Weise, weil ein zu großes Wachstum für die Reproduktion der Kulturlandschaft (Übernutzung bei zu großer agrarischer Dichte) und für die Ausführung der landwirtschaftlichen Tätigkeiten (zu lange Wegstrecken bei zu großen Dörfern) kontraproduktiv wäre. Und diese Innovationen führen auch nicht dazu, dass die Bauern einen Überschuss erzeugen, weil dies ihren bäuerlichen Werten – Religion, Naturbezug, Selbstversorgung, Dezentralität, Gleichheit – widersprechen und die Grundlagen der egalitären Bauerngesellschaften sprengen würde.

Handwerk und Güteraustausch

Im Rahmen dieser Landwirtschaftsentwicklung erlebt auch das Handwerk, das im Rahmen egalitärer Bauerngesellschaften innerhalb der bäuerlichen Familien als Nebentätigkeit ausgeübt wird, einen großen Aufschwung. Am Beginn des bäuerlichen Handwerks stehen Bau und Unterhalt von Gebäuden sowie die Anfertigung von Arbeitsgeräten, Werkzeugen, Kleidung und Vorratsbehältern. Um 6200 v. Chr. wird im Fruchtbaren Halbmond erstmals Ton in einfachen Töpferöfen zu keramischen Gebrauchsgegenständen gebrannt, was als Beginn des «keramischen Neolithikums» angesehen wird.[10] Dadurch ergeben sich so stark verbesserte Möglichkeiten zum Kochen und zur Vorratshaltung, dass bald jede Bauernfamilie selbst Keramikgefäße herstellt und eine größere Zahl von ihnen regelmäßig in Gebrauch hat. Deshalb sind Keramikscherben heute oft die wichtigsten archäologischen Fundstücke aus dieser Zeit. Wenig später wird der Webstuhl erfunden, der die Textilherstellung revolutioniert, und im 5. Jahrtausend v. Chr. erlebt die Textilproduktion dank besserer Rohstoffe (Zucht des Wollschafs und Domestikation des Flachses) einen großen Aufschwung. Dadurch werden handwerkliche Tätigkeiten im Rahmen der bäuerlichen Selbstversorgung aufgewertet, und die Lebensqualität der Bauernfamilien erhöht sich deutlich.

Die Domestizierung des Esels um 4000 v. Chr., die Erfindung von Rad und Wagen um 3500 v. Chr. und die gleichzeitige Erfindung des Segelbootes oder Segelschiffes ermöglichen den Transport von größeren Objekten über längere Entfernungen, was den Austausch von Gütern aller Art innerhalb einer Region, aber auch zwischen verschiedenen Regionen erleichtert.[11] Der vereinfachte Austausch von Gütern führt jedoch nicht zur Ausbildung eines eigenständigen Handels, weil die dominierende Selbstversorgung den Austausch von Gütern stark bremst.

Alle diese Innovationen innerhalb der Landwirtschaft, des Handwerks und des Transports stellen die wirtschaftlichen und kulturellen Grundlagen der egalitären Bauerngesellschaften keineswegs in Frage:

- Auch wenn viele Wirtschaftstätigkeiten effizienter als früher ausgeführt werden und der Ertrag spürbar ansteigt, so bleibt das Wirtschaften nach wie vor an der Leitidee der Selbstversorgung ausgerichtet. Dadurch werden die Erzeugung eines Überschusses, ein permanentes Wirtschaftswachstum oder eine Ausbildung von spezialisierten Wirtschaftsstrukturen verhindert.
- Auch wenn die Bevölkerungszahl der Dörfer wächst, so wird die dezentrale Siedlungsstruktur mit vielen, relativ kleinen und eigenständigen Dörfern und die Gleichheit aller Familien im Dorf nicht in Frage gestellt, so dass sich weder Städte noch politische Herrschaftsstrukturen ausbilden können.

Die genannten Innovationen verbessern zwar das Leben und Wirtschaften der egalitären Bauerngesellschaften spürbar, aber die normativen Grundlagen dieser Bauerngesellschaften – Religion, Naturbezug, Dezentralität, Selbstversorgung, Gleichheit – sind so stark, so überzeugend und so identitätsbildend, dass sie durch die neuen Entwicklungen nicht in Frage gestellt werden.[12] Hinzu kommt: Egalitäre Bauerngesellschaften kennen die Erfahrungen von Jäger-und-Sammler-Gesellschaften, wie man die Entstehung von Ungleichheit verhindern kann, und nutzen sie aktiv für sich.[13] Aus diesem Grunde werden die Strukturen egalitärer Bauerngesellschaften durch die neuen Entwicklungen nicht allmählich immer mehr in Frage gestellt – wie man es üblicherweise darstellt –, sondern im Gegenteil: Diese Strukturen blockieren aus sich heraus die Entstehung der urbanen Transformation. Deshalb muss der entscheidende Impuls dafür von einer anderen Seite kommen.

Der Tempel als religiöses Zentrum einer Agrarregion

Am Beginn der Landwirtschaft steht eine völlig neue Weltsicht mit einer neuen Gottheit, die von allen Menschen einer Region an einem zentralen Heiligtum oder Tempel verehrt wird (siehe Abschnitt 4.1). Zur Verehrung dieser Gottheit gehören regelmäßige Opfergaben der Gläubigen in Form von Lebensmitteln, Handwerksprodukten und Arbeitsleistungen zur Errichtung und zum Erhalt dieser Tempelanlagen. Die Durchführung der religiösen Zeremonien mit der sehr großen Zahl der Gläubigen und der sehr großen Menge der Opfergaben erfordern im und um den Tempel herum eine gewisse Ordnung, damit kein Chaos entsteht. Deshalb ist zu vermuten, dass sich bereits früh eine Gruppe von «Dienern» der Gottheit herausbildet, die diese Tätigkeiten ausführen, organisieren und koordinieren. Dadurch entsteht an einem solchen zentralen Heiligtum nach einiger Zeit eine feste Priesterschaft, die für die Durchführung der großen religiösen Zeremonien verantwortlich ist.

Ursprünglich gehören die gesamten Landwirtschaftsflächen einer Region der zentralen Gottheit, die die Nutzungsrechte an die Gläubigen vergibt.[14] Ganz zu Beginn dürften die Opfergaben der Bauern an diese Gottheit freiwillige Gaben sein, aber relativ bald nehmen sie den Charakter von festen Abgaben an, deren Höhe von Priestern und Bauern gemeinsam ausgehandelt wird. Bei diesen Abgaben handelt es sich um den landwirtschaftlichen Überschuss, den die Bauernfamilien über ihre Selbstversorgung hinaus mittels zusätzlicher Arbeit erzielen. Da diese zentralen Heiligtümer einen relativ großen Einzugsbereich besitzen, sammeln sich in den Tempeln – verglichen mit den Vorräten in den Dörfern – schnell sehr große Reichtümer an. Und je mehr Landwirtschaft und Handwerk aufblühen und je mehr sich die Bevölkerung dieses Gebietes verdichtet, desto größer wird der Reichtum, der sich in den Tempeln anhäuft und von den Priestern verwaltet wird.

Während der Reichtum der Bauernfamilien im Laufe der Zeit nur etwas größer wird, da sie sich weiterhin an der Selbstversorgung orientieren, erhält der Tempel jedes Jahr aufs Neue eine große Menge an Abgaben. Da er diese im Laufe eines Jahres nur teilweise verbraucht, wird der Reichtum, der sich hier ansammelt, mit den Jahren immer größer. Anders ausgedrückt: Die Tempel werden im Rahmen der egalitären Bauerngesellschaften zu «Zentren für die Akkumulation des gesellschaftlichen Überschusses»,[15] und dieser Überschuss konzentriert sich bei den Priestern, also «in den Händen einer verhältnismäßig kleinen Klasse».[16]

Um die Tempelanlage herum wird früh eine Mauer errichtet: «Die früheste Verwendung der Mauer mag sehr wohl religiöser Art gewesen sein: um den heiligen Bezirk abzugrenzen und eher böse Geister als feindliche Menschen fernzuhalten.»[17] Aber je größer der Reichtum wird, der sich im Tempel konzentriert, desto mehr muss er gegen feindliche Übergriffe verteidigt werden, so dass den Mauern bald auch eine militärische Funktion zukommt. Dadurch wird der Tempel zu einer Art Burg, der bald auch über eine kleine Gruppe von Männern verfügt, die ihn verteidigen können. Da Bauerngesellschaften grundsätzlich sehr verwundbare Gesellschaften sind (siehe Abschnitt 4.5), werden diese Tempel-Burgen im Laufe der Zeit für die Bauern als militärischer Schutz immer wichtiger. Als Gegenleistung müssen die Bauern immer mehr Abgaben an den Tempel abführen, also immer größere Überschüsse erwirtschaften, so dass aus dem ursprünglich gleichberechtigten Verhältnis zwischen Bauern und Tempel nach einiger Zeit eine Abhängigkeit der Bauern von der Priesterschaft des Tempels wird.[18]

Während es in Selbstversorgerwirtschaften – die alles Lebensnotwendige selbst in der eigenen Familie herstellen – keine Existenzmöglichkeit für spezialisierte Handwerker oder (Fern-)Händler auf Grund mangelnden Bedarfs gibt, entsteht an den Tempeln dafür allmählich eine gewisse Nachfrage: Bei den religiösen Zeremonien mit Tausenden von Gläubigen werden zahlreiche Gebrauchs- und Kultgegenstände benötigt, und die religiöse Symbolik verlangt nach kostbaren Kultgegenständen aus außergewöhnlichen und exotischen Materialien. Und da am Tempel genug Lebensmittel zur Verfügung stehen, um spezialisierte Handwerker und Händler zu versorgen, dürften neben dem Tempel nach einer gewissen Zeit eigene Gebäude für diese Spezialisten errichtet werden. Anlässlich der großen religiösen Feste, an denen sehr viele Menschen aus einer größeren Region aufeinandertreffen, entwickelt sich am Tempel allmählich eine Art Jahrmarkt, auf dem unterschiedlichste Dinge verschenkt (als Gabe weitergegeben) oder getauscht werden und der zugleich zu einem überregionalen Informations- und Kommunikationszentrum wird.

Der Tempel als multifunktionales Regionszentrum

Auf diese Weise entsteht aus einem religiösen Zentrum im Lauf der Zeit ein multifunktionales Zentrum. Dieses ist zwar weiterhin in erster Linie religiös ausgerichtet, aber es bewahrt darüber hinaus sehr große Reichtümer auf, es wird von einer kleinen Gruppe von Kriegern bewacht, es ist Sitz einiger spezialisierter Handwerker und Händler, es funktioniert als periodischer Marktort und Kommunikationszentrum für eine Region, und es wird von einer kleinen Gruppe von Priestern verwaltet und beherrscht.[19] Auf diese Weise bilden sich an einem solchen religiösen Zentrum diejenigen Eigenschaften aus, die wenig später eine Stadt ausmachen werden, nämlich wirtschaftliche und religiöse Zentralität, wirtschaftliche und kulturelle Spezialisierungen sowie politische und militärische Herrschaft.

Wie diese Entwicklung im Detail vor sich geht, ist unbekannt und wahrscheinlich mittels archäologischer Funde auch nie wirklich zu rekonstruieren. Aber das Ergebnis ist sehr eindeutig archäologisch zu fassen und zu beschreiben: Die ersten Städte der Welt, die überall auf der Welt entstehen, weisen gleich zu Beginn alle Merkmale einer Stadt (Zentralität, Spezialisierung, Herrschaft) auf, und sie beherrschen ihr Umland, damit die dortigen Bauern ihre Überschüsse an die Stadt abführen.[20] Das bedeutet, dass sich die Stadt nicht aus einem Dorf, das allmählich immer größer wird, sondern aus einer anderen Wurzel, nämlich aus einem religiösen Zentrum heraus entwickelt.[21]

Da die Stadtentstehung jedoch keine einmalige oder individuelle Entwicklung darstellt, sondern nahezu gleichzeitig mehrfach auf der Welt abläuft, stellt sich auch hier – wie schon bei der Entstehung der Landwirtschaft[22] – die Grundsatzfrage, ob diese Transformation nicht Ausdruck eines gewissen Standes der menschlichen Entwicklung ist, der zu diesem Zeitpunkt aus sich heraus etwas Neues hervorbringt. Die Logik, die dieser Transformation zugrunde liegt, könnte man mit aller Vorsicht so beschreiben: Das menschliche Wirtschaften wird nach der Entstehung der Landwirtschaft immer produktiver und kann allmählich immer größere Überschüsse erzeugen. Allerdings sorgt die Orientierung an der Selbstversorgung dafür, dass diese neuen Möglichkeiten nicht ausgenutzt werden und dass nur relativ wenige Überschüsse erzeugt werden. Deshalb braucht es den «Umweg» über ein religiöses Zentrum, um einer völlig neuen und anderen Form des Wirtschaftens – Überschussproduktion[23] statt Selbstversorgung – zum Durchbruch zu verhelfen. Während sich das traditionelle Wirtschaften an den Bedürfnissen der Menschen orientiert und die Erzeugung von Gütern einstellt, sobald diese Bedürfnisse erfüllt sind (was relativ einfach ist, da Produzenten und Konsumenten identisch sind),[24] zielt das neue Wirtschaften darauf, die neuen Möglichkeiten bei der Erzeugung von Gütern auszuschöpfen und einen möglichst großen Überschuss herzustellen. Dabei produzieren die Menschen jetzt nicht mehr für sich selbst, sondern für sehr viele andere Menschen. Dadurch wird die bisherige Identität von Produzent und Konsument, die Ursache für überschaubare gesellschaftliche Verhältnisse war, aufgehoben, und es entstehen neue, komplexere und schwieriger zu überschauende Gesellschaftsstrukturen.

5.2 Die ersten Städte, ihre Eigenschaften und ihr Umlandbezug

Wodurch wird aus einem großen multifunktionalen religiösen Zentrum eine Stadt? In welchen Regionen der Erde findet diese Entwicklung statt? Und wann passiert dies?

Die Entstehung des erblichen Königtums als Beginn der Stadt

«Meine These ist, dass bei der Umstellung auf eine hochorganisierte Stadtwirtschaft der wichtigste treibende Faktor der König oder vielmehr die Einführung des Königtums gewesen ist. Der König steht im Mittelpunkt der städtischen Implosion und ist der Magnet, der alle neuen Kräfte der Zivilisation zum Herzen der Stadt zieht und unter die Herrschaft von Palast und Tempel bringt.»[25]

Während die Priester an den religiösen Zentren nur religiöse, aber nie weltliche Funktionen wahrnehmen, ist der Beginn der Stadt überall auf der Welt durch die Entstehung eines erblichen Königtums geprägt: Jetzt steht auf einmal ein Alleinherrscher an der Spitze der Gesellschaft, der immer ein Mann ist und der als Gottkönig gleichzeitig die alleroberste weltliche *und* religiöse Autorität darstellt. Er besitzt nicht nur die absolute Herrschaft über das Militär, die Verwaltung, die Wirtschaft und die Menschen, sondern er erfüllt auch auf Grund seiner göttlichen Eigenschaften die Rolle des Vermittlers zwischen den Göttern und den Menschen.

In der sumerischen Tradition wird dies so begründet: Es gibt in der Stadt Eridu – für die Sumerer die älteste Stadt der Welt (Archäologen haben hier als Kern der späteren Stadt ein kleines Heiligtum aus dem Jahr 5000 v. Chr. ausgegraben) – einen «Hügel der Schöpfung». Dies sei das erste Land gewesen, das am Anfang der Zeiten aus dem Urmeer emporstieg und zum festen Land wurde, hier kam das Königtum vom Himmel herab, und hier entstanden die erste Stadt, der erste Staat sowie die Zivilisation und die Künste.[26] Damit ist im sumerischen Mythos die Entstehung der Stadt mit dem Beginn der (zivilisierten) Welt identisch, und das Königtum ist nicht nur Teil der göttlichen Ordnung, sondern selbst eine göttliche Instanz.

Da sich Bauerngesellschaften lange Zeit heftig und erfolgreich gegen die Ausbildung von dauerhaften Herrschaftsstrukturen wehren, ist die Entstehung eines erblichen Königtums keineswegs selbstverständlich und lässt sich auch nicht allein durch den Einsatz von Gewalt und militärischer Unterdrückung erklären. Die Bauern übertragen offenbar die Verehrung ihrer – mit der zentralen Nutzpflanze identischen – Gottheit, die lange Zeit im religiösen Zentrum stattfand, auf den Gottkönig. Er wird dadurch zum Symbol für die Fruchtbarkeit von Pflanzen, Tieren und Menschen und für die Ordnung der Welt, und er erhält zugleich die Aufgabe, die Fruchtbarkeit und die Ordnung der Welt zu sichern. Deshalb wird der Gottkönig nicht so sehr als politischer Herrscher (König), sondern vor allem als Garant der Landwirtschaft, des Lebens und der Welt (Gott) verehrt. Diese Doppelstruktur – gleichzeitig weltliche und religiöse Macht zu sein – ist von jetzt an für sehr lange Zeit untrennbar mit Herrschaft verbunden.

Die Aufgabe des Gottkönigs besteht darin, persönlich für die Aufrechterhaltung der Ordnung der Welt im Kampf gegen die Mächte des Chaos verantwortlich zu sein. Dies schlägt sich in zahlreichen Kulthandlungen und feierlichen Zeremonien nieder, die er im Jahresverlauf öffentlich vor seinem Volk durchführt. Bei ihnen geht es darum, den

Lauf von Sonne, Mond und Gestirnen und die Wiederkehr der Jahreszeiten zu gewährleisten, die Fruchtbarkeit von Pflanzen, Tieren und Menschen zu erhalten, Hungersnöte und Epidemien abzuwenden oder Dürren und Überschwemmungen zu verhindern. Gelingt ihm dies nicht, kann der Gottkönig also die Ordnung der Welt nicht aufrechterhalten, dann stehen seine Legitimität und seine göttliche Mittlertätigkeit in Frage. Äußerer Ausdruck dieser Mittlertätigkeit sind die sehr hoch aufragenden Tempelanlagen, die mit architektonischen Mitteln Himmel und Erde zu vereinigen suchen und deren riesige Ausmaße ein eindrückliches Symbol für die Kraft und Macht des Gottkönigs sind.[27]

Offenbar braucht es die Entstehung eines Königtums, um die Blockaden der Bauerngesellschaften gegenüber einer Überschusswirtschaft zu beseitigen, weil sie der Gottkönig mit göttlicher Autorität befehlen kann. Dadurch wird das Wachstum der wirtschaftlichen Produktivkräfte gleichsam entfesselt, und die bereitstehenden Potenziale der Überschusswirtschaft führen zu einem sehr schnellen Aufblühen der stadtischen Wirtschaft.[28] Allerdings führt dieser Aufschwung zu starken sozialen Unterschieden: Die große Menge der Stadtbevölkerung, der Handwerker und der Händler lebt in sehr bescheidenen Verhältnissen, und der riesige Reichtum konzentriert sich beim Gottkönig und bei wenigen hochrangigen Priestern und Verwaltern.

Regionen der Stadtentstehung und Charakteristika von Städten

Wenn man den Beginn der Stadt auf diese Weise, also mittels der Ausbildung eines erblichen Gottkönigtums, festlegt, dann entstehen etwa vier- bis sechstausend Jahre nach der Entstehung der Landwirtschaft in vielen – aber keineswegs in allen – landwirtschaftlichen Ursprungsregionen die ersten Städte und Stadtstaaten (siehe Karte 3):[29]

Vorderasien (Mesopotamien)	ab 3300 v. Chr.
Niltal (Ägypten)	ab 3100 v. Chr.
Industal (Harappa-Kultur)[30]	ab 2600 v. Chr.
China (Nord- und Südchina)	ab 1800 v. Chr.
Mittelamerika	ab 1500 v. Chr.
Südamerika	ab 900 v. Chr.

Karte 3: Die Regionen mit den ältesten Städten und Stadtstaaten

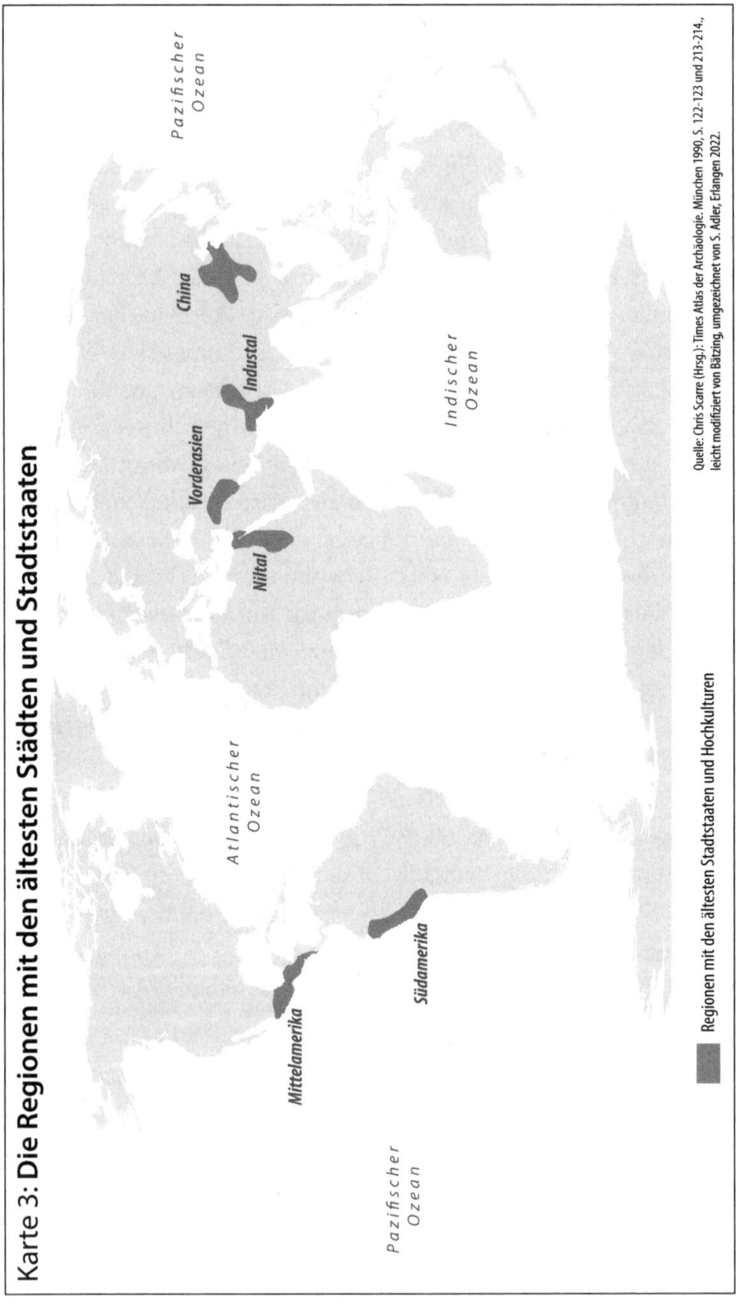

Quelle: Chris Scarre (Hrsg.): Times Atlas der Archäologie. München 1990, S. 122-123 und 213-214., leicht modifiziert von Bätzing, umgezeichnet von S. Adler, Erlangen 2022.

Von außen betrachtet sehen die Städte in allen diesen Regionen sehr unterschiedlich aus: In jeder Region steht eine andere Kultur- oder Nutzpflanze im Zentrum und prägt die religiöse Symbolik, die daher sehr unterschiedlich – für Besucher aus anderen Regionen: sehr fremdartig – ausfällt. Die städtischen Tempelanlagen greifen diese religiöse Symbolik auf und vergrößern sie ins Monumentale. Deshalb sehen chinesische Tempel, mesopotamische Zikkurat, ägyptische Pyramiden oder Maya-Tempel sehr unterschiedlich aus. Auch die städtischen Bauformen – Hausformen, Siedlungsstrukturen, Stadtgrundrisse, Straßenquerschnitte und anderes – unterscheiden sich signifikant zwischen diesen Regionen,[31] ebenso wie die Kleidung der Stadtbewohner, die alltäglichen Gebrauchsgegenstände, die Sitten und Gebräuche oder die verwendete Sprache. Von außen betrachtet handelt es sich bei diesen Städten um äußerst unterschiedliche Welten, und frühe Besucher aus einer anderen Region betonen immer wieder die Fremdartigkeit des anderen städtischen Alltagslebens.

Sieht man jedoch von den Erscheinungsformen dieser Städte ab und konzentriert sich auf ihre grundsätzlichen Elemente, dann stellt man schnell fest, dass es in allen diesen Städten ganz ähnliche Strukturen und Funktionen gibt, dass also das, was eine Stadt zur Stadt macht, überall auf der Welt nahezu identisch ist. Es sind dies folgende Elemente:[32]

Religiöses Zentrum mit monumentaler Tempelanlage
Politisches Zentrum mit monumentaler Palastanlage
Riesige Vorratsspeicher
Mehrstufige zentralisierte Verwaltung
Zentrum für spezialisierte Handwerker
Zentrum für spezialisierte Fernhändler
Starke Stadtmauern und eine große Zahl von Berufskriegern
Zentrale repräsentative Versammlungsorte für viele Menschen
Große Bevölkerungszahl auf kleiner Fläche

Diese neun Elemente lassen sich zurückführen auf die Zentralität von Funktionen für das Umland, auf die Konzentration von wirtschaftlichen und kulturellen Spezialisierungen und auf den Sitz der politischen, militärischen und religiösen Herrschaft. Erst diese drei Funktionen – Zentralität, Spezialisierung, Herrschaft – machen überall auf der Welt einen größeren Ort zu einer Stadt.

Materielles Herzstück einer solchen Stadt sind die riesigen Vorratsgebäude, in denen die Abgaben der Bauern aus dem Umland und die Produkte der städtischen Handwerker und Händler gelagert werden. Eine große und hierarchisch gegliederte Dienerschaft nimmt diese Abgaben in Empfang, kontrolliert sie, lagert sie sachgemäß und verteilt sie dann nach den Anweisungen des Gottkönigs an die Priester des Tempels, an die königlichen Beamten und Krieger, an spezialisierte Handwerker und Händler und an die städtische Bevölkerung. Da die Vorratsgebäude in der Regel von den Priestern des Tempels verwaltet werden, spricht man von einer «Tempelwirtschaft», die dem Gottkönig untersteht und deren zentrales Ziel es ist, die Herrschaft des Gottkönigs abzusichern. Dabei geht es nicht bloß um das reine Funktionieren dieser Herrschaft (Versorgung mit Lebensmitteln, Kleidung, Werkzeugen, Waffen), sondern ebenso darum, dieser Herrschaft den notwendigen Glanz zu verschaffen, den sie zu ihrer Legitimation benötigt. Dazu sind zahlreiche Luxusprodukte erforderlich, die entweder von spezialisierten Handwerkern aufwendig hergestellt oder von Händlern aus weit entfernten Regionen bezogen werden.

Die meisten der neu entstehenden Städte sind eher klein, zählen nur wenige Tausend Einwohner und haben auch nur ein relativ kleines, städtisch kontrolliertes Umland. Nur wenige Städte sind groß – Uruk in Mesopotamien besitzt in seiner Blütezeit um die 40 000 Einwohner –, aber diese großen Städte prägen auf Grund ihrer prunkvollen Ausstattung und ihrer reichen Überlieferung das Bild der Stadt bis heute überproportional stark.[33]

Die Blüte des spezialisierten Handwerks durch die Entstehung der Stadt

Das Aufblühen der städtischen Wirtschaft durch die Ausrichtung auf eine Überschussproduktion kann man sehr gut am Beispiel des spezialisierten Handwerks aufzeigen.

Ein bäuerlicher Handwerker, der alle Produkte herstellt, die am Bauernhof und in der Familie gebraucht werden, und der mit allen verfügbaren Materialien – Stein, Holz, Wolle, Leinen, Leder – arbeitet, ist als Generalist auf eine breite Weise sehr geschickt und effizient. Ein Handwerker, der sich dagegen nur auf ein einziges Material und dabei auch nur auf wenige ausgewählte Produkte konzentriert, ist dabei wesentlich effizienter: Durch diese Konzentration lernt er im Laufe der Zeit, bei der Herstellung der ausgewählten Produkte sehr viel präziser und schneller zu arbeiten und mehr und bessere Produkte herzustellen als der Generalist, und darüber hinaus kann er die eingesetzte Technik auch leichter verbessern und dabei mehr Innovationen als der Generalist hervorbringen. Deshalb steigt nach einiger Zeit die Arbeitsproduktivität beim spezialisierten Handwerker stark an, und er entwickelt neue technische Fertigkeiten und Lösungen, die zuvor undenkbar waren.

Allerdings müssen drei Blockaden überwunden werden, damit ein spezialisierter Handwerker überhaupt produzieren kann: Erstens gibt es in einem Dorf mit Selbstversorgerwirtschaft keine Nachfrage nach Handwerksprodukten, zweitens fehlen die großen Mengen an Rohmaterialien, die ein solcher Handwerker regelmäßig braucht, und drittens müsste er von der landwirtschaftlichen Arbeit freigestellt sein, was den Grundprinzipien der Selbstversorgerwirtschaft widerspricht. Die religiösen Zentren hatten diese Blockaden bereits gelockert, aber erst der Gottkönig schafft die Rahmenbedingungen dafür, dass die spezialisierten Handwerker effizient produzieren können. Gesichert wird auf diese Weise:

- erstens der Absatz der Handwerksprodukte – zuerst durch die eigene Tempelwirtschaft, später auch durch die Tempelwirtschaft anderer Städte (Export) und schließlich auch durch die große Stadtbevölkerung (nicht für Luxus-, sondern nur für Massenprodukte),
- zweitens die regelmäßige Zufuhr der benötigten Rohmaterialien
- und drittens die Versorgung der Handwerker mit Lebensmitteln (aus den städtischen Vorratsspeichern).

Erst durch diese Rahmenbedingungen kann sich ein spezialisierter Handwerker auf seine Tätigkeit konzentrieren und einen Überschuss herstellen, was im Rahmen einer Selbstversorgerwirtschaft nicht möglich wäre.

Am deutlichsten zeigt sich der damit verbundene Entwicklungssprung am Töpferhandwerk, also an der Keramikproduktion: Um das Jahr 3200 v. Chr. wird die schnell drehende Töpferscheibe erfunden, die die Herstellung von standardisierten Tongefäßen sehr stark vereinfacht. Daraufhin entstehen in den mesopotamischen Städten zahllose Töpferwerkstätten, die so große Mengen an Tongefäßen produzieren, dass Archäologen fast schon von einer industriellen Massenproduktion sprechen.[34] Ähnlich, aber nicht ganz so spektakulär entwickelt sich die Textilproduktion, also die Herstellung von Stoffen und Tuchen für verschiedenste Zwecke, die von kostbarsten Luxusausführungen für den Gottkönig bis hin zu einfachen Kleidungsstücken für die Stadtbewohner reichen. Archäologen haben in der Stadt Uruk eine staatlich überwachte Textilwerkstätte mit 9000 Sklaven nachgewiesen.[35]

Metallverarbeitung und Bronzeherstellung

Besonders wichtig werden die neuen Rahmenbedingungen für die Metallverarbeitung, die ohne städtische Koordination nicht denkbar wäre. Kupfergegenstände werden ab 5500 v. Chr. hergestellt und dienen in erster Linie religiösen Zwecken, da Kupfer relativ weich und als Werkzeug nicht geeignet ist. Erst um 3300 v. Chr. entdeckt man die Bronze – eine Legierung aus 90 Prozent Kupfer und 10 Prozent Zinn –, die so hart ist, dass man daraus Werkzeuge herstellen kann, die den bisherigen Stein- und Holzwerkzeugen deutlich überlegen sind.

Allerdings ist die Produktion von Bronzeobjekten sehr aufwendig: Im ersten Schritt muss das erzhaltige Gestein im Bergwerk von Bergleuten abgebaut werden, und diese Bergwerke liegen oft in Gebirgen, da es nur hier erzhaltiges Gestein gibt. Im zweiten Schritt erfolgt die Verhüttung in einem Schmelzofen bei sehr hohen Temperaturen, um aus dem Gestein das Roherz zu gewinnen. Da man dafür sehr viel Holz benötigt, stehen die Schmelzöfen oft am Fuß eines Gebirges direkt an einem Fluss, der den Transport der geschlagenen Baumstämme zum Ofen erleichtert. Da aus geologischen Gründen Kupfer- und Zinnerze nie zusammen vorkommen, müssen sie in weit voneinander entfernten Gebirgen abgebaut und verhüttet werden und anschließend durch Fernhändler weitertransportiert werden. Und in einem dritten Schritt werden Rohkupfer und Rohzinn durch den Schmied zu Werkzeugen und Waffen verarbeitet, was in der Regel in der Stadt unter der direkten Kontrolle des Gottkönigs geschieht.[36]

Für die Bronzeproduktion braucht es also ohne Holzfäller und Transportarbeiter vier unterschiedliche Typen von Spezialisten (Bergleute, Hüttenarbeiter, Fernhändler, Schmiede) an fünf verschiedenen Standorten (zwei Bergwerke, zwei Schmelzöfen, eine Schmiedewerkstatt in der Stadt) und sehr viel Transportleistungen zwischen diesen Standorten. Dies erfordert sehr ausgeprägte räumliche Arbeitsteilungen, sehr unterschiedliche Arten beruflicher Spezialisierungen und eine ausgeklügelte Koordination aller Einzeltätigkeiten in Hinblick auf das Ergebnis. Es ist schwer vorstellbar, dass sich dies im Rahmen egalitärer Bauerngesellschaften hätte entwickeln können, zumal ein einzelnes Bronzeobjekt einen so großen Wert besitzt, dass es die Möglichkeiten eines bäuerlichen Haushalts vollständig sprengen würde – nur ein Gottkönig und seine Tempelwirtschaft kommen daher als Abnehmer dieser Produkte in Frage.[37] Und die Organisation, Koordination und Kontrolle der verschiedenen Spezialisten und der notwendigen Transporte setzt eine starke wirtschaftliche und militärische Macht voraus, die nur in der Stadt in Form des dortigen Gottkönigs vorhanden ist. Deshalb ist es kein Zufall, dass im Vorderen Orient Stadt und Bronzetechnologie etwa gleichzeitig entstehen.

Da Bronzewerkzeuge härter als Steinwerkzeuge sind und Bronze in vielfältige Formen gegossen werden kann, sind Bronzewerkzeuge deutlich effizienter als Steinwerkzeuge und erhöhen die Produktivität der menschlichen Arbeit noch einmal deutlich. Und zugleich sind Bronzewaffen härter und stärker als Waffen aus Holz und Stein, weshalb Krieger mit Bronzewaffen Kriegern ohne diese Waffen militärisch überlegen sind. Der städtische Gottkönig, der die Herstellung der Bronzeobjekte organisiert und kontrolliert, profitiert direkt von diesen beiden Vorteilen – zum einen steigt dadurch sein Reichtum, zum anderen seine militärische Macht. Deshalb bedeutet die Entwicklung der Bronzetechnologie eine Stärkung des Gottkönigs und des städtischen Wirtschaftens.

Die Blüte des Handels durch die Entstehung der Stadt

Im Bereich des Handels findet eine ähnliche Entwicklung statt: Im Rahmen einer Selbstversorgerwirtschaft ist der Bedarf nach Handelsprodukten überall so gering, dass sich keine eigenständigen Händlerstrukturen ausbilden können. Erst die Stadt, deren gesamte Existenz vom Import und vom Export abhängig ist, braucht den Händler als Spezialisten für Güter, die aus dem Umland, aus Nachbarstädten oder aus fernen Regionen importiert oder dorthin exportiert werden. Dabei geht es nicht nur um exotische Lebensmittel, um Rohstoffe für spezialisierte Handwerker und um deren Endprodukte, sondern auch – da viele Städte im Tiefland an Flüssen liegen – um wichtige Rohstoffe wie Steine oder Holz, die für die zahllosen Bauten benötigt werden.

Dadurch blüht aber nicht nur die spezialisierte Wirtschaft in der Stadt auf, sondern von diesem Handel profitiert durchaus auch das Land: Der Gottkönig kann mittels der Verteilung von Lebensmitteln lokale und regionale Ungleichheiten – zum Beispiel Ernteschwankungen auf Grund spezifischer lokaler oder regionaler Wettersituationen, die durchaus nicht selten sind – innerhalb einer Region oder zwischen einzelnen Regionen ausgleichen und so Versorgungsengpässe vermeiden. Und es können die so verschiedenartigen Landwirtschaftsprodukte aus Regionen mit unterschiedlichen naturräumlichen Eigenschaften (Gebirgsregionen mit Fleisch, Schwemmlandebenen mit Getreide, Küstengebiete mit Fisch) wechselseitig verteilt oder ausgetauscht werden. Dadurch lassen sich Produkt-Einschränkungen, die bei Selbstversorgerwirtschaften sehr oft anzutreffen sind, aufheben; die Vielfalt der an einem Ort zur Verfügung stehenden Lebensmittel wird auch auf dem Land erhöht.

Die Ausbildung eines systematischen inner- und intraregionalen Handels stellt nicht nur die Voraussetzung für die Entfaltung der städtischen Wirtschaft dar, er verbessert darüber hinaus sowohl die Lebensmittelversorgung auf dem Land als auch die Versorgung der städtischen Bevölkerung mit Gütern aller Art. Dieser Handel findet zuerst nur im Auftrag des Gottkönigs statt, aber im Laufe der Zeit wird er immer wichtiger, und Händler als Spezialisten für diese Tätigkeit werden zahlreicher.[38]

Obwohl die Überschusswirtschaft mit der Entstehung der Stadt eine große Blüte und ein starkes quantitatives Wachstum erfährt, handelt es sich nicht um ein Wirtschaften im modernen Sinn. Das Wirtschaften ist ein eher kleiner Teil des großen zentralistischen Verwaltungsapparats, und es ist direkt von den Anweisungen des Gottkönigs und seiner Stellvertreter abhängig; es gibt dabei weder selbständige Unternehmer noch eine relevante Nachfrage außerhalb der Tempelwirtschaft. Zwar entsteht sehr allmählich ein kleiner Markt, auf dem einfache Menschen Lebensmittel und Alltagsgegenstände untereinander tauschen können, aber solche Märkte sind gegenüber der Tempelwirtschaft (zentralistische Versorgungswirtschaft) von ziemlich geringer Bedeutung. Dies zeigt sich daran, dass es in diesen Städten keine Marktplätze gibt, auf denen regelmäßig Märkte abgehalten werden, und dass die Orte, an denen sich allmählich kleine Märkte ausbilden (am Stadttor, in der Nähe des Hafens, in bestimmten Straßen), nicht zentral liegen.[39]

Spezialistentum und Herrschaft als männliche Tätigkeitsbereiche

Das Außergewöhnliche an der Entwicklung der urbanen Transformation ist die Tatsache, dass sie allein von Männern geprägt wird: Die Priester an den städtischen Tempeln, die spezialisierten Handwerker und Händler und erst recht der Gottkönig und seine Beamten sind ausschließlich Männer.[40] Dies ist deswegen so außergewöhnlich, weil Männer im Verlauf der menschlichen Entwicklung bislang nie eine herausgehobene Rolle gespielt hatten: In der langen Zeit der Jäger-und-Sammler-Gesellschaften waren Frauen und Männer gleichwertig und unterstützten sich wechselseitig mit ihren unterschiedlichen Fähigkeiten (siehe Abschnitte 2.5 und 3.2), die «Revolution der Symbole» zu Beginn der neolithischen Transformation ging offensichtlich von Frauen aus (siehe Abschnitt 4.1), und Frauen spielten auch in den egalitären Bauerngesellschaften eine herausgehobene Rolle (siehe Abschnitt 4.6). Was ist daher die Ursache für diese außergewöhnliche Entwicklung?

Zur Erklärung greife ich auf die traditionellen Aufgaben- und Tätigkeitsbereiche von Frauen und Männern aus der Zeit vor der urbanen Transformation zurück, die von dem Ethnologen Claude Lévi-Strauss so beschrieben werden:[41] Frauen führen Tätigkeiten aus, die eher enger mit Natur verbunden sind, während sich Männer auf Tätigkeiten spezialisieren, die eher weniger eng mit Natur verbunden sind und bei denen oft Werkzeuge als vermittelnde Instanz zwischen Mensch und Natur eingesetzt werden. Klassisches Beispiel ist die Töpferei: Werden die Gefäße mit der Hand geformt, ist dies traditionelle Frauenarbeit, wird die schnell drehende Töpferscheibe genutzt, ist dies traditionelle Männerarbeit.[42]

Solange das Wirtschaften am Ziel der Selbstversorgung ausgerichtet ist, unterscheiden sich weibliche und männliche Tätigkeiten nur graduell und nicht grundsätzlich voneinander. Entsteht aber ein spezialisiertes Wirtschaften, das stets mit Werkzeugen arbeitet und nicht mehr für die eigene Familie, sondern für Fremde produziert, das also eher naturfern wirtschaftet, dann sind es überall auf der Welt immer Männer, die diese spezialisierten Tätigkeiten ausführen. Dadurch entsteht erstmals in der Geschichte der Menschheit ein relevanter Unterschied zwischen Frau und Mann, der nicht nur das Wirtschaften, sondern der auch die soziale Stellung der Frau in der Gesellschaft betrifft.

Dieses Verhaltensmuster – spezialisierte Wirtschaftstätigkeiten werden immer von Männern ausgeführt – findet sich im Rahmen der urbanen Transformation nicht nur überall auf der Erde, sondern es tritt auch bis zum Beginn der Industriellen Revolution immer wieder neu dort auf, wo Bauerngesellschaften ihre Selbstversorgerwirtschaft in eine Produktion für den Markt umwandeln. Klassisches Beispiel dafür ist das «Hirtenland» in den Schweizer Alpen, wo die Bauern im späten Mittelalter ihre Almwirtschaft von der Selbstversorgung auf die Produktion von Käse für den Export umstellen; damit verbunden ist die Ablösung der Sennerin, also eines weiblichen Familienmitglieds, durch den Senn, der als männlicher Spezialist für diese Tätigkeit angestellt und bezahlt wird – und ganz Europa lachte damals darüber, dass in der Schweiz Männer Frauenarbeit machen.[43]

Es reicht also nicht aus, die männliche Dominanz beim spezialisierten Wirtschaften nur als Benachteiligung der Frau zu verstehen. Vielmehr zeigt sich darin auch ein grundsätzlicher gesellschaftlicher Wandel, der den Stellenwert der Natur innerhalb der Wirtschaft zugunsten einer vom Mann gemachten und dominierten Ordnung deutlich zurückdrängt.

Eine analoge Entwicklung läuft bei der Entstehung von Macht und (Allein-)Herrschaft ab: Vor dem Beginn der urbanen Transformation gab es nur in Ausnahmefällen eine Herrschaft von (wenigen) Menschen über (viele) Menschen, und die jeweiligen Gesellschaften hatte eine Reihe von Mechanismen entwickelt, um eine solche Entwicklung zu verhindern (siehe Abschnitt 3.3). Wenn mit der urbanen Transformation erstmals Macht und Herrschaft entstehen, dann sind es immer Männer, die an der Spitze der Macht stehen, und nie Frauen. Auch hierbei dürfte eine Rolle spielen, dass politische Herrschaft im traditionellen Weltverständnis als etwas angesehen wird, das eher wenig mit natürlichen Verhältnissen zu tun hat und deshalb in den Zuständigkeitsbereich des Mannes gehört.[44]

Die Entstehung des Krieges

Ein weiterer Punkt, der mit der urbanen Transformation eng verbunden ist, ist der Krieg: Er entsteht erst mit der Herausbildung stadtischer Gesellschaften, und er gehört seitdem als negatives Element zur menschlichen Entwicklung dazu.[45] Im Unterschied zu gewalttätigen Auseinandersetzungen in Jäger-/Sammler- und egalitären Bauerngesellschaften, bei denen es sich um Konflikte zwischen einzelnen Personen oder Familien handelte, ist ein Krieg ein geplantes und organisiertes Unternehmen, bei dem der Angreifer – in der Regel mit Hilfe gut ausgebildeter Berufskrieger – mit Waffengewalt die Herrschaft über fremde Güter und andere Menschen zu erlangen versucht.[46]

Erst mit der Entstehung der Städte erhält der Krieg einen systematischen Stellenwert: Die Gottkönige sichern ihre Alleinherrschaft durch eine große Zahl von Berufskriegern ab, und sie führen permanent Krieg – gegen benachbarte Stadtstaaten, gegen noch nicht unterworfene Bauern im weiteren Umland, gegen Bauern im nahen Umland, die die Abgaben nicht abliefern wollen, und auch gegen die eigene Stadtbevölkerung. Damit wird Krieg für die Gottkönige zu einem ganz normalen Instrument ihrer Machtpolitik, der mit einer großen Selbstverständlichkeit eingesetzt wird.

Diese Entwicklung wird durch Bronzewaffen, die etwa gleichzeitig mit der Stadtentstehung erfunden werden, noch beschleunigt. Da Bronzewaffen härter und effizienter als andere Waffen sind, besitzen Berufskrieger, die über diese Waffen verfügen, einen militärischen Vorteil. In diesem Rahmen wird die Waffentechnik gezielt perfektioniert: Während bislang bei gewalttätigen Auseinandersetzungen stets Werkzeuge (Äxte, Messer) als Waffen verwendet wurden, wird jetzt mit dem Bronze-Schwert die erste reine Kriegswaffe erfunden, deren einziges Ziel es ist, andere Menschen zu töten.[47] Dies ist der Beginn einer militärischen Aufrüstungsspirale, die bis heute andauert.

Der Übergang von der Selbstversorger- zur Überschusswirtschaft, der zum Aufblühen von Handwerk und Handel und zur Entstehung glanzvoller und luxuriöser Städte führt, ist also untrennbar mit scharfen sozialen Gegensätzen, mit der Marginalisierung der Frau, mit der Zurückdrängung der Bedeutung von Natur und mit der Entstehung des Krieges verbunden.

Stadt und Land – zwei unterschiedliche Welten

Sehen wir uns zum Ende dieses Abschnittes das Verhältnis zwischen Stadt und Land an, so stellen wir fest, dass es keineswegs so einseitig ist, wie es die militärische Dominanz der Stadt vermuten lassen würde.

Da die Städte – abgesehen von Gartenflächen innerhalb der Stadtmauern – selbst keine Lebensmittel produzieren, sind sie von den Lebensmittellieferungen des Umlands abhängig. Lange Zeit gilt die Faustregel, dass es etwa acht bis zehn bäuerlich wirtschaftende Personen auf dem Land braucht, um eine Person in der Stadt zu ernähren. Zur Versorgung einer Stadt ist aber nicht nur eine produktive Landwirtschaft nötig, die einen Überschuss produzieren kann, sondern es braucht auch eine große Dichte von landwirtschaftlichen Betrieben ganz in der Nähe der Stadt, damit die Transportwege in die Stadt nicht zu lang werden und durch den Transport nicht zu viele Lebensmittel verbraucht werden. Solange alle Lebensmittel von Menschen getragen werden müssen, ist es wohl nicht möglich, eine Stadt vom Umland aus ausreichend mit Lebensmitteln zu versorgen. Erst die Erfindung des Ochsenkarrens und die Verwendung von domestizierten Eseln als Lasttieren ermöglichten es, die Versorgung einer Stadt mit vielen Tausenden bis einigen Zehntausenden von Einwohnern mit Lebensmitteln sicherzustellen; allerdings beträgt der Radius dabei maximal fünfzig Kilometer.[48] Nur wenn eine Stadt an einem Fluss oder an einem Meer liegt, kann das Umland größer sein, weil auf dem Wasser alle Transporte sehr viel leichter als auf dem Land durchgeführt werden können.

Die mit Mauern begrenzte Stadt kann also ohne ihr landwirtschaftlich geprägtes Umland nicht existieren. Stadt und Umland bilden zusammen einen Stadtstaat, der von der Stadt aus regiert, kontrolliert und beherrscht wird. Diese neuen politischen Gebilde werden auf Grund ihrer gesellschaftlichen und kulturellen Komplexität Zivilisationen oder Hochkulturen genannt,[49] obwohl sich ihre Komplexität lediglich im städtischen Zentrum und nicht im Umland findet. Dem entspricht das Selbstverständnis der städtischen Eliten: Nur die Stadtbewohner sind menschliche Kulturwesen im vollen Wortsinn, die Bauern im städtischen Umland sind Menschen ohne Kultur, und die Menschen außerhalb der Grenzen der Stadtstaaten sind «Barbaren», also Wesen, die irgendwo zwischen Tieren und Menschen stehen.[50]

Da die landwirtschaftlichen Tätigkeiten auf Grund ihres dezentral-flächenhaften Charakters nicht in spezialisierte Tätigkeiten umgewandelt werden können, die Landwirtschaft also den Fortschritt des städtischen Wirtschaftens nicht nachmachen kann, bleiben in der Landwirtschaft die traditionellen Arbeitsabläufe der egalitären Bauerngesellschaften bestehen. Auf diese Weise bleiben auch die damit eng verbundenen Strukturen und Werte – Selbstverwaltung, Selbstversorgung und Gleichheit – trotz der Dominanz der Stadt und der Abgabe der Überschüsse an sie erhalten, diese Werte werden sogar aktiv gegen die städtische Herrschaft verteidigt. Umgekehrt gelingt es der Stadt nicht, selbst eine Lebensmittelversorgung in spezialisierter Form – also als Überschussproduktion analog der handwerklichen Produktion – aufzubauen und sich von der bäuerlichen Landwirtschaft unabhängig zu machen. Deshalb ist die Stadt von der Lebensmittelproduktion des ländlichen Raums – genauer: von der einen gewissen Überschuss produzierenden Selbstversorgerlandwirtschaft – abhängig. Damit bleibt die Stadt letztlich darauf angewiesen, dass das Land weiterhin auf die traditionelle Weise lebt und wirtschaftet, weil es eine andere Form der Lebensmittelproduktion nicht gibt.

Mit Land und Stadt stehen sich also zwei Lebenswelten mit unterschiedlichen Grundprinzipien und Werten fremd gegenüber: Dezentralität versus Zentralität, Selbstversorgung versus Spezialisierung und Gleichheit versus Herrschaft. Das Dorf versucht zwar, die urbane Transformation zu verhindern oder wenigstens abzuschwächen – in einer Reihe von Regionen auf der Welt durchaus erfolgreich, vor allem in Peripherieregionen –, aber letztlich gerät das Dorf oft in die wirtschaftliche und militärische Abhängigkeit der Stadt. Die Geschichte der Stadt beginnt mit der Unterwerfung der Dörfer und der ländlichen Räume unter ihre Herrschaft.

Die unterschiedlichen Lebens- und Wirtschaftsformen von Land und Stadt, die gleich zu Beginn der Stadtentwicklung auftreten, bleiben anschließend langfristig erhalten, da die Landwirtschaft bis weit ins 20. Jahrhundert hinein nicht in eine spezialisierte Wirtschaftsform umgewandelt werden kann. Erst in unserer Gegenwart, also erst nach dem Ende des Zweiten Weltkriegs, beginnen sich diese Unterschiede allmählich aufzulösen.[51] Deshalb bleiben die unterschiedlichen Lebens- und Wirtschaftsformen von Land und Stadt langfristig erhalten, und sie sind in ihrer Gegensätzlichkeit sogar ein zentrales Merkmal des gesamten Zeitraums der städtisch dominierten Bauerngesellschaften. Für ihren Umweltbezug ist dieser Umstand von großer Bedeutung.

5.3 Glanz und Niedergang von Stadtstaaten und Großreichen

In allen Regionen der Erde, in denen sich Städte ausbilden, entsteht nie nur eine einzige Stadt, stets entstehen eine ganze Reihe von Städten. Diese sind umso zahlreicher, je größer die landwirtschaftlich intensiv genutzte Region ist. Anfangs liegen diese Städte in relativ großer Entfernung voneinander; aber da diese Städte größer werden und die jeweiligen Gottkönige alles unternehmen, um ihre Macht räumlich auszudehnen, treffen nach einiger Zeit die Einflussgebiete zweier oder mehrerer Städte aufeinander. Daraus entstehen zuerst Grenzstreitigkeiten und später Machtkämpfe zwischen diesen Städten, die sich schließlich zum Kampf um die militärische, wirtschaftliche und religiöse Vorherrschaft über die gesamte Region zuspitzen und die viele Jahrzehnte und teilweise auch jahrhundertelang dauern können.[52]

Die Entstehung von Großreichen

Falls es bei diesen Machtkämpfen einer Stadt nicht gelingt, die militärische Vorherrschaft über ihre Nachbarstädte zu erringen, dann besteht – wie zum Beispiel im Fall der Maya-Kultur[53] – eine Hochkultur aus einer gewissen Zahl von teils verbündeten, teil verfeindeten Stadtstaaten, die wirtschaftlich miteinander verflochten sind und die eine gemeinsame Sprache, Religion und Kultur besitzen. Gelingt es dagegen einer Stadt, alle anderen Städte in der Region zu besiegen und die Vorherrschaft über die gesamte Region zu erringen, dann entsteht aus einem kleinen Stadtstaat ein zentralistisches Reich, entweder ein mittelgroßes Reich oder ein Großreich.[54] Oder anders ausgedrückt: Die Geburt eines Reiches erfolgt aus dem Krieg.

Das erste Großreich der Geschichte entsteht in Mesopotamien. Es ist das Reich von Akkad, das um 2300 v. Chr. gegründet wird und das den gesamten Südirak sowie große Teile von Nordmesopotamien und Syrien umfasst.[55] Wenig später entstehen weitere Großreiche, und bis um Christi Geburt gibt es sie auf allen Kontinenten mit Ausnahme Australiens, wo die zentrale Voraussetzung dafür – die Landwirtschaft – fehlt. Auf Grund ihrer sehr hohen Bevölkerungsdichte lebt seitdem die Mehrheit der Menschen auf der Erde in solchen Großreichen, obwohl sie nur einen kleinen Teil der Erdoberfläche umfassen. Bis zur Industriellen Revolution bestimmen die Großreiche sehr stark die geschichtliche Entwicklung der Menschheit.

Dabei muss allerdings gleich angefügt werden, dass Jäger-/Sammlergesellschaften und egalitäre Bauerngesellschaften im Rahmen der traditionellen Geschichtsschreibung in der Regel nicht vorkommen, weil diese auf die Handlungen der «großen» Personen und der großen Reiche und auf die mit ihnen verbundenen Faktoren Glanz, Macht und Reichtum fixiert sind. Darüber hinaus gibt es in einfachen Gesellschaften auch nur relativ wenige Veränderungen, was aus der Perspektive der Geschichtswissenschaften als «Geschichtslosigkeit» und als uninteressant erscheint, während es in der Geschichte der Großreiche permanent

Eroberungen und Gebietsverluste, Entscheidungsschlachten, Machtwechsel und Aufstände gibt.

Mit der Entstehung von Großreichen steigen der Reichtum und die Macht der siegreichen Gottkönige stark an. Die Bevölkerung der Hauptstadt wächst deutlich und erreicht bald mehr als 100 000 Einwohner, der in der Hauptstadt konzentrierte Reichtum vergrößert sich erheblich, die hier wirtschaftenden Spezialisten werden sehr viel zahlreicher, und die hier errichteten repräsentativen Bauwerke werden noch monumentaler als vorher.

Neue Entwicklungen in Großstädten

Eine Großstadt mit mehr als 100 000 Einwohnern ist aber nicht einfach eine größer gewordene Stadt, sondern etwas Neues: Während ein Dorf zu klein und zu selbstgenügsam für Spezialisten ist, ist die Hauptstadt eines Stadtstaates bereits so groß, dass in allen Bereichen jeweils (einzelne) Spezialisten erfolgreich existieren können. Eine Großstadt besitzt jedoch eine solche Größe, dass es in allen Teilbereichen jeweils viele Spezialisten gibt, die gleichzeitig neben- und miteinander tätig sind. Das bedeutet, dass sich Spezialisten erstmals mit ihren Spezialisten-Kollegen aus dem gleichen Fachgebiet austauschen und dass sie die auftretenden Probleme bei der Spezialisierung, die sie bislang weitgehend allein zu bewältigen hatten, jetzt gezielt gemeinsam diskutieren und lösen können.[56] Diese völlig neue Form der beruflichen Interaktion führt dazu, dass die bereits entwickelten Formen von Arbeitsteilung und Spezialisierung erheblich verbessert und perfektioniert werden, womit relevante Effizienzsteigerungen in Verwaltung, Handwerk und Handel verbunden sind.

Beim großstädtischen Leben werden die täglich zu treffenden Entscheidungen so zahlreich, und so viele Menschen sind von ihnen betroffen, dass die bisherigen Verhaltensweisen in Form direkter persönlicher Kontakte und Absprachen (Einzelfälle) nicht mehr möglich sind und durch standardisierte und anonyme Entscheidungsstrukturen (abstrakte Strukturen) ersetzt werden müssen. Die Spezialisierungen, die beim Stadtstaat noch eng auf die Bereiche Verwaltung und Wirtschaft beschränkt waren, erfassen in der Großstadt das gesamte Alltagsleben.

Im Laufe der Zeit entwickeln sich daraus vollkommen neue kulturelle Phänomene, nämlich Schrift und Zahl (Literatur), Rechtswesen und Wissenschaften, die zuvor unbekannt waren, die seitdem jedoch ein untrennbarer Teil der menschlichen Kultur sind.

Schrift und Zahl

Je mehr Lebensmittel die Bauern an das Tempel-Heiligtum und später an die Stadt abliefern, desto schwieriger wird es, diese riesigen Mengen angemessen zu erfassen und den einzelnen Bauern zuzuordnen. Zugleich gibt es bei den Verwaltungsbeamten, die diese Waren annehmen, registrieren und ins Lager stellen, die die Lagerbestände überprüfen und Lebensmittel ausgeben, mehrere Hierarchieebenen, weshalb die Beamten der höheren die der unteren Stufe auf eine einfache Weise kontrollieren müssen, um persönliche Bereicherungen zu verhindern. Ab einer bestimmten Menge von Lebensmitteln wird diese Aufgabe so umfassend, dass man die Mengen nicht mehr auf die herkömmliche Weise zählen und registrieren kann. Die Lösung besteht darin, dass man die erhaltenen Waren in großen Tongefäßen sammelt und dann diese Gefäße in Anwesenheit eines Kontrollbeamten fest verschließt und versiegelt. Dabei wird auf dem Siegel vermerkt, welches Produkt in welcher Quantität darin enthalten ist – dadurch braucht man den Inhalt eines Gefäßes nur einmal und nicht immer wieder erneut zu erfassen und zu zählen. Zu diesem Zweck braucht es zwei Zeichensysteme: eines für Mengenangaben oder Quantitäten (dies ist am Anfang häufig ein Punkt- und Strichsystem: ein Punkt steht für eine Einheit, ein Strich für fünf Einheiten) und ein zweites für den Inhalt oder die Qualität (dies ist am Anfang oft ein Bild-Symbol: der Inhalt wird in Form eines schematischen Bildes dargestellt).

Diese herausfordernde Aufgabe, die große Menge der abgelieferten Lebensmittel angemessen zu erfassen und zu kontrollieren, führt überall auf der Erde dazu, dass in jeder Region mit Tempeln, an denen größere Mengen an Lebensmitteln abgeliefert werden, diese beiden Zeichensysteme auf eigenständige Weise erfunden werden. Und der permanente Gebrauch dieser Zeichen führt dazu, dass sie allmählich immer mehr vereinfacht und immer abstrakter werden. Als dann die Stadt entsteht, sind diese Zeichensysteme bereits so weit entwickelt, dass etwa gleichzeitig aus Punkten und Strichen ein komplexes Zahlensystem entsteht, mit dem sich auf einfache Weise alle denkbaren Quantitäten in Zahlenform darstellen lassen. Aus den ursprünglich realitätsnahen Bildsymbolen werden Symbole, die für Worte oder Silben stehen, und mit diesen Symbolen kann man dann die gesprochene Sprache schriftlich fixieren. Das Auftauchen der Schrift ist für Mesopotamien (Keilschrift) um 3300 v. Chr. und für Ägypten (Hieroglyphen) um 3200 v. Chr. dokumentiert.[57] Wenig später folgen fast alle Hochkulturen der Erde, wobei sich diese Schriften extrem stark voneinander unterscheiden.[58]

Um Missverständnisse zu vermeiden, muss gleich ergänzt werden, dass diese frühen Schriften – im Unterschied zur späteren Buchstabenschrift (siehe Abschnitt 7.2) – sehr komplizierte Schriften mit Tausenden von Symbolen sind. Sie erfordern viele Jahre Übung, bevor man sie beherrscht. Deshalb können in den alten Hochkulturen nur sehr wenige Menschen lesen und schreiben, und dies sind immer Männer, die als Spezialisten («Schreiber») in der Verwaltung des Gottkönigs tätig sind.

Trotz dieser Einschränkung, die die Anwendung der Zahl- und Schriftsysteme eigentlich stark begrenzt, finden beide Zeichensysteme auf Grund ihrer universellen Einsetzbarkeit und ihrer großen Arbeitserleichterung bei allen Phänomenen, bei denen es um große Mengen geht, eine breite Anwendung. Dies zeigt sich zum Beispiel an der babylonischen Zeituntergliederung (ein Jahr = zwölf Monate, eine Stunde = sechzig Minuten) – diese damals entwickelte Zeiteinteilung hat sich offensichtlich so bewährt, dass sie bis heute gilt.

Die Erfindung von Zahl und Schrift dient ursprünglich dazu, die Herrschaft des Gottkönigs zu ermöglichen und abzusichern:

> «Der frühe Staat bedurfte der Schrift als künstliches Gedächtnis, um der unendlichen Datenfülle im Zusammenhang von Wirtschaft und Verwaltung Herr zu werden, und als künstlicher Stimme, um das herrscherliche Machtwort an alle Enden des Reiches dringen zu lassen. Die Schrift ermöglicht neue Formen von Kontrolle und Verwaltung, ohne die komplexer gewordene Gemeinwesen nicht funktionieren … Am Beispiel von Schrift und Staat kann man sehen, dass die Schrift eine Grenzüberschreitung ermöglicht: vom Dorf zur Stadt, von der Face-to-face-Gemeinschaft zur großräumigen politischen Organisation, von der Subsistenzwirtschaft zur Versorgungswirtschaft.»[59]

Über ihre unmittelbare Bedeutung für die Herrschaft des Gottkönigs hinaus bedeutet die Erfindung der Schrift eine fundamentale «Grenzüberschreitung»: Sie ist «ein künstliches Gedächtnis für Daten, die kein natürliches Gedächtnis speichern kann, und eine künstliche Stimme für Empfänger, die keine natürliche Stimme erreichen kann.»[60] Anders ausgedrückt: Die Weitergabe von Erfahrung und Wissen wird von Raum und Zeit unabhängig. Dadurch entwickelt der Mensch ein neues Verhältnis zur Geschichte (Vergangenheit kann mittels überlieferter Textdokumente erstmals kritisch überprüft werden) und zur Zukunft (mittels der Schrift kann man der Nachwelt über den eigenen Tod hinaus Botschaften hinterlassen). Der Mensch wird erstmals zum Autor von individuell geprägten Texten, in denen er auf eine persönliche Weise über den Zustand der Welt, über Vergangenheit und Zukunft, Leben und Tod nachdenkt (so etwas gibt es im Rahmen mündlicher Traditionen nicht).[61] Allerdings handelt es sich dabei nur um erste Ansätze, und die Auseinandersetzung mit diesen neuen Möglichkeiten bleibt auf wenige Personen beschränkt.

Damit erwachsen aus der Erfindung der Schrift weitreichende kulturelle Veränderungen und Innovationen, die nichts mehr mit der ursprünglichen Funktion dieses Zeichensystems zu tun haben. Die Erfindung der Schrift stellt das Nachdenken des Menschen über sich selbst und über die Welt auf eine neue Grundlage und hebt die menschliche Kultur auf eine neue Reflexionsstufe, was sich in der Entstehung von Literatur und Kunst ausdrückt.

Rechtswesen

In den kleinen und überschaubaren Gruppen von Jägern, Sammlern und Bauern werden alle Konflikte zwischen Personen oder Familien und alle Verletzungen der gemeinschaftlichen Ordnung dadurch gelöst, dass die Gruppenvertreter jeden Problemfall einzeln untersuchen. Dabei sprechen sie mit den Betroffenen, die sie meist persönlich kennen, und fällen ihr Urteil unter Berücksichtigung aller Aspekte (sie kennen ja den gesellschaftlichen und familiaren Kontext). Diese Vorgehensweise ist in einer Stadt nicht mehr möglich, weil die Zahl der Bewohner unübersehbar groß ist, weil das Fehlen der traditionellen Ordnung und die Anonymität der städtischen Strukturen die Zahl der Konflikte ansteigen lässt und weil viele neue Konflikte (Verstöße gegen die Regeln des Gottkönigs) hinzukommen. Deshalb braucht es eine völlig neue Form der Konfliktlösung, damit eine Stadt nicht durch innere Widersprüche zerstört wird.

Die Lösung besteht im Aufbau eines Rechtswesens, bei dem es nicht mehr um individuelle Einzelfälle geht: Die Beamten des Gottkönigs entwickeln Gesetze, in denen alle Delikte oder Straftaten, die vorstellbar sind und die häufiger passieren, aufgeführt werden; und für jedes Delikt wird im Gesetz eine konkrete Strafe festgelegt. Dadurch können die Richter die Rechtsprechung sehr effizient gestalten: Die mühsame Untersuchung eines Einzelfalles wird ersetzt durch eine kurze Diskussion, welches Delikt vorliegt, und damit ist die Strafe auch schon klar. Auf diese Weise treten Standardlösungen an die Stelle von Einzelfalllösungen. Eine der bekanntesten Gesetzessammlungen ist der babylonische Codex Hammurapi, der aus der Zeit von 1792 bis 1750 v. Chr. stammt.[62] Ähnliche Gesetzessammlungen finden sich in allen anderen Hochkulturen.

Wissenschaft

Alle Hochkulturen beobachten die Erscheinungen am Himmel – den Lauf von Sonne und Mond, die Bewegungen der Gestirne, das Auftreten von Meteoriten – sehr genau, weil sie der Ansicht sind, dass sich am Himmel göttliche Wesen zeigen und dass es zwischen den Vorgängen am Himmel und denen auf der Erde einen direkten Zusammenhang gibt. Da es hierbei um die Ordnung der Welt geht, die sich am Himmel zeigt, ist es die Aufgabe ausgewählter Priester, diese Himmelsbeobachtungen durchzuführen; und die Spitzen der sehr hoch aufragenden Tempel dienen ihnen dabei als Observatorium.

Diese Beobachtungen beziehen sich einerseits auf die Konstellationen und Bewegungen der Gestirne und ihre direkten Auswirkungen auf die Geschicke der Menschen (was wir heute Astrologie nennen) und andererseits auf die Veränderungen am Himmel und ihre Auswirkungen auf die Natur (was wir heute Astronomie nennen), wobei beide Bereiche damals unmittelbar zusammengehörten. Diese Himmelsbeobachtungen werden schriftlich fixiert – die Erfindung der Zahlen ist sehr wichtig für ihre exakte Beschreibung –, und sie werden über viele Generationen hinweg durchgeführt, ausgewertet und miteinander verglichen. Dadurch entsteht im Laufe der Zeit bei den darauf spezialisierten Priestern ein großes Wissen über astronomische und natürliche Sachverhalte und Dynamiken, das es in dieser Genauigkeit bislang nicht gegeben hatte.[63]

Dieses Wissen verbessert die Kenntnis der Natur auf eine ganz neue Weise und ist zugleich praxisrelevant: Die Priester können regelhafte Naturphänomene wie Sonnen- und Mondfinsternisse, Frühjahrsbeginn, Nil-Hochwasser oder den Beginn des Monsuns gut vorhersagen (was für die Landwirtschaft wichtig ist), und sie können gewisse Regelhaftigkeiten beim Klima erkennen, was zu einer verbesserten Vorhersage von Dürre und Überschwemmungen führt. Eines der bekanntesten Beispiele dafür ist die Geschichte von den sieben fetten und den sieben mageren Jahren, die im gesamten Vorderen Orient verbreitet ist und die auch im Alten Testament erzählt wird:[64] Wenn die Priester auf Grund der Auswertung jahrzehnte- bis jahrhundertelanger Aufzeichnungsreihen Regelhaftigkeiten beim Klima erkennen, dann lassen sich ertragreiche und ertragsarme Phasen rechtzeitig erkennen und man kann die Vorratshaltung optimieren.

Weil diese Naturbeobachtungen auf langfristigen empirischen Beobachtungen beruhen und weil sie mittels Zahlen präzise und auf eine standardisierte (wiederholbare) Weise durchgeführt werden, kann man mit Recht von der «Geburt der Wissenschaft» bei den frühen Hochkulturen sprechen.[65] Allerdings muss man gleich anfügen, dass im Kontext der traditionellen Hochkulturen Astrologie und Astronomie ungetrennt bleiben, dass die Wissenschaft als Teil der Religion stets von Priestern ausgeübt wird und dass sie nicht zu einem eigenständigen Bereich wird – dies geschieht erst im Rahmen der modernen Entwicklung (siehe Kapitel 7).

Koordination der Teilbereiche durch den Gottkönig

Der Übergang von der Selbstversorger- zur Überschusswirtschaft, der mit dem Übergang vom Dorf zur Stadt verbunden ist, kann nur funktionieren, wenn in allen Bereichen die traditionellen, also die unmittelbaren und persönlichen Verhaltensweisen durch neue, also spezialisierte, anonyme und standardisierte (abstrakte) Strukturen ersetzt werden.

Diese Entwicklung erreicht ihren Höhepunkt in den Großstädten der Großreiche, die so groß sind, dass sich unterschiedliche gesellschaftliche Teilbereiche – Religion, Verwaltung, Militär, Wirtschaft, Rechtswesen – ausbilden. Diese sind der absoluten Herrschaft des Gottkönigs unterstellt, und er sorgt mit seinem Handeln dafür, dass diese Teilbereiche gut zusammenwirken und nicht auseinanderfallen.

Großstädtische Herrscher wissen sehr genau, dass ihr Reichtum und ihre Macht nicht nur davon abhängen, dass sie eine unüberschaubar große Zahl von Menschen beherrschen; sie wissen ebenfalls, dass ihre Herrschaft nur möglich ist, wenn sie zahlreiche Spezialisten beauftragen, die Teilbereiche so zu koordinieren, dass alle Einzeltätigkeiten sinnvoll ineinandergreifen. Erst dann gibt es ein Gesamtergebnis, dessen Größe und Glanz das bisherige menschliche Fassungsvermögen übersteigt und das zugleich die Göttlichkeit des Gottkönigs und seiner Herrschaft angemessen darstellt.

Solche Herrscher demonstrieren dieses komplexe Zusammenwirken gern in Form von riesigen spektakulären Riten mit aufwendigen Choreographien – Huldigungszeremonien für den Herrscher beim Empfang von Gesandten aus fernen Ländern oder bei der Ablieferung von Abgaben aus allen Provinzen des Reiches, die im riesigen, mit unendlich kostbaren Materialien ausgestatteten Palast stattfinden, oder auch komplexe religiöse Riten oder Kulthandlungen im riesigen, überreich geschmückten Tempel. Diese Zeremonien mit Tausenden von Mitwirkenden zeigen der gesamten Welt auf eindrückliche Weise, dass eine solche Gesellschaft auf der Grundlage von Spezialisierung und Koordination in allen Bereichen Spitzenleistungen hervorbringt, was weniger spezialisierten Gesellschaften nicht möglich ist. Damit demonstrieren die Herrscher ihre Überlegenheit über alle anderen Gesellschaften, und diese Überlegenheit ist für sie der Beweis dafür, dass sie mit Recht «die Welt» beherrschen und dass sie von Gott abstammen.

Solche kulturell-kultischen Höhepunkte lassen jedoch leicht vergessen, dass sich Macht und Reichtum der Gottkönige nicht einfach unbegrenzt vermehren lassen. In einer ersten Phase kann ein solches Wirtschafts- und Gesellschaftssystem sehr schnell wachsen: Die Vorteile der neuen spezialisierten Produktionsweise und des Fernhandels verschaffen dem Gottkönig schnell große Reichtümer, mit denen er umfangreiche Be- und Entwässerungsanlagen, Terrassenanlagen und anderes bauen lassen kann. Dadurch erhöht sich die Menge der produzierten Lebensmittel und der Abgaben, wodurch der Reichtum weiter steigt. Sind jedoch diese Möglichkeiten ausgeschöpft, dann wird ein weiteres Wachstum von Wirtschaft, Bevölkerung und Reichtum sehr schwer: Die räumliche Ausweitung der Landwirtschaftsflächen ist nur noch möglich, wenn wenig ertragreiche Böden genutzt werden, und die weitere Intensivierung der Landwirtschaft in den Gunstlagen setzt voraus, dass sehr viel Arbeit eingesetzt wird. Beides bringt jedoch kaum Mehrerträge.

Ähnlich ist die Situation im produzierenden Gewerbe: Mit den bestehenden Materialien und Techniken und der Geschicklichkeit des spezialisierten Handwerkers ist nach einer gewissen Zeit die maximale Produktivität erreicht. Noch effizienter zu produzieren würde neue Techniken und neue Materialien erfordern, die aber nicht erfunden werden.[66] Man könnte daher nur noch mehr produzieren, wenn man eine deutlich größere Zahl von Arbeitern einsetzen würde – aber diese könnten dann vom Umland nicht mehr mit den notwendigen Lebensmitteln, Rohstoffen und Energien versorgt werden.

Städtisch geprägte Hochkulturen können also nicht unbegrenzt wachsen, weil sie von nachwachsenden Ressourcen in dezentral-flächenhafter Form abhängig sind, weil alle Transporte dieser Ressourcen ins Zentrum langsam und teuer sind und weil technische Innovationen nur sehr selten passieren. Lange bevor diese Gesellschaften jedoch ihre absoluten Wachstumsgrenzen erreichen, werden sie in allen Bereichen mit den Auswirkungen einer stark abnehmenden Arbeitsproduktivität konfrontiert, also mit dem Phänomen, dass ein immer größerer Aufwand zu einem immer kleineren Mehrertrag führt

Der schnelle Zusammenbruch von Stadtstaaten und Großreichen

Heute geht man meistens davon aus, dass das System Stadt und seine außerordentliche wirtschaftliche und kulturelle Blüte eine einzigartige Erfolgsgeschichte sind. Dagegen muss man deutlich darauf hinweisen, dass diese Sichtweise zu kurz greift: Städte sind zwar auf der einen Seite sehr erfolgreich, indem sie zuvor unvorstellbare kulturelle Leistungen ermöglichen und riesige Reichtümer hervorbringen, aber sie sind auf der anderen Seite – gerade wegen ihrer großen internen Komplexität und ihrer externen Voraussetzungen (hoher täglicher Ressourcenbedarf von außerhalb) – fragile Strukturen, die nicht sehr stabil sind. Viele Hauptstädte von Stadtstaaten brechen nach einer kurzen Blütezeit wieder zusammen, die Menschen verlassen sie oder werden getötet, und die glanzvollen Zentren werden zu Ruinenstätten und geraten schließlich in Vergessenheit. Und viele andere Städte erleben nach ihrer Gründung nicht einmal eine Blütezeit, bleiben relativ klein und verschwinden nach einiger Zeit wieder.[67] Aber diese Zusammenbrüche betreffen nur die städtischen Zentren und die dortigen Konzentrationen von Macht und Reichtum, nicht jedoch das bäuerlich geprägte Umland. Dieses wird von den städtischen Zusammenbrüchen oft wenig beeinträchtigt, weil die egalitären Bauerngesellschaften mit ihrer Selbstversorgung ziemlich stabile Strukturen darstellen. Deshalb sollte man diese Entwicklungen nicht als Zusammenbrüche, sondern besser als erneute Dezentralisierungen oder als Re-Dezentralisierungen bezeichnen.[68]

Noch fragiler als «normale» Stadtstaaten, die relativ zahlreich sind, sind die Großreiche, die im Verlauf der menschlichen Geschichte zwar das kollektive Gedächtnis dominieren, deren Zahl jedoch überschaubar ist.[69] Obwohl diese Großreiche über eine besonders große militärische Macht, über einen besonders großen Reichtum und über eine besonders hochstehende Kultur verfügen, brechen sie meistens nach einigen hunderten Jahren wieder zusammen.[70] Nach einem sehr alten, aber treffenden Ausdruck werden diese Großreiche deshalb «Kolosse auf tönernen Füßen» genannt.[71]

Auf Grund des eklatanten Widerspruchs zwischen militärisch-wirtschaftlicher Stärke und schnellem Zusammenbruch[72] wird seit langer Zeit über die Ursachen dieser Zusammenbrüche sehr viel nachgedacht und spekuliert. Die Ursachen, die dafür gefunden werden, sind häufig ebenso sehr vom jeweiligen Zeitgeist wie von geschichtlichen Erklärungen geprägt.[73] In der Öffentlichkeit sind derzeit zwei Erklärungen für den Untergang von Großreichen besonders häufig, nämlich der Klimawandel (länger anhaltende Trockenperioden) und die Übernutzung der landwirtschaftlichen Ressourcen.[74] Beide Erklärungen erscheinen spontan sehr plausibel, weil diese Probleme aus der Gegenwart gut bekannt sind, so dass es leicht vorstellbar ist, dass es sie auch bereits früher gegeben haben muss. Allerdings funktionieren traditionelle Hochkulturen anders als unsere modernen Gesellschaften, und dies gilt es zu berücksichtigen.[75]

Es gibt drei große strukturelle Schwachstellen im System der Hochkulturen und der Großreiche: Die erste hängt mit den religiösen Vorstellungen zusammen: Die Herrschaft des Alleinherrschers wird von seinen Untertanen nur dann akzeptiert, wenn der Alleinherrscher im Alltag göttliche Eigenschaften zeigt, wozu die Aufrechterhaltung der Ordnung der Welt gehört. Wenn diese Ordnung jedoch durch Dürren, Überschwemmungen, Erdbeben oder andere Naturkatastrophen gestört wird, dann ist dies ein Zeichen dafür, dass der Alleinherrscher keine göttlichen Eigenschaften besitzt, und dann kann er leicht gestürzt werden.

Die zweite Schwachstelle ist die Kontinuität der Herrschaft. Falls der Alleinherrscher stirbt, bevor ein Nachfolger bestimmt und allgemein anerkannt ist, setzen zwischen konkurrierenden Teilen der Herrscherfamilie heftige Kämpfe um seine Nachfolge ein, die sich zu regelrechten (Bürger-)Kriegen auswachsen können. Durch diese Kämpfe kann ein großes Reich schnell destabilisiert werden.

Die dritte Schwachstelle ist die Herrschaftssicherung in der Peripherie: Da solche Reiche stets mit Gewalt herrschen – «totaler Terror» und «totale Unterwerfung» sind ihre Herrschaftsgrundlagen[76] –, besteht überall das große Bedürfnis, diesem System der Herrschaft mit seinen hohen Zwangsabgaben zu entgehen. Je weiter entfernt eine Region vom Zentrum einer Hochkultur entfernt ist, desto schwieriger wird ihre permanente militärische Kontrolle, da die An- und Abmarschzeiten der Truppen vom Zentrum in die Peripherie sehr lang werden, die Truppen jedoch regelmäßig ausgetauscht werden müssen, um persönliche Verbindungen zwischen Besatzern und Bevölkerung zu verhindern.

In der Regel werden in der Peripherie nur solche Regionen wirtschaftlich und militärisch in ein großes Reich integriert, die hohe landwirtschaftliche Erträge bringen und die zugleich militärisch gut zu beherrschen sind. Gebirgsregionen, die von ihren Bewohnern leicht zu verteidigen sind, Steppen- oder Waldregionen, in denen die dort lebenden Menschen flexibel in die Tiefe des Raums ausweichen können, oder sumpfige Gebiete mit dichter Vegetation, die für größere militärische Gruppen nur schwer zu begehen sind, sind für Hochkulturen wirtschaftlich wenig interessant und vor allem militärisch kaum dauerhaft zu beherrschen. Ihre Bewohner verfügen über «die Kunst, nicht beherrscht zu werden»,[77] also über die Kunst, sich der Herrschaft der Großreiche zu entziehen und sich auf egalitäre Weise selbst zu verwalten.

Zu diesem Zweck schließen sich in der Peripherie zahllose Dörfer auf gleichberechtigter oder genossenschaftlicher Ebene zusammen und entwickeln eine politische Struktur, die von außen als «Staat» erscheint, die aber mit den herkömmlichen Stadtstaaten und Großreichen nichts zu tun hat, weil sie dezentral-föderalistisch geprägt ist und keinen Alleinherrscher kennt. Solche Territorial-Strukturen entstehen im Rahmen egalitärer Bauerngesellschaften nur auf der Grundlage der Abwehr einer von außen kommenden Gefahr; sie besitzen schwache staatliche Strukturen, eine gemeinsame militärische Streitmacht, und sie zerfallen in der Regel wieder, wenn die Bedrohung vorüber ist. Da es sich um eher fragile und um temporäre politische Gebilde handelt, spielen sie im Verlauf der Geschichte, die von Großreichen dominiert wird, nur eine marginale Rolle und werden oft übersehen.[78]

Solche Territorialstrukturen bilden am Rand der großen Reiche permanente Unruheherde, weil ihr Beispiel den unterworfenen Bauerngesellschaften immer wieder vor Augen führt, dass eine Gewaltherrschaft nichts Selbstverständliches ist. Deshalb nutzen die Beherrschten jede Gelegenheit, um sich der Zentralherrschaft zu entziehen und wieder selbständig zu werden. Dies kann zu Kettenreaktionen führen, die ein großes Reich schnell destabilisieren.

In solchen Krisenzeiten, die in Großreichen immer wieder auftreten, kann es der Zentralmacht gelingen, sich durchzusetzen und die alte Herrschaft wieder aufzubauen, oder ein neuer – eventuell auch ein fremder – Herrscher gewinnt die Oberhand und baut eine neue Zentralherrschaft auf. Falls beides nicht gelingt, zerfällt ein solches Reich. Dann entstehen auf seinem Gebiet im Zentrum wieder einige kleine Stadtstaaten und jenseits davon unabhängige egalitäre Bauerngesellschaften, oder im gesamten Gebiet setzen sich unabhängige Bauerngesellschaften durch. Da aber nach einer gewissen Zeit der Erholung wieder erneut Stadtstaaten entstehen, und diese anfangen, sich zu bekriegen, setzt der Machtkampf um die Vorherrschaft erneut ein, und die Entwicklung beginnt, sich zu wiederholen.

5.4 Naturbezug: Fundamentale Unterschiede zwischen Stadt und Land

Durch die Entstehung der Stadt wird die Raumstruktur der egalitären Bauerngesellschaften – unendlich viele, kleine und autonome Zellen, die gleichberechtigt nebeneinander liegen – nicht zerstört, aber modifiziert: Innerhalb dieses Netzes von autonomen Zellen entsteht eine Reihe von starken Knotenpunkten mit hohen Konzentrationen von Macht, Reichtum und Menschen, die viele der umliegenden Zellen beherrschen und kontrollieren. Dadurch wird die dezentrale Raumstruktur der egalitären Bauerngesellschaften aufgehoben, und es entsteht eine räumliche Abhängigkeit zwischen städtischen Knotenpunkten (Zentren) und ländlichen Zellen (Peripherien).

Da Städte jedoch von den Lebensmittel- und Rohstofflieferungen des Umlandes und von der dezentralen Sonnenenergie als wichtigster Energiequelle abhängig sind (lediglich die menschliche Arbeitskraft kann als Energiequelle in Städten sehr konzentriert genutzt werden), und da alle Transporte langsam und teuer sind, können Städte nicht unbegrenzt wachsen. Deshalb ist ihre Größe durch die genannten Faktoren limitiert; in ihnen leben in der vorindustriellen Zeit nie mehr als zehn bis maximal zwanzig Prozent der Bevölkerung eines Stadtstaates, eines mittelgroßen Reiches oder eines Großreiches.[79]

Aus diesem Grund kann man die neue städtische Naturvorstellung und den neuen Umweltbezug nur dann angemessen thematisieren, wenn dabei das Land nicht übersehen wird. Daher wird der Umweltbezug zuerst für die Stadt und dann für das Zusammenwirken Stadt-Land dargestellt.

Der neue städtische Umweltbezug

Der neue städtische Umweltbezug ist dadurch geprägt, dass die bäuerliche Erfahrung der Reproduktion beim spezialisierten Wirtschaften ins Leere läuft: Sofern die Rohmaterialien für das spezialisierte Handwerk von Pflanzen und Tieren (Fasern, Holz, Häute, Felle) stammen, wäre es grundsätzlich möglich, bei ihrer Produktion die Reproduktion der Kulturlandschaft zu beachten. Dies setzt aber voraus, dass die städtische Nachfrage über einen längeren Zeitraum hinweg kontinuierlich ausgeprägt ist und eine bestimmte Quantität weder über- noch unterschreitet; dies entspricht jedoch nicht unbedingt den städtischen Anforderungen. Ähnlich sieht es bei der Energieversorgung aus (einige Wirtschaftsprozesse benötigen sehr hohe Temperaturen), weil die wichtigste Energiequelle, das Holz, ein nachwachsender Rohstoff ist. Die Menschen lernen zwar früh, dass sie abgeholzte Wälder wieder aufforsten müssen, um Holz dauerhaft zur Verfügung zu haben, aber die unregelmäßige Nachfrage nach Energie macht es schwer, Wälder dauerhaft-gleichmäßig zur Holzproduktion zu nutzen.

Ganz anders sieht es dagegen aus, wenn das spezialisierte Wirtschaften Rohmaterialien nutzt, die nicht aus pflanzlicher oder tierischer Produktion stammen: Bei der Nutzung von Sand, Kies, Lehm, Erde, Steinen und von erzhaltigem Gestein nutzt der Mensch Naturressourcen, die in vielen Tausenden von Jahren, manchmal auch in Millionen von Jahren entstanden sind, ohne an ihre Reproduktion zu denken (was bei nicht nachwachsenden Materialien auch gar nicht möglich wäre). Mit der Entstehung der Städte, des Bergbaus und der Metallverarbeitung vervielfacht sich die Nutzung dieser Naturressourcen, und dies verändert Landschaften an ausgewählten Stellen sehr stark. Da hier Naturprodukte ohne Reproduktion verbraucht werden, also Ressourcen, die im Verlauf der langen Erdgeschichte entstanden sind, kurzfristig vernutzt werden, ohne sie wiederherzustellen, handelt es sich erstmals in der Geschichte der Menschheit um Naturausbeutung.[80]

Ein weiteres Problem entsteht dadurch, dass das spezialisierte Wirtschaften in räumlich konzentrierter Form in großen Strukturen stattfindet. Dadurch konzentrieren sich nicht nur Menschen, sondern auch Rohstoffe, Hilfsstoffe, Energie und Abfallstoffe sehr stark an ausgewählten Orten. Dabei werden zum Beispiel Färb- oder Gerbstoffe in großer Menge eingesetzt, es entstehen rußige oder giftige Dämpfe, oder es entwickelt sich eine extrem große Hitze. Darunter leiden nicht nur die Menschen, sondern es werden dadurch auch Luft, Wasser und Boden verschmutzt. Analoges gilt neben der Produktion auch für den Bereich des städtischen Alltagslebens: Die hohen Menschenkonzentrationen sorgen in Verbindung mit einer dichten Bebauung für drangvolle Enge, für hygienische Probleme und für Wasser-, Boden- und Luftverschmutzungen. Diese neuen Umweltprobleme, die bereits an moderne Umweltprobleme erinnern, treten auf Grund der sehr hohen räumlichen Konzentrationen von Wirtschaft und Menschen in den Städten auf.

Eine weitere Ursache für völlig neue Umweltprobleme ist der Krieg, besser die Alltäglichkeit von kleineren, größeren und großen Kriegen aller Art. Dadurch werden immer wieder blühende Kulturlandschaften vernichtet, indem Be- und Entwässerungskanäle zerstört, Brunnen vergiftet, Obst- und Olivenbäume und Weinreben abgeholzt, Siedlungen, Vorräte und Felder verbrannt und Haustiere getötet werden. Es dauert oft lange, bis diese Landschaften wieder genutzt werden können; in seltenen Fällen ist dies auch gar nicht mehr möglich. Weiterhin fördert der Krieg die großflächige Entwaldung bestimmter Gebiete, weil die Produktion von Metallen (Waffen) kurzfristig stark gesteigert werden muss, weil schnell große Befestigungsanlagen errichtet oder in kurzer Zeit viele neue Schiffe gebaut werden müssen. Dies führt zur großflächigen Rodung von Gebirgsregionen in der Nähe des Kerngebiets von Hochkulturen, die lange Zeit noch stark bewaldet sind und von egalitären Bauerngesellschaften extensiv genutzt werden. Da hier der Boden durch die Waldrodung oft erodiert wird, können sich nur schwer neue Wälder ausbilden, so dass die Auswirkungen dieser Umweltzerstörungen lange bestehen bleiben.[81]

Eine weitere Ursache für neue Umweltprobleme ist der Befehl des Gottkönigs, dass die Bauern noch mehr Abgaben als zuvor abzuliefern haben. Dies ist vor allem dann der Fall, wenn der Gottkönig politisch oder militärisch stark unter Druck steht und um sein Überleben fürchtet. In solchen Fällen sind kurzfristige Maßnahmen zur Herrschaftssicherung wichtiger als der langfristige Erhalt der Produktivität der Kulturlandschaft.

Städtische Kultur als Distanz zur Natur

Die neuen Umweltprobleme, die durch das neue städtische Leben und Wirtschaften entstehen, sind also die Nichtberücksichtigung der Reproduktion (beim spezialisierten Wirtschaften), die sehr hohen räumlichen Konzentrationen (beim spezialisierten Wirtschaften und beim städtischen Leben) sowie die Kurzfristigkeit des Handelns (Kriege und zentralistische Politik).

Diese neuen Umweltprobleme sind in eine neue Form der Naturvorstellung und der Naturwahrnehmung eingebettet: Für den Gottkönig, die städtischen Eliten und die Stadtbevölkerung steht zwar weiterhin die göttliche Ordnung der Welt, die zugleich die natürliche Ordnung ist, an der ersten Stelle,[82] aber durch die große religiöse Erschütterung, die durch die neue Institution des Gottkönigtums ausgelöst wird,[83] werden noch mehr kulturelle Vermittlungen zwischen Mensch und Natur aufgebaut, so dass sich die Distanz zur Natur weiter vergrößert.

Die Distanz zur Natur zeigt sich bereits im Grundriss einer Stadt, die sich mit starken Stadtmauern sehr deutlich gegen außen und damit auch gegen Natur und Umwelt abgrenzt, damit sich im Inneren eine göttlich-menschlich geprägte Welt unter Zurückdrängung der Natur möglichst optimal entfalten kann. Sie zeigt sich ebenso in ihrer baulichen Struktur: Die streng geometrischen Grundrisse der (Ideal-)Stadt in Form von Quadraten, Kreisen oder Sternen, die es so nirgends in der Natur gibt, symbolisieren die Dominanz des menschlichen Geistes über die (scheinbar wenig geordnete und oft chaotische) Natur.[84] Deutlich wird die Distanz zur Natur auch in der überragenden Bedeutung der «Kultur» – nur städtische Hochkultur gilt als Kultur –, im Ausschluss der Frauen aus allen wichtigen Funktionen und in den Ansätzen für eine Wissenschaft, die die Natur berechnet, um sie besser nutzen zu können.

Das alles bedeutet, dass städtische Hochkulturen eine deutlich größere Distanz zur Natur haben und dass bei ihnen die «Zweite Natur» eine viel größere Bedeutung als bei den egalitären Bauerngesellschaften besitzt. Sie sind ausgesprochen stolz darauf, dass sie die Welt mehr nach kulturellen als nach natürlichen Gesichtspunkten gestalten können, denn dies entspricht ihrem Verständnis der göttlichen Ordnung der Welt.

Trotzdem muss man festhalten, dass auch städtische Hochkulturen eine kulturelle Selbstbegrenzung praktizieren: Die vom Gottkönig repräsentierte göttliche Ordnung der Welt wird zwar neu im Sinne einer größeren Distanz zur Natur interpretiert, aber sie stellt weiterhin eine absolute Grenze mit festen Regeln für menschliches Handeln dar, die nicht überschritten werden darf. Darüber hinaus besitzen städtische Hochkulturen sehr deutliche Wachstumsgrenzen, die sie auf Grund ihrer Abhängigkeit von der Sonnenenergie und ihrer Wirtschaftsstruktur nicht überwinden können.

Unterschiedliche Naturvorstellungen in Stadt und Land

Da die Stadt auf das Land angewiesen ist, prallen jetzt zwei unterschiedliche Naturvorstellungen aufeinander (zu den bäuerlichen Naturvorstellungen siehe Abschnitt 4.6): Die städtischen Eliten haben den Eindruck, sie würden viele Naturprozesse verstehen und beherrschen. Sie sind daher unbekümmerter als Bauern, wenn es um neue Formen der Naturnutzung geht. Bauerngesellschaften sind dabei sehr viel vorsichtiger und zurückhaltender, weil sie auch mögliche langfristige Auswirkungen in ihr Handeln einbeziehen. Aus Sicht der Städter sind die Bauern mit ihrer Orientierung an der Idee der Selbstversorgung ängstlich, übervorsichtig und beschränkt; aus Sicht der Bauern dagegen sind die Städter mit ihrer Orientierung an der Idee der Arbeitsteilung und Spezialisierung unvorsichtig, übermütig und viel zu risikofreudig.

Beide Naturvorstellungen stehen unverbunden nebeneinander. Während der Herrschaftszeit eines Stadtstaates oder Großreiches dominiert die städtische Naturvorstellung das jeweilige Gebiet. Aber wenn diese politischen Gebilde zusammenbrechen, dann dominiert wieder die ländliche oder bäuerliche Naturvorstellung. Dieser Wechsel prägt die gesamte Epoche der städtisch dominierten Bauerngesellschaften, und deshalb erreicht die städtische Naturvorstellung in dieser Zeit nie die absolute Dominanz.

Bilanz der Umweltsituation

Wenn wir an dieser Stelle eine Umweltbilanz ziehen, ist festzustellen, dass die neuen, besseren und intensiveren Formen der Naturnutzung, die durch den Übergang von der Selbstversorger- zur Überschusswirtschaft entstehen, mit neuen und größeren Umweltzerstörungen verbunden sind. Die Aufrechterhaltung der natürlichen Ordnung, also die kulturelle Selbstbegrenzung, besitzt zwar weiterhin eine zentrale Bedeutung, und die Gottkönige sind dafür persönlich verantwortlich. Aber die politischen Eigendynamiken – Notwendigkeit von Kriegen und Waffenproduktionen – sorgen immer wieder für massive regionale Umweltzerstörungen. Dafür erhalten Landschaft und Natur mit dem Zusammenbruch von Stadtstaaten und Großreichen immer wieder für längere Zeit die Möglichkeit zur Regeneration, was das Ausmaß der Umweltschäden wieder etwas reduziert. Zudem betreffen die Selbstzerstörungen nur die städtischen Gesellschaften, da die Existenz der egalitären Bauerngesellschaften von diesen Zusammenbrüchen nicht betroffen wird.

Daher kann man sagen, dass das Gesamtsystem der städtisch geprägten Hochkulturen doch eine gewisse, fragile Stabilität besitzt; denn das ökologisch, ökonomisch und kulturell stabile Land fungiert als eine Art Auffangstruktur für die instabilen Städte, so dass deren Zusammenbruch nicht zum Totalzusammenbruch menschlichen Lebens in den jeweiligen Regionen führt. Und da die Städte die Schrift erfinden, gehen die neuen städtischen Erfahrungen mit dem Verschwinden der Städte nicht wieder verloren, sondern werden in Form eines künstlichen Gedächtnisses an künftige Generationen weitergegeben.

Diese Doppelstruktur von Stadt und Land ist die Ursache dafür, dass in dieser Darstellung die urbane Transformation lediglich als ein Wendepunkt *innerhalb* der Bauerngesellschaften angesehen wird (siehe Abschnitt 1.5). Denn das neue städtische Leben und Wirtschaften ist nur auf bestimmte, obwohl zahlreiche Punkte konzentriert und benötigt das Land, um existieren zu können; und das Land setzt unter der städtischen Dominanz seine traditionellen Lebens- und Wirtschaftsformen weiter fort.

Urbane Transformation als Fortschritt?

Zum Schluss soll jetzt die Frage beantwortet werden, die bereits in Abschnitt 4.1 angesprochen wurde, nämlich ob die urbane Transformation einen Fortschritt für die Menschheit darstellt oder nicht. Sehr lange Zeit ist diese Transformation für alle Altertums-, Geschichts- und Kulturwissenschaftler und für alle Gebildeten die Geburtsstunde der eigentlichen oder der wirklichen Kultur, also der zentrale Schritt der Menschheit hin zur Kultur, durch den der Mensch erst zum wirklichen Menschen, nämlich zum Kulturwesen wird.[85] Deshalb ist für sie die urbane Transformation mit dem Fortschritt identisch.[86] Neben diesem immateriellen Aspekt, der von der humanistischen Tradition stets (über-) betont wird, gibt es einen zweiten positiven Faktor bei der urbanen Transformation, nämlich die Entstehung der Überschusswirtschaft, die den gesellschaftlichen Reichtum gegenüber egalitären Bauerngesellschaften stark erhöht, was ebenfalls üblicherweise als großer (materieller) Fortschritt gesehen wird.

Gegenüber dieser Sichtweise mehren sich jedoch seit einiger Zeit die kritischen Stimmen,[87] die auf die Konzentration des wirtschaftlichen Reichtums in sehr wenigen Händen, die Entstehung eines Alleinherrschers, der mit «totalem Terror»[88] über zahllose Menschen herrscht, die völlige Entwertung der Frau durch den Aufbau einer männerzentrierten Gesellschaft sowie auf die Entstehung des Krieges als alltägliches Macht- und Herrschaftsinstrument verweisen.

Wenn man die positiven und die negativen Auswirkungen der urbanen Transformation zu bilanzieren versucht, dann stellt man schnell fest, dass man Äpfel eigentlich nicht mit Birnen vergleichen kann, dass die genannten positiven und negativen Auswirkungen auf Grund ihrer ausgeprägten Unterschiedlichkeit gar nicht wirklich miteinander zu vergleichen sind. Versucht man dies jedoch mit aller Vorsicht trotzdem, dann fallen die negativen Auswirkungen der urbanen Transformation stärker ins Gewicht als ihre positiven: Denn was nützen die größten kulturellen und wirtschaftlichen Erfolge, wenn sie dauerhaft zu Lasten der allermeisten Menschen gehen?

Für diese Epoche ist es jedoch charakteristisch, dass positive und negative Extreme untrennbar miteinander verbunden sind: keine Erfindung von Schrift und Zahl, also von Wissenschaft und Literatur, ohne Spezialisten und ohne Herrschaftsstrukturen, keine ausdifferenzierten gesellschaftlichen Teilbereiche ohne den Gottkönig und seinen Terror und keine Überschussproduktion ohne Spezialisten und Zwangsarbeiter.

Zum Schluss ist noch einmal darauf hinzuweisen, dass Befürworter wie Kritiker der urbanen Transformation stets davon ausgehen, dass Städte stabile und dauerhafte Gesellschaftsstrukturen sind. Dies ist jedoch nicht unbedingt der Fall, was sowohl die positiven als auch die negativen Auswirkungen der urbanen Transformation etwas relativiert. Immer dann, wenn Städte wieder zusammenbrechen, verschwinden sowohl ihre großen kulturellen und wirtschaftlichen Errungenschaften als auch ihr extrem negativer Umgang mit dem Menschen, und es treten in der jeweiligen Region für einige Zeit wieder die ganz anderen Strukturen und Werte der egalitären Bauerngesellschaften an die erste Stelle.

6.

Hirtennomadismus und «Achsenzeit»

Die Welt als Gesamtzusammenhang

Im Rahmen der Hochkulturen, die um 3300 v. Chr. entstehen und die die Welt bis zur Industriellen Revolution prägen, gibt es zwei Entwicklungen, die zwar nur Teilbereiche der Welt betreffen, die aber für den globalen Umweltbezug relevant sind. Dies ist zum einen der Hirtennomadismus, der in kultureller und politischer Hinsicht eine gewisse eigenständige Rolle spielt und der sich in seinem Umweltbezug signifikant von dem der Hochkulturen unterscheidet (6.1). Und dies ist zum anderen die «Achsenzeit» mit ihren achsenzeitlichen Religionen (800–200 v. Chr.), die eine neue Sicht auf die Welt entwerfen (6.2). Die nächsten Veränderungen beim Umweltbezug setzen dann erst mit der modernen Entwicklung ein (Kapitel 7).

6.1 Hirtennomadismus und Reitervölker

Auf der Erde gibt es sehr große Räume, die für den Ackerbau zu trocken oder zu kalt sind, in denen sich aber in der guten Jahreszeit eine saisonale Vegetationsdecke aus Zwergsträuchern, Gräsern, Kräutern, Flechten oder Moosen ausbildet (siehe Abschnitt 4.2). Diese Vegetation wird von Wildtieren abgeweidet, die im Jahresverlauf meist großräumige Weidewechsel vollziehen, um der Trockenheit oder Kälte dieser Gebiete in der ungünstigen Jahreszeit auszuweichen. Diese Wildtiere sind die Nahrungsgrundlage von spezialisierten Jägergruppen, die diesen Tieren folgen und die ebenfalls großräumige Wanderungen durchführen.

Die räumliche Verbreitung des Hirtennomadismus auf der Erde

Wenige tausend Jahre nach Beginn der Landwirtschaft entsteht hier eine neue Wirtschaftsform, um die Vegetationspotenziale dieser großen Räume intensiver als zuvor nutzen zu können. Da Ackerbau nicht möglich ist und eine Weidenutzung nur in der guten Jahreszeit stattfinden kann, bildet sich eine saisonale mobile Viehwirtschaft in sehr vielfältigen Formen heraus. Neben Formen mit lokaler und regionaler Bedeutung wie Almwirtschaft oder Transhumanz – die von Vieh und Mensch zurückgelegten Wanderstrecken betragen dabei mehrere bis hundert Kilometer – breitet sich in diesen Räumen häufig ein großräumiger Nomadismus (Hirtennomadismus, pastoraler Nomadismus, mobiler Pastoralismus, Fernweidewirtschaft) aus. Dies ist eine Form der Nutztierhaltung, bei der die Familien der Tierhalter zusammen mit ihren Tieren großräumige Wanderungen (oft mehrere hundert Kilometer pro Jahr) durchführen, um in verschiedenen Jahreszeiten weit voneinander entfernt liegende Weidegebiete zu nutzen. Dementsprechend haben sie keinen festen Wohnsitz, sondern leben überall in transportablen Behausungen, oft in Zelten.[1] Die hier ansässigen Jägergruppen werden dadurch in die ungünstigsten Teilräume dieser Regionen abgedrängt, oder sie verlieren ihre Lebensgrundlage.

Lässt man die Räume außer Acht, in denen der Hirtennomadismus lediglich eine lokale oder regionale Rolle spielt – also die eher kleinen Gebiete in Nord- und Südamerika, im südlichen Afrika, in Europa und in Südostasien (in Australien gibt es keinen Hirtennomadismus, weil die Voraussetzung dafür, die Landwirtschaft, fehlt) –, dann gibt es auf der gesamten Erde nur zwei große zusammenhängende Räume, die traditionellerweise vom Hirtennomadismus genutzt werden (siehe Karte 4):

- Größere Teile der subpolaren und der kaltgemäßigten Zone in Eurasien (nicht jedoch in Nordamerika) mit Rentierhaltung und Wanderungen zwischen der Tundra (Kältesteppe) im Sommer und der Taiga (borealer Nadelwald) im Winter.
- Der sogenannte «altweltliche Trockengürtel», also Wüsten, Halbwüsten, Savannen und Steppen unter Einschluss zahlreicher Gebirge und Hochflächen in Nordafrika, Vorder- und Zentralasien mit Schaf- und Ziegenhaltung, später auch Rinder- und Kamelhaltung, im Hochland von Tibet mit Yaks. Hier

Karte 4: Die Verbreitung des Hirtennomadismus in der Alten Welt

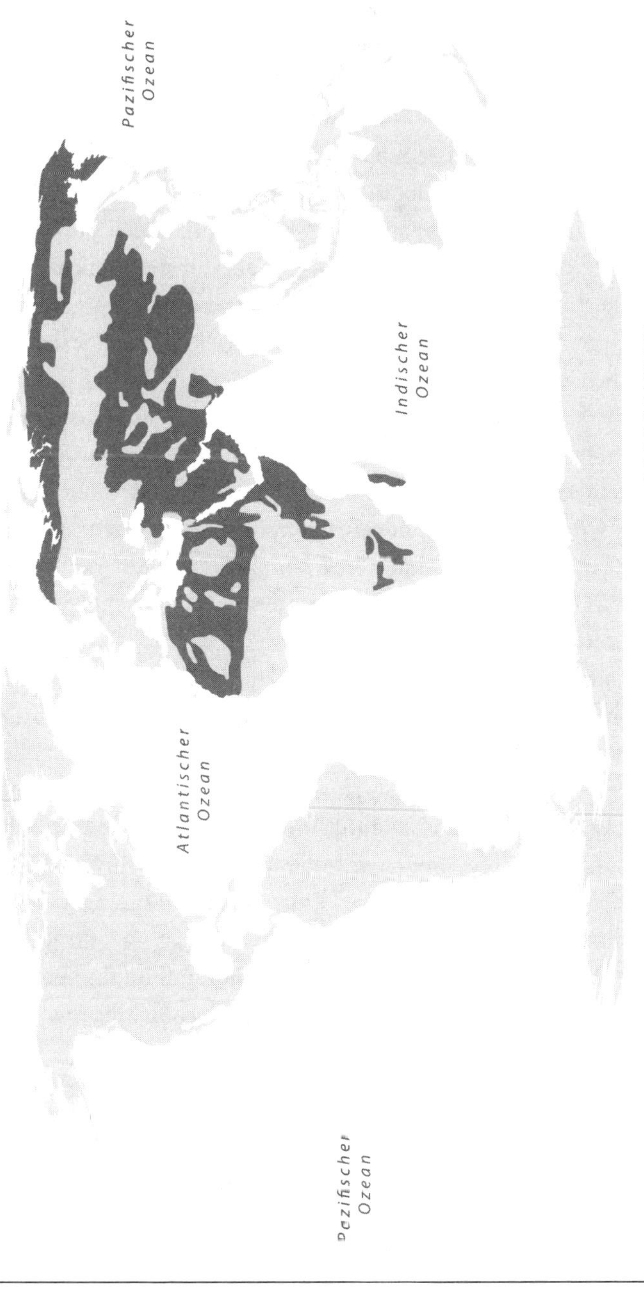

Gebiet des traditionellen Hirtennomadismus

Quelle: Bollig/Casimir 1993, S. 527.
Entwurf W. Bätzing, Kartographie S. Adler, Erlangen 2022.

gibt es sowohl horizontale Wanderungen zwischen feuchteren und trockeneren Räumen als auch vertikale Wanderungen (Gebirgsnomadismus) zwischen Hochlagen der Gebirge im Sommer und Tiefländern im Winter.

Lange Zeit waren Ethnologen der Meinung, dass der Hirtennomadismus auf Grund seiner mobilen Wirtschaftsform die Übergangsstufe zwischen einem Leben als Jäger und als Bauer darstelle.[2] Inzwischen ist jedoch klar, dass der Hirtennomadismus, der auf städtische Gesellschaften so altertümlich wirkt, keineswegs ein Archaismus vergangener Zeit ist. Im Gegenteil, er stellt eine erfolgreiche «sekundäre Spezialisierung» im Rahmen der neolithischen Transformation dar, die sich auf die Viehwirtschaft konzentriert und die Domestikation von Haustieren durch sesshafte Bauerngesellschaften voraussetzt. Deshalb ist der Hirtennomadismus wirtschaftlich auch nicht autark: Allein von den Erträgen der Viehwirtschaft können die Hirtenfamilien nicht leben; sie benötigen für ihre Ernährung regelmäßig Ackerbauprodukte, die sie von sesshaften Bauern im Tausch gegen lebende Tiere, Milchprodukte, Häute und Felle erhalten.[3]

Die Rentierhaltung ist die einzige Form des Hirtennomadismus, die davon eine Ausnahme darstellt. Die Menschen folgen den natürlichen Wanderungen der Rentiere, sie greifen lange Zeit in die Fortpflanzung der Tiere kaum ein, und sie ergänzen ihre Nahrung durch Sammeln, Jagen und Fischen und nicht durch Ackerbauprodukte. Damit handelt es sich um eine echte Zwischen- oder Übergangsform zwischen einer jägerischen und einer bäuerlichen Existenz; allerdings entsteht sie erst relativ spät, um 500 v. Chr.[4] Aus diesem Grund ist sie kein Relikt einer archaischen Vergangenheit, sondern ein Sonderfall im Rahmen des Hirtennomadismus, und deshalb wird der Rentiernomadismus in diesem Abschnitt nicht näher behandelt.

Hirtennomadismus als Wirtschaftsform

Dass in dieser Mensch-Umwelt-Geschichte dem Hirtennomadismus im altweltlichen Trockengürtel der Erde ein eigener Abschnitt gewidmet wird, hat zwei Gründe: Erstens handelt es sich um eine besondere Lebens- und Wirtschaftsform mit einem sehr spezifischen Umweltbezug, der sich signifikant von der bäuerlichen Lebensform unterscheidet.[5] Und zweitens besitzt dieser Hirtennomadismus – im Unterschied zu allen anderen traditionellen Formen einer mobilen Viehwirtschaft – eine weltgeschichtliche Bedeutung.

Da es bislang keine archäologischen Belege für die Entstehung des Hirtennomadismus gibt, ist sein Beginn unklar. Schriftliche Zeugnisse im Zweistromland aus dem 4. Jahrtausend v. Chr. belegen aber, dass er damals bereits seit längerer Zeit existiert.[6] Bei diesen Nomaden handelt es sich um «Kleinviehnomaden», deren Herden aus Schafen und Ziegen bestehen. Diese Tiere können trockenere Weiden gut nutzen und problemlos größere Strecken zurücklegen, und sie werden von einigen Eseln begleitet, die die Zelte und den Hausrat transportieren.

Die Kleinviehnomaden sind eng mit sesshaften Bauern verbunden: In der feuchten Jahreszeit, in der die Bauern säen und ernten, suchen sie Weidegebiete am Rande der Wüste auf, die in dieser Zeit (im Norden der Sahara im Winter, im Süden der Sahara im Sommer) einige geringe Niederschläge erhalten; in der trockenen Jahreszeit, in der die Nutzflächen der Bauern brachliegen, lassen die Kleinviehnomaden ihre Tiere auf den abgeernteten Äckern der Bauern weiden, weil sie hier jetzt mehr Futter als in der Halbwüste finden und weil die Exkremente der Tiere, die den Boden düngen, von den Bauern sehr geschätzt werden.

Dabei gibt es selten klare räumliche Grenzen zwischen sesshafter Landwirtschaft und Kleinviehnomaden. In Zeiten mit etwas höheren Niederschlägen dehnen die Bauern ihre Äcker in Richtung Trockenräume aus; in trockeneren Zeiten ziehen sich die Bauern wieder stärker auf ihre Kerngebiete zurück. Deshalb fluktuiert die Grenze zwischen Landwirtschaft und Nomadismus je nach Klimasituation erheblich. Gefördert wird dies noch dadurch, dass immer wieder Bauern zu Nomaden oder Nomaden zu Bauern werden.[7] Da die Trockenräume durch eine hohe Variabilität der jährlichen Niederschläge geprägt sind und da sich hier alle Klimaänderungen sehr schnell besonders stark auswirken, stellt die hohe Flexibilität dieses Nutzungssystems – also das Zusammenspiel von Ackerbau und Kleinviehnomadismus – die Voraussetzung dafür dar, diese schwierigen Räume überhaupt sinnvoll nutzen zu können.

Überlagert werden die klimatisch geprägten Fluktuationen durch politische Veränderungen. In Zeiten starker und stabiler Großreiche besteht die Tendenz, in der Landwirtschaft möglichst große Erträge zu erzielen. Dann werden Ackerflächen relativ weit in die Trockenräume hinein ausgeweitet und mittels Methoden des Trockenfeldbaus arbeitsintensiv bewirtschaftet. Zugleich werden diese Grenzräume auch militärisch bewacht und gesichert. Bricht ein Großreich zusammen, dann zieht sich der Ackerbau aus diesen Grenzräumen zurück, und die Kleinviehnomaden erhalten wieder mehr Raum für ihre Lebens- und Wirtschaftsform.

Lebensformen und Naturbezug der Hirtennomaden

Da angesichts der großen, extensiv genutzten Weideflächen und der weiträumigen Weidewechsel der Boden bei den Hirtennomaden im Vergleich zu Ackerbauern nur eine geringe Rolle spielt, stellt die von einem männlichen Vorstand dominierte Familie die zentrale Sozialstruktur dar:

- Die Familie ist die zentrale Produktions- und Konsumptionseinheit,
- die Herdengröße ist eng an die Zahl der Familienmitglieder geknüpft,
- die Größe einer Herde ist der sichtbare Ausdruck des Reichtums einer Familie (weshalb nur wenige Tiere geschlachtet werden und der Fleischkonsum eine geringe Rolle spielt),
- und in Krisensituationen werden Familie und Viehherde aufgeteilt, um das Risiko optimal zu streuen und den Teilfamilien/-herden möglichst gute Überlebensmöglichkeiten zu geben.[8]

Analog zur Familienstruktur werden in den Religionen der Hirtennomaden – im Unterschied zu Bauerngesellschaften – jeweils männliche Gottheiten verehrt. Das bedeutet: Obwohl der Hirtennomadismus wirtschaftlich nicht autark ist und den Austausch mit Bauern zum Überleben benötigt, bildet er Strukturen aus, die der Selbstversorgerwirtschaft (Identität von Produzenten und Konsumenten) und nicht der Überschusswirtschaft entsprechen.

Die zentrale Tätigkeit der Hirtennomaden besteht in der Organisation der saisonalen Wanderungen, in der Begleitung und dem Schutz der Herden auf den Wanderungen, im Hüten und Beaufsichtigen der Tiere auf den Weiden sowie im Melken und in der Milchverarbeitung. Dabei ist die genaue Kenntnis der Natur – wo gibt es Wasserstellen, wie wird sich das Wetter entwickeln, welches ist der geeignetste Weg von einer Weide zur nächsten – wichtiger als schwere körperliche Arbeit. Deshalb fühlen sich Hirtennomaden gegenüber den an den Boden gebundenen Bauern als «freie» Menschen und schauen oft mit Verachtung auf die Bauern herab.[9]

Das Gefühl von Freiheit und Unabhängigkeit erstreckt sich auch auf die Beziehung der Hirtennomaden zur Natur. Trotzdem wissen auch sie, dass sie ihre Weideflächen nicht «einfach so» nutzen können, sondern dass sie selbst aktiv dafür sorgen müssen, dass es keine Überweidung gibt und dass die Weiden gepflegt werden, damit sich die Vegetationsdecke mit der Beweidung gut regeneriert. Während bei sesshaften Bauerngesellschaften die Reproduktion der Kulturlandschaft oft mit schwerer körperlicher Arbeit verbunden ist (zum Beispiel Bergauftragen der abgeschwemmten Erde auf geneigten Ackerflächen, Reparatur von Deichen und Bewässerungsgräben; siehe Abschnitt 4.4), besteht sie bei Hirtennomaden in erster Linie in einem optimalen Weidemanagement, also in der richtigen Wahl der Weideflächen, im richtigen Zeitpunkt für Beginn und Ende einer Beweidung, in der richtigen Zahl der Tiere pro Weide und Ähnlichem. Diese Form der Reproduktion der Kulturlandschaft erscheint von außen gesehen als einfach oder leicht. Aber auch in diesem Fall ist sie eine komplexe und schwierige Aufgabe, die viel Erfahrungswissen erfordert und die keineswegs eine «freie» Naturnutzung bedeutet. Das Ergebnis ist jedenfalls eindeutig, denn die Hirtennomaden nutzen die großen Räume des altweltlichen Trockengürtels der Erde über Jahrtausende, ohne dabei die Vegetation zu schädigen: Der Hirtennomadismus «ist die produktivste Art, trockenes Grasland zu nutzen, ohne es zu zerstören».[10]

Es gibt eine kleine Gruppe von Kleinviehnomaden, die weltweit bekannt geworden ist: In einer Schwächeperiode der Großreiche im Vorderen Orient um 1200 v. Chr. wandern Gruppen von Kleinviehnomaden in das Gebiet des heutigen Staates Israel ein, werden dort zu sesshaften Bauern und bilden hier zusammen mit weiteren Zuwanderern das «Volk Israel». In ihrer Religion verehren sie auch als Bauern weiterhin ihren männlichen (Nomaden-)Gott, obwohl mit der Sesshaftigkeit der Übergang zu einer weiblichen Fruchtbarkeitsgöttin eigentlich «vernünftig» gewesen wäre. In den Büchern des «Alten Testaments», die zum Kernbestand der israelitischen – später der jüdischen und der christlichen – Religion zählen, sind zahlreiche Erzählungen und Erfahrungen aus der Zeit des Nomadismus und der Landnahme enthalten und haben so eine weltweite Bekanntheit und Verbreitung erlangt.[11]

Großviehnomadismus und Reitervölker

In einer zweiten Phase des Hirtennomadismus entsteht ein Großviehnomadismus, der auf Domestikationen beruht, die von Hirtennomaden durchgeführt werden:[12]

- Pferd: Domestikation im frühen 3. Jahrtausend v. Chr. im Westen der eurasischen Steppe, zuerst Fleisch, dann auch Milchnutzung. Später Nutzung als Zugpferd (mit Wagen) und als Reitpferd (Erfindung der Trense zur Lenkung des Pferdes).
- Trampeltier oder baktrisches (zweihöckeriges) Kamel: Domestikation im 3. Jahrtausend v. Chr. im Süden Turkmenistans zum Reiten und zum Tragen von Lasten in winterkalten Trockengebieten (winterkalt: Vegetationsruhe im Winter, deshalb keine Oasen und oft sehr große Kälte im Winter).
- Dromedar oder einhöckeriges Kamel: Domestikation am Ende des 3. Jahrtausends v. Chr. auf der Arabischen Halbinsel zum Reiten und Tragen von Lasten in wintermilden Trockengebieten (wintermild: ganzjähriges Wachstum der Vegetation, deshalb Existenz von Oasen).

Die Domestikation dieser drei Tierarten verbessert zwar die viehwirtschaftlichen Möglichkeiten des Hirtennomadismus deutlich, aber ihre eigentliche Bedeutung liegt außerhalb der Landwirtschaft in den Bereichen Handel und Krieg.

- *Fernhandel:* Indem der Mensch auf einem Pferd oder Kamel reitet, kann er erstmals in der Geschichte der Menschheit die Geschwindigkeit seiner Fortbewegung etwa um das Fünffache erhöhen; und die so erreichte maximale Geschwindigkeit wird erst im 19. Jahrhundert mit der Erfindung der Eisenbahn übertroffen. Die drei neuen Nutztierarten verbessern den Transport von Waren, Menschen und Informationen über große Entfernungen signifikant, weil sie relativ schnell sind und weil sie auch lange Strecken durch Wüsten zurücklegen können. Dadurch können erstmals Ressourcen der Wüstengebiete systematisch genutzt werden (Salz, Feuerstein, Halbedelsteine), die

Oasen innerhalb der Wüsten können besser genutzt werden, weil sie ihre Produkte mit denen anderer Regionen austauschen können, und es entstehen Handelsverbindungen zwischen Regionen, die zuvor durch Wüsten vollständig voneinander getrennt waren. Dies führt zu einem starken Aufblühen des Fernhandels zwischen weit entfernten Hochkulturen und Agrarräumen.
- *Krieg:* Die Schnelligkeit der Reiter bedeutet eine große militärische Stärke, besonders als sie lernen, vom galoppierenden Pferd oder Kamel aus zielsicher Pfeile abzuschießen und größere Gruppen von Reitern koordiniert als Kavallerie einzusetzen. Damit sind Reiterverbände den aus Fußsoldaten bestehenden Armeen der Hochkulturen militärisch überlegen.

Bei Kleinviehnomaden schließen sich in der Regel Gruppen von Familien zu größeren Gruppen («Stämmen») zusammen, die durch Verwandtschaftsbeziehungen miteinander verbunden sind und in denen es kaum Herrschaftsstrukturen gibt. Großviehnomaden bilden dagegen auf Grund ihrer militärischen Stärke oft einen kriegerischen Charakter aus, und sie vereinen sehr viele und sehr große Gruppen unter einem einzigen männlichen Herrscher. Dies führt dazu, dass Großviehnomaden als «Reitervölker» eigene, nomadisch geprägte Staaten gründen, die einen starken Expansionsdruck besitzen: Sie unterwerfen benachbarte Kleinviehnomaden und Bauern, zerstören Städte, und sie ersetzen die ackerbauliche Nutzung von großen Flächen durch hirtennomadische Nutzungen.[13]

Auf dieser Grundlage fällt es den Reitervölkern leicht, Stadtstaaten und Großreiche anzugreifen. Etwa ab 2500 v. Chr. setzt eine neue Phase in der Geschichte der altweltlichen Hochkulturen ein: Sie werden ab jetzt gut viertausend Jahre lang immer wieder durch Reitervölker bedroht und angegriffen, und erst die Erfindung des Schießpulvers und der Distanzwaffen (Gewehre) um 1600 n. Chr. beendet die militärische Überlegenheit der Reitervölker.

Die klassische Antwort der Hochkulturen auf diese Bedrohung ist die Errichtung von langen, mit Truppen gesicherten Mauern. Das bekannteste Beispiel ist die Große oder Chinesische Mauer, die China vor Nomadenangriffen aus dem Norden und Nordwesten schützen sollte, aber auch im Zweistromland und anderswo werden lange Mauern gegen Nomadeneinfälle errichtet, die allerdings selten ihren Zweck erfüllen.[14]

In vielen Fällen nutzen Großreiche ihre außergewöhnliche Macht, um Gruppen von Reiternomaden mit viel Geld und Privilegien als Söldner an sich zu binden und sie zum Schutz der eigenen Grenze gegen andere Reiternomaden einzusetzen. In einer Reihe von Fällen gelingt es Reiternomaden sogar, mächtige Großreiche zu erobern: Entweder plündern sie sie aus und ziehen mit vielen Reichtümern wieder in ihre Herkunftsregion zurück, oder sie werden im eroberten Staat zur neuen herrschenden Klasse und setzen dann die Herrschaftstradition in neuer Form fort.[15]

Wegen ihrer großen weltgeschichtlichen Bedeutung wurden die Reiternomaden im 19. und 20. Jahrhundert von einigen Wissenschaftlern und Politikern als «Herrenmenschen» idealisiert, und sie hätten als eine Art besserer Menschen das Recht gehabt, alle anderen Menschen zu unterdrücken und die gesamte Geschichte zu dominieren. Nach 1945 sind solche Vorstellungen zu Recht wieder verschwunden.[16]

6.2 Die «Achsenzeit» und die neue Sicht auf die Welt

Der fortwährende Aufstieg und Niedergang von Stadtstaaten, mittelgroßen Reichen und Großreichen mit der gleichzeitigen Kontinuität bäuerlicher Gesellschaften prägt die Welt von der Entstehung der ersten Städte bis zur Industriellen Revolution. Auch beim Umweltbezug gibt es in dieser Zeit keine relevanten Veränderungen, und nur die sogenannte «Achsenzeit» und die mit ihr verbundene neue Weltsicht stellen dabei eine gewisse Ausnahme dar.

Charakteristika der Achsenzeit

Die Achsenzeit, also die Zeit zwischen 800 und 200 v. Chr., ist dadurch geprägt, dass in verschiedenen Hochkulturen der Welt neue – oft monotheistische – Religionen gegründet werden. Es handelt sich dabei um die folgenden Religionsgründer bzw. Religionen:[17]

China: Konfuzius (Konfuzianismus) und Laotse (Daoismus)
Indien: Upanischaden (Hinduismus) und Buddha (Buddhismus)
Iran: Zarathustra (Zoroastrismus)
Palästina: Die Propheten des Alten Testaments
Griechenland: Homer, die Tragiker und die Philosophen

Erweitert man die Achsenzeit etwas, so dass sie bis zum Aufstieg des Islam (650 n. Chr.) reicht, dann fallen auch noch das Christentum, das Judentum und der Islam darunter.[18] Damit entstehen in dieser Zeit die großen Weltreligionen, die noch heute unsere Welt prägen.

Diese neuen Religionen entwickeln sich zwar alle zur nahezu gleichen Zeit, aber sie entstehen doch getrennt voneinander, und sie stellen jeweils eigenständige Religionen dar. Aber sie besitzen andererseits auch eine gewisse Gemeinsamkeit, weil sie alle eine ähnliche Sicht auf die Welt entwerfen, die sich deutlich von den Religionen der Vor-Achsenzeit unterscheidet. Diese außergewöhnliche Entwicklung ist mit der Entstehung von Städten in den verschiedensten Regionen der Erde zu vergleichen.[19] Allerdings betrifft die Achsenzeit nicht alle Hochkulturen der Erde, sondern nur Hochkulturen in Eurasien; selbst Ägypten, das sonst stets eng mit vorderasiatischen Hochkulturen verflochten ist, kennt keine Achsenzeit.

Je länger die traditionellen Hochkulturen trotz der Zusammenbrüche existieren, desto selbstverständlicher werden Arbeitsteilungen und Spezialisierungen in allen gesellschaftlichen Bereichen. Und da diese Staaten und Reiche permanent versuchen, ihren Reichtum zu steigern, kommen sie immer wieder in Situationen, in denen die Arbeitsproduktivität stark sinkt, in denen also ein großer zusätzlicher Aufwand nur zu einem kleinen Mehrertrag führt. Dadurch steigt der Koordinationsbedarf und der Verwaltungsaufwand sehr stark an, und die Menschen, die in verantwortlicher Position diese Prozesse organisieren – was mit viel Kopfarbeit und mit großen Abstraktionsleistungen verbunden ist –, werden immer zahlreicher. Je komplexer dieses System wird, desto schwerer kann es auf «strukturell-demographische, wirtschaftliche und politische Veränderungen» reagieren und desto mehr «innere Spannungen, Dynamiken und Widersprüche» treten auf.[20] Da aber der jeweilige Herrscher als Gottkönig mit der göttlichen Ordnung identisch ist, kann er nicht kritisiert werden, genauso wenig, wie sich die von ihm repräsentierte Gesellschaft verändern lässt. Deshalb wachsen die inneren Spannungen in den Hochkulturen im Laufe der Zeit immer mehr an.

Die neue Weltsicht der Achsenzeit

In dieser Situation bilden sich neue religiöse Ideen aus, deren Grundgedanke darin besteht, «dass man sich zunehmend an einer Welt jenseits der gegebenen orientiert».[21] Die irdische Realität wird als eine Welt voller Unordnung, Ungerechtigkeit, Krieg, Unglück, Krankheit und Tod erlebt, und die jenseitige Welt stellt man sich als eine vollkommene Welt vor, die von allen diesen Unzulänglichkeiten frei ist. Während die bisherigen Religionen stets eine sehr starke lokale oder regionale Verankerung hatten (ein bestimmter Ort oder ein bestimmtes lokales Ereignis als Kern einer Religion) und immer nur für ein bestimmtes Gebiet oder für eine bestimmte Menschengruppe Geltung beanspruchten, tragen die neu entstehenden Religionen universalistische Züge: Sie beanspruchen eine grundsätzliche, also eine weltweite Gültigkeit, weil der Blick von einer jenseitigen Welt auf die irdische Realität die gesamte Welt erfasst und sich nicht regional begrenzen lässt.

Die meisten dieser Religionen sind monotheistische Religionen, weil jetzt *ein* Gott für die *gesamte* Welt zuständig ist, und es neben ihm keine anderen Götter mehr geben kann. Dieser alleinige Gott ist als Repräsentant und Garant der jenseitigen Welt die Hoffnung der Menschen, dass sie den Problemen der irdischen Welt nicht auf ewig ausgeliefert sein werden, und dieser Gott wird als ein persönlich handelnder Gott vorgestellt, weil nur ein solcher Gott den Menschen Hoffnung geben kann.

Auf diese Weise wird die jenseitige Welt zur idealen oder vollkommenen Wirklichkeit erklärt, an der die diesseitige Realität gemessen und bewertet wird: «Die profane Welt – die menschliche Persönlichkeit, die soziopolitische und die wirtschaftliche Ordnung – ist nach Maßgabe der transzendentalen Vision zu gestalten.»[22] Oder anders ausgedrückt: Die konkrete Realität oder die bestehende Gesellschaft wird im Vergleich zur jenseitigen Welt immer deutlicher als unvollkommen wahrgenommen, und sie bedarf immer dringender nicht nur einer Veränderung, sondern einer Erlösung. Auf diese Weise kann der Gottkönig erstmals kritisiert werden, weil auch er jetzt der Rechenschaftspflicht gegenüber der jenseitigen Ordnung unterliegt. Letztlich aber verliert er dadurch seine göttliche Position, weil er sich wie alle anderen Menschen auch an den Maßstäben der jenseitigen Welt messen lassen muss.

«Diese neuen Ideen werden zuerst von kleinen Gruppen autonomer, relativ ungebundener ‹Intellektueller› [Kopfarbeiter] (einem neuen sozialen Element zu jener Zeit) ... entwickelt»,[23] und diese Ideen erhalten schnell eine revolutionäre Sprengkraft: Entweder wird die alte Ordnung gestürzt und durch eine neue Ordnung ersetzt, oder die alte Ordnung wandelt sich mittels tiefgreifender Reformen zur neuen Ordnung. Auf diese Weise werden die neuen Ideen zur zentralen Grundlage der neuen Gesellschaft, das heißt, sie bekommen eine allgemeine Anerkennung, und sie werden institutionalisiert.[24] Dies bedeutet ihren Aufstieg zu neuen großen Religionen mit einem universalistischen Anspruch. In dieser Gestalt sind sie bis heute als Weltreligionen auf der Erde präsent.

Der neue Naturbezug der Achsenzeit

Diese Innovation, die sich im Bereich von Religion und Gesellschaft abspielt, wird in diesem Buch als ein eigener Abschnitt dargestellt, weil sie einen neuen Naturbezug eröffnet.

Mit den achsenzeitlichen Religionen nimmt der Mensch erstmals in der Geschichte konsequent einen Standort jenseits seiner eigenen Welt ein: Er abstrahiert jetzt nicht mehr von *einzelnen* konkreten Situationen, sondern er abstrahiert von *allem* Konkreten, er sieht also von *allen* konkreten Eigenschaften seiner Welt ab. Von einem jenseitigen Standort aus, also von einem Standort außerhalb der Welt (den er sich in seinem Kopf vorstellt), entwirft er die Idee einer neuen idealen, perfekten und vollkommenen Welt, die von allen Unzulänglichkeiten der konkreten Welt befreit ist.

Eine solche Vorstellung stellt eine gewaltige Abstraktionsleistung dar. Damit macht der Mensch einen «Schritt ins Universale» und wird «aufgeschlossen für neue, grenzenlose Möglichkeiten», weil er damit Grenzen, die er bislang als naturgegeben betrachtet hatte, überwinden kann.[25]

Damit wird es dem Menschen möglich, erstmals so etwas wie Natur als Gesamtzusammenhang denken zu können: Bislang hatte der Mensch Natur immer nur konkret als eine unendliche Summe von Einzelphänomenen wahrgenommen, innerhalb derer sich sein Leben abspielte und von denen er einige Phänomene etwas mehr, andere etwas weniger und die meisten gar nicht zu seinen Gunsten beeinflussen konnte. Weil er mitten in der Natur als Teil der Natur existierte und nicht aus ihr heraustreten konnte, konnte er sich Natur als Gesamtzusammenhang unabhängig von ihm selbst gar nicht vorstellen. Und wenn er als Jäger, Sammler oder Bauer die göttliche Ordnung der Natur in ihrer Gesamtheit zu verstehen suchte, dann nahm er diese auf eine unmittelbar menschliche Weise wahr, indem er sich Natur als vielfach beseelt vorstellte, und Naturphänomene und Naturkräfte auf die Handlungen personifizierter Naturwesen zurückführte.

Mit der Entstehung der Astronomie in den Hochkulturen gibt es erste Ansätze, um so etwas wie Naturgesetze unabhängig vom Menschen formulieren zu können. Aber erst mit den achsenzeitlichen Religionen versucht sich der Mensch Gedanken über die Welt und die Natur als Gesamtzusammenhang zu machen. Damit könnte er jetzt beginnen, Natur ganz neu zu denken. Aber beim achsenzeitlichen Ansatz geht es darum, die altbekannte göttliche Ordnung auf eine neue Weise zu verstehen. Und da diese Ordnung weiterhin im Mittelpunkt steht, führt der neue abstrakte Standort nicht dazu, dass sich der Mensch wirklich neue Gedanken über Natur machen kann: Die Natur bleibt weiterhin ein Teil der göttlichen Ordnung, die dem Menschen vorgegeben ist und die er selbst nicht in Frage stellt.

Aus diesem Grund stehen die achsenzeitlichen Kulturen trotz ihrer neuen Abstraktionsmöglichkeiten weiterhin fest auf dem Boden der bäuerlichen Naturerfahrung, bei der der Mensch ein Teil der göttlichen Ordnung und alle landwirtschaftlichen und wirtschaftlichen Tätigkeiten heilige Rituale sind. Dies bedeutet, dass sie ihren jenseitigen Blick auf die konkrete Welt nicht bis zum wirklich abstrakten Endpunkt durchdenken, also bis zur Idee einer vollkommenen Welt ohne einen persönlichen Gott und bis zur Idee von Natur als einem vom Menschen unabhängigen Gesamtzusammenhang. Deshalb setzen sie die «neuen, grenzenlosen Möglichkeiten», die sie dabei entwickeln könnten, auch nicht im alltäglichen Wirtschaften und Handeln um.

Dieser Vorgang lässt sich auch so interpretieren, dass angesichts der neuen grenzenlosen Möglichkeiten, die sich jetzt eröffnen, die Leitidee der kulturelle Selbstbegrenzung neu gefasst und aktualisiert wird, dass sie aber nicht verworfen wird. Deshalb ist es kein Zufall, dass die Frage nach dem «richtigen Maß» – also die Suche nach der richtigen Mitte zwischen einem Zuviel und einem Zuwenig – im Zentrum der achsenzeitlichen Religionen steht.

Um die Abstraktionen, die in der Achsenzeit erstmals sichtbar werden, im menschlichen Alltag umsetzen zu können, bräuchte es einen fundamentalen Neuanfang, also einen Neuanfang, der mit den bäuerlichen Erfahrungen der göttlichen Ordnung der Natur vollständig bricht. Dies wird Gegenstand des folgenden Kapitels sein.

7.

Der dreifache Beginn der modernen Entwicklung

Vernunft als Distanz zur konkreten Welt

Nach der Neolithischen stellt die Industrielle Transformation um 1800 n. Chr., die den Beginn der modernen Entwicklung markiert, den nächsten großen Wendepunkt in der Geschichte der Mensch-Umwelt-Beziehung dar. Erneut ändert sich wieder alles. Allerdings entsteht die Industrielle Transformation nicht einfach so im 18. Jahrhundert, sondern sie benötigt einen sehr langen Vorlauf, der zweimal wieder abbricht, bevor er sich im dritten Anlauf durchsetzen kann. Zuerst wird der dreifache Beginn im Überblick dargelegt (7.1), dann wird der erste Beginn in der griechischen Antike (7.2), der zweite Beginn im europäischen Mittelalter (7.3) und schließlich der dritte Beginn in Renaissance und Aufklärung vorgestellt (7.4). Erst auf dieser Grundlage ist es möglich, die Entstehung der Industriellen Transformation angemessen zu verstehen.

7.1 Warum ein dreifacher Beginn der modernen Entwicklung?

Die städtisch geprägten Hochkulturen, die ab 3300 v. Chr. entstehen, stellen fünftausend Jahre lang den absoluten Höhepunkt von Reichtum, Macht und Kultur dar, der Menschen möglich ist. Erst mit dem Wendepunkt der Industriellen Revolution um 1800 n. Chr. werden alle bisherigen Grenzen des Wachstums erneut außer Kraft gesetzt, und es setzt ein extrem starkes Wachstum in allen Bereichen ein, weil sich wieder alles – Wirtschaft, Gesellschaft, Umweltbezug – ändert. Allerdings entsteht das neue System nicht einfach spontan im Verlauf des 18. Jahrhunderts, sondern es benötigt einen sehr langen Vorlauf, der zweimal wieder abbricht und sich auch im dritten Anlauf erst nach vielen Jahrhunderten durchsetzt – offensichtlich ist dieses neue System ein heikles und störanfälliges System, das auf einem sehr schmalen Grat zwischen Gelingen und Scheitern balanciert.

Die drei Anfänge der modernen Entwicklung

Die drei Anfänge der modernen Entwicklung sind folgende:

- Der erste Beginn entsteht im antiken Griechenland um 800 v. Chr., er erlebt im 5. und 4. Jahrhundert v. Chr. eine kurze Blütezeit und bricht dann sehr schnell wieder zusammen.
- Der zweite Beginn entsteht im europäischen Mittelalter um 1000 n. Chr. und bricht im Jahr 1350 durch den Ausbruch der Pest schnell wieder ab.
- Der dritte Beginn entsteht in der europäischen Renaissance um 1500 n. Chr., führt im 18. Jahrhundert zur Aufklärung und schließlich um 1800 zur Industriellen Revolution.[1]

Wichtig ist dabei, dass zentrale Errungenschaften des ersten und zweitens Beginns trotz des zweimaligen Abbruchs nicht verloren gehen, sondern im kulturellen Gedächtnis präsent bleiben. Daher kann man beim zweiten und dritten Neuanfang darauf zurückgreifen und muss nicht wieder ganz von vorn anfangen.

Bei dem neuen System, das sich erst mit der Industriellen Transformation wirklich durchsetzt, handelt es sich keineswegs um eine Weiterentwicklung oder Verbesserung des Systems der traditionellen Hochkulturen im Sinne des Fortschritts, sondern um einen radikalen Bruch, der alle bisherigen erfolgreichen Erfahrungen der Menschen komplett negiert, der völlig neu ansetzt und der aus der Sicht der traditionellen Kulturen eine unlogische und absurde Weltsicht darstellt. Damit Welt und Natur auf «moderne» Weise völlig neu gesehen werden können, braucht es eine Reihe von Innovationen, die auf den ersten Blick mit dem Verhältnis des Menschen zur Umwelt überhaupt nichts zu tun haben. Aber es wird sich zeigen, dass sich ohne diese Innovationen der neue Umweltbezug der Moderne und auch die Umweltzerstörungen unserer Gegenwart gar nicht hätten entwickeln können.

Europäischer Sonderweg

Diese neue Entwicklung spielt sich in Europa ab, also in einem Raum, der sehr weit entfernt von den agrarischen Gunstregionen der Erde liegt und in dem sich erst vergleichsweise spät Hochkulturen ausbilden, der also in weltweiter Perspektive ein Nachzügler ist. Damit verschiebt sich der Innovationsraum der menschlichen Entwicklung von den Tropen (Herausbildung des Vor-, Früh- und Modernen Menschen) und den Subtropen (Entstehung der Landwirtschaft und der Hochkulturen) erneut nach Norden, nämlich in die kühlgemäßigte Klimazone. Diese räumliche Verschiebung unterstreicht, dass es sich bei der modernen Entwicklung erneut um einen radikalen Neuanfang handelt, der offenbar dadurch begünstigt wird, dass die normativen Grundlagen der traditionellen Hochkulturen in der Peripherie der damaligen Welt nicht so stark wie in den Kernräumen der neolithischen Transition ausgeprägt sind und daher leichter in Frage gestellt werden können.[2]

Üblicherweise wird die Entwicklung hin zur Industriellen Revolution als «Europäischer Sonderweg» bezeichnet, der meist im Mittelalter oder in der Renaissance beginnt. Ich vertrete jedoch die Position, dass die Innovationen im klassischen Griechenland das Fundament darstellen, auf dem die Entwicklungen von Mittelalter, Renaissance und Industrieller Revolution aufbauen.[3] Allerdings führt erst die Verbindung der griechischen Weltsicht mit der Weltsicht des Christentums zur spezifisch europäischen Weltsicht, die erstmals im Mittelalter fassbar wird und die dazu führt, dass Europa ab dem Jahr 1500 fast die gesamte Welt erobert.

Wissenschaftliche Disziplinen zum Verständnis dieser Entwicklung

Da sich Gesellschaft, Wirtschaft, Politik, Kultur und Wissenschaft seit dem ersten Beginn im klassischen Griechenland sehr stark ausdifferenzieren, braucht es jetzt die Ergebnisse von sehr vielen wissenschaftlichen Disziplinen, um die Entwicklung hin zur Moderne angemessen verstehen zu können.

Die *Archäologie* als die Wissenschaft, die die materiellen Hinterlassenschaften der Kulturen ausgräbt und interpretiert, bleibt weiterhin wichtig. Ursprünglich konzentriert sich diese Disziplin nur auf die Zeit bis zum Beginn der schriftlichen Kulturen, später beschäftigt sie sich auch mit der griechisch-römischen Antike, und seit einiger Zeit gibt es auch eine Archäologie des Mittelalters und der Neuzeit.

Da die Auseinandersetzung mit der Sprache auch für diese Zeit eine wichtige Rolle spielt, besitzt die *Klassische Philologie* oder *Altphilologie* eine große Bedeutung für das Verständnis der griechisch-römischen Antike und des Mittelalters; dabei stehen das Verständnis der altgriechischen und der lateinischen Sprache sowie die Analysen der in diesen Sprachen geschriebenen Schriftstücke – bis hin zu philosophischen und naturwissenschaftlichen Texten – im Zentrum.

Die *Geschichtswissenschaften*, deren Grundlage schriftliche Dokumente und Zeugnisse sind, beginnen eigentlich erst mit der griechischen Antike, da Altgriechisch die erste Sprache ist, die alle Geschichtswissenschaftler lesen und verstehen können (die früheren Sprachen sind ja nur wenigen Spezialisten vorbehalten). Deshalb beginnt das Teilgebiet *Alte Geschichte* im 8. Jahrhundert v. Chr. und reicht bis 600 n. Chr.; es wird gefolgt vom Teilgebiet *Mittelalterliche Geschichte* (von 600 bis 1500 n. Chr.) und dem der *Geschichte der Neuzeit* (1500 bis 1945).

Das Studium der griechisch-römischen Antike wird in der *Klassischen Altertumswissenschaft* – als Synthese von Archäologie, Klassischer Philologie und Alter Geschichte – und das des Mittelalters in der *Mediävistik* – als Synthese von Archäologie, Philologie, Geschichte, Theologie – zusammengefasst, während es für die Neuzeit bislang nur Ansätze für eine analoge Synthesedisziplin gibt.

Da alle gesellschaftlichen Spezialisierungsprozesse seit der griechischen Antike sehr schnell weiter perfektioniert werden, müssen weitere Wissenschaften herangezogen werden, um diese Entwicklung angemessen zu verstehen, nämlich Theologie, Philosophie, Geographie, Wirtschaftswissenschaften, Politologie, Soziologie, Psychologie, Mathematik, Naturwissenschaften und andere. Damit werden jetzt nahezu alle Wissenschaftsdisziplinen für das Verständnis der modernen Entwicklung wichtig. Da dies für die folgende Zeit erst recht gilt, werden in den Kapiteln 8 bis 10 keine Hinweise mehr auf einzelne wissenschaftliche Disziplinen gegeben.

7.2 Der erste Beginn in der griechischen Antike: Grundlegung

In Vorderasien und im Mittelmeerraum entsteht um 1200 v. Chr. ein jahrhundertelanges Machtvakuum: Die Großreiche dieser Region, zahlreiche mittelgroße Reiche – im Gebiet des späteren Griechenlands die mykenische Kultur – und viele Stadtstaaten brechen zusammen und verschwinden von der Landkarte. Dieses Machtvakuum ermöglicht den Menschen dieser Region für einige Zeit eine von außen ungestörte Entwicklung.[4]

Im Gebiet des späteren Griechenlands – griechisches Festland, ägäische Inseln mit Kreta, kleinasiatische Westküste – herrscht zwar ein für die Landwirtschaft günstiges Klima, aber das sehr gebirgige Relief sorgt dafür, dass die für Ackerbau und hohe Erträge geeigneten Flächen – tiefe Lagen mit ebenem Relief, fast immer an der Küste gelegen – sehr klein sind. Das gebirgige Landesinnere kann dagegen nur auf eine extensive Weise durch Viehwirtschaft genutzt werden und bringt relativ geringe Erträge. Zusätzlich stellen die Gebirge für alle Transporte ein großes Hindernis dar, während die enge Land-Meer-Verzahnung – sehr lange und stark zerklüftete Küstenlinien, viele Inseln – den Verkehr über das Wasser sehr stark erleichtert.

Polis-Struktur

Auf dieser Grundlage entsteht die Struktur der griechischen Polis (Plural: Poleis) oder des Stadtstaats:[5] Kern ist jeweils eine kleine Hafenstadt, deren Umland sich auf die direkt benachbarte kleine Küstenebene erstreckt. Diese wird intensiv landwirtschaftlich genutzt (Ackerbau, Wein, Oliven), und hier gibt es eine Reihe von Dörfern, während das gebirgige Hinterland nur eine geringe Rolle spielt und nur teilweise zur Polis gehört. An den Küsten entstehen über tausend dieser Poleis, die auf Grund des zerklüfteten Reliefs sehr deutlich voneinander getrennt sind und jeweils eigenständige Gebiete mit wirtschaftlicher Selbstversorgung und ausgeprägter Identität darstellen.

Der Naturraum bringt mit sich, dass weder die einzelne Stadt noch das jeweilige Umland groß ist, deshalb sind Wirtschaft und Gesellschaft überall nur wenig ausdifferenziert: Die Landwirtschaft besitzt die zentrale Bedeutung, das spezialisierte Handwerk ist wenig entwickelt, es gibt einen gewissen Handel über das Meer, und es ist unklar, ob die zentrale Hafen-Siedlung bereits so groß ist, dass sie die Kriterien für eine Stadt erfüllt.[6] Politisch werden diese Poleis von einer Gruppe von Adligen (Aristokraten) – eigentlich besseren Großbauern (immer Männer) – regiert, die im Umland der Stadt ein großes Landgut besitzen, auf dem Sklaven die Lebensmittel für sie produzieren. Die Adligen haben auch einen Wohnsitz in der Stadt und treiben etwas Handel über das Meer. Daneben gibt es auf dem Land zahlreiche freie Bauern, die mit ihren Überschüssen die Stadt ernähren, und in der Stadt gibt es einige selbständige Handwerker.[7] Da alle Merkmale einer Hochkultur fehlen (Machtkonzentration, eigenständige Verwaltung, ausdifferenzierte Wirtschaft und Kultur, Gebrauch der Schrift), handelt es sich bei der Polis-Struktur um eine Situation im Übergang von einer egalitären Bauerngesellschaft zu einer städtisch geprägten Gesellschaft.

Diese Polis-Struktur wird um 800 v. Chr. erstmals fassbar, und sie entwickelt schnell ein starkes wirtschaftliches Wachstum und eine große kulturelle Blüte. Üblicherweise läuft ein solcher Aufschwung so ab, dass mit steigenden Arbeits- und Funktionsteilungen in jeder Stadt nach einiger Zeit ein Gottkönig die Herrschaft übernimmt, dass dann diese Städte untereinander um die Vorherrschaft kämpfen und dass am Schluss ein zentralistisches Reich entsteht. Alle zeitgenössischen Experten hätten mit Nachdruck darauf hingewiesen, dass die Arbeits- und Funktionsteilungen, die die Ursache für die Blüte von Wirtschaft und Kultur sind, nur von einem zentralistischen Alleinherrscher gesteuert und kontrolliert werden können und dass ohne ihn alles im Chaos versinkt!

Aber die Griechen realisieren erstmals in der Geschichte der Menschheit eine andere Entwicklung – sie verhalten sich nach damaliger Sicht unvernünftig. Lange Zeit nehmen die Altertumswissenschaftler dies nicht wahr, weil für sie die griechische Entwicklung (aus heutiger Sicht) vernünftig und logisch abläuft: «Die durchschnittliche Altertumswissenschaft besitzt nicht genug Verstand, um ihn bei der Betrachtung Athens zu verlieren.»[8]

Das Neue der griechischen Entwicklung

Das unerhört Neue der griechischen Entwicklung besteht nicht darin, durch neue Erfindungen die Produktivität von Landwirtschaft und Handwerk stark zu erhöhen – hier verbleiben die Griechen im Rahmen der Hochkulturen ihrer Zeit. Vielmehr besteht sie in einer völlig neuen Form, Wirtschaft und Gesellschaft zu organisieren: Trotz Arbeits- und Funktionsteilungen versuchen die Poleis, ihre dezentralen und eigenverantwortlichen Strukturen von Wirtschaft, Gesellschaft und Politik beizubehalten, ohne dass die Polis im Chaos versinkt oder durch eine Zentralmacht entwertet wird. Dies wird durch vier spezifische Veränderungen erreicht.

Erstens: Das Aufblühen von Wirtschaft und Kultur ab etwa 800 v. Chr. ist mit einem starken Bevölkerungswachstum verbunden. Üblicherweise verschärft dies zahlreiche (Verteilungs-)Konflikte innerhalb einer Stadt, was die Herausbildung eines zentralistischen Herrschers fördert. Bei den Griechen führt das Bevölkerungswachstum in der Zeit zwischen 750 und 500 v. Chr. jedoch zu einer starken Auswanderung aus den Städten des griechischen Kernraums und zur Neugründung von gut 200 griechischen Poleis an den Küsten des Mittelmeers und des Schwarzen Meers. Dadurch entsteht die Magna Graecia (Großgriechenland), und dadurch werden die Spannungen innerhalb der einzelnen Poleis reduziert, so dass die Griechen einen größeren Freiraum erhalten, um eine andere Entwicklung einzuschlagen.

Zweitens: Die zunehmenden Arbeits- und Funktionsteilungen, die mit dem Aufblühen von Wirtschaft und Kultur einhergehen, verunmöglichen in den einzelnen Poleis die herkömmliche mündliche Kommunikation und erfordern den Gebrauch einer Schrift. Die Griechen übernehmen zwischen 750 und 700 v. Chr. jedoch keine Schrift der traditionellen Hochkulturen, sondern die leicht erlernbare phönizische Buchstabenschrift. Damit können sie ihre gesamte Kommunikation dezentral ausführen und sind nicht auf wenige Schreiber-Spezialisten angewiesen.

Drittens: Die Aufrechterhaltung der traditionellen Herrschaft der Adligen in einer Polis wird mit der Zunahme von Arbeits- und Funktionsteilungen immer schwieriger, und immer wieder übernehmen Alleinherrscher (griechisch: Tyrannen) für einige Zeit die Herrschaft in einer Polis. Letztlich merken die Vertreter der Aristokratie, dass sie einen Tyrannen dauerhaft nur dann verhindern können, wenn sie die Mittelschicht (Handwerker und Händler) und später vielleicht auch die Unterschicht (alle Freien, auch Bauern und Tagelöhner) an der Regierung der Polis beteiligen. Aus dem Ziel des Erhalts der alten Ordnung und der Abwehr von Fremdherrschaft entsteht etwas völlig Neues – die Demokratie als Herrschaft aller Freien (ohne Frauen, Sklaven und Auswärtige). Allerdings bildet nur eine kleine Minderheit der Poleis eine demokratische Verfassung aus (in vielen bleibt es bei Ansätzen); die Griechen erfinden zwar die Demokratie, setzen sie aber nur punktuell in die Praxis um.[9]

Zugleich prägt diese neue dezentrale Struktur auch die Magna Graecia: Jede Polis ist ursprünglich selbständig, es gibt keine Hauptstadt, die über einer anderen Polis steht, und die zahlreichen Poleis werden allein durch die gemeinsame griechische Kultur – Epen Homers, Orakel von Delphi, Olympische Spiele – zusammengehalten. Allerdings führt die geschichtliche Entwicklung – zuerst die Ausbildung von einigen großen und mächtigen Poleis und dann der Aufstieg der Polis von Athen zur Dominanz über große Teile Griechenlands[10] – dazu, dass die Idee der Dezentralität und der Gleichheit aller Poleis im Laufe der Zeit stark beeinträchtigt wird.

Viertens: Im Rahmen der Wirtschaft erfordern zunehmende Arbeitsteilungen eigentlich eine zentralistische Steuerung, aber die Griechen finden einen anderen Weg: Die Poleis richten auf ihrem zentralen öffentlichen Platz, der Agora, regelmäßige Märkte ein, und sie erleichtern den dezentralen Austausch von Waren, indem sie erstmals in größerem Umfang Münzgeld verwenden. Zwar entsteht dadurch noch keine Marktwirtschaft, da alle weiterhin am Ziel der Selbstversorgung festhalten und lediglich zusätzlich benötigte Güter über den Markt beziehen.[11] Aber damit wird erstmals eine völlig neue Form des spezialisierten Wirtschaftens, nämlich ein dezentrales, nicht zentralistisch gesteuertes Wirtschaften realisiert, und der erwirtschaftete Reichtum verteilt sich über sehr viel mehr Menschen als in den traditionellen Hochkulturen.[12]

Mit den Innovationen Buchstabenschrift, Demokratie und Geld gelingt es den Griechen, ihren großen Aufschwung ab 800 v. Chr. auf eine völlig neue Weise, also dezentral und eigenverantwortlich zu gestalten. Um 500 v. Chr. ist das Gebiet der Magna Graecia dann dicht besiedelt und intensiv genutzt, es besitzt sehr viele – meist kleine – Städte und eine weit entfaltete Wirtschaft und Kultur, und es weist einen hohen Lebensstandard auf. Wenig später steht dann jedoch auf einmal seine gesamte Existenz auf dem Spiel: Das Großreich der Perser greift Griechenland an, um es zu unterwerfen, und das Unwahrscheinliche, ja Unvorstellbare geschieht: In den Perserkriegen (490 bis 478 v. Chr.) schlagen viele Poleis unter der Führung von Athen das große persische Heer und die starke persische Flotte und bewahren dadurch ihre Unabhängigkeit.

Nach diesem riesigen Erfolg kommt jedoch das Ende schnell: Die Polis Athen, die in den Perserkriegen eine zentrale Rolle gespielt hatte, dehnt ihre Macht jetzt auf maßlose Weise immer weiter aus, und sie versucht schließlich, die Herrschaft über ganz Griechenland zu erlangen. Im Peloponnesischen Krieg (431 bis 404 v. Chr.) kämpfen zahlreiche Poleis wechselseitig gegeneinander – die Polis-Struktur zerstört sich selbst. Im Jahr 338 v. Chr. erobert der König von Makedonien ganz Griechenland, und sein Nachfolger, Alexander der Große, baut von hier aus ein neues Großreich auf, allerdings auf der Grundlage der traditionellen Hochkulturen des Vorderen Orients. Das Polis-Modell scheitert, kaum dass es sich richtig ausgebildet hat.

Worin besteht das Neue, das sich bei den Griechen erstmals zeigt? Dazu ist es sinnvoll, sich die griechischen Innovationen etwas genauer anzusehen.

Buchstabenschrift

Die Griechen übernehmen von den Phöniziern die Buchstabenschrift, ergänzen sie mit Vokalen und wenden sie erstmals im großen Umfang an.[13] Während die Schriften der traditionellen Hochkulturen aus sehr vielen Symbolen oder Zeichen bestehen und daher nur von wenigen Experten gelesen und geschrieben werden können, besitzt eine Buchstabenschrift nur 20 bis 40 Buchstaben. Jeder Buchstabe steht für einen bestimmten Konsonanten oder Vokal, so dass aus diesen wenigen Zeichen alle Worte, die denkbar und vorstellbar sind, gebildet werden können. Dies ist jedoch nur möglich, wenn mit den einzelnen Zeichen – wie bei der Keil- oder Bilderschrift – kein spezifischer Inhalt mehr verbunden ist, wenn also ein Buchstabe nichts mehr inhaltlich bedeutet, so dass er als rein abstraktes Zeichen eingesetzt werden kann, das auf etwas anderes (Konsonant oder Vokal) verweist.

Die Buchstabenschrift erleichtert das Lesen und Schreiben so stark, dass jetzt viele Menschen in die Lage kommen, lesen und schreiben zu können. Der regelmäßige Gebrauch der Buchstabenschrift im Alltag führt im Laufe der Zeit zu folgenden Veränderungen:

Die Weitergabe von Informationen und Wissen über Raum und Zeit hinweg wird erstens stark erleichtert und beschleunigt; dies ist eine wichtige Voraussetzung für das dezentrale Funktionieren einer arbeitsteiligen Wirtschaft und einer ausdifferenzierten Gesellschaft. Das schriftlich fixierte Wissen wird zweitens immer wichtiger und entwertet das mündlich weitergegebene Erfahrungswissen mit seinen stark qualitativen und sinnlichen Aspekten immer mehr; daher wird das zentrale Wissen, also das schriftlich fixierte Wissen, immer abstrakter. Und schließlich entwertet die leichte Weitergabe von Wissen das Informationsmonopol der traditionellen Spezialisten, die dadurch überflüssig werden, und es motiviert die Menschen, selbst nachzudenken, statt sich auf vorgegebene Wahrheiten oder Autoritäten zu verlassen.[14]

Geld

Die Griechen übernehmen vom Königreich Lydien in Kleinasien die Erfindung des Münzgeldes und beginnen um 550 v. Chr. selbst mit der Prägung von Gold- und Silbermünzen. Während es zuvor zahlreiche Gegenstände gibt, die als Tauschmedium (Muscheln, Perlen, Felle) oder als Wertmesser bei der Verteilung von Gütern (Gold, Silber, Sack Gerste) verwendet werden, besteht das Neue des Münzgeldes darin, dass ein König oder eine Polis dank seiner oder ihrer Autorität die Reinheit des verwendeten Münzmaterials und das standardisierte Gewicht mit der Münzprägung garantiert, so dass «ein abstraktes Tauschmittel mit einem festgesetzten Wert» entsteht.[15]

Während Geld in egalitären Bauerngesellschaften (wo nur wenige Überschüsse ausgetauscht werden) und in traditionellen Hochkulturen (wo die meisten Güter vom Gottkönig eingezogen und wieder verteilt werden) nur eine geringe Rolle spielt, erlangt es in der Polis-Wirtschaft eine große Bedeutung: Es ermöglicht den leichten dezentralen Austausch von Gütern innerhalb einer Polis und zwischen den Poleis ohne eine zentrale Koordination.

Mit seiner häufigen Verwendung zeigt sich erstmals in der Geschichte der Menschheit der Doppelcharakter des Geldes: Geld ist einerseits ein Tauschmedium, das dazu dient, nützliche Dinge leichter auszutauschen (Geld als Mittel für etwas anderes). Andererseits wird Geld schnell zum Selbstzweck: Denn mit dem Geld entstehen auch Schulden und das Krämer- und das Geldverleihgewerbe. Der Krämer kauft mit Geld nützliche Dinge, um sie zu einem höheren Preis weiterzuverkaufen, und der Geldverleiher verleiht Geld, um es später mit Zinsen zurückzuerhalten; beide setzen also Geld ein, um aus Geld mehr Geld zu machen.[16]

Trotz der häufigen Verwendung von Geld bleibt die Selbstversorgung jedoch weiterhin – wie zu Zeiten der traditionellen Bauerngesellschaften – das zentrale Ziel der Polis-Wirtschaft: Jeder Bürger soll zwei Wohnungen – eine auf dem Land, eine in der Stadt – haben, so dass es keine Arbeitsteilung zwischen Land und Stadt gibt. Die Landwirtschaft ist der wichtigste Wirtschaftssektor (zwei Drittel ihrer Produktion sollen allein der Selbstversorgung dienen),[17] und Handel und Krämergewerbe stellen trotz ihrer Blüte nur ergänzende Wirtschaftsaktivitäten dar, die mit Misstrauen betrachtet werden: «So gilt … schon jede ökonomische Aktivität, die über die autarke Eigenwirtschaft des oikos [Haushalt] hinausgeht, als verdächtig.»[18] Für den Philosophen Platon liegt die ideale Stadt etwa 15 Kilometer vom Meer entfernt, damit Handel und Gelderwerb durch den Hafen nicht zu dominant werden.[19] Und der Philosoph Aristoteles kritisiert das Gewerbe, das aus Geld mehr Geld macht, extrem scharf («mit vollstem Recht eigentlich verhasst»).[20] Obwohl das Geld als Tauschmittel häufig verwendet wird, kann man die griechische Wirtschaft nicht als Markt- oder Geldwirtschaft bezeichnen, weil seine Verwendung als Selbstzweck stark eingeschränkt ist.

Der alltägliche Gebrauch des Geldes führt jedoch im Laufe der Zeit dazu, bei den konkreten Gütern immer öfter von ihrer spezifischen Qualität oder ihrem Gebrauchswert abzusehen und ihren Geldwert, also den Tauschwert oder den abstrakten Wert, ins Zentrum zu stellen. Dies erleichtert es den Menschen, die gesamte Welt in abstrakten Kategorien oder alle Dinge der Welt als Waren wahrzunehmen.[21]

Demokratie

Wenn jeder freie Bürger seine persönlichen Interessen in der Polis direkt durchzusetzen versucht, dann kämpft jeder gegen jeden, und dann braucht es einen Tyrannen, der mit Gewalt diese Auseinandersetzungen unterbindet, um für Ordnung zu sorgen. Will man einen Tyrannen in der Polis verhindern, dann muss jeder einzelne Bürger von seinen persönlichen Interessen absehen und sich stattdessen am Wohlergehen der Polis orientieren. Denn nur wenn es der gesamten Polis gut geht, kann es auch dem einzelnen Bürger gut gehen. Das bedeutet, dass Demokratie nur dann funktionieren kann, wenn sich alle Bürger an den gemeinsamen Interessen ihrer Polis orientieren und dabei ihre persönlichen, subjektiven Interessen zurückstellen. Auf diese Weise wird das politische Handeln, das zuvor vom Gottkönig auf eine persönliche, willkürliche Weise ausgeübt wurde, zumindest in einer Minderheit der Poleis zu einer vernünftigen und objektiven Angelegenheit.[22]

Diese Einübungen ins abstrakte Denken, die mit dem täglichen Gebrauch der Buchstabenschrift, des Geldes und den öffentlichen Diskussionen um die Polis verbunden sind, führen zu weiteren fundamentalen Innovationen.

Philosophie und Logik

Die Griechen sind die erste Gesellschaft der Menschheit, die in den Sternen keine göttlichen Wesen mehr sieht und die das religiöse Verständnis der Welt durch eine vernünftige Weltsicht, also durch Philosophie ersetzt. Gott gibt es zwar weiterhin, aber er ist jetzt nicht mehr der persönliche, sondern der metaphysische, abstrakte Gott oder das vernünftige Prinzip der gesamten Welt.[23]

Die griechische Philosophie erlebt im 4. Jahrhundert v. Chr. mit Sokrates, Platon und Aristoteles eine Blütezeit, die zweitausend Jahre lang das Maß allen philosophischen Denkens darstellt. Dabei stehen die «Ideen» bei Platon und die «Kategorien» bei Aristoteles *über* den konkreten Erscheinungen. Das konkrete Haus in der Realität kann nie ein perfektes Haus sein, weil es von zahlreichen Zufälligkeiten der Natur, der Kultur und des Baumeisters geprägt wird. Das abstrakte Haus jedoch, das wir im Kopf haben, ist das ideale Haus, an dem wir uns orientieren, wenn wir es bauen oder darüber sprechen. Das bedeutet, dass die Abstraktion wichtiger als die Konkretion ist, und dass die abstrakte Welt, die jenseits der realen Welt liegt, die eigentliche Welt darstellt.

Eng verbunden mit der Philosophie ist die Entwicklung der Logik. Unsere Alltagsrealität ist dadurch geprägt, dass ein Ereignis, eine Sache oder eine Handlung nie wirklich eindeutig, sondern immer in Teilen auch uneindeutig, mehrdeutig, in sich widersprüchlich oder «schmutzig» (als Gegenbegriff zu «rein») ist. Mit diesen Mehrdeutigkeiten, die für unsere Alltagswelt so charakteristisch sind, macht die griechische Logik Schluss: Etwas ist entweder richtig, oder es ist falsch – tertium non datur, eine dritte Möglichkeit gibt es nicht! Indem man sich statt an «schmutzigen» Realitäten an «reinen» Abstrakta orientiert, macht man aus der mehrdeutigen, unübersichtlichen und chaotischen Welt eine eindeutige, vernünftige und geordnete Welt. Auf dieser Grundlage kann man dann eine in sich stimmige formale Logik entwickeln, die streng rational verfährt und alle subjektiven Aspekte ausschließt. Lange Zeit ist diese Logik nur eine theoretische Spielerei. Aber dann wird am Ende des 20. Jahrhunderts die digitale Welt erfunden, die genau auf diesem Grundsatz – Null oder Eins, Ja oder Nein, tertium non datur – aufbaut. Und dieses abstrakte Prinzip prägt seitdem unsere heutige Welt immer stärker.

Trotz dieser wichtigen Abstraktionsleistungen steht für die Griechen die Natur weiterhin *über* dem Menschen. Das, was von Natur aus entsteht und vergeht, ist naturgemäß und entspricht der vernünftigen Ordnung. Wenn der Mensch jedoch Natur verändert, tut er der Natur Gewalt oder Zwang an. Deshalb bleiben vom Menschen veränderte Naturobjekte von sich aus nicht lange bestehen, sondern werden wieder zu Natur, sobald der menschliche Zwang nachlässt.

Obwohl die Griechen die Philosophie erfinden, beten sie weiterhin zu den traditionellen Göttern (jede Polis besitzt ihre eigene Gottheit) und erweisen ihnen die erforderliche kultische Verehrung, um den Zusammenhalt der Polis nicht zu gefährden. Und obwohl die Philosophen eine vernünftige Welt entwerfen, steht bei ihnen der Mensch oder das Subjekt keineswegs an der Spitze – er bleibt weiterhin als nachgeordnetes Wesen vom metaphysischen Gott und von der Natur abhängig.

Mathematik und Geometrie

Die Griechen lösen als Erste die Mathematik von allen praktischen Aufgaben, betreiben sie um ihrer selbst willen und machen sie zu einer «reinen» Wissenschaft. Sie erfinden den «mathematischen Beweis» als abstrakt-logische Argumentation, und sie entdecken die irrationalen Zahlen, womit sie in unendlich-abstrakte Welten jenseits der Realität vorstoßen.[24]

Auf der Grundlage der Mathematik wird die Geometrie entwickelt, bei der mathematische Aufgaben mittels geometrischer Figuren, meist Dreiecke, gelöst werden. Und Euklid erfindet den dreidimensionalen Raum, also die Idee des abstrakten Raumes in Form eines dreidimensionalen Gitternetzes, in dem die Lage eines Punktes im Raum durch Länge, Breite und Höhe, also nur durch Zahlen, angegeben wird. Da dieses Raumverständnis für uns heute selbstverständlich geworden ist, muss man betonen, dass dies etwas vollkommen Neues darstellt: Der euklidische Raum abstrahiert von allen Qualitäten im Raum und reduziert die Welt auf einen dreidimensionalen, leeren, mathematischen Raum, in dem nur Quantitäten existieren.

Für die Griechen sind Mathematik und Geometrie in erster Linie theoretische Herausforderungen, mit denen sie das neue abstrakte Denken einüben und durchspielen. Zwar gibt es einige Anwendungen im Alltag (Tunnelbauten und mechanische Erfindungen[25]), aber die systematische Umsetzung in die Praxis findet erst im Europa der Neuzeit statt, weil die Natur für die Griechen über dem Menschen steht und daher nicht einfach beliebig verändert werden darf.

Abstrakte Abstrakta

Damit die Griechen die Vorteile von Arbeits- und Funktionsteilungen ohne eine zentralistische Herrschaft nutzen können, entwickeln sie Buchstabenschrift, Geld, Demokratie, Philosophie/Logik und Mathematik/Geometrie, womit sie zugleich die Grundlagen unserer modernen Welt schaffen. In all diesen fünf Bereichen werden jeweils konkrete oder persönliche Beziehungen durch abstrakte Strukturen ersetzt. So gelingt es ihnen, in einer unübersichtlich und überkomplex gewordenen Welt die persönliche Steuerung und Kontrolle durch einen Alleinherrscher dadurch überflüssig zu machen, dass alle freien Bürger nicht mehr unmittelbar ihre eigenen subjektiven Interessen verfolgen, sondern sich stattdessen eigenverantwortlich und dezentral an gemeinsamen vernünftigen Abstrakta orientieren.

Eine solche Orientierung an gemeinsamen Abstrakta ist keineswegs etwas Neues in der Geschichte der Menschheit – der Mensch wird ja erst dadurch zum Menschen, dass er vom konkreten Hier und Jetzt abstrahiert, und deshalb gehören Abstrakta schon immer zur menschlichen Existenz untrennbar hinzu. Die traditionellen Abstrakta sind jedoch qualitative, sinnliche und persönlich geprägte Abstrakta, weil sie Lehren aus Erfahrungen mit einer Vielzahl konkreter Einzelfälle ziehen und weil die Verbindung zur konkreten Realität in diesen Abstrakta weiterhin erkennbar ist. Deshalb können diese Abstrakta als sinnlich-symbolische Abstrakta bezeichnet werden. Die griechischen Abstrakta besitzen dagegen eine andere Qualität: Bei Buchstaben, Geld, Philosophie, Logik, Mathematik oder Geometrie geht es nicht mehr um die Verarbeitung *konkreter* Erfahrungen, sondern um *allgemeingültige* Erkenntnisse, die «immer und überall» gelten sollen, also um raum- und zeitlose Abstrakta, die von der konkreten Zeit («immer») und vom konkreten Ort («überall») und damit von der konkreten Erde und von allen konkreten menschlichen Erfahrungen absehen.

Damit ersetzen die Griechen die sinnlich-symbolischen Abstrakta der traditionellen Gesellschaften durch abstrakte Abstrakta, und sie verwandeln auf diese Weise die unendlich vielfältige, mehrdeutige und sinnlich geprägte Welt in eine vernünftige, logische und eindeutige Welt. Oder anders ausgedrückt: Sie machen aus einer vielfach bunt schillernden Welt eine schwarz-weiße Welt, bei der es keine Schattierungen und keine Zwischentöne mehr gibt.

Damit gelingt den Griechen das, was die achsenzeitlichen Kulturen mit ihrem jenseitigen Standpunkt erst ansatzweise denken konnten (siehe Abschnitt 6.2). Die Griechen nutzen diesen Standpunkt dazu, um von den Rahmenbedingungen der konkreten Welt *vollständig* zu abstrahieren: Sie ersetzen den Gedanken an einen menschlich vorgestellten, persönlichen Gott durch den eines abstrakten, metaphysischen Gottes und den Gedanken an eine menschlich gedachte, beseelte Natur durch den einer unpersönlichen, mathematischen Natur. Allerdings bleiben dies Gedankenspielereien, an denen die klügsten Köpfe herumdenken, die jedoch nicht das Denken und Handeln der Griechen insgesamt prägen.

Diese neue Weltsicht wird dadurch erkauft, dass der Alltag der griechischen Bürger[26] häufig von unpersönlich-abstrakten Strukturen geprägt ist und eine starke «Affektkontrolle» verlangt. Es führt dazu, dass die freien Menschen im öffentlichen Leben auch frei von verpflichtenden persönlichen Beziehungen sind, und dadurch isoliert und vereinzelt nebeneinander leben. Deshalb ist es kein Zufall, dass sie eine ausgeprägte «Bindungsschwäche» besitzen,[27] was der Polis eine gewisse Instabilität verleiht.

Orientierung am «richtigen Maß»

Diese neue Weltsicht, die die Griechen erstmals entwickeln, eröffnet den Menschen völlig neue Möglichkeiten, weil sie dadurch traditionelle Grenzen im Umgang mit Natur und Welt aufheben können und lernen, mit Unendlichkeiten umzugehen. Allerdings machen die Griechen nur Ansätze in diese Richtung, entwickeln diese aber – aus heutiger Sicht – nicht bis zur Umsetzung weiter. Stattdessen begnügen sie sich damit, diese Möglichkeiten in begrenztem Rahmen auszuprobieren (Geld, Demokratie) oder mit ihnen auf theoretische Weise herumzuexperimentieren (Logik, Mathematik, Geometrie). Damit verbleiben die Griechen letztlich noch im Rahmen der achsenzeitlichen Kulturen.

Warum bleibt es nur bei Ansätzen? Im Eingangschor der *Antigone* von Sophokles heißt es: «Viel Gewaltiges lebt, doch nichts ist gewaltiger als der Mensch.» Die Griechen ahnen und wissen, welche gewaltigen destruktiven Potenziale mit den neuen Möglichkeiten verbunden sind, und sie setzen alles dran, diese Gefahren mittels einer reflektierten Balance, mittels einer Orientierung am «richtigen Maß» zu kontrollieren,[28] um dadurch eine selbstzerstörerische Dynamik zu verhindern – letztlich jedoch erfolglos. Aber trotzdem geht die Erinnerung an die neuen und unglaublichen Möglichkeiten nicht mehr verloren: «Athen ist ein Strohfeuer, das durch die Jahrtausende leuchtet.»[29]

Diese Entwicklung wird immer wieder mittels der Denkfigur «vom Mythos zum Logos» oder vom «irrationalen zum rationalen Denken» interpretiert und so als Fortschritt angesehen. Die kurze Blütezeit und der schnelle Zusammenbruch der griechischen Welt zeigen jedoch, dass es sich dabei um eine Entwicklung handelt, die zwar gewaltige neue Möglichkeiten eröffnet, die aber wegen ihrer immanenten Grenzenlosigkeit sehr instabil und gefährlich ist.

Nach dem Zusammenbruch der griechischen Welt und dem Aufstieg des Römischen Reiches, das große Teile des griechischen Erbes fortführt und das im Jahr 391 n. Chr. das Christentum zur römischen Staatsreligion erhebt, stehen sich auf einmal zwei große Weltentwürfe diametral gegenüber. Die Griechen denken statisch, besser zyklisch (die ewige Wiederkehr des Gleichen), und das Zurückführen aller Phänomene der Welt auf ein abstraktes (göttliches) Prinzip dient gerade dazu, die permanenten Veränderungen der Realität auf den (unveränderlichen) Begriff zu bringen und in feste Gesetze zu fassen. Das jüdisch-christliche Denken ist dagegen zutiefst geschichtlich geprägt; die Heilsgeschichte Gottes mit den Menschen – die als direkter Eingriff des persönlich handelnden Gottes in den Alltag verstanden wird – ist der Schlüssel zum Verstehen der Welt.

Eigentlich schließen sich diese beiden Weltentwürfe gegenseitig aus. Aber das Unlogische, ja Absurde geschieht – sie werden eng miteinander verschmolzen. Natürlich dauert es lange, bis dies gelingt, aber daran arbeiten die größten Denker Europas: Augustinus (354–430), Thomas von Aquin (1225–1274), Georg Wilhelm Friedrich Hegel (1770–1831) und in seinem Gefolge Karl Marx (1818–1883). Es ist wohl nicht zu viel gesagt, dass diese immer wieder neu erarbeitete Verbindung einen Kernbestandteil europäischer Identität ausmacht.

7.3 Der zweite Beginn im europäischen Mittelalter: Modifizierung

Europa ist im Frühen Mittelalter eine periphere und wenig entwickelte Region. Die Bevölkerungszahl ist ziemlich niedrig, die Landwirtschaft nutzt nur die günstigen Flächen auf extensive Weise, es gibt nur vereinzelte Städte, die Wirtschaft ist sehr stark auf Selbstversorgung ausgerichtet, die Gesellschaft ist wenig ausdifferenziert, und es gibt kaum große politische Territorien.

Mittelalterliche Revolution

Nachdem die Angriffe aus dem Süden (Araber, Sarazenen), dem Osten (Ungarn) und dem Norden (Wikinger) abgewehrt sind, setzt in Europa ab dem Jahr 1000 ein großer Aufschwung ein, der durch eine Klimaerwärmung mit guten Bedingungen für die Landwirtschaft noch zusätzlich gefördert wird:[30] Die Kulturlandschaften werden zu Lasten des Waldes stark ausgeweitet, es entstehen zahllose neue Bauernhöfe, Weiler und Dörfer, sehr viele Städte werden neu gegründet, und die bereits bestehenden Städte verzeichnen ein starkes Wachstum.

Dieser Aufschwung wird zu Recht als «mittelalterliche Revolution» bezeichnet,[31] weil sich Europa durch stark steigende Arbeits- und Funktionsteilungen grundlegend wandelt: Die Landwirtschaft wird sehr viel produktiver und bildet Ansätze von räumlichen Arbeitsteilungen aus, in den Städten entwickelt sich das spezialisierte Handwerk sowie der regionale und überregionale Handel, auf dem Land und in der Stadt blühen Kultur und Kunst in den vielfältigsten Formen auf, und es entsteht allgemein eine von Neugier und Offenheit geprägte Grundstimmung. Durch diesen Aufschwung wächst die europäische Wirtschaft sehr stark. Die Bevölkerung verdreifacht sich zwischen 1000 und 1350 – ein stärkeres Wachstum wird in Europa erst wieder mit der Industriellen Revolution erzielt. Dadurch wird aus dem armen und unterentwickelten Europa eine Hochkultur, die in Hinblick auf Reichtum, technische und soziale Errungenschaften, Kultur und Kunst zu den führenden Hochkulturen der Welt aufschließen kann.[32]

Das Ende dieses Aufschwungs kommt sehr plötzlich mit dem Ausbruch der Pest und einer gleichzeitigen Klimaverschlechterung; zwischen 1347 und 1353 stirbt ein Drittel der Bevölkerung Europas an dieser Seuche. Daraufhin werden viele Dörfer aufgegeben, Kulturlandschaften verwildern großflächig, Städte schrumpfen stark, das Wirtschaften konzentriert sich wieder stark auf die Selbstversorgung, und die Menschen werden durch die tägliche Konfrontation mit dem Tod zutiefst verunsichert und traumatisiert.[33]

Dieser große Aufschwung wird getragen von der jüdisch-christlich-griechischen Tradition, und er wird durch den Austausch mit der islamischen Welt bereichert: Die islamische Hochkultur zählt zwischen dem 9. und 16. Jahrhundert zu den am weitesten entwickelten Hochkulturen der Welt; Europa verdankt ihr den Kontakt zu vielen Texten der griechischen Kultur, die Übernahme der «arabischen» Zahlen und des Dezimalsystems (beides stammt ursprünglich aus Indien) sowie wichtige Erkenntnisse in den Bereichen Mathematik, Astronomie und Medizin.

Im Gefolge dieses Aufschwungs entwickelt Europa in Wirtschaft und Gesellschaft eine Reihe von Besonderheiten,[34] die jedoch alle mehr oder weniger im Rahmen der traditionellen Hochkulturen der Erde verbleiben. Die eigentliche Besonderheit der europäischen Entwicklung im Mittelalter liegt dagegen in der Wiederaufnahme griechischer Abstraktionen. Deshalb wird sie hier als «zweiter Beginn der modernen Entwicklung» bezeichnet. Die griechischen Abstraktionen werden jedoch nicht einfach aktualisiert, sondern auf eine spezifische Weise modifiziert. Dies betrifft die drei Bereiche Dezentralität/Kommunalismus, Philosophie/Wissenschaften und Geldwirtschaft, die auf den ersten Blick mit einem neuen Umweltbezug nichts zu tun haben, ihn jedoch auf indirekte Weise neu prägen.

Dezentralität und Kommunalismus

Im Unterschied zu allen anderen Hochkulturen der Welt entwickelt sich Europa auf der Grundlage des Lehenswesens ab 1000 sehr dezentral. Die räumliche Ausweitung der Kulturlandschaft wird entweder von den Bauern selbst oder von vielen kleinen ländlichen Lehens- oder Grundherren, nicht jedoch zentralistisch organisiert und durchgeführt.[35] Zwar entstehen im Laufe der Zeit in Europa viele kleine, einige mittlere und wenige große Machtzentren. Aber es gelingt keiner Macht, jemals die Herrschaft über ganz Europa zu erlangen, und die verschiedensten Mächte halten sich dabei oft wechselseitig in Schach. Gleichzeitig wird dieser wirtschaftliche, soziale, kulturelle und machtpolitische Flickenteppich durch die gemeinsame jüdisch-christlich-griechische Kultur zusammengehalten: Die Gelehrten und Experten sprechen Latein, kommunizieren europaweit miteinander und sind auch europaweit mobil. Europa stellt deshalb eine Einheit in der Vielfalt dar.

Die Abwesenheit einer starken zentralistischen Macht sorgt dafür, dass die Menschen auf der Grundlage ihrer Erfahrungen in der frühmittelalterlichen Gesellschaft, in der egalitäre Strukturen eine große Bedeutung besitzen, auch beim großen Aufschwung ihre traditionelle Selbstverwaltung im neuen Rahmen auf eine neue Weise ausgestalten können. Dabei handelt es sich um genossenschaftliche Strukturen, die sich sowohl auf dem Land (Zusammenschluss aller Bauern eines Dorfes, die auf einer «Hofstelle» sitzen) als auch in der Stadt (Zusammenschluss der selbständigen Handwerker und Händler in Handwerks- oder Kaufmannszünften/-gilden) bilden, um ihre Interessen gegen die jeweilige Herrschaft gemeinsam besser vertreten zu können. Dies setzt voraus, dass die Betroffenen ihre zahlreichen persönlichen (subjektiven) Streitigkeiten untereinander zurückstellen und sich an ihren gemeinsamen konkreten Interessen (Selbstversorgung und Selbstverwaltung) orientieren, weil sie nur so die Ansprüche der Herrschaft klein halten können.

Aus diesen genossenschaftlichen Strukturen entwickeln sich noch im Mittelalter die politischen Kommunen, also ländliche und städtische Gemeinden, in denen alle männlichen Bürger Mitglieder sind (ohne Frauen, Ausschluss der Unterschichten und der herrschenden Schicht); und in den Peripherien Europas entstehen mit den sogenannten «Bauernrepubliken» für kürzere Zeit sogar genossenschaftlich geprägte Territorialstrukturen.[36] Diese Selbstverwaltungsstrukturen werden zwar nicht so einflussreich, dass sie politisch dominant werden, also geistliche und weltliche Herrschaften auflösen könnten, aber sie werden doch so stark, dass Herrschaft in Europa nie wirklich absolut werden kann und immer – meist auf sehr komplizierte Weise und regional sehr unterschiedlich – stärker oder schwächer eingegrenzt ist.

Dieses System von Selbstverwaltungsstrukturen, das es nur in Europa gibt, wird «Kommunalismus» genannt.[37] Sein Ziel besteht im «Gemeinen Nutzen» (die Nutzung der Allmende bei Dörfern oder der Erhalt von Brücken, Straßen, Mauern bei Städten steht über den Privatinteressen), in der «Hausnotdurft» (die Selbstversorgung einer Familie mit dem Ziel des Überlebens steht über den wirtschaftlichen Interessen der Herrschaft und der anderer Bürger), «Friede» (keine Gewalt gegen den Gemeinen Nutzen und die Hausnotdurft) sowie «Gerechtigkeit und Freiheit».[38] Damit orientieren sich diese Ziele innerhalb einer entfalteten Wirtschaft und Gesellschaft explizit an der Leitidee der Selbstversorgung. Dieser Kommunalismus ist eine zentrale Voraussetzung für die spätere Demokratie in Europa, auch wenn dies heute oft übersehen wird.[39]

Auf dieser Grundlage gibt es in Europa eine andere Raumentwicklung als in den traditionellen Hochkulturen. Während bei ihnen der gesamte Fortschritt in Wirtschaft und Gesellschaft in der Hauptstadt eines Reiches konzentriert wird, verläuft die Entwicklung Europas ausgesprochen dezentral. Die Menschen werden überall in Stadt und Land selbst aktiv. Deshalb betrifft der große Aufschwung nicht bloß die Städte, sondern ebenso die ländlichen Räume. Für Europa ist – im Unterschied zur übrigen Welt – ein einigermaßen gleichberechtigtes Verhältnis zwischen Stadt und Land charakteristisch.[40]

Diese dezentrale Entwicklung, die mit einer ausgeprägten regionalen Vielfalt verbunden ist, stellt einen großen Vorteil für Europa dar: Während es in traditionellen Hochkulturen immer nur eine einzige, nämlich die «richtige» Art und Weise gibt, wie Dinge ausgeführt oder gesehen werden müssen – und diese ist wegen der zentralistischen Strukturen auch nur schwer veränderbar –, herrscht in den verschiedenen Regionen Europas stets eine große Vielfalt. Und da im Europa des Mittelalters viele Menschen – Handwerker, Scholaren, Wissenschaftler, Geistliche, Künstler – auf der Grundlage der gemeinsamen jüdisch-christlich-griechischen Kultur sehr mobil sind, werden sie mit dieser Vielfalt sehr direkt konfrontiert. Dies regt dazu an, die verschiedenen Ausführungen und Sichtweisen miteinander zu vergleichen und dann die jeweils beste Lösung für ein Problem zu suchen, ohne sich dabei von der traditionell «richtigen» Lösung blockieren zu lassen. Dies ist die Ursache für die hohe und permanente Innovationsfähigkeit, die im europäischen Mittelalter entsteht und bis ins 20. Jahrhundert hinein erhalten bleibt und die es zuvor in der gesamten Geschichte der Menschheit noch nie gegeben hatte.

Theologie und Philosophie – zwei gegensätzliche Wahrheitsansprüche

Die spannungsvolle Verbindung zwischen griechischer Philosophie und Christentum, die im Römischen Reich hergestellt wird, führt im Mittelalter zu einem «zweiten Anfang der Metaphysik» und zu einer «Wissenschaftsrevolution»,[41] die für den neuen Umweltbezug im Europa der Neuzeit sehr wichtig werden wird.

Der griechische Gott ist das Symbol der vernünftig geordneten Welt und der Naturgesetze: Zugang zu ihm erhält man über Analyse, Erkennen und logisches Nachdenken, also über Wissen. Der christliche Gott ist ein persönlich handelnder Gott, der seine Wahrheit (Erlösung der sündigen Menschen durch den Kreuzestod Jesu) den Menschen offenbart, und zu ihm erhält man Zugang durch den Glauben. Wenn man beide Gottesbilder miteinander verbindet, dann entsteht eine problematische Einheit, weil Gott zugleich als persönlicher Gott (Glauben) und als göttliches Vernunftprinzip (Wissen) gedacht werden muss, was sich eigentlich wechselseitig ausschließt.

Der mittelalterlichen Theologie und vor allem Thomas von Aquin gelingt es jedoch, diese beiden so widersprüchlichen Gottesbegriffe so miteinander zu verbinden, dass sich eine «produktive Symbiose konkurrierender Wahrheitsansprüche» entwickelt.[42] Dies wird dadurch erreicht, dass sich die Theologie auf die Welt der Offenbarung und des Glaubens konzentriert und dass der Alltagswelt und der Natur keine Heilsbedeutung zugesprochen wird: Ob der Mensch die Welt und die Natur so oder anders behandelt oder sieht, ist für seinen Glauben und für seine Erlösung irrelevant. Dadurch wird der Bereich der Alltagswelt und der Natur der Philosophie und den (Einzel-)Wissenschaften überlassen. Umgekehrt konzentriert sich die Philosophie darauf, das Wissen über Welt und Natur zu pflegen und zu vermehren, ohne dies mit der Sinnfrage zu verbinden, weil die Frage nach dem Sinn (Sinn der Welt, des Menschen, des Seins) in den Bereich der Theologie fällt. Auf diese Weise wird es das Ziel von Philosophie und Wissenschaften, das Funktionieren der Welt zu verstehen und dabei die zahllosen Wie-Fragen zu beantworten (Wie funktioniert das?), ohne die Warum-Frage zu stellen. Mit dieser Konzeption erreicht es die mittelalterliche Theologie, dass Theologie und Philosophie einerseits gleichberechtigt sind, weil sie für jeweils wichtige, aber unterschiedliche Teile der Welt zuständig sind, dass aber andererseits die Theologie *über* der Philosophie steht, weil die Warum-Frage wichtiger als die Wie-Frage ist.

Für die Philosophie bedeutet das, dass die Natur und die natürlichen Bewegungen nicht mehr – wie noch bei den Griechen – als positiv-normative Bezugspunkte dienen können (naturgemäß = richtig und gut), weil solche Aussagen etwas über den Sinn von Natur aussagen, wofür die Philosophie jetzt nicht mehr zuständig ist. Dadurch wird sie zur «Wissenschaft vom Seienden als Seienden»,[43] die die Frage nach dem Sinn vom Seienden ausblendet. Und damit die Gefahr ausgeschlossen wird, dass die positiven Erkenntnisse der Philosophie und der Einzelwissenschaften doch noch zur absoluten Wahrheit werden und so der Theologie Konkurrenz machen, werden alle inhaltliche Ergebnisse der Wissenschaften immer nur als vorläufig betrachtet; sie müssen permanent kritisch überprüft, kritisch hinterfragt und immer wieder überarbeitet und weiter verbessert werden: «Die Bedeutung des zweiten Anfangs der Metaphysik [Philosophie] liegt also nicht in der Endgültigkeit der Antworten, die er gegeben, sondern in der der Fragen, die er gestellt hat.»[44]

Damit entsteht ansatzweise das Fundament einer Wissenschaft, die bei der Analyse von Welt und Natur von der Sinnfrage absieht, und die zugleich von einer ungeheuerlichen Dynamik geprägt ist, weil alle erzielten Ergebnisse permanent in Frage gestellt werden. Ein solches Weltverständnis ist etwas vollständig Neues; es war zuvor nicht einmal ansatzweise denkbar gewesen!

Es führt dazu, dass Kritik und Zweifel im Rahmen der Philosophie zur Tugend werden, dass Kritik an den eigenen Lehrern (zuvor unvorstellbar) selbstverständlich wird und dass viele öffentliche Wettstreite («disputationes») zwischen Wissenschaftlern entstehen, die bestimmten methodischen Regeln folgen. Daraus entwickeln sich im 12. Jahrhundert zunft- oder gildeähnliche Zusammenschlüsse von Wissenschaftlern, sogenannte «universitas magistrorum et scholarium» (Gesamtheit der Lehrer und Schüler), die bald institutionalisiert werden: Zwischen 1214 und 1219 werden die ersten Universitäten in Paris, Bologna und Oxford und in den nächsten hundert Jahren über dreißig weitere Universitäten in ganz Europa gegründet.[45]

Diese Abgrenzung von Theologie und Philosophie ist die Ursache dafür, dass im politischen Bereich nach langen Machtkämpfen eine gewisse Distanz zwischen kirchlich-päpstlicher und weltlich-kaiserlicher Macht entsteht; etwas Vergleichbares gibt es in keiner anderen Hochkultur der Welt.[46]

Zum Schluss dieses Unterabschnitts soll auf die große Bedeutung der Klöster für die Wirtschaft Europas wenigstens noch hingewiesen werden.[47] In vielen achsenzeitlichen Religionen entstehen ordensähnliche Gemeinschaften, die sich in Abgeschiedenheit von der Welt vollständig auf geistliche Aufgaben konzentrieren. Aber nur in den christlichen Klöstern arbeiten Mönche und Nonnen aktiv in Landwirtschaft, Handwerk oder Verwaltung, weil hier Arbeit als Gottesdienst gilt.[48] Mönche und Nonnen arbeiten nicht für konkrete Ziele (Sicherung des Lebensunterhalts oder Erlangung von Reichtum), sondern für abstrakte Ziele (zur Ehre Gottes). Dadurch entwickelt sich in den geschützten Räumen der christlichen Klöster ein völlig neues Arbeitsverständnis (Arbeit als Selbstzweck), das dem traditionellen Arbeitsverständnis (Arbeit als Mühe, die eingestellt wird, wenn Selbstversorgung erreicht ist) widerspricht und das in der weiteren europäischen Entwicklung sehr wichtig werden wird.[49]

Geldwirtschaft

Der Aufschwung der europäischen Wirtschaft in dezentralen Strukturen erhöht die Nachfrage nach Geld sehr stark. Um 1000 ist es in Europa jedoch nur in geringen Mengen vorhanden. Trotz dreier europäischer Münzreformen zwischen 1170 und 1252 (Pfennig, Groschen, Gulden) bleibt das Geld knapp und stellt ein großes Hindernis für den

Warenhandel dar.[50] Deshalb entwickelt sich ab dem 13. Jahrhundert eine «kommerzielle Revolution»,[51] mit der eine Geldwirtschaft entsteht, in der Bargeld durch bargeldlose Transaktionen ersetzt wird.

Der Fernhandelskaufmann fährt jetzt nicht mehr selbst mit seinen Waren und einer Menge von Bargeld in ganz Europa von einer großen Messe zur nächsten, sondern er dirigiert seine Handelsgeschäfte von einem zentralen Standort aus und baut in seinen wichtigsten Produktions- und Absatzgebieten Filialen auf, in denen Mitarbeiter nach seinen Anweisungen Waren kaufen und verkaufen. Um diese Transaktionen, die immer häufiger werden, effizient abzuwickeln, wird der «Wechsel» erfunden, der es Kaufleuten erlaubt, an verschiedenen Orten über Bargeld zu verfügen, ohne es extra mitführen oder besitzen zu müssen: Sie erhalten vor Ort eine Art von Kredit für die zu kaufende Ware, und sie zahlen diesen Kredit erst nach einer gewissen Zeit an einem ganz anderen Ort wieder zurück (nachdem sie die Ware in einer anderen Region mit Gewinn wieder verkauft haben).[52]

Die lokalen Geldwechsler, die wegen der Vielzahl europäischer Münzen und Währungen die wichtige Aufgabe wahrnehmen, fremde in regional gültige Münzen umzutauschen, beginnen nach einiger Zeit, auch Einlagen von Münzen anzunehmen und diese auf einem «conto corrente» aufzubewahren oder gutzuschreiben. Aus dem Wechseltisch (bancus) der Geldwechsler entwickelt sich die Bank, die beim Wechselgeschäft eine wichtige Rolle spielt und die Geld gegen Zinsen verleiht. Die ersten Banken entstehen in Norditalien, und sie sind im 13. und 14. Jahrhundert auch auf diese Region begrenzt, weil nur hier regelmäßig so viel Geld im Umlauf ist, dass die Banken jederzeit die Einlösung des Buchgeldes in Münzgeld garantieren können.[53]

Eine weitere wichtige Innovation der Geldwirtschaft ist die Erfindung der doppelten Buchführung um 1300 in toskanischen Handelsbetrieben. Nur die sehr detaillierte Auflistung aller Vermögenswerte und Verbindlichkeiten und ihre präzise Gegenüberstellung in Form von Soll und Haben ermöglichen es einer Firma mit mehreren Filialen, einen genauen Überblick über ihre finanzielle Situation zu erhalten, besonders profitable oder defizitäre Geschäftsbereiche zu identifizieren und die Liquiditätsreserven genau berechnen zu können.[54] Da man dadurch mit Geld und Geldwerten sehr viel effizienter als vorher umgeht, fördert die doppelte Buchführung die Ausweitung der Geldwirtschaft.

Allerdings wird der Aufschwung der Geldwirtschaft durch die Kirche deutlich begrenzt: Genau wie die Griechen vertreten auch die christlichen Theologen – und alle damaligen Menschen auf der gesamten Erde – die Position, dass das Geld nur dazu dient, den Warentausch zu erleichtern, dass es jedoch unmoralisch und verwerflich ist, aus Geld mehr Geld zu machen. Deshalb darf man auf verliehenes Geld keinen Zins nehmen; und auch der Kaufmann, der Waren zu einem niedrigen Preis einkauft und zu einem höheren Preis wieder verkauft, gilt als Wucherer und ist der ewigen Verdammnis ausgesetzt.

Je weiter sich aber der wirtschaftliche Aufschwung und damit auch die Geldwirtschaft in Europa entwickeln, desto mehr gerät die Kirche mit ihrem Zins- und Wucherverbot in die Defensive, zumal sie an zahlreichen Wirtschaftsaktivitäten beteiligt ist und von Zins und Wucher auch selbst sehr direkt profitiert. Deshalb lockert die Kirche im 13. Jahrhundert zwar das Zinsverbot etwas und legt «eine – übrigens recht verschwommene – Grenze zwischen erlaubten und unerlaubten Gewinnen» fest,[55] aber die Ausweitung der Geldwirtschaft bleibt weiterhin moralisch geächtet. Aber nicht allein die Kirche, sondern auch zahlreiche andere Faktoren wie Lehenswesen, Kommunalismus, Kleinstaaterei und die hohe Bedeutung der Selbstversorgung hemmen die Entwicklung einer Geldwirtschaft im europäischen Mittelalter.

Die europäische Wirtschaft ist im Mittelalter also einerseits weiterhin an der Selbstversorgung ausgerichtet, besitzt aber andererseits zahllose Märkte, größere Warenflüsse zwischen Stadt und Land, umfangreichere Handelsverflechtungen zwischen verschiedenen Regionen Europas und einige wenige Verbindungen mit anderen Kontinenten, und das Geld spielt dabei als Tauschmittel eine erhebliche Rolle. Solche Wirtschaftsstrukturen werden fälschlicherweise häufig als «Marktwirtschaft» bezeichnet; aber dies ist nicht angemessen, weil der Markt und besonders die Geldwirtschaft noch stark limitiert sind. Deshalb ist es angemessener, von einer «marktoffenen Selbstversorgerwirtschaft» zu sprechen,[56] um deutlich zu machen, dass der Markt nur eine ergänzende Funktion für die Selbstversorgung besitzt, die sehr kreativ genutzt werden und zeitweise sogar einen großen Umfang annehmen kann, wobei sich aber die ihm innewohnende Dynamik noch nicht wirklich entfalten kann.

Obwohl das Geld also im mittelalterlichen Europa eine erhebliche Bedeutung erlangt und mit ihm einige wichtige Innovationen verbunden sind, die weit über seine Bedeutung im klassischen Griechenland hinausgehen, bleibt das mittelalterliche Wirtschaften in seiner Gesamtheit weiterhin dem Ziel der Selbstversorgung verpflichtet.

Modifikation der griechischen Abstraktionen durch das christliche Abendland

Das mittelalterliche Europa greift in den Bereichen Dezentralität, Philosophie und Geldwirtschaft wichtige griechische Abstraktionen auf und entwickelt sie weiter. Allerdings werden die griechischen Abstraktionen nicht direkt übernommen, sondern erheblich modifiziert: Der zweite Anfang der Moderne setzt nicht einfach den griechischen Anfang fort, sondern bedeutet auch einen gewissen Neuanfang.

Betrachtet man die hochmittelalterliche Wirtschaft und Gesellschaft in ihrer Gesamtheit, dann besitzen diese Wiederaufnahmen griechischer Abstrakta nur einen begrenzten Stellenwert, und sie dominieren keineswegs die wirtschaftliche und soziale Entwicklung und das Selbstverständnis Europas – Europa verbleibt als Hochkultur noch vollständig im Rahmen achsenzeitlicher Kulturen.[57] Allerdings zeigen sich von heute her gesehen bereits einige Elemente, die damals noch keine zentrale Rolle spielen, die aber wenig später zur Grundlage einer ganz anderen und außergewöhnlichen Entwicklung werden.

Dass dann mit dem Ausbruch der Pest und der beginnenden Klimaverschlechterung das komplexe hochmittelalterliche Wirtschafts- und Gesellschaftssystem so schnell zusammenbricht und in größeren Teilen zur Selbstversorgung zurückkehrt, liegt offensichtlich daran, dass dieses neue System noch nicht ausreichend gefestigt und seine materielle und immaterielle Basis noch nicht selbstverständlich genug geworden ist.

7.4 Der dritte Beginn in Renaissance und Aufklärung: Aufbruch

Um das Jahr 1500 herum setzt in Europa erneut ein starker Aufschwung ein, der durch folgende, meist geistig-kulturelle Anstöße ausgelöst wird:[58]

- Um 1450 herum erfindet Johannes Gutenberg den Buchdruck mit beweglichen Lettern – Revolution im Bereich der Vervielfältigung von schriftlichen Informationen.
- 1453 erobern die Osmanen Konstantinopel – viele Gelehrte fliehen nach Italien und bringen die Originale der klassischen griechischen Autoren mit, die zuvor nur in Übersetzungen bekannt waren.
- 1492 entdeckt Kolumbus Amerika – Beginn der europäischen Expansion nach Übersee als großer Impuls für die europäische Wirtschaft.
- 1517 beginnt die Reformation in Wittenberg – Stärkung des Individuums innerhalb des Christentums.

Die neue Epoche wird Renaissance (Wiedergeburt) genannt, weil sie in ihrem Selbstverständnis die Kultur und die Werte der klassischen Antike wiederentdeckt und neu belebt. Sie ist dadurch geprägt, dass jetzt erstmals in der Geschichte der Menschheit der Mensch – und nicht mehr eine Gottheit oder die Natur – im Zentrum der Welt steht und dass der Mensch jetzt zum Maß aller Dinge wird.[59]

Die Epoche der Renaissance, die um 1600 zu Ende geht, ist zwar durch eine große Aufbruchsstimmung geprägt, aber es gibt in dieser Zeit nur wenige Ansätze, die diese neue Sicht auf systematische Weise begründen. Diese entstehen erst in der folgenden Epoche, der Aufklärung, und deshalb werden Renaissance und Aufklärung in diesem Abschnitt gemeinsam dargestellt.

Wiedergeburt der griechischen Abstrakta

Die neue Sicht der Welt greift zwar auf zentrale Abstrakta der griechischen Antike zurück, aber sie radikalisiert diese Abstrakta, weil das «richtige Maß» wegfällt, mit dem die Griechen sie begrenzt hatten. Deshalb ist der Begriff «Wiedergeburt» eigentlich nicht angemessen, weil er verschleiert, dass es sich mehr um einen Neuanfang als um die Fortsetzung des griechischen Erbes handelt.

Ebenso wenig ist die verbreitete Interpretation zutreffend, mit der Renaissance beginne das rationale oder vernünftige Denken, was ein riesiger Fortschritt für den Menschen sei. Fälschlicherweise geht diese Interpretation davon aus, dass allein die abstrakten Abstrakta die Grundlage eines vernünftigen Denkens seien und ein Denken mit sinnlich-symbolischen Abstrakta noch zum mythischen Denken gehöre. Das trifft jedoch nicht zu.[60]

Die neue Sicht, also die Orientierung an abstrakten Abstrakta, ermöglicht es den Europäern schon früh, Entdeckungen und Erfindungen aus anderen Hochkulturen aufzugreifen und sie auf völlig neue Weise weiterzuentwickeln. Am folgenreichsten wird die Übernahme des Schwarzpulvers, das um das Jahr 1000 in China erfunden und dort nur für rituelle Zwecke als Feuerwerk genutzt wird. Die Europäer verwenden das Schwarzpulver schnell für etwas ganz anderes, nämlich für militärische Zwecke, und sie erfinden das Gewehr und die Kanone als neue Waffen, die allen anderen Waffen überlegen sind.

Diese innovative Weiterentwicklung hängt damit zusammen, dass in traditionellen Hochkulturen eine Erfindung sehr stark an den Kontext gebunden bleibt, in dem sie gemacht wurde. Europäer dagegen, die mit abstrakten Abstrakta vertraut sind, können von diesem Kontext leicht abstrahieren, eine Erfindung allein auf das darin enthaltene «technische Prinzip» reduzieren, und diese Erfindung dann auf ganz andere Bereiche übertragen, so wie sie es mit dem Schwarzpulver getan haben. Dies ist der Grund für die militärisch-technische Überlegenheit Europas über alle traditionellen Hochkulturen der Welt seit der Renaissance, die dazu führt, dass Europa in kurzer Zeit große Teile der Welt beherrscht.

Mit der Eroberung der Welt durch die Europäer ist eine gewaltige Zäsur der ökologischen Situation der Erde verbunden: Bislang hatte die Evolution dazu geführt, dass sich die Lebewesen auf den einzelnen, meist durch große Wassermassen voneinander getrennten Kontinenten unterschiedlich entwickelt hatten. Dies hatte sich auch durch die Ausbreitung des Menschen über die gesamte Erde und durch einen gewissen Handelsverkehr zwischen traditionellen Hochkulturen nicht wirklich geändert. Als dann aber die Europäer nach 1492 große Teile der Welt erobern, verbreiten sie ihre Bakterien und Viren und alle Krankheitserreger, gegen die sie selbst seit langem immun sind, unter den Bevölkerungen der Welt, die dagegen meist keine Immunität besitzen und dadurch stark dezimiert werden. Weiterhin verbreiten die Europäer ihre eigenen Nutzpflanzen und Haustiere in der gesamten Welt, und sie bringen Nutzpflanzen aus aller Welt nach Europa. Dies bedeutete eine starke ökologische Homogenisierung der gesamten Welt, in erster Linie aber die ökologische Dominanz der Welt durch Europa, kurz gesagt einen «ökologischen Imperialismus», der die militärische Eroberung und die wirtschaftliche Ausbeutung der Welt durch Europa begleitet.[61]

Wenn in diesem Abschnitt der dritte Beginn der Moderne dargestellt wird, dann geht es wie immer in diesem Kapitel nicht um die *konkrete* wirtschaftliche, soziale und politische Entwicklung, die zur Herausbildung der Industriegesellschaft führt,[62] sondern um die neue (abstrakte) Sicht auf Welt, Mensch und Natur, die jetzt entsteht. Sie entsteht in dieser Epoche auf eine fragmentierte und dezentrale Weise nahezu gleichzeitig in sehr verschiedenen Bereichen. Diese haben zwar mit Natur und Umwelt meist nichts zu tun, ihre Darstellung ist aber notwendig, um den neuen Umweltbezug der Moderne angemessen verstehen zu können.

Die Entwicklungen werden in der Regel durch einige wenige außergewöhnliche Persönlichkeiten vorangetrieben; diese besitzen ein Gespür für die neuen Möglichkeiten, die sich durch die Realisierung von abstrakten Abstrakta eröffnen, und sie setzen diese oft auf eine sehr riskante Weise um. Zeitgenossen beschreiben diese Menschen als extrem selbstbewusst (bis hin zur Überheblichkeit), als extrem individualistisch (bis hin zum Egoismus), als extrem risikobereit (bis hin zum Leichtsinn) und als Menschen, die von der Realisierung ihrer Idee geradezu besessen sind.

Insgesamt sind es neun Bereiche, in denen sich abstrakte Abstrakta auf jeweils eigenständige Weise ausbilden, und an ihnen hängt die neue Weltsicht von Renaissance und Aufklärung.[63]

Naturwissenschaften

Natur wird überall auf der Erde von allen Menschen und Kulturen als ein geordneter und sinnvoller Zusammenhang wahrgenommen, der *über* dem Menschen steht und den er zu respektieren hat. Mit der Entstehung der modernen Naturwissenschaften ändert sich dies fundamental, wie ein Blick auf das Fallgesetz von Galileo Galilei exemplarisch zeigt.

Die Geschwindigkeit eines fallenden Körpers ist bei ihm das Produkt aus Erdanziehung und Zeit (v = g × t), wird also allein von zwei quantifizierbaren Faktoren bestimmt. Die Frage, *warum* ein Körper fällt, spielt dabei keine Rolle, obwohl sie in der griechischen Philosophie von zentraler Bedeutung war: Ein Körper fällt, weil er von seinem naturgemäßen Ort entfernt wurde und weil er nach Beendigung dieses naturwidrigen Eingriffs automatisch wieder an seinen naturgemäßen Ort zurückkehrt. Für die modernen Naturwissenschaften gelten jedoch Warum-Fragen als irrelevant und unwissenschaftlich (siehe Abschnitt 7.3). Deshalb gibt es für Galilei keinen «richtigen» Ort für einen Körper. Es ist völlig gleichgültig, an welcher Stelle sich ein Körper auf der Erde befindet, bevor er fällt; lediglich seine potenzielle Energie ist je nach Standort unterschiedlich groß.

Genauso wenig spielt die Qualität der Fallbewegung eine Rolle, die als gleichmäßig-beschleunigt angenommen, also allein quantitativ bestimmt wird. Sollte sich im Verlauf der Fallbewegung die Bewegung qualitativ verändern, so ist dies nur durch das Einwirken einer zusätzlichen äußeren Kraft und nicht auf Grund der (inneren) Qualität des fallenden Körpers vorstellbar. Das bedeutet, dass die Physik alle Bewegungen in der Natur wie in einem Billardspiel als von außen verursacht sieht (der metaphysische Gott gibt den ersten Anstoß, dann läuft alles weitere automatisch ab) und sie rein quantitativ mit mathematischen Formeln beschreibt. Damit löst sie alle Qualitäten in der Natur – also auch die Unterschiede zwischen naturgemäßen und naturwidrigen Bewegungen – auf.

Weiterhin zerlegt die Physik den überkomplexen Gesamtzusammenhang der Natur in möglichst viele kleine Einzelteile, deren Einzelbewegungen mathematisch analysiert werden. Dabei geht sie davon aus, dass sich komplexe Naturprozesse nur aus den Bewegungen ihrer Einzelteile zusammensetzen (Komplexität besteht lediglich in der Addition aller Einzelteile) – auch der Gesamtzusammenhang der Natur lässt sich wie ein einzelner Körper allein quantitativ-mathematisch beschreiben.

Auf diese Weise verliert Natur jeden Sinn und (Eigen-)Wert; sie wird auf einen rein quantitativ zu fassenden und vollständig zu berechnenden «Kräftezusammenhang» reduziert, bei dem die Qualität der Körper und der Kräfte keinerlei Rolle mehr spielt.[64] Dadurch wird Natur zu einem (sinn-losen) «Material»,[65] das der Mensch beliebig nutzen, verändern und vernutzen kann, ohne sich darüber Gedanken zu machen und ohne dafür eine Verantwortung übernehmen zu müssen. Natur wird zur großen, unendlichen Ressource, aus der sich der Mensch unmittelbar und unbegrenzt bedienen kann, und zur großen, unendlichen Senke, in die hinein er all das einfach wegwerfen kann, was er nicht mehr braucht. Erst auf diese Weise entsteht der instrumentelle Umgang des Menschen mit Natur, der uns heute so selbstverständlich geworden ist, dass wir ihn für «natürlich» halten, obwohl er extrem voraussetzungsträchtig ist.

Die modernen Naturwissenschaften sind jedoch nicht nur «exakte», also mathematisch geprägte Wissenschaften, ihr zentraler Charakterzug ist auch ein technischer:[66] Einen Naturprozess zu verstehen bedeutet, ihn mathematisch beschreiben und technisch reproduzieren (also nachbauen) zu können. Ein Verstehen ohne technischen Nachvollzug ist kein angemessenes naturwissenschaftliches Verständnis; und all das, was man technisch verstanden hat und theoretisch machen kann, kann und muss man auch in die Praxis umsetzen.

Allerdings muss man an dieser Stelle darauf hinweisen, dass neben den modernen Naturwissenschaften weiterhin zahlreiche traditionelle Naturwissenschaften wie Alchemie, Astrologie oder Paracelsianismus existieren, weil deren Vertreter die Grundlagen der modernen Naturwissenschaften nicht akzeptieren.[67]

Mit dieser völlig neuen Konzeption schaffen die neuen Naturwissenschaften die Grundlage für unzählige technische Erfindungen, die dazu führen, dass Europa allmählich die beherrschende Position in der Welt einnimmt. Aber es dauert noch bis weit ins 19. Jahrhundert hinein, bis naturwissenschaftliche Erkenntnisse auf *direkte* Weise zu technischen Innovationen in Wirtschaft und Alltag führen.[68]

Protestantische Ethik

In der traditionellen Sicht ist Arbeit eine Mühe und Anstrengung, die eingestellt wird, wenn die Selbstversorgung erreicht ist. Dieses Arbeitsverständnis wird durch die Reformation völlig verändert.[69] Nach der Auffassung des Reformators Johannes Calvin (1509–1564) steht jeder Gläubige allein vor Gott, ohne zu wissen, ob er zur ewigen Seligkeit oder Verdammnis ausgewählt ist. Diese Unsicherheit muss er durch einen festen Glauben und durch eine rastlose Berufstätigkeit, die den religiösen Zweifel vertreibt, aushalten und stets ein gottgefälliges Leben – Müßiggang ist Laster, Arbeit ist Gottesdienst – führen. Dadurch wird aus der konkreten, mühevollen Arbeit eine abstrakte Arbeit, die ihr eigentliches Ziel erst im Jenseits findet. Aus der zeitlich begrenzten Arbeit wird so ein Arbeiten, das nie ein konkretes Ende erreicht und lebenslang zur Lebensaufgabe wird.

Da im Calvinismus der Reichtum, der durch Arbeit erworben wird, nicht verbraucht oder genossen werden darf, muss der erzielte Gewinn wieder investiert werden, und es muss rastlos weitergearbeitet werden. Es ist kein Zufall, dass calvinistisch geprägte Gebiete in Europa – Schweiz, Niederlande, England, später auch die USA – besonders große wirtschaftliche Dynamiken aufweisen.

Römisches Recht

Im Römischen Reich, das viele griechische Abstraktionsleistungen aufgreift und fortführt, gibt es eine eigenständige abstrakte Abstraktionsleistung, die die Römer ohne griechisches Vorbild selbst entwickeln, nämlich das «Römische Recht». Es gerät im Frühen Mittelalter in Europa in Vergessenheit und wird durch Gewohnheits- und Partikularrechte ersetzt. Später wird das Römische Recht an den neu gegründeten Universitäten gepflegt, erlangt ab dem Beginn des 16. Jahrhunderts eine immer größere Bedeutung und wird dann im 19. Jahrhundert in den einzelnen europäischen Staaten zur Grundlage des nationalen Rechts.[70]

Die traditionellen Gewohnheitsrechte gehen in Europa auf sogenannte Volksrechte zurück. Bei ihnen gibt es zum Beispiel für einen Wald einen Obereigentümer, aber die einzelnen Nutzungen (Holz, Jagd, Weide, Harz, Beeren) werden jeweils von unterschiedlichen Nutzungsberechtigten wahrgenommen, die teilweise «ewige» Rechte besitzen. Außerdem spielen bei diesen Nutzungsrechten Genossenschaften und Gruppen von Nutzungsberechtigten eine große Rolle, um deren Selbstversorgung partiell zu sichern, so dass häufig Situationen existieren, die von außen schwer zu durchschauen sind.

Partikularrechte entstehen auf Grund von Konflikten zwischen lokalen Herrschern und ihren oft in einer Genossenschaft zusammengeschlossenen Untertanen; sie fixieren das Ergebnis eines Konfliktes, also den Kompromiss. Da es unzählige solcher Kompromisse gibt und diese stets nur lokale Gültigkeit haben, sind diese Rechtsverhältnisse ebenfalls sehr vielfältig.

Nicht nur in Europa, sondern auf der ganzen Welt gibt es in den traditionellen Gesellschaften ähnlich konzipierte Rechtsformen. Ihre Gemeinsamkeiten liegen darin, dass erstens ein einzelner Mensch rechtlich fast nie etwas allein entscheiden kann und dass zweitens die rechtlichen Verhältnisse ziemlich unübersichtlich sind.

Das Römische Recht abstrahiert dagegen vollständig von diesen traditionellen Rechtsformen, und es legt fest, dass jedes Eigentum einen einzigen Eigentümer hat und dass dieser Eigentümer die alleinige Verfügungsgewalt über sein Eigentum besitzt. Dieses «rationale» Recht ist einfach und übersichtlich, es gibt dem Eigentümer die volle Freiheit des Umgangs mit seinem Eigentum, und es hebt die traditionellen Mit-Nutzungsrechte der Bevölkerung an Grund und Boden auf.[71]

Durch das Römische Recht tritt also die langfristige Nutzung des Eigentums zum Nutzen aller in den Hintergrund, und die mit dem Aufblühen der Geldwirtschaft verbundenen kurzfristigen und individuell verantworteten Transaktionen – Kauf, Verkauf, Verpachtung, Kreditsicherung – werden immer wichtiger. Ohne das Römische Recht wäre die spätere moderne Wirtschaftsentwicklung nicht möglich gewesen (Privateigentum an den Produktionsmitteln). Gleichzeitig werden dadurch die traditionellen Rechtsstrukturen, die der langfristigen Sicherung der Selbstversorgung über Generationen hinweg dienten, geschwächt und zerstört.

Philosophie

Mit der Renaissance rückt erstmals in der Geschichte der Menschheit der Mensch in den Mittelpunkt der Welt. Dies zeigt sich daran, dass die Begriffe Subjekt und Objekt jetzt ihre Bedeutung tauschen: Das Subjekt, ursprünglich das sub-iectum (das Unterworfene), wird dominant, und das Objekt, ursprünglich das ob-iectum (das Gegenüberstehende, das das sub-iectum dominiert), wird vom Subjekt abhängig.

Es dauert einige Zeit, bis diese neue Weltsicht philosophisch systematisch reflektiert wird. René Descartes (1596–1650) prägt den berühmten Satz «Cogito, ergo sum – Ich denke, also bin ich». Diese philosophische Grundlegung definiert den Menschen als ein denkendes Wesen, als ein Geistwesen, und sie abstrahiert dabei von seiner Körperlichkeit und von seinen Gefühlen, die beim Denken (abstrakte Abstrakta) keine Rolle mehr spielen. Zugleich ist der Mensch als denkendes Wesen ein vereinzeltes Wesen, denn Denken ist eine individuelle, eigenverantwortliche Tätigkeit. Erst in einem zweiten Schritt kann man später die Ergebnisse des Denkens mit anderen Menschen teilen. Damit abstrahiert diese philosophische Grundlegung auch vom Menschen als einem sozialen Wesen und definiert ihn neu als Individuum, das allein der Welt gegenübersteht. Weiterhin ist der Mensch als denkendes Wesen eigentlich ein neutraler Mensch, aber im Kontext der Aufklärung ist stets der einzelne Mann (unter Absehung von seiner Körperlichkeit und Geschlechtlichkeit) gemeint, da die Frau damals mit Gefühl und Emotionalität besetzt ist und als identisch mit Sozialbeziehungen (Abhängigkeiten) angesehen wird.

Das Denken der Aufklärung lässt sich gut im Leitsatz «Sapere aude – habe Mut, dich deines eigenen Verstandes zu bedienen» (Kant) zusammenfassen. Damit wird das Individuum aufgefordert, sich an der Rationalität der abstrakten Abstrakta zu orientieren und alle seine sinnlichen und emotionalen Äußerungen der Logik der Abstrakta zu unterwerfen. Damit wird nach der äußeren Natur auch die Natur des Menschen den abstrakten Abstrakta unterworfen (Selbstbeherrschung als Zwang gegen sich selbst). Daher entsteht mit der Aufklärung ein sehr tiefer Graben zwischen Natur und Geist.

Gut hundert Jahre nach Descartes entwickelt Immanuel Kant (1724–1804) das maßgebliche philosophische System der Aufklärung: In der «Kritik der reinen Vernunft» von 1781 präsentiert er seine Erkenntnistheorie (Wahrnehmung der äußeren Welt durch den Menschen); darin legt er das philosophische Fundament, wie der Mensch Natur als einen rationalen Kräftezusammenhang verstehen kann, der nur durch deterministische Gesetze bestimmt wird und der keinen eigenen Sinn besitzt. In seiner «Kritik der praktischen Vernunft» von 1788 entwickelt Kant seine Ethik als das Vermögen des Individuums, alle seine Handlungen von frei gewählten Prinzipien (Gesetze der Freiheit) abhängig zu machen. In diesem Rahmen entsteht sein Kategorischer Imperativ: «Handle nur nach derjenigen Maxime, durch die du zugleich wollen kannst, dass sie ein allgemeines Gesetz sei.» Mit dieser Regel soll das Individuum von seinen persönlichen Bedürfnissen, Gefühlen und Interessen abstrahieren und sein Handeln allein an den Prinzipien einer allgemeinen Vernunft (abstrakte Abstrakta) ausrichten. Es ist kein Zufall, dass dieser Kategorische Imperativ von jeder Inhaltlichkeit absieht und rein formal ausfällt.[72]

Das kantische System fällt so systematisch und so genial aus, dass es auch heute noch eine zentrale Stellung in der Philosophie und in vielen Einzelwissenschaften besitzt.

Mathematik

Als die Zahlen in den frühen Hochkulturen erfunden werden, steht jede Zahl für etwas (5 = fünf Äpfel oder fünf Schafe), ist also identisch mit einer materiellen Größe oder Substanz. Bereits die Erfindung der Zahl Null bereitet erhebliche Probleme, weil sie ja zum Teil nicht mehr für Etwas, sondern für Nichts steht. Im 17. Jahrhundert gibt es dann mit der Erfindung der Infinitesimalrechnung durch Gottfried Wilhelm Leibniz (1646–1716) einen großen Entwicklungssprung in der Mathematik.

Im «normalen» Verständnis der Zahlen kann man eine natürliche Zahl immer wieder teilen, wodurch sie immer kleiner wird. Aber sooft ich eine Zahl auch teile, sie bleibt immer Etwas, selbst wenn dieses Etwas extrem klein ist; denn aus einem Etwas kann grundsätzlich niemals ein Nichts werden. Genau dies aber macht Leibniz, der die Zahlen von aller Konkretion befreit und einen Zahlenstrahl annimmt, auf dem sich die Zahlen immer stärker der Null annähern, bis die Null erreicht ist. Genauso ist es beim Gegenteil: Wenn ich eine konkrete Zahl immer wieder verdopple, erhalte ich sehr große Zahlen, die stets natürliche Zahlen bleiben und die nie unendlich werden. Auch hier nimmt Leibniz einen Zahlenstrahl an, der von Null ins Unendliche geht, so dass aus natürlichen Zahlen irgendwann einmal unendlich wird.

Sowohl im Fall der Null als auch der Unendlichkeit abstrahiert die neue Mathematik von der konkreten, sinnlichen Erfahrung – viele Menschen würden dies Unsinn nennen – und setzt eine abstrakte Wirklichkeit an die Stelle der konkreten Welt, bei der die Zahlen ihre Substanz, also ihren materiellen Bezug verlieren und sich zu abstrakten (Rechen-) Einheiten wandeln.[73] Erst auf der Grundlage dieser Abstraktionsleistung lässt sich die Infinitesimalrechnung entwickeln, so dass komplexe Sachverhalte in Natur und Technik berechnet werden können. Dies bedeutet einen gewaltigen Impuls, um Naturprozesse in mathematische Formeln zu zerlegen und technische Innovationen zu produzieren.

Rationaler Staat

In den traditionellen Hochkulturen der Welt liegt die Staatsmacht bis ins 20. Jahrhundert in den Händen der jeweiligen Herrscherfamilie. Im staatlichen Handeln mischen sich daher stets staatliche und familiäre-persönliche Interessen, was als normal und selbstverständlich gilt. Im Europa der Renaissance wird ein solches staatliches Handeln erstmals als ineffizient und verbesserungswürdig wahrgenommen: Niccolò Machiavelli (1469–1527) fordert als Erster, dass ein Herrscher («Fürst») sein Handeln allein an den Grundsätzen der Staatsräson und nicht an persönlichen Interessen und Vorlieben ausrichten müsse, wobei er auch vor dem Einsatz von Gewalt und Terror nicht zurückschrecken dürfe.[74]

Die Umsetzung dieses abstrakten Prinzips braucht aber noch einige Zeit. Da nahezu alle europäischen Staaten der Neuzeit permanent Kriege um regionale Dominanz oder um die Vorherrschaft in Europa führen und da diese Kriege immer aufwendiger und teurer werden, merken die Herrscher, dass diejenigen Staaten militärische Vorteile erzielen, die ihr staatliches Handeln an einer rationalen Staatsführung ausrichten und ihre familiär-persönlichen Interessen vollständig diesem Ziel unterordnen. Da militärische Stärke von der wirtschaftlichen Stärke und der Effizienz eines Staates (unter anderem bei der Steuererhebung) abhängt, bedeutet dies,

- dass der rationale Staat *erstens* seine Wirtschaft gezielt stärkt (mittels der Politik des Merkantilismus),
- dass er *zweitens* ein großes stehendes Heer aufbaut (mit großem Einsatz von Technik und Disziplinierung der Soldaten)
- und dass er *drittens* seine staatliche Verwaltung effizient strukturiert, indem er die Bürokratie einführt (die auf allen Ebenen statt von Bestechung und Günstlingswirtschaft von rationalen Zielen bestimmt wird). Dafür müssen die rechtlichen Rahmenbedingungen im gesamten Staatsgebiet vereinheitlicht und standardisiert und die Staatsaufgaben in verschiedene Teilgebiete aufgegliedert werden, damit sie durch Spezialisierung jeweils effizienter ausgeführt werden können.[75]

Im Absolutismus erreichen die Kriege in Europa eine solche Intensität, dass fast alle Staaten rationale Strukturen ausbilden, um nicht unterzugehen. Allerdings handelt es sich dabei nur um die Grundlagen – erst im Verlauf der Industriellen Transformation entsteht mit dem bürgerlichen Rechtsstaat der voll ausgebildete rationale Staat.[76]

Die Etablierung von rationalen Staaten, die nur in Europa stattfindet, gilt historisch als eine zentrale Voraussetzung für die spätere Industriegesellschaft, die die Existenz von großen Wirtschaftsräumen mit einheitlichen und stabilen (berechenbaren) Regeln und Strukturen voraussetzt.[77]

Geld

Bislang hatte das Geld in den Hochkulturen der Erde und auch in Europa die Aufgabe, den Warentausch zu erleichtern und zu fördern. Unter der Hand entwickelt das Geld zwar eine eigene Dynamik (aus Geld mehr Geld zu machen), aber diese wird lange Zeit gezielt unterdrückt und kann sich nicht entfalten. Als dann aber ab dem 15. Jahrhundert die Blockaden schwächer werden, erlebt die Geldwirtschaft schnell eine Blüte und beginnt das Wirtschaften immer stärker zu dominieren. Die großen Kaufmannsfamilien der Renaissance wie die Medici oder die Fugger werden unendlich reich,[78] und sie finanzieren die Aktivitäten von Kaisern und Königen, so dass diese von den Kaufleuten abhängig werden – das Geld (in Form von Krediten) beginnt erstmals größere Teile der Welt zu beherrschen.

«Die Loslösung von der Natur … und damit von dem dadurch gegebenen Begrenzungs- und Stabilisierungserfordernis erfolgt nach Auffassung Lockes[79] in dem Moment, wo das Geld ein bestimmender Faktor der Wirtschaft wird … Geld [wird] weder abgenutzt noch verdirbt es, [es wird] also aus dem Werden und Vergehen der Natur herausgelöst.»[80] Damit erlangt jetzt das Geld erstmals eine neue Bedeutung.

Im normalen Menschenverstand und im traditionellen Wirtschaften hat Geld stets einen konkreten Wert, indem ein Taler den Gegenwert von einem Scheffel Weizen besitzt oder der Wert einer Goldmünze so groß ist wie der Wert des in ihm enthaltenen Goldes. Mit dem Aufblühen der Geldwirtschaft wird die Bedeutung des Geldes als Tauschmittel – Geld als Mittel zum Erwerb von etwas Konkretem, von etwas anderem als Geld – unwichtiger, und Geld wird immer mehr zum Selbstzweck, nämlich aus Geld mehr Geld zu machen. Dadurch wird aus Geld, das als Tauschmittel eine konkrete Substanz oder einen festen Wert darstellt, ein Kreditmittel oder eine substanzlose abstrakte Recheneinheit.

Das Geld wird so selbst zur Ware, und es erhält einen Preis, der von Angebot und Nachfrage auf dem Geldmarkt abhängig ist und der manchmal höher und manchmal niedriger ausfällt. Dies druckt sich in höheren oder niedrigeren Zinsen für einen Kredit oder im Wertverlust des Geldes durch Inflation aus. Diese neue Geldlogik ist Ausdruck dessen, dass Geld von einem sinnlich-symbolischen Abstraktum (festes Wertsymbol) zu einem abstrakten Abstraktum (Recheneinheit) geworden ist.

Die meisten Menschen verstehen diese neue Geldlogik nicht und fühlen sich durch sie benachteiligt und betrogen. Dies verstärkt das traditionelle Misstrauen gegenüber der Geldwirtschaft und führt immer wieder zu Unruhen, die sich oft zu Unrecht gegen Juden richten, weil diese lange Zeit die Einzigen sind, die als Geldverleiher tätig sein dürfen.[81]

Je mehr sich die Geldwirtschaft entwickelt, desto größer wird die Nachfrage nach Geld, das als Münzgeld wegen der benötigten Gold- und Silbermengen physisch stets begrenzt ist. Bereits im Mittelalter wird mit dem Wechsel ein Kreditinstrument entwickelt, das Bargeld ersetzt. Er erhält in der Renaissance weitere Funktionen, gleichzeitig werden die ersten Börsen gegründet (1531 Antwerpen, 1546 Lyon und Toulouse, 1558 Hamburg, 1566 Köln, 1571 London), um den Handel mit Wechseln und anderen Wertpapieren zu vereinfachen. 1602 dann entsteht mit der Niederländischen Ostindien-Kompagnie die erste Aktiengesellschaft, die sich ihr Kapital von Privatpersonen auf dem Markt besorgt; dabei geben Privatpersonen der Aktiengesellschaft Geld in der Hoffnung auf zukünftige Gewinne, und sie erhalten dafür eine Dividende.[82]

Der nächste große Schritt, um die Geldwirtschaft vom Münzgeld unabhängig zu machen, geschieht 1694 in England: Um dem englischen Staat 1,2 Millionen Pfund zur Verfügung zu stellen, wird die Bank of England gegründet; diese gibt Banknoten als allgemein anerkanntes Zahlungsmittel aus, um diesen Betrag aufzubringen, und schafft so das Papiergeld.[83] Der Gegenwert dieses Papiergeldes existiert nicht in Form von vorhandenem Gold oder Münzgeld. Vielmehr handelt es sich um Staatsanleihen, deren Sicherheit in den Steuereinnahmen der kommenden Jahre besteht, also in Geld, das erst in der Zukunft vorhanden sein wird. Indem heute Geld zur Verfügung gestellt wird, dessen realer Gegenwert erst morgen geschaffen wird, wird ein «Wechsel auf die Zukunft» gezogen. Diese Einführung des Papiergeldes erzeugt immer wieder große Turbulenzen, weil Betrügereien mit gefälschten Geldscheinen und Spekulation seitdem erheblich zunehmen.[84]

Damit werden die physischen Grenzen der Geldwirtschaft aufgehoben, und es wird erstmals ein unbegrenztes Wachstum der Geldmenge ermöglicht. Dieses System der Geldschöpfung setzt jedoch eine stabile Wirtschaftslage mit einem dauerhaften Wirtschaftswachstum voraus. Ist dieses nicht gegeben, anders gesagt, bricht die Erwartung auf zukünftige Gewinne weg, gibt es sofort eine Wirtschaftskrise: Das Geld wird heute entwertet, weil sein realer Gegenwert morgen nicht mehr erwirtschaftet werden wird. Deshalb ist die europäische Wirtschaftsgeschichte seitdem immer wieder von Krisen, Zusammenbrüchen, Inflation und Geldentwertung geprägt.

Die meisten Menschen und auch klassische Wirtschaftstheoretiker wie Adam Smith besitzen dagegen ein anderes, falsches Verständnis von der Entstehung großer Kapitalien:[85] Ein extrem hartes und langes Arbeiten sowie eine eiserne Sparsamkeit würden dazu führen, dass sich die großen Kapitalmengen ansammeln, die es für die Investition in den Bau und Betrieb einer Fabrik braucht. Dies ist jedoch ein Irrtum: Weder durch Arbeit noch durch Sparsamkeit, sondern lediglich durch Kredite lassen sich diejenigen riesigen Kapitalmengen bereitstellen, die das moderne Wirtschaften benötigt.

Erst mit diesem «Wechsel auf die Zukunft», oder besser erst mit der Vorwegnahme zukünftiger Gewinne (Betriebe) oder Einnahmen (Staat) – Wechsel, Aktien, Staatsanleihen, Papiergeld –, kann der traditionelle Engpass der Geldwirtschaft, der Mangel an Geld, behoben werden. Es dies ist eine Ursache dafür, dass eine wichtige Begrenzung des traditionellen Wirtschaftens – das nur in wenigen und kurzen Phasen ein Wirtschaftswachstum kannte – aufgehoben wird und die europäische Wirtschaft im Rahmen der Industriellen Transformation Kurs auf ein permanentes Wirtschaftswachstum nehmen kann, was es zuvor nie gegeben hatte.

Soziale Disziplinierung

Für die Arbeit in einer Fabrik braucht es ganz bestimmte Voraussetzungen, damit die Arbeiter zehn Stunden am Tag in einem geschlossenen Gebäude monotone Arbeitsschritte ausführen, die präzise feinmotorische Bewegungen und eine dauerhafte Konzentration erfordern. Da so etwas der körperlichen und geistigen Ausstattung des Menschen wenig entspricht, muss dieses Verhalten erst mühsam eingeübt werden. Eine Institution, in der dies geschieht, sind die großen absolutistischen Heere, die ein «Mutterschoß» moderner Arbeitsdisziplin sind.[86] Damit ein solches Heer effizient eingesetzt werden kann, müssen alle Soldaten auf Kommando sofort die gleiche Tätigkeit ausführen, ohne dabei nachzudenken. Dies wird beim Exerzieren (Zerlegung einer komplexen Handlung in mehrere Einzelbewegungen, die jeweils mit bestimmten Befehlsworten verbunden sind) sehr gründlich trainiert, mit der Folge, dass der Soldat auf dem Schlachtfeld letztlich wie eine Maschine funktioniert und später in der Fabrik als «Anhängsel an die Maschine»[87] eingesetzt werden kann.

Neben dem stehenden Heer gibt es weitere Institutionen, in denen das Verhalten von Menschen systematisch reglementiert und diszipliniert wird. Menschen, die aus ihren traditionellen Selbstversorgungsstrukturen vertrieben werden, werden zwangsweise in Waisenhäusern, Arbeitshäusern, Gefängnissen, Zuchthäusern oder Irrenanstalten kaserniert und mit Gewalt zur Ausführung bestimmter Arbeiten gezwungen. Dadurch wird die neue Arbeitsdisziplin ebenfalls eingeübt.[88]

Diese Sozial- und Verhaltensdisziplinierungen sind ein relevanter Teil des europäischen Fortschritts: Da das Verhalten, das für den täglichen Umgang mit abstrakten Abstrakta erforderlich ist, nur für seine Kommandeure und Organisatoren ein rationales Verhalten, für die Ausführenden jedoch irrational und absurd ist, muss es bei ihnen mit Gewalt eingeübt werden – andernfalls wäre es nicht möglich, dass der Fortschritt im Alltag funktioniert. Diese Seite des Fortschritts wird oft übersehen und gern verdrängt, weil sie der positiven Fortschrittsideologie widerspricht.

Liberalismus und Demokratie

Das mittelalterliche Lehenswesen und der Kommunalismus sind Wirtschafts- und Gesellschaftsstrukturen, die sowohl in der Stadt als auch auf dem Land an der Selbstversorgung der Menschen, die in Familien oder Dorfgemeinschaften zusammenleben, ausgerichtet sind. Diese Selbstversorgung besteht inzwischen zwar nicht mehr wie noch im Frühen Mittelalter aus geschlossenen dörflichen Wirtschaftskreisläufen, sondern sie nutzt auf kreative Weise lokale und regionale Märkte zur Ergänzung («marktoffene Selbstversorgerwirtschaft»[89]). Aber ihre wirtschaftliche Dynamik ist wegen der Orientierung an der Selbstversorgung grundsätzlich begrenzt. Diese Strukturen werden ab der Renaissance immer stärker in Frage gestellt, weil sie ein unbegrenztes Wirtschaftswachstum verhindern und weil die sozialen Strukturen und Verpflichtungen, in die die Menschen eingebunden sind, der formalen Gleichheit aller Menschen widersprechen.

Auf dem Land besteht der erste Schritt zur Schwächung der Selbstversorgung in der Aufhebung und Privatisierung des Gemeineigentums oder der dörflichen Allmende. Dabei wird argumentiert, dass das Gemeineigentum dem Römischen Recht widerspreche und angeblich eine rationale Bodennutzung verhindere.[90] Da bei solchen Aufteilungen nur Adlige und nichtbäuerliche Investoren genügend Geld besitzen, um Allmendeflächen kaufen zu können, verlieren viele Bauern ihre Allmendenutzung und damit einen relevanten Teil ihrer Selbstversorgung. Daher müssen sie das Land verlassen, um sich in den Städten eine Arbeit im Gewerbe zu suchen. Allerdings findet diese Privatisierung der Allmende in der klassischen Form nur in England statt,[91] während sie im übrigen Europa über Ansätze nicht hinauskommt. Dort gibt es vor allem in dicht besiedelten ländlichen Realteilungsgebieten (ein Hof wird im Erbgang unter *alle* Erben aufgeteilt) eine dynamische Wirtschaftsentwicklung, weil sich hier viele Gewerbebetriebe auf Grund des großen Arbeitskräftepotenzials (Unterbeschäftigung im Bereich der Landwirtschaft) ansiedeln.[92] Die Aufhebung des Lehenswesens gelingt dann aber erst im Gefolge der Französischen Revolution.

In den Städten wäre der zentrale Schritt zur Schwächung der Selbstversorgung eigentlich die Abschaffung der Zünfte und des Zunftzwangs. Da dies aber in den meisten Fällen vor der Französischen Revolution nicht gelingt, konzentriert sich das Wirtschaftswachstum auf Wirtschaftsbereiche, die der Zunftordnung nicht unterliegen.

Die neu eingerichteten Gewerbebetriebe sind oft «Manufakturen», also Betriebe, bei denen (im Unterschied zu den Zunftbetrieben) Hauswirtschaft und Gewerbe streng getrennt sind, die stark arbeitsteilig organisiert sind, und in denen Menschen arbeiten, die von den Bauernhöfen vertrieben wurden oder die zur städtischen Unterschicht (keine Einbindung in eine Selbstversorgerstruktur) zählen und teilweise zur Arbeit gezwungen werden.

Das neue System, das sich an die Stelle der Selbstversorgungsstrukturen zu setzen versucht, entsteht erst relativ spät. Es nennt sich selbst «Liberalismus» (von liber = frei), weil es sich als ein System der Freiheit versteht. Dies ist jedoch ein fundamentales Missverständnis, weil sich diese Freiheit ausschließlich auf eine abstrakte Freiheit bezieht, die ein extrem eingeengtes Verständnis von Freiheit darstellt. Dieser Liberalismus basiert auf vier abstrakten Abstrakta:

Der freie Mensch: Die Idee des Menschen, der als freies Individuum von niemandem abhängig ist, ist ein Kampfbegriff des Liberalismus gegen die traditionelle Gesellschaft. In traditionellen Gesellschaften sind die einzelnen Menschen stets Teil einer Gruppe. Alle Gruppenmitglieder sind wechselseitig voneinander abhängig und unterstützen sich gegenseitig, sind also formal gesehen nicht frei und unabhängig. Der Liberalismus abstrahiert davon, dass der Mensch ein soziales Wesen ist, das sich als einzelne Person nicht einmal geschlechtlich fortpflanzen kann; er reißt den Menschen aus seinen sozialen Bezügen, isoliert ihn sozial und glorifiziert das von anderen Menschen unabhängige Individuum als ein rein geistiges Wesen ohne Körper und Emotionen.

Freie Arbeit: Diese Idee abstrahiert davon, dass es bei der Arbeit eigentlich um die materielle Lebenssicherung des Menschen geht. Stattdessen versteht sie Arbeit als persönliche Selbstverwirklichung und als eine abstrakte Lebensaufgabe, die nie endet. Freie Arbeit bedeutet, dass ich die freie Wahl habe, an welcher Stelle ich in der Wirtschaft stehen möchte, ob als Direktor, der den Produktionsprozess organisiert, oder als Arbeiter, der an der Maschine steht – beides ist formal gesehen die gleiche Arbeit.

Freier Markt: Damit die Wirtschaftsprodukte gut verkauft und gekauft werden können, braucht es einen freien, uneingeschränkten Markt. Auf einem solchen Markt sorgt die «unsichtbare Hand» automatisch dafür, dass aus den Handlungen aller Marktteilnehmer, die jeweils ihre individuellen Interessen verfolgen, das größtmögliche Gemeinwohl entsteht.[93] Diese Idee abstrahiert von allen empirischen Erfahrungen, dass sich beim freien Spiel der Kräfte stets die stärksten Akteure durchsetzen, die das Gleichgewicht zwischen Angebot und Nachfrage schnell zerstören. Deshalb stellt diese Idee eine irreale und weltfremde, eigentlich eine religiöse Hoffnung dar, dass sich dank der Idee der Freiheit alles automatisch zum Guten wenden werde.

Demokratie: Diese Leitidee besteht darin, dass alle Bürger formal gleichberechtigt an allen politischen Entscheidungen mitwirken sollen. Deshalb werden die traditionellen kommunalistischen Strukturen zerstört, weil sie undemokratisch seien (die Ziele der Selbstversorgung und der Gleichwertigkeit widersprechen der formalen Freiheit). Dabei bezieht sich die Gleichheit nur auf «den» Menschen – Frauen sind dabei lange Zeit ausgeschlossen – als Geistwesen ohne Körper, und die politische Mitwirkung betrifft nur die vernünftige Ausgestaltung der abstrakten Strukturen, so dass wirkliche inhaltliche Alternativen nicht zur Wahl stehen.

Der Liberalismus entwirft also einen völlig neuen gesellschaftlichen Rahmen für eine neue Weltordnung. Da aber die traditionellen Kräfte weiterhin stark sind, verbleiben die liberalen Ideen bis zur Industriellen Transformation in einer Minderheitsposition.

Neun Bereiche der abstrakten Abstrakta

Auf der Grundlage der erstmaligen Schaffung abstrakter Abstrakta in der griechischen Antike und ihrer Modifizierung im europäischen Mittelalter entwickeln Renaissance und Aufklärung eine völlig neue Weltsicht, indem sie diese Abstraktionen zur Grundlage eines neuen Denkens und Handelns machen. Allerdings entsteht diese neue Weltsicht nur langsam und auf fragmentierte Weise: Getrennt voneinander entdecken einzelne Bereiche abstrakte Abstrakta und entwickeln diese gezielt weiter, um ihre jeweiligen Zielsetzungen besser erfüllen zu können. Diese Orientierung an abstrakten Abstrakta führt jedoch im Laufe der Zeit dazu, dass sich die Ziele der einzelnen Bereiche grundlegend verändern, indem aus konkreten Zielen abstrakte Ziele werden. Im Zeitalter von Renaissance und Aufklärung laufen diese Entwicklungen getrennt voneinander in neun Bereichen ab und verbinden sich noch nicht wechselseitig miteinander. Dabei handelt es sich um folgende Bereiche:

- *Naturwissenschaften:* Aus der respektvollen Erkenntnis der Natur entwickelt sich die Behandlung der Natur als Material.
- *Arbeit:* Aus einer mühevollen Tätigkeit, die eingestellt wird, wenn das Ziel erreicht ist, wird eine rastlose Berufstätigkeit ohne Ende.
- *Recht:* Aus vielen besonderen Einzelfällen werden einfache Standardlösungen.

- *Philosophie:* Aus einem Körperwesen mit Emotionen, Gefühlen und Geist wird ein rein rationales Geistwesen.
- *Mathematik:* Aus dem Rechnen mit konkreten Zahlen wird die Berechnung des Unendlichen.
- *Staat:* Aus einer Institution für den Menschen entwickelt sich der rationale Staat als Selbstzweck.
- *Geld:* Aus einem festen Wertsymbol wird eine substanzlose Recheneinheit, die ins Unendliche gesteigert werden kann.
- *Sozialdisziplinierung:* Aus einer Einordnung des Einzelnen in die Gemeinschaft entwickelt sich die gewaltsame Einübung der abstrakten Abstrakta.
- *Gesellschaftsform:* Aus dem gemeinschaftlichen Wirtschaften und Zusammenleben entwickeln sich die formalen Prinzipien von Markt und Demokratie.

In allen neun Bereichen bilden abstrakte Abstrakta, die «immer und überall» gelten, die Grundlage, und diese verkörpern jeweils zwei Eigenschaften: Sie verfügen über keinen Bezug auf etwas anderes mehr und beziehen sich nur noch auf sich selbst, so dass sie zum Selbstzweck werden; und sie besitzen keine konkreten Qualitäten, Inhalte und Grenzen und bestehen nur noch aus formalen, inhaltsleeren Prinzipien, die im Idealfall quantifizierbar sind, so dass sie ins Unendliche gesteigert werden können.

Diese abstrakten Abstrakta sind mit der Hoffnung verbunden, dass durch die Umgestaltung der Welt nach ihrer Maßgabe alle Probleme der widersprüchlichen, fehlerhaften, unvollkommenen und «schmutzigen» Alltagswelt gelöst werden könnten; denn diese Abstrakta seien ja logisch und vernünftig. Wenn man dies umzusetzen versucht, folgt daraus aber eine völlig irreale Welt: Die Natur wäre eine unendliche Ressource für den Menschen, der freie Markt löste automatisch alle wirtschaftlichen und der rationale Staat alle politischen Probleme, und der Kategorische Imperativ verwandelte alle ethischen Probleme der Individuen in vernünftiges Handeln. Diese vernünftigen Prinzipien passen jedoch nicht zu einer begrenzten Erde, zu einer nie vollständig verstehbaren Natur, zu Menschen als Körperwesen mit Gefühlen und Emotionen und zu einer schmutzigen Alltagswelt. Deshalb ist die Hoffnung, damit die Welt verbessern zu können, nicht nur völlig irreal, sondern diese Hoffnung stellt eine Art Religion dar: Ich muss fest an die Vernunft der abstrakten Abstrakta glauben, damit ich von ihnen die Erlösung der unvollkommenen Welt erwarten kann.

Weiterhin betonen die abstrakten Abstrakta zwar die absolute Freiheit und Gleichheit aller Menschen, aber dies betrifft lediglich die formale, nicht aber die inhaltliche Dimension: Der konkrete Mensch muss als Individuum seine Sinnlichkeit und seine Emotionen der Vernunft unterwerfen und seine Arbeit zur Lebensaufgabe machen; die Arbeiter haben sich den Vorgaben der rationalen Fabrik, die Staatsbürger denen des rationalen Staates und die Völker der Welt denen des aufgeklärten Europas zu unterwerfen. Und die Natur wird als Ressource vollständig in die Verfügungsgewalt der menschlichen Interessen gestellt – formale Freiheit und konkrete (Selbst-)Unterdrückung hängen eng miteinander zusammen.

Die zentralen Triebkräfte, die die neue Entwicklung vorantreiben, sind nicht – wie man heute meint – die große Überzeugungskraft und die Richtigkeit der neuen Prinzipien, sondern *erstens* der wirtschaftliche Zwang, der von der Geldwirtschaft ausgeht und der die Selbstversorgungsstrukturen immer mehr zerstört, *zweitens* die großen technischen Fortschritte, die durch die Behandlung der Natur als Material ermöglicht werden, und *drittens* die neuen Rahmenbedingungen für menschliches Leben, die der rationale Staat setzt, und die zahlreichen Disziplinierungsmaßnahmen derjenigen Menschen, die aus den Selbstversorgungsstrukturen herausfallen. Aus der Nähe betrachtet sieht der Fortschritt nicht mehr fortschrittlich aus.

Diese scheinbar vernünftige Weltsicht ist inzwischen zur Grundlage unseres gesamten modernen Denkens und Handelns geworden. Sie erscheint uns völlig natürlich, normal und selbstverständlich zu sein, was sie jedoch keinesfalls ist. Deshalb ist es wichtig, bereits bei der Entstehung dieser neuen Weltsicht die zahlreichen Implikationen aufzuzeigen, die damit verbunden sind, selbst wenn sich die konkreten Auswirkungen erst später zeigen werden.

Und man muss an dieser Stelle auch mit aller Entschiedenheit darauf hinweisen, dass die meisten Menschen, die damals mit dieser neuen Weltsicht konfrontiert werden, sie als irrational, unvernünftig und als Verschlechterung ihrer Lebenssituation erleben. Deshalb ist es kein Zufall, dass diese neue Weltsicht lange Zeit auf heftigen Widerstand und nur in kleinen Teilen der Ober- und Mittelschicht auf Zustimmung trifft. Wegen dieses Widerstands verlaufen die neuen Entwicklungen in den verschiedenen Bereichen lange Zeit getrennt voneinander: Sie vernetzen sich erst im Verlauf der Industriellen und der Französischen Revolution direkt miteinander – das Mittelalter mit dem System der marktoffenen Selbstversorgerwirtschaft geht in großen Teilen Europas erst am Ende des 18. oder erst in der Mitte des 19. Jahrhunderts zu Ende.[94]

8.

Industriegesellschaften

Natur als Material und schöne Landschaft

Der dreifache Beginn der modernen Entwicklung ist die Ursache dafür, dass die europäischen Wirtschaften und Gesellschaften erst nach sehr langer Zeit und nach zwei Abbrüchen tiefgreifend modernisiert werden. Der letzte Auslöser für den Umbruch sind zwei Revolutionen, die in kurzer Zeit für sehr große Veränderungen sorgen (8.1). Danach wird dargestellt, warum das industrielle Wirtschaften so erfolgreich ist, welche Branchen davon erfasst werden und welche sich ihr entziehen (8.2), welche Auswirkungen diese Veränderungen auf die Siedlungs- und Wirtschaftsflächen haben (8.3) und warum Industriegesellschaften eine völlig neue Gesellschaftsform darstellen (8.4). Zum Schluss werden Naturvorstellung und Umweltbezug der Industriegesellschaften thematisiert (8.5), wobei sich Alltagsbild (Material) und Sonntagsbild (schöne Landschaft) vollständig voneinander unterscheiden.

8.1 Die doppelte Revolution in Wirtschaft und Politik

Die Epoche der Moderne beginnt mit einem doppelten Paukenschlag, nämlich mit der Industriellen Revolution (1764–1785 in England) und der Französischen Revolution (1789 in Frankreich). Beide Revolutionen hängen zwar nicht unmittelbar zusammen und entstehen auch unabhängig voneinander, aber die Auswirkungen dieser «Doppelrevolution»[1] unterstützen sich in ihren Zielsetzungen wechselseitig, und sie sorgen gemeinsam dafür, dass die alte europäische Ordnung in kurzer Zeit zusammenbricht.

Wirtschaftliche Revolution

Die Industrielle Revolution entsteht im letzten Drittel des 18. Jahrhunderts. Weil es dafür kein eindeutiges Datum gibt und sich dieser Umbruch über einen längeren Zeitraum erstreckt, kommt dieser Begriff erst im 19. Jahrhundert auf, als der dadurch ausgelöste fundamentale Wandel absehbar ist.[2]

Inhaltlich besteht die Industrielle Revolution darin, dass ein großer Teil der Handarbeit in der Textilproduktion durch Maschinen ersetzt und die Dampfmaschine zum Antrieb dieser Maschinen eingesetzt wird. Dadurch wird die Manufaktur zur Fabrik: Die Produktionsform der Manufaktur ist ja bereits durch Großstrukturen, ausgeprägte Arbeitsteilungen und standardisierte Massenproduktion geprägt.[3] Die Einführung der Dampfmaschine erlaubt es, einerseits eine große Menge an menschlicher Arbeitskraft durch die mit Steinkohle angetriebene Dampfmaschine zu ersetzen und andererseits die Arbeitsteilung noch einmal zusätzlich stark auszubauen, wodurch die Produktivität der menschlichen Arbeit sprunghaft erhöht wird.

Diese Entwicklung sieht von heute her so selbstverständlich und so natürlich aus, dass man leicht die zahlreichen Voraussetzungen übersieht, die erforderlich sind, damit das neue System Fabrik überhaupt funktioniert. Dazu braucht es

- die modernen Naturwissenschaften (ohne die die Dampfmaschine nie erfunden worden wäre);
- die Nutzung der großen Steinkohlevorkommen in England (was ohne technisch aufwendige Entwässerungen durch Dampfmaschinen nicht möglich gewesen wäre);
- die Abkehr von der Selbstversorgung mittels der Trennung von Hauswirtschaft und gewerblicher Wirtschaft (was bereits in der Manufaktur vollzogen wurde);
- eine rationale Arbeitsethik für die Unternehmer und die soziale Disziplinierung der Arbeiter, die eine Erwerbsarbeit aufnehmen müssen, um leben zu können;
- Eigentumsstrukturen nach dem Prinzip des Römischen Rechts;
- eine weit entfaltete Geldwirtschaft mit großen Kreditmöglichkeiten.

Ohne diese vielfältigen Voraussetzungen hätte die Industrielle Revolution nicht entstehen können. Anders ausgedrückt: Ohne die Ausbildung der verschiedenen abstrakten Abstrakta hätte es die Industrielle Revolution nicht gegeben. Das revolutionäre Element besteht darin, dass die verschiedenen abstrakten Abstrakta, die sich seit der Renaissance getrennt voneinander auf jeweils eigenständige Weise entwickeln, sich in der Industriellen Revolution erstmals *direkt* miteinander verbinden und eine völlig neue Form des Wirtschaftens zur Entfaltung kommen lassen. Dieses neue Wirtschaften ist in allen Aspekten durch abstrakte Abstrakta bestimmt und daher – im Unterschied zu allen anderen früheren Wirtschaftsformen – grundsätzlich durch Grenzenlosigkeit geprägt.

Gesellschaftliche Revolution

Die zweite Revolution, die Französische Revolution von 1789, findet im Bereich von Gesellschaft und Politik statt. Sie sorgt dafür, dass die alte Ordnung – das System des Lehenswesens und des Kommunalismus mit der Orientierung an der Selbstversorgung und mit den zahllosen Gewohnheits- und Partikularrechten – regelrecht hinweggefegt und durch einen rationalen Staat mit liberaler Grundordnung und einem Waren- und Arbeitsmarkt ersetzt wird. Diese neuen Rahmenbedingungen sorgen dafür, dass die traditionell sehr engen Verflechtungen von Leben und Wirtschaften – das Wirtschaften spielt sich im Rahmen eines Familienverbandes oder einer Gruppe ab und ist dem Leben untergeordnet – aufgelöst werden.

Überall in Europa werden nun die traditionellen Regelungen im Bereich von Gesellschaft und Politik, die stets Einzelfallregelungen sind, durch generalisierte Vorschriften ersetzt,[4] die sich an allgemeinen Prinzipien, also an abstrakten Abstrakta orientieren. Und daraus entsteht dann ein rationaler Staat, der auf seinem gesamten Staatsgebiet homogene Rahmenbedingungen (nationales Recht, einheitliche Maße und Währungen, liberale Gleichheiten) ausbildet.

Allerdings ist das Bild einer plötzlichen politischen Revolution zu einfach: Europa ist wirtschaftlich, kulturell und politisch sehr vielfältig. In den verschiedenen Regionen und Staaten Europas gibt es sehr unterschiedliche Entwicklungen zur Abschaffung der alten Ordnung. «Der institutionelle Wandel war vielmehr ein verschlungener, vielgestaltiger Prozess, dessen Ergebnis letztlich eher zufällig die Form bekam, die dann im Nachhinein zur revolutionären Grundsatzlösung [der Französischen Revolution] gemacht wurde.»[5]

Daher ist es angemessener, sowohl im Bereich der Wirtschaft als auch der Gesellschaft statt von Revolution von Transformation zu sprechen. Die Industrielle Transformation beginnt im letzten Drittel des 18. Jahrhunderts, sie benötigt mehr als hundert Jahre, bis sie sich in großen Teilen Europas durchsetzt, und die Industriegesellschaften werden dann zu Beginn der 1970er Jahre von den Dienstleistungsgesellschaften abgelöst (siehe Abschnitt 9.1).

Merkmale der neuen Welt

Die doppelte Transformation von Wirtschaft und Gesellschaft führt zu einer neuen wirtschaftlich-gesellschaftlich-politischen Ordnung, die in allen Einzelteilen von abstrakten Abstrakta geprägt ist und die deshalb auf eine einheitliche Weise funktioniert. Schon bald nach der Konsolidierung der Industriegesellschaften geht jedoch das Wissen um ihre so schwierige Entstehung und um die so außergewöhnliche Herausbildung der abstrakten Abstrakta (bei denen zentrale traditionelle menschliche Erfahrungen negiert und entwertet werden) verloren, und die Protagonisten der neuen Ordnung halten diese Abstrakta für völlig selbstverständlich, logisch, rational und natürlich. Dadurch werden die «dunklen Seiten» dieser Entwicklung (Gewalt und Unterdrückung) verdrängt. Dies hat zur Folge, dass das 20. Jahrhundert stark durch irrationale und unmenschliche Exzesse (zwei Weltkriege, Holocaust) geprägt wird, die für das aufgeklärte Selbstverständnis der Protagonisten völlig unverständlich sind.

Ein weiteres Beispiel dafür, dass die Protagonisten die Voraussetzungen ihrer eigenen neuen Ordnung nicht kennen, sind die zahlreichen gescheiterten Versuche, eine Marktwirtschaft in außereuropäischen Staaten aufzubauen: Wenn es kein breites Fundament von abstrakten Abstrakta in einer Gesellschaft gibt, dann führt eine von außen initiierte Wirtschaftsförderung nur dazu, dass die neuen Betriebe schnell pleitegehen (weil die notwendige Arbeitsdisziplin fehlt), dass Mafiastrukturen entstehen (weil sich lokale Herrscher persönlich bereichern), oder dass die vorhandenen Clanstrukturen gestärkt werden (weil die Orientierung an allgemeinen Werten und Normen fehlt).[6]

Das Faktum, dass die Protagonisten der neuen Ordnung ihre eigenen Voraussetzungen nicht kennen, ist die Ursache für viele konkrete Probleme, und es stellt darüber hinaus ein fundamentales Problem für alle modernen Gesellschaften dar.

Verselbständigung der Wirtschaft

Fragt man Ethnologen, wodurch sich aus ihrer Sicht die Industriegesellschaften von allen vormodernen oder vorindustriellen Gesellschaften unterscheiden, dann erhält man eine klare Antwort: Der einzelne Mensch, der bislang stets «in umfassendere soziale Ganzheiten eingebunden» war, wird jetzt zum «vereinzelten Einzelnen»,[7] also zum Individuum im modernen Sinn, und «die wirtschaftlichen Beziehungen, also der Austausch von Produkten», die bislang in erster Linie «ein Ausdruck der Beziehung von Personen und Gruppen» waren, verselbständigen sich und werden zum Selbstzweck.[8]

Der Wirtschaftshistoriker Karl Polanyi beschreibt diese Entwicklung als «Herauslösung» oder «Entbettung» der Wirtschaft aus ihren traditionellen sozialen, kulturellen und politischen Bindungen, was dazu führt, dass sich die Wirtschaft gegenüber der Gesellschaft verselbständigt («disembedded economy») und sie schließlich dominiert.[9] Dies stellt ein Novum in der gesamten Menschheitsgeschichte dar: Das Wirtschaften war bislang immer ein Teilbereich des Lebens und dem menschlichen Leben unter- und nachgeordnet, und es war ein Mittel, um etwas anderes – Existenzsicherung oder ein gutes Leben – zu erreichen. Deshalb wurde auch aufgehört zu arbeiten, wenn dieses Ziel erreicht war. Der Reichtum, der daraus in Einzelfällen erwuchs, diente dazu, Sicherheit, Anerkennung, Ruhm oder Macht zu erlangen, war also nie Selbstzweck. In der Regel wurde in vorindustriellen Gesellschaften ein größerer Reichtum, der sich bei einer Familie oder bei einem Herrscher ansammelte, der Gemeinschaft wieder mehr oder weniger direkt zur Verfügung gestellt oder zur Ehre Gottes verwendet.[10] Mit den Industriegesellschaften aber wird das Wirtschaften erstmals zum Selbstzweck (aus Geld mehr Geld zu machen), es erhält eine unendliche Dynamik (es gibt keine natürliche Grenze der Geldvermehrung), und es dominiert das gesamte menschliche Leben.

8.2 Grundprinzipien des industriellen Wirtschaftens

Das industrielle Wirtschaften beginnt mit der Textilherstellung, die eine der ältesten Handwerkstätigkeiten in der Geschichte der Menschheit ist und bei der sich im Laufe der Zeit besonders viel Wissen und Erfahrung angesammelt haben.

Beginn und Entwicklung des industriellen Wirtschaftens

Bei den beiden zentralen Arbeitsschritten der Textilherstellung, nämlich Spinnen (Umwandlung der Fasern in Garn) und Weben (Umwandlung des Garns in Gewebe oder Tuche), gibt es mit dem Spinnrad und dem Webstuhl bereits seit langer Zeit technische Hilfsmittel, die menschliche Arbeit effizienter machen. Die zentralen Innovationen für das industrielle Wirtschaften sind dann:

1764: Erfindung der ersten Spinnmaschine «Spinning Jenny» (Antrieb mit Muskelkraft).
1769: Erfindung der (verbesserten) Dampfmaschine durch James Watt.[11]
1771: Erste Fabrik mit Spinnmaschinen (Antrieb mit Wasserkraft).
1780: Erstmaliger Einsatz von Dampfmaschinen zum Antrieb von Spinnmaschinen.
1785: Erfindung des mechanischen Webstuhls (Antrieb mit Dampfmaschine).

Weil die Baumwolle in Indien, in der Karibik und in Nordamerika (später auch in Innerasien, Afrika und Südamerika) angebaut wird, besitzt das industrielle Wirtschaften von Anfang an eine globale Dimension: Wichtige Rohstoffe kommen aus der gesamten Welt, und zugleich wird auch die gesamte Welt zum Absatzmarkt.[12]

Die Erfahrungen mit der maschinellen Verarbeitung der Baumwolle führen bald dazu, dass auch andere Rohstoffe – bis hin zur empfindlichen Seide – maschinell verarbeitet werden können. Die Textilbranche wird zur ersten Branche, in der sich die Industrieproduktion durchsetzt und die handwerklichen Produkte vom Markt verdrängt werden, weil sie zu teuer sind. Diese Entwicklung führt dazu, dass die Textilindustrie einen sehr großen Aufschwung erlebt und sehr stark quantitativ wächst.

Danach werden die Eisen- und Stahlbranche und der Maschinenbau von der industriellen Produktionsweise erfasst (ab 1840), dann der Bereich von Chemie und Elektrizität (ab 1895) und schließlich der Fahrzeugbau (ab 1935). Mit der Industrialisierung dieser Branchen werden die hergestellten Produkte sehr viel billiger als früher, und es entstehen auch neuartige Produkte, die völlig neue Anwendungen ermöglichen. Daher verzeichnet jede Branche, in der sich die Industrialisierung durchsetzt, ein starkes Wachstum, was dazu führt, dass die Arbeitsplätze im Bereich der Industrie insgesamt sehr stark wachsen.

Bislang war das Wirtschaften in den Hochkulturen trotz weniger kurzer Wachstumsschübe knapp fünftausend Jahre lang durch eine stabile Situation geprägt: In der Landwirtschaft (I. Wirtschaftssektor) waren etwa 80 Prozent, in Handwerk und Gewerbe (II. Wirtschaftssektor) etwa 10 Prozent und in den Dienstleistungen (III. Wirtschaftssektor) etwa 10 Prozent der arbeitenden Menschen tätig. Dies ändert sich jetzt fundamental: Durch das starke Wachstum der Industrie wachsen auch die Arbeitsplätze im II. Wirtschaftssektor immer mehr und werden schließlich stärker als die im I. Sektor, während die Arbeitsplätze im III. Sektor lange Zeit nur eine untergeordnete Rolle spielen. Erstmals in England im Jahr 1841 übertrifft der II. Wirtschaftssektor den I., danach folgen Belgien und die Schweiz; das Deutsche Reich erreicht diesen Wert im Jahr 1895, Frankreich, Italien und das Habsburger Reich etwas später, Nord-, Ost- und Südeuropa folgen mit erheblicher Verspätung.[13] Das Jahr, in dem der II. Sektor stärker als der I. Sektor wird, gilt üblicherweise als der Zeitpunkt, ab dem die Industrie eine Volkswirtschaft dominiert und ab dem ein Staat seine Rahmenbedingungen an den Erfordernissen der Industrie ausrichtet. Damit wird das industrielle Wirtschaften gut hundert Jahre nach seiner Entstehung – also in ausgesprochen kurzer Zeit – dominant und prägt große Teile Europas auf eine fundamentale Weise.

Fordismus oder Zweite Industrielle Revolution

Um 1900 gibt es eine neue Entwicklung, die die Effizienz dieses Wirtschaftens noch einmal stark erhöht, nämlich den Taylorismus oder Fordismus, der manchmal auch als «Zweite Industrielle Revolution» bezeichnet wird:[14] Der US-Ingenieur Frederic Taylor (1856–1915) erfasst die industriellen Arbeitsabläufe erstmals systematisch im Detail und strukturiert sie auf rationaler Grundlage völlig neu, und Henry Ford (1863–1947) führt im Jahr 1913 in den USA das Fließband in die Industrieproduktion ein; beides erhöht die Arbeitsproduktivität sehr stark und senkt die Stückkosten von Standardprodukten. Dadurch werden alle Arbeitsschritte verdichtet, und die Arbeiter werden noch stärker als zuvor dem Rhythmus der Maschinen unterworfen.[15]

In diesem Rahmen entstehen erstmals Großbetriebe, die auf dem Markt häufig eine marktbeherrschende Position einnehmen. Bei ihnen treten jetzt anonyme Kapitalgesellschaften mit Aufsichtsräten und angestellten Geschäftsführern an die Stelle der früheren Unternehmer (die jeweils Ingenieur und Kaufmann in Personalunion gewesen waren). Weiterhin entstehen die ersten Großbanken, die eine wichtige Funktion bei der Finanzierung der Großbetriebe übernehmen. Und schließlich werden in dieser Zeit in allen Industriestaaten Technische Hochschulen gegründet, die in der Nähe der großen Industriebetriebe angesiedelt sind, um durch staatlich finanzierte Forschungen die Beziehung von Technik und Produktion gezielt zu verbessern.

Gegenüber diesem idealtypischen Normalfall der industriellen Entwicklung muss man jedoch darauf hinweisen, dass die konkrete Entwicklung in den einzelnen Industriestaaten und -regionen durchaus unterschiedlich verläuft: England ist dabei zwar der Pionier, aber seine industrielle Dynamik verlangsamt sich bereits seit dem Ende des 19. Jahrhunderts. Die deutsche Industrialisierung «überspringt» die Industrialisierung der Textilbranche, die schweizerische Industrialisierung setzt auf Wasserkraft anstelle der Dampfmaschine, die skandinavischen Staaten gehen mit der «Importsubstitutions-Industrialisierung» einen anderen Weg und so weiter.[16] Besonders eindrücklich entwickelt sich die industrielle Dynamik in den USA, wo das neue Wirtschaften nicht durch zahlreiche Traditionen eingeschränkt wird: «Gerade hier, wo er [der Kapitalismus] keine eingefahrenen älteren wirtschaftlichen Verhältnisse vorfand, sondern sich im Wortsinn auf der grünen Wiese entfalten konnte, entwickelte er eine Dynamik, die selbst erfahrenen europäischen Beobachtern den Atem verschlug.»[17]

Die neue Form des Wirtschaftens setzt sich also in einer atemberaubenden Geschwindigkeit zuerst in den europäischen Industriestaaten, wenig später auch in Nordamerika durch, und sie schafft Wirtschaftsstrukturen, die zuvor wegen ihrer Größe, Dynamik und Effizienz völlig unvorstellbar waren. Dafür, dass das neue industrielle Wirtschaften in kurzer Zeit so erfolgreich wird, lassen sich sechs unterschiedliche Ursachen benennen.

Ursache 1 für diesen Erfolg: Nutzung der fossilen Energieressourcen der Erde

In allen vorindustriellen Gesellschaften stellt Energie stets einen limitierenden Faktor dar, weil sie dem Menschen nur in Form von Solarenergie und nur in sehr geringen Mengen zur Verfügung steht. Solarenergie trifft dezentral-flächenhaft auf die Erde, die Energieeinheiten pro Fläche sind klein und können nur schwer konzentriert werden. Die Industriegesellschaft löst sich erstmals in der Geschichte der Menschheit von dieser Begrenzung, indem sie die fossilen Energieressourcen der Erde – zuerst Stein- und Braunkohle, später Erdöl und Erdgas – nutzt. Diese Nutzung ist wegen der Tiefe der Lagerstätten sehr aufwendig und benötigt eine hoch entwickelte Technik, die erst zu Beginn der Industriellen Transformation zur Verfügung steht.

Die fossilen Energieressourcen stammen von Ablagerungen riesiger Mengen von Pflanzen, die im Verlauf von 250 Millionen Jahren durch Luftabschluss, sehr hohen Druck und sehr hohe Temperaturen extrem stark verdichtet wurden – es handelt sich also um gespeicherte und hoch konzentrierte Solarenergie. Ein Kilogramm Steinkohle enthält die sehr große Menge von 7000 Kilokalorien, was einer menschlichen Arbeitsleistung von 81 Stunden (bei einem Liter Erdöl sind es sogar 116 Stunden) entspricht.[18] Allerdings sind diese fossilen Energieressourcen ein einmaliger und sehr wertvoller Energieschatz der Erde, der sich nicht erneuert. Sie sind zwar gewaltig groß, aber ihre schnelle industrielle Nutzung führt dazu, dass sie innerhalb von wenigen hundert Jahren ersatzlos verbraucht werden. Die Industriegesellschaft bildet in dieser Hinsicht aber kein Problembewusstsein aus, weil sie diese Energiequellen – genauso wie die gesamte Natur – als unerschöpflich ansieht.

Erst die massenhafte Nutzung der Steinkohle ermöglicht den Einsatz der Dampfmaschine in immer mehr Fabriken. Was dies quantitativ bedeutet, wird deutlich, wenn man die eingesetzte Energiemenge in (potenzielle) Waldflächen umrechnet: Der Heizwert einer Tonne Steinkohle entspricht etwa fünf Kubikmetern Holz, also derjenigen Holzmenge, die pro Jahr auf einer Fläche von einem Hektar Wald nachwächst. In England wird bereits um das Jahr 1800 so viel Steinkohle verbraucht, dass man für diesen Heizwert theoretisch eine Waldfläche von der Größe ganz Englands benötigt hätte, und einhundert Jahre später liegt dieser Wert sogar beim Zwanzigfachen der Fläche Englands.[19] Ohne Steinkohle wäre das schnelle industrielle Wachstum gar nicht möglich gewesen. Damit wird anschaulich deutlich, wie der massenhafte Rückgriff auf die fossilen Energieressourcen der Erde die traditionellen Limitierungen des Wirtschaftens durch die Solarenergie aushebelt.

Ursache 2: Ersetzung menschlicher Arbeit durch Maschinen

In der vorindustriellen Zeit gibt es viele Ansätze, menschliche Arbeitskraft durch den Einsatz von Energie zu ersetzen, um dadurch effizienter wirtschaften zu können. In der Landwirtschaft hat dies eine sehr lange Tradition (Ersetzung menschlicher durch tierische Arbeitskraft), aber auch Handwerk und Gewerbe kennen solche Möglichkeiten, wobei die durch fließendes Wasser angetriebene Mühle die effektivste Form darstellt, menschliche Arbeit durch Maschinen verrichten zu lassen.[20] Aber die Eigenschaften der Solarenergie verhindern es, dass menschliche Arbeit im großen Stil durch Maschinen ersetzt wird.

Erst der Rückgriff auf die fossilen Energieressourcen der Erde, die in hochkonzentrierter Form vorliegen, und ihr Einsatz als Antrieb der Dampfmaschine, die diese Energie auf kleinstem Raum in Bewegungsenergie umwandelt, ermöglicht es, sehr viele Arbeitsschritte an einem einzigen Ort durch Maschinen ausführen zu lassen.

Ursache 3: Niedrige Stückkosten durch Massenproduktion

Die Ersetzung menschlicher Arbeit durch Maschinen und die stark vorangetriebene Arbeitsteilung führen dazu, dass die Produktivität der menschlichen Arbeit in der Fabrik sehr stark ansteigt. Dadurch sinken die Stückkosten der industriell produzierten Waren (sehr große Mengen von wenigen standardisierten Produkten) in gleichem Ausmaß. Der niedrige Preis der Industrieprodukte kommt aber auch dadurch zustande, dass als Kosten für die Steinkohle lediglich ihre Abbau- und Transportkosten und nicht der Wert der in ihr gespeicherten Energie berechnet wird, so dass diese wertvolle Energie zum Schleuderpreis vernutzt wird. Drittens stellt man fest, dass die Energieausbeute der Dampfmaschine umso besser wird, je größer sie wird,[21] und dass die Arbeitsteilung umso effizienter gestaltet werden kann, je größer die Fabrik und die Zahl der Arbeitskräfte ist (dies wird heute als Skaleneffekt bezeichnet); daher kann mit dem Wachstum der Größe der Fabrikanlage ein Einzelstück immer günstiger hergestellt werden. Und viertens sorgt der Verkauf der Waren auf dem Markt, auf dem sich die einzelnen Anbieter in einem permanenten Preiswettbewerb gegenüberstehen, dafür, dass kein Betrieb auf Grund einer privilegierten Stellung – durch politische Vergünstigungen oder durch einen großen technischen Vorsprung – dauerhaft hohe Preise verlangen kann, sondern dass die Preise auf Grund der Konkurrenz und des technischen Fortschritts permanent sinken.

Allerdings funktioniert dieses industrielle Produktionsprinzip nur bei standardisierten Massenprodukten, die in sehr hohen Stückzahlen hergestellt werden und die auf eine sehr breite Nachfrage treffen; Luxusgüter werden dagegen weiterhin aufwendig in Handarbeit hergestellt.[22]

Ursache 4: Selbstverstärkung durch Steigerung des materiellen Wohlstands

Die Stückkosten, die durch die industrielle Massenproduktion erzielt werden, sind bereits zu Beginn der Industriellen Transformation so niedrig, dass die handwerklich hergestellten Produkte gegenüber den Industrieprodukten viel zu teuer sind und sehr schnell vom Markt verdrängt werden. Dadurch werden Textil-Handwerker und Beschäftigte in Textilmanufakturen in großer Zahl arbeitslos, was mit erheblichen sozialen Unruhen verbunden ist.[23] Nach einiger Zeit führt dies sogar dazu, dass die Selbstversorgung mit Kleidung im Rahmen der traditionellen Landwirtschaft eingestellt wird, weil sich der Aufwand, Kleidung für den Eigengebrauch herzustellen, im Vergleich mit den niedrigen Kosten eines Industrieprodukts immer weniger lohnt.

Grundsätzlich lässt sich feststellen, dass ein mit sehr hohem Energieeinsatz und in extremer Arbeitsteilung gefertigtes Industrieprodukt einen ähnlichen Gebrauchswert wie ein selbst hergestelltes Produkt besitzt, aber sehr viel günstiger ist. Die Verwendung von Industrieprodukten erleichtert und vereinfacht deshalb viele traditionelle Nutzungen, und sie ermöglicht viele neue Anwendungen, die zuvor unvorstellbar waren und die das materielle Alltagsleben verbessern. Deshalb werden immer mehr Produkte aus dem Bereich der Selbstversorgung und der Hauswirtschaft durch Industrieprodukte ersetzt, und der Alltag wird von neuen Produkten geprägt, die es zuvor nicht gab. Diese neuen Produkte werden von immer mehr Menschen gekauft, was dem industriellen Wirtschaften zusätzlich große Impulse gibt und ein starkes Wirtschaftswachstum auslöst.

Diese Entwicklung führt im Laufe der Zeit zu einer erheblichen Verbesserung der materiellen Versorgung aller Menschen in der Industriegesellschaft, weil sie sich mehr Güter und Gebrauchsgegenstände als in vorindustriellen Gesellschaften leisten können. Dadurch nimmt der materielle Wohlstand spürbar zu. Ein zentrales Merkmal aller Agrargesellschaften, der Mangel, vor allem der Lebensmittelmangel, der zu periodischen Hungerkrisen führte, verschwindet jetzt; an seine Stelle tritt ein materieller Überfluss.[24]

Die Verbesserung des materiellen Wohlstands setzt jedoch voraus, dass die Menschen über (wenigstens etwas) Geld verfügen, um Industrieprodukte überhaupt kaufen zu können. Erreicht wird dies dadurch, dass die Industriegesellschaft die Selbstversorgerwirtschaft zerstört und deren Beziehungen durch Geldbeziehungen ersetzt. Die immer größere Zahl der Industriearbeiter wird mit Geld entlohnt, so dass deren Kaufkraft im Laufe der Zeit zu einem immer wichtigeren volkswirtschaftlichen Faktor wird. Allerdings entsteht dadurch der «Selbstwiderspruch des Kapitalismus», einerseits die Löhne der Arbeiter möglichst niedrig anzusetzen, um den eigenen Unternehmensgewinn hochzuhalten, und andererseits mit möglichst hohen Löhnen die allgemeine Nachfrage zu fördern, um so das gesamte Wirtschaften zu stärken.[25]

Die Verbesserung des materiellen Wohlstands, die durch die industrielle Produktion erreicht wird, ist untrennbar damit verbunden, dass die Erwerbsarbeit mit einer sehr starken Verdichtung und Intensivierung aller Arbeitsschritte und mit ihrer Unterordnung unter den Rhythmus der Maschine beziehungsweise unter die Sachzwänge der hierarchischen Arbeitsorganisation verbunden ist. Die Arbeit im Rahmen der Selbstversorgerwirtschaft war zwar teilweise körperlich anstrengender, aber doch sehr viel weniger intensiv und sehr viel stärker selbstbestimmt.[26] Zusätzlich führt das Primat der Wirtschaft über das Leben dazu, dass die Lebensqualität gegenüber der vorindustriellen Zeit deutlich gesenkt wird.

Ursache 5: Permanente Innovationen

In den traditionellen Hochkulturen der Erde war es stets so, dass durch eine neue technische Erfindung – die schnell drehende Töpferscheibe, den Webstuhl, die Bronze- und Eisenverarbeitung – das konkrete Wirtschaften in diesem Bereich sehr stark verändert wurde, dass es danach aber viele tausend Jahre dauerte, bis es erneut eine ähnlich tiefgreifende Veränderung gab. Die Industriegesellschaft ist dagegen durch permanente Innovationen geprägt: Kaum ist die Textilbranche industrialisiert, werden Eisen- und Stahlproduktion und dann immer weitere Branchen davon erfasst, und diese Dynamik setzt sich bis in unsere Gegenwart hinein fort. Deshalb kann man feststellen, dass die große Dynamik der wirtschaftlichen Entwicklung ein zentrales Merkmal der Industriegesellschaft darstellt, durch die sie sich von allen früheren Gesellschaften unterscheidet.

Diese Dynamik wird durch folgende Faktoren sichergestellt: Die Unternehmer sehen ihre Tätigkeit *erstens* als Lebensaufgabe an, weshalb sie sich auf Erfolgen nicht ausruhen können, sondern stets neue Erfolge erzielen müssen. Auch Techniker, Ingenieure und Wissenschaftler sehen sich *zweitens* persönlich herausgefordert, die Produktionsprozesse und die Produkte immer weiter zu verbessern, und die Natur- und Ingenieurswissenschaften sind so konzipiert, dass der fortgesetzte Erkenntnisgewinn und seine wirtschaftliche Anwendung die Grundlagen ihrer Existenz als Wissenschaft darstellen. *Drittens* wirft das eingesetzte Kapital Gewinn ab, der wieder reinvestiert werden muss; die permanente Suche nach neuen und möglichst großen gewinnträchtigen Investitionsmöglichkeiten fördert technische und wirtschaftliche Innovationen. Und *viertens* zwingt die Konkurrenz auf dem Warenmarkt alle Akteure zu einer äußerst kostengünstigen Produktion, die nur durch permanente Innovationen erreicht und beibehalten werden kann; die Betriebe, die dies nicht beachten und die ihre Produktion über einen längeren Zeitraum unverändert lassen, werden schnell durch erfolgreichere Betriebe vom Markt verdrängt. Auf diese Weise werden die permanenten Innovationen so zahlreich, dass die Zeitgenossen den Eindruck haben, dass das Wirtschaftswachstum, das auf diesen Innovationen aufbaut, unbegrenzt und unendlich sei.

Eine hoch dynamische Massenproduktion für einen anonymen Markt ist jedoch stets mit der Unsicherheit verbunden, ob ein neues Produkt, das mit großem Aufwand geplant, entwickelt und hergestellt wird, auch die entsprechende Nachfrage auf dem Markt findet oder nicht. Dies bedeutet, dass eine Reihe von Innovationen keinen wirtschaftlichen Erfolg haben und sich als Misserfolg herausstellen, was für die betroffenen Betriebe womöglich zum Bankrott führt. Da man jedoch erfolgreiche Innovationen nicht wirklich planen kann, sind solche Fehlinnovationen grundsätzlich nicht zu vermeiden, und nur eine hohe Zahl an regelmäßigen Innovationen führt dazu, dass wenigstens ein relevanter Teil davon Erfolg hat.

Ursache 6: Der anonyme Markt als «kaltes Herz»

Die hohe Produktivität, Dynamik und Innovationsfähigkeit des industriellen Wirtschaftens entsteht durch das Zusammenspiel zahlloser Entscheidungen von vier Personengruppen – Unternehmer, Arbeiter, Bürger (Kunden) und Politiker, die die Rahmenbedingungen für Wirtschaften und Leben festlegen. Die Handlungen dieser Gruppen werden meist über den Markt mittels Angebot und Nachfrage miteinander verbunden. Es gibt bei diesem Wirtschaften nirgendwo ein Zentrum, das alles bewusst kontrollieren würde, sondern der Markt selbst steuert das gesamte Wirtschaften nach seinen eigenen Gesetzmäßigkeiten auf eine völlig anonyme und unpersönliche Weise: «Diese Zentrumslosigkeit, das Fehlen eines warm schlagenden Herzens»[27] stellt den Kern dieser Wirtschaftsform dar. Oder anders ausgedrückt: Nicht menschliche Akteure, sondern der Markt als ein abstraktes Abstraktum oder als «kaltes Herz» organisiert das gesamte Wirtschaften. Deshalb ist das Ziel dieses Wirtschaftens auch kein menschliches Ziel wie die Produktion von nützlichen Dingen, die Befriedigung menschlicher Bedürfnisse oder die Gewährleistung eines guten Lebens, sondern allein der unendliche Selbstzweck, aus Geld mehr Geld zu machen.

Aus diesem Selbstzweck erwächst erstmals in der Geschichte der Menschheit die Idee eines fortgesetzten unendlichen Wirtschaftswachstums, das nie an ein konkretes Ende kommt. Eigentlich ist ein solches unendliches Wirtschaftswachstum auf einer endlichen und begrenzten Erde nicht umsetzbar. Aber die permanenten Innovationen erwecken den Eindruck, als wäre dies doch möglich und als könnte man auf diese Weise die materiellen Grenzen der Welt immer weiter hinausschieben.

Wirtschaftskrisen und Wachstumszwang

Diese sechs Punkte zeigen eindrücklich, was die Ursache für die so hohe Produktivität des industriellen Wirtschaftens ist, weshalb dieses Wirtschaften eine so große Dynamik entwickelt, und warum es sich in so kurzer Zeit in Europa und Nordamerika durchsetzt. Allerdings sind damit auch die beiden Probleme Wirtschaftskrisen und Wachstumszwang verbunden.

Da der Markt darüber entscheidet, welche neuen Produkte ein wirtschaftlicher Erfolg werden und welche nicht, gibt es immer wieder Probleme für diejenigen Firmen, die Produkte entwickeln, die am Markt keinen Erfolg haben. Diese Probleme können bis zum Konkurs dieser Firmen führen, andere Firmen mit in den Konkurs reißen und im Extremfall eine Kettenreaktion auslösen. Auch ein starker Einbruch der Nachfrage kann größere wirtschaftliche Probleme hervorbringen. Aber alle Zusammenbrüche und alle Wirtschaftskrisen stellen nie dieses Wirtschaftssystem als solches in Frage. Im Gegenteil: Das Verschwinden von Betrieben und Branchen, die zu wenig profitabel produzieren, erhöht die Konkurrenzfähigkeit und Dynamik der verbleibenden Wirtschaft. Deshalb wird dieses Wirtschaftssystem durch Wirtschaftskrisen – so problematisch diese für die Betroffenen auch stets sind! – nicht geschwächt, sondern gestärkt.[28]

Ein weiteres Problem ist der Wachstumszwang, der mit dieser Form des Wirtschaftens untrennbar verbunden ist. Die großen Kapitalien, die es für den Bau einer Fabrik oder die Entwicklung eines neuen Produkts braucht, werden von den Banken in Form von Krediten zur Verfügung gestellt; dabei schaffen die Banken neues Geld, indem sie «Wechsel auf die Zukunft» vergeben, indem sie also die Geldmenge durch Vorwegnahme zukünftiger Gewinne der Unternehmen vergrößern (siehe Abschnitt 7.4). Diese Geldschöpfung, die Vergrößerung der Geldmenge durch die Banken, ist notwendig: denn ohne Geldschöpfung könnten die Unternehmer lediglich das Geld investieren, was sie vorher eingenommen haben:

> «Wenn das Geld nur im Kreis läuft, d. h. wenn das Geld, das die Unternehmungen den Haushalten [Konsumenten] für ihre Produktionsleistungen bezahlen [Arbeitslohn], einfach wieder von den Haushalten dazu verwendet wird, um Produkte zu kaufen, die die Unternehmungen mit ihrer Hilfe hergestellt haben …, dann würden sich Einnahmen und Ausgaben der Unternehmungen immer gerade ausgleichen. Es entstünde also in der Summe von Gewinnen und Verlusten kein positiver Gewinnsaldo. … Ein positiver Gewinnsaldo und damit die Möglichkeit, Zinsen für das Fremdkapital zu bezahlen und Reingewinne zu erzielen, kann gesamtwirtschaftlich nur entstehen, wenn ständig Geld zufließt [neues Geld geschaffen wird].»[29]

Eine Marktwirtschaft, bei der die Unternehmen ihre Investitionen über Bankkredite vorfinanzieren, kann also nur funktionieren, wenn die Banken bei ihren Kreditvergaben die Geldmenge vergrößern. Das bedeutet einen immanenten Wachstumszwang, da der größer werdenden Geldmenge auch eine größer werdende reale Wirtschaftsleistung entsprechen muss; wenn dies nicht der Fall ist, führt die Vergrößerung der Geldmenge lediglich zur Inflation.[30] Das bedeutet, dass mit jedem neuen Kredit auch mehr Wirtschaftsleistung produziert werden muss, um damit dann die Zinsen für die Kredite und die Gewinne für die Unternehmen bezahlen zu können. Mehr Wirtschaftsleistung zu produzieren bedeutet aber nicht nur, dass die Unternehmer mehr produzieren, sondern die zusätzlichen Produkte müssen auch verkauft werden; dazu braucht es eine höhere Nachfrage auf dem Markt – viele Menschen müssen über mehr Geld verfügen, damit sie die zusätzlichen Waren und Dienstleistungen auch kaufen können.

Wenn es einem Unternehmen nicht mehr möglich ist, seine Wirtschaftsleistung zu steigern, dann erhält es von der Bank auch keine neuen Kredite mehr. Ein Unternehmen aber, das auf Grund fehlender neuer Kredite keine neuen Gewinne mehr erzielen kann, beginnt zu schrumpfen und macht dann Bankrott. Wenn diese Entwicklung viele Unternehmen betrifft, kommt der gesamte Wirtschaftsprozess ins Stocken. Die bankrotten Unternehmen fallen als Nachfrager für andere Unternehmen aus, auch bei ihnen werden die Einnahmen weniger, es kommt zu zahlreichen Entlassungen bei den Mitarbeitern, und der Konsum geht zurück. So bildet sich eine Abwärtsspirale, welche direkt in die Krise führt.

Deshalb gibt es sowohl für einzelne Unternehmen als auch für diese Form der Wirtschaft insgesamt nur eine Dynamik nach oben (Wachstum) oder eine Dynamik nach unten (Schrumpfung). Ein stationäres Wirtschaften, dessen Produktion weder wächst noch sinkt, ist unter diesen Rahmenbedingungen nicht möglich.

Dieser von den Marktmechanismen gesetzte Sachzwang führt dazu, dass die Wirtschaft seit der Industriellen Transformation permanent wächst und auch permanent wachsen muss, um nicht zu schrumpfen. Dies wird als «Wachstumsspirale» oder «Wachstumszwang» bezeichnet,[31] und es führt dazu, dass die Geldmenge, die Kreditvolumina («Man zahlt alte Schulden mit neuen Schulden»[32]), die reale Wirtschaftsleistung, die Nachfrage und am Ende auch die Einkommen im Laufe der Zeit immer größer werden und tendenziell ins Unendliche wachsen. Die Frage, was dies für die Umwelt und für die Erde bedeutet, stellt sich in der Epoche der Industriegesellschaften noch nicht, aber es wird dann in der Epoche der Dienstleistungsgesellschaften sehr relevant werden.

Wirtschaftsaktivitäten außerhalb der Industrie

Allerdings erfasst die industrielle Dynamik in der Epoche der Industriegesellschaft keineswegs die gesamte Wirtschaft, sondern nur den II. Wirtschaftssektor; die Landwirtschaft (I. Sektor) und die Dienstleistungen (III. Sektor) werden zwar erheblich verändert, aber noch nicht der Logik des industriellen Wirtschaftens unterworfen.

Die *Landwirtschaft* wird zwischen 1775 und 1848 überall in Europa tiefgreifend verändert: Sie erhält eine völlig neue juristische Grundlage, und es gibt einige Nutzungsveränderungen und technische Innovationen.[33] Durch die Auflösung des Lehenswesens und der kommunalistischen Strukturen wird die Ausrichtung der Landwirtschaft an der Selbstversorgung aufgehoben; ein landwirtschaftlicher Betrieb wird zu einem normalen Unternehmen, das bankrottgehen kann (was vorher nicht möglich war) und Steuern in Geldform zahlen muss. Die ehemaligen Lehens- oder Grundherren werden dadurch zu Großbauern, und die früher von ihnen abhängigen Bauern werden zu Klein- oder Kleinstbauern, die durch die Auflösung der Allmende noch zusätzlich benachteiligt werden. Da die Bauern zur Bezahlung der Steuern Bargeld benötigen, müssen sie ihre Selbstversorgung reduzieren und einige Produkte für den Markt produzieren. Darüber hinaus gibt es Nutzungsveränderungen (Einsaat von Klee und Luzerne auf Brachflächen, nächtliche Einstallung des Milchviehs im Sommer), neue Produkte (zuerst Kartoffeln, später Mais und Zuckerrüben), erste Verbesserungen der traditionellen Nutzpflanzen und Haustierrassen sowie – als wichtigste technische Innovation – die Einführung der künstlichen Düngung (Erfindung der Mineraldüngung durch Justus von Liebig 1840 und der Stickstoffdüngung durch Fritz Haber und Carl Bosch 1913). Der wirtschaftliche Druck auf dem Markt sorgt dafür, dass landwirtschaftliche Großbetriebe ökonomisch am besten dastehen, während viele kleinst- und kleinbäuerliche Betriebe im Laufe der Zeit aufgeben und verschwinden.

Durch diese Veränderungen steigt die Produktivität der Landwirtschaft zwar erheblich an, aber die landwirtschaftliche Arbeit bleibt nach wie vor eine auf der Solarenergie basierende, nicht mechanisierbare Tätigkeit, die sehr stark von den Wechselfällen der Natur abhängig ist. Erwerbsarbeit und Hauswirtschaft sind bei dieser Wirtschaftstätigkeit nicht getrennt, die an der Leitidee der marktoffenen Selbstversorgerwirtschaft orientiert ist.

Die *Dienstleistungen* wachsen im Verlauf der Industrialisierung zwar ebenfalls, aber nicht sehr stark. Das moderne Büro entsteht am Ende des 19. Jahrhunderts als Verbindung von Kontor und Kanzlei, und es dient in Form eines großen Bürosaals mit vielen Angestellten der Effizienzsteigerung der Verwaltungsarbeit. Dazu werden Schreibtische und andere Büromöbel sowie die Arbeitsabläufe nach Taylor'schen Prinzipien völlig neu gestaltet, und es werden erstmals Schreibmaschinen eingesetzt.[34] Trotzdem bleibt die Verwaltungstätigkeit eine kaum mechanisierbare Handarbeit. Im Bereich des Handels entstehen im Großhandel neue Großstrukturen, in denen aber vorwiegend Handarbeit anfällt; im Einzelhandel werden jetzt die traditionellen Vertriebswege – Wanderhändler, Hausierer, Märkte – durch eine Vielzahl kleiner Läden (Kolonialwarenläden) ersetzt. Nur mit dem Kaufhaus entsteht in Großstädten eine Großstruktur industriellen Zuschnitts, dessen Arbeitsabläufe aber ebenfalls nicht mechanisierbar sind.

Damit werden landwirtschaftliche Tätigkeiten und Dienstleistungen zwar erheblich verändert, aber sie entziehen sich noch der industriellen Logik und bleiben Wirtschaftsbereiche mit eigenen Rahmenbedingungen und ganz spezifischen Merkmalen.

8.3 Neue Raumstrukturen: Das Ende der Fläche

Das industrielle Wirtschaften findet auf sehr kleinen Flächen statt. Die Steinkohle besitzt eine sehr große Energiedichte. Die Dampfmaschine wandelt diese Energie auf kleinstem Raum in Bewegungsenergie um. Zudem lässt sich die Arbeitsteilung bei kurzen Wegen am optimalsten gestalten. Eine Fabrik ist zwar im Verhältnis zu einem vorindustriellen Gewerbebetrieb sehr groß, aber die Menge der hier produzierten Güter ist, verglichen damit, um ein Vielfaches größer. Daher findet die industrielle Produktion in räumlich hochkonzentrierter Form statt.

Aufblühen der Industriestädte und Industriegebiete und Massenverkehr

Die Fabriken werden im Laufe der Zeit immer größer und konzentrieren sich dabei aus Kostengründen an wenigen Standorten mit einer sehr guten Erreichbarkeit (für die Anlieferung der Steinkohle, der Dampfmaschinen und der Rohstoffe und für die Verteilung der fertigen Produkte). Direkt neben diesen Fabriken werden große Werkssiedlungen für die immer zahlreicheren Fabrikarbeiter gebaut. Die großen Menschenkonzentrationen ziehen weitere Aktivitäten an: Zulieferfirmen für die großen Fabriken sowie Hersteller und Läden, die Konsumartikel für die Arbeiter produzieren und verkaufen. Aus der räumlich konzentrierten Fabrik entwickelt sich schnell eine Industriestadt und in manchen Fällen sogar ein Industriegebiet, die beide ebenfalls räumlich sehr stark konzentriert sind.

Da die industrielle Produktion eine Massenproduktion ist, benötigt sie viele Vorprodukte (Energie, Rohstoffe), die zur Fabrik transportiert werden müssen. Gleichzeitig müssen die fertigen Produkte zum Verbraucher gebracht werden. Um Transporte zu minimieren, werden Fabriken häufig in der Nähe des Steinkohleabbaus errichtet (englische Textilindustrie in Mittelengland, deutsche Schwerindustrie im Ruhrgebiet und Saarland), aber dadurch wird das Transportproblem nicht gelöst: Die industrielle Massenproduktion benötigt Massenverkehrsmittel, die es jedoch anfangs nicht gibt.

Die Lösung besteht darin, dass mit der Eisenbahn (ab 1830) und dem Dampfschiff (ab 1807 auf Flüssen, ab 1838 auf Meeren) zwei Verkehrsmittel erfunden werden, die den gesamten Verkehr revolutionieren, indem sie sehr große Mengen von Gütern und Personen in hoher Geschwindigkeit und kostengünstig transportieren können. Zugleich stimulieren diese Erfindungen das industrielle Wirtschaften sehr stark (der Bau von zahlreichen Eisenbahnen und Dampfschiffen verstärkt das Wirtschaftswachstum). Dies führt dazu, dass in kurzer Zeit zahlreiche Eisenbahnlinien und viele Häfen an Flüssen und an Meeren gebaut werden. Dadurch erhalten alle Industriestandorte an einer Eisenbahnlinie und an einem Hafen einen großen Standortvorteil, weil hier die Transportkosten besonders günstig sind.

Die Stärke der neuen Verkehrsmittel liegt jedoch darin, dass sie sehr große Mengen von Gütern und Menschen von einem zu einem anderen Punkt transportieren können. Bei kleinen Mengen und unterschiedlichen Ausgangs- und Zielorten kommt dieses System dagegen schnell an seine Grenze; denn Kosten für Bau und Betrieb von Eisenbahn- und Schifffahrtslinien mit Bahnhöfen und Häfen sind sehr hoch und amortisieren sich erst beim Transport von sehr großen Mengen. Deshalb gelingt es den neuen Verkehrsmitteln nicht, die Fläche, also viele dezentrale Punkte, für den Massentransport zu erschließen, sondern sie verbinden nur wenige zentrale Punkte (Industriestädte) auf direktem Weg (als ziemlich gerade Linien) miteinander. Lediglich an großen Eisenbahnknotenpunkten im ländlichen Raum entstehen einige zusätzliche Industriestandorte.

Das hat zur Folge, dass die neuen Massenverkehrsmittel des Industriezeitalters die hohe räumliche Konzentration der industriellen Produktion noch zusätzlich verstärken. Die Industriestädte und Industriegebiete erfahren dadurch zusätzliche Wachstumsimpulse.

Deshalb wachsen im Verlauf der Industrialisierung die Städte besonders stark und verfünf- bis verzehnfachen häufig in hundert Jahren ihre Bevölkerung. Europa – und später die gesamte Welt – verzeichnet dadurch eine ausgeprägte Verstädterung: Der Anteil der städtischen Bevölkerung an der Weltbevölkerung liegt im Jahr 1800 bei 3 Prozent, im Jahr 1900 bei 14 Prozent, im Jahr 1950 bei 29 Prozent,[35] und er überschreitet schließlich im Jahr 2008 die 50-Prozent-Schwelle. Damit leben erstmals in der Geschichte der Menschheit mehr Menschen in der Stadt als auf dem Land. Der Beginn der Industriellen Transformation markiert den Beginn der Verstädterung der Erde.

Entwertung der ländlichen Räume

Diese neue Raumstruktur bedeutet nicht nur eine Aufwertung der städtischen Strukturen, sondern gleichzeitig auch eine Entwertung der ländlichen Räume. Zuerst werden die zahlreichen Manufakturen, die im ländlichen Raum liegen, auf Grund der Konkurrenz durch die Fabriken geschlossen. Ab der zweiten Hälfte des 19. Jahrhunderts betrifft dies dann auch die Landwirtschaft: Obwohl sie nicht industrialisiert werden kann, steigt ihre Produktivität im 19. Jahrhundert erheblich (siehe Abschnitt 8.2). Andererseits führt der billige und schnelle Transport von Getreide und anderen Lebensmitteln aus den Kolonien mit Dampfschiffen in die Häfen der Industriestaaten und von dort mit der Eisenbahn in die Industriestädte um 1880 herum zur ersten europäischen Agrarkrise, in deren Verlauf viele kleine Landwirtschaftsbetriebe bankrottgehen und aufgegeben werden. Dadurch wird der ländliche Raum flächendeckend geschwächt.

Im Rahmen einer Marktwirtschaft bedeutet die neue Situation, dass durch das Überangebot von Lebensmitteln die kleinen Landwirtschaftsbetriebe vom Markt verschwinden, während die mittleren und vor allem die großen ihre Produktion steigern und ihre Marktposition verbessern können. Dabei spielen die traditionellen naturräumlichen Gunstfaktoren für die Lebensmittelproduktion zwar weiterhin eine wichtige Rolle, aber gleichzeitig erhalten die Faktoren Kapital (Kauf von Kunstdünger, um eine schlechte Bodenqualität auszugleichen) und Erreichbarkeit (Transportkosten zum nächstgelegenen großen Absatzmarkt in einer Industriestadt) eine immer größere Bedeutung.

Drei Typen ländlicher Entwicklung

Auf Grund dieser neuen Rahmenbedingungen gibt es zwei unterschiedliche Typen von ländlicher Entwicklung in den Industriestaaten:

In ländlichen Regionen mit guten naturräumlichen Voraussetzungen für die Landwirtschaft, mit einer guten Agrarstruktur (wenig Klein- und Kleinstbetriebe) und mit einer guten Erreichbarkeit steht die Landwirtschaft relativ gut da, und es gibt hier in der Regel auch eine gewisse dezentrale Industrialisierung auf der Basis der Verarbeitung von Agrarprodukten. Diese Regionen besitzen eine gewisse Wirtschaftskraft, und sie verzeichnen im Rahmen der Industriegesellschaft ein moderates Bevölkerungswachstum zwischen 30 und 50 Prozent.[36] Da aber die Industriestaaten auf Grund des extrem starken Wachstums der Industriestädte und Industriegebiete im gleichen Zeitraum ihre Bevölkerung verdoppeln oder verdreifachen, werden diese ländlichen Regionen trotz ihres Wachstums wirtschaftlich und demographisch relativ – also in Bezug auf ihren Stellenwert innerhalb eines Industriestaates – entwertet.

Diese Regionen liegen meist im Zentrum Europas und in der Nähe der großen Industriegebiete.

In ländlichen Regionen mit schlechten naturräumlichen Bedingungen, einer ungünstigen Agrarstruktur und einer schlechten Erreichbarkeit geht die Zahl der landwirtschaftlichen Betriebe ab 1880 deutlich zurück, was weitere Arbeitsplatzverluste im II. und III. Wirtschaftssektor nach sich zieht. Die landwirtschaftliche Nutzfläche verringert sich, und es siedeln sich auf Grund der schlechten Erreichbarkeit auch keine modernen Betriebe an, weshalb viele Einwohner auf der Suche nach Arbeit auswandern. Dadurch sinken die Bevölkerungszahl und die Wirtschaftsleistung dieser Regionen deutlich. Bei diesen Regionen handelt es sich einerseits um Gebirgsräume (große Teile der Alpen und die meisten europäischen Mittelgebirge), andererseits um Peripherieräume, also um Regionen in großer Entfernung zu den europäischen Wirtschaftszentren, nämlich um Regionen in Südeuropa, im äußersten Westen Europas und in Nordeuropa. Diese Regionen werden nicht nur relativ, sondern absolut entwertet – sie sind die Verlierer der Industrialisierung. Diese Regionen nehmen zwar große Flächen ein (etwa 25–35 Prozent der Fläche Europas), aber sie werden in der Regel wenig beachtet, weil der Fokus des Interesses auf den Zentren der industriellen Entwicklung liegt.

Als dritter Typ der ländlichen Entwicklung können noch die ländlichen Regionen der europäischen Kolonien genannt werden: Hier beginnen die Kolonialmächte, mit Gewalt die traditionelle Selbstversorgerwirtschaft und die regionalen Wirtschaftsverflechtungen zu zerstören, und sie erzwingen auf kleinen Flächen den Anbau von Lebensmitteln, die in die jeweiligen Mutterländer exportiert werden. Diese Räume werden zwar nicht demographisch, aber dafür wirtschaftlich entwertet, und diese Entwertung schwächt gleichzeitig die Landwirtschaft in Europa.

Das Ende der flächenhaften Nutzung

Auf diese Weise entsteht mit der Industriellen Transformation eine völlig neue Raumstruktur von Wirtschaft und Bevölkerung: Alle bisherigen Nutzungen von Jäger-, Sammler- und Bauerngesellschaften waren dezentral-flächenhafte Nutzungen, und diese Gesellschaften nutzten jeweils *alle* vorhandenen Ressourcen der Natur. Lediglich in den traditionellen Hochkulturen gab es Ansätze für starke Knotenpunkte (Städte) innerhalb der dezentralen Strukturen; aber diese schwächten die dezentralen Nutzungsformen keineswegs, sondern stärkten sie sogar noch, weil die Städte vom Land aus mit Lebensmitteln versorgt werden mussten.

Deshalb bedeutet die Raumstruktur der Industriegesellschaft einen vollständigen Bruch mit der Raumstruktur aller vorindustriellen Gesellschaften. Durch die Nutzung der fossilen Energieressourcen der Erde, durch die gewaltigen technischen Fortschritte auf Grund der modernen Naturwissenschaften und durch die extremen Arbeitsteilungen produziert die Wirtschaft jetzt so effizient, dass sie sich auf ausgewählte Flächen konzentrieren und es sich erlauben kann, nur noch die ertragreichsten Ressourcen der Erde zu nutzen und alle anderen ungenutzt zu lassen. Das bedeutet «das Ende der Fläche»,[37] genauer: das Ende der flächenhaften Nutzung der Ressourcen der Erde.

Seitdem gilt der Grundsatz: Entweder wird eine Ressource oder Fläche genutzt, dann jedoch intensiv, oder – wenn dies nicht möglich ist – sie wird gar nicht mehr genutzt, weil eine nichtintensive Nutzung nicht konkurrenzfähig ist; eine dritte Möglichkeit gibt es nicht. Dies ist das Ende der mit den dezentralen Nutzungen eng verbundenen, vielfach abgestuften Nutzungsintensitäten.

Zum Abschluss dieses Abschnitts kann man festhalten: Stadt und Land stehen sich in der Industriegesellschaft auf eine neue, gegensätzliche Weise gegenüber. Die Stadt steht für ein ertragreiches und erfolgreiches Wirtschaften, für technische, soziale und kulturelle Innovationen und für ein vielfältiges und attraktives Leben. Das Land steht dagegen für ein wenig ertragreiches und überholtes Wirtschaften, für Beharrung und Erstarrung und für eine niedrige Lebensqualität – der Stadt gehört die Zukunft, und das Land erscheint als Auslaufmodell ohne Zukunft.

Diese Aussagen lassen sich auf der Grundlage von Schätzungen noch quantifizieren: Die Industriestädte und Industriegebiete umfassen auf dem Höhepunkt der industriellen Entwicklung maximal 10–15 Prozent der Fläche eines Industriestaates, und hier leben etwa 45–55 Prozent der

Bevölkerung.[38] Es handelt sich bei ihnen also um kleine industrielle Inseln im großen ländlichen Raum, die jedoch das gesamte Leben und Wirtschaften eines Industriestaats dominieren.

8.4 Industriegesellschaften als Gesellschaften der Gegensätze

Während alle agrarisch geprägten Gesellschaften in Bezug auf die gesellschaftliche Position ihrer Mitglieder relativ stabil sind – es sind entweder egalitäre Gesellschaften oder hierarchische Gesellschaften mit festen Strukturen –, entwickeln sich die Industriegesellschaften zu Gesellschaften mit einer großen Dynamik: Es ist jetzt – zumindest theoretisch – möglich, in kurzer Zeit durch Leistung oder Glück aus der Unter- in die Oberschicht aufzusteigen («vom Tellerwäscher zum Millionär»). Auch wenn ein solcher sozialer Aufstieg nicht sehr häufig passiert, so sind die Schichten oder Klassen der Industriegesellschaft sehr viel durchlässiger als die der traditionellen Hochkulturen. Dies betrifft aber ebenfalls den sozialen Abstieg: Genauso, wie große Betriebe und ganze Branchen bankrottgehen und vom Markt verschwinden, können auch größere Menschengruppen schnell ihre wirtschaftliche Existenzgrundlage verlieren. Die Menschen der Industriegesellschaften müssen in der Regel permanent um ihre soziale Position kämpfen, und die Hoffnung auf einen sozialen Aufstieg wird stets von der Angst eines sozialen Absturzes begleitet. Die damit verbundene soziale Unsicherheit ist ein typisches Merkmal der Industriegesellschaften.

Der demographische Übergang

Diese hohe soziale Dynamik wird durch den sogenannten «demographischen Übergang» noch zusätzlich verstärkt.[39] Mit diesem Begriff wird der Wandel von den hohen Geburten- und Sterberaten der vorindustriellen Gesellschaften zu den niedrigen Raten der (post-)modernen Gesellschaften bezeichnet, der etwa zwischen 1770 und 1970, also zwischen dem Beginn und dem Ende der Industriegesellschaft, abläuft. Dabei ist der Beginn des demographischen Übergangs häufig mit dem Einsetzen einer starken industriellen Dynamik in einem Staat identisch.

Bei diesem Wandel geht zuerst die Sterberate auf Grund besserer Ernährung, besserer Hygiene und der Fortschritte der modernen Medizin schnell zurück, während die Geburtenrate auf Grund kultureller Verhaltensweisen weiterhin hoch bleibt und erst mit einer Verzögerung von mehreren Jahrzehnten ebenfalls zu sinken beginnt, bis sich am Ende Geburten- und Sterberate auf einem niedrigen Niveau wieder treffen. In dieser Übergangszeit steigt die Bevölkerung der Industriestaaten ungewöhnlich stark an und verdoppelt oder verdreifacht sich in hundert Jahren.

Dieses starke Bevölkerungswachstum erhöht lange Zeit die Nachfrage nach Waren und Dienstleistungen und das Angebot an Arbeitskräften auf dem Markt deutlich, und es stellt eine wichtige Selbstverstärkung für das industrielle Wirtschaftswachstum dar. Und da mit diesem Wachstum auch große gesellschaftliche Veränderungen verbunden sind, fördert es gleichzeitig eine hohe soziale Dynamik.

Industriegesellschaften als städtische Gesellschaften mit ausgeprägten Schichten

Die Industriegesellschaften sind stark städtisch geprägte Gesellschaftsformen. Im Rahmen der hohen wirtschaftlichen Dynamik wandern Menschen unterschiedlichster Herkunft, Tradition, Religion und Sprache in eine Industriestadt ein und leben und arbeiten dann hier zusammen. Dabei bilden sich Schichten oder Klassen heraus, die jeweils gemeinsam neue Identitäten entwickeln: Oberschicht (Unternehmer) und Mittelschicht (Bürger) orientieren sich an den Ideen der Aufklärung und des Liberalismus, initiieren neue gesellschaftliche Einrichtungen – Theater, Oper, Konzerthallen, Museen, Bibliotheken, Kaffeehäuser – und gründen zahlreiche Vereine. Die Unterschicht (Arbeiter) entwickelt einen großen Stolz auf ihre Arbeitsleistungen in der Fabrik, was zur Neuentstehung zahlreicher Berufstraditionen führt, und sie bildet ein ausgeprägtes politisches Selbstbewusstsein aus, was auch die Freizeit einschließt (Arbeiterchöre, Arbeitertheater, Arbeitersportvereine). Inhaltlich orientieren sich die Arbeiter an sozialdemokratischen oder sozialistischen Ideen; sie vertreten oft einen antagonistischen Gegensatz[40] zwischen Kapital und Arbeit und fordern eine gerechte, nämlich gleiche

Verteilung des gesellschaftlich erarbeiteten Reichtums. Aber ihre Weltsicht basiert ebenfalls auf der Aufklärung, und deshalb gibt es bei vielen Themen (Natur, Naturwissenschaften, technischer Fortschritt, Wirtschaftswachstum) große Gemeinsamkeiten mit Bürgern und Unternehmern, die durch den Gegensatz bei der sozialen Frage leicht übersehen werden.[41]

Diese Neuformierung der städtischen Industriegesellschaften mit dem Aufbau neuer und starker schichtspezifischer Identitäten ist nach der so radikalen Zerstörung der Strukturen der traditionellen Gesellschaft keineswegs selbstverständlich. Die neuen gesellschaftlichen Strukturen sorgen dafür, dass die Menschen, die neu in die Industriestädte ziehen, hier nicht vereinzelte Individuen bleiben, sondern – entgegen den Leitideen der Philosophie der Aufklärung und des Liberalismus – im Rahmen ihrer sozialen Schicht auf neue Weise feste persönliche Beziehungen, stabile soziale Netzwerke sowie verbindliche Normen und Werte entwickeln. Diese neue soziale Verankerung ist so groß, dass Soziologen zu Recht von «schichtspezifischen Verhaltensweisen» sprechen.

Das Leben in den Industriestädten wird weiterhin dadurch geprägt, dass alle sozialen, kulturellen, technischen und infrastrukturellen Fortschritte in Städten entwickelt und hier zur Blüte gebracht werden. Dies betrifft den Ausbau des Bildungswesens (Schulen, Hochschulen, Fortbildungseinrichtungen), der Medien (Presseagenturen, Zeitungen, Zeitschriften) und der medizinischen Versorgung (vom Hausarzt bis zum Universitätskrankenhaus), die Blüte von Wissenschaften und Technik, den Aufbau der Wasser-, Abwasser- und Elektrizitätsversorgung, die Einrichtung neuer Verkehrs- (Busse, U- und S-Bahnen) und Kommunikationsmittel (Telefon, Telegraphie) und vieles andere mehr. Alle diese neuen Errungenschaften, die das Lebensgefühl der Moderne sehr stark prägen und auf die die damaligen Menschen sehr stolz sind («Fortschritt»), sind nur in der Stadt möglich. Nur hier sind die großen Menschenmengen vorhanden, die notwendig sind, damit die teuren Investitionen auch nachgefragt werden und sich in angemessener Zeit amortisieren. Deshalb wird die Industriestadt zum Symbol für Modernität, Attraktivität, Innovation und Lebensqualität.

Ländliche Räume in Industriegesellschaften: Vormoderne Welten

Diese gesellschaftliche Entwicklung betrifft jedoch nur die Industriestädte und Industriegebiete. Der flächengroße, aber dünn besiedelte ländliche Raum entwickelt sich anders: Weil die Landwirtschaft nicht industrialisiert werden kann, weil das vorindustrielle, stark dezentral verbreitete Gewerbe durch die Konkurrenz der Fabriken vollständig zerstört wird und weil moderne Industriebetriebe bis auf kleinere Ausnahmen hier nicht entstehen können, bleibt der ländliche Raum weiterhin durch eine vormoderne Wirtschaftsstruktur geprägt, und die modernen städtischen Errungenschaften können hier nicht Fuß fassen.[42] Dem entspricht eine vormoderne Gesellschaftsstruktur mit traditionellen Normen und Werten.

Je stärker sich aber die industrielle Produktion und das damit verbundene neue städtische Leben in Europa durchsetzen, desto mehr gerät das Landleben mit seinen noch traditionellen Strukturen und Werten unter Druck, weil es als überholt erscheint: Wer jetzt noch an Handarbeit und Tradition festhält, gilt als rückständig und hinterwäldlerisch und sein Tun als sinnlos und idiotisch. In dieser Situation verlassen viele Menschen das Land, um in der Industriestadt am Fortschritt teilzuhaben und einen sozialen Aufstieg realisieren zu können. Viele Menschen bleiben jedoch auch ganz bewusst auf dem Land, weil ihnen das moderne städtische Leben entweder als bedrohlich oder als nicht lebenswert erscheint oder weil es nicht mit ihren ländlichen Lebens- und Naturerfahrungen zusammenpasst. Deshalb halten sie – teilweise starrsinnig – an ihren traditionellen Wirtschafts- und Lebensformen fest.

Daraus entwickelt sich allmählich ein gesellschaftlicher Gegensatz zwischen Stadt und Land, den es vorher in Europa nicht gegeben hatte: Die Industriestadt steht für moderne, das Land für vormoderne Werte und Normen. Deshalb bilden sich im Laufe der Zeit in der Stadt liberale und linke politische Strukturen und auf dem Land konservative oder rechte Strukturen heraus.

Auf dem Land gibt es zahlreiche Menschen, die durch die Zerstörung der alten Ordnung wirtschaftlich und sozial deutlich schlechter als vorher dastehen und die deshalb mit den neuen Verhältnissen unzufrieden sind. Der Widerstand, der daraus erwächst, wird in erster Linie von den

Vertretern der alten Oberschicht (Adlige und einige Geistliche), die zur alten Welt zurückkehren wollen, organisiert. Ab der zweiten Hälfte des 19. Jahrhunderts entwickeln sich daraus konservative politische Bewegungen, die die modernen Werte und Normen scharf angreifen und ihnen «Rationalismus» (Zerstörung der Religion), «Individualismus» (Zerstörung der sozialen Gemeinschaft) und «Materialismus» (Zerstörung des Sinns in der Natur) vorwerfen. Gleichzeitig idealisieren und verklären diese Bewegungen das traditionelle Landleben («Agrarromantik»),[43] und sie stellen alle traditionellen weltlichen und religiösen Herrschaftsstrukturen als gottgewollte und unveränderliche Ordnungen dar. Diese konservativen Kräfte spitzen ihre Kritik an der Industriegesellschaft in Form einer Theorie der «Großstadtfeindschaft» zu: Das Leben in den Großstädten sei «widernatürlich» und «überzivilisiert» und widerspreche den «natürlichen Gesetzen» des Menschen und der Welt.[44] Allerdings sind diese konservativen Bewegungen zu schwach, um die Industriegesellschaften politisch in Frage stellen zu können.[45]

Auf diese Weise entsteht zwischen Stadt und Land ein immer größerer wirtschaftlicher, kultureller und politischer Unterschied, der einen tiefen Graben zwischen «fortschrittlichen» Städtern (Unternehmern, Bürgern, Arbeitern) und «konservativen» Landbewohnern (Bauern) aufreißt.

Extreme Gegensätze als «negative Einheiten»

Dementsprechend sind die Industriegesellschaften durch extreme Gegensätze geprägt: Gab es zuvor in allen früheren Gesellschaften stets ein gemeinsames Interesse aller Menschen an einer produktiven und pfleglichen Naturnutzung als Lebensgrundlage aller Menschen, so gibt es ein solches gemeinsames Interesse in der Industriegesellschaft jetzt nicht mehr: Die Interessen der einzelnen Schichten und Klassen stehen sich jetzt unversöhnlich gegenüber. Alle Industriegesellschaften sind nicht nur im Bereich der Wirtschaft, sondern in allen Bereichen durch solche Gegensätze geprägt: Kapital-Arbeit, Vernunft-Wahnsinn, Ordnung-Chaos, Fortschritt-Barbarei, Stadt-Land, Kultur-Natur. Diese Gegensätze besitzen aber auf Grund ihrer gemeinsamen Herkunft aus dem Gedankengut der Aufklärung auf der Metaebene gewisse inhaltliche

Gemeinsamkeiten, und sie sind so stark aufeinander bezogen und wechselseitig voneinander abhängig, dass jeder dieser Begriffe ohne seinen Gegenbegriff gar keinen Sinn macht. Deshalb bilden diese Gegensätze jeweils «negative Einheiten»,[46] in denen sich alle Gruppen und Schichten wiedererkennen. Diese negativen Einheiten sind die Klammern, durch die die gegensätzlichen gesellschaftlichen Kräfte in den Industriegesellschaften zusammengehalten werden. Deshalb sind Industriegesellschaften grundsätzlich fragile Gesellschaftsstrukturen.

8.5 Naturbezug: Sowohl Vernutzung als auch Bewunderung

Die fundamentalen Gegensätze, die für die Industriegesellschaften so charakteristisch sind, betreffen auch ihre Naturvorstellung: Erstmals in der Geschichte der Menschheit bildet sich jetzt ein radikaler Gegensatz zwischen der Naturvorstellung am Werktag und der am Sonntag heraus.

Vernutzung der Natur als Material am Werktag

Am Werktag, also im industriellen Arbeitsalltag, wird Natur als Material angesehen, das vom Menschen beliebig zu nutzen, zu verändern und zu vernutzen ist. Damit setzt die Industriegesellschaft diejenige Naturvorstellung um, die erstmals von den modernen Naturwissenschaften auf der Grundlage der mittelalterlichen Unterscheidung von Theologie (Verstehen des Sinns der Welt) und Philosophie (Verstehen des Funktionierens der Welt) entwickelt wurde (siehe Abschnitte 7.3 und 7.4), nämlich die Vorstellung von Natur als einem rein quantitativen Kräftezusammenhang ohne eigenen Sinn und Wert.

Bislang war diese Sichtweise nur die Sichtweise weniger Spezialisten gewesen, während für alle übrigen Menschen die Natur weiterhin einen tiefen Sinn hatte, der sowohl mit ihrer Nützlichkeit für den Menschen als auch mit ihrer Bedrohlichkeit eng verbunden war. Mit den zahllosen Innovationen im Gefolge der Industriellen Transformation wird die Nützlichkeit der Natur von der Nützlichkeit der Technik überlagert, und das Gefühl der Bedrohung des Menschen durch die Natur weicht einem Gefühl der Überlegenheit – der Mensch beginnt, sich als Herrscher über die Natur wahrzunehmen. Auf diese Weise wird die Sichtweise der Natur als Material zur dominanten Sichtweise in der Industriegesellschaft, und nur die Bauern, die ländliche Bevölkerung und die Vertreter der alten Ordnung sperren sich dagegen.

Die Behandlung der Natur als Material oder Ressource zeigt sich in vier Aspekten:

1. Entnahme von nützlichen Produkten und Rohstoffen aus der Natur und ihre Verarbeitung im Rahmen der industriellen Produktion. Dabei spielt die Reproduktion der menschlich veränderten Natur keine Rolle mehr, und man geht davon aus, dass diese Produkte in unendlicher Menge zur Verfügung stehen oder sich von selbst problemlos regenerieren.
2. Vernutzung der fossilen Energieressourcen der Erde, um die große Nachfrage nach Energie zu decken. Diese Energieressourcen gelten als unerschöpflich.
3. Nutzung von Wasser, Luft und anderen Stoffen als Hilfsstoffe in der industriellen Produktion. Diese Stoffe werden durch die Nutzung erwärmt, verschmutzt oder vergiftet. Dabei wird erwartet, dass die Natur diese Belastungen von selbst regenerieren werde.
4. Nutzung der Natur als Senke, die allen Abfall der Industrieproduktion und alle verbrauchten Industrieprodukte problemlos wieder aufnimmt und in den Naturhaushalt integriert.

Dieses Umgehen mit Natur stört und beeinträchtigt zahlreiche Naturprozesse, es vernutzt zahlreiche natürliche und durch menschliche Bearbeitung aufgewerteten Ressourcen, und es führt zu zahllosen und massiven Umweltproblemen, die jetzt so groß wie nie zuvor in der Geschichte der Menschheit werden.

Allerdings konzentrieren sich diese Umweltprobleme auf die industriellen Produktionsstätten und auf ihre direkte Umgebung, also auf die Industriestädte und die Industriegebiete. Hier werden die Umweltprobleme durch die große Zahl der Bewohner und die extrem dichte Bebauung – Arbeitersiedlungen mit unhygienischen und ungesunden Wohnbedingungen (Wohnen als Kostenfaktor, der minimiert werden muss) – noch zusätzlich verstärkt. Dadurch sind die Lebensbedingungen in diesen Städten – in erster Linie für die Arbeiter, aber auch für alle Stadtbewohner – sehr schlecht (starke Wasser- und Luftverschmutzungen, Lärm, Enge), was zu einer deutlich verkürzten Lebenserwartung führt.[47]

Diese Umweltprobleme gelten damals als natürliche und selbstverständliche Begleiterscheinungen der industriellen Produktion und werden von Wirtschaft und Politik nicht als Problem angesehen. Erst nach langer Zeit gibt es Bemühungen für eine Verbesserung der Luft- und Wasserqualität, aber in der gesamten Epoche der Industriegesellschaft entwickelt sich kein Bewusstsein dafür, dass diese Umweltprobleme ein Problem darstellen.

Dies liegt daran, dass die Industriegesellschaften in der Natur eine unendliche, allein auf den Menschen ausgerichtete Produktivität wahrnehmen. Einer solchen Natur gegenüber kann sich der Mensch völlig unmittelbar verhalten und allein seinen eigenen Interessen folgen, ohne irgendetwas anderes berücksichtigen zu müssen. Eigentlich impliziert ein solches Naturbild eine extrem positive Sicht der Natur, aber nur mit dem Ziel, sie grenzenlos als Material ausbeuten und zerstören zu können.

Da sich diese massiven Umweltprobleme in der Epoche der Industriegesellschaft auf die kleinen Industriestädte und Industriegebiete konzentrieren, handelt es sich um lokale und regionale Umweltprobleme.

Umweltveränderungen im ländlichen Raum

Der flächengroße ländliche Raum in den Industriestaaten ist von diesen industriellen Umweltzerstörungen jedoch nicht betroffen.[48] Die landwirtschaftliche Produktion orientiert sich weiterhin an der Reproduktion der Kulturlandschaft und an einer dauerhaften und kleinräumigen Nutzung der vorhandenen Naturpotenziale (siehe Abschnitt 4.4). Damit ist die Landwirtschaft weiterhin für die ökologische Vielfalt und Stabilität der Kulturlandschaften verantwortlich. Allerdings beginnen sich die Modernisierungen der Landwirtschaft (siehe Abschnitt 8.2) allmählich auf die Umwelt auszuwirken:

- Der Verkauf und die Aufteilung der Allmende führen zu Intensivierungen von zuvor nur extensiv genutzten Flächen.
- Der Einsatz von Kunstdünger reduziert die Artenvielfalt.
- Der Wegfall von Kleinst- und Kleinbetrieben führt dazu, dass die Parzellen der landwirtschaftlichen Flächen größer werden und weniger Grenzen und Grenzsäume aufweisen.
- Die «Meliorationen» (Verbesserungen), die jetzt großflächig auf bislang nicht oder nur randlich genutzten Flächen mit neuer Technik vorgenommen werden (Trockenlegung von Mooren, Neulandgewinnung in den Auengebieten der großen Flüsse und am Meer), zerstören wertvolle Naturräume.
- Die großräumigen Nutzungsaufgaben in Gebirgen und peripheren Räumen

führen dazu, dass viele ehemalige Nutzflächen verbuschen und verwalden oder gezielt mit schnell wachsenden Nadelbäumen aufgeforstet werden, wodurch die Artenvielfalt und die Kleinräumigkeit der Landschaft deutlich zurückgehen.
- Die allgemeine Intensivierung der landwirtschaftlichen Nutzung vermindert die Artenvielfalt und die Kleinräumigkeit der Kulturlandschaften.

Durch diese Modernisierungen, die sich etwa ab dem Jahr 1880 flächenhaft in der Landschaft zeigen, gehen die Artenvielfalt und die Kleinräumigkeit der Kulturlandschaften erstmals zurück. Aber da die landwirtschaftlichen Tätigkeiten insgesamt nicht industrialisiert werden können, bleiben diese Auswirkungen noch begrenzt – die bäuerlichen Kulturlandschaften in den ländlichen Räumen Europas werden von der Industrialisierung nur am Rande betroffen und behalten weitgehend ihre traditionelle Struktur.

Ähnlich sieht es in der Welt jenseits der europäischen und nordamerikanischen Industriestaaten aus: Direkte Industrialisierungsansätze sind hier selten und besitzen bestenfalls eine Bedeutung als punktförmige Schadstoffquellen. Durch den Einfluss der Industriestaaten werden jedoch alle Selbstversorgungsstrukturen flächenhaft geschwächt, und es werden eine Reihe von marktwirtschaftlich ausgerichteten Landwirtschaftsstrukturen eingeführt, wodurch auch hier der Prozess der Verstädterung (Verdrängung der von Selbstversorgung lebenden Menschen aus dem Land in die Stadt) allmählich beginnt. In Bezug auf die Umwelt gibt es in dieser Zeit gewisse Gemeinsamkeiten zwischen den ländlichen Räumen der Industriestaaten und den nicht industrialisierten Staaten der Welt.

Die Bewunderung der Natur als «schöne Landschaft» am Sonntag

Erstaunlicherweise bleibt es im Rahmen der Industriegesellschaften nicht bei der Sichtweise von Natur als Material, sondern es entwickelt sich parallel dazu eine ganz andere, geradezu entgegengesetzte Sichtweise, nämlich die Bewunderung und Verherrlichung von Natur in Form der «schönen Landschaft», die am Sonntag und in der Freizeit stattfindet.[49]

Diese neue Sichtweise zeigt sich erstmals im Spaziergang, den die Bürger ab etwa 1780 am Sonntagnachmittag jenseits der Mauern der Stadt unternehmen und der sie durch Wald und Flur führt.[50] Ziel dieses neuen Sonntagsvergnügens ist es, die gesunde Luft auf dem Land einzuatmen und die Schönheiten der Natur zu genießen. Dass es sich jedoch weder beim Wald (Wirtschaftswald) noch bei der Flur (landwirtschaftliche Nutzflächen) um Natur, sondern um Kulturlandschaften handelt, nehmen die Spaziergänger nicht wahr; für sie sind alle grünen Flächen außerhalb der «grauen Mauern» der Stadt bereits Natur, und die «schöne» Landschaft lädt sie zur Bewunderung ein. Für die Bauern dagegen, die tagtäglich in Wald und Flur unterwegs sind, macht diese neue, rein kontemplative Naturbetrachtung der Städter überhaupt keinen Sinn, weil für sie der Sinn eines Aufenthalts in der Natur die Produktion von Lebensmitteln ist und die Erholung von der Arbeit zu Hause, also im Dorf stattfindet.[51]

Dieser neue Naturbezug, der für uns heute völlig selbstverständlich ist, ist extrem voraussetzungsträchtig:[52] Er setzt erstens voraus, dass man vor der Natur keine Angst mehr hat und über genügend Zeit verfügt, sich nur zum Vergnügen in der Natur aufzuhalten, ohne arbeiten zu müssen; und er setzt zweitens voraus, dass es Sinn macht, in der Freizeit die Natur ausgiebig zu bewundern und zu verherrlichen.

Nur wenig später wird von den Städtern dieser neue Naturbezug räumlich ausgeweitet: Erstmals werden große Landschaften in ihrer Gesamtheit als «schön» wahrgenommen. Dies beginnt mit den Meeresküsten und dem Hochgebirge der Alpen.[53] Zuvor waren dies bedrohliche Landschaften gewesen, deren Besuch die Menschen, die dort nicht lebten, vermieden oder die sie nur widerwillig durchquerten. Jetzt aber, da die Städter die Angst vor der Natur verloren haben, können sie sie als aufregend genießen. Meer und Alpen werden zu «schrecklich-schönen» Landschaften und lösen einen «delightful horror» aus, wie die Engländer sagen, die als Erste diese Landschaften nur zum Vergnügen bereisen. Sie suchen diese Landschaften jetzt gezielt auf, um angesichts eines Lebens in einer Industriestadt endlich einmal eine vom Menschen nicht beherrschte Natur erleben und bewundern zu können. Auch hier nehmen die Besucher nicht wahr, dass es sich gar nicht um Natur-, sondern um Kulturlandschaften und um Landschaften mit einer sehr engen Verzahnung von Natur- und Kulturlandschaftselementen handelt, weil alle Landschaften, die nicht industriell genutzt werden, für sie bereits Natur und daher schön sind. Die Einheimischen am Meer und in den Alpen stehen diesem neuen städtischen Interesse zuerst völlig fassungslos gegenüber, weil sie nicht nachvollziehen können, weshalb sich die Touristen für «nutzlose» Felsen, Gletscher, Sandstrände und Sandbänke interessieren. Aber nach kurzer Zeit merken sie, dass die große Zahl der Besucher ein einträgliches Geschäft ermöglicht, und sie bauen diese neue Erwerbsquelle konsequent aus.[54]

Einige Jahrzehnte später, nachdem sich die Meeresküsten und die Alpen europaweit als schöne Landschaften etabliert haben, wird diese Sichtweise dann auf andere, weniger spektakuläre Landschaften übertragen. Weil für viele europäische Bürger eine schöne Landschaft mit den Schweizer Alpen identisch ist – hier wird diese Naturwahrnehmung erstmals populär –, werden viele neu entdeckte schöne Landschaften «Schweiz» benannt. Während anfangs Landschaften wie die «Fränkische Schweiz» oder die «Sächsische Schweiz» aufgrund ihrer Felsen wenigstens noch entfernt an die Schweizer Alpen erinnern, spielt dies später keine Rolle mehr: Bei den flachen Endmoränenlandschaften der «Holsteinischen Schweiz» oder der «Pommerschen Schweiz» erinnert nichts mehr an die Ursprungslandschaft außer ihr «malerischer» (schöner) Landschaftscharakter. Im Laufe der Zeit werden weit über einhundert Landschaften in ganz Europa und sogar auf anderen Erdteilen als «Schweiz» benannt,[55] und das Land wird immer stärker von den Städtern als schöne Landschaft wahrgenommen.

Gefördert und vertieft wird diese Entwicklung von Künstlern, meist Malern, die sich ab 1830 in sogenannten Künstlerkolonien auf dem Land niederlassen, um hier «malerische» Motive für ihre Bilder zu finden. Insgesamt entstehen in Europa und in den USA mehr als achtzig solcher Künstlerkolonien, die ihre Blütezeit zwischen 1870 und 1910 erleben und von denen diejenige in Worpswede in Deutschland am bekanntesten geworden ist.[56] Damit leisten diese Künstler einen relevanten Beitrag dazu, dass die Bürger den ländlichen Raum jenseits der Städte immer besser als schöne Landschaft wahrnehmen können.

Dieser Prozess, der zu Beginn des Ersten Weltkriegs abgeschlossen ist, führt dazu, dass am Ende der gesamte ländliche Raum jenseits der – so die damalige Wahrnehmung – «hässlichen» Industriestädte[57] als schöne Landschaft wahrgenommen wird und dadurch eine völlig neue Bedeutung erhält. Die Landwirtschaft in diesen Räumen wird dabei entweder völlig übersehen, oder sie wird auf folkloristisch-romantische Weise der Natur zugerechnet und zur Idylle verklärt.

Tourismus und Naturschutz

Diese neue Sicht des ländlichen Raumes führt zu zwei völlig neuen Phänomenen, Tourismus und Naturschutz, die sich erst auf dieser Grundlage entwickeln.

Der Tourismus, der ab 1880 europaweit zu einem wichtigen Faktor wird, prägt in Form des Urlaubstourismus periphere Regionen mit attraktiver Landschaft, in denen an ausgewählten Orten große Tourismuszentren entstehen, und er besitzt in Form des Ausflugstourismus im weiteren Umkreis um die Städte herum am Wochenende eine fast flächendeckende Dimension. Dadurch entstehen auf dem Land neue Arbeitsplätze, was nach den wirtschaftlichen Entwertungen durch die Industrielle Transformation als etwas Ungewöhnliches wahrgenommen wird. Viele Einheimische können dadurch zwar ihre wirtschaftliche Lage verbessern, aber in den meisten Fällen machen städtische Investoren die großen Gewinne. Dort, wo sich die touristische Nachfrage besonders konzentriert, wie in ausgewählten Orten im Hochgebirge, an Seen, Meeresküsten oder Thermalquellen, entstehen punktuell städtische Bauformen, Siedlungsstrukturen, Kulturaktivitäten und Lebensformen, so dass der ländliche Raum an diesen Standorten verstädtert.[58]

Am Ende des 19. Jahrhunderts entwickelt sich aus der neuen Sicht von Natur als schöner Landschaft der Naturschutz, der vom städtischen Bildungsbürgertum getragen wird. Er geht davon aus, dass die «schöne Landschaft» vor der Zerstörung durch industrielle Nutzungen geschützt werden müsse.[59] Damit bildet die Ästhetik, also das Bild der schönen Landschaft, die Grundlage des Naturschutzes. Dies wirkt auf uns befremdlich, da wir heute Naturschutz mit ökologischen Argumenten begründen, aber es entspricht dem damaligen Zeitgeist.

Der Naturschutz geht von den Erfahrungen der Industriegesellschaften aus, dass alles Wirtschaften – also das industrielle Wirtschaften – immer Natur zerstört. Deshalb ist Naturschutz nur als Nichtnutzung von Flächen oder Gebieten vorstellbar. Und deshalb engagieren sich die Naturschützer für die Ausweisung von Naturschutzgebieten, in denen jede menschliche Nutzung untersagt ist.[60]

Eigentlich wäre es aus ökologischen Gründen sinnvoll, dass der Naturschutz eng mit der Landwirtschaft zusammenarbeiten würde, weil die traditionellen Kulturlandschaften mit ihren vielfach abgestuften Nutzungsintensitäten sehr artenreich, sehr vielfältig und sehr schutzwürdig sind. Die Naturschützer nehmen zwar den hohen Wert dieser Kulturlandschaften wahr, aber sie sehen nur das Bild der ästhetisch schönen Landschaft, erkennen nicht die bäuerliche Arbeit, die darin enthalten ist, und sind gefangen in ihrer von der Industriegesellschaft geprägten Sichtweise (Wirtschaften = Naturzerstörung). Deshalb sind sie nicht in der Lage, einen Naturschutz mit einer nachhaltig-pfleglichen Naturnutzung zusammenzudenken, und deshalb besteht ihre Strategie nur darin, diese Landschaften zu schützen, indem sie sie in Schutzgebiete umwandeln und darin alle Nutzungen verbieten.

Diese Strategie ist jedoch ökologisch ausgesprochen kontraproduktiv: Wird die traditionelle Nutzung unterbunden, dann verbuschen und verwalden viele Flächen in Europa schnell, und es setzen sich in der Regel häufig vorkommende Sträucher und Bäume durch, während schützenswerte Arten wie Orchideen auf Magerrasen oder von Wacholdern durchsetzte Sandheiden in der Lüneburger Heide (einem der ältesten Naturschutzgebiete Europas) innerhalb weniger Jahre verschwinden. Damit zerstört die Unterschutzstellung dieser Landschaften genau das, was sie eigentlich schützen wollte.[61]

Aber auch aus soziokultureller Sicht ist dieser Naturschutz problematisch: Für bäuerliche Gesellschaften ist die Natur ihre Lebensgrundlage, in der, mit der und von der sie leben, und eine Nichtnutzung bedeutet für sie den Verlust ihrer Lebensgrundlage. Daher trifft diese Form des Naturschutzes bei ihnen auf eine sehr heftige Ablehnung. Diese Ablehnung ist so stark, dass der Naturschutz in Europa – im Unterschied zu den USA[62] – in der gesamten Epoche der Industriegesellschaft nur ein Randphänomen bleibt.

Kompensation der werktäglichen Naturvernutzung am Sonntag

Die sonntägliche Sichtweise der Natur – ihre Bewunderung in Form der schönen Landschaft bis hin zu Tourismus, Kunst und Naturschutz – ist also das Gegenbild zur werktäglichen Sichtweise (Natur als Material). Da beide so gegensätzlichen Naturvorstellungen nebeneinanderstehen und abwechselnd zu unterschiedlichen Zeiten gelebt werden, stellt die Bewunderung der Natur keine Kritik an der Vernutzung der Natur dar, wie man vielleicht spontan meinen könnte. Ich sehe darin eine unbewusste gesellschaftliche Reaktion auf die Entwertung der Natur im industriellen Wirtschaften, die für die Menschen unerträglich wäre, wenn sie nicht immer wieder durch eine Bewunderung der Natur ausgeglichen oder kompensiert würde.[63]

Das bedeutet: Die Herrschaft über Natur kann in der Industriegesellschaft offenbar noch nicht als reiner Triumph genossen werden, auch wenn dieses Gefühl in der Arbeitswelt zu bestimmten Anlässen ausgiebig gefeiert wird. Aber dieser Triumph ist mit einer gewissen Leere verbunden, mit einem Mangel an Sinn und Erfüllung, der nach Kompensation verlangt. Damit wird auf indirekte Weise deutlich, dass die Industriegesellschaft von einer Verlusterfahrung in Bezug auf die Natur – im Umgang mit Natur als Material fehlt der Sinn – geprägt ist. Allerdings sorgt dann die Kompensation dieser Verlusterfahrung am Sonntag dafür, dass die Naturvernutzung am nächsten Werktag doch wieder bedenkenlos ablaufen kann.

Gesellschaften auf «tönernen Füßen»

Die Industriegesellschaften sind die ersten Gesellschaften in der Geschichte der Menschheit, in denen die Natur in zwei völlig entgegengesetzte Teile zerrissen wird, die nichts mehr miteinander zu tun haben und die vom Menschen völlig unterschiedlich behandelt werden. Es ist kein Zufall, dass mit dieser Aufteilung der Natur die massiven Umweltzerstörungen beginnen. Auch wenn diese Zerstörungen in der gesamten Epoche der Industriegesellschaften noch lokal und regional beschränkt bleiben, so sorgen doch die schnelle Vernutzung der Energieressourcen der Erde und die unendliche Dynamik des industriellen Wirtschaftens dafür, dass es bei diesen räumlichen Beschränkungen auf Dauer nicht bleiben wird: Der große Glanz und die Faszination der industriellen Errungenschaften, also der gesamte Fortschritt, steht von Anfang an auf «tönernen Füßen»,[64] weil die Industriegesellschaften ihre eigenen ökologischen Voraussetzungen – Vernutzung aller Ressourcen und Belastung aller Ökosysteme ohne Reproduktion – zerstören und dies nicht einmal als Problem wahrnehmen.

Industriegesellschaften sind durch ein unendliches Wirtschaftswachstum geprägt, das auf einer endlichen Erde nicht möglich ist (siehe Abschnitt 8.2), sie besitzen eine fragile Gesellschaftsstruktur (siehe Abschnitt 8.4), sie zerstören ihre eigenen ökologischen Voraussetzungen (siehe Abschnitt 8.5), und deshalb sind sie in allen Bereichen instabile Strukturen. Sie besitzen zwar keine kulturelle Selbstbegrenzung, aber sie werden zufälligerweise noch durch eine Reihe von begrenzenden Kräften geprägt – die ausschließlich lokal-regionale Verbreitung des industriellen Wirtschaftens; die soziokulturelle Stabilität der neu entstehenden Klassen in der städtischen Gesellschaft; die Fortdauer der vormodernen Verhältnisse auf dem Land und die Kompensation der Vernutzung der Natur. Deshalb bleiben ihre selbstzerstörerischen Kräfte begrenzt. Dies ändert sich erst in der folgenden Epoche der Dienstleistungsgesellschaften.

Die Grundprinzipien des industriellen Wirtschaftens werden in den Dienstleistungsgesellschaften weiter perfektioniert und ausgeweitet. Da es jedoch missverständlich wäre, im Rahmen der Dienstleistungsgesellschaft von industriellem Wirtschaften zu sprechen, wird sie ab jetzt als kapitalistisches Wirtschaften oder als Kapitalismus bezeichnet.[65] Und die Staaten, die von dieser Wirtschaft geprägt werden, werden ab jetzt nicht mehr Industriestaaten, sondern Dienstleistungsstaaten genannt.

9.

Dienstleistungsgesellschaften

Natur als Relikt in einer entgrenzten Welt

Etwa ab dem Jahr 1970 wandeln sich die Industrie- zu Dienstleistungsgesellschaften. Dabei werden die Grundprinzipien der Industriegesellschaften zwar beibehalten, aber ihre bisherigen Begrenzungen aufgehoben – Grenzenlosigkeiten prägen nun die gesamten Aktivitäten der Menschen. Da der Beginn dieses Wandels und seine Ursache umstritten sind, wird zuerst diese Transformation beschrieben (9.1). Anschließend wird dargestellt, welche Veränderungen im Bereich der Wirtschaft (9.2), der Gesellschaft (9.3), der Raumstrukturen (9.4) und des Umweltbezugs (9.5) ablaufen.

Da dieses Kapitel die Gegenwart thematisiert, werden jetzt zahlreiche Sichtweisen von Natur, Mensch, Gesellschaft und Welt angesprochen, die keineswegs so «natürlich» sind, wie sie uns heute erscheinen, denn sie spielen für den Natur- und Umweltbezug eine wichtige Rolle.

9.1 Die Transformation von Industrie- zu Dienstleistungsgesellschaften

Die Transformation von Industrie- zu Dienstleistungsgesellschaften, die nach 1945 stattfindet, wird sehr unterschiedlich gesehen. Für die neue Gesellschaftsform gibt es folgende Begriffe: Dienstleistungsgesellschaft, Postfordismus, nach-/postindustrielle Gesellschaft, Konsumgesellschaft, Erlebnisgesellschaft, Zweite Moderne, Spätmoderne, Postmoderne oder Spätkapitalismus.[1]

Ich gehe davon aus, dass dieser Wandel die gesamte Welt – Wirtschaft, Gesellschaft, Raum, Umwelt – betrifft, so dass die neue Epoche einen Namen benötigt, der für diese große inhaltliche Breite steht. Dafür kommen eigentlich nur die Begriffe «Dienstleistungsgesellschaften» und «Spätmoderne» in Frage.[2] Da seit der Industriellen Transformation die Wirtschaft die gesamte Welt dominiert, halte ich es für sinnvoll, den Begriff der Wirtschaftswissenschaften und nicht den der Soziologie als Epochenbezeichnung zu verwenden; allerdings muss ich gleich anfügen, dass sich dieser Begriff nicht nur auf die Wirtschaft, sondern auf die Phänomene der gesamten Welt bezieht.

Definition der Dienstleistungsgesellschaft und damit verbundene Hoffnungen

Die Definition der Dienstleistungsgesellschaft geht auf den französischen Wirtschaftswissenschaftler Jean Fourastié (1907–1990) zurück: Sie ist gegeben, wenn in den Dienstleistungen mehr als 50 Prozent der Erwerbstätigen eines Staates arbeiten.[3] Dieser Zeitpunkt wird in den USA bereits am Ende der 1940er Jahre, in den europäischen Staaten jedoch erst zwischen 1968 und 1975 (oder später) erreicht.

Fourastié entwickelt dazu ein geschichtliches Drei-Phasen-Modell auf der Grundlage der Gliederung der Wirtschaft in drei Sektoren, nämlich I. Sektor (Land-/Forstwirtschaft, Fischerei), II. Sektor (Handwerk, Gewerbe, Industrie), III. Sektor (Dienstleistungen):[4] In der *traditionellen Zivilisation* gibt es ein Verhältnis der drei Wirtschaftssektoren zueinander von 80:10:10, in der *Übergangsphase* (Industriegesellschaft) von maximal 25:50:25, und in der zukünftigen *tertiären Zivilisation* von 10:10:80. In dieser Vision aus dem Jahr 1949 prognostiziert Fourastié die Entwicklung des Verhältnisses zwischen den Wirtschaftssektoren richtig; lediglich die Arbeitsplatzverluste im I. Sektor unterschätzt er damals stark (in den klassischen Industriestaaten liegt dieser Wert heute nur noch zwischen 1 Prozent und 4 Prozent), die im II. Sektor überschätzt er (dieser Wert liegt derzeit «erst» zwischen 18 Prozent und 28 Prozent), während er das starke Wachstum der Dienstleistungen (Werte heute zwischen 70 Prozent und 80 Prozent) angemessen prognostiziert.

Mit diesem starken Wachstum der Dienstleistungen ist für Fourastié «die große Hoffnung des 20. Jahrhunderts» verbunden,[5] dass nach einer Zeit der «Sättigung» der materiellen menschlichen Bedürfnisse durch industrielle Massenprodukte mit der «tertiären Zivilisation» eine neue Zeit anbreche. Diese sei durch einen «kollektiven Hunger nach Tertiärem» und durch ein unbegrenztes Wachstum von immateriellen Dienstleistungen geprägt, was für Fourastié ökonomische und politische Stabilität anstelle von Klassenkämpfen und Wirtschaftskrisen bedeutet.[6] Auch wenn sich diese Hoffnungen nicht erfüllen, so spricht er bereits im Jahr 1949 Aspekte an, die später erneut diskutiert werden und die direkt den Umweltbezug betreffen: Je größer der Anteil der (immateriellen) Dienstleistungen innerhalb der Wirtschaft werde, desto einfacher sei es, die materiellen Umweltbelastungen, die in erster Linie der II. Sektor verursacht, zu reduzieren und die gesamte Wirtschaft umweltverträglicher auszugestalten. Diese Idee erhält später durch die Bedeutung von Informationen und durch das Aufkommen der virtuellen Welten eine zusätzliche Plausibilität.

Definition von Dienstleistungen

Sosehr ich auf der einen Seite das starke Wachstum der Dienstleistungen als zentrales Merkmal der neuen Entwicklung ansehe, so sehr bin ich auf der anderen Seite der Ansicht, dass die Hoffnung auf Umweltentlastung durch das Wachstum der Dienstleistungen eine Illusion darstellt und auf einem falschen Verständnis von Dienstleistungen beruht – an der scheinbar nebensächlichen Frage nach der richtigen Definition von Dienstleistungen hängen zentrale normative Bewertungen unserer Gegenwart.

Daher muss zuerst geklärt werden, was Dienstleistungen sind. Weil dies in den Wirtschaftswissenschaften umstritten ist[7] und dafür eine klare Definition fehlt, habe ich eine eigene Definition erarbeitet:[8]

> Der III. Wirtschaftssektor fasst alle jene Wirtschaftsaktivitäten zusammen, die nicht zum produzierenden Wirtschaften gehören (I. Sektor: Urproduktion, II. Sektor: Be- und Verarbeitung der im I. Sektor gewonnenen Produkte), weil sie die Produkte des Wirtschaftens nicht mehr materiell verändern. Unter den Bedingungen weit entwickelter wirtschaftlicher Arbeitsteilungen, hoher fachlicher Anforderungen an fast alle Arbeitsschritte und einer gesellschaftlichen Notwendigkeit zur Erwerbsarbeit sorgen Dienstleistungen dafür, dass die hergestellten Produkte als Waren an den Endverbraucher verkauft werden können und dass Menschen produktiv arbeiten können, und zwar auf doppelte Weise:

a) *produktionsorientierte* Dienstleistungen, also solche, die direkt auf den Produktionsprozess bezogen sind und ihn unmittelbar unterstützen (Transport, Handel, Banken, Versicherungen, Verwaltung, Werbung, Marketing und so weiter);
b) *reproduktionsorientierte* Dienstleistungen, also solche, die indirekt auf den Produktionsprozess bezogen sind und die die Rahmenbedingungen dafür schaffen, dass Menschen regelmäßig und dauerhaft eine qualifizierte Erwerbsarbeit ausführen können, indem sie dafür sorgen, dass

b1) die *einzelnen* Menschen produktiv arbeiten und ihre verbrauchte Arbeitskraft wieder herstellen können (Aus- und Fortbildung, Gesundheitswesen, Urlaub und Freizeit und so weiter);

b2) *alle* Mitglieder einer Gesellschaft produktiv arbeiten können (Aufrechterhaltung der staatlichen Verwaltung, der demokratischen Strukturen, der inneren und äußeren Sicherheit, der Sozialsysteme und des Rechtswesens und so weiter).

Dienstleistungen verändern also im Rahmen des Wirtschaftens eine Ware nicht mehr materiell, anders gesagt, sie sind immaterieller Art. Aber sie verursachen *indirekt* sehr große materielle Probleme, weil sie viel Verkehr erzeugen und einen großen Flächen-, Ressourcen- und Energieverbrauch beinhalten; die Umweltbelastungen, die daraus erwachsen, können heute die *direkten* Umweltbelastungen durch die Produktion durchaus übertreffen.

Neun Triebkräfte für das Wachstum der Dienstleistungen

Es gibt neun Triebkräfte, die zu einem starken Wachstum der Dienstleistungen führen; davon sind die ersten vier dem Bereich der Wirtschaft und die übrigen dem Bereich der Gesellschaft zuzuordnen:[9]

1. In den beiden Produktionssektoren gibt es durch Arbeitsteilung und Ersetzung menschlicher Arbeit durch Maschinen sehr hohe Produktivitätssteigerungen. Dadurch wird die Zahl der Arbeitsplätze in Bezug auf die Produktionsmengen immer geringer. Da der III. Sektor diese Entwicklung erst verspätet und nur eingeschränkt mitmacht, ist er durch relativ hohe Arbeitsplatzzahlen geprägt.

2. Da die Produktivitätssteigerungen in der Produktion mit Spezialisierungen, großräumigen Wirtschaftsverflechtungen und Auslagerungen (an Tochterbetriebe, Subunternehmer, Zulieferer) verbunden sind

und jeder einzelne Arbeitsschritt organisiert, gebucht, versichert, transportiert, bestätigt, geprüft und bezahlt werden muss, verzeichnen die traditionellen produktionsorientierten Dienstleistungen wie Handel, Banken, Versicherungen, Verwaltung, Transportwesen im Rahmen des allgemeinen Wirtschaftswachstums ein überproportional starkes Wachstum.

3. Da die fachlichen Anforderungen an jeden einzelnen Arbeitsschritt im Laufe der Zeit immer höher werden, werden Tätigkeiten, die bislang eher nebenbei miterledigt wurden, jetzt ausgegliedert und spezialisierten Firmen übertragen. Dadurch entstehen zahlreiche neue produktionsorientierte Dienstleistungen wie Marketing-, Werbe-, Buchhaltungs-, EDV-Beratungs- und Steuerberatungsfirmen sowie Rechtsanwalts- und Fachanwaltskanzleien, die es zuvor nicht gab.

4. Nur gering mechanisierbare Handarbeit wird ab den 1970er Jahren, als die Arbeitskraft in den klassischen Industriestaaten knapp und teuer wird, in Billiglohnländer ausgelagert; dadurch sinkt die Zahl der Erwerbstätigen im II. Sektor noch einmal erheblich.

5. Ein großes Wachstum erfahren die Dienstleistungen durch die Umwandlung von nichtwirtschaftlichen Tätigkeiten in wirtschaftliche Erwerbsarbeiten. Zahlreiche Dienstleistungen wurden traditionellerweise im Rahmen der Familie, der Nachbarschaft oder der Dorfgemeinschaft unentgeltlich, im Rahmen gegenseitiger Hilfeleistungen oder als Ehrenamt ausgeführt. Ab den 1970er Jahren werden Tätigkeiten wie Kinderbetreuung (zuerst Kindergärten, später Kinderkrippen und Tagesmütter), Betreuung von alten und chronisch Kranken (Senioren- und Pflegeheime, mobile Alten- und Krankenpflege), soziale Tätigkeiten (Betreuung Arbeitsloser, Obdachloser, Drogenabhängiger, Flüchtlinge), private Wachdienste, Katastrophenschutz, Feuerwehr und Ähnliches immer öfter in bezahlte Dienstleistungen umgewandelt.

6. Die immer höheren Anforderungen am Arbeitsplatz sowie die Möglichkeiten des sozialen Aufstiegs über eine höhere berufliche Qualifikation verlängern die Schulzeit erheblich, fördern eine Universitätsausbildung und verlangen ein lebenslanges Lernen. Dadurch werden die Aus- und Fortbildungszeiten zu Lasten der Berufsjahre im persönlichen Lebensweg immer länger, und die Zahl der Arbeitsplätze im Bereich Bildung, Ausbildung, Fort- und Weiterbildung steigt sehr stark an.

7. Die moderne Medizin, die bereits im 19. Jahrhundert entsteht, durchläuft seit den 1960er Jahren einen Prozess der Technisierung, der zu neuen großen medizinischen Fortschritten führt. Dabei vernetzt sich die Medizin eng mit der Medizintechnik und der Pharmaindustrie, wobei sie ihren traditionellen persönlichen und handwerklichen Charakter verliert. In Verbindung mit einer veränderten Weltsicht (Krankheit ist nicht mehr Schicksal), einer ungesünderen Lebensweise, problematischeren Formen der Ernährung und einer steigenden Umweltverschmutzung führt diese Entwicklung dazu, dass die Zahl der Erwerbstätigkeiten im Gesundheitswesen sehr stark wächst.

8. Ein großes Wachstum erfahren die Dienstleistungen durch den steigenden Lebens- und Konsumstandard breiter Gesellschaftsschichten. Damit ist verbunden, dass viele Tätigkeiten, die lange Zeit in kleinem Rahmen und ohne Geld ausgeführt wurden, jetzt ausgeweitet und zu Spezialistentätigkeiten gemacht werden, die gegen Bezahlung in Anspruch genommen werden können. Dazu zählen Urlaub und Freizeitaktivitäten (ab den 1990er Jahren übertreffen die jährlichen Freizeitausgaben der Haushalte die jährlichen Urlaubsausgaben), Persönlichkeitsentwicklung (Lehrgänge, Coaching) und psychische Gesundheit (Lebensberatung, Selbsterfahrungskurse, Psychotherapien) sowie Sport, Musik, Kultur, Kunst und Unterhaltung. Immer sind es bezahlte Dienstleistungen, die von diesen neuen Entwicklungen profitieren.

9. Die ständig komplexer werdende Wirtschaft und Gesellschaft führt zu einem erhöhten staatlichen Regelungsbedarf, zu einer Verrechtlichung vieler Bereiche und zu neuen Aufgaben des Staates (z. B. Cybersicherheit). Die Zahl der Erwerbstätigen im Öffentlichen Dienst wächst dadurch überproportional stark; davon sind alle staatlichen Ebenen und Funktionen betroffen.

Diese neun Veränderungen sind wichtig, um unsere Gegenwart zu verstehen, und sie machen deutlich, warum Dienstleistungen so stark wachsen. Deshalb kann man jetzt zu Recht von Wirtschaften und Gesellschaften sprechen, die maßgeblich von Dienstleistungen geprägt werden und sich dadurch von den Industriegesellschaften unterscheiden. Allerdings ist an dieser Stelle auch darauf hinzuweisen, dass keineswegs die meisten nichtwirtschaftlichen Tätigkeiten in bezahlte Dienstleistungen umgewandelt werden: Das alltägliche Funktionieren von Wirtschaft und Gesellschaft hängt auch jetzt weiterhin davon ab, dass viele wichtige und notwendige gesellschaftliche Tätigkeiten – Hausarbeit, handwerkliche Tätigkeiten, Erziehung, Pflege und Betreuung, ehrenamtliches Engagement – unentgeltlich und oft von Frauen ausgeübt werden. Experten gehen davon aus, dass diese Tätigkeiten 40 Prozent der Wirtschaftsleistung eines Staates ausmachen.[10] Auch wenn in den Dienstleistungsgesellschaften viele Tätigkeiten gegen Geld ausgeübt werden, ist das Wirtschaften trotzdem nach wie vor von nichtwirtschaftlichen Tätigkeiten abhängig. Damit bleibt die Wirtschaft ein Teilbereich der Gesellschaft, auch wenn ihr Selbstbild dieser Realität nicht entspricht und wenn man in dieser Gesellschaft nur mittels einer Erwerbsarbeit leben kann.

9.2 Die Entgrenzung des kapitalistischen Wirtschaftens

Im Rahmen der Dienstleistungsgesellschaften wird das gesamte Wirtschaften grundlegend verändert: Einerseits wird der II. Sektor weiter perfektioniert und das Wirtschaften im I. und III. Sektor jetzt erstmals an den Grundsätzen des kapitalistischen Wirtschaftens ausgerichtet, andererseits breitet sich diese Form des Wirtschaftens fast über die gesamte Welt aus.

II. Wirtschaftssektor

Nachdem der Anstieg der Kraftfahrzeugentwicklung bereits vor dem Zweiten Weltkrieg begonnen hatte, setzt der Boom dieser Branche in den 1950er Jahren ein. Er wird durch die gleichzeitige Erschließung der Erdölressourcen der Erde zusätzlich beschleunigt. Öl enthält bei gleichem Volumen mehr Energie als Steinkohle und kann kostengünstiger gefördert, transportiert, verarbeitet und genutzt werden. Mit der Massenmotorisierung, die von den Staaten mittels des Straßenbaus aktiv gefördert wird, entsteht eine große Nachfrage nach Fahrzeugen aller Art. Der große Vorteil dieser Innovation besteht darin, dass die neuen Verkehrsmittel Pkw und Lkw die Fläche auch für kleine Personen- und Gütermengen kostengünstig erschließen, so dass die Mobilität dadurch weiter erleichtert, beschleunigt und verbilligt wird.

Parallel dazu erlebt die Chemische Industrie durch die Produktion von Kunststoffen einen großen Aufschwung. Kunststoffe werden bereits im 19. Jahrhundert industriell hergestellt (Gummi als eines der ersten Industrieprodukte), aber ihren Durchbruch erleben sie erst nach 1970. Kunststoffe werden in fast allen Wirtschaftsbranchen als Material für Gegenstände oder als Verpackungsmaterial verwendet. Auf Grund ihrer niedrigen Kosten und ihren sehr nützlichen Materialeigenschaften ersetzen Kunststoffe schnell viele herkömmliche Materialien. Deshalb erleben sie eine große Verbreitung. Da Kunststoffe aber nicht biologisch abbaubar und viele ihrer Bestandteile gesundheitsgefährdend sind, werden sie ein großes Umweltproblem.

Der nächste Innovationssprung findet zwischen 1980 und 1985 statt, als die Mikroelektronik in die Industrieproduktion eingeführt wird. Dies wird oft als «Dritte Industrielle Revolution» bezeichnet.[11]

1. Mit EDV-gesteuerten Maschinen und Produktionsstraßen wird es möglich, schnelle Produktwechsel durchzuführen und statt Massenprodukten Kleinserien und sogar Einzelstücke profitabel herzustellen.
2. Die großen Industriebetriebe konzentrieren sich auf ihre Kernkompetenz und lagern alle anderen Tätigkeiten an eigenständige Zulieferer aus (Outsourcing).[12]
3. Die Kosten der Lagerhaltung werden stark gesenkt, indem alle Vorprodukte *just-in-time* in kleinen Mengen und kurzen Zeitabständen direkt ans Fließband geliefert werden (was nur mit dem Lkw möglich ist).

4. Die bisherigen Qualitätsendkontrollen werden durch permanente Qualitätskontrollen während der Produktion ersetzt; dabei wird nicht nur die Qualität der Produkte, sondern auch die der Betriebsorganisation und die der Mitarbeiter permanent überprüft («total quality management»).
5. Die neuen dynamischen Produktionsstrukturen erfordern den Abbau der hierarchischen Betriebsstrukturen und den Aufbau von «flachen Hierarchien»; die Flexibilität der Arbeitsabläufe wird sehr wichtig, die Mitarbeiter erhalten mehr Kompetenzen und Verantwortung, und die Grenzen zwischen Angestellten und Chef und zwischen Arbeit und Freizeit verschwimmen immer stärker.

Mit der Einführung der Mikroelektronik steigt die Produktivität der Industriearbeit erneut signifikant, die Branchen der Elektrotechnik- und der Elektronikindustrie erleben einen großen Aufschwung, und die größten Firmen dieser Branche werden jetzt die größten Firmen der Weltwirtschaft.

Der nächste Innovationsschritt, die Digitalisierung, die ab den 2000er Jahren einsetzt, perfektioniert diese Entwicklung weiter. Die Firmen, die elektronische Hard- und Software herstellen, werden jetzt bei Umsatz und Firmenvermögen von Firmen überholt, die Informations- und Kommunikationsplattformen zur Verfügung stellen und die ihre Einnahmen durch Werbung erzielen. Und seit kurzem entstehen Firmen, die detaillierte Informationen über das Verhalten von Konsumenten, Spezialisten und Politikern sammeln und auswerten und diese Daten dazu nutzen, um hohe Gewinne zu erzielen und gesellschaftliche Entwicklungen zu überwachen und zu steuern.[13]

Im Rahmen dieser Entwicklung geht die Zahl der Erwerbstätigen im II. Sektor zwar weiter zurück, aber nicht so stark, wie von Fourastié prognostiziert, während die Bruttowertschöpfung pro Erwerbstätigem im II. Sektor weiter steigt. Deshalb bleibt dieser Sektor ein relevanter Wirtschaftssektor und wird keineswegs marginalisiert.

I. Wirtschaftssektor

Zu Beginn der 1960er Jahre setzt in der Landwirtschaft ein fundamentaler Strukturwandel ein, der erstmals in der Geschichte der Menschheit ihre traditionellen Wirtschaftsformen (großer Anteil an Handarbeit, starke Abhängigkeit von natürlichen Voraussetzungen, Integration Arbeit-Familie) zerstört und durch kapitalistische Strukturen ersetzt:[14]

1. Die Fortschritte im Fahrzeug- und Maschinenbau führen zu zahlreichen landwirtschaftlichen Maschinen, die in großem Umfang menschliche Arbeitskraft auf den Feldern und im Stall ersetzen.
2. Die Chemische Industrie entwickelt Herbizide, Pestizide und Fungizide als Ersatz für menschliche Arbeit und verbilligt den Kunstdünger, was große Ertragssteigerungen ermöglicht.
3. Die Erträge der traditionellen Haustierrassen und Getreidesorten werden auf technisch-naturwissenschaftliche Weise von agro-industriellen Konzernen systematisch vervielfacht.
4. Es wird die Massentierhaltung auf der Grundlage von Hochleistungsrassen entwickelt; die Tiere werden durch Kraftfutter (anstelle von Heu) ernährt, und ihr Wachstum wird durch Medikamente aus der Pharmaindustrie beschleunigt.
5. Der moderne Ackerbau (Präzisionslandwirtschaft), der die Bodenqualität digital erfasst und die Landwirtschaftsgeräte mittels GPS automatisch steuert, ersetzt die sinnlich-qualitativen bäuerlichen Erfahrungen durch eine Vielzahl von Messdaten, um Düngung, Unkraut- und Schädlingsbekämpfung, Saat und Ernte zu optimieren.

Auf diese Weise entwickelt auch die Landwirtschaft eine Massenproduktion mit sehr hohem Energieeinsatz,[15] und sie erhöht durch Mechanisierung und Arbeitsteilung ihre Produktivität sehr stark: Ernährte ein Bauer in Deutschland im Jahr 1960 erst 17 Menschen, so sind es 2016 schon 135.[16] Gleichzeitig geht die Zahl der landwirtschaftlichen Betriebe stark zurück, die verbleibenden Betriebe bewirtschaften immer größere Flächen, und sie spezialisieren sich immer stärker auf wenige Produkte im Bereich des Ackerbaus *oder* der Viehwirtschaft *oder* der Milchwirtschaft. Das macht viel Kapital und permanente Innovationen erforderlich.

Die Landwirtschaft, die bis 1960 noch ein Fremdkörper im Rahmen des kapitalistischen Wirtschaftens war, wird dadurch so stark intern verändert und zugleich so eng mit dem II. und III. Sektor verflochten, dass sie zu einem normalen Bestandteil des modernen Wirtschaftens wird.

Gleichzeitig findet auch im ländlichen Gewerbe, das die Landwirtschaftsprodukte dezentral be- und verarbeitet (Molkereien, Käsereien, Mälzereien, Brauereien, Mühlen, Schlachthöfe, Bäckereien) und das bis weit in die 1950er Jahre hinein noch handwerklich produziert, ein entsprechender Strukturwandel statt (Entstehung von wenigen Großbetrieben mit zahlreichen Maschinen und Spezialisierungen). Daher wird das gesamte Wirtschaften im ländlichen Raum den Grundprinzipien des kapitalistischen Wirtschaftens unterworfen, so dass sich dieses Wirtschaften hier erstmals flächendeckend ausbreitet.

Da die meist kleinen Betriebe im ländlichen Raum erst mit einer gewissen zeitlichen Verzögerung modernisiert werden, während zeitgleich in den Wirtschaftszentren die großen Betriebe bereits nach den Leitideen der flexiblen Produktion umgestaltet sind, bleibt jedoch weiterhin ein gewisser Unterschied zwischen städtischem und ländlichem Wirtschaften bestehen, auch wenn dieser jetzt kleiner wird.

III. Wirtschaftssektor

Lange Zeit sind Dienstleistungen (mit Ausnahme des Einsatzes der Schreibmaschine) nicht mechanisierbar, so dass hier vormoderne Wirtschaftsformen erhalten bleiben. Mit der Entwicklung der EDV-Technik werden jedoch erstmals ab den 1980er Jahren im größeren Stil – allerdings nur bei bestimmten Tätigkeiten – Maschinen eingesetzt, die diese Tätigkeiten standardisiert erledigen und menschliche Arbeit ersetzen. Damit gibt es auch in diesem Wirtschaftssektor erstmals Rationalisierungseffekte; aber dadurch sinkt die Zahl der Beschäftigten in diesem Sektor nicht, sondern es wird nur das weitere Wachstum etwas gedämpft.

Erst mit der breiten Durchsetzung des Personal-Computers und weiterer elektronischer Geräte und der damit verbundenen Digitalisierung können etwa ab dem Jahr 2000 sehr viel mehr Dienstleistungstätigkeiten – aber keineswegs alle! – von Maschinen ausgeführt werden. Die damit verbundene Vereinfachung und Standardisierung zahlreicher Vorgänge führt dazu, dass Dienstleistungstätigkeiten jetzt von Maschinen automatisiert erledigt werden oder als einfache Tätigkeiten an die Endverbraucher abgeschoben und von ihnen ausgeführt werden (Beispiel Electronic Banking), wobei sich die Menschen den automatisierten Abläufen anpassen müssen. Durch diesen erneuten Innovationssprung werden viele herkömmliche Dienstleistungen überflüssig. Jetzt werden viele Dienstleistungsarbeitsplätze erstmals abgebaut. Derzeit sieht es so aus, als würde die neue Entwicklung dazu führen, dass der Anteil der Erwerbstätigen im III. Sektor in Zukunft nur noch schwach wachsen wird.

Gesamtwirtschaftlicher Wandel

Das zentrale Merkmal der Wirtschaft in der Zeit nach 1945 ist die vollständige räumliche Ausbreitung des kapitalistischen Wirtschaftens über die gesamte Erde. Dies betrifft erstens seine flächenhafte Ausbreitung über alle ländlichen Räume in den Industriestaaten, zweitens seine Ausbreitung über die gesamte Dritte Welt, und drittens die Integration der ehemaligen sozialistischen Staaten nach 1989/90 in den Weltmarkt. Dafür gibt es drei große Triebkräfte, nämlich Innovationen im Bereich des Verkehrs sowie außenpolitische und wirtschaftspolitische Veränderungen.

Verkehr: Die Entstehung der neuen Verkehrsmittel Pkw und Lkw, Verbesserungen an Eisenbahnen und Handelsschiffen sowie der Einsatz von Flugzeugen sorgen dafür, dass der Transport von Waren und Menschen deutlich kostengünstiger, einfacher und schneller wird. Dies wird durch den Bau gigantischer Infrastrukturprojekte noch zusätzlich gefördert.

Der Verkehr wird dadurch so billig und so schnell, dass es sich lohnt, kleinere Kostendifferenzen zwischen weit entfernten Regionen auszunutzen (zum Beispiel Krabben, die vor der deutschen Nordseeküste gefangen werden, zum Pulen nach Marokko zu fliegen), was die Konkurrenzfähigkeit des arbeitsteiligen Wirtschaftens weiter spürbar erhöht. Aus diesem Grund wächst der Welthandel und der mit ihm verbundene Verkehr seit den 1950er Jahren deutlich stärker als die wirtschaftliche Produktion.[17] In der Europäischen Union überschreitet der Energieverbrauch des Transportgewerbes im Jahr 1988 erstmals den Energieverbrauch der Industrie und wächst permanent weiter.[18] In der Öffentlichkeit werden zwar immer wieder die hohen Umweltbelastungen durch den Verkehr kritisiert, aber dies ist die Voraussetzung für die Perfektionierung der räumlichen Arbeitsteilungen.

Außenpolitik: Im Rahmen der Industriegesellschaften hatten die meisten Industriestaaten große Teile der Welt zu ihren Kolonien gemacht, die sie wirtschaftlich ausbeuteten. Daneben gab es eine Reihe von selbständigen Staaten, die zwar wirtschaftlich enger mit den Industriestaaten zusammenarbeiteten, deren Wirtschaft jedoch noch eine gewisse Eigenständigkeit bewahren konnte. Nach 1945 werden allmählich alle Kolonien zu selbständigen Staaten, und ihre Volkswirtschaften öffnen sich – genau wie die der selbständigen Staaten – der Marktwirtschaft, oder sie werden mit ökonomischen (teilweise militärischen) Zwängen für sie geöffnet.

Infolgedessen werden jetzt auch diejenigen Teile der Weltwirtschaft von den kapitalistischen Sachzwängen erfasst, die zuvor noch ihr traditionelles Wirtschaften hatten bewahren können. Überall auf der Welt, auch weit außerhalb der Industriestaaten, setzt sich das moderne Wirtschaften durch und zerstört das traditionelle; und diese Zerstörungen werden immer wieder von wirtschaftlichem und militärischem Zwang, Gewalt und Korruption begleitet. Viele Menschen verlieren ihre traditionelle Wirtschafts- und Lebensgrundlage, was zur Abwanderung aus ländlichen Räumen und zum starken Wachstum der Großstädte in der Dritten Welt führt.

Wirtschaftspolitische Veränderungen: Während im 19. Jahrhundert der Liberalismus die politische Leitidee darstellt, ist das 20. Jahrhundert auf Grund des Aufkommens nationalistischer Bewegungen, der Weltwirtschaftskrise und zweier Weltkriege lange Zeit durch einen Wirtschaftsprotektionismus (Schutz der nationalen Wirtschaft vor internationaler Konkurrenz) geprägt. Dies ändert sich im Jahr 1973: Das Abkommen von Bretton Woods aus dem Jahr 1944 zerbricht, das einen festen Umtauschkurs von Dollar in Gold und feste Wechselkurse zwischen den nationalen Währungen garantiert hatte. Damit fällt die Bindung des Geldes an ein Edelmetall weg, so dass Geld zum «ungedeckten Papiergeld ohne jeden inneren Wert» wird, und die Wechselkurse ab jetzt «mehrheitlich durch das Spiel von Angebot und Nachfrage am Devisenmarkt bestimmt werden».[19]

Dies führt zur Entfesselung der Finanzmärkte, die seitdem mit einer atemberaubenden Geschwindigkeit wachsen. Sie entkoppeln sich immer stärker vom Wachstum der «realen» Wirtschaft (Produktion von Waren und Dienstleistungen) und entfalten eine eigene Dynamik: Die täglichen Umsätze auf den internationalen Devisenmärkten (Handel mit Währungen) sind heute mehr als zehnmal so hoch wie die täglichen Umsätze des weltweiten Warenhandels, und die täglichen Transaktionen auf den internationalen Finanzmärkten sind inzwischen größer als die Währungsreserven aller Notenbanken der Welt.[20] Eigentlich ist es der Zweck der Finanzmärkte, den Unternehmen Kapital für neue Investitionen zur Verfügung zu stellen und den Export von Waren und Dienstleistungen in Staaten mit anderen Währungen zu ermöglichen. Mit der Liberalisierung der Währungs- und Finanzmärkte entsteht jedoch die Möglichkeit, allein durch den Kauf und Verkauf von Finanzprodukten einen Gewinn zu erzielen («Casino-Kapitalismus»), was das Wirtschaftswachstum zusätzlich beschleunigt.

Das Jahr 1973 ist der Beginn einer neuen Epoche des Liberalismus, der jetzt Neoliberalismus genannt wird. Sein Ziel ist der ungehinderte Wirtschaftsverkehr zwischen den Staaten der Erde. Dies schlägt sich in der Entstehung von gemeinsamen Wirtschaftsräumen in verschiedenen Teilen der Erde (EU, ASEAN, Mercosur) nieder, in verschiedenen Freihandelszonen, in institutionalisierten Formen der Zusammenarbeit zwischen Staaten (G20, G7), in globalen Institutionen (Weltbank, IWF, seit 1973 der neuen Leitidee verpflichtet) und in zahllosen Verträgen auf internationaler Ebene. Während der Neoliberalismus in den 1970er und 1980er Jahren noch auf zahlreiche Widerstände trifft, bedeutet der Zusammenbruch des Sozialismus im Jahr 1989/90 seinen globalen Durchbruch, und ab etwa dem Jahr 2000 wird er zur alternativlosen Leitidee der gesamten Weltwirtschaft.

Globalisierung: Man kann zu Recht davon sprechen, dass die Wirtschaft in der Epoche der Dienstleistungsgesellschaften eine globalisierte Wirtschaft ist. Dabei darf man jedoch nicht übersehen, dass globale Wirtschaftsverflechtungen ein charakteristisches Merkmal der modernen Wirtschaft sind, die sich bereits in der Renaissance zeigen und schon in den Industriegesellschaften einen großen Stellenwert besitzen.[21] Die Phase der nationalen Abschottung zwischen 1914 und 1973 stellt also eine Ausnahme dar, und erst zu Beginn der 1970er Jahre erreicht die Weltwirtschaft wieder das Ausmaß der globalen Verflechtungen, wie es 1914 bestanden hatte. Trotzdem entwickelt die Globalisierung der Weltwirtschaft nach 1970 ein Ausmaß, wie es vorher unvorstellbar war: Dank der großen Effizienzsteigerungen im Verkehr, der Umwandlung der Kolonien in eigenständige Staaten mit Marktwirtschaft und der weltweiten Durchsetzung des Neoliberalismus sind die Volkswirtschaften fast aller Staaten der Welt heute so eng miteinander verflochten, dass die gesamte Welt schon fast einen einzigen riesigen Binnenmarkt darstellt.[22] Allerdings wird dieser globale Binnenmarkt – wie alle anderen Märkte auch – keineswegs von vielen gleich starken Marktteilnehmern geprägt, sondern auch hier dominieren einige wenige dominante Akteure die gesamte Welt.

Arbeitslosigkeit: Da die Weltwirtschaft nach 1945 permanent wächst – dieses Wachstum wird nur zweimal (durch die Finanzkrise 2009 und die Corona-Pandemie[23]) unterbrochen –, könnte man meinen, dass alle Menschen einer regelmäßigen Arbeit nachgehen. Dies ist aber nicht der Fall. Mit den Dienstleistungsgesellschaften steigen die Anforderungen am Arbeitsplatz erheblich an: Man benötigt nicht nur eine hohe berufliche Qualifikation, muss sich regelmäßig weiterbilden, muss sich notfalls umschulen lassen und permanent zeitlich verfügbar sein (Überstunden, Schicht-, Sonntags-, Nachtarbeit). Vielmehr braucht man auch eine ganz bestimmte Persönlichkeitsstruktur, die nicht bei allen Menschen vorhanden ist. Ein Teil der potenziellen Erwerbstätigen bekommt grundsätzlich keine oder nur noch eine schlecht bezahlte Arbeit, da sie nicht über die erforderlichen beruflichen oder persönlichen Qualifikationen verfügen und nicht ins normale Wirtschaftsleben zu integrieren sind.[24] Für eine Gesellschaft, in der eine Erwerbsarbeit die Voraussetzung darstellt, um zu überleben und am alltäglichen Leben teilzunehmen, stellt dies ein großes Problem dar.

Beginn einer neuen Wirtschaftsepoche?

Häufig wird die Ansicht vertreten, der dargestellte Wandel führe zu einer völlig neuen wirtschaftlichen Entwicklung, die sich von den Grundprinzipien der industriellen Produktion und den damit verbundenen Problemen unabhängig mache. Eine solche Position halte ich für eine Illusion und nicht für realitätsnah.

Die flexible Produktion im Rahmen der Dritten Industriellen Revolution verringert zwar Hierarchien im Arbeitsprozess, aber dadurch wird keinesfalls der Gegensatz zwischen Kapital und Arbeit aufgehoben, im Gegenteil: Die klaren Hierarchien und der Unterschied zwischen Arbeit und Freizeit verschwimmen, die Beschäftigten werden noch stärker als vorher in den Produktionsprozess eingebunden und ihm unterworfen, und sie müssen sich jetzt mit ihm sehr stark identifizieren, um überhaupt produktiv arbeiten zu können.

Im Rahmen der Dritten Industriellen Revolution wird weiterhin die Hoffnung entwickelt, dass Handarbeit auf Grund der Automatisierung aller Produktionsabläufe bald verschwinden werde und dass die Arbeit der Zukunft nur noch geistige Arbeit, also die Produktion von Wissen, sei. Zwar gibt es einige Wirtschaftsbranchen, in denen bereits heute der Produktionsprozess automatisiert abläuft, und andere, in denen die Produktion von Wissen eine zentrale Rolle spielt. Aber insgesamt kann heute keine Rede davon sein, dass die Handarbeit vollständig verschwindet: In vielen Fällen ist eine vollautomatisierte Produktion immer noch teurer und fehleranfälliger als ihre Kontrolle durch den Menschen, und in einer Reihe von Fällen lässt sich Handarbeit prinzipiell nicht ersetzen. Abgesehen davon ist sehr viel Handarbeit heute in Europa gar nicht mehr sichtbar, weil sie längst in Niedriglohnländer ausgelagert wurde. Der Gedanke, dass man Arbeit auf geistige Arbeit reduzieren könne, ist darüber hinaus grundsätzlich eine Illusion, weil er den Menschen als ein rein geistiges Wesen sieht (siehe Abschnitt 2.5).

Eine noch größere Illusion besteht darin zu glauben, dass die Automatisierung der Produktion und vor allem die Fortschritte bei der künstlichen Intelligenz dazu führen würden, dass Arbeit sogar vollständig abgeschafft und durch Roboter und digitale Programme erledigt würde und dass der Mensch sich allein auf Freizeit, Geselligkeit, Bildung und Kunst konzentrieren könne. Dies widerspricht dem Wesen des Menschen, der aktiv tätig sein muss, um (über)leben zu können. Es verkennt aber auch den Charakter des kapitalistischen Wirtschaftens, bei dem das Privateigentum an den Produktionsmitteln dazu führt, dass sich alle Gewinne in den Händen von wenigen Personen konzentrieren.

Dies sind zentrale Argumente dafür, dass mit den Dienstleistungsgesellschaften keine neue Entwicklung der Wirtschaft beginnt, sondern dass die Grundprinzipien der industriellen Produktion weiterhin ihre Gültigkeit behalten und diese Form des Wirtschaftens jetzt lediglich weiter perfektioniert und ausgeweitet wird.

Gibt es eine Zukunft für das kapitalistische Wirtschaften?

Das kapitalistische Wirtschaften ist durch einen permanenten Wachstumszwang geprägt (siehe Abschnitt 8.2), der von technischen Innovationen angetrieben stets neue Bereiche erschließt. Nachdem es alle Sektoren der Wirtschaft und alle Räume der Erde erschlossen hat, stellt sich die Frage, ob es in Zukunft überhaupt noch weitere Bereiche gibt, die für dieses Wirtschaften erschlossen werden können; denn ohne neue Wachstumsmöglichkeiten würde der Zusammenbruch dieser Wirtschaftsform drohen. Dafür schlagen Wirtschaftsexperten derzeit vier Bereiche vor:[25]

Industrie 4.0, auch voreilig Vierte Industrielle Revolution genannt: Die Leitidee besteht darin, dass im Rahmen der Produktion alle Maschinen und Produkte eines Betriebes miteinander vernetzt werden und in Echtzeit untereinander kommunizieren, so dass sich der Produktionsprozess selbst organisieren und steuern kann. Dadurch erhofft man sich eine weitere Erhöhung der Produktivität. Im Bereich der Konsumenten wird diese Entwicklung «Internet der Dinge» genannt. Die verschiedenen Geräte und Dinge einer Wohnung oder eines Autos sollen direkt miteinander kommunizieren, um Fehler selbständig zu beheben und Aufgaben automatisch zu erledigen.[26]

Nanotechnik: Industriell hergestellte Nanopartikel (sehr kleine Teilchen) sind heute schon in einer Reihe von Produkten enthalten und verbessern ihre Gebrauchseigenschaften. Wenn in Zukunft auch Nanomaschinen gebaut werden, die sich vielleicht sogar selbst reproduzieren können (Nanoboter), dann würde dies einen großen technologischen Sprung bedeuten und die Bereiche Computer, Medizin, Militärtechnik und viele andere revolutionieren.[27]

Gentechnik und Bioelektronik: Die heutigen Nutzpflanzen und Haustiere wurden bereits im 20. Jahrhundert durch konventionelle Methoden stark verändert. Durch den Einsatz von Gentechnik, der bereits begonnen hat, und den Einbau kleinster elektronischer Komponenten in biologische Organismen (Cyborg-Gewebe) soll der Ertrag von Nutzpflanzen und Haustieren weiter deutlich verbessert werden, und man will sie besser an eine veränderte Umwelt anpassen.[28]

Gentechnische Verbesserung des Menschen: Mit dem 2003 abgeschlossenen «Humangenomprojekt», das das Genom des Menschen vollständig entschlüsselte, ist die Hoffnung verbunden, in die Gene des Menschen einzugreifen und bestimmte körperliche Eigenschaften gezielt zu verbessern. Dadurch sollen körperliche Defizite (Krankheiten, Alterungsprozesse, vielleicht auch der Tod) ausgeschaltet werden, und der Mensch soll in seiner Körperlichkeit perfektioniert werden. Das noch laufende «Human Brain Project» versucht, das menschliche Gehirn bis ins kleinste Detail in Form eines Computermodells abzubilden, um auf dieser Grundlage Erkrankungen zu heilen und die Hirnfunktionen zu perfektionieren.[29] Beide wissenschaftliche Großprojekte zielen zwar einerseits auf die Heilung von bislang unheilbaren Krankheiten; andererseits geht es ihnen auch darum, den Menschen biologisch zu verbessern, um dadurch dem Wirtschaften völlig neue Wachstumsmöglichkeiten zu eröffnen.[30]

Bilanz: Selbst wenn es heute noch völlig unklar ist, ob einer dieser Bereiche in Zukunft ein neues Wirtschaftswachstum auslösen kann, so kann man doch feststellen, dass es den Protagonisten des kapitalistischen Wirtschaftens nicht an Ideen mangelt, um der Wirtschaft stets neue Wachstumsmöglichkeiten zu erschließen.

An dieser Stelle ist an drei Dinge zu erinnern. Das kapitalistische Wirtschaften stellt *erstens* einen «Wechsel auf die Zukunft» dar: Wenn heute die Akteure nicht mehr an den Wert des Geldes glauben, dann bricht sofort das gesamte Wirtschaften zusammen. *Zweitens* findet dieses Wirtschaften nicht im virtuellen Raum (wo ein unendliches Wachstum problemlos möglich wäre), sondern auf der Erde statt (wo ein unendliches Wachstum nicht möglich ist). Und das konkrete Wirtschaften ist *drittens* dadurch geprägt, dass viele Tätigkeiten, die für das alltägliche Funktionieren von Wirtschaft und Gesellschaft notwendig sind und die unentgeltlich ausgeübt werden, immer weiter zurückgedrängt werden. Eine Wirtschaft, die dazu tendiert, *alle* menschlichen Tätigkeiten durch Geld bezahlen zu lassen, muss jedoch irgendwann einmal zusammenbrechen, weil es dazu führt, dass der Mensch als endliches Körperwesen vom «kalten Herzen» des kapitalistischen Wirtschaftens zerstört wird. Aus diesen drei Gründen ist das kapitalistische Wirtschaften in langfristiger Perspektive sehr fragil.

9.3 Die Konsumgesellschaft und das unendliche Wachstum der Bedürfnisse

Im Bereich der Gesellschaft gibt es noch fundamentalere Veränderungen als im Bereich der Wirtschaft. Hier setzt der große Wandel erst nach 1945 ein. Da man heute oft meint, die gegenwärtigen Lebensbedingungen seien selbstverständlich oder gar natürlich, ist es wichtig, diese Veränderungen genauer darzustellen, denn sie besitzen für die Umweltthematik eine große Bedeutung.

Der demographische Übergang

Der demographische Übergang, der in der Epoche der Industriegesellschaften Bevölkerung und Wirtschaft so stark hatte wachsen lassen (siehe Abschnitt 8.4), kommt in der ersten Hälfte der 1970er Jahre in den Dienstleistungsstaaten an sein Ende: Nach dem kurzfristigen Baby-Boom der Nachkriegszeit sinkt die Zahl der Geburten aus sozialen, kulturellen und ökonomischen Gründen schnell, und die Geburtenraten liegen seit Anfang der 1970er Jahren *unter* den Sterberaten.[31] Da eine schrumpfende Bevölkerung negative Auswirkungen auf die Wirtschaft hätte – ein Mangel an Arbeitskräften erhöht den Preis der Arbeitskraft, eine überalterte Gesellschaft belastet das Rentensystem, ein geringer werdender Konsum lässt die Binnenwirtschaft schrumpfen –, bemühen sich alle Dienstleistungsstaaten früh um die Anwerbung von ausländischen Arbeitskräften. Und da viele Menschen aus der Dritten Welt auf Grund von Hungersnöten, sozialen Unruhen, militärischen Konflikten, Umweltkatastrophen und auf der Suche nach einem besseren Leben in die reichen Dienstleistungsstaaten fliehen, sinkt deren Bevölkerung trotz negativer Geburtenraten nicht, sondern bleibt stabil oder wächst leicht.

In den Staaten der Dritten Welt setzt der demographische Übergang dagegen erst in der Zeit nach 1945 ein. Ursache dafür sind die tiefgreifenden wirtschaftlichen und sozialen Veränderungen, die durch die Globalisierung des kapitalistischen Wirtschaftens ausgelöst werden. Dadurch verlieren viele Menschen in den ländlichen Räumen der Dritten Welt ihre Existenzgrundlage und wandern in die Städte ab, weshalb die traditionellen Maßnahmen der Geburtenkontrolle nicht mehr greifen. Die Epoche der Dienstleistungsgesellschaften ist daher durch ein sehr starkes Wachstum der Weltbevölkerung charakterisiert, auch wenn gleichzeitig die Bevölkerung der Dienstleistungsstaaten stagniert.

Allerdings hat dieses Wachstum seinen Höhepunkt inzwischen überschritten: In großen Teilen der Dritten Welt sinken die Geburtenraten seit den 1990er Jahren wieder, das Wachstum der Weltbevölkerung verlangsamt sich; allein der afrikanische Kontinent ist heute weiterhin durch ein starkes Bevölkerungswachstum geprägt.[32] Damit scheint die große Gefahr eines unkontrollierten Wachstums der Weltbevölkerung der Vergangenheit anzugehören.

Das Ende der Naturbewunderung

Die Bewunderung der Natur in Form der schönen Landschaft am Sonntag, die in den Industriegesellschaften noch eine wichtige Rolle gespielt hatte (siehe Abschnitt 8.5), wird in den Dienstleistungsgesellschaften altmodisch und langweilig: Statt die Natur an Aussichtspunkten oder auf Spaziergängen und Wanderungen einfach nur staunend zu bewundern, wird sie jetzt dazu benutzt, bestimmte Körpererlebnisse oder körperliche Sensationen mittels technischer Hilfsmittel (Bergbahnen, Skier, Mountainbikes, Gleitschirme, Skateboards) aktiv zu produzieren und dabei das eigene Körpererlebnis zu intensivieren und zu steigern. Auf diese Weise benutzt der Mensch die Natur, um auf eine instrumentelle Weise gezielt die von ihm gewünschten Erlebnisse herzustellen. Entzieht sich die Natur dieser Erwartung, dann wird sie technisch so hergerichtet, dass dieses Erlebnis jederzeit problemlos herstellbar ist. In den Alpen als dem größten Freizeit- und Urlaubsraum Europas findet dieser

Wandel im Winter um das Jahr 1965 herum (Entstehung des Abfahrtsskilaufs und des Wintermassentourismus) und im Sommer um das Jahr 1985 herum (Verdrängung des traditionellen kontemplativen Sommertourismus durch die sogenannten Aktivsportarten) statt.[33]

Dieser tiefgreifende Wandel im Freizeit- und Urlaubsverhalten ist nur möglich, weil die Vernutzung und Zerstörung der Natur in den Dienstleistungsgesellschaften so selbstverständlich und normal geworden ist, dass sie kein Unbehagen mehr auslöst und nicht mehr kompensiert werden muss. Durch diesen instrumentellen Umgang mit Natur wird jetzt auch das Freizeit- und Urlaubsverhalten zu einer Umweltbelastung, das vor allem in den großen Tourismuszentren der Welt und durch den damit verbundenen Verkehr erhebliche Umweltzerstörungen produziert.

Lebensstilgruppen statt sozialer Schichten

In den Dienstleistungsstaaten zerfallen mit dem Übergang von den Industrie- zu den Dienstleistungsgesellschaften die sozialen Schichten mit ihren festen Werten. Dem geht ein längerer Prozess voraus, in dem alle zentralen Werte entwertet werden: Die beiden Weltkriege mit ihren schrecklichen Erfahrungen führen jeden Gedanken an das Gute im Menschen und an Vernunft und Fortschritt ad absurdum, die Weltwirtschaftskrise von 1929 und ihre Folgen stellen alle liberalen, die bolschewistischen Entwicklungen alle sozialistischen und linken und die faschistischen Bewegungen alle konservativen und rechten Überzeugungen in Frage. Die daraus folgende allgemeine Verunsicherung ist eine Voraussetzung dafür, dass sich die festen sozialen Schichten zu flexiblen Lebensstilgruppen wandeln.[34]

Dieser Übergang läuft in drei Phasen ab: In der Phase des Wiederaufbaus (1945–1965) erfährt die traditionelle Industriegesellschaft eine Restauration. In der Übergangszeit (1965–1980) gibt es sehr heftige Kulturkonflikte zwischen dem alten und dem neuen Wertesystem. Und in der Phase der «Erlebnisgesellschaft» (ab den 1980er Jahren) wird die Gesellschaft durch die verschiedenen Lebensstilgruppen geprägt.[35]

In den traditionellen Gesellschaften war der einzelne Mensch fest in die jeweiligen Normen und Werte eingebunden, die ihm von seiner Familie, seiner Gruppe und seiner sozialen Schicht vorgelebt und vermittelt wurden – die Tradition war eine selbstverständliche Orientierung für alle Menschen, und sie war zugleich eine Verpflichtung für die nachfolgenden Generationen. Die Menschen in den Dienstleistungsgesellschaften lösen sich erstmals aus diesem Rahmen und wählen sich aus einer breiten Palette von Werten diejenigen aus, die ihnen geeignet erscheinen. Eine solche Wahl ist keine langfristige oder gar lebenslängliche Entscheidung, sondern die gewählten Werte werden je nach Situation immer wieder verändert und neu gewählt.

Da der Mensch ein soziales Wesen ist, ist es für ihn unbefriedigend, seine selbstgewählten Werte nur für sich zu leben – ein solches Leben ist langweilig und sinnlos. Deshalb werden in der Regel solche Werte gewählt, die einem Individuum eine soziale Anerkennung bringen, so dass es sich in einer Gruppe Gleichgesinnter bestätigt und unterstützt fühlt. Eine solche soziale Anerkennung ist in den Dienstleistungsgesellschaften sehr viel wichtiger als früher, weil der Wegfall aller verbindlichen Traditionen und die unendlichen Wahlmöglichkeiten viele Menschen überfordern, verunsichern und haltlos machen.

Eine Gruppe Gleichgesinnter besitzt in der Regel eine Reihe von Symbolen und Werten, die als Identifikationsmerkmal für ihre Mitglieder und als Abgrenzungsmerkmal gegenüber Außenstehenden dienen, ein gemeinsames Weltbild (wenigstens in Ansätzen) und ein gemeinsames Feindbild. Solche Gruppen werden von Soziologen zu «Milieus» oder «Lebensstilgruppen» zusammengefasst, und sie ermöglichen die soziologische Gliederung der Dienstleistungsgesellschaften.[36]

Die gemeinsamen Werte werden in einer solchen Gruppe gegenseitig bestätigt und diskussionslos anerkannt. Da es darum jedoch keine Diskussionen und Auseinandersetzungen gibt, verlassen die Menschen eine Lebensstilgruppe wieder, wenn sie ihre Werte ändern, und schließen sich einer anderen Lebensstilgruppe an. Und da diese Werte immer wieder verändert und neu gewählt werden, gibt es eine permanente Fluktuation der Menschen von einer Lebensstilgruppe zur anderen. Deswegen handelt es sich bei Lebensstilgruppen nicht um stabile soziale Gruppen, deren Mitglieder sich gegenseitig auch in Not- und Unglücksfällen vorbehaltslos unterstützen, sondern um labile Gruppen, die die Vereinzelung der Menschen nicht wirklich aufheben.

Bei der Wahl der Werte wird immer wieder auch die Tradition als Lebensstil gewählt. Dadurch verändert sich die Tradition jedoch fundamental:[37] Sie verliert ihren Charakter als unangreifbares und selbstverständliches Wertesystem, das *über* den Entscheidungen einzelner Menschen steht, und wird zu einer Möglichkeit unter vielen anderen. Auf diese Weise relativiert sich die Bedeutung der Tradition, sie wird ins moderne Alltagsleben eingepasst und den Anforderungen der Lebensstilgruppen unterworfen.

Damit ist der Unterschied zu den Industriegesellschaften sehr ausgeprägt: Statt der Schichten mit ihren festen Wertsystemen gibt es jetzt flexible Lebensstilgruppen, und an die Stelle der hierarchischen Ordnung der Schichten, die in den Industriegesellschaften durch eine «negative Einheit» zusammengehalten werden, tritt jetzt eine «pazifizierte Gleichgültigkeit»[38] zwischen den einzelnen Lebensstilgruppen, deren Interesse in erster Linie darin besteht, den eigenen Lebensstil möglichst ungestört leben zu können. Damit zerfällt die Gesellschaft in zahlreiche, flexible Teilgruppen, die unverbunden nebeneinanderstehen.

Die Digitalisierung von Wirtschaft und Lebenswelt, die ab dem Jahr 2000 einsetzt, verändert auch die Lebensstilgruppen: Die Verbesserung der elektronischen Kommunikation und die Entstehung «sozialer» Netzwerke im Internet erleichtern es den Individuen, mit anderen Menschen Kontakt aufzunehmen und sich auf virtuelle Weise wechselseitig zu bestätigen und anzuerkennen. Selbst für sehr ausgefallene Weltanschauungen (bis hin zu bizarren Verschwörungstheorien) lassen sich jetzt Gleichgesinnte finden. Dies führt dazu, dass sich die Zahl der Lebensstilgruppen stark vergrößert und unübersichtlich wird. Als sich mit der Corona-Pandemie und dem Krieg Russlands gegen die Ukraine zahlreiche Probleme radikal zuspitzen, verlieren Teile der Lebensstilgruppen ihre Gleichgültigkeit und begegnen der Welt mit einer großen Aggressivität.[39] Dadurch lässt sich die Gesellschaft kaum noch politisch steuern und gestalten.

Veränderungen der persönlichen Verhaltensweisen

Immer mehr Verhaltensweisen, die früher direkt zwischen Menschen abliefen, werden jetzt über Geld vermittelt und verwandeln sich so unter der Hand in wirtschaftliche Handlungen. Dieses Verhalten ist inzwischen so selbstverständlich geworden, dass viele meinen, der Mensch wäre benachteiligt, wenn er nichts kaufen könnte. Da dieser Wandel auch für den Umweltbezug große Bedeutung besitzt, ist es notwendig, sich ihn genauer anzusehen.[40]

Noch in den Industriegesellschaften wird in der Unterschicht fast nur für Lebensmittel, Kleidung, wenige Gegenstände der Wohnungseinrichtung und für die Miete Geld ausgegeben. Dies ändert sich langsam ab 1950 und grundlegend ab 1970. Der Wandel beginnt mit neuen Anschaffungen im Haushalt (Radio, Fernseher, Stereoanlage, Waschmaschine, Staubsauger und so weiter), die Handlungen ersetzen, die zuvor ohne Geld abliefen; er setzt sich fort mit der bezahlten Urlaubsreise und mit dem Kauf eines Autos, er führt bis zum Kauf von schriftlichen, mündlichen oder elektronischen Beratungen aller Art (anstelle persönlicher Beratungen durch Familie oder Freunde) und bis hin zur kostenpflichtigen Kommunikation mittels Telefon, Handy oder Internet (statt persönlicher Gespräche) – überall setzen sich Kaufhandlungen im Alltag durch.

Wenn man unter Konsum den Kauf einer Ware oder Dienstleistung für persönliche Zwecke versteht, dann kann man unsere heutigen Gesellschaften zu Recht als «Konsumgesellschaften» bezeichnen: Im Unterschied zu allen traditionellen Gesellschaften, in denen die Befriedigung der wichtigen persönlichen, sozialen und kulturellen Bedürfnisse ohne Geld erfolgte, werden jetzt sehr viele Bedürfnisse mittels einer Kaufhandlung befriedigt.[41]

Was ist die Ursache für diesen in der Geschichte der Menschheit einzigartigen Wandel? Natürlich braucht es dafür materielle Voraussetzungen wie Reallohnerhöhungen, Verkürzungen der Arbeitszeit, Einführung eines bezahlten Urlaubs, starke Verbilligungen des Verkehrs sowie technische Innovationen in Konsumgüterindustrie und Unterhaltungselektronik. Aber die Ursache dafür liegt letztlich im menschlichen Bereich, nämlich in der Erwartung der Menschen, die eigenen Bedürfnisse durch Geld besser befriedigen zu können, weil dadurch ein schnelleres Ergebnis, eine höhere Qualität und neue Erlebnisse möglich werden.

Diese Erwartung ist durchaus nicht irreal: Mit einem elektrischen Föhn kann man sich die Haare einfacher und schneller trocknen als mit einem Handtuch, und das Gleiche gilt für die Verwendung einer Waschmaschine oder eines Textverarbeitungssystems. Eine höhere Qualität kann man mit dem Kauf einer teuren Uhr mit vielen zusätzlichen Funktionen, mit dem Kauf von hochwertigen Lebensmitteln oder mit der Buchung einer Urlaubsreise in ein fremdes Land erreichen. Und völlig neue, zuvor unbekannte Erlebnisse werden möglich, wenn man sich gegen Bezahlung in virtuelle Welten begibt. Insofern ist die Erwartung, seine Bedürfnisse mittels Geld oder Kaufhandlungen besser befriedigen zu können, durchaus realitätsnah.

Vier neue Verhaltensweisen durch Kaufhandlungen

Indem der Mensch seine Bedürfnisse immer häufiger und selbstverständlicher mittels Geld befriedigt, verändern sich im Laufe der Zeit allmählich seine Bedürfnisse und sein Selbst- und Weltbezug. Dies führt zu vier tiefgreifenden Veränderungen.

Erstens: Durch die Selbstverständlichkeit von Kaufhandlungen wird der Charakter der menschlichen Handlungen verändert. In traditionellen Gesellschaften entschließt sich der einzelne Mensch, etwas zu tun oder etwas nicht zu tun. Selbst wenn solche Handlungen stark sozial geprägt sind, indem die Familie oder die Gruppe vom Einzelnen ein bestimmtes Verhalten erwartet, dann ist es immer noch der Einzelne, der daraufhin aktiv wird, indem er diese Erwartungen erfüllt oder ablehnt oder nach dritten Möglichkeiten sucht, wie er mit diesen Erwartungen auf eine ganz andere Weise umgehen kann. Damit steht die aktive Auseinandersetzung mit der Situation im Zentrum einer Handlung.

Kaufhandlungen stellen dagegen eine andere Art des Handelns dar: Die Konsumgesellschaft ist eine Überflussgesellschaft, die den Menschen ein breites Angebot von Waren und Dienstleistungen anbietet, aus dem jeder das für ihn passende Produkt auswählt. Etwas zu kaufen bedeutet, zuerst Informationen über die möglichen Angebote einzuholen, die Angebote miteinander zu vergleichen und dann seine Auswahl zu treffen. Daher steht die richtige Wahl im Zentrum der Kaufhandlung. Indem ich aber zwischen verschiedenen Angeboten auswähle, handele ich bereits auf eine eingeschränkte Weise, denn ich lasse mir meinen Handlungsspielraum (Auswahl) von den vorgegebenen Angeboten vorgeben; nur diese Angebote bestimmen meine Kaufentscheidung. Je selbstverständlicher es wird, Waren und Dienstleistungen zu kaufen, desto weniger kommt man auf die Idee, etwas, das es nicht zu kaufen gibt, selbst herzustellen oder es durch Tausch zu erhalten. Die Bedürfnisse des Konsumenten werden auf diese Weise immer stärker durch das Angebot auf dem Markt geprägt, und Wünsche, die darüber hinausgehen, die also mit Geld nicht erfüllt werden können, gelten zuerst als irreal, später als unvernünftig und schließlich als pathologisch.

Wenn das Angebot aber den Rahmen für meine Bedürfnisse absteckt, dann ist das Auswählen zwischen Angeboten keine Freiheit, sondern ein passives Verhalten, weil es nur noch auf die vom Markt angebotenen Möglichkeiten reagiert.

Zweitens: Die Selbstverständlichkeit von Kaufhandlungen verändert die Art und Weise der Bedürfnisbefriedigung. Die zentrale Eigenschaft einer Kaufhandlung ist es, das Objekt, das ich kaufe, auch sofort nutzen zu können, während ich ohne Geld erst zahlreiche Arbeitsschritte ausführen muss, bevor ich das Endergebnis konsumieren kann. Wenn ich ein fertiges Produkt kaufe, überspringe ich also sozusagen diese Arbeitsschritte und kann das Produkt sofort nutzen. Daher ist das zentrale Merkmal einer Kaufhandlung die unmittelbare Bedürfnisbefriedigung. Solange in einer Gesellschaft die Arbeitsteilung wenig entfaltet ist, ist es für alle Menschen selbstverständlich, dass eine unmittelbare Bedürfnisbefriedigung via Geld keineswegs so unmittelbar ist, wie sie in der Kaufhandlung erscheint.

Mit der Zunahme gesellschaftlicher Arbeitsteilungen und der Selbstverständlichkeit von Kaufhandlungen geht das Wissen um die notwendigen Vorbedingungen einer Kaufhandlung jedoch immer mehr verloren, und der Eindruck verstärkt sich, dass doch eine unmittelbare Bedürfnisbefriedigung möglich sein könnte oder sollte: Die gesamte Welt sollte dem Menschen eigentlich unmittelbar – ohne Arbeit! – für seine Bedürfnisbefriedigung zur Verfügung stehen; dies betrifft sowohl die Natur, die dem Menschen eine unmittelbare Nutzung ermöglichen sollte, als auch die Mitmenschen, von denen erwartet wird, dass sie ihn unmittelbar unterstützen. Dieses Wunschbild, das in der Warenwelt Realität zu werden scheint, besitzt in der europäischen Geschichte eine lange Tradition; es wird zuerst sehnsuchtsvoll als «Paradies» und später als «Schlaraffenland» beschrieben. Während bei diesem Bild früher stets klar war, dass es sich um einen Traum des Menschen handelt, geht dieses Wissen heute allmählich verloren, und der Traum scheint – als Albtraum – Realität werden zu wollen.

Drittens: Die Selbstverständlichkeit von Kaufhandlungen verändert die Identität des Menschen. Schon in traditionellen Gesellschaften hatten von Menschen hergestellte Gebrauchsgegenstände wie Werkzeuge oder Kleidungsstücke nicht nur einen Gebrauchs-, sondern auch einen Tausch- oder Symbolwert. Die gesamte Geschichte der Menschheit ist voll von Erfahrungen, dass sich Menschen im Rahmen ihrer Gruppe aufzuwerten versuchen, indem sie sich Objekte verschaffen, die ihre soziale Stellung größer machen sollen, als sie eigentlich ist. Die Übersichtlichkeit der traditionellen Gesellschaften erschwert jedoch solche Versuche sehr.

Mit der Unübersichtlichkeit komplexer Wirtschafts- und Gesellschaftsstrukturen und der Möglichkeit, viele Dinge mit Geld einfach kaufen zu können, verbessern sich nach 1945 die Chancen deutlich, dass sich Menschen durch den Kauf von symbolträchtigen Dingen und Dienstleistungen gezielt selbst aufwerten. In der Phase des Wiederaufbaus (1945–1965) und in der Übergangsgesellschaft (1965–1980) ist die neu entstehende Konsumgesellschaft dadurch geprägt, dass prestigeträchtige Objekte einen großen Stellenwert besitzen. Klassische Beispiele dafür sind das große Auto oder der exotische Auslandsurlaub. Wenn dies dann dazu führt, dass eine Automarke oder ein Urlaubsziel mehr nach der Anerkennung des sozialen Umfelds als nach den eigenen Bedürfnissen gewählt werden, dann kann man davon sprechen, dass der soziale Tauschwert den persönlichen Gebrauchswert dominiert.

Dieses Beispiel verweist aber noch auf die Übergangszeit: Man geht von eigenen Bedürfnissen aus, die von vornherein da sind, und die dann durch den Kauf von symbolisch aufgeladenen Objekten überlagert werden. Auf diese Weise kann man einen Widerspruch zwischen «echten» Bedürfnissen und «falschen» Bedürfnisbefriedigungen feststellen.

Je selbstverständlicher allerdings Kaufhandlungen werden, desto mehr zerfällt dieser Widerspruch, und das Verhältnis zwischen Bedürfnis und Bedürfnisbefriedigung entwickelt sich immer mehr nach Angebot und Nachfrage: Ein Bedürfnis, das mit Geld nicht befriedigt werden kann, wird nicht mehr vorstellbar und ergibt keinen Sinn. Deshalb kauft man heute keine Waren oder Dienstleistungen mehr, um die eigenen Bedürfnisse zu befriedigen, sondern diese Bedürfnisse bilden sich erst in der Auseinandersetzung mit den möglichen Angeboten auf dem Markt heraus. Und da in einer Konsumgesellschaft erst die Kaufhandlungen dem Leben seinen Sinn geben, kann man feststellen, dass sich der Konsument erst in seinen Kaufhandlungen als Person konstituiert: «Ich kaufe, also bin ich.»[42]

Viertens: Die Selbstverständlichkeit von Kaufhandlungen führt zum permanenten Wachstum der Bedürfnisse. Da der Mensch keine biologisch festgelegten Instinkte besitzt, sondern als nichtspezialisiertes Lebewesen durch eine grundsätzliche Offenheit seiner Bedürfnisse geprägt ist, können diese unbegrenzt wachsen. Dieses unendliche Wachstum wurde in allen traditionellen Gesellschaften durch selbstgesetzte kulturelle Rahmenbedingungen bewusst begrenzt. Aber mit der Selbstverständlichkeit von Kaufhandlungen werden diese Begrenzungen beseitigt: Je mehr Angebote auf dem Markt zur Verfügung stehen, desto stärker wachsen die Bedürfnisse, und je stärker die Bedürfnisse werden, desto größer wird das Angebot und so weiter.

Diese quantitative Steigerung des Angebots wird jedoch schnell kontraproduktiv: Wenn es auf dem Markt bei Milch, Joghurt oder Äpfeln je ein oder zwei Angebote gibt, dann erlebe ich die Erweiterung auf vier oder fünf als Bereicherung. Wenn es stattdessen aber vierzig oder fünfzig oder gar vier- oder fünfhundert Angebote gibt, dann führt dies zur Desorientierung des Konsumenten, der angesichts der Überfülle völlig überfordert ist. Entweder kauft er gar nichts oder nur per Zufall, oder er wird vom permanenten Zweifel gequält, ob er auch wirklich das für ihn beste Produkt gekauft hat, oder er entwickelt sich zum «Schnäppchenjäger», der nur etwas kauft, weil es gerade sehr günstig ist, selbst wenn er es gar nicht braucht.[43]

Je mehr Angebote zur Verfügung stehen, desto größer werden die eigenen Bedürfnisse und desto größer wird die Angst, in der Überfülle der Angebote das beste Angebot zu verpassen. Dies führt zu einer immer intensiveren Jagd nach einem Mehr-Haben, Mehr-Erleben und Mehr-Genießen,[44] und diese Jagd wird immer aufwendiger, kommt nie an ein konkretes Ende und wird letztlich zum Selbstzweck. Dabei beschädigt die Form (die Jagd nach dem optimalen Genuss) den Inhalt (den konkreten Genuss) immer mehr und zerstört ihn schließlich.

Neuer Selbst- und Weltbezug durch Geld

Die vier Veränderungen des Menschen durch die Selbstverständlichkeit von Kaufhandlungen bestehen in der Passivität des Menschen in der Warenwelt, in der Erwartung unmittelbarer Bedürfnisbefriedigungen, in der Konstituierung des Subjekts über Kaufhandlungen und im unendlichen Wachstum der menschlichen Bedürfnisse. Da diese vier Phänomene heute oft als völlig selbstverständlich angesehen werden, ist an dieser Stelle noch einmal zu betonen, dass sie keineswegs «natürliche» Eigenschaften des Menschen beschreiben, sondern erst im Kontext der Dienstleistungsgesellschaften entstehen. Der neue Selbst- und Weltbezug setzt voraus, dass Menschen über ausreichend Geld verfügen. Arbeitslose und Menschen im Niedriglohnsektor oder in prekären Beschäftigungsverhältnissen, die auf Grund der kapitalistischen Wirtschaftsordnung gar nicht so selten sind (siehe Abschnitt 9.2), können an diesem Leben nicht teilhaben, was zu starken sozialen Spannungen führt.

Die genannten Veränderungen werden von der Logik des Geldes ausgelöst, das auf dem abstrakten (ins Unendliche zu steigernden) Tauschwert statt auf dem konkreten (begrenzten) Gebrauchswert aufbaut. Die Logik des Geldes ermöglicht es dem Menschen, seine zahllosen materiellen Begrenzungen auf Grund seiner Körperlichkeit und seiner Endlichkeit zurückzudrängen und seine Bedürfnisse und Möglichkeiten gezielt zu verbessern und zu vergrößern.

So nachvollziehbar der Wunsch nach einer konkreten Verbesserung einer aktuellen Situation auch ist – wenn dieser Wunsch mit Geld erfüllt wird, dann entwickelt sich daraus etwas anderes: Aus dem Wunsch nach der konkreten Verbesserung von einzelnen Situationen wird automatisch der Wunsch nach immer mehr Verbesserungen, bis am Ende ein unendliches Mehr-Haben, Mehr-Erleben, Mehr-Genießen steht, bei dem der Mensch seine Möglichkeiten und seine Macht über alle Grenzen hinaus zu steigern versucht. In der Sprache der Theologie ausgedrückt: Der Mensch versucht, sich selbst absolut zu setzen und Gott zu werden, so wie es der grenzenlosen Logik der abstrakten Abstrakta entspricht.[45]

Damit wird jetzt die gesamte Gesellschaft durch abstrakte Abstrakta geprägt. Diese waren ja bereits in der griechischen Antike zeitgleich in unterschiedlichen Bereichen entstanden und hatten sich sehr viel später zuerst in Naturwissenschaften, Rationalem Staat, Philosophie und dann im Bereich der Wirtschaft durchgesetzt. Dabei sieht das abstrakte Prinzip der Wirtschaft (aus Geld mehr Geld machen) dem des Alltagslebens (Mehr-Genießen oder Entgrenzung des Menschen) sehr ähnlich. Das liegt nicht daran, dass es von der Wirtschaft übernommen wurde,[46] sondern dass diejenigen Prinzipien, die sich in den einzelnen Bereichen aus den abstrakten Abstrakta heraus entwickeln, auf Grund ihrer Formalität alle untereinander relativ ähnlich sind.

Diese formale Ähnlichkeit führt dazu, dass Umweltzerstörungen, die bislang fast nur durch das kapitalistische Wirtschaften verursacht wurden, jetzt auch durch das alltägliche Leben und Handeln der Menschen verursacht werden.

Gleichberechtigung der Geschlechter

Im Rahmen dieser Mensch-Umwelt-Geschichte hatte das Verhältnis zwischen Frauen und Männern immer wieder eine Rolle gespielt, und es war zuletzt im Kapitel über die urbane Transformation angesprochen worden (siehe Abschnitt 5.2). Seitdem werden die Schlüsselpositionen in Wirtschaft, Gesellschaft, Politik und Religion von Männern besetzt; Frauen bleiben von diesen Positionen bis auf wenige Ausnahmen ausgeschlossen, sie sind aber weiterhin für sehr viele nichtspezialisierte Wirtschaftstätigkeiten zuständig.

Erst in den Industriegesellschaften setzt sich etwas Neues durch, indem Frauen jetzt auch aus dem Wirtschaftsprozess entfernt (zuerst in der Ober- und Mittelschicht, später und auch nicht vollständig in der Arbeiterschicht) und auf die (bürgerliche) Rolle als Hausfrau und Mutter fixiert werden. Das bedeutet aber nicht, dass Frauen nicht mehr arbeiten. Vielmehr werden ihre wichtigen und für die Gesellschaft unverzichtbaren Tätigkeiten – Haushaltsführung, Kindererziehung, soziale Aktivitäten – nicht bezahlt, gelten deshalb nicht als Arbeit und werden auch nicht als gesellschaftlich relevant wahrgenommen.

Gleich zu Beginn der Dienstleistungsgesellschaften, also zu Beginn der 1970er Jahre, wird diese Ungleichheit von Frau und Mann angegriffen, und es entsteht eine gesellschaftlich relevante Frauenbewegung. Ihr zentrales Ziel ist die Gleichberechtigung, bei der Frauen die gleichen Rechte wie Männer haben sollen, weil beide gleich sind. Damit werden die langen traditionellen Erfahrungen – Frauen und Männer sind nicht gleich, sondern unterschiedlich, aber sie sind in ihrem Verhältnis zueinander gleichwertig – negiert, obwohl diese Traditionen bis weit nach 1970 in vielen ländlichen Regionen Europas noch sehr lebendig sind.[47]

Diese Ablehnung der Tradition gründet auf der Befürchtung, dass Frauen nicht als gleichberechtigt anerkannt würden, wenn man von der Verschiedenartigkeit der Geschlechter ausgeht. Nur wenn Frauen und Männer gleich wären, könnten sie auch die gleichen Rechte beanspruchen. Damit orientiert sich die Frauenbewegung an den (formalen) Grundprinzipien der Aufklärung, und sie übernimmt die Logik der abstrakten Abstrakta, bei denen die Form den Inhalt dominiert. Da in der Realität aber die Unterschiede zwischen den Geschlechtern sehr auffällig sind, versucht die Frauenbewegung, mittels der angelsächsischen Unterscheidung zwischen Sex (biologisches Geschlecht) und Gender (soziale Geschlechterrolle) eine formale Gleichheit zwischen den Geschlechtern herzustellen, indem sie die biologischen Unterschiede zwischen den Geschlechtern abschwächt und die soziale Geschlechterrolle ins Zentrum stellt.

Aus dieser Orientierung an der formalen Gleichheit ergibt sich eine Tendenz zur Nivellierung der Geschlechterdifferenz und zur Ausbildung eines einheitlichen oder homogenen (neutralen) Geschlechts, das sich an männlichen Eigenschaften orientiert, weil diese für Erfolg, Einfluss und Macht stehen. Eine Frauenbewegung, deren inhaltliches Ziel die formale Gleichheit von Frau und Mann ist, stärkt – ungewollt – die Entwicklung des Menschen hin zu einem Geistwesen, dessen Körperlichkeit und Sinnlichkeit entwertet werden. Aus der Sicht des menschlichen Umweltbezugs ist dies negativ: Weil Frauen in den letzten fünftausend Jahren andere – und positivere – Erfahrungen im Umgang mit der Natur als Männer gemacht haben, wäre es wichtig, dass sie *ihre* Erfahrungen heute in die öffentlichen Diskussionen einbringen.

Eine nochmalige Zuspitzung erfährt diese Thematik, als es seit der Jahrtausendwende statt der Gleichberechtigung zwischen zwei Geschlechtern um die Gleichstellung vieler unterschiedlicher Geschlechter – sexueller Orientierungen, geschlechtlicher Identitäten, «queerer» Lebensstile – geht.[48] Dabei verlangen die Betroffenen, nicht auf eine feste geschlechtliche Identität festgelegt zu werden, sondern diese so ändern zu können, wie es ihnen jeweils entspricht.

Damit trägt diese neue Bewegung mit dazu bei, dass die feste Bindung zwischen einer Person und ihrem (biologischen) Geschlecht gelockert und in eine mehr oder weniger frei zu wählende Beziehung umgewandelt wird. Wenn dies nicht nur die relativ wenigen Personen betrifft, bei denen es kein eindeutiges biologisches Geschlecht gibt,[49] sondern wenn daraus eine gesellschaftliche Bewegung wird, für die die Flexibilität der geschlechtlichen Identität zur *allgemeinen* politischen Forderung wird, dann unterstützen solche Bewegungen die zunehmende Distanz des Menschen zu seinem eigenen Körper und damit auch zur Natur.

Fehlende kulturelle Selbstbegrenzung der Konsumgesellschaft

In den Dienstleistungsgesellschaften verlieren die gemeinsamen Normen und Werte ihre Verbindlichkeit, indem die Gesellschaft nach 1970 in unverbindliche Lebensstilgruppen zerfällt und die einzelnen Menschen immer stärker von ihren ins Unendliche wachsenden Bedürfnissen geprägt werden. Damit verliert der Mensch auch seinen sozialen Kontext und wird zum isolierten Individuum, das unmittelbar im Hier und Jetzt lebt.[50] Diese Entwicklung unterminiert die Menschlichkeit des Menschen, der von Natur aus ein soziales Wesen ist, und zwingt ihn in eine soziale Isolation («Konsum macht einsam»[51]). Noch sehr viel bedrohlicher ist es, wenn er nicht einmal über genügend Geld verfügt, um am «normalen» gesellschaftlichen Leben teilzunehmen. Und da um den einzelnen Menschen herum fast die gesamte Welt ebenfalls kurzfristig und unmittelbar organisiert ist, sieht es für ihn so aus, als könnte er sich dieser Entwicklung nur entziehen, wenn er für sich selbst größere Nachteile in Kauf nimmt («Ich bin doch nicht blöd»[52]).

Diese Vereinzelung führt dazu, dass der Mensch *unmittelbar* dem Hier und Jetzt ausgesetzt ist. Alle *vermittelnden* Elemente, die den Menschen stärken – gemeinsame verbindliche Werte, Traditionen, am Gemeinwohl orientierte Strukturen, langjährige Erfahrungen sowie die positiven Erfahrungen mit der Selbstbegrenzung –, werden entwertet und verschwinden allmählich aus dem kulturellen Gedächtnis. Damit verschwindet aber auch die Kraft einer Gesellschaft, aus sich selbst heraus eine kulturelle Selbstbegrenzung zu realisieren.[53]

9.4 Sterile Lebenswelten: Raumentwicklung in Zeiten der Globalisierung

Die Industrielle Transformation führt zum Ende der flächenhaften Nutzung, aber davon sind anfangs nur relativ kleine Flächen betroffen. Erst in den Dienstleistungsgesellschaften prägt diese Entwicklung die gesamte Erde. Zusätzlich werden die traditionellen Multifunktionalitäten oder Mehrfachnutzungen von Flächen aufgelöst, und zusammen mit dem Einsatz neuer Verkehrsmittel (Pkw, Lkw, Flugzeug), der radikalen Verbilligung des Verkehrs, der Erfindung von analogen und digitalen Techniken zur Kommunikation über große Entfernungen hinweg und der Entstehung virtueller Welten entstehen jetzt völlig neue Raumstrukturen. Dabei verschwinden jedoch räumliche Distanzen – wie man heute oft meint – keineswegs, und die Welt wird auch nicht zum «globalen Dorf»,[54] sondern es bildet sich eine sterile Lebenswelt voller Gegensätze heraus.

Global Cities als «brutale Orte»

Die Globalisierung führt dazu, dass sich das Wirtschaften immer stärker aus seinem staatlichen Rahmen herauslöst und immer stärker weltweit agiert. Dadurch werden die traditionellen Wirtschaftszentren, die bislang das Wirtschaften organisierten und die oft mit der Hauptstadt eines Industriestaates identisch waren, spürbar entwertet.

An ihre Stelle tritt weltweit eine kleine Zahl von Global Cities, in denen sehr viele hochrangige unternehmensorientierte Dienstleistungen – darunter vor allem Finanzdienstleistungen –, die Verwaltungszentralen von Weltkonzernen und viele Innovationszentren angesiedelt sind. Im Unterschied zu den traditionellen Wirtschaftszentren wird in den Global Cities selbst wenig produziert. Ihre Bedeutung konzentriert sich auf die Organisation, Steuerung und Kontrolle großer Bereiche der Weltwirtschaft, und von den Entscheidungen, die hier getroffen werden, hängt der wirtschaftliche Erfolg oder Misserfolg vieler Wirtschaftsregionen auf der gesamten Welt ab.[55]

Die Standorte der zentralen Steuerungs- und Kontrollfirmen konzentrieren sich in der Regel in einem bestimmten Quartier im Zentrum einer Global City, das über eine sehr gute Erreichbarkeit verfügt. Da andere Firmen die hohen Grundstückspreise nicht bezahlen können, die hier verlangt werden – dies gilt erst recht für Nutzungen wie Wohnen, Bildung, Versorgung, Freizeit –, wird aus diesen Quartieren das vielfältige städtische Leben verdrängt. Auf diese Weise werden die wirtschaftlichen Steuerungsfunktionen hier auf kleiner Fläche konzentriert und absolut gesetzt. Die hochspezialisierten Experten, die hier arbeiten, besitzen zwar einen exzellent bezahlten Arbeitsplatz, aber sie können den Ansprüchen nur dann gerecht werden, wenn sie ihr gesamtes (konkretes) Leben ihrer (abstrakten) wirtschaftlichen Tätigkeit unterordnen.

Da in diesen Global Cities extremer Reichtum und extreme Armut räumlich direkt nebeneinander liegen und oft nur durch eine oder zwei Straßen voneinander getrennt sind, entstehen hier schnell große soziale Spannungen. Dadurch werden die Global Cities zu «brutalen Orten»,[56] und ihr großer Reichtum ist untrennbar mit einer äußerst heiklen Lebensqualität verbunden.

Die Fragmentierung der Städte

Städte sind von ihrem Beginn an bis zum Zweiten Weltkrieg durch eine hohe Einwohner-, Arbeitsplatz- und Infrastrukturdichte und durch eine räumliche Durchmischung aller Funktionen – Wohnen, Arbeiten, Bildung, Sport, Kunst, Kultur, Freizeit – geprägt. Genau diese kleinräumige Mischung macht die traditionelle (vormoderne) Faszination der Stadt aus. Selbst die Industrielle Transformation zerstört diese Struktur mit ihrem starken städtischen Wachstum nicht, sondern wertet sie sogar noch auf, indem sogar neue Formen von kleinräumigen Nutzungsdurchmischungen entstehen.

Diese werden nach dem Zweiten Weltkrieg mit steigenden Ansprüchen als unzumutbar wahrgenommen: Das enge Mit- und Nebeneinander der verschiedenen Nutzungen beeinträchtige und störe jede einzelne von ihnen; lediglich ihre konsequente Trennung und Konzentration an unterschiedlichen Standorten ermögliche es, die einzelnen Nutzungen optimal auszugestalten.[57]

Die moderne Idee der Nutzungsentmischung und Nutzungstrennung wurde zwar bereits 1933 in der «Charta von Athen» programmatisch formuliert, aber erst nach 1945 im großen Stil umgesetzt:[58] Man könne in einer Stadt nur dann wirklich gut leben, wenn die drei Schlüsselfunktionen Wohnen, Arbeiten und Erholen (Freizeit) räumlich voneinander getrennt und jeweils in eigenen Stadtvierteln ausgeführt würden, wobei der Verkehr als vierte Schlüsselfunktion diese Stadtviertel miteinander verbinden müsse

Die Umsetzung dieser Leitidee führt dazu, dass die Städte in den Dienstleistungsstaaten nach 1945 in monofunktional geprägte Stadtgebiete für Wohnen, Arbeiten und Freizeit zerfallen, die viel Verkehr erzeugen. Darüber hinaus sorgt der Markt für weitere Nutzungstrennungen: Weil das produktive Wirtschaften immer mehr Platz braucht, immer mehr Lärm und Gestank erzeugt und eine optimale Lkw-Erreichbarkeit benötigt, verlassen die Betriebe des II. Wirtschaftssektors die Stadt und ziehen ins Umland. Das kleine Lebensmittelgeschäft stirbt aus, und an seine Stelle treten Einkaufszentren, die jedoch nicht mehr zu Fuß erreichbar sind. Schulen werden zu Schulzentren zusammengelegt, und parallel dazu entstehen Banken-, Museums- und Kunstzentren.

Attraktive Teile der Altstadt entwickeln sich zu Tourismuszielen, luxuriösen Geschäftsstraßen oder exklusiven Wohngebieten, und wieder andere verlieren ihre Wirtschaftskraft, sinken ins Rotlicht- und Drogenmilieu ab oder werden zu Ruinenvierteln.

Aus der lebendigen multifunktionalen Stadt werden auf diese Weise zahlreiche kleine monofunktionale Stadtgebiete. Dadurch werden zwar viele Funktionen der Stadt perfektioniert und aufgewertet, aber die Stadt selbst wird dabei fragmentiert: Aus einem vielfältig genutzten Raum, in dem es immer wieder zufällige, überraschende und anregende Begegnungen zwischen Menschen gab, wird ein Mosaik von kleinen Räumen, die jeweils nur zu einem einzigen Zweck gezielt aufgesucht werden, in denen alle anderen Nutzungen unerwünscht sind und in denen spontane Begegnungen kaum noch möglich sind, so dass sie zu funktionalen, eintönigen und sterilen Räumen werden.

Eine solche Perfektionierung der Stadtfunktionen ist kontraproduktiv, weil sie nicht dem menschlichen Leben entspricht: Menschliches Leben ist immer multifunktional – Verantwortung für das Gemeinwesen, Engagement für Familie, Partner, Kinder, Freunde, berufliches Engagement, Verfolgung persönlicher Interessen, Verantwortung für die Umwelt. Die zentrale Aufgabe des Lebens besteht darin, diese unterschiedlichen, teilweise sogar widersprüchlichen Aufgaben und Ziele miteinander in Einklang zu bringen, also viele Funktionen wechselseitig auszubalancieren, anstatt einzelne Funktionen jeweils getrennt voneinander zu perfektionieren. Daher verlieren die Städte durch Nutzungstrennungen ihre Lebensqualität und werden steril. Und zusätzlich ersticken sie noch im Verkehr, der durch diese Trennungen erst erzeugt wird.

Suburbia und Postsuburbia

Erst dank der schnellen und kostengünstigen Pkw-Mobilität kann die Stadt ins Umland wachsen. Viele Städter verlagern ab der ersten Hälfte der 1960er Jahre ihren Wohnsitz «ins Grüne», also in das nahe Umland der Stadt, um von der höheren Wohnqualität dort zu profitieren und um gleichzeitig mittels täglichen Pendelns die Vorteile des städtischen Arbeitsplatzes und der städtischen Infrastrukturen zu nutzen. In einer ersten Phase entstehen im städtischen Umland sehr große Einfamilienhaus- und Reihenhaussiedlungen. In einer zweiten Phase kommen Supermärkte, Bankfilialen, Arztpraxen, Bildungs- und Freizeiteinrichtungen, Kindergärten und Schulen hinzu. Auf Grund der niedrigen Grundstückspreise und der guten Lkw-Erreichbarkeit siedeln sich hier viele Wirtschaftsbetriebe an.[59] Diese Entwicklung wird Suburbanisierung genannt, weil der stadtnahe Raum verstädtert und unter die Herrschaft der Stadt gerät (sub = unter, urbs = Stadt).

Da menschliche Arbeit inzwischen sehr teuer geworden ist, finden alle modernen Wirtschaftsaktivitäten nur noch im Erdgeschoss (und nicht mehr in höheren Stockwerken) statt; deshalb verbrauchen nicht nur die modernen Produktionshallen, sondern auch alle Einkaufs- und Freizeitzentren mit den umliegenden riesigen Parkgelegenheiten für Mitarbeiter, Kunden und Lkws sehr viel Fläche. Da auch die zahllosen Wohngebäude mit ihren Gärten viel Platz pro Kopf benötigen, besitzt der suburbane Raum einen sehr hohen Flächenverbrauch.

In einer dritten Phase, die in den 1990er Jahre beginnt, vergrößert sich der suburbane Raum weiter, er verdichtet seine Siedlungsstruktur, und er wird als Standort «vollständiger»,[60] indem er ein ähnliches Spektrum an Arbeitsplätzen und Infrastrukturen entwickelt, wie es viele Stadtviertel besitzen. Dadurch entstehen neue Tangential- und Querverbindungen von Pendlern außerhalb der Stadt, während die Pendlerbeziehungen zur Kernstadt schwächer werden. Innerhalb dieses Raumes bilden sich auch hier – wie in der Stadt – an einer Reihe von Orten unterschiedliche Spezialisierungen aus.[61] Auf Grund dieser Entwicklung spricht man vom Prozess der Post-Suburbanisierung oder von Postsuburbia.

Auch wenn Postsuburbia wächst – zuletzt während der Corona-Pandemie auf Grund der erleichterten Möglichkeiten für Home-Office –, so wächst dieser Raum keineswegs flächendeckend in den ländlichen Raum hinein, sondern er bleibt nach wie vor auf Gebiete um die größeren Großstädte herum begrenzt.[62]

Die Entwertung der ländlichen Räume

Mit der Unterwerfung der Landwirtschaft, des ländlichen Gewerbes und der ländlichen Dienstleistungen unter die Prinzipien des kapitalistischen Wirtschaftens ab den 1960er Jahren und mit dem etwas späteren Einbezug der ländlichen Bevölkerung in die Konsumgesellschaft wird der ländliche Raum – erst jetzt! – modernisiert. Er wird dadurch so stark verändert, dass dieser Wandel nur noch mit dem Wandel zu vergleichen ist, der durch die Entstehung der Landwirtschaft einsetzte.[63]

Die traditionellen Kulturlandschaften mit ihren ausgeprägten Multifunktionalitäten – sie sind gleichzeitig dauerhafte Wirtschafts- und Lebensgrundlage, reproduzieren die ökologische Vielfalt und Stabilität und stärken die sozio-kulturelle Identität – werden jetzt aufgelöst: Die Nutzung wird hier entweder stark intensiviert oder ganz eingestellt.

Wird die Nutzung stark intensiviert, dann werden Kulturlandschaften in Wirtschafts- oder Nutzlandschaften umgewandelt,[64] in denen die kurzfristigen Interessen der Wirtschaft alles dominieren; daher entstehen hier jetzt erstmals große Umweltzerstörungen, und die ausgeräumten Landschaften oder Agrarsteppen vermitteln keine Identität mehr und werden nicht einmal mehr zum Spaziergehen genutzt.

Wird die Nutzung eingestellt, verbuschen entweder die nicht mehr genutzten Flächen relativ schnell, so dass artenarme Vegetationsgesellschaften entstehen, oder die Kulturlandschaft wird mit schnell wachsenden Bäumen aufgeforstet, so dass sich artenarme, standortfremde Wälder entwickeln;[65] in beiden Fällen sind es landschaftlich unattraktive Gebiete, die für die Identität der lokalen Bevölkerung keine Rolle mehr spielen.

Heute sind die traditionellen Kulturlandschaften sehr stark zurückgedrängt, sie sind fast nur noch in Reliktformen erhalten. Die gegenläufige Entwicklung führt zu zwei Typen ländlicher Räume:

Wirtschaftlich konkurrenzfähige Räume besitzen oft eine ertragreiche Landwirtschaft, einige Industriebetriebe auf der Grundlage der Verarbeitung landwirtschaftlicher Ressourcen oder anderer spezifischer Standortvorteile oder (im Gebirge, an Meeresküsten, Seen oder Thermalstandorten) einen stark ausgebauten Tourismus. Diese ländlichen Räume besitzen nicht sehr viele Arbeitsplätze, weshalb auch die Bevölkerungsdichten nicht hoch sind. Da sich in den modernen städtischen Gesellschaften alle Vorteile von Arbeitsteilungen und Spezialisierungen nur bei sehr hohen Arbeitsplatz- und Einwohnerdichten entfalten können, stellt diese geringe Dichte eine grundsätzliche Benachteiligung dar. Hochwertige Infrastrukturen und Dienstleistungen können nur in der Stadt und nicht auf dem Land angeboten werden. Deshalb tendieren die wirtschaftlich konkurrenzfähigen ländlichen Räume heute dazu, allmählich immer kleiner zu werden und langfristig zu verschwinden: Ihre zentrennahen Gebiete verstädtern und werden ein Teil von Postsuburbia, und ihre zentrenfernen Gebiete verlieren viele Arbeitsplätze und Einwohner.

Wirtschaftlich nicht konkurrenzfähige ländliche Räume sind von Überalterung geprägt, weil die vor Ort wegfallenden Arbeitsplätze die Abwanderung fördern. Größere Teile der Kulturlandschaft werden gar nicht mehr oder nur noch äußerst extensiv genutzt, an einer Reihe von Standorten existieren Betriebe, die noch auf die traditionelle Weise wirtschaften, auch wenn ihre Zahl immer geringer wird, die Infrastrukturen sind ausgedünnt, die Regionsbevölkerung geht zurück, und diese Regionen besitzen keine Zukunft als Lebens- und Wirtschaftsraum, falls sich die sozioökonomischen Rahmenbedingungen nicht grundlegend ändern.

Auf diese Weise werden wertvolle Naturressourcen vom Menschen nicht mehr genutzt. Von dieser Nutzungsaufgabe sind sehr große Flächen auf der Erde betroffen: einerseits Gebiete, in denen die Menschen ganzjährig unter erschwerten naturräumlichen Bedingungen leben, und andererseits der gesamte Raum der Subökumene auf der Erde, der traditionellerweise wegen seiner schwierigen naturräumlichen Bedingungen nicht ganzjährig, sondern nur periodisch genutzt wird. Wenn diese Gebiete in die Weltwirtschaft einbezogen werden, dann werden die traditionellen Nutzungsformen und Kulturräume zerstört. Große Teile der Subökumene verlieren so ihre Qualität als menschlicher Lebens- und Wirtschaftsraum, und sie werden zu Naturräumen, die sich jeder modernen Nutzung sperren.[66]

Dies bedeutet, dass unter den gegenwärtigen Rahmenbedingungen die Zukunft der ländlichen Räume als menschliche Lebens- und Wirtschaftsräume nicht gesichert ist und dass diese Räume in absehbarer Zeit verschwinden werden. Übrig bleiben werden dann auf der Erde einerseits verstädterte Räume mit hohen monofunktionalen Nutzungsintensitäten und andererseits menschenleere Räume ohne jede Nutzung.

Räumliche Veränderungen in der Dritten Welt

Die flächenhafte Durchsetzung des kapitalistischen Wirtschaftens und die Maßnahmen vieler Staaten der Dritten Welt, traditionelle mobile Lebens- und Wirtschaftsformen – Jäger-und-Sammler-Gruppen, Bauerngesellschaften mit Wanderfeldbau, Klein- und Großviehnomaden – mit Gewalt sesshaft zu machen, sorgen in Verbindung mit dem Bevölkerungswachstum durch den demographischen Übergang dafür, dass in dieser Zeit viele traditionelle Wirtschaftsformen zerstört werden. Dies führt zur schnellen Zunahme der Verstädterung (die Großstädte sind hier von großen Slums umgeben) und zur Ausbreitung von neuen, exportorientierten Wirtschaftsformen, die teilweise von der staatlichen Oberschicht, teilweise von Weltkonzernen kontrolliert werden. Auf Grund des hohen Nutzungsdrucks durch die Lokalbevölkerung, deren traditionelle Existenzgrundlagen reduziert und zerstört werden, und spekulativer Wirtschaftsinteressen globaler Konzerne wird hier die Nutzung der meisten Flächen intensiviert; sehr große Waldgebiete, die bislang nur sehr extensiv durch Jäger, Sammler oder Bauern (Wanderfeldbau) genutzt wurden, werden jetzt gerodet und intensiv genutzt. Damit sind sehr große Natur- und Kulturzerstörungen verbunden, denn diese Waldgebiete – oft tropische Regenwälder – sind sehr artenreich und die vertriebenen Menschengruppen sind die letzten Träger einer relevanten Kultur.

Wenn der Nutzungsdruck der lokalen Bevölkerung durch das Ende des demographischen Übergangs nachlässt und die ausbeuterischen Interessen auswärtiger Firmen politisch zurückgedrängt werden, dann wäre es denkbar, dass sich auch in der Dritten Welt die menschliche Nutzung auf die Gunstgebiete zurückzieht und dass auch hier große Gebiete aus der Nutzung genommen werden. Angesichts der sehr unklaren wirtschaftlichen, politischen und militärischen Verhältnisse in den meisten Staaten der Dritten Welt und der Ungewissheit über das Verhalten der globalen Konzerne macht es derzeit jedoch wenig Sinn, über solche langfristigen Entwicklungen nachzudenken, da viele entscheidende Faktoren dafür nicht bekannt sind.

Die «Zwischenstadt»

Die dargestellten räumlichen Veränderungen in Global Cities, Städten, ländlichen Räumen und in der Dritten Welt folgen zwei Grundprinzipien der modernen Entwicklung: Räume werden erstens entweder intensiv oder gar nicht genutzt, und alle Nutzungen werden zweitens als Intensivnutzungen funktional voneinander getrennt und jeweils an unterschiedlichen Orten als Monofunktionen perfektioniert. Durch diese räumlichen Funktionstrennungen wird sehr viel Verkehr erzeugt, der seinerseits viel Platz benötigt und viele Flächen in der Nähe der großen Verkehrsachsen durch Lärm und Abgase entwertet.

Am deutlichsten zeigt sich diese neue Raumstruktur im suburbanen und postsuburbanen Raum. Aber inzwischen ist diese Raumstruktur auch in allen städtischen und ländlichen Räumen mehr oder weniger stark zu finden, weil diese im Laufe der Zeit immer stärker in diese Richtung umgebaut werden.[67]

Diese neue Raumstruktur ist geprägt durch das beziehungslose Nebeneinander der verschiedensten Nutzungen: Einfamilienhaus- und Reihenhaussiedlungen stehen neben isolierten Einkaufszentren, Gewerbegebieten und Hochhauskomplexen; zwischen ihnen liegen auf zufällige Weise Tennis- und Minigolfplätze, Reiter- und Erlebnisbauernhöfe, Veranstaltungshallen sowie Parks, Landwirtschaftsflächen, Waldstücke und Biotopflächen, die von vielen kleineren und größeren Brachflächen unterbrochen werden; und überall gibt es große Parkplätze und zahllose Straßen, die diesen Raum vielfach zerschneiden.

Ein solcher Raum besitzt keine klaren Grenzen nach außen und keine nachvollziehbare Gliederung im Innern, und er kennt keine Gesamtidentität. Die zahllosen Gebäude sind entweder reine Zweckbauten (Gewerbe) oder austauschbare Wohngebäude, die es erschweren, sich in solchen Siedlungen «zu Hause» zu fühlen. Wenn hier eine Identität neu entsteht, dann beschränkt sie sich bestenfalls auf das eigene Haus und Grundstück.[68] Deshalb haben die Bewohner auch keine Motivation, für diesen Raum Verantwortung zu übernehmen.

Eine solche Siedlungs- und Raumstruktur stellt etwas Neues dar. Der Architekt Thomas Sieverts nennt diese Struktur «Zwischenstadt», weil sie weder mit der traditionellen Stadt noch mit dem traditionellen Dorf etwas zu tun hat, aber eine städtische Dichte besitzt.[69]

Ein modernes Leben sieht in diesem Raum heute so aus: Die – wie auch immer zusammengesetzte – Familie wohnt in einem suburbanen Einfamilienhaus oder einer Eigentumswohnung; die erwerbstätigen Erwachsenen fahren von hier aus zehn bis zwanzig Kilometer zu ihrem Arbeitsplatz, die Kinder gehen im fünf Kilometer entfernten Schulzentrum zur Schule, der Einkauf findet im Einkaufszentrum an der Kreuzung zweier großer Straßen statt, zur Naherholung sucht man Parks, Grün- und Freizeitflächen in einer gewissen Entfernung auf, und am Wochenende besucht man zur Erholung weiter entfernt liegende Seen oder Mittelgebirge, oder man nimmt an Events in einem städtischen Kulturzentrum teil. Die Sozialkontakte der Erwachsenen sind auf Grund vieler Wohnort- und Arbeitsplatzwechsel räumlich stark zersplittert, und sowohl die eigene Verwandtschaft als auch die engeren Freunde wohnen in der Regel weit verstreut in der gesamten Region und in anderen Regionen. Deshalb findet auch die Pflege der Sozialkontakte an vielen verschiedenen Orten statt, die meist weit entfernt vom Wohnort liegen.

Räumlich zersplitterte Lebenswelten

Das normale Alltagsleben der Menschen in der Zwischenstadt spielt sich an einer Vielzahl von Orten ab. Die Strecken zwischen diesen Orten werden meist mit dem Pkw überwunden, weil sie zu lang für einen Fußweg sind. Und da man mit dem Pkw aus der Garage am Wohnhaus direkt zum Parkplatz am Arbeitsplatz, Schulzentrum oder Einkaufszentrum fährt, sind die Menschen bei der Ortsveränderung vom Kontakt mit ihrer unmittelbaren Umgebung abgeschnitten und nehmen sie nur distanziert durch die Pkw-Scheiben wahr.

Durch diese räumlich zersplitterte Lebensweise spielt der Bezug zur unmittelbaren Umgebung weder am Wohnort noch am Arbeitsort, am Einkaufsort oder am Freizeitort eine relevante Rolle – die direkte Umgebung wird von den handelnden Menschen lediglich in Form einer

Postkarte, also auf eine äußerliche Weise wahrgenommen. Gleichzeitig ist jeder dieser monofunktional geprägten Orte sehr intensiv mit vielen anderen, weit entfernten Orten mit der gleichen Spezialisierung verbunden. Dadurch zerfällt die gesamte Welt in unendlich viele einzelne, monofunktional geprägte Orte, die abgeschottet von ihrer Umgebung für sich existieren und nur rein funktionale Beziehungen zu weit entfernten Orten mit gleicher Funktion besitzen – die Lebenswelten werden steril.

Die Menschen, die in diesen Räumen wohnen, sind durch die Anforderungen in Beruf, Familie und Freizeit und durch die permanenten Ortswechsel ziemlich ausgelastet. Sie besitzen nur eine geringe Motivation, an einem der Orte, an dem sie sich gerade befinden, Sozialkontakte zu Menschen der direkten Umgebung aufzubauen. Und da man nach einer längeren Fahrtzeit woanders keine negativen Überraschungen erleben möchte, plant man die Aufenthalte an anderen Orten vorher immer genauer. Dadurch werden die spontanen Handlungen der Menschen immer häufiger durch geplante und zielgerichtete Handlungen ersetzt.

Sterile Lebenswelten als Ergebnis abstrakter Logik

Diese Veränderungen der Lebenswelt entstehen aus der Einsicht heraus, dass man unterschiedliche Standorte für Wohnen und Arbeiten besitzen muss, um eine hohe Lebensqualität «im Grünen» und zugleich einen gut bezahlten Arbeitsplatz haben zu können. Gleiches gilt für eine gute Schulbildung der Kinder, für einen kostengünstigen und bequemen Einkauf oder für eine optimale Freizeitgestaltung. Alle diese Funktionen könnte man heute gar nicht mehr im Nahbereich realisieren, oder man müsste dafür sehr große Qualitätseinbußen hinnehmen. Insofern ist diese räumlich zersplitterte Lebensform Ausdruck der gestiegenen Qualitätsansprüche an die einzelnen Lebensfunktionen. Allerdings gilt diese Aussage nur für Normalverdiener der Mittelschicht.

Aber wieso wird aus dem Wunsch nach der Verbesserung des Alltagslebens eine sterile Lebenswelt? Dies liegt daran, dass man sich bei der Umsetzung an den Leitideen der abstrakten Logik orientiert: Eine einzelne Lebensfunktion kann nur dann verbessert werden, wenn man sie von allen anderen isoliert, denn die Unübersichtlichkeit einer Multifunktionalität entzieht sich jeder eindeutigen Klarheit und jeder exakten Berechenbarkeit. Erst wenn man eine eindeutige Ausgangssituation hergestellt hat (die zu verbessernde Lebensfunktion isoliert hat), kann man Raumstrukturen und Verhaltensweisen mit mathematischer Logik und einem passenden Algorithmus[70] analysieren, Probleme und Schwächen identifizieren und Lösungsvorschläge realisieren.

Dieses logische Vorgehen wird jedoch der Multifunktionalität des Menschen nicht gerecht, und deshalb ist es für die Verbesserung der menschlichen Lebenswelt völlig ungeeignet. Wenn man es trotzdem versucht, dann verwandelt sich die bunte und vielfältige Lebenswelt in die sterile und kalte Welt der mathematischen Abstrakta.

Diese Entwicklung wurde schon früh am Beispiel der Städte vom Psychoanalytiker Alexander Mitscherlich als «Die Unwirtlichkeit unserer Städte» kritisiert.[71] Seine Feststellung muss man heute sogar noch ausweiten: Die gesamte Erde wird unwirtlich. Der französische Ethnologe Marc Augé spricht von «Nicht-Orten», in denen Menschen immer mehr Zeit in einer Art Wartestellung in «Hotelketten und Durchgangswohnheimen, Feriendörfern, Flüchtlingslagern, Slums» verbringen, und von einer Welt, die «der einsamen Individualität, der Durchreise, dem Provisorischen und Ephemeren überantwortet ist».[72] Anders ausgedrückt: Die neuen Raumstrukturen der Dienstleistungsgesellschaft verwandeln die Erde immer mehr in eine Addition von Nicht-Orten, die extrem viel Fläche verbrauchen, sehr viel Verkehr erzeugen und die Umwelt stark belasten. Und zugleich fühlen sich die Menschen an diesen Nicht-Orten fremd und nehmen hier kaum noch Verantwortung für sich selbst, für andere Menschen, für ihren Lebensraum und für die Umwelt wahr.

9.5 Naturbezug: Umweltzerstörungen als globales Phänomen

Erst mit der Herausbildung der Dienstleistungsgesellschaften werden Umweltprobleme zu einem gesellschaftlich relevanten Thema, und erst in dieser Zeit wird die Umweltzerstörung zu einem globalen Phänomen, das das Leben der Menschen auf der Erde gefährdet und bedroht.

Problematische Veränderungen aller Ökosysteme der Erde

Die Entwicklungen von Wirtschaft und Gesellschaft in der Epoche der Dienstleistungsgesellschaften verändern – bis auf kleine Ausnahmen in sehr abgelegenen Teilen der Dritten Welt – *alle* Ökosysteme der Erde auf eine flächenhafte Weise. Diese Veränderungen lassen sich am besten beschreiben, wenn man von den menschlichen Nutzungen und nicht von den Ökosystemen ausgeht.

Städtische Regionen: Zu diesen Regionen zählen die Städte und die suburbanen und postsuburbanen Räume. Dabei handelt es sich um flächengroße Räume. Diese Regionen sind geprägt von einer hohen Bevölkerungsdichte, einer starken Bodenversiegelung, großen Gebäudevolumina und von einer ausgeprägten Zerschneidung und Verinselung aller übrig gebliebenen und mit Vegetation bedeckten Freiflächen. Auf Grund der Bodenversiegelung und der Bauvolumina ist das Lokalklima hier deutlich wärmer als im Umland. Der Verkehr und die Dichte der Nutzungen sorgen für starke Luft- und Bodenverschmutzungen und für eine permanente Geräuschkulisse. Die Verinselung der Freiflächen ist die Ursache dafür, dass die Vielfalt der Vegetation drastisch zurückgeht.

Andererseits gibt es in den städtischen Regionen viele kleinere und größere ungenutzte oder nur periodisch genutzte Flächen, die zum Lebensraum für Pflanzen und Tiere werden, die sich an die spezifisch städtischen Bedingungen anpassen können. Das führt dazu, dass in den letzten Jahrzehnten die Artenvielfalt hier wieder steigt. Biologen verweisen gern darauf, dass die städtische Artenvielfalt inzwischen deutlich größer als die von landwirtschaftlich intensiv genutzten Flächen ist. So richtig dieser Hinweis ist, so ist er kein Argument dafür, dass der Verlust der Artenvielfalt dadurch weniger problematisch wäre: Es gehen deutlich mehr Arten im ländlichen Raum verloren, als Arten in der Stadt einen neuen Lebensraum finden.

In ökologischer Perspektive sind städtische Regionen artenarme und instabile Räume (Naturereignisse können leicht große Zerstörungen anrichten), und sie sind aus sich heraus gar nicht lebensfähig, weil sie nur durch den permanenten Import von sauberer Luft, sauberem Wasser und großen Mengen an Lebensmitteln, Rohstoffen und Energie am Leben gehalten werden können. Gleichzeitig belasten städtische Regionen ihr Umland durch die Abgabe von Wärme, verschmutzter Luft, verschmutztem Wasser, sowie – weil in der Stadt dafür wenig Platz ist – durch große Mengen von Abfällen und Müll aller Art. Lange Zeit konnten die benachbarten ländliche Räume viele dieser ökologischen Belastungen kompensieren. Aber mit dem Verlust ihrer eigenen ökologischen Vielfalt und Stabilität geht dieser ökologische Ausgleich verloren. Deshalb belasten die Umweltprobleme der städtischen Regionen heute sehr direkt die gesamte Welt.

Intensiv genutzte ländliche Regionen: Hier werden die Landwirtschaftsflächen von immer weniger Landwirtschaftsbetrieben immer intensiver genutzt, wobei die genutzten Flächen insgesamt kleiner werden. Die Intensivierungen führen zur Schaffung immer größerer und immer homogenerer Parzellen, wobei die zahlreichen Kleinstrukturen der traditionellen Kulturlandschaften – Ackerterrassen, Hohlwege, mäandrierende Bachläufe, Feldgehölze, Baumgruppen und Einzelbäume – zerstört werden, weil sie den Maschineneinsatz behindern. Da die großen, homogen bepflanzten Parzellen ideal für die Ausbreitung von Schädlingen sind, müssen beim Ackerbau sehr viele Pestizide, Herbizide und Fungizide eingesetzt werden, während das Grünland durch die Ausbringung von Gülle aus der Massentierhaltung belastet wird. Aus diesem Grund sind intensiv genutzte Landwirtschaftsflächen sehr artenarm und instabil, ihr Grundwasser ist stark belastet (Nitrate aus Düngemitteln als Hauptproblem, daneben Rückstände aus Herbizid-, Pestizid-, Fungizid-Einsatz und von Arzneimitteln aus der Massentierhaltung), und ihre Flächen bieten ein sehr monotones Landschaftsbild. Deswegen handelt es sich bei ihnen um monofunktionale «Agrarwüsten», die jede andere Nutzung ausschließen und die die menschliche Gesundheit belasten.

In Gebieten mit eher ungünstigen Voraussetzungen für die Landwirtschaft wird zwar meist die Nutzung eingestellt, in einigen Fällen jedoch – besonders häufig in der Dritten Welt – wird sie stattdessen verstärkt: Entweder werden traditionelle Nutzungsformen intensiviert, weil ihre wirtschaftlichen Rahmenbedingungen deutlich verschlechtert werden, oder es werden neue Intensivnutzungen von auswärtigen Investoren aufgebaut. Solche Intensivnutzungen in landwirtschaftlich schwierigen Räumen sind unter ökologischen Gesichtspunkten besonders problematisch, weil hier durch Übernutzung schnell so große Schäden entstehen können, dass eine weitere landwirtschaftliche Nutzung dieser Räume gar nicht mehr möglich ist.

Extensiv genutzte ländliche Regionen: Hier wird die landwirtschaftliche Nutzung eingestellt oder stark extensiviert, weil der Ertrag zu gering ist. Dies betrifft große Flächen, die einen zu flachgründigen Boden oder ein zu schwieriges (gebirgiges) Relief besitzen oder die zu trocken, zu feucht oder zu kalt sind. Solche Flächen wurden traditionellerweise sehr arbeitsextensiv genutzt und sind oft sehr artenreich. Wird die Nutzung eingestellt, setzt in feuchten Regionen nach wenigen Jahren eine Verbuschung ein, die nach vielen Jahrzehnten langsam in einen Wald übergeht. Da die Verbuschung von ein, zwei oder drei dominanten Straucharten geprägt wird, ist diese Übergangsphase sehr artenarm, und das Landschaftsbild wird monoton. Andere Nutzflächen werden gezielt durch schnell wachsende Bäume aufgeforstet, wodurch gleichaltrige, standortfremde Wälder entstehen, die monoton sind und die keine ökologische Bereicherung der Landschaft bedeuten. In trockenen Regionen zerstört die Winderosion nach der Nutzungseinstellung größere Teile des fruchtbaren Bodens, und die traditionellen Bewässerungsstrukturen zerfallen. Dadurch breitet sich das für den Menschen nicht nutzbare Land wieder großflächig aus, was Desertifikation[73] genannt wird.

Üblicherweise geht man heute davon aus, dass es für die Natur positiv wäre, wenn der Mensch seine Nutzung einstellt und wenn sich auf den ehemaligen Wirtschaftsflächen die Natur wieder ungestört entwickeln kann. Diese Meinung ist jedoch ein Irrtum:[74] Auf den ehemaligen Nutzflächen in feuchten Regionen entstehen sehr artenarme Strauchgesellschaften oder nicht standortgemäße Wälder, die erst nach mehr als hundert Jahren allmählich beginnen, eine größere Artenvielfalt auszubilden. Und auf den ehemaligen Nutzflächen in trockenen Regionen breiten sich nach der Nutzungseinstellung größere Hitze- oder Kältewüsten aus. Man schätzt, dass durch Desertifikation pro Jahr weltweit etwa zwölf Millionen Hektar Landwirtschaftsfläche verloren gehen.[75] Diese doppelte Entwicklung stellt keine Verbesserung der ökologischen

Situation der Erde dar, und vor allem kann sie die zunehmenden ökologischen Belastungen durch die städtischen Regionen und die landwirtschaftlichen Intensivnutzungen nicht einmal ansatzweise ausgleichen.

Zusätzlich werden alle Ökosysteme der Erde durch die starke Nutzung der fossilen Energiequellen geschädigt: Durch das Verbrennen von Kohle und Öl, durch den modernen Verkehr und durch Industrie und Intensivlandwirtschaft wird viel Kohlendioxid nebst anderen Schadstoffen in die Atmosphäre abgegeben. Dadurch wird das natürliche Verhältnis von Einstrahlung (kurzwelliges Sonnenlicht, das die Erde erwärmt) und Ausstrahlung (langwellige Infrarotstrahlung, die einen Teil dieser Wärme wieder ins Weltall abgibt) gestört. Das Kohlendioxid und andere, sogenannte Treibhausgase halten einen Teil der Infrarotstrahlung zurück, wodurch sich die Erde immer mehr aufwärmt. Weil mit der erhöhten Temperatur im Meerwasser und in der Atmosphäre mehr Energie vorhanden ist, nehmen gleichzeitig auch die Heftigkeit und die Häufigkeit von Wetterextremen zu. Beide Veränderungen belasten alle Ökosysteme der Erde. Ein weiteres Problem stellen eine Reihe von Schadstoffen dar, die durch das moderne Wirtschaften und den Verkehr in die Luft oder ins Wasser abgegeben werden und die sich dann über die gesamte Erde verteilen.

Auf diese Weise werden alle Ökosysteme der Erde durch Nutzungsänderungen, Klimaerwärmung und Schadstoffe stark belastet. Daher können kleinere Veränderungen durch außergewöhnliche Wetterereignisse oder menschliche Eingriffe inzwischen große Auswirkungen wie den Zusammenbruch von Ökosystemen nach sich ziehen. Dadurch wird die Erde für den Menschen immer unwirtlicher, und die Veränderungen der Ökosysteme beginnen seine Lebensqualität zu bedrohen.

Neuartige Umweltprobleme: Kunststoffe, Nano- und Gentechniken

Mit der ab den 1960er Jahren einsetzenden massenhaften Verbreitung von Kunststoffen beginnt eine neue Phase der Belastung der Umwelt, weil Kunststoffe nach ihrem Gebrauch nicht biologisch abgebaut werden können. Stattdessen werden sie durch physikalische Prozesse wie Reibung, Druck oder UV-Strahlung allmählich zerkleinert. Obwohl es sich bei ihnen um völlig neue Stoffe handelt, bei denen man nicht weiß, wie sie mit ihrer Umwelt reagieren, sind Firmen, Ingenieure und Politiker lange Zeit sehr sorglos gewesen und haben Kunststoffmüll als Material behandelt, das sich schon irgendwie wieder von selbst in die Natur integrieren werde.

Erst nach längerer Zeit stellte man fest, dass Kunststoffmüll in Mikroplastikpartikel zerkleinert wird. Diese Teile sind so klein, dass sie von Pflanzen und Tieren in ihr Gewebe eingelagert werden und so in die menschliche Nahrungskette gelangen, oder vom Menschen über die Atmung oder die Haut direkt in seinen Körper aufgenommen werden. Derzeit ist bekannt, dass zahlreiche Kunststoffe für den Menschen nicht nur gesundheitsschädlich sind, sondern auch hormonell verändernd und krebserregend wirken können. Und erst seit wenigen Jahren sind Nanoplastikpartikel bekannt, also noch winzigere Kunststoffteilchen, von denen man befürchtet, dass sie die Zellmembranen lebender Zellen schädigen könnten.[76]

Die riesigen Mengen von Kunststoffmüll, die jährlich anfallen, stellen ein erhebliches Problem für *alle* Ökosysteme und *alle* pflanzlichen, tierischen und menschlichen Organismen dar; sie belasten alle Böden der Erde, sie verteilen sich in der Luft und im Wasser, sammeln sich in riesigen Konzentrationen an ausgewählten Stellen im Meer, und sie finden sich sogar an sehr abgelegenen Orten in den Hochgebirgen der Erde und in der Antarktis. Es ist nicht ausgeschlossen, dass der Kunststoffmüll in Zukunft das gesamte pflanzliche, tierische und menschliche Leben auf der Erde schädigen könnte.

Auf der Grundlage dieser Erfahrungen ist die Einführung der neuen Verfahren der Nano- und der Gentechnik in die Wirtschaft und ihre massenhafte Verwendung in der Produktion äußerst problematisch. Bei der Nanotechnik geht es um die Produktion sehr kleiner Teilchen (als gezielte Produktion im Unterschied zu den Nanokunststoffpartikeln, die zufällig entstehen), über deren Reaktionen und Interaktionen mit der Umwelt noch viel zu wenig bekannt ist. Bei der Gentechnik geht es um Eingriffe in die Gensubstanz von Pflanzen, Tieren und Menschen mit dem Ziel, ihre genetischen Eigenschaften zu verbessern. Allerdings ist über das komplexe Geschehen der genetischen Einflussgrößen sowohl innerhalb des Erbgutes der Organismen selbst als auch in Bezug auf ihre Wechselwirkungen mit außerweltlichen Einflüssen noch viel zu wenig bekannt.[77]

Nano- und Gentechnik einfach in der Wirtschaft einzusetzen, ist sehr gefährlich, weil die Auswirkungen auf die Organismen und die Umwelt nicht wirklich abzuschätzen sind. Dies dürfte zu massiven Umweltzerstörungen und zu gravierenden Beeinträchtigungen des menschlichen Körpers führen; und es wäre auch nicht auszuschließen, dass dadurch die Reproduktion menschlichen Lebens irreversibel geschädigt werden könnte.

Virtuelle Welten als Verschärfung der Umweltprobleme

Heute meint man meist, dass die Digitalisierung die Umwelt entlasten würde, weil bestimmte Aktivitäten dann nicht mehr in der Realität, sondern nur noch virtuell stattfinden würden. Doch das trifft nicht zu.[78]

Die digitale oder virtuelle Welt gründet wie der Computer auf der Entscheidung Ja oder Nein – tertium non datur. Deshalb sind virtuelle Welten – im Gegensatz zur realen «schmutzigen» Welt mit ihren zahllosen Widersprüchlichkeiten und Mehrdeutigkeiten – logische, klare, eindeutige und gut berechenbare Welten.

Je selbstverständlicher die Benutzung digitaler Geräte in Beruf und Alltag wird, desto mehr erhalten die Benutzer den Eindruck, dass die virtuellen Welten der analogen Welt überlegen seien: Mit dem Smartphone kann ich sofort feststellen, wo es in einer mir fremden Umgebung ein Restaurant oder eine Bank gibt und wann sie geöffnet haben, während dies auf analoge Weise (Fragen, Umherlaufen, Suchen) sehr viel schwieriger ist. Deshalb bewegen sich immer mehr Menschen immer häufiger mit digitalen Geräten in der Alltagswelt.

So sinnvoll es einerseits sein kann, digitale Instrumente und Methoden einzusetzen, um technisches Wissen («Verfügungswissen») besser anwenden zu können,[79] so problematisch wird es andererseits, wenn die virtuelle mit der realen Welt verwechselt wird. Denn dadurch wird beim Menschen der Eindruck gestärkt, dass ihm eigentlich alle Informationen über die Welt «auf Knopfdruck» (wie man früher sagte) oder besser: per App unmittelbar zur Verfügung stehen müssten und dass die so erhaltenen Informationen objektive Daten seien, die die Welt realitätsnah abbilden. Dies stimmt aber nicht: Es handelt sich bei solchen Daten in Wirklichkeit um eine Auswahl interessengeleiteter Daten, mit deren Weitergabe die großen Internetkonzerne ihre eigenen Zielsetzungen verbinden.

Mit den virtuellen Welten wird dem Menschen ein unmittelbarer Weltbezug suggeriert, der ihm jedoch grundsätzlich nicht möglich ist: Der Mensch muss sich als an kein Ökosystem unmittelbar angepasster Generalist seine Informationen über die Welt selbst beschaffen und seine Bezüge zur Welt aktiv selbst herstellen – er hat also einen vermittelten und keinen unmittelbaren Weltbezug (siehe Abschnitt 2.5). Deshalb handelt es sich bei der Vorstellung eines unmittelbaren Weltbezugs um eine große Sehnsucht des Menschen, die eine lebensferne Illusion darstellt.

Der häufige Aufenthalt in virtuellen Welten macht den Menschen deshalb tendenziell zu einem passiven Konsumenten und lässt seinen aktiven Weltbezug verkümmern. Dadurch wird seine Distanz zur realen «schmutzigen» Welt und zur konkreten Natur immer größer, und dies führt immer häufiger zu Handlungsweisen, die sich umweltbelastend auswirken. Der sehr stark steigende Energiebedarf für die Nutzung und den Ausbau der virtuellen Welten (allein eine Suchanfrage im Internet verbraucht viel Energie), der große Flächen-, Energie- und Kühlbedarf durch Datacenter und Serverfarmen, die umfangreichen Baumaßnahmen für ein flächendeckendes schnelles Internet und für die Verkabelung aller Büro- und Wohnstandorte werden dabei gar nicht als Veränderung der materiellen, analogen Welt wahrgenommen. Auf diese Weise verschärfen sich durch den Ausbau der virtuellen Welten die konkreten Umweltprobleme der Erde weiter.

Umweltprobleme als diffuse und ubiquitäre Phänomene

Die Dienstleistungsgesellschaften sind die ersten Gesellschaften in der Geschichte, in denen dem Umweltschutz eine größere Bedeutung zukommt. Allerdings handelt es sich fast immer um einen nachsorgenden Umweltschutz, der am Ende eines Prozesses einen Teil der Schadstoffe aus der Luft oder dem Wasser herausfiltert (End-of-Pipe-Technik).

Dies betrifft große Verursacher wie Kraftwerke, Raffinerien oder

Fabriken, bei denen gleichzeitig die Schornsteine erhöht werden, um die Nachbarschaft von den restlichen Abgasen zu entlasten. Dadurch wird erreicht, dass die Luft über dem Ruhrgebiet und das Wasser im Rhein wieder sauber werden. Allerdings sorgt die Politik der hohen Schornsteine dafür, dass sich die restliche Luftverschmutzung über große Teile der Erde verteilt.

Bei den zahllosen dezentralen Schadstoffquellen ist der Katalysator für die Abgasnachbehandlung in Fahrzeugen mit Verbrennungsmotor ein gutes Beispiel. Auch wenn hier durchaus Erfolge erzielt werden, indem der Schadstoffausstoß pro Fahrzeug deutlich verringert wird, so besteht das zentrale Problem darin, dass dieser Einspareffekt durch die steigende Fahrleistung jedes einzelnen Fahrzeugs und durch die Zunahme der Zahl der Fahrzeuge mehr als ausgeglichen wird. Dadurch steigt trotz der Einführung des Katalysators die Menge der Schadstoffe, die von allen Fahrzeugen an die Luft abgegeben werden.

Darüber hinaus besteht die mit der End-of-Pipe-Technik verbundene Haltung darin, dass man Schadstoffe erst einmal an die Umwelt abgibt und abwartet, ob sie Probleme verursachen oder nicht. Und nur im negativen Fall – der eventuell erst nach Jahren oder Jahrzehnten sichtbar wird – wird versucht, einen Teil der Schadstoffe zurückzuhalten. Noch eindrücklicher werden die Probleme der End-of-Pipe-Technik bei der Atom- oder Nukleartechnik sichtbar: Sie wird mit massiver staatlicher Hilfe entwickelt, aber erst lange Zeit nach Inbetriebnahme der ersten Reaktoren beginnt man, sich über die Endlagerung des radioaktiven Abfalls Gedanken zu machen. Da bis heute weder die Sicherheit dieser Technik garantiert noch das Problem der Endlagerung gelöst ist, steht diese Technik exemplarisch für den Umgang mit hochriskanter Technik in den Dienstleistungsgesellschaften.

Da in der Epoche der Dienstleistungsgesellschaften zahllose dezentrale Schadstoffquellen neu entstehen und die End-of-Pipe-Technik die damit verbundenen Umweltschädigungen nicht vermeiden kann, erhalten jetzt die Umweltprobleme eine neue Qualität. Bislang gab es bei allen Umweltproblemen stets einen konkreten Verursacher (einen Schmelzofen, einen vom Gottkönig angeordneten Krieg, eine Textilfabrik), und alle Umweltverschmutzungen waren problemlos wahrzunehmen und einem Verursacher zuzuordnen. Jetzt aber entkoppeln sich Ursache und Wirkung, und die Umweltprobleme der Erde werden zu diffusen und ubiquitären Phänomenen: Klimaerwärmung, Verlust der Artenvielfalt, Grundwasserverschmutzung, Ozonloch oder Desertifikation zeigen sich überall, sie scheinen keine konkreten (Einzel-)Ursachen mehr zu besitzen, und sie verursachen diffuse Umweltbelastungen. Und die neuen Entwicklungen von Nano- und Gentechnik werden dies noch verstärken.

Um die schädlichen Auswirkungen dieser neuen Umweltprobleme zu analysieren, die Verursacher zu identifizieren und Problemlösungen zu erarbeiten, braucht es aufwendige naturwissenschaftliche Untersuchungen, die von Experten durchgeführt werden und von normalen Menschen nicht wirklich zu verstehen sind. Dadurch wird Umweltschutz zu einer Spezialisten-Angelegenheit, und dies erschwert es, dafür eine Akzeptanz in der Bevölkerung aufzubauen.

Umweltschutz als Sisyphos-Aufgabe

Die Dienstleistungsgesellschaften sind in allen Bereichen den unendlichen Wachstumsmöglichkeiten verpflichtet, die die Orientierung an den abstrakten Abstrakta ermöglicht. Deshalb lehnen sie alle Begrenzungen als eine unzumutbare Einschränkung ihrer Möglichkeiten ab. Dies betrifft auch den Umweltschutz. Deshalb hat er nichts mit den Grundlagen des Wirtschaftens und Handelns zu tun, sondern ist nur als nachsorgender Umweltschutz (End-of-Pipe-Technik) denkbar. Dies zeigt sich in den folgenden Bereichen sehr deutlich:

Wirtschaft: Trotz aller Bekenntnisse von Wirtschaft und Politik zum Umbau der Wirtschaft in Richtung Umweltverträglichkeit und Nachhaltigkeit hält man an der Grundlage des unendlichen Wirtschaftswachstums sehr klar fest: «Grünes Wachstum zielt darauf ab, Wachstumsprozesse ressourceneffizienter, sauberer und widerstandsfähiger zu machen, ohne das Wachstum jedoch zu verlangsamen.»[80]

Energie: Mit dem Übergang von den fossilen zu den regenerativen Energien glaubt man, die Energiefrage lösen zu können. Dabei übersieht man, dass regenerative Energiequellen endlich und begrenzt sind: Die einfallende Sonnenenergie ist endlich, und der Raum für Wind-,

Wasser- und Solaranlagen ist begrenzt. Deshalb kann man mit regenerativer Energie kein grenzenloses Wachstum der Energie erreichen, was aber benötigt wird, wenn Wirtschaft und Gesellschaft vollständig digitalisiert und die virtuellen Welten weiter ausgebaut werden sollen.

Gesellschaft: Die heutigen Normen und Werte werden immer vielfältiger und lösen die noch bestehenden Grenzen im sozialen und kulturellen Bereich immer stärker auf. Gemeinsame verbindliche Normen und Werte, die wichtig sind, um eine gemeinsame Umweltverantwortung zu entwickeln, gelten heute als einengend und bevormundend und werden abgelehnt.

Individuum: Der einzelne Mensch strebt danach, seine persönliche Situation und sich selbst permanent zu verbessern und zu perfektionieren. Alle Einschränkungen in dieser Hinsicht empfindet er als eine Art Freiheitsberaubung.

Raum: Die flächenverbrauchende und viel Verkehr erzeugende Zwischenstadt mit ihren mangelnden Bezügen zur jeweiligen konkreten Umwelt gilt den meisten Konsumenten als Erfüllung ihrer Wohnwünsche. Eine andere Raumstruktur würden sie als Bevormundung ablehnen.

Umwelt: Die End-of-Pipe-Lösungen der Umwelttechnik sind nicht in der Lage, die Umweltprobleme ernsthaft zu reduzieren. Die Vergrößerung der Schutzgebiete auf 30 Prozent der Festlandfläche und der Meere bis zum Jahr 2030, die mit dem Montréal-Abkommen zum Schutz der Artenvielfalt im Dezember 2022 beschlossen wurde,[81] schützt nicht wirklich die Umwelt, sondern entspricht der modernen Entwicklung «Intensiv-Nutzung oder Nichtnutzung» und treibt weitere Intensivierungen auf den Gunstflächen voran.

Der Umweltschutz, der als nachsorgender Umweltschutz die Grundlagen dieser Entwicklung nicht in Frage stellen und daher nicht die Aufgabe der Selbstbegrenzung von Wirtschaft und Gesellschaft wahrnehmen kann, ist im besten Fall in der Lage, den Anstieg der Umweltprobleme etwas zu verlangsamen, aber oft gelingt ihm nicht einmal dieses Ziel.

Deshalb stellt der Umweltschutz in den Dienstleistungsgesellschaften eine Sisyphos-Aufgabe dar, der sein konkretes Ziel, den Schutz der Natur, nie erreicht.

Menschliche Umweltzerstörungen im Rahmen des Ökosystems Erde

Die Erde ist ein Planet im Weltall, der sich um die Sonne und um seine eigene Achse dreht und der durch die Sonne regelmäßig Energie erhält. Alle Prozesse auf der Erde werden neben der Sonneneinstrahlung von den extrem langsamen Bewegungen der Plattentektonik, den langsamen Veränderungen des globalen Klimas und von den schnellen Bewegungen der Zirkulation der Atmosphäre (Winde) und der etwas langsameren Zirkulation der Weltmeere (Meeresströmungen) geprägt, die miteinander in Wechselwirkung stehen. Diese Wechselwirkungen werden immer wieder von singulären Extremereignissen – Meteoriteneinschläge, Vulkanausbrüche, Tsunamis, Extremniederschläge, extreme Trockenheiten – überlagert.

Dies ist der große abiotische Rahmen, in dem im Laufe der Jahrmillionen pflanzliches und tierisches Leben entsteht. Die einzelnen Ökosysteme, die sich dann auf dem Festland ausbilden, sind von der Menge der Sonnenenergie, vom regionalen Klima und von den regionalen Auswirkungen der Zirkulation der Meere und der Atmosphäre abhängig, und sie verändern im Laufe der Zeit ihrerseits – wenn auch auf schwächere Weise – ihre abiotischen Voraussetzungen, indem sie Wetterextreme dämpfen und bestimmte Klimasituationen stabilisieren. Es handelt sich daher bei der Erde um ein von außen mit Energie versorgtes globales Ökosystem, das intern durch zahllose Wechselwirkungen und Rückkopplungen geprägt ist.[82]

Die Komplexität der Wechselwirkungen im Ökosystem Erde oder im Naturhaushalt der Erde ist so groß, dass sie sich jeder exakten Berechenbarkeit entzieht. Dies liegt daran, dass die Faktoren, die dabei eine relevante Rolle spielen, unüberschaubar groß sind, und dass die allermeisten Wechselwirkungen nicht linear (gradlinig und berechenbar), sondern nichtlinear ablaufen: Sie besitzen sogenannte Bifurkationspunkte, an denen ein System von einem Systemzustand in einen anderen kippen kann (Zusammenbruch des Golfstroms oder von El Niño, Beginn oder Ende einer Eis- oder Warmzeit). Im Verlauf der Erdgeschichte ist das immer wieder passiert. Am Bifurkationspunkt gilt die übliche Beziehung zwischen Ursache und Wirkung nicht mehr (kleine Ursache =

kleine Wirkung; große Ursache = große Wirkung), sondern hier reichen kleine Ursachen aus, um große Wirkungen (einen neuen Systemzustand) zu erzielen. Da das Ökosystem Erde sehr stark durch solche nichtlinearen Prozesse geprägt ist, entzieht es sich jeder exakten Berechenbarkeit, so dass der Mensch bei seinen Prognosen nur Wahrscheinlichkeiten berechnen kann und dabei stets Unsicherheiten bestehen bleiben.[83]

Der Mensch erscheint auf der Erde erst relativ spät. Seine Existenz beruht auf ganz bestimmten und relativ eng begrenzten Eigenschaften des Ökosystems Erde, die nicht in allen Epochen der Erdgeschichte gegeben sind. Lange Zeit ist die Existenz des Menschen im Naturhaushalt der Erde nicht zu bemerken. Seit der Neolithischen Transformation beginnt er, bestimmte Ökosysteme zu verändern, und seit der Urbanen Transformation fängt er auch an, die Umwelt zu verschmutzen und zu zerstören. Sehr lange Zeit bleiben dies jedoch lokale oder regionale Umweltzerstörungen, die das Funktionieren des Ökosystems Erde nur am Rande betreffen.

Erst in der Epoche der Dienstleistungsgesellschaften entwickeln die Umweltzerstörungen eine globale Dimension: Dies zeigt sich am starken Anstieg der Kohlenstoffdioxidkonzentration in der Erdatmosphäre ab den 1950er Jahren, und zeitgleich am starken Anstieg praktisch aller umweltrelevanter Messwerte auf der globalen Ebene: «Diese Kurven steigen [seit 1750] alle langsam an, um dann um 1950 herum schlagartig steil anzusteigen (J-Kurven oder Hockeyschlägerkurven).»[84] Diese weltweite Trendwende in der globalen Umweltsituation wird zuerst «das 1950er Syndrom» genannt,[85] später setzt sich dafür der Begriff «The Great Acceleration/Die große Beschleunigung» durch.[86]

Damit wirken sich die anthropogenen Umweltzerstörungen erstmals in der Geschichte der Menschheit auf das Ökosystem Erde aus und beginnen, es zu verändern. Am greifbarsten für die Menschen zu spüren ist dies derzeit bei der vom Menschen verursachten globalen Klimaerwärmung mit ihrer deutlichen Zunahme von Wetterextremen; sowohl die Hitze als auch die Extremereignisse erschweren heute schon das menschliche Leben in Teilen der Erde, und sie werden es in Zukunft in einigen Regionen der Erde wohl ganz verunmöglichen. Die Auswirkungen des anthropogen verursachten Artensterbens sind dagegen noch nicht definitiv abzusehen; aber es ist wahrscheinlich, dass dadurch zahlreiche menschlich geprägten Ökosysteme schwer geschädigt werden, so dass die menschliche Gesundheit beeinträchtigt wird und auch seine Ernährung nicht mehr gesichert ist.

Auch die langfristigen Auswirkungen der Mikro- und Nanoplastikpartikel auf die Ökosysteme und auf die pflanzlichen, tierischen und menschlichen Organismen sind derzeit nicht wirklich absehbar: Werden dadurch bestimmte, für das Leben wichtige Funktionen irreversibel geschädigt? Und welche Reaktionen werden die Verschmutzungen von Luft, Boden, Wasser durch Chemikalien und andere Stoffe mittelfristig auslösen: Wird es zu größeren Vergiftungen kommen? Und was passiert, wenn die Ozeane versauern und das Ozonloch größer wird?

Diese anthropogenen Beeinträchtigungen haben inzwischen in fast allen Bereichen des Ökosystems Erde ein sehr hohes Niveau erreicht. Viele abiotischen und biotischen Systeme funktionieren derzeit zwar noch fast so wie bisher, aber sie können zusätzliche Störungen und Belastungen immer weniger abpuffern. Daher besteht die große Gefahr, dass weitere Umweltzerstörungen schnell zu Veränderungen im globalen Ökosystem der Erde führen werden. Diese Änderungen wären für die Erde eher kleine Veränderungen, aber sie hätten für den Menschen katastrophale Auswirkungen, weil seine Existenz von ganz bestimmten, relativ eng begrenzten Rahmenbedingungen des Naturhaushalts der Erde abhängig ist.

Da die Wechselwirkungen zwischen den menschlichen Umweltzerstörungen und den naturräumlichen Dynamiken im Ökosystem Erde unüberschaubar groß sind, lässt sich selbst mit Hilfe der umfangreichsten Forschungsprojekte und der größten Computersimulationen nicht wirklich berechnen, ob der Mensch seine eigenen Lebensgrundlagen in Zukunft zerstört oder nicht und wann dies der Fall sein wird. Aber trotz dieser Unsicherheiten bestätigen alle bisher durchgeführten Analysen, dass die heutigen Umweltzerstörungen so nicht mehr lange weitergehen können, wenn der Mensch weiterhin dauerhaft auf der Erde leben will. Zu diesem Ergebnis kommen auch die Versuche, den Ressourcenverbrauch der Menschen mittels des «ökologischen Fußabdrucks» oder des «Erdüberlastungstags» zu berechnen, auch wenn so etwas angesichts der Komplexität des Themas eigentlich kaum möglich ist.[87]

Trotz dieser Warnungen gehen die alltäglichen Umweltzerstörungen ungebremst weiter. Deshalb kann man die aktuelle Situation folgendermaßen charakterisieren:

> Die Menschheit führt ein gigantisches Realexperiment mit der gesamten Erde durch, dessen Ausgang völlig ungewiss ist, und bei dem es keinen verantwortlichen Experimentator gibt, der das Experiment abbricht, wenn es problematisch wird.[88]

Damit befindet sich die menschliche Welt in einem sehr kritischen Zustand: Die aktuellen Umweltzerstörungen sind heute bereits so groß, dass in einem überschaubaren Zeitraum – wohl in den nächsten dreißig Jahren – die Existenz des Menschen auf der Erde in Frage stehen und ein großer Teil der Erde für den Menschen unbewohnbar sein dürfte.[89]

Zur Zukunft der modernen Welt

Fragen wir am Ende dieses Kapitels nach der Zukunft der modernen Welt. Diese Gesellschaften verzeichnen zwar sehr beeindruckende Erfolge – sehr großer materieller Reichtum, spektakuläre technische Entwicklungen, große persönliche Freiheiten –, aber diese Erfolge werden einerseits durch eine kurzfristige Vernutzung der wertvollen Energieressourcen der Erde und durch sehr hohe Umweltbelastungen ermöglicht, und sie werden andererseits durch problematische Arbeitsbedingungen in den Dienstleistungsstaaten, durch wirtschaftliche Ausbeutung der Dritten Welt und durch den Zerfall gemeinsamer Werte erzielt. Das bedeutet, dass eine dauerhafte Grundlage für diese Erfolge nicht gegeben ist:

Wirtschaft: Die konkreten Bedürfnisse der Menschen werden so lange dem abstrakten Ziel des Wirtschaftens, aus Geld mehr Geld zu machen, unterworfen, bis der konkrete Mensch verschwindet und die Wirtschaft zusammenbricht.

Gesellschaft: Der Zerfall der Gesellschaft in instabile Lebensstilgruppen und die stark zunehmenden sozialen Gegensätze zerstören die inhaltlichen Gemeinsamkeiten einer Gesellschaft. Dadurch wird die gemeinsame Lösung von auftretenden Problemen verhindert, was eine Gesellschaft zerbrechen lässt.

Individuum: Die einzelnen Menschen versuchen, durch Mehr-Haben, Mehr-Erleben und Mehr-Genießen so lange ihre persönlichen Möglichkeiten zu steigern und zu perfektionieren, bis sie zusammenbrechen, weil ihnen ihr Körper ihre Grenzen aufzeigt.

Raum: Die Perfektionierung der einzelnen Lebensfunktionen an unterschiedlichen Orten, die viel Flächen verbraucht und viel Verkehr erzeugt, macht die menschliche Lebenswelt kalt, steril und leblos.

Umwelt: Da das moderne Wirtschaften und Handeln keine Grenzen, auch nicht beim Umweltschutz, akzeptiert, zerstört es die Ökosysteme der Erde, von denen es lebt.

In keinem dieser Bereiche gibt es eine Stabilität; überall läuft eine Entwicklung ab, die aus sich selbst heraus zum Zusammenbruch führt. Diese bereits sehr problematische Situation wird noch dadurch zusätzlich zugespitzt, dass unsere arbeits- und funktionsteilig organisierte Welt in allen Bereichen sehr eng miteinander und mit der gesamten Welt vernetzt ist: Dadurch ist sie sehr störanfällig, und kleine Störungen an irgendeiner Stelle auf der Welt können schnell Kettenreaktionen hervorrufen, durch die große Teile von Wirtschaft und Gesellschaft zusammenbrechen.[90]

Deshalb ist die Gefahr ausgesprochen groß, dass aus einzelnen kleinen Problemen sehr schnell globale Probleme werden: Eine durch die Klimaerwärmung ausgelöste große Hungerkatastrophe kann zur Migration von Millionen von Menschen führen; dadurch werden zahlreiche Bürgerkriege und Kriege zwischen Staaten ausgelöst. Auf Grund innerer und äußerer Widersprüche können Gesellschaften darauf nicht mehr reagieren und werden handlungsunfähig, die Energieversorgung bricht zusammen, und das Wirtschaften gerät in eine tiefe Krise. Der Ausbruch der Corona-Pandemie im Dezember 2019 und der Beginn des Krieges Russlands gegen die Ukraine im Februar 2022 haben gezeigt, wie schnell lokale oder regionale Ereignisse die gesamte Welt in große Probleme stürzen können. Weil die gesamte Welt so instabil geworden ist, sind derzeit viele solcher Ereignisse – lokale Instabilitäten, die sich bis hin zu einem Atomwaffenkrieg aufschaukeln können – vorstellbar. Und die Auswirkungen solcher Ereignisse können große Teile der Welt noch schneller zerstören als reine Umweltkatastrophen.[91] Die modernen Gesellschaften dürften deshalb keine Zukunft haben.

Eine solche Prognose ist heute für viele Menschen erschreckend, weil sie meist der Meinung sind, dass unsere modernen Formen des Wirtschaftens und Lebens sehr viel sicherer als alle früheren Wirtschafts- und Lebensformen seien. Allerdings verdrängt man dabei die Tatsache, dass der Mensch durch seine Orientierung an den abstrakten Abstrakta eine Vielzahl von schwerwiegenden Problemen verursacht, die seine weitere Existenz auf der Erde in Frage stellen.

Sieht man sich an, wie stark der Mensch in der kurzen Zeit seit den 1950er Jahren – also seit der «großen Beschleunigung» – die Welt verändert hat, dann kann einem schwindlig werden: Indem er davon ausgeht, dass ihm die gesamte Welt unmittelbar zur Verfügung steht und er alle seine Möglichkeiten ins Unendliche perfektionieren kann, wird er zum Homo destructor, und er macht aus seiner lebendigen, vielfältigen und attraktiven Lebenswelt eine rein funktionale, sterile und lebensfeindliche Welt, die zugleich alle natürlichen Grundlagen ihrer Existenz zerstört.

Die Aussage, die für das klassische Athen gemacht wurde, gilt auch für unsere Gegenwart:[92] Der Fortschritt, der den Menschen durch die Orientierung an den abstrakten Abstrakta ermöglicht wurde, ist ein gewaltiges Strohfeuer, dessen schier unendliche Möglichkeiten sehr hoch auflodern, sich dann aber sehr schnell selbst verzehren und in sich zusammenfallen.

10.

Der Beitrag der Mensch-Umwelt-Geschichte zur aktuellen Umweltkrise

Zum Abschluss ist daran zu erinnern, dass diese Mensch-Umwelt-Geschichte keine wertneutrale Darstellung ist: Sie ging problemorientiert von den aktuellen Umweltproblemen aus, um durch eine Auseinandersetzung mit der Geschichte eine neue Sichtweise auf die aktuelle Umweltkrise zu entwickeln. Und diese ist jetzt Gegenstand des Abschlusskapitels.[1]

Zu Beginn werden die zentralen Erkenntnisse dieser Mensch-Umwelt-Geschichte zusammengefasst (10.1). Danach wird die Frage diskutiert, welche Lösungswege es für die aktuelle Umweltkrise geben könnte (10.2), welches die Leitideen sein sollten (10.3) und was dies für wichtige Bereiche bedeuten könnte (10.4).[2]

10.1 Zentrale Erkenntnisse aus der Geschichte

Die Erkenntnisse aus der Mensch-Umwelt-Geschichte lassen sich in insgesamt sechs Punkten zusammenfassen.

Umweltprobleme nicht von Wirtschaft und Leben trennen

Die erste und sehr eindrückliche Erkenntnis aus der Mensch-Umwelt-Geschichte ist es, dass Umweltprobleme keine isolierten, von den sonstigen Aktivitäten des Menschen zu trennenden Probleme sind, sondern dass sie ganz direkt mit seinen konkreten Wirtschafts- und Lebensformen zusammenhängen und sich in einer ganz bestimmten Gestaltung seines Lebensraums niederschlagen. Deshalb ist es nicht möglich, die aktuellen Umweltprobleme zu losen, ohne die Grundprinzipien der gegenwärtigen Wirtschaft, Gesellschaft und der Raumstruktur tiefgreifend zu verändern.

Zwei Epochen fast ohne Umweltzerstörungen

Die zweite und ebenfalls eindrückliche Erkenntnis ist es, dass es in der Geschichte der Menschheit gleich zwei Epochen gibt, in denen der Mensch seine Umwelt kaum zerstört, nämlich die Epoche der Jäger-und-Sammler-Gesellschaften und die der egalitären Bauerngesellschaften. Damit existiert kein ursprünglicher Naturzustand, der als Maßstab dienen könnte. Da sich beide Epochen in *allen* Bereichen – Wirtschafts- und Gesellschaftsform, Raum- und Naturbezug – fundamental voneinander unterscheiden, lässt sich daraus eine gewisse Hoffnung ableiten, dass es vielleicht auch eine dritte Lösungsmöglichkeit geben könnte.

Größere Möglichkeiten = größere Gefährdungen

Die dritte Erkenntnis ist weniger überraschend: Je mehr sich der Mensch über kulturelles Lernen weiterentwickelt und je mehr er die Erde ökologisch verändert, desto größer werden seine Möglichkeiten und zugleich seine Selbstgefährdungen. Bei den neuen Möglichkeiten geht es nicht nur um eine bessere Versorgung der Menschen mit Lebensmitteln, sondern auch um ein damit verbundenes Bevölkerungswachstum. Dieses trägt dazu bei, die zweite Natur des Menschen zu stärken und schließlich Arbeitsteilungen und Spezialisierungen zu ermöglichen, die erst ab einer bestimmten Bevölkerungsgröße Sinn machen. Diese zentralen Innovationen führen über die Erfindung von Schrift und Zahl zur Ausbildung von Literatur, Kunst und Wissenschaft, also zu geistigen Schöpfungen, die heute als «typisch menschlich» angesehen werden, die jedoch erst sehr spät in der menschlichen Geschichte entstehen.

Mit den vergrößerten Möglichkeiten wachsen jedoch gleichzeitig die Probleme: Jäger-und-Sammler-Gesellschaften sind die am wenigsten labilen Gesellschaftsformen der menschlichen Geschichte, während egalitäre Bauerngesellschaften bereits etwas labiler sind, weil sie immer wieder Phasen von Hungerkrisen durchlaufen. Stadtstaaten und Großreiche sind trotz ihrer großen kulturellen Fortschritte labil und brechen mit einer gewissen Regelhaftigkeit wieder zusammen. Da sie jedoch durch die egalitären Bauerngesellschaften wirtschaftlich, kulturell und ökologisch gestützt werden – das relativ stabile Land dient als Auffangstruktur für die instabile Stadt – und da die städtischen Errungenschaften unter anderem durch die Erfindung von Schrift und Zahl nicht verloren gehen, verschwinden die Hochkulturen nicht und existieren in sehr unterschiedlichen Ausprägungen fünftausend Jahre lang auf der Erde.

Erst die modernen Gesellschaften zerstören diese Auffangstrukturen. Da sie aus sich heraus sehr instabil sind, werden sie nicht lange existieren. Welche Konsequenzen ihr Zusammenbruch haben wird, ist heute noch nicht absehbar: Bedeutet ihr Zusammenbruch das Ende des menschlichen Lebens auf der Erde, oder bleiben dabei vielleicht irgendwo auf der Erde noch menschliche Gesellschaften erhalten, von denen eine völlig neue Entwicklung ausgehen könnte?

Kulturelle Selbstbegrenzung als Schlüsselerkenntnis

Die vierte Erkenntnis betrifft die Möglichkeiten des Menschen zur Selbstzerstörung. Der Mensch ist von der Natur im Rahmen der Evolution so gesetzt, dass er kein Ökosystem besitzt, an das er mit seinem Körper optimal angepasst wäre. Er muss sich daher seinen Lebensraum über kulturelles Lernen erst selbst erschließen oder erarbeiten. Daher hat er keine feste Mitte, also keine biologisch festgelegten und begrenzten Bedürfnisse, sondern er besitzt offene, unbegrenzte Bedürfnisse. Deshalb ist er in der Lage, seine Lebensgrundlagen, seine Umwelt und sich selbst durch seine Grenzenlosigkeit zu zerstören. Um dauerhaft leben zu können, muss sich der Mensch daher permanent selbst begrenzen.

Das Thema der Selbstbegrenzung hat sich als roter Faden durch diese gesamte Mensch-Umwelt-Geschichte gezogen. Immer wieder entwickeln menschliche Gesellschaften spezifische Normen und Werte, Selbst-, Natur- und Weltbilder sowie religiöse oder philosophische Vorstellungen, deren Ziel die Selbstbegrenzung ist. Am eindrucksvollsten ist dies bei Jäger-und-Sammler-Gesellschaften (Natur als «natürliche Ordnung») und bei egalitären Bauerngesellschaften (Reproduktion der Kulturlandschaft als «religiöses Bedürfnis») ausgeprägt. Aber diese Selbstbegrenzung ist selbst noch in der griechischen Antike (Orientierung am «richtigen Maß») deutlich zu spüren.

Die Menschen kennen die Gefahr ihrer eigenen Grenzenlosigkeit und begegnen ihr dadurch, dass sie gemeinsam feste, unangreifbare Normen und Werte ausbilden, die ihnen dauerhaft Orientierung und Halt geben. In der menschlichen Geschichte werden diese Normen und Werte anfangs – in den Jäger-und-Sammler-Gesellschaften – von der gesamten Gruppe entwickelt, gemeinsam gelebt und getragen. Dabei werden diese Werte von charismatischen Personen, die eine besonders große Überzeugungskraft besitzen, gestärkt und gestützt. In den Bauerngesellschaften werden diese Normen und Werte durch den Aufbau einschlägiger Sozialstrukturen – Selbstverwaltungsinstitutionen, die am langfristigen Gemeinwohl orientiert sind – zusätzlich gefestigt und abgesichert. Diese Absicherung dient dem Ziel, die Notwendigkeit der kulturellen Selbstbegrenzung im alltäglichen Denken und Handeln der einzelnen Menschen stets präsent zu halten. Damit soll verhindert werden, dass die Menschen den falschen Hoffnungen von kurzfristigen Vorteilen bei neuen Formen der Naturnutzung, den Verlockungen simpler Problemlösungen, den falschen Versprechungen von Glücksrittern und Spekulanten auf schnelle Erfolge oder ihren eigenen Größenphantasien – kurz: der scheinbaren Leichtigkeit von Unmittelbarkeiten – Vertrauen schenken.

Mit der Entstehung der Hochkulturen und ihren ausgeprägten Herrschaftsstrukturen entwickelt sich eine Doppelstruktur der Herrschaft: Diese dient einerseits der Durchsetzung der politischen, wirtschaftlichen und militärischen Ziele des Gottkönigs; andererseits garantiert der Gottkönig persönlich – als Fortsetzung der traditionellen Gemeinwohlstrukturen – die Ordnung der Welt, die darauf bezogenen Normen und Werte und die damit verbundene kulturelle Selbstbegrenzung. Während der erste Teil der Herrschaft dadurch gesichert wird, dass der Gottkönig seine Gefolgsleute an seinem Reichtum beteiligt und durch Gewalt zum Gehorsam zwingt, gründet der zweite Teil der Herrschaft auf der religiösen Akzeptanz des Gottkönigs als Repräsentant der Ordnung der Welt durch die breite Bevölkerung.

Diese Doppelstruktur der Herrschaft erhält sich bis in die europäische Neuzeit. Die Industriestaaten sind die ersten Staaten der Geschichte, die die kulturelle Selbstbegrenzung aufheben und durch die abstrakten Werte der Aufklärung ein unendliches Wachstum ermöglichen. Allerdings sorgt die «negative Einheit» der Gegensätze in den Industriegesellschaften dafür, dass Normen und Werte noch nicht beliebig werden. Erst die Dienstleistungsgesellschaften heben die Begrenzungen auf. Die Idee der kulturellen Selbstbegrenzung gilt nun als überholt, weil sie dem Wesen des Menschen und des Marktes widersprechen würde.

Verantwortung für menschlich veränderte Natur

Die fünfte Erkenntnis hängt eng mit der vierten Erkenntnis zusammen: Der Mensch muss sich nicht nur selbst begrenzen, sondern er muss auch für die von ihm genutzte und veränderte Natur Verantwortung übernehmen. Dies ist am deutlichsten bei den egalitären Bauerngesellschaften zu erkennen, aber sie zieht sich durch die gesamte Geschichte hindurch, bis sie dann im Europa der Neuzeit negiert wird. Das bedeutet: Der Mensch kann die Natur nie «einfach so», also ganz direkt und unmittelbar nutzen, sondern er muss bei seiner Naturnutzung stets die zukünftige Naturentwicklung antizipieren und einbeziehen, also eine vermittelte Naturnutzung aufbauen.

Beginn der globalen Umweltzerstörung erst nach 1950

Die sechste Erkenntnis ist vielleicht etwas überraschend: Obwohl es schon sehr lange Umweltprobleme gibt – schon bei Jäger-und-Sammler-Gesellschaften sind sie keineswegs auszuschließen – und obwohl sie mit der Entstehung der Stadt erstmals einen systematischen, zielgerichteten Charakter annehmen, so beginnen sie doch erst ab den 1950er Jahren für die gesamte Menschheit eine selbstzerstörerische Dimension anzunehmen. Damit ist der Kern der aktuellen Umweltprobleme eigentlich ziemlich jung, und dies könnte vielleicht die Lösung der aktuelle Umweltkrise erleichtern.

Die zentrale Erkenntnis aus der Geschichte ist also, dass die aktuelle Umweltkrise sehr komplexe Ursachen hat: Konkrete Umweltschutzmaßnahmen allein greifen viel zu kurz, weil sie als nachsorgende Maßnahmen die vielfältigen Ursachen der Umweltzerstörung nicht beseitigen. Deshalb braucht es neue Formen des Wirtschaftens und (Zusammen-)Lebens sowie ein neues Selbst-, Natur- und Weltverständnis des Menschen, um seinen Naturumgang in allen Bereichen auf eine neue und dauerhafte Grundlage zu stellen.

10.2 Lösung der Umweltkrise via Transformation, Revolution oder gar nicht?

Wenn zur Lösung der Umweltkrise fundamentale Veränderungen von Wirtschaft und Gesellschaft erforderlich sind, dann gibt es seit langem eine Diskussion darüber, ob solche Veränderungen über eine allmähliche Transformation oder besser über eine plötzliche Revolution zu erreichen seien.

Allmähliche Transformationen

Heute sprechen alle Politiker und die meisten Experten davon, dass eine solch tiefgreifende Veränderung nur mittels einer langsamen Transformation umzusetzen sei, um die damit verbundenen negativen Auswirkungen so gering wie möglich zu halten. Aber die Veränderungen, die derzeit so massiv öffentlich propagiert und mit Begriffen wie Nachhaltigkeit, Klimaverträglichkeit oder Umweltverträglichkeit benannt werden, sind keine wirklich tiefgreifenden Veränderungen: Sie setzen an einigen relevanten Problempunkten an, die mittels eines nachsorgenden Umweltschutzes die Umwelt in Zukunft weniger stark belasten sollen. Aber da zugleich die Ursachen der Umweltzerstörungen – die Behandlung der Natur als Material und die Steigerungsdynamiken von Wirtschaft und Gesellschaft als Grundpfeiler modernen Lebens – nicht in Frage gestellt werden, laufen diese Maßnahmen letztlich ins Leere und lassen diese Transformation scheitern.

Eine andere Form der Transformation wird heute immer wieder von einigen Umwelt-Initiativen und Aktivisten vorgeschlagen: Würden alle Menschen eines Staates ihr Kaufverhalten ändern und konsequent umweltverträgliche Produkte kaufen, dann könnte man dadurch erreichen, dass die Wirtschaft umweltverträglich produziert. Diese populäre Position enthält jedoch drei ungelöste Probleme: Für eine gezielte Änderung des Kaufverhaltens von sehr vielen Menschen bräuchte es gemeinsame Werte, die es aber in den Dienstleistungsgesellschaften nicht gibt; durch einen Druck von Seiten der Nachfrage kann die Wirtschaft zwar bestimmte Produkte, nicht aber ihre Grundlagen (Gewinn und unendliches Wachstum) verändern; und der Versuch der Problemlösung in einem einzigen Staat läuft auf Grund der starken globalen Vernetzungen ins Leere.

Vielversprechender sind da die Ansätze von Personen, Familien, Gruppen und Initiativen, die aus Unzufriedenheit mit den modernen Lebensformen auf eine umweltverträgliche Weise zu wirtschaften und zu leben beginnen, die sich selbst versorgen und wechselseitig Produkte und Dienstleistungen austauschen, die reparieren, statt neu zu kaufen, die umweltverträglich mobil sind und genossenschaftliche Formen des Zusammenlebens ausprobieren. Heute gibt es in Stadt und Land sehr viele solcher Ansätze, die aber alle damit zu kämpfen haben, dass die heutigen Rahmenbedingungen stets nur Wachstum fördern, wodurch diese Versuche immer wieder blockiert und entmutigt werden. Im Grunde sind es die gleichen Faktoren wie beim vorigen Punkt (Konsum, Markt, Macht), die es verhindern, dass aus diesen Ansätzen wirklich tiefgreifende Veränderungen erwachsen.

Eine erfolgreiche Transformation zur Lösung der Umweltkrise müsste bei allen Konsumenten der gesamten Welt, bei allen Volkswirtschaften, bei allen internationalen Wirtschaftsorganisationen sowie bei allen Staaten der Welt gleichzeitig ansetzen. Dies ist jedoch nicht denkbar, da es in allen Bereichen jeweils heftige Konkurrenzen und Konflikte untereinander gibt, die ein gemeinsames globales Handeln zur Lösung der gemeinsamen Probleme verunmöglichen. Und da die Lösung der Umweltprobleme mit Kosten verbunden ist, die das Wirtschaften verteuern und den Lebensstandard erniedrigen, hätten diejenigen Staaten, Volkswirtschaften und Bürger einen unmittelbaren Vorteil, die sich daran *nicht* beteiligen. In einer Welt, die durch individuellen Konsum, wirtschaftliche Konkurrenz und heftige Machtkämpfe zwischen Staaten geprägt ist, hat eine langsame Transformation zur Lösung der Umweltkrise keine Chance, weil die gemeinsame Grundlage fehlt, genauer, weil der moralische Appell an die Vernunft, also an die gemeinsamen Umweltinteressen der Menschheit gegenüber den unmittelbaren und partikularen Interessen von Konsum, Konkurrenz und Macht viel zu schwach ist.

Plötzliche Revolutionen

Wenn also eine langsame Transformation keine Chance besitzt, dann fragt es sich, ob eine Revolution ein geeignetes Mittel wäre, um die Umweltkrise zu lösen. Auch wenn viele Revolutionen eine länger andauernde Transformation einleiten, so besteht ihr zentrales Merkmal im gewaltsamen Sturz der traditionellen Machthaber. In Bezug auf die Umweltkrise wird immer wieder davon gesprochen, dass es eine Revolution oder eine Öko-Diktatur brauche, um die bestehenden wirtschaftlichen (Privateigentum an den Produktionsmitteln) und politischen Strukturen (Kampf der Staaten untereinander um Einfluss und Macht) gewaltsam zu zerschlagen und um die herrschenden Politiker, die in der Regel eng mit der Wirtschaft verflochten sind, zu entmachten, weil die Bereiche Wirtschaft und Politik nicht auf Einsicht und Vernunft, sondern auf Geld und Macht beruhen.

Hier stellt sich jedoch sofort die Frage, wer diese Revolution durchführen sollte? Für die Vorbereitung einer solchen Revolution bräuchte es eine breite außerparlamentarische Bewegung, die sich für die Lösung der Umweltkrise engagiert. Eine solche Bewegung ist aber derzeit bestenfalls in Ansätzen zu sehen, und es ist auch nicht zu erwarten, dass sie in absehbarer Zeit stark werden könnte.

Darüber hinaus besteht bei Revolutionen das Problem, dass sich die neuen Machthaber von der Bewegung, die sie an die Macht gebracht hat, nach einiger Zeit distanzieren, und dass sie dann ihre eigenen Interessen, nämlich die Sicherung und den Ausbau ihrer neuen Macht, verfolgen. Die europäische Geschichte des 20. Jahrhunderts liefert dafür vielfältiges Anschauungsmaterial. Auf diese Weise aber rückt das Ziel der Bewegung – die Lösung der Umweltkrise – allmählich in den Hintergrund, und es dient letztlich nur noch der moralischen Legitimation der neuen Herrschaft.

Teilzusammenbrüche der menschlichen Welt als Eröffnung von Freiräumen

Wenn man weiß, dass die aktuelle Umweltkrise eine sehr große Herausforderung darstellt, und wenn man berücksichtigt, dass weder eine Transformation noch eine Revolution geeignet ist, um sie zu lösen, dann scheinen nur noch Verzweiflung und Resignation übrig zu bleiben.

Es gibt aber vielleicht doch noch eine andere Möglichkeit: In absehbarer Zeit dürfte unsere heutige Welt nicht mehr weiter wie bisher funktionieren, weil Umweltprobleme und menschliche Konflikte das alltägliche Leben und Wirtschaften und die globalen Verflechtungen von Wirtschaft, Informationen und Freizeitverkehr tiefgreifend beeinträchtigen werden. Es ist heute völlig unklar, welche Folgen daraus erwachsen werden. Aber es wäre denkbar, dass es dabei nicht – wie viele glauben – zum großen Totalzusammenbruch der gesamten menschlichen Welt kommt, sondern dass es stattdessen viele eher kleinere und regional begrenzte Zusammenbrüche gibt, bei denen jeweils nur Teile der menschlichen Welt betroffen sind.

Bei solchen Teilzusammenbrüchen werden wohl alle Pfeiler der modernen Welt – Geld, Markt, Staat, Recht, Macht, Globalisierung – stark geschwächt. Gleichzeitig werden die betroffenen Menschen zum Teil auf Elemente der vormodernen Welt – Selbstversorgung statt Markt, Tausch statt Geld, Familie und Nachbarschaft statt Staat – zurückgeworfen. In solchen Krisensituationen funktioniert die Welt nicht mehr richtig nach den modernen Prinzipien; diese verlieren ihre Selbstverständlichkeit und ihre Macht, während ansatzweise wieder eine vormoderne Welt sichtbar wird. In einer solchen Situation könnte ein gewisser Freiraum für ganz neue Entwicklungen entstehen, indem sich Menschen wieder an die Erfahrungen der alten Generation aus der vormodernen Zeit erinnern (die ja gar nicht so lange zurückliegen[3]) und alternative Gruppen ihre vielfältigen Erfahrungen mit einem umweltverträglichen Wirtschaften und Leben einbringen. Auf diese Weise könnte die Schwäche der modernen Welt einen Freiraum eröffnen, um gemeinsam Wege zu öffnen, wie der Mensch in Zukunft mit Natur und Umwelt wieder pfleglich umgehen und seine eigene Zukunft dauerhaft sichern könnte.

Damit ein solcher Freiraum, der sich eventuell im Rahmen von Teilzusammenbrüchen öffnet, auch wirklich für den Aufbau einer neuen umweltverträglichen Entwicklung genutzt werden kann, müssten die Leitideen dafür bereits vorher durchdacht, diskutiert und erprobt worden sein und auch eine gewisse Verbreitung erfahren haben. Denn in der krisenhaften Situation eines Zusammenbruchs werden die Menschen durch zahlreiche Sachzwänge bestimmt und müssen oft schnelle Entscheidungen treffen, so dass die Zeit zum Nachdenken begrenzt ist. Sind die zentralen Leitideen jedoch bereits vorher erprobt, dann können sie in solchen Situationen gut umgesetzt werden, weil die Krisen Freiräume eröffnen, die zuvor undenkbar waren.

Auf diese Weise scheint die Selbstzerstörung des Menschen als Homo destructor nicht ein unausweichliches Schicksal zu sein, dem er hilflos ausgeliefert ist. Sondern es gibt eine gewisse Hoffnung, dass sich im Rahmen der menschlichen Selbstzerstörung neue, zuvor undenkbare Möglichkeiten eröffnen könnten, die eine menschliche Zukunft sichtbar werden lassen, in der der Mensch die Natur wieder nutzt, ohne sie zu zerstören.

10.3 Leitideen für einen neuen Umgang mit Natur und Umwelt

Da völlig unklar ist, auf welche Art und Weise unsere moderne Welt durch Teilzusammenbrüche geprägt werden wird, kann es in diesem Abschnitt nicht um eine systematische Problemlösung gehen[4] – dies würde auch den Rahmen einer Mensch-Umwelt-Geschichte sprengen –, sondern es können lediglich «Leitideen», also einige grundlegende Überlegungen für einen neuen Umgang mit Natur und Umwelt, vorgestellt und diskutiert werden.[5]

Keine Patentrezepte

Heute gelten nur solche Leitideen als relevant, die «immer und überall» gelten, die also von Raum und Zeit abstrahieren und die eine Lösungsidee entwickeln, die alle Bereiche einer Thematik vollständig abdeckt, die einer systematischen Logik folgt und die für jeden nur denkbaren Einzelfall anwendbar ist. Dies entspricht der Logik der abstrakten Abstrakta, die davon ausgeht, dass das zu lösende Problem vollständig und restlos bekannt ist, dass es allein zweckrational zu lösen ist und dass auch die Lösungsvorschläge dem Problem vollständig gerecht werden, so dass kein Rest übrig bleibt.

Eine solche Problemlösung ist zwar im Computer und in der virtuellen Welt, nicht jedoch in der «schmutzigen» Realität umsetzbar. Hier ist ein Problem niemals vollständig zu überblicken. Bei jedem Lösungsvorschlag werden noch nachträglich Aspekte sichtbar, die das Ergebnis verändern und die man eigentlich bereits zu Beginn hätte kennen sollen. Weil die Erde ein komplexes System aus zahllosen naturräumlichen und menschlichen Dynamiken darstellt, ist es in seiner Gesamtheit vom Menschen nie zu überblicken, zu verstehen und zu berechnen. Deshalb müssen alle systematisch-vollständigen Lösungsversuche der Umweltkrise – vereinfacht gesagt: alle immer und überall anwendbaren Patentrezepte – ins Leere laufen.

Weder Technokratie noch Ökoromantik

Heute werden immer wieder zwei radikale Lösungen der Umweltkrise diskutiert, und diese wurden zu Beginn dieses Buches bereits kurz erwähnt:

Alternative 1 bezieht sich positiv auf die moderne Entwicklung und führt sie in erweiterter und radikalisierter Form fort, indem alle Umweltprobleme durch den Einsatz von noch mehr, noch größerer und völlig neuer Technik gelöst werden sollen (technokratische Fortschrittsperspektive). Ein charakteristisches Beispiel dafür ist das sogenannte «Geo-Engineering», das vor allem gegen die Klimaerwärmung eingesetzt werden soll; dieses birgt jedoch sehr große Gefahren, weil die Auswirkungen dieser Eingriffe in die globalen Ökosysteme der Erde viel zu wenig bekannt sind.[6] Genauso problematisch ist es, wenn die Probleme, die durch das Artensterben ausgelöst werden, mittels Gentechnik gelöst werden sollen. Grundsätzlich zielen diese technischen Lösungen von Umweltproblemen – wenn sie konsequent zu Ende gedacht werden – auch auf die technische Verbesserung des Menschen, weil der Mensch von einem rationalen Standpunkt aus gesehen noch viel Verbesserungspotenzial besitzt. Damit wäre man bei der Position der Trans- oder Posthumanisten angelangt.[7] Es ist in dieser Mensch-Umwelt-Geschichte an verschiedenen Stellen deutlich geworden, dass das Menschen- und Weltbild der Transhumanisten ein realitätsfernes Wunschbild ist. Nicht nur, dass es die Umweltkrise nicht löst, sondern es verschärft sie sogar noch zusätzlich auf dramatische Weise.

Alternative 2 lehnt die gesamte moderne Entwicklung ab und will zu einem ursprünglichen Naturzustand des Menschen – also zu einem Zustand, in dem die Natur dem Menschen Grenzen setzt – zurückkehren, indem der Mensch seine viel zu weit entwickelten Bedürfnisse zurücknimmt, also auf sie verzichtet und Natur wieder Natur sein lässt (ökoromantische Rückschrittperspektive). Die Mensch-Umwelt-Geschichte hat jedoch gezeigt, dass es einen ursprünglichen Naturzustand des Menschen nie gab und dass diese Idee auf die europäische Romantik – sowohl auf das Idealbild von Rousseau als auch auf Natur als «schöne Landschaft» – zurückgeht, also auf eine Fiktion, die als Gegenposition zur totalen Naturvernutzung entworfen wurde. Deshalb sind mit einer solchen Perspektive die heutigen Umweltprobleme nicht einmal ansatzweise zu lösen.

Keine neue Aufklärung

Was bleibt noch an Lösungsstrategien übrig? Seit kurzem ist die Idee einer «neuen Aufklärung» im Gespräch, deren Ziel es ist, mit einem «frischen Denken» die globale Umweltkrise zu lösen, indem eine «Balance zwischen Mensch und Natur, Staat und Markt, Kurzfrist und Langfrist, Leistungsanreiz und Gerechtigkeit, Herz und Verstand» entwickelt wird.[8]

Ich selbst bin solchen Ansätzen gegenüber sehr skeptisch, weil man mit den Leitideen der Aufklärung die aktuelle Umweltkrise nicht lösen kann. Dafür gibt es vier Gründe:

1. Die Aufklärung geht von universalistischen Prinzipien aus, die immer und überall gelten, und das aufklärerische Denken besteht darin, alle Einzelfälle einem Prinzip unterzuordnen (wodurch der Einzelfall entwertet und standardisiert wird).
2. Die Aufklärung geht davon aus, dass der Mensch als Individuum allein nach vernünftigen Prinzipien zweckrational handelt, und sie übersieht dabei, dass der Mensch als Körperwesen auch Gefühle, Bedürfnisse und Interessen hat, die weit über seine Vernunft hinausreichen.
3. Die Aufklärung steht der Wirtschaft und der Politik hilflos gegenüber, weil beide Bereiche zwar auch zweckrational und logisch, aber nach anderen Prinzipien (Gewinn und Macht) als nach denen der Vernunft funktionieren.

4. Die Aufklärung behandelt die Natur als einen rationalen, berechen- und beherrschbaren Kräftezusammenhang, und sie entwickelt einen Gegensatz zwischen menschlichen Handlungen (Freiheit) und naturräumlichen Dynamiken (Notwendigkeit).

Diese vier Gründe verunmöglichen es, dass man mit einer neuen Aufklärung die aktuelle Umweltkrise lösen kann. Stattdessen bin ich davon überzeugt, dass man die Dominanz der abstrakten Abstrakta vollständig in Frage stellen muss, um die aktuelle Umweltkrise zu lösen. Es bedeutet, dass man *vor* die Aufklärung – und damit zu den zentralen Umwelterfahrungen der vormodernen Gesellschaften – zurückgehen muss, um einen Ausgangspunkt für einen neuen Naturumgang zu finden.

Natürlich kann man nicht zur vormodernen Welt im materiellen Sinn zurückkehren; die gebauten Infrastrukturen, die veränderten Ökosysteme, die Zahl der Menschen auf der Erde, die gesellschaftlichen, wirtschaftlichen und politischen Strukturen und auch die gegenwärtigen Verhaltensweisen der Menschen machen dies unmöglich. Aber ein gedanklicher Ausgangspunkt *vor* der Aufklärung, also die Infragestellung der abstrakten Abstrakta, könnte einen Neuanfang ermöglichen, der den Umwelterfahrungen der vormodernen Welt auf eine völlig neue Weise und in einem neuen gesellschaftlichen und wirtschaftlichen Rahmen eine Zukunft ermöglicht.

An dieser Stelle ist darauf hinzuweisen, dass die vormoderne Welt in den Dienstleistungsstaaten bis in die 1950er und 1960er Jahre hinein und in den Staaten der Dritten Welt bis vor kurzem überall im Alltag noch sehr präsent war. Deshalb bedeutet ein Rückgriff auf die vormoderne Welt keinen Rückgriff auf ein fernes Mittelalter, sondern auf Erfahrungen, die noch heute bekannt sind.

Rückkehr zur vormodernen Welt?

Eine solche Position gilt heute als problematisch, weil sie als eine konservative oder gar reaktionäre Position wahrgenommen wird: Wenn man die gedanklichen Grundlagen der Aufklärung negiert, heißt es, würde man die Selbständigkeit des Menschen negieren, und man würde den Menschen den falschen Autoritäten eines Gottes, eines Kaisers, eines Staates oder der Natur unterwerfen, kurz gesagt, seine Abhängigkeit und Unmündigkeit zementieren. In diesem Urteil sind drei normative Wertungen enthalten, die sehr problematisch sind.

Erstens: Die Erfahrungen der Jäger-, Sammler- und Bauerngesellschaften haben gezeigt, dass sich diese Menschen sehr aktiv für ihre Selbständigkeit engagieren und teilweise sogar die Ausbildung von Herrschaftsstrukturen verhindern können. Hinzu kommt, dass der europäische Kommunalismus eine wichtige Voraussetzung für die Aufklärung ist. Die Behauptung, die Emanzipation des Menschen beginne erst mit der Aufklärung, ist eindeutig falsch.

Zweitens: In allen traditionellen Gesellschaften steht jeweils die Gruppe über dem einzelnen Menschen, denn ein einzelner Mensch ist allein nicht lebensfähig, er braucht die Gruppe zum (Über-)Leben. Die Aufklärung interpretiert diese Beziehung fälschlicherweise als Abhängigkeit und Unterdrückung des Individuums durch die Gruppe. Demgegenüber stehen viele Berichte von Ethnologen, die die Vielfalt der Persönlichkeiten und die großen Handlungsspielräume beschreiben, die Menschen in traditionellen Gesellschaften besitzen.[9] Indem die Aufklärung den Menschen aus seinen sozialen Bezügen reißt, schwächt sie seine Menschlichkeit.

Drittens: Alle heutigen liberalen und linken Denkrichtungen haben ihre Wurzel in der Aufklärung, und sie lehnen die Unterwerfung des Menschen unter ein anderes Prinzip als das der menschlichen Selbstbestimmung ab, weil dies die Autonomie des Menschen gefährde. Zu diesen anderen Prinzipien zählt auch die Natur, der sich der aufgeklärte Mensch nicht unterwerfen will, weil in ihr lediglich bestimmte menschliche Interessen verborgen sind.[10] Lediglich rechte oder konservative Denkrichtungen sehen in der Unterwerfung unter die Natur etwas Positives, aber es geht ihnen dabei weniger um die Natur als vielmehr um die Unterwerfung unter eine absolute Autorität. Die «klassische» Unterscheidung zwischen rechts und links läuft beim Thema Umwelt und Natur ins Leere.

Diese drei Punkte machen deutlich, dass eine Position, die die Grundlagen der Aufklärung in Frage stellt, nicht automatisch eine Position sein muss, die den Menschen einer vorgegebenen Autorität unterwirft.[11]

Darwin – Marx – Freud

In diesem Sinne beziehe ich mich positiv auf die drei großen nachaufklärerischen Denker Charles Darwin, Karl Marx und Sigmund Freud, deren Werke eine vertiefte Sichtweise auf den Menschen und seinen Weltbezug ermöglichen.[12] Aber dieser Bezug ist nur möglich, wenn man diese drei Denker gegen die Aufklärung interpretiert.

Die Evolutionstheorie von Charles Darwin stellt kein Instrument dar, mit dem man die Natur besser beherrschen und nutzen kann, sondern sie entwirft in erster Linie ein Naturbild, bei dem die menschliche Entwicklung für die Natur selbst keinen Stellenwert besitzt.

Die Kritik der politischen Ökonomie von Karl Marx zeigt die Eigenlogik der Wirtschaft auf, die sich jeder Aufklärungsvernunft entzieht und die deutlich macht, dass es ganz andere Maßnahmen als «die Vernunft» braucht, um die Wirtschaft umweltverträglich zu gestalten.

Die Psychoanalyse von Sigmund Freud schließlich gibt Einblick in die emotionale Grundlegung des Menschen, die sich der Vernunft sperrt, die aber die Motivation vieler Handlungen verstehbar werden lässt; dadurch wird der Mensch als ein Wesen sichtbar, dessen Bedürfnisse weit über zweckrationale und «vernünftige» Zielsetzungen hinausgehen.

Diese drei Denker sind für einen Neuansatz, der vor die Aufklärung zurückgeht, von großer Bedeutung.

Jetzt können vier zentrale Leitideen für einen neuen Umgang mit Natur und Umwelt skizziert werden.

Aktivität statt Anpassung

Heute ist sehr oft die Rede von einer Anpassung des Menschen an die Klimaerwärmung. Immer wieder wird behauptet, dass der Mensch in der Epoche der Moderne geglaubt habe, die Welt beherrschen zu können und dass er jetzt angesichts der Umweltkrise sehen müsse, dass es nicht mehr um Herrschaft, sondern um Unterwerfung unter die Natur gehe und er sich deshalb der Natur anpassen müsse. Das Leitmotiv unserer Gesellschaft sei daher nicht mehr Selbstentfaltung und Selbstoptimierung des Menschen, sondern Anpassung und Selbsterhaltung.[13]

Wenn man sich daran erinnert, dass der Mensch im Rahmen der Evolution von der Natur so gesetzt wurde, dass er mit seinem Körper an kein Ökosystem angepasst ist, dann läuft die Idee der Anpassung ins Leere. Der Mensch muss aktiv werden, um Natur überhaupt nutzen zu können, und er muss ebenfalls aktiv werden, um durch seine Naturnutzung die Natur nicht zu zerstören. Dies gilt nicht nur für die Frühzeit des Menschen, sondern erst recht in der heutigen Umweltkrise. Der Gegensatz zur Herrschaft über die Natur ist nicht Unterwerfung oder Anpassung, sondern der verantwortungsvolle Umgang mit ihr. Daher kann der Mensch die Umweltkrise nur bewältigen, wenn er aktiv mit dieser Herausforderung umgeht, viele Veränderungen realisiert und relevante Innovationen entwickelt: Aktivität statt Anpassung ist gefordert.

Der Einzelfall und nicht das Prinzip als Grundlage

Unsere heutige Welt ist so stark vom Denken in universalistischen Prinzipien geprägt, dass wir uns ein anderes vernünftiges Weltverständnis gar nicht vorstellen können.

Das bekannteste Beispiel eines universalistischen Prinzips sind die Naturgesetze, die immer und überall gelten: Man versteht ein konkretes Naturphänomen nur dann, wenn man versteht, welche Naturgesetze hier wirksam sind, wenn also das Naturphänomen (der Einzelfall) den wirkenden Naturgesetzen (Prinzipien) zu- und untergeordnet werden kann. Dieses Vorgehen geht davon aus, dass die gesamte Erde und die gesamte Natur so logisch und vernünftig strukturiert sind, dass die allgemeinen Naturgesetze alle Naturphänomene der Erde restlos erklären können. Aber so einfach ist es nicht.

Zwar gelten auf der Erde grundsätzlich die Naturgesetze, aber diese allein können einen Einzelfall – die konkreten naturräumlichen Eigenschaften, die an einem Ort herrschen und die für die menschliche Nutzung von zentraler Bedeutung sind – nie restlos oder vollständig erklären: Die Erde besitzt auf Grund ihrer Entstehung – zufällige Verteilung der Landmassen und der Meere, komplexe Prozesse der Gebirgsbildung und -abtragung, die ein chaotisches Relief erzeugen, Modifikation der Luftmassen und der Niederschläge durch Relief und Land-Meer-Verteilung, Zufälligkeiten bei Bodenbildung und Vegetationsentwicklung und so weiter – fast überall eine sehr kleinräumige und vielfältige Landoberfläche, bei der die einzelnen abiotischen und biotischen Faktoren jeweils auf eine sehr spezifische Weise zusammenwirken. Deshalb kann die Kenntnis der naturräumlichen Eigenschaften nie aus allgemeinen Prinzipien und Gesetzen allein abgeleitet werden. Vielmehr bedarf es jeweils genauer Einzeluntersuchungen (oder eines langen Erfahrungswissens), um die konkreten Eigenschaften – also die orts- oder lokalspezifischen Modifikationen der allgemeinen Prinzipien – zu erfassen.[14]

Diese Erfahrung besitzt eine grundsätzliche Bedeutung: Die Natur ist über allgemeine Naturgesetze immer nur vorläufig und begrenzt zu erkennen; ihre übergroße Komplexität macht eine Gesamterkenntnis für den Menschen, der ja zum Teil selbst Natur ist, unmöglich. Deshalb kann der Mensch die Natur immer nur in kleinen Ausschnitten und immer nur auf eine vorläufige Weise begreifen (im wörtlichen Sinne: mit den Händen berühren) und verstehen.[15]

Die bäuerliche Naturnutzung und die vormodernen Hochkulturen hatten diesem vorläufigen Naturverständnis Rechnung getragen. Die moderne Naturnutzung geht dagegen davon aus, dass sie die Natur vollständig kennt, und sie gestaltet ihre Nutzung entsprechend, was zwangsläufig zu Umweltzerstörungen führt. Zur Lösung der Umweltkrise braucht es eine Vorstellung von Natur, die von einer übergroßen Komplexität der Natur ausgeht.[16] Anstelle von Prinzipien und Standardlösungen wählt sie genaue Einzelfall-Analysen und Einzelfall-Lösungen als Grundlage für einen verantwortungsvollen Naturumgang aus.

Das «richtige Maß» als Leitidee der Selbstbegrenzung

Ein zentrales Ergebnis dieser Mensch-Umwelt-Geschichte ist die Notwendigkeit der kulturellen Selbstbegrenzung. Die achsenzeitlichen Kulturen haben zu diesem Zweck die Idee des «richtigen Maßes» entwickelt und dadurch «dem Menschen eine Orientierung gegeben, die das Handeln gegen die von innen wie von außen andrängenden Lockungen der Maßlosigkeit bewahrt».[17]

Das richtige Maß verhindert das grenzenlose Wachstum nicht einfach wie frühere Gesellschaften mit festen, starren Grenzen: denn solche Grenzen (egal, wo sie jeweils konkret liegen) werden nach einiger Zeit stets als überholt und einengend wahrgenommen. Vielmehr fragt es nach der richtigen Mitte zwischen einem Zuviel und einem Zuwenig. Nicht die Steigerung des Wachstums an sich, sondern nur die richtige Mitte ist sinnvoll. Diese richtige Mitte, das richtige Maß ist aber kein fester, vorab definierter Zustand, sondern je nach Situation immer wieder neu zu diskutieren und zu definieren.

Auf diese Weise ist die Idee des richtigen Maßes oder der Mäßigung keine Vorgabe, der sich der Mensch anpassen oder unterordnen müsste, sondern eine, die ihn zur Aktivität motiviert und bei der er «das Heft des Handelns in der Hand behält»: «Die Mäßigung ist eine Form der Zurückhaltung, die nicht aus dem Verzicht kommt, sondern aus dem Vertrauen in die Ordnung der Dinge und in die eigene Handlungsfähigkeit.»[18]

Reproduktion der menschlich veränderten Natur

Als Leitidee für einen neuen Umgang mit Natur und Umwelt können wir diejenige der bäuerlichen Gesellschaften nehmen, nämlich die ökologische Reproduktion der Kulturlandschaft.[19] Diese Leitidee geht davon aus, dass der Mensch für die gesamte von ihm genutzte und veränderte Natur verantwortlich ist. Deshalb muss er sein gesamtes Wirtschaften und Handeln von vornherein – und nicht bloß am Ende – und langfristig daran ausrichten, dass die von ihm genutzte und veränderte Natur ökologisch stabil und vielfältig bleibt.

Diese Leitidee ist sehr sinnvoll, um auch die heutigen Umweltprobleme zu bewältigen: Während Bauerngesellschaften bei ihrem vorsorgenden Handeln «lediglich» die von ihnen genutzten und veränderten Kulturlandschaften im Blick haben, müssen moderne Gesellschaften auch die von ihnen verursachten indirekten und vermittelten Veränderungen in der Lufthülle der Erde, in Grundwasser, Boden, Vegetation und Tierwelt sowie in den Seen und Meeren der Erde berücksichtigen. Eine solche Aufgabe mag auf den ersten Blick als unlösbar erscheinen; aber wenn man veranschlagt, dass dies Bauerngesellschaften mit ihren im Vergleich zu heute einfachen Mitteln gelungen ist, dann erscheint die aktuelle Herausforderung nicht mehr ganz so unlösbar zu sein.[20]

Mit den heutigen Grundlagen des Wirtschaftens und Handelns ist ein vorsorgender Umweltschutz nicht umzusetzen. Dies verhindern die Steigerungsdynamiken in allen Bereichen, die Eigendynamiken von Wirtschaft und Politik und die fehlende gesellschaftliche Gesamtverantwortung. Daher braucht es nicht nur neue Grundlagen für Wirtschaft und Gesellschaft, sondern auch einen neuen Umgang des Menschen mit sich selbst, mit der Welt und mit der Natur. Für diesen Umgang können uns die Erfahrungen der traditionellen Bauerngesellschaften – Vorsicht, Zurückhaltung, Risikominimierung, Langfristigkeit – wichtige Hinweise geben, selbst wenn wir dies heute nicht mehr einfach wiederholen können, sondern auf neue Weise selbst entwickeln müssen.

10.4 Perspektiven für eine menschliche Welt ohne Umweltzerstörungen

Damit besser nachvollziehbar wird, was diese vier Leitideen inhaltlich bedeuten, werden sie jetzt zum Schluss in Hinblick auf die zentralen Schlüsselbegriffe dieser Mensch-Umwelt-Geschichte etwas weiter konkretisiert. Dabei können jedoch keine Umsetzungsschritte angesprochen werden.

Wirtschaft als Versorgung der Menschen mit lebensnotwendigen Gütern

Wenn die Wirtschaft die Natur und den Menschen nicht zerstören soll, dann muss sie ihren Selbstzweckcharakter verlieren, durch den sie sich gegenüber allem natürlichen und menschlichen Leben verselbständigt hat. Dieser Selbstzweckcharakter hängt am Geld, besser: an der Eigendynamik des Geldes. Auch wenn es nicht sinnvoll ist, das Geld abzuschaffen, so lässt sich die Eigendynamik des Geldes dadurch unterbinden, dass man den Gebrauchswert des Geldes – das Geld als Tauschmittel auf dem Markt – nutzt, aber seinen Tauschwert – das Geld selbst als Ware, um aus Geld mehr Geld zu machen – radikal einschränkt und limitiert (vom einfachen Kredit bis hin zum Finanzmarkt). Dies hätte gleichzeitig zur Folge, dass das permanente Wirtschaftswachstum stark reduziert oder ganz verunmöglicht würde.[21]

Damit würde an die Stelle der Geldvermehrung als Ziel des Wirtschaftens wieder die Versorgung der Menschen mit lebensnotwendigen

Gütern treten, so wie es lange Zeit der Fall gewesen ist. Ein solches Wirtschaften muss keineswegs eine reine Natural- oder Autarkiewirtschaft ohne Überschüsse sein (bei einer solchen Wirtschaftsform könnte es keine Städte und damit auch keine Hochkulturen geben), sondern kann durchaus mit Überschüssen und mit funktionalen und räumlichen Arbeitsteilungen und Spezialisierungen verbunden sein. Dafür benötigt man Geld als Tauschmittel; die Eigendynamik des Geldes gilt es hingegen sehr bewusst zu begrenzen. Vorbild für ein solches Wirtschaften ist die marktoffene Selbstversorgerwirtschaft, wie sie aus dem mittelalterlichen und frühneuzeitlichen Europa, aber auch aus Hochkulturen anderer Kontinente bekannt ist.[22] Eine solche Wirtschaftsform ist mehr als reine Ökonomie, nämlich eine ganz bestimmte Lebensform, weil dabei das Leben mit all seinen Bedürfnissen an der ersten Stelle steht.[23]

«Die oberste Richtlinie [einer solchen Wirtschaft] ist der haushälterische Umgang mit knappen Gütern. ... Es geht also nicht um eine Maximierung, sondern um eine Optimierung der Nutzung unter Einbezug der Zukunft.»[24]

Energie als wertvolle und teure Ressource

Mit der Industriellen Transformation und der umfangreichen Nutzung der fossilen Energieressourcen der Erde ist zuerst in der Wirtschaft, später auch in der gesamten Gesellschaft ein sehr hoher Energieverbrauch völlig selbstverständlich geworden.

Grundsätzlich ist dieser Energieverbrauch so riesig, dass er auf Dauer nicht aufrechterhalten werden kann, ohne die Erde als globales Ökosystem zu schädigen; diese Aussage gilt auch für die regenerativen Energien, deren Nutzung viel Raum benötigt, was zu Flächennutzungskonkurrenzen mit anderen Nutzungen führt. Deshalb müssen Wirtschaft und Gesellschaft in Zukunft mit sehr viel weniger Energie als heute auskommen, und Energie wird auch deutlich teurer werden.

Dies wird weitreichende Auswirkungen auf die Wirtschaft und das Alltagsleben haben. Denn die sehr billige Energie sorgt heute in Verbindung mit moderner Technik dafür, dass menschliche Arbeit sehr häufig von Maschinen erledigt wird, wodurch der Mensch immer mehr aus Teilen der Wirtschaft verdrängt wird. Wird jedoch Energie deutlich teurer, dann wird menschliche Arbeit in Relation dazu wieder sehr viel günstiger, was dazu führen dürfte, dass menschliche Handarbeit einen großen Aufschwung erlebt. Aus Sicht des Menschen, bei dem die Handarbeit in seinem Weltbezug auf Grund der engen Hand-Gehirn-Interaktion eine herausgehobene Rolle spielt, ist diese Entwicklung positiv: Der Mensch erlebt die Widerständigkeit der Natur wieder direkter, und die technischen Zwischenstufen, die dem Menschen fälschlicherweise einen unmittelbaren Naturbezug suggerieren, werden weniger.[25]

Gesellschaft mit kultureller Selbstbegrenzung

Zentrale Aufgabe einer Gesellschaft, die sich nicht selbst zerstört, ist der Neuaufbau einer kulturellen Selbstbegrenzung, die auf allen gesellschaftlichen Ebenen umgesetzt werden muss. Die Selbstbegrenzung betrifft einerseits die Wirtschaft, also die Beschränkung des Geldes auf seine Funktion als Gebrauchswert, und andererseits die Bedürfnisse der Menschen, also die Abkehr von permanenten Bedürfnissteigerungen. Die gemeinsamen gesellschaftlichen Werte und Normen müssen so stark ausgeprägt sein, dass dies gelingt.

Die neuen verbindlichen Werte und Normen gehen davon aus, dass grenzenlose individuelle Freiheiten kein Fortschritt, sondern selbstzerstörerisch sind und dass der Mensch seine Bedürfnisse nur befriedigen kann, wenn er sie nicht immer weiter steigert, sondern selbst begrenzt: Selbstbegrenzung nicht als Verzicht auf unendliche Möglichkeiten, sondern als zentrale Voraussetzung wirklicher Bedürfnisbefriedigungen.

In der langen Geschichte der vormodernen Welten gibt es viele Beispiele dafür, wie solche Werte erfolgreich ganze Gesellschaften geprägt haben. Dies beginnt bei Erzählungen, Mythen, Sagen und Märchen, die die negativen Seiten von Grenzenlosigkeit und Maßlosigkeit aufzeigen, setzt sich fort in umfangreichen Regelwerken mit schriftlich fixierten Normen und Werten und findet seinen Hohepunkt in den achsenzeitlichen Religionen und der griechischen Philosophie.

Damit solche Normen und Werte die Steigerungsdynamik unterbinden und der Selbstbegrenzung Geltung verschaffen können, müssen sie verbindlich sein. Das bedeutet, dass die einzelnen Mitglieder einer Gesellschaft sie als ihre persönlichen Werte ansehen und dass die Gesellschaft Verstöße dagegen sanktioniert, weil andernfalls die Selbstbegrenzung nicht realisiert werden kann.[26]

Individuum als Teil der Gesellschaft

Das gesamte Verhalten des Menschen ist heute durch den Gedanken geprägt, dass alles möglichst schnell, einfach, billig und bequem gehen müsse und dass die reale Welt den individuellen Absichten und Zielsetzungen möglichst wenig Widerstand entgegensetzen solle. Dieser Anspruch, dass die gesamte Welt dem Einzelnen in Form einer Ware unmittelbar zur Verfügung steht, ist die Ursache vieler Umweltbelastungen.[27] Nimmt der Mensch jedoch seine Position in der Natur realitätsnah wahr, dann erlebt er es als positiv, wenn er mit seinem Handeln die Widerständigkeiten der Natur überwinden kann, ohne sie zu zerstören, und wenn er innerhalb der großen Produktivität der Natur seine eigene Produktivität entfalten kann.

Analoges gilt auch für die Bedürfnisbefriedigung: Erst wenn der Einzelne spürt, dass die permanenten Bedürfnissteigerungen die Befriedigung seiner wichtigsten Bedürfnisse verhindern, erlebt er, dass seine wichtigsten Bedürfnisse wenig mit materiellen Dingen zu tun haben. Diese Erfahrungen führen dazu, dass Menschen die Begrenzung der Bedürfnissteigerungen nicht als Verzicht, sondern als Bereicherung erleben.

Ähnlich verhält es sich mit der Freiheit: Eine Gesellschaft ohne Umweltzerstörungen bindet den einzelnen Menschen wieder stärker in die gemeinschaftlichen Aufgaben ein als heutige Gesellschaften. Ein Individuum, das zu einer Gruppe gehört, die ihn auch in Not- und Unglücksfällen vorbehaltlos unterstützt, kann mit seiner Gruppe zusammen Dinge realisieren, die ihm allein unmöglich wären. Solche Erfahrungen geben dem Leben viel mehr Sinn als die zahllosen Kaufhandlungen, mit denen ein Individuum heute seine soziale Isolation zu kompensieren versucht.

Raum als multifunktionaler Beziehungsraum

Die heutige Lebenswelt des Menschen ist eine zweckrational-optimierte, sterile Siedlungs- und Freiraumstruktur, die durch monofunktionale Nutzungen und viel Verkehr geprägt ist und die dem Menschen fremd ist. Jäger-/Sammler- und Bauerngesellschaften haben gezeigt, dass ein umweltverträgliches Wirtschaften und Leben auch damit zusammenhängt, dass sich die Menschen in der von ihnen genutzten Natur und Landschaft wiedererkennen, sich mit ihr identifizieren und für ihre Qualität Verantwortung übernehmen. Dies ist auch für eine zukünftige Gesellschaft ohne Umweltzerstörungen von großer Bedeutung.

Dies bedeutet, dass die beziehungs- und gesichtslose Struktur der Zwischenstadt wieder aufgelöst werden muss: Die verdichteten Teile der Zwischenstadt müssen weiter verdichtet werden und einen städtischen Charakter erhalten, die gering verdichteten Teile der Zwischenstadt müssen wieder aufgelockerter werden und einen ländlichen Charakter erhalten. Diejenigen Teile der städtischen und ländlichen Räume, die durch Funktionstrennungen und Spezialisierungen bereits Zwischenstadtstrukturen entwickelt haben, müssen zu multifunktionalen ländlichen und städtischen Räumen zurückgebaut werden. Grundsätzlich müssen die städtischen Räume wieder städtischer und die ländlichen Räume wieder ländlicher werden, indem ihre unterschiedlich ausgeprägten Multifunktionalitäten wieder gestärkt werden.[28]

Da Energie in Zukunft sehr viel teurer werden wird, wird sich auch der Verkehr stark verteuern. Das wird die Ausbildung der neuen Siedlungs- und Raumstrukturen stark unterstützen. Zugleich wird dadurch der ländliche Raum wieder aufgewertet, weil zahlreiche Ressourcen, die heute aus Kostengründen (auch wegen des billigen Verkehrs) ungenutzt sind, neu genutzt werden und weil Land- und Forstwirtschaft wieder sehr viel arbeitsintensiver als heute produzieren werden.

Mit diesen räumlichen Veränderungen verbessern sich die Voraussetzungen, dass sich die Menschen mit ihrer städtischen oder ländlichen Lebenswelt wieder auf neue Weise identifizieren und für ihren Zustand Verantwortung übernehmen können.

Staaten ohne Herrschaftsansprüche

Da die wirtschaftlich-politischen Konkurrenzen um Macht und Herrschaft zwischen Staaten, Staatengruppen und Staatenblöcken nicht nur sehr viel Leid über die Menschen bringen, sondern auch – wie der aktuelle Krieg Russlands gegen die Ukraine zeigt – die Umweltsituation der Erde zusätzlich schwer belasten, stellt sich die Frage, ob es in der Geschichte jemals Staatsstrukturen gegeben hat, bei denen Macht und Herrschaft nicht im Zentrum gestanden haben.

Diese problematische Situation zwischen Staaten gibt es seit Entstehung der Staaten in der Zeit um 3000 v. Chr., genauer gesagt: seit der Entstehung von zentralistisch und hierarchisch strukturierten Staaten mit einem absoluten Herrscher an der Spitze.

Im Schatten der Geschichte gibt es im Rahmen von egalitären Bauerngesellschaften jedoch die oft übersehenen «Bauernrepubliken», also dezentrale Staatsgebilde ohne Alleinherrscher.[29] Diese stellen den Versuch dar, die im Rahmen eines Dorfes entwickelten egalitären oder genossenschaftlichen Selbstverwaltungsstrukturen auf ein größeres Territorium zu übertragen, um sich besser gegen die Übergriffe eines Zentralstaates zur Wehr setzen zu können. Ein solcher Staat, der keine Zentralmacht und eine föderale Selbstverwaltungsstruktur besitzt, tritt nach außen hin nicht aggressiv auf und besitzt auch kein Interesse an einer Vergrößerung seines Gebietes oder an der Vergrößerung seiner politischen Macht. Allerdings besitzen solche Staatsgebilde meist kein langes Leben, weil sie sich gegen wirtschaftlich und militärisch starke Staaten auf die Dauer nicht behaupten können.

Wenn es in Zukunft darum geht, Machtkämpfe zwischen Staaten aus humanitären und ökologischen Gründen zu verhindern, dann könnten diese Bauernrepubliken eine wichtige Inspirationsquelle werden, auch weil die Erinnerung an sie noch nicht vollständig verblasst ist.[30] Zumal dezentral geprägte Perioden in der Geschichte der Menschheit – Jäger und Sammler, Bauern, griechische Antike, europäisches Mittelalter – immer wieder innovationsfördernd sind, während zentralistisch geprägte Perioden das bestehende Wissen oft monopolisieren, verwalten und ersticken.

Ausblick: Der Mensch als Homo destructor?

Die Ausführungen dieses Abschnitts haben gezeigt, wie man sich auf der Grundlage einer genaueren Kenntnis der Mensch-Umwelt-Geschichte morgen oder übermorgen vielleicht eine Gesellschaft ohne Umweltzerstörungen vorstellen könnte.

Das größte Hindernis zur Lösung der Umweltkrise dürften jedoch nicht die Größe der ökologischen Probleme, die starken, verfestigten Strukturen von Wirtschaft, Gesellschaft und Politik oder die überkomplexen Vernetzungen von Umwelt-Wirtschaft-Gesellschaft sein, sondern das größte Hindernis dürfte der Mensch selbst sein: Die moderne Welt mit ihren scheinbar unendlichen Möglichkeiten bietet dem Wesen ohne feste Mitte eine ideale Projektionsfläche, um alle Begrenzungen und Sachzwänge der Erde und des eigenen Körpers zu vergessen, eine grenzenlose Überheblichkeit zu entwickeln und sich schließlich als allmächtiger Gott zu fühlen. Ein solch grenzenloser und überheblicher Mensch ist ein Homo destructor, der sich selbst und seine Welt zerstört. Statt des Wahlspruchs der Aufklärung, «Sapere aude – Habe Mut, dich deines eigenen [grenzenlosen] Verstandes zu bedienen», wäre ein anderer Wahlspruch viel angemessener: «Habe Mut, deine eigenen Grenzenlosigkeiten in Frage zu stellen und dich auf das richtige Maß zwischen einem Zuviel und einem Zuwenig zu konzentrieren.»[31]

Wenn der Mensch lernt, dass diese Orientierung keinen Verzicht und keine Unterwerfung bedeutet, sondern ihm als einem körperlichen und begrenzten Wesen die volle Ausschöpfung seiner Möglichkeiten auf der Erde erlaubt, dann wird aus dem Homo destructor wieder ein Mensch, der die Natur verändert, ohne sie zu zerstören.

Anmerkungen

Abkürzungen, die in den Anmerkungen verwendet werden:
FAZ: Frankfurter Allgemeine Zeitung
NZZ: Neue Zürcher Zeitung
SZ: Süddeutsche Zeitung

1. Eine vernetzte Gesamtperspektive

1 Am radikalsten wird die technokratische Position von den sogenannten «Transhumanisten» vertreten. Diese wollen den Menschen und die gesamte menschliche Welt von allen biologischen Zwängen (der Umwelt und des eigenen Körpers) befreien; siehe Kurzweil 1999 und 2005 und Schroer 2022, S. 226 ff. Zur «Harmonie» von Natur und Mensch siehe Abschnitte 1.3, 8.5 und 10.3.

2 Mit der «interessengeleiteten Perspektive» beziehe ich mich auf die Position der Kritischen Theorie (Habermas 1968). Meine wissenschaftstheoretischen Grundlagen stelle ich im Verlauf des 1. Kapitels dar.

3 Ein anschauliches Beispiel dafür ist die sehr breit angelegte *Geschichte der Menschheit vor der Erfindung der Schrift* (Parzinger 2014), die unzählige Daten, Informationen und Forschungsergebnisse ohne eine Leitidee zusammenstellt. Ulf von Rauchhaupt spricht in seiner Rezension in der FAZ vom 04.10.2014 daher zu Recht von «Theorieverweigerung». Ganz ähnlich ist die umfangreiche Klima- und Umweltgeschichte von Peter Frankopan (2023) konzipiert.

4 Schrödinger 1944, S. 29–30 (Vorwort). Auch Renn (2020, S. 9) verwendet dieses Zitat. Mit «Tatsachen und Theorien» bezieht sich Schrödinger auf Kants «Kritik der reinen Vernunft»: «Gedanken ohne Inhalt sind leer, Anschauungen ohne Begriffe sind blind.» Weder mit reiner Theorie (leer und inhaltslos), noch mit reiner Empirie (Man sieht den Wald vor lauter Bäumen nicht) kann der Mensch die Welt verstehen. Deshalb muss er stets Theorie und Empirie miteinander verknüpfen, um sich in der Welt zu orientieren und zu handeln.

5 Ich bin grundsätzlich der Meinung, dass es keine wirkliche Objektivität in Bezug auf die menschliche Wahrnehmung der Welt gibt und dass auch die Wissenschaften nicht objektiv oder neutral sein können, weil der Mensch seine Welt stets intentional oder interessengeleitet wahrnimmt (siehe dazu *Erkenntnis und Interesse*, Habermas 1968). Deshalb besteht das Wissenschaftliche an der Wissenschaft darin, die eigenen normativen Implikationen zu erkennen, zu reflektieren und offenzulegen, damit das Vorgehen für Dritte nachvollziehbar

und intersubjektiv – und nicht objektiv – überprüfbar wird. Zu meiner wissenschaftstheoretischen Position siehe Bätzing 2000.

6 Die ersten Elemente für eine Mensch-Umwelt-Geschichte entwickelte ich im Rahmen der Vorlesung *Einführung in die Kulturgeographie*, die ich vom Wintersemester 1988/89 bis zum WS 1994/95 am Geographischen Institut der Universität Bern abhielt. Am Institut für Geographie der Universität Erlangen-Nürnberg entwickelte ich daraus die Vorlesung *Die Mensch-Umwelt-Geschichte von der Entstehung des Homo sapiens bis zur Postmoderne* (WS 1997/98 bis WS 2012/13). In diesen Vorlesungen, die immer wieder verändert und in Teilen neu konzipiert wurden, erarbeitete ich die Grundargumentation dieser Darstellung.

7 Eine Bilanz meiner Alpenforschungen findet sich in Bätzing 2015. Meine auf der Makroebene durchgeführten empirischen Arbeiten umfassen die Alpengebiete von acht europäischen Staaten mit sehr unterschiedlicher Kultur, Politik und Geschichte; meine empirischen Arbeiten auf der Mikroebene führte ich sowohl in der Region Piemont (Italien) als auch im Land Salzburg (Österreich) durch, und sie beziehen sich auf die Epoche der Bauern-, der Industrie- und der Dienstleistungsgesellschaft. Damit umfassen diese Arbeiten eine erhebliche Breite (relevante Teile von Europa) und eine erhebliche zeitliche Tiefe (es fehlt lediglich die empirische Auseinandersetzung mit Jäger-und-Sammler-Gesellschaften, die es in den Alpen schon sehr lange nicht mehr gibt).

8 Die Auseinandersetzung mit Natur- und Technikphilosophien und mit der Mensch-Natur-Beziehung bildete für mich einen Schwerpunkt im Rahmen meines Studiums der Evangelischen Theologie und der Philosophie (1968–1974), so dass mir bei der Entstehung der Umweltbewegung deren Grundsatzprobleme bereits sehr vertraut waren. Diese philosophischen Auseinandersetzungen führe ich bis heute weiter; siehe dazu Bätzing 1990 und 2000.

9 An dieser Stelle sei darauf hingewiesen, dass dieser Entwurf in einer fast unüberschaubar gewordenen Welt wichtige Zusammenhänge herausarbeitet, um die Welt besser zu verstehen. Der hier vorgelegte Entwurf entwirft «Orientierungswissen» im Sinne von Jürgen Mittelstraß, der zwischen «Verfügungswissen» (*positives Wissen um Ursachen, Wirkungen und Mittel*) und «Orientierungswissen» (*regulatives Wissen um begründete Ziele und Zwecke*) unterscheidet (Mittelstraß 1998, S. 131).

10 Ursprünglich war die Theologie die «Königin der Wissenschaften», weil sie alle Einzelwissenschaften in sich vereinigte; mit der Aufklärung trat die Philosophie an diese Stelle, die sie jedoch nur gut hundert Jahre ausfüllen konnte, bis die wachsende Fächervielfalt jeden Gedanken an eine inhaltliche Synthese aller Fächer verunmöglichte.

11 Siehe dazu Radkau 2011, S. 124 ff., und Kupper 2021, S. 171 ff. Ich selbst habe diese Umweltbewegung damals aktiv miterlebt.

12 Siehe Teherani-Krönner 1992, Hermann/Glaeser/Potthast 2021, Becker/Jahn 2006 und Balsiger et al. 1996. Ich bin seit Jahrzehnten Mitglied der *Deutschen Gesellschaft für Humanökologie* und verfolgt diese Bemühungen aus der Nähe.

13 Nur in den USA wurde bereits 1977 die *American Society for Environmental*

History gegründet, während das europäische Gegenstück erst 1999 entstand (Winiwarter/Knoll 2007, S. 33).

14 Zur «cultural ecology» (Kulturökologie) siehe Bargatzky 1986, S. 27 ff., Glaeser/Teherani-Krönner 1992 und Casimir 1993.

15 Uekötter 2021, S. 18–19, Ehlers 2008, S. 13 f.; allgemein dazu: Antweiler 2022.

16 Als exemplarische Beispiele siehe Bardi 2020 und Hanusch/Leggewie/Meyer 2021, Teil III (mit einem Überblick über die aktuellen Diskussionen). Während Naturwissenschaftler lange Zeit die Begriffe «Katastrophe», «Kollaps» oder «Auslöschung der Menschheit» nicht verwendeten, weil solche Aussagen wissenschaftlich nicht seriös seien, so ändert sich dies erstmals um die Mitte des Jahres 2022; siehe dazu Joachim Müller-Jung: *Wo bitte geht es zum Abgrund?* In: FAZ vom 17.08.2022, S. 9; Felix E. Müller: *Überall ist Weltuntergang. Wie ist das apokalyptische Denken zu erklären, das heute Politik und Kultur beherrscht?* In: NZZ vom 18.11.2022, S. 9; Marc Tribelhorn: *Apocalypse now?* In: NZZ vom 03.12.2022, S. 15.

17 Uekötter 2010, S. 1.

18 Dazu nur fünf Beispiele: Im Jahr 2020 wurde an der Universität Gießen das *Panel on Planetary Thinking* und an der Universität Heidelberg das *Käte Hamburger Center for Apocalyptic and Post-Apocalyptic Studies* gegründet; die Leibniz-Gemeinschaft gründete 2021 das Forschungsnetzwerk *Integrierte Erdsystemforschung*, die Max-Planck-Gesellschaft 2022 in Jena das *Max-Planck-Institut für Geoanthropologie*, und die Leopoldina, die Nationale Akademie der Wissenschaften, engagiert sich seit 2022 für die Transformation der Geowissenschaften zu einer interdisziplinären *Erdsystemwissenschaft* (unter Einbezug des Menschen). Siehe dazu Antweiler 2022 und Renn 2020.

19 Diese Position prägt viele Schulbücher und viele traditionelle Mensch-Umwelt-Darstellungen, und die Autoren verweisen dabei oft auf die Denker der Aufklärung und auf Philosophen wie Kant, Hegel oder Schelling, um ihre Sichtweise zu begründen.

20 Dieses Zitat ist der Buchtitel von Braitenberg/Hosp 1996; siehe dazu Schmidt 1987. Kritisch dazu Evelyn Hanzig-Bätzing in Hanzig-Bätzing/Bätzing 2005, S. 141–161.

21 Zur Umweltbewegung der 1970er Jahre siehe Joachim Radkau 2000, S. 328 ff. Charakteristisch für die aktuelle Diskussion, die von der Natur her zu denken versucht, ist die Position von Dipesh Chakrabarty 2021, der fordert, der Mensch müsse in geologischen Zeiträumen denken lernen, also in Zeiträumen, die sich den menschlichen Erfahrungsmöglichkeiten entziehen. Jürgen Osterhammel bezeichnet diese Position in seiner Rezension zu Recht als «posthumanistisch» (SZ vom 03.06.2022).

22 Das Zitat ist die Überschrift von Teil I des Buches von Diamond 1991. Die Verbindung zwischen Umweltbewegung und Evolutionstheorie wird von mir aus inhaltlich naheliegenden Gründen hergestellt, dürfte aber von Vertretern beider Seiten meist abgelehnt werden.

23 Junker 2006, S. 7.

24 Eine klassische soziobiologische Darstellung präsentiert Wilson 1978. Der

Autor relativiert aber später seine radikale soziobiologische Perspektive etwas (Wilson 2012, S. 360).

25 Diamond 1991, Kapitel 9.

26 Zum Possibilismus siehe Bargatzky 1986, S. 24 ff.

27 Siehe Bargatzky 1986, S. 27.

28 Negativistische oder negativitätstheoretische Ansätze stellen eine Minderheitsposition in der Philosophie des 20. Jahrhunderts dar. Bekannte Vertreter sind Theodor W. Adorno, Jean-Paul Sartre oder Michael Theunissen. Einen negativitätstheoretischen Ansatz vertritt auch Evelyn Hanzig-Bätzing (1996 und 2005), von der ich sehr viel für die theoretische Grundlegung meines eigenen Ansatzes gelernt habe.

29 Bei diesem Naturverständnis beziehe ich mich auf den Philosophen Martin Heidegger (Heidegger 1954 und 1962). Zu diesen Grundsatzfragen siehe auch Groh 1996 sowie die Unterscheidung zwischen Gehirn und Computer am Ende von Abschnitt 2.5. Immer wieder werden Versuche vorgelegt, die behaupten, dass der Mensch endlich wieder von der Natur her denken müsse, um die Umweltprobleme zu lösen (zuletzt Chakrabarty 2021), aber ich bin der Meinung, dass diese Versuche letztlich selbstwidersprüchlich werden.

30 Zentrale Vertreter der Philosophischen Anthropologie sind die Philosophen Max Scheler (1928), Helmuth Plessner (1928 und 1961), Arnold Gehlen (1940) und der Biologe Adolf Portmann (1956 und 1970). Zu dieser Denkrichtung siehe Fischer 2008 und 2016 und Raulet 2020, zur Konzeption als «negative Anthropologie» siehe Bajohr/Edinger 2021. Diese Denkrichtung, die auf innovative Weise Philosophie und Naturwissenschaften miteinander verband, galt lange Zeit als überholt, erlebt aber seit den 2000er Jahren auf Grund ihrer dialektischen Konzeption und ihrer Offenheit für natur- und humanwissenschaftliche Ansätze eine neue Aktualität.

31 «Exzentrische Positionalität», «utopischer Standort», «natürliche Künstlichkeit» und «vermittelte Unmittelbarkeit» sind Schlüsselbegriffe bei Plessner 1928, 7. Kapitel.

32 So Plessner zu Beginn seiner Vorlesung, wobei er sich explizit auf Max Scheler bezieht (Plessner 1961, S. 9).

33 Siehe Bätzing 2021a, Honneth/Christ 2022 und Raulet 2020.

34 Dies ist die Leitidee und die Aufgabe der traditionellen Geographie, die das Fach bis zum Kieler Geographentag 1969 bzw. bis weit in die 1980er Jahre hinein prägte. In der aktuellen Geographie besitzt dagegen die verbindende Klammer zwischen Physischer Geographie und Anthropogeographie eine immer geringere Bedeutung. Daher besteht die Gefahr, dass sich die einzelnen Teilgebiete der Geographie so stark spezialisieren, dass die Geographie als Fach auseinanderfällt und verschwindet. In meinen eigenen empirischen Arbeiten (Bätzing 2015 und 2020) war und ist mir diese Leitidee der traditionellen Geographie stets sehr wichtig, auch wenn ich sie nicht auf die traditionelle Weise umsetze (siehe dazu Bätzing 2021a). Das bedeutet, dass ich bei der zentralen Herausforderung jeder Mensch-Umwelt-Geschichte, nämlich der Verbindung von naturwissenschaftlichen und geisteswissenschaftlichen Denkansätzen und Methoden, zwischen denen eine sehr tiefe Kluft besteht («zwei

Kulturen», siehe Radkau 2011, S. 22), über jahrzehntelange eigene empirische und wissenschaftstheoretische Erfahrungen verfüge.

35 Bätzing 1991. Dieses Verständnis von Geographie ist sehr weit vom heute populären Verständnis der Geographie entfernt, bei dem «Geographie» nur noch bedeutet, dass bestimmte Sachverhalte direkt von der Lage, der Erreichbarkeit oder der Natur eines Ortes oder einer Region abhängig gemacht werden.

36 Bobek 1959, Ehlers 2008, Hambloch 1983 sowie viele andere. Es ist sehr bedauerlich, dass bei den neuen interdisziplinären Ansätzen, mit denen die Wissenschaften auf die neue Herausforderung des Anthropozäns zu reagieren versuchen (siehe Abschnitt 1.2), die Erfahrungen der traditionellen Geographie keine Rolle mehr spielen. Dies gilt auch für die aktuellen Ansätze innerhalb des Faches Soziologie, mit der Entwicklung einer «Geosoziologie» die Soziologie um den Bereich der «Erde» zu erweitern (Bammé 2016, Schroer 2022).

37 Lübbe 1986, S. 12.

38 Harari 2016, S. 9–10 und 37.

39 Hands 2015, S. 798 – dies ist der programmatische Schlusssatz des Buches.

40 In diese Richtung geht Hands 2015, wenn er auf S. 733 Julian Huxley (1959) zitiert: *Im modernen wissenschaftlichen Menschen gewann die Evolution letztlich ein Bewusstsein ihrer Selbst.*

41 Harari 2016, S. 38. Siehe dazu Sarah Spiekermann *Fragwürdig frei* in: SZ vom 12.11.2022, Seite 21. In die gleiche Richtung zielen die «Transhumanisten», die den Menschen nur als Informationsverarbeitungssystem sehen und ihn von seiner Körperlichkeit «befreien» wollen (Kurzweil 1999 und 2005, Schroer 2022, S. 226 ff.).

42 Headrick 2020, S. 44 und 10.

43 Koestler 1978, Buchtitel und S. 121.

44 Lesch/Kamphausen 2018, S. 112. Ganz ähnlich Krause/Trappe 2021, S. 291: … *tief verwurzelte Abneigung, sich natürlichen Beschränkungen zu unterwerfen.*

45 Headrick 2020, S. 22, und Krause/Trappe 2021, S. 129.

46 Es fällt auf, dass die meisten Autoren, die diese Denkfigur vertreten, ganz am Schluss doch noch eine positive Zukunftsmöglichkeit skizzieren (Headrick 2020, S. 513 ff., Lesch/Kamphausen 2018, S. 455 ff., Krause/Trappe 2021, S. 295 ff.), die eigentlich in Widerspruch zu ihren vorhergehenden Aussagen steht.

47 Diamond 1997, S. 91 ff., Müri 2021. Die Begriffe «Neolithische Revolution» und «Urbane Revolution» wurden vom marxistischen Archäologen Vere Gordon Childe in Analogie zur «Industriellen Revolution geprägt (Childe 1936).

48 Hughes 2009 spricht von *the great divorce of culture and nature* (S. 30) im Gegensatz zur *primal harmony* der Jäger-und-Sammler-Gesellschaften und der auf Selbstversorgung ausgerichteten Bauerngesellschaften (S. 12).

49 Sieferle 1997, Finke 2022.

50 Dies trifft nicht nur für die «normale» Wirtschafts- und Technikgeschichte zu, sondern auch für die Ausbildung von Herrschaft und Macht, die ebenfalls häufig als selbstverständlich angesehen wird; siehe dazu Graeber/Wengrow 2021.

51 Gläser 2011, S. 66, 76 und 110.

52 Siehe dazu Uekötter 2010. Mit «Wendepunkt» ist keine Wende zum Besseren oder Schlechteren gemeint, sondern nur eine tiefgreifende Veränderung; dieser Begriff wird also explizit neutral und nicht wertend gebraucht. Zur Gliederung allgemein siehe Kupper 2021, S. 28 ff.

53 Diese Gliederung («Dreiperiodensystem») stammt vom dänischen Altertumsforscher Christian J. Thomsen (1788–1865).

54 Da die Begriffe «Neolithische Revolution» und «Urbane Revolution» in Analogie zur «Industriellen Revolution» geprägt wurden und keine kurzfristigen Ereignisse, sondern längerfristige Übergänge sind, gebrauche ich dafür den Begriff «Transformation» statt «Revolution», wobei ich Thomas Bargatzky folge (Bargatzky 1997, S. 152).

55 Bobek 1959.

56 Fels 1954, S. 228. Er gliedert in: Naturlandschaft – Kulturlandschaft – Wirtschaftslandschaft.

57 Sieferle (1997) unterscheidet drei Energiesysteme: 1. Das unmodifizierte Solarenergiesystem der Jäger und Sammler. 2. Das kontrollierte Solarenergiesystem der Bauerngesellschaften. 3. Die Nutzung fossiler Energiequellen seit der Industriellen Revolution. Der Geschichtswissenschaftler Rolf Peter Sieferle (1949–2016) hat zahlreiche relevante und sehr anregende Publikationen zur Mensch-Umwelt-Geschichte publiziert. Da ich in diesem Buch an verschiedenen Stellen positiv auf ihn Bezug nehme, möchte ich betonen, dass ich mich von seinen rechtsradikalen Gedanken, die er plötzlich in seinen letzten Lebensjahren entwickelte und die er selbst nicht veröffentlichte, voll und ganz distanziere.

58 Plessner 1928, Kapitel 7.

59 Da sich das Fach Geschichte auf schriftlich überlieferte Quellen stützt, beginnt die Darstellung der Geschichte im Rahmen der Geschichtswissenschaften mit den ersten schriftlichen Dokumenten, also mit dem Beginn der Hochkulturen um 3000 v. Chr. Die davor liegenden (schriftlosen) Zeiten werden von Archäologie, Ethnologie und anderen Wissenschaften aufgearbeitet.

60 Auf die einzelnen Wissenschaften, auf die in den einzelnen Kapiteln jeweils Bezug genommen wird, wird innerhalb dieser Kapitel verwiesen.

61 Siehe Bätzing 2015, S. 436 und Bätzing 2000.

2. Die Entstehung des Menschen im Rahmen der Evolution

1 Die ersten vier Angaben stammen von Reichholf 2003, S. 51 ff., die übrigen von Schenk 2019, S. 27–33.

2 Da die wissenschaftlichen bzw. lateinischen Namen leicht zu verwechseln sind und den meisten Lesern wohl nicht bekannt sind, werden sie im Text nicht verwendet. Menschenaffen = Hominoidea; Große Menschenaffen = Hominidae; Menschenaffen ohne Orang-Utan = Hominiae; Pan und Homo (incl. Vorfahren) = Hominini; siehe Pievani/Zeitoun 2019, S. 26–27.

3 Reichholf 1990, S. 53.

4 Als Beispiel für viele andere: Pievani/Zeitoun 2019, S. 26.

5 Morris 1967.

6 So der Titel eines US-Films aus dem Jahr 1990.
7 Diamond 1991.
8 Junker 2006, S. 10.
9 Schaik/Isler 2010, Dunbar 2010, Junker 2006, S. 24.
10 Reichholf 2003, Martin 2010, S. 81 ff.
11 Leroi-Gourhan 1964/65, S. 36.
12 Aus diesem Grund verzichte ich darauf, die einzelnen Gattungen und Arten näher zu beschreiben.
13 Pievani/Zeitoun 2019, S. 91–93.
14 Foley 1995, S. 54 und 35.
15 Junker 2006, S. 26.
16 Foley 1995, S. 35.
17 Junker 2006, S. 26, Schrenk 1997, S. 35–36.
18 Die «Savannenhypothese», nach der die Vormenschen den aufrechten Gang ausbildeten, um sich die Savanne als Lebensraum zu erschließen, gilt heute als überholt; siehe Roberts 2021, S. 117 f.
19 Junker 2006, S. 26. Australopithecus (wörtlich: Süd-Affe) ist die traditionelle wissenschaftliche Bezeichnung für diese Vormenschen-Gattung.
20 Hrdy 1999, S. 239 (Tragen). Generell: Wilson 1998; siehe dazu auch Leroi-Gourhan 1964/65, Teil II und III. Die von Moshe Feldenkrais (1904–1984) entwickelte «Feldenkrais-Methode» nutzt heute genau diese Interaktionen, indem sie körperliche Blockaden, die durch Fehlhaltung oder Verletzung entstanden sind, durch die Vorstellung der entsprechenden Bewegung im Gehirn auflöst. Die Aussage zur Neuorganisation des Gehirns stammt von Hubert Filser *Kleines Hirn, viel drin* in: SZ vom 09.09.2011.
21 Pievani/Zeitoun 2019, S. 18. Die früher vertretene Position, dass der Mensch durch die Fähigkeit der Werkzeugherstellung definiert wird, ist seit längerem überholt.
22 Tanner 1981, S. 271, und Schrenk 1997, S. 36 und 49.
23 Weil Schimpansen in Gefangenschaft wenig mit Lauten kommunizieren, wurde die Lautsprache lange Zeit unterschätzt (auch von Tomasello 2009 und 2019). Kürzlich wurde entdeckt, dass Schimpansen in einem Urwald an der Elfenbeinküste 390 verschiedene Lautabfolgen benutzen: *Etwas überspitzt könnte man sagen, sie bilden Sätze*. (Tina Bauer: *Schimpansen bilden Sätze*, in: SZ vom 30.05.2022, nach einer Studie in «Communications Biology»).
24 Schrenk 1997, S. 62.
25 Der «Nussknackermensch» wird wissenschaftlich als Gattung Paranthropos (par = neben) bezeichnet, und es handelt sich um «robuste Australopithecinen»; Schrenk 1997, S. 59 ff.
26 Dies zeigt sich daran, dass die frühesten Menschenarten Homo rudolfensis (ab 2,8 Millionen Jahre) und Homo habilis (ab 2,5 Millionen Jahre) teilweise auch als Australopithecus rudolfensis (Schrenk 1997, S. 69, Pievani/Zeitoun 2019, S. 26–27) oder als Australopithecus habilis (Junker 2006, S. 29) bezeichnet werden.
27 Schrenk 1997, S. 68–69. Dies belegen Geröll-Werkzeugkulturen am Westufer des Turkana-Sees in Ostafrika, die 2,8 Millionen Jahre alt sind.

28 Die Entwicklung, die im Folgenden skizziert wird, läuft extrem vielfältig und nicht geradlinig ab, und ihre Darstellung ist mit zahlreichen Unsicherheiten behaftet. Deshalb werden an dieser Stelle nur die wichtigsten Entwicklungsschritte sehr knapp dargestellt.

29 Krause/Trappe 2021, S. 80.

30 Junker 2006, S. 23, Schrenk 1997, S. 66 ff. und 92.

31 Da auch diese Entwicklung nicht geradlinig und sehr vielfältig verläuft, wird sie hier nur sehr knapp skizziert.

32 Pievani/Zeitoun 2019, S. 34 ff. Es ist heute noch nicht geklärt, ob der Neandertaler ein Frühmensch, also ein Verwandter des Homo erectus, oder ein Moderner Mensch, also ein Verwandter des Homo sapiens ist.

33 Roberts 2021, S. 148 ff., Krause/Trappe 2021, S. 82 f.

34 Pievani/Zeitoun 2019, S. 56 ff. Die Besiedlung der subpolaren Regionen Eurasiens und Nordamerikas ist nur mittels spezifischer kultureller Innovationen möglich, und sie ist vor 10 000 Jahren abgeschlossen. Die letzten Regionen, die vom Menschen – teilweise erst in historischen Zeiten – besiedelt werden, sind die Inseln im Pazifischen Ozean, und die Antarktis wird bis ins 20. Jahrhundert hinein nicht besiedelt.

35 Schrenk 1997, S. 113 f. und 109. Die Belege, dass sich der Homo sapiens in Afrika entwickelt und später mit anderen Menschenarten mischt, stammen aus der Paläogenetik; siehe dazu Krause/Trappe 2021 und Cavalli-Sforza 1996.

36 So Headrick 2020, S. 22. Dagegen: Schrenk 1997, S. 114, und Junker 2006, S. 42.

37 Junker 2006, S. 42.

38 Cavalli-Sforza 1996, S. 81.

39 Portmann 1956, S. 49 ff., Reichholf 1993, S. 158 f.

40 Portmann 1956, S. 81 ff.

41 Diamond 1992, S. 98 ff.

42 Portmann 1956, S. 100 ff., Diamond 1992, S. 158 ff.

43 Hawkes 2010 bezeichnet dies als «Großmutter-Effekt», Hrdy 2009, S. 314 ff. betont dagegen auch die Bedeutung der Großmütter, Tanten, Schwägerinnen, Schwestern usw.

44 Junker 2006, S. 55 und 54.

45 Harari 2011, S. 17.

46 Junker 2006, S. 56 ff. Er nennt diese beiden Kräfte Leonardo'sche und Macchiavelli'sche Intelligenz; der zweite Begriff erscheint sehr unpassend, weil es hier um soziale Kooperation und nicht um Herrschaft in der Gruppe geht.

47 Dunbar 2010, S. 247 ff. Er nennt dies die «Hypothese des sozialen Gehirns», und dies erscheint wesentlich angemessener als die von Thomas Junker (siehe Anm. 46).

48 Foley 1995, S. 56–57, Junker 2006, S. 98.

49 Harald Eggebrecht *Spitze der Menschheit* in: SZ vom 31.10.2014.

50 Goudsblom 2000, S. 24–39.

51 Junker 2006, S. 62.

52 Wrangham 2009, Goudsblom 2000, S. 51–55 und S. 34.

53 Morin 1973, S. 75 f., Wrangham 2009 und Goudsblom 2000.

54 Goudsblom 2000, S. 45–51. Eine solche gezielte Brandrodung ist archäologisch nicht nachzuweisen. Aber alle bekannten Jäger-und-Sammler-Gesellschaften der Erde praktizieren sie auf eine völlig selbstverständliche Weise, so dass sie bereits vor längerer Zeit entstanden sein dürfte; siehe dazu Goudsblom 2000, S. 46–47, und Sauer 1952, S. 10 ff.
55 Corballis 2007.
56 Tomasello weist darauf hin, dass bereits beim Schimpansen die Lautsprache relativ wenig ausdifferenziert ist, während die Gebärdensprache aktiv weiterentwickelt wird; Tomasello 2008, S. 19, und 2019, S. 140. Siehe dazu die neuesten Forschungsergebnisse, die in Anmerkung 23 genannt werden, und die die Position von Tomasello etwas relativieren.
57 Junker 2006, S. 102.
58 Haarmann 2006, S. 28 ff.
59 Die Tonhöhe, die in der Lautsprache so wichtig ist, hat nur in den Sprachen der warmen, feuchten Regionen der Erde eine wichtige Bedeutung («Tonsprachen», wie zum Beispiel das Chinesische), während sie in den Sprachen der trockeneren und kälteren Regionen der Erde keine Rolle spielt (wie zum Beispiel im Englischen).
60 Dies ist die zentrale These von Corballis 2017. Siehe dazu Rolf Degen *Die lautlosen Wurzeln der Sprache* in: FAZ vom 31.03.1999.
61 Daniel L. Everett berichtet über die Sprache der Pirahã Indianer am Amazonas, dass diese Sprache die Gegenwart nur rudimentär von Vergangenheit und Zukunft unterscheidet kann und dass ihr wichtige Abstrakta wie Zahlen oder Mengenangaben fehlen (Everett 2008). Das könnte bedeuten, dass sich wichtige Abstraktionsleistungen der Sprache erst relativ spät herausbilden.
62 Ich beziehe mich im Folgenden auf die Untersuchungen von Michael Tomasello, die er am Max-Planck-Institut für Evolutionäre Anthropologie in Leipzig durchgeführt hat und mit denen er eine Brücke zwischen Paläoanthropologie und Entwicklungspsychologie aufbaut; siehe Tomasello 2008 und 2019 und Fischer 2016, S. 319 ff.
63 Tomasello 2019, S. 141 ff., Tomasello 2008, S. 56 f.
64 Tomasello 2019, S. 433 ff.
65 Dieser Begriff stammt nicht von Michael Tomasello, aber er wird von Journalisten bei der Vorstellung seiner Arbeiten öfters gebraucht.
66 Tomasello 2008 und 2019.
67 Tomasello 2008, S. 10.
68 Dunbar 2010, S. 246.
69 Tomasello 2008, S. 10 f.
70 Zentrale Darstellungen stammen von Tanner 1981 und Hrdy 1999 und 2009. Es ist erstaunlich, dass sich Michael Tomasello nicht auf diese Darstellungen bezieht.
71 Zur Paläoanthropologie siehe Schrenk 1997, S. 9 ff., zur Paläogenetik Krause/Trappe 2021, S. 16 ff., und Cavalli-Sforza 1996, S. 26 ff.
72 Die Leitidee der Evolutionstheorie lässt sich auf eine Ursache-Wirkungskausalität zurückführen (actio = reactio), die sich am Vorbild der Physik orientiert.

73 Charakteristisch dafür ist die folgende Aussage von Jakob Wetzel aus seinem Artikel *Vom Klima getrieben – Klimaveränderungen haben wohl eine entscheidende Rolle für die Evolution des Menschen gespielt* (in: SZ vom 20. 04. 2022, Seite 14): *Sondern Klimawechsel fielen auch mit Sprüngen in der menschlichen Evolution zusammen. Aus einer Analyse des urgeschichtlichen Klimas leiten die Wissenschaftler gar einen Stammbaum des Menschen ab.*

74 Siehe Abschnitt 1.3 und vor allem Anmerkung 30. Bei den folgenden Überlegungen handelt es sich um einen Versuch, naturwissenschaftliche und philosophische Aspekte wieder miteinander zu verbinden. Dies wurde im Rahmen der Philosophischen Anthropologie immer wieder gemacht (Fischer 2008), ist aber seit den 1970er Jahren in Vergessenheit geraten.

75 Lorenz 1973, S. 200. Diese Aussage bezieht sich zwar auf den Modernen Menschen, gilt aber auch für die Vormenschen. So auch Leroi-Gourhan 1964/65, S. 154–155: *Über die ganze Evolution seit den Reptilien hinweg erscheint der Mensch als Erbe jener Lebewesen, die einer anatomischen Spezialisierung entgangen sind.*

76 Die Aussage, dass der Mensch ein Generalist sei, stellt eine zentrale Aussage der Philosophischen Anthropologie dar: Der Mensch als das «nicht-spezialisierte Säugetier» (Adolf Portmann), als «Mängelwesen» (Arnold Gehlen) oder als Wesen ohne feste Mitte (Helmuth Plessner). Diese Aussage gehört in den 1950er und 1960er Jahren zum Lehrbuchwissen, das Eingang in Schulbücher und in viele populäre Darstellungen findet. Ab den 1970er Jahren verschwindet diese Sichtweise, und sie taucht seit langem in allen einschlägigen Darstellungen der Paläoanthropologie und der Paläogenetik nicht mehr auf. Interessant ist, dass in jüngster Zeit der Naturwissenschaftler Patrick Roberts erstmals wieder darauf zurückgreift, indem er in einem Interview vom Menschen als *generalistischen Spezialisten* (GEO Nr. 4, 2019, S. 48) und in seinem Buch von den *generalistischen Homininen* spricht (Roberts 2021, S. 140).

77 Niemitz 2004. Telmon Pievani 2019 entwickelt daraus eine große Theorie von der grundsätzlichen Unvollkommenheit des Menschen.

78 Es gibt auch im Tierreich durchaus Generalisten-Arten, die lange existieren. Im Unterschied zum Menschen ist aber ihr breites Verhaltens- und Anpassungsrepertoire mehrheitlich biologisch fixiert.

79 Beispiele siehe Abschnitt 2.4.

80 Die Beobachtung, dass die biologische Evolution beim Menschen vor allem solche Entwicklungen fördert, die das kulturelle Lernen stärken, könnte man als eine gewisse Gerichtetheit der Evolution – oder vielleicht sogar als «Selbstorganisation» oder «Autopoiesis» (Maturana/Varela 1984, Nicolis/Prigogine 1977 und 1985, Jantsch 1985) – anstelle des reinen Zufalls interpretieren, was der Leitidee der Evolutionsbiologie widersprechen würde. Die Grundfrage nach dem Verständnis der Evolution soll an dieser Stelle nicht weiter vertieft werden; für diese Mensch-Umwelt-Geschichte ist der Verweis auf die enge wechselseitige Verzahnung von biologischer und kultureller Entwicklung ausreichend.

81 Erstes Zitat: Plessner 1928, Abschnitt 7.1 und Abschnitt 6.4; in der Ausgabe der Sammlung Göschen (1975) S. 288 f. und S. 270 in gesperrter Schrift hervor-

gehoben. Zweites Zitat: Plessner 1928, Abschnitt 7.1 und 3. Plessner spricht nicht explizit davon, dass der Mensch keine feste Mitte habe, sondern er verwendet dafür den Begriff «exzentrische Positionalität». Ich bleibe jedoch bei dieser eingängigen Umschreibung, weil der Begriff von Plessner nur schwer zu vermitteln ist.

82 Mitterauer 1992, S. 60 ff.

83 Lévi-Strauss 2011, S. 85 f. Viele archaische Gesellschaften gehen davon aus, dass die Frau zum Bereich der Natur und der Mann zum Bereich der Kultur gehöre; aber diese traditionelle Selbstwahrnehmung ist nicht realitätsnah, sondern überzeichnet die Unterschiede (zur Ursache siehe die Ausführungen am Ende von Abschnitt 3.4.). In meiner Interpretation geht es jedoch nicht um Gegensätze zwischen Frauen und Männern oder zwischen Natur und Kultur, sondern um kleine Unterschiede zwischen ihnen, die sich leicht unterschiedlichen Gewichtungen beim Verhältnis Natur-Kultur verdanken; dies wird durch die Verwendung des Komparativs ausgedrückt («etwas größer»). Diese kleinen Unterschiede zwischen Frauen und Männern sind aber Ursache für gewisse unterschiedliche Qualitäten, die bei der Entwicklung des Menschen eine Rolle spielen.

84 Beim Menschen gibt es also nicht eine einfache Mitte zwischen Natur und Kultur, sondern stets eine zweifache oder doppelte Mitte, weil Frauen und Männer dabei jeweils etwas unterschiedliche Akzente setzen. Dies erinnert an die Dialektik der «gedoppelten Mitte», die der Philosoph G. W. F. Hegel in seinen Frühschriften entwickelt (Hegel 1805/06).

85 Plessner 1941, S. 185 ff.; siehe dazu Fischer 2016, S. 375 ff.

86 Plessner 1928, Abschnitt 7.1: *Seine Existenz ist wahrhaftig auf Nichts gestellt* (Ausgabe Sammlung Göschen 1975, S. 293).

87 Aus diesem Grund besitzt der Mensch von Natur aus keine feste, stabile Identität, sondern er muss diese im Laufe seiner Entwicklung vom Säugling zum Erwachsenen im Kontext seiner Gruppe erst aufbauen und dann immer wieder neu stabilisieren. Allerdings greift es zu weit, den Menschen deswegen als ein «subjektives Geschöpf, dessen Beziehungen zur objektiven Welt immer ungewiss sind, ein dem Irrtum und der Verirrung unterworfenes Geschöpf» zu verstehen, so dass man gezwungen sei, «im *Homo sapiens* einen Wahnsinnigen, einen *Homo demens* zu sehen» (Morin 1973, S. 133).

3. Jäger-und-Sammler-Gesellschaften

1 Kohl 1993, S. 80. Zur Problematik dieses Begriffs siehe Rao 1993. Früher wurde für Jäger und Sammler oft der Begriff «Wildbeuter» gebraucht, aber da es sich bei dieser Wirtschaftsweise nicht um eine Ausbeutung der Natur handelt, wird dieser Begriff hier nicht verwendet.

2 Kohl 1993, S. 17 ff.

3 Eggert 2008.

4 Kohl 1993, Bargatzky 1997, Harris 1987.

5 Bekanntestes Beispiel ist die Studie von Margaret Mead (1928), deren Ergebnisse von Derek Freemann vollständig in Frage gestellt werden, weil er Marga-

ret Mead schwerwiegende methodische und inhaltliche Fehler nachweisen kann (Freeman 1983).

6 Leroi-Gourhan 1992, Bick 2006, S. 73 ff.

7 Allgemein dazu siehe Haarmann 2006, Ein sehr aufschlussreiches Einzelbeispiel analysiert Everett 2008.

8 Das Problem bei dieser Gliederung ist, dass sie an Entwicklungen gebunden ist, die in den verschiedenen Regionen der Welt zu jeweils unterschiedlichen Zeiten auftreten. Siehe dazu Bick 2006.

9 Die zeitliche Grenze zwischen Jungpaläolithikum und Mesolithikum sowie zwischen Mesolithikum und Neolithikum ist auf der Erde sehr unterschiedlich ausgeprägt; in Europa dauert das Jungpaläolithikum z. B. von 45 000 bis 12 000 Jahren vor heute.

10 Sieferle 1997, S. 30–31.

11 Sieferle 1997, S. 30, Rao 1993, S. 496.

12 Krause/Trappe 2021, S. 195, Diamond 1997, S. 467 ff.; Kartendarstellung bei Campbell 1983, S. 145.

13 Leitner 2006, Erckenbrecht 1998.

14 Eine sehr materialreiche und anschauliche Darstellung hat Everett 2008 vorgelegt.

15 Die folgende Zusammenstellung basiert auf sehr unterschiedlichen Quellen: Abel 1955, Bargatzky 1997, Bick 2006, Bobek 1959, Kohl 1993, Sieferle 1997.

16 Siehe Patou-Mathis 2020, Röder 2014, Schaik/Michel 2020.

17 Sieferle 1997, S. 42.

18 Sieferle 1997, S. 35.

19 Sieferle 1997, S. 43.

20 Diese Perspektive ist charakteristisch für die kulturmaterialistische Strömung in der Kulturökologie; siehe Bargatzky 1986, S. 72 ff.

21 Sieferle 1997, S. 34.

22 Kohl 1993, S. 87, Sieferle 1997, S. 43, Sahlins 1978, S. 170 ff.

23 So die klassische Darstellung von Sahlins 1972, S. 1 ff. Siehe dazu Groh 1992, S. 59 ff.

24 Sahlins 1972, S. 41: *Labor power is underused, technological means are not fully engaged, natural resources are left untapped.*

25 Sahlins 1978, S. 173 ff. Zum Begriff «Mußpräferenz» siehe Sieferle 1997, S. 43, Groh 1992, S. 78 ff., und Lévi-Strauss 2011, S. 49 f.

26 Lévi-Strauss 2011, S. 49.

27 Sieferle 1997, S. 44 ff. Darüber hinaus werden alte Menschen getötet oder töten sich selbst, wenn sie die hohe Mobilität der Gruppe – die Lebensvoraussetzung von Jäger und Sammlern – nicht mehr mitmachen können; siehe auch Groh 1992, S. 103.

28 Sieferle 1997, S. 36 f.

29 Grünert 1982, S. 138, und Leitner 2006, S. 43, der von «Lokalgruppe» und «Stamm» spricht. Diese Darstellung orientiert sich an der Situation der australischen Aborigines. Die Begriffe, die üblicherweise für diese Gruppen gebraucht werden, sind sehr unterschiedlich (Horde, Clan, Lineage, Stamm); auf die Unterschiede zwischen ihnen wird hier nicht eingegangen.

30 Bargatzky 1997, S. 161, Mauss 1950.
31 Graeber 2001.
32 Lévi-Strauss 2011, S. 50.
33 Erckenbrecht 1998, S. 37.
34 Clastres 1974, Kramer/Sigrist 1978.
35 Wesel 1985, besonders S. 317 ff.
36 Fromm 1973, S. 193. Diese Gliederung stammt von Erich Fromm 1973, S. 189–201, und er hat sie anhand von *dreißig primitiven Kulturen* (nicht alle sind Jäger-und-Sammler-Gruppen) entwickelt, die von vier Ethnologen untersucht und beschrieben wurden. Fromm interpretiert dieses ethnologische Material mit einem ethnopsychoanalytischen Ansatz (Verbindung von Ethnologie und Psychoanalyse).
37 Erich Fromm nennt keine Wahrscheinlichkeiten für seine drei Gesellschaftsgruppen, weil die Datenbasis dafür zu klein ist. Er deutet aber an, dass die Aggressivität bei *fortgeschritteneren, aber ebenfalls noch primitiven Kulturen* ansteigt (Fromm 1973, S. 189).
38 Fromm 1973, S. 169. Im gesamten Absatz werden einige Aussagen von Erich Fromm paraphrasiert (Fromm 1973, S. 167 und 169). Zum Verhältnis der Jäger und Sammler zum Krieg siehe Harris 1987, S. 213 ff., und Eich 2015, S. 38 ff.
39 Sieferle 1997, S. 48, Kohl 1993, S. 86.
40 Hultkrantz 1982, S. 168.
41 Die Vorstellung einer Allbeseeltheit der Welt wird «Animismus» genannt. Diese und die folgenden Ausführungen stützen sich auf Gerlitz 1992, Everett 2008, Zerries 1954, Duerr 1984, Jensen 1951. Da die Jäger und Sammler der Erde eine große Vielfalt an religiösen Vorstellungen entwickeln, kann an dieser Stelle nur auf einige wenige und ziemlich allgemeine Vorstellungen hingewiesen werden.
42 Jensen 1951, S. 154 ff., Zerries 1954, S. 9 ff.
43 Zerries 1954, S. 9.
44 Eliade 1957, Jensen 1951, S. 254 ff. Der sog. Schamanismus ist im nördlichen und zentralen Asien, in Nord- und Südamerika, Indien und Indonesien verbreitet und am schwächsten in Afrika entwickelt (Jensen 1951, S. 254 f.).
45 Eliade 1957, S. 43, Jensen 1951, S. 259 ff. Übrigens muss es sich sowohl beim Herrn der Tiere als auch beim Schamanen keinesfalls um Männer handeln, es sind auch «Herrinnen der Tiere» (Zerries 1954, S. 11 und 13) und weibliche Schamanen überliefert.
46 Gerlitz 1992, S. 223–224.
47 Gerlitz 1992, S. 224. Der Begriff «verantwortlich» ist an dieser Stelle zwiespältig, weil er ein moderner Begriff ist, der eine gewisse Macht über das Objekt impliziert, was für Jäger und Sammler nicht vorstellbar ist.
48 Diese Sätze werden von Descola 2005, S. 68, zitiert, der sich seinerseits auf Marcia Langton (1998) bezieht.
49 Die folgenden Ausführungen stützen sich auf Erckenbrecht 1998.
50 Erckenbrecht 1998, S. 29–30.
51 Erckenbrecht 1998, S. 32.
52 Siehe dazu grundsätzlich Descola 2005.

53 Zur Problematik der eventuellen Ausrottung der Großsäuger durch den Menschen siehe Abschnitt 3.5.

54 Kohl 1993, S. 80.

55 Das Konzept der Mittelsteinzeit als Zwischenphase zwischen Paläo- und Neolithikum wurde 1872 entwickelt (Clark 1980, S. 3, dort auch die weitere Forschungsgeschichte), aber erst 1927 wurde die Mittelsteinzeit als eigenständige Epoche offiziell anerkannt. Da diese Epoche relativ uneinheitlich ausgeprägt ist und dieses Konzept zudem außerhalb Europas wenig verwendet und teilweise bewusst vermieden wird, wird es in globalen Darstellungen oft ganz weggelassen (Schmidt 2006, S. 240 f.).

56 Parzinger 2014, S. 227 f.

57 Jockenhövel 2009, S. 80.

58 Haselnüsse wurden geröstet (Parzinger 2014, S. 227), Wildreis und Wildgetreide getrocknet und trocken gelagert.

59 Jockenhövel 2009, S. 80 f.

60 Parzinger 2014, S. 565.

61 Jockenhövel 2009, S. 80.

62 Parzinger 2014, S. 114.

63 Die großen Zeremonialfeste von spezialisierten Jäger-und-Fischer-Gruppen an der pazifischen Nordwestküste Nordamerikas, die «Potlatch» genannt werden, sind im Fach Ethnologie für ihren besonders reichen Gabentausch sehr berühmt, siehe Parzinger 2014, S. 571; auch Graeber/Wengrow 2021, S. 186 ff., beziehen sich darauf.

64 Harris 1987, S. 230 ff.

65 Jockenhövel 2009, S. 81 und 80.

66 So zum Beispiel Headrick 2020, S. 38.

67 Headrick 2020, S. 44.

68 Sieferle 1997, S. 61. So auch Parzinger 2014, S. 543, über das Aussterben der Großsäuger in Australien.

69 Diamond 2013.

4. Egalitäre Bauerngesellschaften

1 Siehe dazu Anmerkung 54 in Kapitel 1.

2 Sieferle 1997, S. 53, und Price/Bar-Yosef 2011, S. S171: *one of the most intriguing questions about human past and one of the most difficult to answer.*

3 Goudsblom 2000, S. 63. Genauso Sauer 1952, S. 103 und 10 ff.

4 Riehl 2014, Sieferle 1997, S. 62 ff., Bellwood 2008, S. 177.

5 Diamond 1991, S. 300, Benecke 1994, S. 34 f.

6 Benecke 1994, S. 35.

7 Benecke 1994, S. 41 ff.

8 Diamond 1991, S. 300.

9 Diese eigentlich naheliegende Position spielt in der wissenschaftlichen Diskussion nur eine randliche Rolle. Sie wurde früh von Lewis Mumford geäußert (Mumford 1961, S. 12 f.) und jüngst wieder aufgegriffen (Graeber/Wengrow 2021, S. 262 ff.).

10 Sieferle 1997, S. 84. Siehe dazu Anmerkung 20 in Kapitel 3.
11 Sieferle 1997, S. 75.
12 Groh 1992, S. 84.
13 Sieferle 1997, S. 69 ff.
14 Jared Diamond 1987, zitiert nach Graeber/Wengrow 2021, S. 262, und Harari 2011, S. 101 (Überschrift von Kapitel 5).
15 Price/Bar-Yosef 2011, S. S169 ff.
16 Sieferle 1997, S. 54 ff., Groh 1992, S. 84 f.; Price/Bar-Yosef 2011, S. S166, nennen dies «Oasis hypothesis», weil die Trockenheit in Vorderasien dazu geführt habe, dass sich Pflanzen, Tiere und Menschen auf relativ kleine Flächen mit guter Wasserversorgung zurückgezogen hätten.
17 Price/Bar-Yosef 2011, S. S167, weisen darauf hin, dass die Position einer signifikanten Klimaveränderung im Gebiet des Fruchtbaren Halbmondes inzwischen sogar empirisch widerlegt wäre.
18 Die Denkfigur «Challenge and Response» geht auf den britischen Historiker Arnold Toynbee (1889–1975) zurück, der diese Denkfigur jedoch nicht auf die Erfindung der Landwirtschaft, sondern auf den Aufstieg und Niedergang der großen Zivilisationen bezieht (Toynbee 1976).
19 Price/Bar-Yosef 2011, S. S168 f.
20 Sauer 1952, S. 20 f. (die Übersetzung stammt von mir). Die Aussagen des US-amerikanischen Geographen Carl O. Sauer beruhen auf umfangreichen Feldarbeiten, die er vor dem Zweiten Weltkrieg bei archaischen Gesellschaften in Nord- und Südamerika durchgeführt hat.
21 Graeber/Wengrow 2021, S. 257.
22 Benecke 1994, S. 36.
23 Graeber/Wengrow 2021, S. 258 ff.
24 In diese Richtung denken auch Price/Bar-Yosef 2011, S. S171, wenn sie grundsätzlich danach fragen, was Ursachen oder Kausalitäten bei der Entstehung der Landwirtschaft bedeuten.
25 Köhler/Seitz 1993, S. 574.
26 Dies ist die zentrale These des französischen Prähistorikers Jacques Cauvin (1930–2001), der von einer «Révolution des symboles» spricht (Cauvin 1994, S. 52), die einen regelrechten Bruch («rupture») bedeutet (a. a. O., S. 362). Später haben andere Wissenschaftler diese Idee aufgegriffen und weiterentwickelt.
27 Siehe dazu Reichholf 2008.
28 Schmidt 2006.
29 Schmidt 2006, S. 254.
30 Im heutigen abendländischen Weltverständnis gelten religiöse Erlebnisse meist als individuelle, sehr persönliche Erfahrungen; dies dürfte früher anders gewesen sein.
31 Rolf Peter Sieferle und Dieter Groh argumentieren nicht mit der «Revolution der Symbole», sondern mit einem gewissen Stand der kulturellen Entwicklung, die notwendig sei, damit die Landwirtschaft entstehen könnte. Sie beziehen sich dabei ziemlich allgemein auf die «Selbstorganisation einer Dynamik» (Sieferle 1997, S. 55 ff.) bzw. auf ein «dynamisches Systemmodell» (Groh 1994,

S. 84 ff.), also auf strukturelle Entwicklungen, die sich der Einflussnahme durch Handlungen konkreter Personen entziehen. Nach meiner Meinung, wobei ich Sieferle und Groh aufgreife, könnte das kulturelle Lernen ab einem gewissen Zeitpunkt so weit entwickelt sein, dass Sammeln und Jagen durch die Landwirtschaft abgelöst werden kann, und dieser Übergang könnte durchaus durch eine «Revolution der Symbole» ausgelöst werden.

32 Da diese neue Religion nicht überliefert ist und die von ihr benutzten Symbole für uns heute nicht verständlich sind, können wir ihren Inhalt nicht erschließen. Gegenüber den Überlegungen von Jacques Cauvin bin ich jedoch skeptisch, dass dies der Beginn eines Weltbildes sei, das von einer transzendentalen Dualität geprägt sei (Cauvin 1994, S. 213 ff. und S. 361 ff.); siehe dazu Abschnitt 4.6.

33 Ethnologen und Geographen waren früher meist der Meinung, dass die Landwirtschaft in den Tropen entstanden sei (z. B. Jessen 1951, Sauer 1952). Sie haben lange und intensiv geforscht, um diese Position belegen zu können, aber letztlich keine überzeugenden Beweise gefunden; seit den 1960er Jahren hat sich daher die Position durchgesetzt, dass die Landwirtschaft außerhalb der Tropen und in den Tropen nur im Gebirgsstockwerk entstanden ist.

34 Dieser Abschnitt und die folgenden Abschnitte (4.2 bis 4.5) stammen ursprünglich aus meinem Buch «Das Landleben» (Bätzing 2020); ich habe sie für diese Darstellung teilweise erheblich überarbeitet.

35 Nach Price/Bar-Yosef 2011 (mit Kartendarstellung), ergänzt durch Bellwood 2008 und Pievani/Zeitoun 2019, S. 134–135.

36 Graeber/Wengrow 2021, S. 280.

37 Die naturräumlichen Grenzen der Landwirtschaft sind ein zentrales Thema der traditionellen Geographie, siehe dazu Sick 1983, S. 44 ff., und Fels 1954, S. 135 ff.

38 Zum Nomadismus siehe Abschnitt 6.1, zu Transhumanz und Almwirtschaft siehe Bätzing 2015 und 2021.

39 Sick 1983, S. 44 (unter Verweis auf Hambloch 1974). Da die Angaben von Hambloch die Antarktis ausschließen, wurden diese Werte unter Einbezug der Antarktis von mir neu berechnet. Jäger-und-Sammler-Gesellschaften werden bei dieser Aufstellung zur Subökumene gezählt; sie nehmen jedoch nur sehr kleine Flächen ein.

40 Woolf 2020, S. 68.

41 Die Größe der Siedlungen hängt sehr stark von der Art und Weise der jeweils betriebenen Landwirtschaft ab und beträgt in der Regel wenige Hundert Personen.

42 Wiesen werden an dieser Stelle nicht genannt, weil sie im Rahmen der Landwirtschaft erst zu einem relativ späten Zeitpunkt entstehen; siehe Poschlod 2015, S. 78 f.

43 Die Veränderungen der Natur- zur Kulturlandschaft und die Ökologie der Kulturlandschaften sind ein zentrales Thema in der traditionellen Geographie; siehe dazu Fels 1954 und Rathjens 1979. Die Ausführungen in diesem Abschnitt beziehen sich auf zahlreiche geographische Publikationen und auf meine eigenen Analysen (Bätzing 2015 und 2020).

44 Bei diesem Naturbegriff beziehe ich mich auf den Naturbegriff von Aristoteles, wie er ihn in seiner Physik-Vorlesung entfaltet (Aristoteles o. J., S. 25 ff.).

45 Das Konzept und den Begriff der «ökologischen Reproduktion» habe ich Mitte der 1980er Jahre am Beispiel der Alpen und der Kulturlandschaften im Alpenraum entwickelt (Bätzing 2015, S. 102 ff.) und später auf die gesamte Erde übertragen (Bätzing 1990, 2020, 2021a).

46 Die folgenden Ausführungen basieren auf meinen jahrzehntelangen Erfahrungen und Untersuchungen im Alpenraum (Bätzing 2015).

47 Siehe dazu Abschnitt 1.3.

48 Auch in diesen Gruppen gibt es viele Erfahrungen, wie man die Ausbildung von festen Herrschaftsstrukturen verhindert; siehe dazu Abschnitt 3.3 und vor allem Anmerkung 34 in Kapitel 3.

49 Wesel 1983, S. 317 ff.

50 Auch die folgenden Ausführungen basieren auf meinen jahrzehntelangen Erfahrungen im Alpenraum (Bätzing 2015).

51 Diese Erfahrungen widersprechen fundamental dem Dogma von Thomas Robert Malthus (1766–1834), nach dem sich die Menschen stets unbegrenzt vermehrten, was zur Katastrophe führe. Die traditionellen Bauerngesellschaften – wie übrigens auch schon die Jäger-und-Sammler-Gesellschaften – falsifizieren dieses Dogma.

52 Einen sehr anschaulichen Beleg dafür bringt Le Roy Ladurie 1975 am Beispiel eines Dorfes am Rand der französischen Pyrenäen im Mittelalter. Dieses Beispiel ist sehr charakteristisch für bäuerliches Denken auf der gesamten Welt.

53 Die Position der «Tragik der Allmende» wird von Hardin 1968 formuliert und macht weltweit Schlagzeilen. Dabei kennt der US-amerikanische Mikrobiologe Garett Hardin die Erfahrungen der traditionellen Bauerngesellschaften überhaupt nicht, sondern entwickelt auf neoliberaler Grundlage ein rein theoretisch konstruiertes Gedankenspiel. Die empirisch fundierte Widerlegung dieser Position geschieht durch Elinor Ostrom 1990, die sich dabei auch auf Beispiele aus den Alpen bezieht. Zur Almwirtschaft in den Alpen, bei der gemeinschaftliche Nutzungen bis heute eine zentrale Rolle spielen, siehe Bätzing 2015, S. 88 ff., und Bätzing 2021. Der zentrale Kritikpunkt besteht darin, dass Hardin als neoliberaler Denker vom «Homo oeconomicus» ausgeht, bei dem individuell vereinzelte und sozial isolierte Menschen in allen ihren Handlungen ihren maximalen persönlichen Vorteil suchen. Dieser Menschentyp entsteht jedoch erst nach der Aufklärung in Europa.

54 Sieferle 1997, S. 99.

55 Der Begriff «Knappheitsinseln» stammt von Sieferle 1997, S. 96.

56 Es ist erstaunlich, dass die hohe Verwundbarkeit von Bauerngesellschaften in den meisten Darstellungen nicht thematisiert wird (zum Beispiel Gehrke 2017, Parzinger 2014). Ich beziehe mich dabei auf Sieferle 1997, S. 106.

57 Dieses Wiedererkennen der eigenen Arbeit in einer vom Menschen veränderten Natur, also in einer individuell geprägten, unverwechselbaren Landschaft, wird in der deutschen Sprache mit dem schwierigen Begriff «Heimat» bezeichnet. Ein solcher Landschaftsbezug stärkt die persönlichen und gemeinschaft-

lichen Identitäten und ist die Voraussetzung dafür, dass sich Menschen für ihren Lebensraum verantwortlich fühlen.

58 Hultkrantz 1982, S. 168 f.

59 Eliade 1949, S. 383 (der Begriff «Rituell» in der deutschen Übersetzung wurde von mir durch den Begriff «Ritual» ersetzt).

60 Köhler/Seitz 1993, S. 575 f., Bargatzky 1997, S. 156 f.

61 Eliade 1949, S. 385.

62 Zur Frage nach der gesellschaftlichen und politischen Stellung der Frau in egalitären Bauerngesellschaften gibt es sehr lange und kontroverse Diskussionen; diese schließen auch die Frage ein, ob diese Gesellschaften vielleicht Matriarchate oder Matriarchat-ähnliche Gesellschaften gewesen seien. Siehe dazu Graeber/Wengrow 2021, S. 238 ff., die für diese Darstellung in Rezensionen teilweise heftig kritisiert werden.

63 Eliade 1949, S. 384.

64 Es gibt offenbar nur wenige Fälle, bei denen sich egalitäre Bauerngesellschaften auf Grund innerer Widersprüche selbst zerstören und verschwinden. Etwas häufiger, aber immer noch relativ selten sind Fälle, in denen Bauerngesellschaften am Rande der Ökumene auf Grund klimatischer Veränderungen ihre Existenzgrundlage verlieren und verschwinden; das bekannteste Beispiel dafür sind die Bauern, die im Mittelalter Grönland besiedeln und die mit dem Beginn der Kleinen Eiszeit wieder verschwinden (siehe dazu Diamond 2005, S. 266 ff.).

5. Stadtstaaten und Großreiche

1 Der Begriff «urbane Revolution» («urban revolution») stammt von Gordon Childe (1936, S. 157). Siehe dazu Anmerkung 47 in Kapitel 1.

2 Siehe Eder 1973.

3 Die folgende Darstellung baut auf dem 3. Kapitel meines Buches «Das Landleben» auf (Bätzing 2020), das jedoch erheblich umgearbeitet wurde.

4 Parzinger 2014, S. 720.

5 Da die Kenntnis der jeweiligen Sprache dafür Voraussetzung ist und die einzelnen Sprachen und Schriften extrem unterschiedlich und schwierig sind, konzentrieren sich die Wissenschaftler in der Regel auf eine Sprache/Schrift oder Hochkultur, die dann im Zentrum des entsprechenden Faches steht (Ägyptologie, Assyriologie, Indologie), während sich das Fach «Alte Geschichte» in Deutschland vor allem auf die griechisch-römische Antike konzentriert.

6 Für die Analyse der frühen städtischen Gesellschaften haben sich in den verschiedenen Staaten der Erde sehr unterschiedliche Fächer mit unterschiedlichen Schwerpunktsetzungen herausgebildet.

7 Robert L. Carneiro in Eder 1973, S. 155 f., Scott 2017, S. 161.

8 Die allermeisten Menschen verfügen im Erwachsenenalter von Natur aus über eine Laktose-Intoleranz, weshalb sie frische Milch nicht verdauen können und darauf mit Magenkrämpfen und Durchfällen reagieren. Nur die arbeitsaufwendige Umwandlung der Milch in Quark, Joghurt oder Käse macht aus ihr ein gut konsumierbares Nahrungsmittel. Nur in relativ wenigen Agrarregionen der Erde – darunter in Mittel-/Osteuropa – verschwindet bei den dortigen

Menschen durch eine biologische Mutation die Laktose-Intoleranz, weshalb in diesen Regionen die Milchwirtschaft eine größere Bedeutung erhält (Curry 2014).

9 Jockenhövel 2009, S. 324 ff. und 467 f., Parzinger 2014, S. 160, Haarmann 2023.

10 Parzinger 2014, S. 155. In der Archäologie wird im Fruchtbaren Halbmond zwischen einem «vorkeramischen Neolithikum» (Pre Pottery Neolithic oder PPN, ab 9500 vor Christus) und einem «keramischen Neolithikum» (ab 6200 vor Christus) unterschieden (Parzinger 2014, S. 118 f.). In anderen Teilen der Erde entsteht die Keramik vor der Entstehung der Landwirtschaft, gleichzeitig mit ihr oder erst sehr viel später.

11 Jockenhövel 2009, S. 144 und 324, Benecke 1994, S. 288 ff.

12 Üblicherweise wird diese Entwicklung auf der Grundlage archäologischer Funde so dargestellt, dass die Produktivitätsfortschritte in der Landwirtschaft, im Handwerk und beim Transport allmählich zur Entstehung von spezialisierten Wirtschaftsformen, zur Konzentration des Reichtums bei immer weniger Personen und zum Wachstum von Dörfern in Richtung Stadt führen. Ich bin einer solchen Interpretation archäologischer Funde gegenüber skeptisch und entwickele im Folgenden eine andere Sichtweise dieses Übergangs.

13 Siehe dazu Abschnitt 3.3 und Anmerkung 34 in Kapitel 3.

14 Diese Entwicklung ist sehr schwer zu rekonstruieren. Ich beziehe mich dabei auf die Darstellung von Childe 1951, S. 162 f.

15 Childe 1951, S. 163.

16 Childe 1942, S. 123.

17 Mumford 1961, S. 40.

18 Diese Überlegungen sind hypothetischer Art und lassen sich nur sehr schwer archäologisch verifizieren.

19 Da die Übergänge von einem multifunktionalen religiösen Zentrum zu einer Stadt fließend sind, sind die archäologischen Funde oft nicht eindeutig. Deshalb gibt es bei der Frage, wann erstmals eine Stadt entsteht, mehrere Antworten (4500 bis 3300 vor Christus).

20 Jockenhövel 2009, S. 333, Gehrke 2017, S. 295, Parzinger 2014, S. 163 f.

21 Die These, dass die Stadt nicht aus einem Dorf entsteht, wurde zuerst von Lewis Mumford entwickelt (Mumford 1961, S. 9 und 32) und später von Klaus Schmidt aufgegriffen (Schmidt 2008, S. 248 ff.). In diesem Zusammenhang danke ich Klaus Schmidt (†) für wichtige Diskussionen zu dieser Thematik.

22 Siehe die Ausführungen am Ende von Abschnitt 4.1 mit Anmerkung 31.

23 Den Begriff Überschussproduktion habe ich in Anlehnung an Childe 1942, S. 123, formuliert.

24 Siehe die in Anmerkung 7 genannte Literatur.

25 Dieses Zitat und diese Interpretation stammen vom US-amerikanischen Wissenschaftler Lewis Mumford (1895–1990), der sehr breite und interdisziplinär konzipierte Darstellungen vorgelegt hat (Mumford 1961, S. 39 f.); er bezieht sich dabei explizit auf den niederländischen Archäologen Henri Frankfort (1897–1954). Siehe dazu ebenfalls Mumford 1967/70, S. 193 ff.

26 Wood 1992, S. 21.

27 Mumford 1961, S. 44.

28 Diese These, die auf Lewis Mumford zurückgeht (siehe Anmerkung 25), geht davon aus, dass die Entstehung eines erblichen Königtums der entscheidende Schritt bei der Entstehung der Stadt ist, und dass dabei materielle Ursachen wie die Entstehung der Bronzetechnologie oder großer Bewässerungsanlagen keine oder lediglich eine sekundäre Rolle spielen. Lange Zeit spielte – auch bei mir selbst – die Theorie der «hydraulischen Gesellschaften» des marxistischen Soziologen Karl A. Wittfogel (1896–1988) eine große Rolle: Ein kleiner Herrscher im Gebiet der großen Ströme (wo fast alle Städte entstehen) nutzt seine Macht, um die von ihm abhängigen Bauern zu großen wasserbaulichen Maßnahmen zu zwingen, was zuvor wegen der großen Wassermengen und der mangelnden Koordination der Bauern nicht möglich war. Dadurch werden sehr ertragreiche neue Landwirtschaftsflächen gewonnen, wodurch sich die Zahl der Bauern und ihre Abgaben deutlich erhöhen. Dadurch werden dann noch größere wasserbauliche Maßnahmen möglich, die die Bevölkerungsdichte und den Reichtum des lokalen Herrschers immer weiter erhöhen, bis er zum Alleinherrscher aufsteigt und seine Residenz zur Stadt wird (Wittfogel 1957). Inzwischen hat man festgestellt, dass die wasserbaulichen Maßnahmen an den großen Strömen, an denen fast alle großen Städte liegen – lediglich in Südamerika ist dies nicht der Fall, was Wittfogel auf eine nicht sehr plausible Weise zu erklären versucht (Wittfogel 1957, S. 318) –, bereits lange vor der Stadtentstehung beginnen, so dass sie nicht die Ursache der Stadtentstehung sein können. Es ist aber damit zu rechnen, dass die Gottkönige auch die wasserbaulichen Maßnahmen stark ausgebaut und damit ihre wirtschaftliche Grundlage gefestigt und ihren Reichtum vergrößert haben.

29 Gehrke 2017, S. 292 ff. (Mesopotamien), S. 280 ff. (Ägypten), S. 626 ff. (China), S. 768 ff. (Harappa-Kultur); Jockenhövel 2009, S. 418 ff. (Mittelamerika) und S. 436 ff. (Südamerika). Kürzlich hat man auch in Amazonien Relikte von großen Zeremonialzentren gefunden, die auf eine hierarchisch gegliederte Gesellschaft verweisen; ob es sich dabei um Städte handelt, ist noch unsicher (Ulf von Rauchhaupt: *Städte ohne Steine. Auch im Amazonas-Tiefland blühte einst eine urbane Zivilisation.* In: FAZ vom 01.06.2022, und Alexander Busch: *Und das Amazonasgebiet war doch besiedelt.* In: NZZ vom 15.06.2022).

30 Das Industal ist die einzige Region in dieser Reihe, in der nicht zuvor die Landwirtschaft aus einer eigenständigen Wurzel entstanden ist (Gehrke 2017, S. 768 ff.).

31 Die Teildisziplin Stadtgeographie hatte in früheren Zeiten ein großes Engagement entwickelt, um die traditionellen Stadtstrukturen in den einzelnen Kulturerdteilen (die oft auf sehr alte Wurzeln zurückgehen) auf eine differenzierte Weise vergleichend darzustellen (die orientalische, chinesische, europäische Stadt und so weiter), bevor diese Strukturen durch die Globalisierung nach 1945 stark homogenisiert wurden.

32 Parzinger 2014, S. 162 ff., Gehrke 2017, S. 272 ff., Jockenhövel 2009, S. 333 f., Popitz 1995, S. 26 f.

33 Dies ist eine zentrale These von Woolf 2020, S. 7 f. Zur Größe von Uruk: Scott 2017, S. 168.

34 Gehrke 2017, S. 272, und Parzinger 2014, S. 163.
35 Scott 2017, S. 168. Bei den Sklaven soll es sich ausschließlich um Frauen gehandelt haben.
36 Parzinger 2014, S. 721, Eich 2015, S. 85 ff., Jockenhövel 2009, S. 298 f., Gehrke 2017, S. 270. Diese spezialisierten Handwerkstätigkeiten werden von den Handwerkern übrigens nicht als technische Tätigkeiten verstanden, sondern sie werden immer von umfangreichen «mystisch-magischen Ritualen» begleitet, damit sie auch wirklich gelingen, und für diese Handwerker haben mythologische Vorbilder wie Schmiede- oder Töpfergötter eine große Bedeutung (Pichot 1991, S. 549).
37 Childe 1942, S. 123.
38 Mumford 1961, S. 40, verweist darauf, dass das Wort «Kaufmann» in der mesopotamischen Schrift erst spät auftritt (erst im 2. Jahrtausend vor Christus), und dass es *einen Tempeldiener bezeichnet, dem es erlaubt ist, außerhalb Handel zu treiben.*
39 Bockelmann 2020, S. 107.
40 Dies wird bereits früh von Gordon Childe betont und herausgestellt (Childe 1942, S. 105 f.).
41 Lévi-Strauss 2011, S. 85 f.
42 In der heutigen Diskussion wird bereits oft die Aussage, dass es geschlechtsspezifische Tätigkeiten gebe, als «frauenfeindlich» bezeichnet, weil biologische Unterschiede «soziale Konstrukte» und Ausdruck der Herrschaft des Mannes über die Frau seien. Ich vertrete dagegen die Position, dass eine solche Argumentation auf dem modernen (formalen) Verständnis von Gleichheit aufbaut (Gleichheit = gleiche oder identische Personen), bei dem sich Gleichheit und Unterschiede wechselseitig ausschließen, und ich bin weiterhin der Ansicht, dass es gewisse Unterschiede zwischen Frauen und Männern gibt (siehe Anmerkung 83 in Kapitel 2). Deshalb ist es angemessener, von «Gleichwertigkeit» zu sprechen, um das Verhältnis zwischen Frauen und Männern darzustellen.
43 Bätzing 2015, S. 71 ff.
44 Es würde an dieser Stelle zu weit führen, sich mit den zahlreichen Ansätzen und Theorien auseinanderzusetzen, die die Entstehung von Macht und Herrschaft mit Bezugnahme auf die Geschlechterdifferenz erklären wollen. Stattdessen ein Hinweis auf die klassischen Aufgaben von Frau und Mann im Rahmen von egalitären Bauerngesellschaften, die sich teilweise bis weit ins 20. Jahrhundert hinein erhalten haben: Während auf einem Bauernhof die Bäuerin als Frau die Verantwortung für den gesamten Bereich der Hauswirtschaft des Hofes hat (wo Männer nichts zu sagen haben), hat der Bauer als Mann die Verantwortung für die Flur und ihre Nutzung sowie für die Außenvertretung des Hofes in der Dorfgemeinschaft (Mitterauer 1992, S. 60 ff.). Solange die Landwirtschaft und die politischen Strukturen auf Selbstversorgung ausgerichtet sind, sind die Bereiche von Frau und Mann gleich wichtig und gleichwertig; erst wenn die Landwirtschaft beginnt, bestimmte Produkte für den Markt zu produzieren und die Gemeinde als unterste Ebene des Staates politisch neu definiert wird, wird der Bereich des Mannes auf- und der der Frau abgewertet.

45 Zur Entstehung des Krieges siehe Diekvoß 2002 und Eich 2015.
46 Diekvoß 2002, S. 264.
47 Eich 2015, S. 98 ff.
48 Scott 2017, S. 211.
49 «Zivilisationen» ist der Begriff, der im angelsächsischen Sprachraum, «Hochkultur», der im deutschen Sprachraum üblich ist. Beide Begriffe sind wertende Begriffe, die die städtische Komplexität auf eine positive Weise bezeichnen, während die geringe Komplexität im ländlichen Raum implizit negativ bewertet wird. Ich verwende im Folgenden stets den deutschen Begriff «Hochkultur» in einem deskriptiv-neutralen Sinn, um komplexe städtisch geprägte Gesellschaften zu bezeichnen.
50 Woolf 2020, S. 26 f.
51 Meine zentrale These ist, dass Stadt und Land bis heute unterschiedliche Lebens- und Wirtschaftsformen besitzen (Bätzing 2020). Meine Position, dass die traditionelle Selbstversorger-Landwirtschaft, die im Kontext der neolithischen Transformation entsteht, sehr lange im Rahmen verschiedener Herrschaftsformen («orientalische Despotie, antikes Patriarchat, mittelalterlicher Feudalismus») fortbesteht und erst durch «die Industrie» ihr Ende findet, wird auch von Immler (1989, S. 135) vertreten.
52 Die traditionelle chinesische Geschichtsschreibung hat für diese Zeit, die der politischen Einigung Chinas vorausgeht (403 bis 221 vor Christus), die treffende Bezeichnung «Periode der streitenden Reiche» geprägt (Schmidt-Glintzer 1995, S. 27).
53 Riese 1995, S. 43 ff.
54 Solche Großreiche umfassen den gesamten landwirtschaftlich intensiv genutzten Raum einer Agrarregion der Erde. Da sie aus der Sicht der damaligen Herrscher die ganze Welt umfassen, werden sie von ihnen mit großem Stolz «Weltreiche» genannt. Großreiche, mittelgroße Reiche und Stadtstaaten werden in diesem Buch als unterschiedliche Ausprägungen von Hochkulturen angesehen.
55 Gehrke 2017, S. 300. Bei der Unterscheidung zwischen Stadtstaaten und Großreichen habe ich im Unterschied zu meiner Darstellung in «Das Landleben» (Bätzing 2020, S. 58 ff.) einige Änderungen vorgenommen.
56 Ich übertrage hier mit aller Vorsicht eine Denkfigur des Verwaltungswissenschaftlers und Systemtheoretikers Niklas Luhmann (1927–1998) auf die Epoche der Alten Geschichte.
57 Gehrke 2017, S. 272 ff., Jockenhövel 2009, S. 144 und 154. Siehe dazu auch Childe 1942, S. 128 ff.
58 Die Maya-Schrift wurde erst in der zweiten Hälfte des 20. Jahrhunderts entziffert, und die Indusschrift, also die Schrift der Harappa-Kultur im Industal, ist bis heute noch nicht entziffert (Gehrke 2017, S. 783 ff.). Einzig bei den Inka in den Anden hat es keine Schrift gegeben, aber das «quipo»-System (komplexe Knotenschnüre) scheint wenigstens teilweise diese Funktion übernommen zu haben (Julien 1998, S. 81 und 110).
59 Assmann 2002, S. 51, 2. Spalte.
60 Assmann 2002, S. 51, 1. Spalte.
61 Assmann 2002 und Assmann 1992. Das erste Werk, das diese Eigenschaften

aufweist, ist das babylonische Gilgamesch-Epos, das aus der Zeit um 1800 vor Christus, vielleicht auch aus der Zeit um 2400 vor Christus stammt (Maul 2007).

62 Jockenhövel 2009, S. 200.

63 Lange Zeit war man der Meinung, dieses Wissen sei nur in den Zentren der Hochkulturen präsent gewesen und genutzt worden. Der Fund der «Himmelsscheibe von Nebra» macht aber deutlich, dass dieses Wissen offenbar so wichtig war, dass es auch in vielen ländlichen Regionen genutzt wurde.

64 Der Israelit Joseph, der in Ägypten lebt, erfährt von Gott, dass auf die bevorstehenden sieben «fetten» (ertragreichen) Jahre anschließend sieben «magere» (ertragsarme) Jahre folgen werden. Er erzählt dies im Rahmen einer Traumdeutung dem Pharao. Dieser kann dadurch die Vorratshaltung in Ägypten optimieren und so die sieben mageren Jahre besser bewältigen (Altes Testament, 1. Buch Mose 41).

65 So der Titel der Monographie von Pichot 1991. Siehe dazu auch Childe 1942, S. 135 f.

66 Die Zeit von der Entstehung der ersten Städte bis zum Beginn der Industriellen Revolution ist dadurch geprägt, dass es nur relativ wenige relevante Innovationen im Bereich von Technik und Wirtschaft gibt und dass die zentralen Innovationen oft noch vor der Zeitenwende erfolgen, wie zum Beispiel der Übergang von der Bronze- zur Eisenverarbeitung um 1200 vor Christus. Bei der Keramik- und Textilproduktion gibt es kaum grundlegende Änderungen, ähnlich wie beim Bau-, Transport- und Kommunikationswesen.

67 Woolf 2020, S. 120 ff., und Scott 2017, S. 191 ff.

68 Scott 2017, S. 193. Dazu Mumford 1967/70, S. 188: *Die außergewöhnliche Beständigkeit der neolithischen Dorfkultur im Vergleich zu den kühneren Veränderungen der späteren städtischen Zivilisationen zeugt davon, dass sie den natürlichen Bedingungen und den Fähigkeiten des Menschen besser gerecht wurde als jede dynamischere, aber weniger ausgewogene Kultur.*

69 Oswald Spengler geht von acht, Arnold Toynbee von 21 Großreichen im Verlauf der gesamten Weltgeschichte aus, andere Zählungen kommen bis auf 78 Großreiche (Sieferle 2003, S. 6). Da es schwierig ist, solche Großreiche zu definieren und abzugrenzen, ist es schwer, ihre Zahl konkret zu bestimmen.

70 Sieferle 1997, S. 111. Eine Dauer von fünfhundert Jahren scheint für viele Großreiche das Maximum ihrer zeitlichen Existenz zu bedeuten. Es gibt nur zwei Großreiche, die länger als 500 Jahre existieren, nämlich das Ägyptische Reich (von 3200 vor Christus bis um Christi Geburt) und das Chinesische Reiche (von 221 vor Christus bis 1912). Allerdings gibt es bei beiden Reichen fremde Eroberer, die für einige Zeit die politische Macht übernehmen, die aber die kulturellen Traditionen dieser Reiche nicht unterbrechen können.

71 Dieser Ausdruck stammt aus dem Alten Testament (Buch Daniel 2,1 ff.), und er greift ein damals in Mesopotamien weitverbreitetes Bild auf.

72 Rolf Peter Sieferle verweist zu Recht darauf, dass es oft sehr kleine Mächte sind, die ein Großreich zu Fall bringen (Sieferle 1997, S. 111 f.). Siehe dazu Abschnitt 6.1.

73 Diese Diskussion beginnt in Europa bereits früh mit dem Monumentalwerk

von Edward Gibbon *Verfall und Untergang des Römischen Reiches* (1776–1789), sie erreicht zu Beginn des 20. Jahrhunderts mit Oswald Spengler *Der Untergang des Abendlandes* (1918) einen ersten Höhepunkt, und sie wird auch in der Gegenwart aktiv weitergeführt.

74 Der Klimawandel als Ursache wird häufig in Wissenschaftsmagazinen für ein breiteres Publikum vertreten, die Position der ökologischen Übernutzung wird am prominentesten von Jared Diamond (2005) vertreten.

75 Siehe dazu Tainter 1988 und Woolf 2020.

76 Der Titel des 5. Kapitels von Wittfogel's *Die Orientalische Despotie* lautet: *Totaler Terror – totale Unterwerfung – totale Einsamkeit* (Wittfogel 1957, S. 184–213).

77 So der Titel von Scott 2009 *(The art of not being governed)*, der dies am Beispiel südostasiatischer Gebirgsräume, also der Peripherie des Chinesischen Reiches, anschaulich darstellt.

78 In Europa gibt es im Mittelalter ähnliche Strukturen; siehe Abschnitt 7.3 mit Anmerkung 36.

79 Sieferle 1997, S. 108.

80 Popitz 1995, S. 25.

81 Bereits im Alten Testament wird die Entwaldung des Libanon- und Karmel-Gebirges beklagt: *Das Land sieht traurig und jämmerlich aus, der Libanon ist zuschanden geworden und verdorrt. Scharon ist wie eine Steppe, und Baschan und Karmel stehen kahl.* (Prophet Jesaja 33,9). Am Beispiel des Mittelmeerraums wurde die Thematik der Entwaldung wissenschaftlich besonders intensiv diskutiert; siehe Wagner 2001, S. 227 ff.

82 *Die Arbeit, die Güter schafft, ist ein Dienst an den Göttern, ... und die praktischen Bedürfnisse bleiben in religiöse Wertungen eingebettet* (Fischer 1960, S. 18).

83 Fischer 1960, S. 18.

84 Sehr viele frühe Städte besitzen einen geometrischen Stadtgrundriss (quadratischer Grundriss mit Schachbrettmuster-Straßen, kreisförmiger oder sternförmiger Grundriss mit radial verlaufenden Straßen); siehe dazu Mumford 1961. Zur artifiziellen Lebenswelt der Städte siehe Popitz 1995, S. 27 f.

85 Damit übernehmen diese Wissenschaftler die Position der städtischen Eliten der Hochkulturen, für die Kultur nur städtische Hochkultur ist. Die kulturellen Leistungen der Vor- und Frühmenschen, der Jäger und Sammler und der Bauern stellen nach diesem Verständnis keine Kulturleistungen dar.

86 Uwe Walter drückt dies im Rahmen seiner Rezension von Woolf 2020 so aus: *Die Stadt [war] einst Paradepferd antiker Errungenschaften, was zivilisatorische Leistungen und politische Verdichtung angeht* (FAZ vom 17.06.2022).

87 Siehe Scott 2009 und 2017, Harari 2011, Woolf 2020, Graeber/Wengrow 2021 und die kritische Darstellung bei Childe 1942, S. 111 ff.

88 Dieser Ausdruck stammt von Wittfogel 1957, S. 184 ff.

6. Hirtennomadismus und «Achsenzeit»

1 Da der Begriff Nomade in der deutschen Sprache mehrdeutig ist, wird in diesem Abschnitt der Begriff Hirtennomadismus verwendet, um diese Form des Nomadismus von dem der Jäger und Sammler zu unterscheiden.
2 Diese Position wird bereits von Schriftstellern der Römerzeit geäußert, und sie bleibt bis weit ins 20. Jahrhundert hinein die dominante Position. Siehe dazu Sauer 1952, S. 20.
3 Cauvin 1997, S. 327: *Le nomadisme … n'a rien d'un archaïsme.* Zur «sekundären Spezialisierung» siehe Kohl 1993, S. 84. Zur fehlenden wirtschaftlichen Autarkie: Bollig/Casimir 1993, S. 535 f., und Toynbee 1976, S. 90.
4 Benecke 1994, S. 338 ff., Bollig/Casimir 1993, S. 538.
5 Dies ist die zentrale These des Geographen Fred Scholz (1995).
6 Scholz 1995, S. 46.
7 Bobek 1959, S. 273, Scholz 1995, S. 47 ff.
8 Bobek 1959, S. 273, Bollig/Casimir 1993, S. 530 ff., Kohl 1993, S. 84.
9 Bollig/Casimir 1993, S. 550 f. Diese Einstellung zu Natur und Arbeit prägt viele Hirtenkulturen auf der gesamten Erde. In den Schweizer Alpen behaupten zum Beispiel in der Frühen Neuzeit die Sennen, dass sie nicht auf die Alm gehen, um zu arbeiten, sondern um stark zu werden (Bätzing 2015, S. 74).
10 Toynbee 1976, S. 90. Ganz ähnlich Scholz 1995, S. 20 f.
11 Albertz 2006, S. 317.
12 Benecke 1994, S. 288 ff., Scholz 1995, S. 53 ff.
13 Bollig/Casimir 1993, S. 544 ff. Diese Strukturen werden zwar «Staaten» genannt, weil sie streng hierarchisch strukturiert sind, sie unterscheiden sich aber sehr stark von den Staaten der Hochkulturen.
14 Scholz 1995, S. 48.
15 Scott 2017, S. 254 ff. Dies ist z. B. im Chinesischen Reich der Fall, wo die Yuan- und die Mandschu-Dynastie von nomadischen Eroberern begründet werden.
16 Solche Positionen werden unter anderem von Alfred Weber (1868–1958), dem jüngeren Bruder von Max Weber (heute noch in den Wirtschaftswissenschaften und in der Wirtschaftsgeographie durch seine Standorttheorie bekannt), vertreten, der explizit von «Herrenmenschen» spricht (Weber 1935, S. 45 f.).
17 Das Konzept der Achsenzeit wurde vom Philosophen Karl Jaspers (1949) entwickelt, und es wurde später vom israelischen Soziologen Shmuel N. Eisenstadt (2005 und 2006) weiterentwickelt. Die Konzeption der Achsenzeit ist in den Geschichts- und Kulturwissenschaften durchaus nicht unumstritten, weil sowohl Jaspers als auch Eisenstadt damit bestimmte Zielsetzungen für ihre jeweilige Gegenwart verbinden (Jaspers: Die Menschheitsgeschichte läuft nicht mehr auf Europa zu; Eisenstadt: Begründung einer «multiplen Moderne»). Von diesen Zielsetzungen wird an dieser Stelle jedoch abgesehen.
18 In diese Richtung denkt bereits Jaspers 1949. Für Eisenstadt reicht die Achsenzeit von 500 vor Christus bis zum «Aufstieg des Islam» (Eisenstadt 2005 und 2006).
19 Dieser Vergleich wird auch von Jaspers 1949, S. 32 f., hergestellt. An dieser Stelle stellt sich erneut die Grundsatzfrage, ob es ein bestimmtes Niveau der

kulturellen Entwicklung braucht, damit die Innovation der Achsenzeit entstehen kann (siehe Kapitel 4, Anmerkung 31 und Kapitel 5, Anmerkung 22).

20 Eisenstadt 2005, S. 65.

21 Eisenstadt 2005, S. 41.

22 Eisenstadt 2005, S. 41.

23 Eisenstadt 2005, S. 40–41. Dieses neue soziale Element der Intellektuellen sind Menschen, die als Kopfarbeiter für die Koordination der arbeitsteiligen Prozesse verantwortlich sind.

24 Eisenstadt 2005, S. 41.

25 Jaspers 1949, S. 21.

7. Der dreifache Beginn der modernen Entwicklung

1 Die These, dass die Industrielle Revolution einen dreifachen Beginn benötigt, wurde von mir zuerst im Text *Grenzenlose Dynamik von Wirtschaft und Gesellschaft als Fortschritt?* (Kapitel 1 in Hanzig-Bätzing/Bätzing 2005, S. 19–98) dargestellt. Die folgenden Ausführungen greifen auf diese Darstellung zurück und aktualisieren sie.

2 Siehe die Ausführungen am Ende von Abschnitt 4.1. Zugleich halte ich alle Ansätze, die die moderne Entwicklung in Europa entweder auf besonders vorteilhafte naturräumliche Faktoren (Diamond 1997) oder auf die Herausforderungen durch das kühlere Klima (Denkfigur «Challenge and Response», Toynbee 1976) zurückführen wollen, für nicht stichhaltig.

3 Mit der Sichtweise, dass der Europäische Sonderweg im Klassischen Griechenland beginnt, folge ich Meier 2009.

4 Diese und die folgenden Ausführungen stützen sich auf Ober 2015, Meier 1993 und 2009 und Pichot 1991.

5 Der Begriff Polis, der ursprünglich «Burg» bedeutet und auf eine befestigte Höhensiedlung verweist, ist der altgriechische Begriff für einen Stadtstaat, also für eine Stadt einschließlich ihres Umlandes. Da es Interpretationen gibt, die die Blüte der Polis-Struktur auf die naturräumlichen Strukturen zurückführen, soll an dieser Stelle betont werden, dass bestenfalls die Entstehung, keineswegs aber die Blüte der Polis-Struktur durch den Naturraum erklärt werden können.

6 Kirsten 1956, S. 33 ff.

7 Obwohl alle Poleis eine ähnliche Struktur besitzen, also relativ gleich sind, betonen sie ausdrücklich ihre Unterschiedlichkeit mittels Dialekt, Kleidung und Schmuck (Meier 2009, S. 182). Dies erinnert an die Dörfer der egalitären Bauerngesellschaften, die ebenfalls ihre Unterschiede betonen (siehe das Ende von Abschnitt 4.3).

8 So Jan Ross in der FAZ vom 07.12.1993 im Rahmen der Rezension des Buches von Meier (1993). Der Althistoriker Christian Meier hat die Bedeutung dieses großen Bruchs besonders deutlich herausgearbeitet (Meier 1993 und 2009).

9 Robinson 2011. Unser traditionelles Griechenland-Bild – alle Poleis seien Demokratien gewesen – wird sehr stark durch die Entwicklung von Athen bestimmt, die außergewöhnlich gut dokumentiert ist.

10 Meier 2009, S. 289 ff.; zur Ausnahmesituation von Athen: Meier 1993.

11 Zur Entstehung der Märkte: Bockelmann 2020, S. 109, zum geringen Stellenwert der griechischen Märkte: Bockelmann 2020, S. 109, und Ober 2015, S. 157.
12 Ober 2015, S. 157 ff.
13 Da die phönizische Sprache zu den semitischen Sprachen gehört, stellen die Buchstaben lediglich Konsonanten dar, denn alle Wortwurzeln werden nur aus Konsonanten gebildet, und die Worte werden je nach grammatikalischer Funktion mit (unterschiedlichen) Vokalen ergänzt. Da für das Griechische als Teil der indoeuropäischen Sprachfamilie die Vokale eine zentrale Rolle spielen, werden sie von den Griechen ergänzt (Pichot 1991, S. 251 ff.). Da die Griechen die Buchstabenschrift dezentral übernehmen, gibt es lange Zeit zahlreiche regionale Varianten, und das klassische griechische Alphabet setzt sich erst relativ spät, um 400 vor Christus, in ganz Griechenland durch (Pichot 1991, S. 256).
14 Siehe Blumenberg 1979. Dieser Zusammenhang – leichtere und schnellere Informationen fördern eigenes Denken und schwächen Herrschaftsstrukturen – wird im antiken Griechenland erstmals sichtbar, und er wird seitdem bei der Erfindung des Buchdrucks und des Internets jeweils erneut hergestellt.
15 Sommer 2013, S. 103 f. Hans Christoph Binswanger geht davon aus, dass erst die Verwendung von Gold und Silber die Münzen zu einem allgemein akzeptierten Tauschmittel machen: *Gold und Silber galten damals als göttliche Substanzen. Ihr Besitz repräsentierte somit Reichtum in einem absoluten, eben in einem sakralen Sinne* (Binswanger 2009, S. 43). Die Entstehung des Geldes ist mit zahlreichen Mythen (Könige Krösus und Midas) verbunden, die bis heute bekannt sind.
16 Bockelmann 2020, S. 132 f.
17 Binswanger 2009, S. 67 f.
18 Sommer 2013, S. 99.
19 Platon «Nomoi» Buch IV, A.I. 47 ff. Dazu Buch IV, 705 a: *Indem es [das Meer] hier den Handel und vermittels des Kleinverkehrs den Gelderwerb gedeihen lässt und in den Seelen eine veränderliche und unzuverlässige Gesinnung erzeugt, macht es die Bürger unzuverlässig und lieblos gegeneinander.* Siehe dazu Binswanger 2009, S. 65 f.
20 Aristoteles «Politik» 1. Buch, 10. Kapitel. Siehe dazu Sommer 2013, S. 98 ff., und Bockelmann 2020, S. 124 ff.
21 Dies ist die zentrale These von Alfred Sohn-Rethel (1970): Das abstrakte Denken entwickelt sich erst aus den durch Geld entstandenen Abstraktionen, bei denen nützliche Dinge zur Ware werden («Warenform und Denkform»).
22 Pichot 1991, S. 293.
23 Pichot 1991, S. 293 ff.
24 Pichot 1991, S. 334 ff.
25 Pichot 1991, S. 249 f.
26 Die griechischen Bürger sind stets nur Männer, und das gesamte öffentliche Leben der Polis wird von Männern geprägt. Die Frau ist für das Haus und für die Hauswirtschaft verantwortlich (Lebensmittel, Handwerksprodukte, Herrin über die Sklaven), wo der Mann nichts zu sagen hat. Xenophon vergleicht

die Frau mit der Bienenkönigin, die im Stock bleibt, während die Männer den Stock verlassen.

27 Meier 2009, S. 245 (Affektkontrolle) und S. 205 und S. 169 (Bindungsschwäche). In einem Brief vom 13.07.2009 an mich betont Christian Meier: *Die Einzelnen waren wesentlich auf sich gestellt … Daher die wechselnden Konstellationen und die vielen Treuebrüche. Und dazu passt genau die Hochschätzung der Autarkie.*

28 Zur Orientierung am «richtigen Maß» siehe Meier 2009, S. 285 f., und Binswanger 2009, S. 65.

29 So der Titel der Rezension, mit der Jan Roß das Buch von Christian Meier *Athen* (1993) in der FAZ vom 07.12.1993 vorstellt.

30 Dieser Aufschwung beginnt in Süd- und Westeuropa teilweise schon ab 950 nach Christus, in Mitteleuropa etwas später und in Ost- und Nordeuropa erst nach 1100. Siehe dazu Blickle 2008, Le Goff 2003, Mitterauer 2003, Moore 2000. Es ist richtig, mit Mitterauer (2003) die Grundlagen dieses Aufschwungs in den Veränderungen zur Zeit Karls des Großen zu sehen (Le Goff 2003, S. 48 ff., bezeichnet diese Epoche jedoch als «fehlgeleitetes Europa»), allerdings führen seine Auswirkungen erst später zum großen Aufschwung. Ich habe diesen Aufschwung aus der Perspektive des Landes in meinem Buch «Landleben» dargestellt (Bätzing 2020, S. 69 ff.).

31 So der Buchtitel von Moore 2000. Es heißt «hochmittelalterlich» statt «mittelalterlich», weil der Aufschwung weder das Frühmittelalter (vom Ende des Römischen Reiches bis zum Jahr 1000) noch das Spätmittelalter (vom Ausbruch der Pest bis zum Beginn der Renaissance) umfasst.

32 Sieferle 2003, S. 49.

33 Bergdolt 2000.

34 Eine europäische Besonderheit im Rahmen der Landwirtschaft ist die Vergetreidung mit der Innovation der Dreifelderwirtschaft und dem Einsatz des eisernen Wendepflugs, der die Verwendung von Eisenprodukten in der Landwirtschaft und die Notwendigkeit zahlreicher Getreidemühlen nach sich zieht. Dies stimuliert das Montanwesen in Europa, und der häufige Einsatz von Mühlen fördert die technische Entwicklung (Erfindung der Nockenwelle, des Getriebes) und die Ersetzung menschlicher Arbeit durch eine immer komplexere Mühlentechnik (Mitterauer 2003, S. 279 ff.). Weitere europäische Besonderheiten sind die «gattenzentrierte Familie» (Mitterauer 2003, S. 70 ff.), das Lehenswesen (Mitterauer 2003, S. 109 f.), das Rittertum (Josef Fleckenstein) und anderes; da dies nicht das Thema dieses Buches ist, sei an dieser Stelle auf diese Besonderheiten lediglich verwiesen. Auch naturräumliche Besonderheiten fördern den europäischen Aufschwung, aber sie sind nicht die Ursache dafür (Diamond 1997, Landes 1998, S. 19–44).

35 Siehe dazu Bätzing 2020, S. 69 ff.

36 Diese Territorialstrukturen werden «Bauernrepubliken» oder «Bauernstaaten» genannt, und sie sind im Mittelalter in peripheren Regionen Europas – Alpen, Nordseeküste, Skandinavien, Island – gut dokumentiert. Ich habe am Beispiel der Alpen dargestellt, wie im Verlauf des Mittelalters aus dörflichen egalitären Strukturen überregionale genossenschaftliche Strukturen werden, die dann im

Verlauf der frühen Neuzeit politisch oder militärisch zerschlagen werden (Bätzing 2015, S. 124 ff.). Günther Franz nennt in seinem Buch *Geschichte des deutschen Bauernstandes* (Stuttgart 1970, S. 80–99) acht «Bauernstaaten», von denen drei in den Alpen liegen.

37 Blickle 2000.

38 Blickle 2000, Band 1, S. 87 ff.

39 In der Schweiz haben sich diese traditionellen Strukturen (Beteiligung nur der Männer an den politischen Strukturen) am längsten in Europa erhalten: Schweizweit erhalten die Frauen erst im Jahr 1971 das allgemeine Wahlrecht, und im Kanton Appenzell Innerrhoden dürfen Frauen sogar erst seit 1990 an der Landsgemeinde teilnehmen (die traditionelle Landsgemeinde widerspricht noch heute der formalen Demokratie, weil die Abstimmungen öffentlich, also nicht geheim stattfinden).

40 Dabei gibt es innerhalb Europas gewisse Unterschiede, siehe Bätzing 2020, S. 71.

41 Honnefelder 2008, S. 85 ff., und Rexroth 2018 (Untertitel).

42 Honnefelder 2008, S. 306. An dieser Stelle ist darauf zu verweisen, dass diese Verbindung nur möglich ist, weil sowohl die griechische Philosophie als auch das Christentum achsenzeitliche Kulturen sind, die beide einen universalistischen Wahrheitsanspruch vertreten, sich also auf gleicher Augenhöhe gegenüberstehen (Honnefelder 2003, S. 305 f.).

43 Honnefelder 2008, S. 93.

44 Honnefelder 2008, S. 113.

45 Moore 2000, S. 187.

46 Moore 2000, S. 245 ff., Mitterauer 2003, S. 152 ff.

47 Bätzing 2020, S. 73.

48 Mitterauer 2003, S. 162.

49 Diese Neubewertung der Arbeit erinnert sehr stark an Max Weber's Theorie der «protestantischen Ethik». Siehe dazu: Klaus Weber: *Wähntest du etwa, wir sollten das Leben hassen? Max Weber hat die Askese überschätzt.* In: FAZ vom 17.12.2006. Und: *Das abendländische Kloster als Urinstitution rationaler Weltveränderung*, In: Pohlmann 1997, S. 25 ff.

50 North 2009, S. 15 ff.

51 Dieser Begriff stammt von Raymond de Roover, der ihn in Anlehnung an die Industrielle Revolution prägt (North 2009, S. 28). Zum Folgenden siehe North 2009, S. 28 ff.

52 North 2009, S. 30.

53 North 2009, S. 31 f.

54 North 2009, S. 29.

55 Le Goff 2003, S. 159 f. Dazu Plumpe 2019, S. 23: *Es war die römische Kirche, die seit dem Mittelalter die modernen Finanztechniken, die sie zugleich als verderblich geißelte, maßgeblich vorantrieb. Zugleich betrieb sie mit der Ablasswirtschaft und der zugehörigen Beichtpraxis eine Kommerzialisierung des Seelenheils.*

56 Diesen Begriff habe ich entwickelt. Ich habe ihn erstmals für den frühneuzeitlichen Alpenraum benutzt (Bätzing 2015, S. 80), aber er trifft hier ebenfalls zu.

57 Sieferle 2003, S. 49.
58 Der Beginn der Renaissance ist schwer zu datieren, da sie in verschiedenen Regionen Europas zu unterschiedlichen Zeiten beginnt. In Norditalien entsteht sie bereits zu Beginn des 14. Jahrhunderts, nördlich der Alpen deutlich später.
59 Dies zeigt sich am eindrücklichsten in der Erfindung der Zentralperspektive um 1420, bei der die gesamte Welt im Auge des Betrachters zusammenläuft, so dass der Mensch wie selbstverständlich zum Zentrum der Welt wird; siehe dazu Belting 2008. Die Zentralperspektive gilt als europäische Erfindung, aber sie stammt ursprünglich aus dem arabisch-islamischen Raum, wo sie im Rahmen von Mathematik und Geometrie entwickelt, aber nicht auf die bildende Kunst übertragen wird.
60 Das Verständnis des «okzidentalen Rationalismus» ist das zentrale Thema von Max Weber (1864–1920): Nur in Europa werden seit der Renaissance rationale Verhaltensweisen und Strukturen aufgebaut, und diese – vor allem in den Bereichen Religion, Staat, Wirtschaft, Wissenschaft – sind die Schlüsselbausteine für die moderne Entwicklung; siehe dazu Weber 1920 und 1921/22 und Pohlmann 1997, S. 9 ff.
61 Crosby 1987.
62 Die konkrete Entwicklung verläuft oft sehr unübersichtlich und wird durch zahlreiche Zufälle mitgeprägt; sie erfordert daher eine ganz andere Darstellung. Siehe dazu Fernand Braudel *Sozialgeschichte des 15.–18. Jahrhunderts* (1979) oder Immanuel Wallerstein *Das moderne Weltsystem I–IV* (1974–2011).
63 Diese Bereiche orientieren sich einerseits am Konzept des okzidentalen Rationalismus von Max Weber (siehe Anmerkung 60), gehen andererseits darüber hinaus.
64 Heidegger 1962, S. 68, zum Begriff Kräftezusammenhang: Heidegger 1954, S. 21. Nach meiner Auffassung hat der Philosoph Martin Heidegger diesen Wandel der Naturvorstellung am präzisesten beschrieben; leider ist sein Text an eher versteckter Stelle erschienen (Heidegger 1962). Zur Entstehung der modernen Naturwissenschaften siehe Fischer 2013 und Bockelmann 2004, S. 246 ff.
65 Der Begriff «Material» wird zwar von Heidegger selbst nicht gebraucht, aber er ist implizit in seinen Ausführungen enthalten. Heidegger-Schüler verwenden diesen Begriff ab den 1950er Jahren regelmäßig, wenn sie Heidegger referieren.
66 Heidegger 1954, S. 21 ff., und 1962, S. 71 ff.
67 Es handelt sich bei der Entstehung der modernen Naturwissenschaften nicht um eine wissenschaftliche Revolution, die plötzlich eintritt, sondern um einen langen Übergang. Siehe dazu Renn 2020, S. 223 ff.
68 Lange Zeit gibt es zwischen Naturwissenschaftlern und den Anwendern von Technik keine *direkte* Verbindung, und auch die Dampfmaschine wird nicht von Naturwissenschaftlern, sondern von begabten Handwerkern entwickelt; diese profitieren allerdings indirekt vom naturwissenschaftlichen Denken und seiner Verbreitung. Siehe dazu Renn 2020, S. 54 f.
69 Die folgenden Ausführungen beziehen sich auf Weber 1920.

70 Das Recht spielt auch bei Max Weber eine wichtige Rolle, siehe die Kapitel VI und VII im 2. Teil von *Wirtschaft und Gesellschaft* (Weber 1921/22).
71 Im Alpenraum haben sich diese traditionellen Rechtsformen beim Almrecht besonders lange gehalten. Seine Umwandlung in Römisches Recht erfolgt erst in der zweiten Hälfte des 19. Jahrhunderts und ist mit so vielen Problemen und Streitigkeiten verbunden, dass innerhalb der Rechtswissenschaften ein eigener Bereich «Almrecht» entsteht. Siehe dazu Bätzing 2021, S. 27 ff.
72 Da Kant später merkt, dass die beiden Welten der reinen und der praktischen Vernunft vollständig auseinanderfallen, versucht er, mit der *Kritik der Urteilskraft* von 1790 diese beiden Welten miteinander zu verbinden, was ihm jedoch nicht gelingt (Bätzing 2021a, S. 151 ff.).
73 Bockelmann 2004, S. 300 ff.
74 Reinhard 2012, S. 252 ff. Dabei bezieht sich der Einsatz von Gewalt und Terror ausschließlich auf die Staatsräson und nicht auf persönliche Vorteile: *Du sollst dich nicht an den Gütern deiner Untertanen gütlich tun; du sollst dich nicht an ihren Frauen vergreifen; du sollst nicht einfach aus Spaß töten* (Reinhard 2012, S. 255 f.).
75 Siehe Weber 1921/22 und Plumpe 2019, S. 87 f.
76 Pohlmann 1997, S. 37, Plumpe 2019, S. 88 (drei Gruppen von Staaten).
77 Pohlmann 1997, S. 38, der in diesem Zusammenhang explizit auf Norbert Elias, Max Weber und Werner Sombart verweist.
78 North 2009, S. 83.
79 John Locke (1632–1704) ist ein englischer Philosoph und ein wichtiger Vorbereiter der Aufklärung.
80 Binswanger 2009, S. 88.
81 North 2009, S. 59, Plumpe 2019, S. 85.
82 Zum Wechsel: North 2009, S. 87; zur Börse: North 2009, S. 88, zur Aktiengesellschaft: Bockelmann 2004, S. 213 ff., und Plumpe 2019, S. 96 f.
83 North 2009, S. 114 f.
84 Plumpe 2019, S. 95.
85 Binswanger 2009, S. 92 ff. Dieses falsche Bild wird in den Comic-Geschichten «Onkel Dagobert/Uncle Scrooge» von Carl Barks (Walt Disney Company) seit 1947 weltweit verbreitet. Carl Barks greift bei dieser Comicfigur auf die literarische Figur des Ebenezer Scrooge aus Charles Dickens' *Eine Weihnachtsgeschichte* (1843) zurück.
86 Weber 1921/22, S. 686; siehe dazu Pohlmann 1997, S. 41 ff.
87 Marx 1890, S. 674.
88 Auf diese dunkle und oft verdrängte Schattenseite des Fortschritts hat zuerst Karl Marx hingewiesen, und sehr viel später wurde dies von Michel Foucault (1961 und 1975) aufgearbeitet. Siehe dazu auch Plumpe 2019, S. 105 f.
89 Zur «marktoffenen Selbstversorgerwirtschaft» siehe Anmerkung 56 in diesem Kapitel.
90 Siehe dazu Abschnitt 4.5 mit Anmerkung 53 und Bätzing 2021, S. 19 ff.
91 Die Auflösung der Allmende wird in England «enclosure» genannt und vom Staat aktiv vorangetrieben. Karl Marx beschreibt diesen Prozess exemplarisch in Kapitel 24 des *Kapitals* (Marx 1890, S. 741 ff.).

92 Bätzing 2020, S. 88 f.
93 Das Bild von der «unsichtbaren Hand/invisible hand» stammt von Adam Smith (1723–1790), der eine damals verbreitete Redensart aufgreift, die aus dem Bereich der Religion stammt.
94 Bätzing 2020, S. 93 f.

8. Industriegesellschaften

1 Dieser Begriff stammt vom britischen Sozialhistoriker Eric Hobsbawn (1917–2012).
2 Plumpe 2019, S. 141 f.
3 Pohlmann 1997, S. 60 ff.; siehe dazu Abschnitt 7.4.
4 Plumpe 2019, S. 84 f.
5 Plumpe 2019, S. 84.
6 Die Geographische Entwicklungsforschung hat dies an zahlreichen Beispielen untersucht.
7 Bargatzky 1997, S. 25.
8 Bargatzky 1997, S. 31.
9 Polanyi 1944.
10 Die Ethnologie hat die Umverteilung oder Redistribution von Reichtum am Beispiel der «big men» beschrieben (Kohl 1993, S. 59, Bargatzky 1997, S. 165 ff.); ein aufschlussreiches Beispiel aus einer Hochkultur (der «Euergetismus» in der Antike) analysiert Veyne 1976. Und der Bau großer Tempelanlagen, die Bezahlung zahlreicher Priester und die Durchführung aufwendiger religiöser Zeremonien können ebenfalls so interpretiert werden, dass ein Herrscher seinen Reichtum der Gemeinschaft zur Verfügung stellt.
11 James Watt hat die Dampfmaschine, die bereits längere Zeit vorher zum Abpumpen des Wassers aus den Schächten der Kohlebergwerke genutzt wurde, nicht erfunden, sondern er hat ihren Wirkungsgrad so stark verbessert, dass die Dampfmaschine erstmals universal einsetzbar wurde. Siehe Georg Küffner: *Watt für 'ne Erfindung*. In: FAZ vom 29.01.2019, Seite T1.
12 Plumpe 2019, S. 185 ff. Weil die Baumwolle in der Karibik und in Nordamerika von Sklaven im Rahmen von Plantagenwirtschaften angebaut wurde, kann man mit Recht davon sprechen, dass «Sklavenarbeit die industrielle Revolution ermöglicht» hat (Samuel Misteli im Gespräch mit Howard W. French in NZZ vom 05.04.2023, S. 7).
13 Ambrosius/Hubbard 1986, S. 61, Tabelle II.
14 Kurz 1999, S. 330 f.
15 Kurz 1999, S. 364 ff., Pohlmann 1997, S. 67 ff.
16 Senghaas 1982; zum skandinavischen Modell: Senghaas 1982, S. 113 ff.
17 Plumpe 2019, S. 164.
18 Götschmann 2010, S. 19.
19 Sieferle u. a. 2006, S. 323, Sieferle 1997, S. 144 f., und Sieferle 1982. Nach einer anderen Berechnung stammt die in vorindustriellen Zeiten genutzte Energie zu 90 Prozent aus menschlicher und tierischer Muskelkraft und nur zu 10 Prozent aus Holz, Holzkohle und anderen Quellen (Smil 2022, S. 27).

20 Bätzing 2020, S. 86. Diese Mühlen sind nicht nur Getreide-, sondern vor allem Gewerbemühlen, und sie dienen zum Antrieb von Hämmern, Sägen, Stampfen, Pumpen und Blasebälgen.

21 Sieferle u. a. 2006, S. 322.

22 Plumpe 2019, S. 20.

23 Plumpe 2019, S. 189.

24 Plumpe 2019, S. 40 f. und S. 227. Die letzte Hungerkrise, die in Europa auftritt, findet im Jahr 1846/47 statt und ist in Irland (1845–1849) ganz besonders heftig ausgeprägt.

25 Kurz 1999, S. 366. Dieser Selbstwiderspruch führt dazu, dass zwei unterschiedliche Strategien zur Wirtschaftsförderung entstehen (Liberalismus: Stärkung der Angebotsseite durch niedrige Löhne; Keynesianismus: Stärkung der Nachfrageseite durch staatliche Aufträge und höhere Löhne), die sich konträr gegenüberstehen.

26 Diesen Unterschied habe ich noch selbst miterlebt, als ich Ende der 1970er Jahre im Rahmen der traditionellen Berglandwirtschaft in den piemontesischen Alpen (die damals den mittelalterlichen Verhältnissen sehr viel näher als der Moderne stand) mitgearbeitet habe.

27 Plumpe 2019, S. 128 f.; für Werner Plumpe war diese Aussage so wichtig, dass er sie zum Titel seines Buches gemacht hat.

28 Plumpe 2019, S. 34.

29 Binswanger 2009, S. 18.

30 Binswanger 2019, S. 51.

31 Die Beobachtung, dass … *die Entwicklung der kapitalistischen Produktion eine fortwährende Steigerung des in einem industriellen Unternehmen angelegten Kapitals zur Notwendigkeit macht,* wurde bereits von Karl Marx im *Kapital* gemacht (Marx 1890, S. 618 und 640 ff.). Beim Thema Wachstumszwang beziehe ich mich auf die beiden Volkswirtschaftler Hans Christoph Binswanger (1929–2018) und seinen Sohn Mathias Binswanger (* 1962), die sich damit intensiv beschäftigt haben (Binswanger 2006, 2009, 2019). Ihre Position ist für mich ausgesprochen überzeugend, auch wenn sie von der Mehrheit der Wirtschaftswissenschaftler kritisch gesehen wird. Ich danke Mathias Binswanger für kritische Anmerkungen zu einer ersten Fassung dieses Abschnitts.

32 Binswanger 2009, S. 24.

33 Siehe dazu Bätzing 2020, S. 100 ff.

34 Urs Hafner: *Dialektik der Rationalisierung. Eine Tagung zur Geschichte des Büros*. In: NZZ vom 22.10.2013, S. 18.

35 Bähr 1983, S. 79.

36 Diese und die folgenden Aussagen zur Bevölkerungsentwicklung basieren auf meinen detaillierten demographischen Analysen, die ich im gesamten Alpenraum (Bätzing 2015), in Bayern und Franken, oft auf Gemeindeebene und immer für lange Zeiträume durchgeführt habe.

37 So der Buchtitel von Sieferle u. a. 2006.

38 Da es keine flächenhaften Aussagen zu Industriestädten und Industriegebieten im nationalen Rahmen gibt, habe ich diese Schätzung selbst erarbeitet. Als Höhepunkt der industriellen Entwicklung verstehe ich die 1930er Jahre, weil

die 1950er und 1960er Jahre durch die Sonderbedingungen des Wiederaufbaus nach dem Zweiten Weltkrieg geprägt und daher nicht repräsentativ sind. Die Schätzungen basieren auf den in Anmerkung 36 genannten Analysen, die ich mit aller Vorsicht auf Industriestaaten hochgerechnet habe.

39 Pohlmann 1997, S. 127 ff., Bähr 1983, S. 248 ff., Bätzing 2020, S. 107 ff.

40 Ich verwende an dieser Stelle explizit den Begriff, den Karl Marx für einen absoluten Gegensatz verwendet und der bei ihm nur durch eine «Revolution» aufgelöst werden kann; siehe Marx 1890.

41 Die Erkenntnis, dass liberale und sozialistische Ideen ein gemeinsames Fundament und damit eine erheblich größere inhaltliche Nähe zueinander besitzen, als deren Vertreter meinen, verdanke ich jahrelangen Diskussionen mit dem Soziologen Ulrich Hanzig. Die gleiche Erkenntnis wurde auch von Robert Kurz angesprochen, aber nicht näher ausgeführt (Kurz 1999, S. 167 f.). Diesen Zusammenhang thematisierte Rolf Peter Sieferle bereits sehr früh (1984, S. 118 ff.), aber er wurde von anderen Wissenschaftlern nicht aufgegriffen.

42 Siehe dazu Bätzing 2020, S. 95 ff. (Kapitel 5).

43 Da alle Kritiker, die das moderne Wirtschaften als umweltzerstörerisch darstellen, auch heute noch in der Gefahr stehen, das traditionelle Landleben zu idealisieren, habe ich in meinem Buch *Das Landleben* ganz bewusst ein nichtromantisches Bild vom Landleben gezeichnet und seine falsche Romantisierung explizit thematisiert (Bätzing 2020).

44 Siehe dazu Bergmann 1970. Zentrale Vertreter dieser Richtung sind Wilhelm Heinrich Riehl (1823–1897) und Ernst Rudorff (1840–1916). Die Begriffe «Widernatur» und «Übercivilisation» sind zentrale Begriffe bei H. Riehl.

45 Diese Bewegungen werden später unter dem Begriff der «konservativen Revolution» zusammengefasst, aber ihre Wurzeln liegen bereits im 19. Jahrhundert.

46 Bätzing in Hanzig-Bätzing/Bätzing 2005, S. 49 f.

47 Die klassische Darstellung der problematischen Umwelt- und Lebenssituation der Arbeiter in der Zeit der Frühindustrialisierung stammt von Friedrich Engels (1845).

48 Siehe Bätzing 2020, S. 100 ff.

49 Die folgende Darstellung orientiert sich an Bätzing 2020, S. 115 ff.

50 König 1996. An meinem Wohnort, in Bamberg, kann man noch heute im «Hain» auf den Wegen der frühen Spaziergänger, unter ihnen E. T. A. Hoffmann, spazieren gehen.

51 Für bäuerliche Gesellschaften gelten nie Landschaften insgesamt als «schön», sondern stets nur begrenzte, gut nutzbare und ertragreiche Flurstücke (dies zeigen viele Orts- und Flurnamen wie Schönbühel, Schönberg, Schönau, Schönwies). Dies liegt daran, dass der bäuerliche Begriff «schön» vom Nutz- oder Gebrauchswert abhängt, während sich der neue bürgerliche Begriff «schön» auf den ästhetischen Wert und deshalb auf Landschaften insgesamt bezieht. Siehe dazu Bätzing 1990.

52 Natur als «Landschaft» wahrzunehmen ist keineswegs selbstverständlich, sondern sehr voraussetzungsträchtig: *Natur als Landschaft ist Frucht und Erzeugnis des theoretischen Geistes* (Ritter 1962, S. 413).

53 Siehe dazu Bätzing 2015, S. 13 ff.

54 Ein anschauliches Beispiel dafür gibt der Philosoph G. W. F. Hegel, der sich bereits in seinem *Tagebuch einer Reise in die Berner Oberalpen 1796* über die Geschäftstüchtigkeit der Einheimischen beschwert.

55 Weltweit soll es 116 oder sogar 187 «Schweizen» geben (Frei 2017).

56 Andratschke 2016.

57 Die «schöne» Landschaft wird in der Epoche der Industriegesellschaft als eine Landschaft gesehen, in der sich eine «Harmonie» der Mensch-Natur-Beziehung ausdrückt, bei der sich der Mensch der Natur unterordnet: *Die Kulturlandschaft [ist] ein Werk des Menschen im Rahmen dessen, was die Natur erlaubt* (Schwind 1951, S. 21). Industriestädte und Industriegebiete sind dagegen «hässlich», weil *die Kultur die Natur landschaftlich völlig überwältigt* (Schwind 1951, S. 24). Der absolute Gegensatz, der hier zwischen Natur und Kultur gemacht wird – entweder Unterordnung unter Natur oder Dominanz über Natur –, ist charakteristisch für die Sichtweise der Industriegesellschaft.

58 Ich habe diese Entwicklung am Beispiel des Belle-Époque-Tourismus in den Alpen dargestellt (Bätzing 2015, S. 172 ff.).

59 Die frühen Naturschutzdiskussionen in Deutschland werden anschaulich (mit Originaltexten) von Barthelmeß (1988) dargestellt. Siehe dazu auch Radkau 2011, S. 71 ff.

60 Bei der Entwicklung von Schutzgebieten gibt es einen relevanten Unterschied zwischen Europa und den USA: Weil in den USA riesige Räume zur Verfügung stehen, macht es hier wenige Probleme, große Gebiete als Schutzgebiete (Nationalparks) auszuweisen. Diese werden von den städtischen Naturschützern als «Wildnis» (wilderness) wahrgenommen, obwohl es keine echten Wildnisgebiete sind, sondern die Lebensräume der einheimischen Jäger und Sammler. Diese werden durch die Ausweisung zum Nationalpark aus diesen Gebieten vertrieben, oder ihre Nutzungsformen werden stark eingeschränkt. In den USA entstehen Nationalparks ab 1872 und umfassen große Flächen, während sie in Europa erst nach 1900 ausgewiesen werden und hier auf Grund der traditionell großen Nutzungsdichte immer nur kleine Flächen umfassen. Außerdem können in den USA die Nutzungsinteressen der Jäger und Sammler mit Gewalt zurückgedrängt werden, während etwas Vergleichbares in Europa mit den Nutzungsinteressen der Bauern nicht so einfach möglich ist. Aus diesen Gründen spielt im nordamerikanischen Naturschutz die Wildnis eine zentrale Rolle, während in Europa der Naturschutz sehr viel enger mit den traditionellen bäuerlichen Kulturlandschaften verbunden ist.

61 Bätzing 1990.

62 Siehe Anmerkung 60.

63 Mit dem Begriff Kompensation spiele ich auf die Überlegungen des Philosophen Joachim Ritter (1962) und auf die Kompensationstheorie des Philosophen Odo Marquard (einem Schüler von Joachim Ritter) an.

64 Ich verwende an dieser Stelle bewusst denjenigen Ausdruck, mit dem die traditionellen Großreiche charakterisiert werden, um auszudrücken, dass ihnen die Stabilität fehlt (siehe Abschnitt 5.3).

65 Dieser Begriff wird gewählt, weil er besser als andere Begriffe auf das zentrale

Merkmal dieser Form des Wirtschaftens – Wirtschaften als Selbstzweck: das Kapital wird eingesetzt, um aus Geld mehr Geld zu machen – verweist. Im Unterschied zum heutigen normativ geprägten Gebrauch dieses Begriffs (Kampfbegriff gegen diese Form des Wirtschaftens) verwende ich ihn in diesem Buch rein deskriptiv. Zur Definition und zur unterschiedlichen Bewertung dieses Begriffes, der stark von Karl Marx, Max Weber und Joseph A. Schumpeter geprägt wurde, siehe Kocka 2013, S. 20 f., und Binswanger 2019, S. 12, 54 und 279 (Anmerkung 4).

9. Dienstleistungsgesellschaften

1 Der Begriff «Dienstleistungsgesellschaften» bezieht sich auf Fourastié 1949 (siehe Häußermann/Siebel 1995). Der Begriff «nachindustrielle Gesellschaft» wird von Daniel Bell im Jahr 1973 (im Original: «post-industrial society») und der Begriff «Postfordismus» von Vertretern der Regulationstheorien verwendet. «Konsumgesellschaft» bezieht sich auf den hohen Stellenwert des privaten Konsums, «Postmaterialismus» wird u. a. von Ronald Inglehart verwendet, «Erlebnisgesellschaft» geht auf Gerhard Schulze zurück (Schulze 1992), «Zweite Moderne» und «Reflexive Moderne» sind von Ulrich Beck und Anthony Giddens geprägt worden (Beck 1986), und «Spätmoderne» und vor allem «Postmoderne» sind schließlich diejenigen Begriffe, die in den Sozial- und Geisteswissenschaften die größte Verbreitung erreicht haben. Der Begriff «Spätkapitalismus» wird von der Frankfurter Schule und von marxistisch geprägten Wirtschaftswissenschaftlern (Ernest Mandel) gebraucht.

2 Da ich davon ausgehe, dass in der neuen Epoche die Grundprinzipien der Industriegesellschaften weiter gelten und sogar noch verabsolutiert werden, zielt für mich der häufig verwendete Begriff «Postmoderne» in eine falsche Richtung, weil er einen Bruch mit der Moderne voraussetzt. Die Begriffe «Zweite Moderne» oder «Reflexive Moderne» sind so eng mit dem spezifischen Denken von Ulrich Beck und Anthony Giddens verbunden, dass als allgemeiner Begriff nur noch der Begriff «Spätmoderne» übrig bleibt.

3 Fourastié 1949. Hierbei ist zu beachten, dass es sich um 50 % der Erwerbstätigen und nicht um 50 % der nationalen Bruttowertschöpfung handelt.

4 Fourastié 1949, S. 278. Siehe dazu Häußermann/Siebel 1995, S. 33 f.

5 So der Titel seines Buches.

6 Fourastié 1949, S. 84 und 274 ff., dazu Häußermann/Siebel 1995, S, 30 ff.

7 Häußermann/Siebel 1995, S. 11: *Nicht einmal über die Definition von Dienstleistungen herrscht Klarheit, noch weniger über ihre Entwicklung oder gar deren Bewertung.* Dies liegt daran, dass Dienstleistungen in der Regel als statistische Residualkategorie betrachtet werden, in die alles eingeht, was nicht dem I. oder II. Sektor zugeordnet werden kann, so dass sie oft negativ durch das, was sie nicht sind, definiert werden (Häußermann/Siebel 1995, S. 12).

8 Meine Motivation zur Erarbeitung einer eigenen Definition entstand in zahlreichen Lehrveranstaltungen zum Thema Wirtschaftsgeographie und Regionalentwicklung. Die folgende Definition stammt von mir (Bätzing in: Hanzig-Bätzing/Bätzing 2005, S. 56–57) und wurde für diese Publikation modifiziert.

9 Die folgende Aufstellung wurde von mir erarbeitet, um das starke Wachstum der Dienstleistungen verstehen zu können.

10 Siehe dazu: Norbert Schwarz/Florian Schwahn: *Entwicklung der unbezahlten Arbeit privater Haushalte.* In: Wissenschaft & Statistik (Destatis) 2016, Nr. 2, S. 35–51, und Lorenz Honegger *Der Wert von einer Stunde Abwaschen.* In: NZZ vom 13.12.2022, S. 15 (unter Bezugnahme auf eine Analyse des Bundesamtes für Statistik). Beide errechnen eine ähnliche Größenordnung (die unbezahlte Arbeit würde 40 % der Wirtschaftsleistung ausmachen).

11 Kurz 1999, S. 602 ff.

12 Während die großen Automobilkonzerne bis 1980 etwa 70 % der Wertschöpfung im eigenen Betrieb erarbeiteten, liegt dieser Wert zwanzig Jahre später nur noch bei 30 %.

13 Siehe dazu Gerhard Lauer: *Datenkartelle im Goldrausch.* In: FAZ vom 07.12.2022, S. N 4.

14 Siehe dazu Bätzing 2020, S. 125 ff.

15 Arne Andersen (1999, S. 88) verweist darauf, dass der Energieverbrauch der Landwirtschaft für Brenn-, Treibstoffe und für Strom allein im Zeitraum 1950–1987 um das Elffache gestiegen ist.

16 Bätzing 2020, S. 167.

17 Osterhammel/Petersson 2003, S. 93. Laut WTO-Review wächst die globale Warenproduktion zwischen 1960 und 2020 um 613 %, der Warenexport dagegen um 1783 % (Bundeszentrale für politische Bildung, kurz & knapp, Zahlen & Fakten vom 28.10.2021).

18 NZZ vom 11.08.1995, S. 10, basierend auf Angaben von EUROSTAT.

19 Thomas Fuster: *Nixon-Schock – ein Fluch oder Segen? Vor 50 Jahren beendeten die USA die Goldbindung des Dollars.* In: NZZ vom 14.08.2021, S. 23.

20 Bundeszentrale für politische Bildung, kurz & knapp, Zahlen & Fakten, Globalisierung vom 20.11.2022.

21 Den Beginn der Globalisierung setzen Osterhammel/Petersson (2003, S. 25) mit Immanuel Wallerstein um das Jahr 1500 herum an.

22 Die neuesten Entwicklungen (Corona-Pandemie, Krieg Russlands gegen die Ukraine, Energiekrise) scheinen die grenzenlose Globalisierung aus politisch-militärischen Gründen ein Stück weit in Frage zu stellen. Da die weitere Entwicklung derzeit jedoch nicht abzusehen ist, wird dies hier nicht weiter thematisiert.

23 Binswanger 2019, S. 28. In der Erdölkrise der 1970er Jahre gab es zwar eine Stagnation, aber keinen Rückgang.

24 In den 1980er Jahren war dies ein häufig diskutiertes Thema in der Öffentlichkeit, wobei oft von einer «Zwei-Drittel-Gesellschaft» gesprochen wurde (siehe dazu den Wikipedia-Artikel, 20.11.2022); inzwischen hat dieses Thema zwar einen geringeren Stellenwert, aber es ist weiterhin relevant.

25 Die folgenden Ausführungen basieren auf der langjährigen Lektüre der Wirtschaftsseiten von FAZ, der SZ und der NZZ.

26 Elisabeth Dostert. *Die Verheißung. Die vierte industrielle Revolution.* In: SZ vom 13.12.2014, S. 26. Georg Giersberg: *Jetzt revolutioniert das Internet die Arbeit.* In: FAZ vom 02.07.2014, S. U1. Georg Giersberg: *Industrie 4.0 für Kaufleute und Juristen.* In: FAZ vom 14.04.2014, S. 16.

27 Uwe Justus Wenzel: *Zwerge, Bauklötze und grauer Schleim. Über die Zauberwelt der Nanotechnologie.* In: NZZ vom 23.02.2010, S. 17. Michael Crichton: *Herrschaft der Maschinen. Unsere Zukunft mit der Nanotechnologie.* In: FAZ vom 22.11.2002, S. 33.
28 Helga Rietz: *Wir Cyborgs. Neue Materialien und Fertigungstechniken beflügeln die Bioelektronik.* In: NZZ vom 21.08.2013, S. 40.
29 Helmut Mayer: *Hirn zu Hirn gesellt sich gern.* In: FAZ vom 22.03.2014, S. 10. Lena Stallmach: *Europäisches Flaggschiff unter Schweizer Leitung. Das ‹Human Brain Project› und das Graphen-Projekt.* In: NZZ vom 26.01.2013, S. 33.
30 Dies ist die Position der so genannten Transhumanisten wie Ray Kurzweil (1999 und 2005).
31 Bähr 1983, S. 251 ff., Pohlmann 1997, S. 130 ff., Bätzing 2020, S. 107 f. In (West-)Deutschland liegen die Geburtenraten seit dem Jahr 1972 unter den Sterberaten, so dass die Bevölkerung seitdem nur noch durch Zuwanderung aus anderen Staaten wächst.
32 Peter A. Fischer: *Demographie und Migration verändern die Welt.* In: NZZ vom 29.22.2022, S. 6 (Bevölkerungsprognose für die Staaten der Welt bis 2100).
33 Bätzing 2015, S. 174 ff.
34 Bei der gesellschaftlichen Analyse der Dienstleistungsgesellschaften beziehe ich mich auf das Konzept von Gerhard Schulze (1992), das diese gesellschaftliche Realität überzeugender als neuere soziologische Ansätze interpretiert.
35 Schulze 1992, S. 532–535. Diese zeitliche Gliederung bezieht sich auf (West-)Deutschland, sie gilt aber mit einigen Abstrichen für viele andere Staaten.
36 Schulze (1992, S. 393) legt eine Gliederung der deutschen Gesellschaft in fünf Lebensstilgruppen vor, ohne ihren Anteil an der Gesamtgesellschaft zu quantifizieren, und er verweist auf andere Gliederungen mit acht oder zehn Gruppen. Andere Soziologen entwerfen in dieser Zeit ähnliche Gliederungen, die teilweise auf den Feuilleton-Seiten großer Tageszeitungen diskutiert werden.
37 Siehe dazu Bätzing 2020, S. 205 ff.
38 Dieser Begriff stammt von Gerhard Schulze (1992).
39 Ich habe den Eindruck, dass das Konzept der Lebensstilgruppen, das aus den 1980er und 1990er Jahren stammt, gut auf die aktuelle Situation übertragen werden kann.
40 Ich selbst (Jahrgang 1949) habe diesen großen Wandel miterlebt, der das konkrete Alltagsleben und die Persönlichkeit vieler Menschen sehr stark verändert hat. Hierzu nur einige Beobachtungen. Es ist auffällig, dass sich mit der Entwicklung der Dienstleistungsgesellschaften auch die Persönlichkeitsstruktur vieler Menschen ändert: Menschen mit einem festen, ausgeprägten Charakter und verbindlichen, langfristigen Werten werden weniger, während Menschen mit einem labilen Charakter, der stark auf Außeneinflüsse reagiert, häufiger werden. Bereits im antiken Griechenland kann man beobachten, dass die neu entstehenden abstrakten Freiheiten – die auf der Grundlage des Geldes hergestellten anonymen Beziehungen zwischen den Menschen – zu einer ausgeprägten «Bindungsschwäche» der griechischen Bürger führen (siehe Abschnitt 7.2 mit Anmerkung 27). Zentrale Innovationen der Neuzeit, die in der Regel sehr riskant sind, werden oft von egoistischen Persönlichkeiten vorangetrieben, die

von der Realisierung ihrer Idee geradezu besessen sind (siehe Abschnitt 7.4). Traditionelle Gesellschaften binden solche Menschen in der Regel in die Gemeinschaft ein, begrenzen ihre destruktiven Aktivitäten stark und lenken sie in eine produktive Richtung um. Erst die Dienstleistungsgesellschaften fördern mit ihren spezifischen Rahmenbedingungen Persönlichkeiten mit einem kurzfristigen, risikovollen und egoistischen Verhalten. Siehe dazu grundsätzlich: Hanzig-Bätzing *Der überweltigte Mensch – zur Aufhebung der Grenzen zwischen Subjekt und Welt* in Hanzig-Bätzing/Bätzing 2005, S. 239 ff.

41 Zur Entwicklung des Konsums siehe Andersen 1999 und König 2000. Die folgenden Ausführungen wurden 2005 erstmals von mir publiziert (Bätzing in: Hanzig-Bätzing/Bätzing 2005, S. 73 ff.), und sie wurden für diese Darstellung überarbeitet und aktualisiert.

42 Siehe dazu Baumann 2010.

43 Siehe dazu: Gerhard Matzig: *Es läuft spitze! In Deutschland grassiert die Geiz- und Schnäppchen-Seuche.* In: SZ vom 05.01.2004, S. 9.

44 Der Begriff des «Mehr-Genießens» wurde von mir entwickelt, um die Parallele zum Wirtschaften (aus Geld mehr Geld machen) deutlich zu machen (Bätzing in: Hanzig-Bätzing/Bätzing 2005, S. 80). Der Philosoph Slavoj Žižek entwickelte in seinem Kontext den gleichen Gedanken. Siehe: Slavoj Žižek: *Wer naiv fragt, wird schockiert. Fragen wir also naiv.* In: Die ZEIT Nr. 50 vom 09.12.1999, S. 61.

45 Die negativen Auswirkungen des Umschlagens von einem konkreten Wunsch, der sich auf eine konkrete Verbesserung bezieht, hin zu einem grenzenlosen Wachstum der Wünsche wird in vielen Märchen und Sagen auf der ganzen Welt beschrieben. Die Sichtweise, dass der Mensch zu Gott werden soll, wird explizit von den Transhumanisten (Kurzweil 1999 und 2005) vertreten; siehe dazu Schroer 2022, S. 226 ff., und Harari 2016.

46 Immer wieder wird die Position vertreten, dass die Veränderungen der persönlichen Verhaltensweisen durch Geld von der Wirtschaft verursacht worden wären, die mittels Werbung die Menschen dazu bringen würde, ihre wahren Bedürfnisse zu verleugnen. In diesem Zusammenhang wird oft der Begriff «Entfremdung» gebraucht, der auf Karl Marx zurückgeht. Da dieser Begriff aber nicht eindeutig ist, wird er an dieser Stelle nicht verwendet.

47 Siehe Anmerkung 39 in Kapitel 7. Viele Frauen in der Schweiz und ganz besonders in Appenzell haben immer wieder in öffentlichen Diskussionen und Gesprächen betont, dass sie ein formales Wahlrecht in Gemeinde, Kanton und Bund nicht unbedingt benötigten, weil im eigenen Haus (in der eigenen Familie) sowieso nichts gegen ihren Willen geschehe und auch die Männer nur in Absprache mit ihren Frauen die Wahlentscheidung treffen. Diese Bemerkung soll nicht so verstanden werden, dass Frauen keine eigenen Rechte haben dürften, sondern sie soll den Kontext deutlich machen, der bei der Fixierung auf formale Rechte leicht aus dem Blick kommt.

48 Zu dieser Thematik habe ich viele Gespräche mit dem Soziologen Ulrich Hanzig geführt, und diese haben Eingang in diesen Text gefunden.

49 Der Anteil der Personen, die über keine eindeutige geschlechtliche Identität verfügen, ist sehr schwer zu ermitteln. Siehe dazu: Film des Bayerischen Rund

funks *LGBTQI* – (k)ein Problem mit sexueller Vielfalt?*, Ausstrahlung am 21.08.2022 um 19.30 Uhr auf ARD alpha.

50 Diese Entwicklung hat die Aufklärung vorbereitet, siehe dazu Abschnitt 7.4.

51 *Konsum macht einsam. Wie Menschen Liebe und Freundschaft durch Einkaufen zu ersetzen versuchen.* Interview von Hans von der Hagen mit dem Soziologen Zygmunt Baumann in SZ vom 29.01.2011, S. 22; Baumann 2010.

52 So ein bekannter Werbespruch, der Anfang der 2000er Jahre erfunden wurde und lange Zeit in der Öffentlichkeit präsent war.

53 Ich greife hier Gedanken von Arnold Gehlen, einem Vertreter der Philosophischen Anthropologie auf, der die Bedeutung der «Institutionen» für die menschliche Entwicklung seit der Zeit der Jäger-und-Sammler-Gesellschaften sehr stark macht: *Sie [die Institutionen] haben angesichts der unwahrscheinlichen Plastizität, Formbarkeit und Versehrbarkeit eines Wesens, das jeder Impuls außerhalb der Bindungen sehr leicht deformiert, eine geradezu fundamentale Bedeutung. Alle Stabilität bis in das Herz der Antriebe hinein, jede Dauer und Kontinuität des Höheren im Menschen hängt zuletzt von ihnen ab»* (Gehlen 1956, S. 8). Und weiter: *Wie ist es einem instinktentbundenen, dabei aber antriebsüberschüssigen, umweltbefreiten und weltoffenen Wesen möglich, sein Dasein zu stabilisieren? ... Alles gesellschaftliche Handeln wird nur durch Institutionen hindurch effektiv, auf Dauer gestellt, normierbar, quasi-automatisch und vorhersehbar* (Gehlen 1956, S. 42). Da die Position von Arnold Gehlen als eine konservative Perspektive gesehen wird (Überordnung der Institutionen *über* das Individuum als Einschränkung der Freiheit des Einzelnen) möchte ich darauf hinweisen, dass man diese Position auf eine nichtkonservative Weise interpretieren kann, indem man zwischen Herrschaftsinstitutionen und Gemeinwohlinstitutionen unterscheidet und indem man eine enge Bindung der persönlichen Freiheit an die sozialen Normen und Werte an die Stelle von «Normierbarkeit» und «Vorhersehbarkeit» der individuellen Handlungen setzt.

54 Der Begriff «globales Dorf» («global village») wurde vom kanadischen Philosophen und Medientheoretiker Marshall McLuhan (1911–1980) geprägt.

55 Sassen 1991.

56 Franziska Meister: *Die Global City ist ein brutaler Ort. Interview mit Saskia Sassen.* In: Wochenzeitung/WoZ (Zürich) vom 21.06.2012, S. 15–17.

57 Siehe Bätzing 2020, S. 136 ff.

58 Die *Charta von Athen* wurde zwar 1933 verabschiedet, aber erst 1943 in Paris und 1962 in Deutschland publiziert. Le Corbusier, mit bürgerlichem Namen Charles-Éduard Jeanneret, war ein schweizerisch-französischer Architekt (1887–1965).

59 Brake/Dangschat/Herfert 2001.

60 Brake/Dangschat/Herfert 2001, S. 7.

61 Siehe dazu den Beitrag von Klaus R. Kunzmann in Brake/Dangschat/Herfert 2001, S. 213 ff.

62 Dies ist die zentrale These meines Buches *Das Landleben* (Bätzing 2020).

63 Zu diesem Wandel siehe Bätzing 2020, S. 123 ff.

64 Der Begriff «Wirtschaftslandschaft» im Unterschied zur Kulturlandschaft wird von älteren Geographen oft benutzt (zur Definition und Verwendung siehe

Fels 1954, S. 228 ff.), jedoch meist nicht im hier gebrauchten Sinn. Ich bevorzuge den Begriff «Nutzlandschaft», weil darin die Dominanz des wirtschaftlichen Nutzens und die eng damit verbundene Vernutzung deutlich anklingt.

65 Den Prozess der Verbuschung und Verwaldung habe ich am Beispiel der Alpen, wo er recht häufig vorkommt, analysiert und beschrieben (Bätzing 2015, S. 261 ff.).

66 Dies wurde immer wieder als Verlust und Problem dargestellt (Scholz 1995), und es wurde am Beispiel der Salzkarawanen der Sahara (Ritter 1980) und des Lebensraums der Eskimo (Malaurie 1976) sehr exemplarisch diskutiert.

67 Zu den Veränderungen im ländlichen Raum in Richtung Zwischenstadt siehe Bätzing 2020, S. 191 ff. Bei diesen baulichen Veränderungen spielt in Hinblick auf die Umweltbelastung zusätzlich eine Rolle, dass ab 1950 weltweit immer mehr Gebäude mit Beton (statt Bausteinen) errichtet werden und dass ab 1960 immer mehr Straßen asphaltiert werden (Antweiler 2022, S. 50).

68 Die Aussage, dass sich die Identität der Menschen im suburbanen Raum nur noch auf ihr eigenes Grundstück beziehe, formulierte spontan ein Student an einem solchen Ort im Rahmen eines von mir betreuten Geländepraktikums.

69 Siehe Sieverts 1997. Der programmatische Untertitel lautet: *Zwischen Ort und Welt, Raum und Zeit, Stadt und Land.*

70 Ein Algorithmus ist eine eindeutige, endliche Handlungsvorschrift zur Lösung eines komplexen Problems (endlich bedeutet, dass ein Problem klar abgegrenzt und definiert ist, so dass auch die Lösungsschritte endlich sind), die aus vielen genau definierten Einzelschritten besteht, die von Menschen oder Automaten ausgeführt werden, und die bei gleichen Ausgangsbedingungen stets zum gleichen Ergebnis kommt. In: Bildungsserver Berlin-Brandenburg, Definition des Algorithmus (02.01.2023).

71 Mitscherlich 1965.

72 Augé 1992, S. 83. Das «Ephemere» ist das Flüchtige.

73 Mensching 1990. Desertifikation ist das Resultat aus Nutzungsveränderungen und klimatischen Veränderungen, die eng miteinander verbunden sind. Die traditionellen Nutzungen waren an klimatische Veränderungen angepasst und haben diese in ihren Auswirkungen begrenzt, während moderne Nutzungen die negativen Auswirkungen oft noch verstärken.

74 Da diese Position im Widerspruch zu der heute oft vertretenen Meinung steht, sei an dieser Stelle explizit auf Abschnitt 4.4 und auf meine Publikationen zu den *Alpen* und zum *Landleben* verwiesen (Bätzing 2015 und 2020).

75 Cholet 2010. Siehe Anmerkung 73.

76 Andrea Hoferichter: *Vom Winde herbeigeweht. Nanoplastik-Partikel aus Städten belasten die Alpen.* In: SZ vom 17.02.2022, S. 12.

77 Hanzig-Bätzing 2024.

78 Zum Folgenden siehe Bätzing 2016.

79 Siehe dazu Anmerkung 9 in Kapitel 1.

80 Bundesinstitut für Bau-, Stadt- und Raumforschung (Hrsg.): *Transnationale Perspektiven für grünes und blaues Wachstum.* Bonn 2014, S. 5 (offizielle Position der Bundesregierung). Ganz ähnlich: Europäische Kommission: *Der europäische Grüne Deal.* Brüssel 2019, COM 640 final.

81 Tina Baier: *Der Teufel im Detail.* In: SZ vom 20.12.2022, S. 7. Und: Petra Hahne/Katja Gelinsky: *Die Zerstörung stoppen.* In: FAZ vom 20.12.2022, S. 5. Dieses Abkommen wird wenig später durch ein Abkommen zum Schutz der Hohen See ergänzt. Siehe Tina Baier/Michael Bauchmüller: *Ein überwältigender Erfolg.* In: SZ 06.03.2023, S. 12.

82 Das Verständnis der Erde als globalem Ökosystem ist das Ziel der Geosynergetik, einem Teilgebiet der traditionellen Geographie, bei der die Wechselwirkungen zwischen der anorganischen, der biotischen und der nootischen (menschlichen) Stufe im Zentrum stehen. Siehe dazu Schmithüsen 1976.

83 Ich beziehe mich hierbei auf die mathematisch-physikalischen Chaostheorien (Theorien nichtlinearer Systeme), die davon ausgehen, dass die Ausgangsbedingungen einer konkreten Situation auf Grund der Komplexität der Welt nie vollständig bekannt sein können und dass Entwicklungen auf Grund ihrer Nichtlinearität nie exakt vorausberechnet werden können. Während die meisten Naturwissenschaftler davon ausgehen, dass die Chaostheorie nur eher wenige Sonderfälle beschreibt, gehe ich davon aus, dass die meisten Naturprozesse nur mit der Chaostheorie angemessen verstanden und beschrieben werden können. Zur Chaostheorie siehe Hanzig 1989 (mit weiterführenden Literaturhinweisen).

84 Antweiler 2022, S. 85.

85 Dieser Begriff und der damit verbundene Sachverhalt wird zuerst vom Berner Umwelthistoriker Christian Pfister geprägt und analysiert (Pfister 1995). Wenn er aber schreibt, vor 1950 hätten sich Wirtschaft und Gesellschaft noch *auf einem umweltverträglichen Entwicklungspfad bewegt* (Pfister 1995, S. 65–66), dann greift diese Aussage zu kurz.

86 Nach Christoph Antweiler geht dieser Name auf eine Konferenz in Berlin-Dahlem im Jahr 2005 zurück (Antweiler 2022, S. 87 f.). Die Mehrheit der Geologen vertritt gegenwärtig die Auffassung, das Zeitalter des Anthropozäns um das Jahr 1950 herum beginnen zu lassen (Sven Titz *Was markiert das Zeitalter des Menschen?* In: NZZ vom 22.02.2023, S. 23).

87 Beim «ökologischen Fußabdruck» verbrauchen alle Menschen der Erde heute 68 % mehr Ressourcen, als die Erde bereitstellt oder absorbiert (Wikipedia-Artikel *Ökologischer Fußabdruck*, 16.01.2023), beim «Erdüberlastungstag» verbrauchen die Menschen bis zu einem bestimmten Tag im Jahr die jährlich zur Verfügung stehenden Ressourcen; dieser Tag liegt in den Jahren 2021 und 2022 am 28. und 29. Juli (Wikipedia-Artikel *Erdüberlastungstag*, 16.01.2023).

88 Dies ist eine zentrale Aussage des Soziologen Ulrich Beck (1944–2015), die er bereits im Jahr 1986 direkt nach der Atomreaktorkatastrophe von Tschernobyl formulierte. Dieser Satz ist kein Zitat, sondern eine pointierte Umformulierung von Aussagen von Ulrich Beck (*Die Gesellschaft als Labor.* In: NZZ vom 31.01.1990, S. 67, und Beck 1990, S. 29) durch mich; zur Vertiefung siehe Beck 1986, S. 38 ff. und 284 ff.

89 Bei der Zeitangabe «dreißig Jahre» handelt es sich um eine Schätzung von mir: Die aktuellen Umweltprobleme bedrohen die Existenz des Menschen auf der Erde zwar nicht sofort, aber sie sind doch so groß, dass dies in absehbarer

Zeit, also innerhalb einer Generation, der Fall sein dürfte; daher werden dies viele der heute lebenden Menschen noch erleben.

90 Bei technischen Systemen spricht man von «single points of failure», wenn kleine Ursachen zum Ausfall von großen, komplexen Systemen führen. Auch in der Systemtheorie ist dieses Phänomen bekannt. Während technische Systeme bei Störungen komplett ausfallen, brechen natürliche Systeme (Erdsystem, Wind- und Wassersysteme, Ökosysteme) bei Störungen häufig nicht zusammen, sondern bilden einen neuen, anderen Systemzustand aus; diese Übergänge werden von der Chaostheorie (siehe Anmerkung 83 in diesem Kapitel) zu verstehen und zu berechnen versucht.

91 Während in Wissenschaft und Öffentlichkeit die Rede vom Zusammenbruch unserer modernen Welt viele Jahrzehnte lang verpönt war, hat sich dies seit kurzer Zeit verändert (siehe Anmerkung 16 in Kapitel 1). Es gibt inzwischen zahlreiche Darstellungen über den bevorstehenden *Kollaps der globalen digitalen Zivilisation* (Grüter 2021), die alle von der extremen Labilität der modernen Welt – Labilität aller Teilsysteme und enge wechselseitige und globale Vernetzungen aller Einzelfaktoren (ohne Reserve- und Sicherheitsstrukturen) – ausgehen. Die «Doomsday Clock» (Weltuntergangsuhr), die seit 1947 die Gefahr einer Selbstzerstörung der Menschheit durch einen Atomkrieg angibt und die seit 2007 um die Gefahr durch den Klimawandel erweitert wurde, zeigt im Jahr 2023 90 Sekunden vor zwölf Uhr (Christoph von Eichhorn: *90 Sekunden vor zwölf*. In: SZ vom 26.01.2023, S. 12).

92 Siehe Abschnitt 7.2 und Anmerkung 29.

10. Der Beitrag der Mensch-Umwelt-Geschichte zur aktuellen Umweltkrise

1 In diesem Kapitel verlasse ich die Mensch-Umwelt-Geschichte. Da es jetzt um Überlegungen zur Gegenwart und Zukunft geht, die nur einen vorläufigen Charakter haben können, gibt es weniger Anmerkungen, denn bei diesen aktuellen Fragen ist es schwer, Bezüge zu wissenschaftlichen Diskussionen herzustellen.

2 Am Ende einer solchen Mensch-Umwelt-Geschichte ist es nur möglich, Leitideen für eine Lösung der Umweltkrise zu skizzieren. Wenn man mehr machen wollte, dann würde dies den Rahmen einer solchen Darstellung sprengen, und dies müsste ein eigener Text werden.

3 Die vormoderne Welt ist in den Dienstleistungsgesellschaften im ländlichen Land erst seit den 1960er Jahren und in den Staaten der Dritten Welt noch sehr viel später verschwunden.

4 Beispiele für systematisch konzipierte Lösungsstrategien sind die acht Milleniums-Entwicklungsziele der Vereinten Nationen, die Transformationsziele in Weizsäcker/Wijkman (2017) oder die *fünf außerordentlichen Kehrtwenden* im neuen Bericht an den Club of Rome *Earth for All. Ein Survivalguide für unseren Planeten* (Oekom Verlag, München 2022). Am Beispiel des Alpenraums (Bätzing 2015) und der ländlichen Räume in Europa (Bätzing 2020) habe ich dargelegt, wie hier eine Zukunft aussehen könnte, bei der die Menschen die

Natur dauerhaft nutzen, ohne sie zu zerstören, bei der sie vielfältig und arbeitsteilig wirtschaften, ohne in eine Selbstversorgung zurückzufallen, und bei der sich Metropolen und Peripherien und Stadt und Land wechselseitig ergänzen.

5 An dieser Stelle gehe ich gemäß meinem «negativistischen Ansatz» (siehe Abschnitt 1.3) vor: Ich setze mich zuerst von heute oft vertretenen Positionen (ex negativo) ab, bevor ich meine eigene Position entwickele.

6 Siehe dazu den Artikel von Gerhard Matzig: *Wir basteln uns eine Erde. Schwefel in die Stratosphäre pumpen, Ozeanströmungen umleiten, Wüsten weiß abdecken: Ist Geo-Engineering unsere letzte Hoffnung – oder der letzte Schritt in den Abgrund*? In: SZ vom 17.08.2018, S. 9; und vor allem Wagner 2023.

7 Zum Transhumanismus siehe Kurzweil 1999 und 2005; Schroer 2022, S. 226 ff.

8 Weizsäcker/Wijkman 2017, S. 185 ff. Siehe dazu die grundlegenden Überlegungen von Rolf Peter Sieferle (1984, S. 259 ff.), die auch heute noch sehr aktuell sind.

9 An dieser Stelle sei auf die Literatur verweisen, die ich in den Kapiteln 3 und 4 angegeben habe. Ich habe bei meinen Feldarbeiten in den Alpen miterlebt, wie stark die letzte Phase traditioneller Bauerngesellschaften durch eindrückliche Persönlichkeiten geprägt wurde.

10 Zur Position, dass liberale und linke Bewegungen ihre gemeinsame Wurzel in der Aufklärung haben, siehe Anmerkung 41 in Kapitel 8. Zur Natur als falsche Autorität für den Menschen («neuer Naturalismus») siehe Raulet 2020, S. 9.

11 Auch der Philosoph Helmuth Plessner entwickelt eine Position, die die Trennung von Mensch und Natur und die «cartesianische Weltanschauung der quantifizierbaren Naturwissenschaft» grundsätzlich in Frage stellt (Joachim Fischer, zitiert nach Raulet 2020, S. 95).

12 Renn 2020, S. 21 f.

13 Siehe dazu Staab 2022, der sein Buch programmatisch *Anpassung. Leitmotiv der nächsten Gesellschaft* nennt.

14 Dies ist ein Ergebnis meiner jahrzehntelangen Untersuchungen im Alpenraum; siehe dazu Bätzing 2015 (vor allem S. 261 ff.) und Bätzing 2016.

15 Diese Erkenntnis wird von den mathematisch-physikalischen Chaostheorien (siehe Anmerkung 83 in Kapitel 9) auf eine naturwissenschaftliche Weise entwickelt und umgesetzt.

16 Der Mensch als kleiner Teil der Natur kann nicht entscheiden, ob das Gesamtsystem Erde letztlich ein abiotisch geprägtes System ist, oder ob es sich dabei um eine Art Super-Organismus oder riesiges Lebewesen handelt, wie es das GAIA-Prinzip von James Lovelock (1988) vorschlägt.

17 Konersmann 2021, S. 70. Im Kontext der Umweltbewegung der 1970er Jahre hat man sich wieder an die achsenzeitlichen Erfahrungen erinnert, und vor allem Leopold Kohr (1909–1994) und Ernst F. Schumacher (1911–1977) sind mit ihrer Forderung nach einer «Rückkehr zum menschlichen Maß» damals sehr bekannt geworden. Inzwischen sind diese Gedanken in der breiten Öffentlichkeit meist wieder vergessen.

18 Ralph Konersmann: *Die neue Devise heißt: maßvoll leben. Wir werden zu-*

rückstecken müssen. Aber statt Verzicht zu predigen, würde man besser die Mäßigung üben. In: NZZ vom 22.10.2022, S. 11.

19 Zum Begriff der Reproduktion siehe Anmerkung 45 in Kapitel 4. Der Begriff der Reproduktion wird seit längerer Zeit auch in feministischen und in ökologischen Kontexten auf eine durchaus ähnliche Weise verwendet; siehe Biesecker/Hofmeister 2006.

20 Der Begriff der Verantwortung für die Reproduktion der menschlich veränderten Natur, den ich unter Bezugnahme auf traditionelle Bauerngesellschaften entwickelt habe (siehe Anmerkung 45 in Kapitel 4), besitzt eine große Nähe zum Begriff «Sorge» («care»), der ursprünglich im feministischen Kontext entwickelt wurde und der inzwischen ein wichtiger Begriff der aktuellen gesellschaftspolitischen Diskussion geworden ist. Siehe dazu Hofmeister/Mölders 2021.

21 Eine nichtwachsende Wirtschaft wurde früher als steady-state economy bezeichnet, heute spricht man meist von degrowth als Ziel.

22 Diese Form des Wirtschaftens wird im feministischen und in anderen Kontexten Subsistenzproduktion genannt: *Subsistenzproduktion – oder Lebensproduktion umfasst alle Arbeit, die bei der Herstellung und Erhaltung des unmittelbaren Lebens verausgabt wird und auch diesen Zweck hat. Damit steht der Begriff der Subsistenzproduktion im Gegensatz zur Waren- und Mehrwertproduktion.* (Bennholdt-Thomsen/Mies 1997, S. 26).

23 Dies wird von den Vertretern der Subsistenzperspektive stets betont (siehe Anmerkung 20).

24 Binswanger 2009, S. 62 f.

25 Die Grundsatzfrage nach der Bedeutung der Handarbeit wird oft im Zusammenhang mit dem Thema Handwerk gestellt, so auch bei Richard Sennett (2008). Siehe dazu: Eduard Kaeser: *Die Wiederentdeckung des guten alten Handwerks – eine machbare Utopie.* In: NZZ vom 13.06.2018.

26 Weil dieses Thema in der öffentlichen Diskussion emotional stark aufgeladen ist («Ökodiktatur»), möchte ich darauf hinweisen, dass jede Gesellschaft bestimmte normative Grundlagen besitzt, die nicht verletzt werden dürfen. In den Dienstleistungsgesellschaften sind dies die liberalen Grundlagen von Demokratie und Marktwirtschaft, deren Missachtung in der Regel sanktioniert wird. In einer Gesellschaft ohne Umweltzerstörung wäre die (demokratisch fundierte) Selbstbegrenzung die zentrale Grundlage, deren Missachtung auf eine ähnliche Weise sanktioniert werden könnte, ohne dass man deshalb eine Diktatur aufbauen müsste.

27 Dies hat unter anderem zum schnellen Aufstieg und zur universalen Verwendung von Plastikprodukten in den verschiedensten Formen geführt (Dahl 1974).

28 Diese Überlegungen habe ich in meinem Buch *Landleben* näher ausgeführt (Bätzing 2020). Zum Umbau von Einfamilienhaussiedlungen siehe Aydt 2023.

29 Siehe dazu Abschnitt 5.3 und hier vor allem Anmerkungen 77 und 78.

30 In Europa gibt es im modernen Staat der Schweiz noch zahlreiche Relikte, die heute noch an die Struktur der mittelalterlichen Eidgenossenschaft erinnern.

31 Dieser Wahlspruch wurde von mir unter Bezugnahme auf die Leitidee des «richtigen Maßes» formuliert.

Literaturverzeichnis

Bei allen Titeln wird jeweils die Originalausgabe angegeben. Wenn eine andere Ausgabe als die Originalausgabe zitiert wird, dann wird das Jahr der Originalausgabe direkt nach dem Autor in Klammern, die benutzte Ausgabe nach dem Originaltitel angegeben. Fremdsprachige Titel werden, so vorhanden, stets nach der deutschen Ausgabe zitiert.

Abel, Herbert (1955): *Naturvölker zwischen Pol und Äquator.* H. Schroedel Verlag, Berlin/Hannover/Darmstadt.

Albertz, Rainer (2006): *Israel.* In: Jürgen Hotz u. a. (Hrsg.): *Frühe Kulturen in Asien (Welt- und Kulturgeschichte 2).* Bibliographisches Institut, Mannheim, S. 310–351.

Ambrosius, Gerold/Hubbard, William H. (1986): *Sozial- und Wirtschaftsgeschichte Europas im 20. Jahrhundert.* C.H.Beck, München.

Andersen, Arne (1999): *Der Traum vom guten Leben. Alltags- und Konsumgeschichte vom Wirtschaftswunder bis heute.* Campus Verlag, Frankfurt am Main/New York.

Andratschke, Thomas, Hrsg. (2016): *Mythos Heimat. Worpswede und die europäischen Künstlerkolonien. Ausstellungskatalog.* Sandstein-Verlag, Dresden.

Antweiler, Christoph (2022): *Anthropologie im Anthropozän. Theoriebausteine für das 21. Jahrhundert.* Wissenschaftliche Buchgesellschaft, Darmstadt.

Aristoteles (o. J.): *Physik – Vorlesungen über die Natur.* In: Aristoteles: *Philosophische Schriften in sechs Bänden.* Felix Meiner Verlag, Hamburg 1995, Band 6.

Aristoteles (o. J.): *Politik.* In: Aristoteles: *Philosophische Schriften in sechs Bänden.* Felix Meiner Verlag, Hamburg 1995, Band 4.

Assmann, Jan (2002): *Jenseits der Stimme, jenseits des Mythos. Über die Veränderung der Welt durch Schrift.* In: Neue Zürcher Zeitung Nr. 15 vom 19./20. Januar 2002, S. 51–52.

Assmann, Jan (1992): *Das kulturelle Gedächtnis. Schrift, Erinnerung und politische Identität in frühen Hochkulturen.* C.H.Beck, München, 2. Auflage 1997.

Augé, Marc (1992): *Non Lieux. Introduction à une anthropologie de la surmodernité.* Éditions du Seuil, Paris; deutsche Ausgabe: *Orte und Nicht-Orte. Vorüberlegungen zu einer Ethnologie der Einsamkeit.* Fischer Verlag, Frankfurt am Main; Neuausgabe mit einem Nachwort des Autors, C.H.Beck, München 2010.

Aydt, Ralf (2023): *Modell Nachbarschaften. Vom Einfamilienhaus zur sozial-ökologischen Siedlung – eine Utopie?* Oekom Verlag, München.

Bähr, Jürgen (1983): *Bevölkerungsgeographie. Verteilung und Dynamik der Bevöl-*

kerung in globaler, nationaler und regionaler Sicht. Verlag Eugen Ulmer, Stuttgart, 3., aktualisierte Auflage 1997.

Bätzing, Werner (2021a): *Umwelt als Material & Wildnis oder als zweite Natur? Offene Grundsatzfragen des Umweltbezugs heutiger Gesellschaften und ein Neuansatz am Beispiel der Alpen.* In: HannahArendt.net – Zeitschrift für politisches Denken 11, Ausgabe 1, S. 151–166.

Bätzing, Werner (2021): *Alm- und Alpwirtschaft im Alpenraum. Eine interdisziplinäre und internationale Bibliographie.* Context-Verlag, Augsburg/Nürnberg.

Bätzing, Werner (2020): *Das Landleben. Geschichte und Zukunft einer gefährdeten Lebensform.* C.H.Beck, München.

Bätzing, Werner (2016): *Ein geographischer Blick auf die Welt. Reale Raumerfahrungen und die Heilsversprechen der virtuellen Welt.* In: Mitteilungen der Österreichischen Geographischen Gesellschaft 158, S. 309–319.

Bätzing, Werner (2015): *Die Alpen. Geschichte und Zukunft einer europäischen Kulturlandschaft.* C.H.Beck, München, 4. Fassung (1. Fassung: 1984).

Bätzing, Werner (2000): *Erfahrungen und Probleme transdisziplinärer Nachhaltigkeitsforschung am Beispiel der Alpenforschung.* In: Karl-Werner Brand (Hrsg.): *Nachhaltige Entwicklung und Transdisziplinarität. Besonderheiten, Probleme und Erfordernisse der Nachhaltigkeitsforschung.* Analytica Verlagsgesellschaft, Berlin 2000, S. 85–107.

Bätzing, Werner (1991): *Geographie als integrative Umweltwissenschaft? Skizze einer wissenschaftstheoretischen Standortbestimmung der Geographie in der postindustriellen Gesellschaft.* In: Geographica Helvetica 46, S. 105–109.

Bätzing, Werner (1990): *Ökologische Stabilität und menschliche Arbeit – naturphilosophische Überlegungen zur Mensch-Natur-Beziehung aus geoökologischer Sicht.* In: Hegel-Jahrbuch (Bochum), S. 455–460.

Bajohr, Hannes/Edinger, Sebastian, Hrsg. (2021): *Negative Anthropologie. Ideengeschichte und Systematik einer unausgeschöpften Denkfigur.* De Gruyter, Berlin.

Balsiger, Philipp W./Defila, Rico/Di Giulio, Antonietta, Hrsg. (1996): *Ökologie und Interdisziplinarität – eine Beziehung mit Zukunft?* Birkhäuser Verlag, Basel/Boston/Berlin.

Bammé, Arno (2016): *Geosoziologie. Gesellschaft neu denken.* Metropolis Verlag, Marburg.

Bardi, Ugo (2020): *Before the collapse. A guide to the other side of growth.* Springer Nature, Cham.

Bargatzky, Thomas (1997): *Ethnologie. Eine Einführung in die Wissenschaft von den urproduktiven Gesellschaften.* Helmut Buske Verlag, Hamburg.

Bargatzky, Thomas (1986): *Einführung in die Kulturökologie. Umwelt, Kultur und Gesellschaft.* Dietrich Reimer Verlag, Berlin.

Barthelmeß, Alfred (1988): *Landschaft – Lebensraum des Menschen. Probleme von Landschaftsschutz und Landschaftspflege geschichtlich dargestellt und dokumentiert.* Karl Alber, Freiburg/München.

Baumann, Zygmunt (2010): *Leben als Konsum.* Hamburger Edition, Hamburg.

Beck, Ulrich (1990): *Gesellschaft als technisches Labor.* In: Gewerkschaftliche Monatshefte, Jg. 41, Heft 1, S. 26–33.

Beck, Ulrich (1986): *Risikogesellschaft. Auf dem Weg in eine andere Moderne.* Suhrkamp Verlag, Frankfurt am Main.

Becker, Egon/Jahn, Thomas, Hrsg. (2006): *Soziale Ökologie. Grundzüge einer Wissenschaft von den gesellschaftlichen Naturverhältnissen.* Campus Verlag, Frankfurt am Main/New York.

Bellwood, Peter (2008): *Die erste reiche Ernte. Die Entstehung und Verbreitung der Landwirtschaft.* In: James A. Robinson/Klaus Wiegandt (Hrsg.): *Die Ursprünge der modernen Welt. Geschichte im wissenschaftlichen Vergleich.* Fischer Taschenbuch Verlag, Frankfurt am Main, S. 166–213.

Belting, Hans (2008): *Florenz und Bagdad. Eine westöstliche Geschichte des Blicks.* C.H.Beck, München.

Benecke, Norbert (1994): *Der Mensch und seine Haustiere. Die Geschichte einer jahrtausendealten Beziehung.* Theiss Verlag, Stuttgart.

Bennholdt-Thomsen, Veronika/Mies, Maria (1997): *Eine Kuh für Hillary. Die Subsistenzperspektive.* Verlag Frauenoffensive, München.

Bergdolt, Klaus (2000): *Der schwarze Tod in Europa. Die Große Pest und das Ende des Mittelalters.* C.H.Beck, München, 4. Auflage 2017.

Bergmann, Klaus (1970): *Agrarromantik und Großstadtfeindschaft.* Verlag Anton Hain, Meisenheim am Glan.

Bick, Almut (2006): *Die Steinzeit.* Konrad Theiss Verlag, Stuttgart.

Biesecker, Adelheid/Hofmeister, Sabine (2006): *Die Neuerfindung des Ökonomischen. Ein (re)produktionstheoretischer Beitrag zur Sozial-ökologischen Forschung.* Oekom Verlag, München.

Binswanger, Hans Christoph (2009): *Vorwärts zur Mäßigung! Perspektiven einer nachhaltigen Wirtschaft.* Murmann Verlag, Hamburg.

Binswanger, Hans Christoph (2006): *Die Wachstumsspirale. Geld, Energie und Imagination in der Dynamik des Marktprozesses.* Metropolis-Verlag, Marburg, [4]2013.

Binswanger, Mathias (2019): *Der Wachstumszwang. Warum die Volkswirtschaft immer weiterwachsen muss, selbst wenn wir genug haben.* Wiley-VCH-Verlag, Weinheim.

Blickle, Peter (2008): *Das Alte Europa. Vom Hochmittelalter bis zur Moderne.* C.H.Beck, München.

Blickle, Peter (2000): *Kommunalismus. Skizzen einer gesellschaftlichen Organisationsform.* Band 1: *Oberdeutschland,* Band 2: *Europa.* Oldenbourg Wissenschaftsverlag, München.

Blumenberg, Hans (1979): *Arbeit am Mythos.* Suhrkamp Verlag, Frankfurt am Main 1996.

Bobek, Hans (1959): *Die Hauptstufen der Gesellschafts- und Wirtschaftsentfaltung in geographischer Sicht.* In: Die Erde 90, S. 259–298.

Bockelmann, Eske (2020): *Das Geld. Was es ist, das uns beherrscht.* Matthes & Seitz, Berlin.

Bockelmann, Eske (2004): *Im Takt des Geldes. Zur Genese modernen Denkens.* zu Klampen Verlag, Springe.

Bollig, Michael/Casimir, Michael J. (1993): *Pastorale Nomaden.* In: Thomas Schweizer/Margarete Schweizer/Waltraud Kokot (Hrsg.): *Handbuch der Ethnologie.* Dietrich Reimer Verlag, Berlin, S. 521–559.

Braitenberg, Valentin/Hosp, Inga, Hrsg. (1996): *Die Natur ist unser Modell von ihr. Forschung und Philosophie*. Rowohlt Taschenbuch Verlag, Reinbek bei Hamburg.

Brake, Klaus/Dangschat, Jens S./Herfert, Günter, Hrsg. (2001): *Suburbanisierung in Deutschland. Aktuelle Tendenzen*. Leske + Budrich, Opladen.

Campbell, Bernard (1983): *Human Ecology. The story of our place in nature from prehistory to the present*. Heinemann Books, London; deutsche Ausgabe: *Ökologie des Menschen. Unsere Stellung in der Natur von der Vorzeit bis heute*. Harnack-Verlag, München 1985.

Casimir, Michael J. (1993): *Gegenstandsbereiche der Kulturökologie*. In: Thomas Schweizer/Margarete Schweizer/Waltraud Kokot (Hrsg.): *Handbuch der Ethnologie*. Dietrich Reimer Verlag, Berlin, S. 215–239.

Cauvin, Jacques (1994): *Naissance des divinités, naissance de l'agriculture. La révolution des symboles au Néolithique*. CNRS éditions, Paris 2019.

Cavalli-Sforza, Luigi Luca (1996): *Geni, popoli e lingue*. Adelphi edizioni, Milano; deutsche Ausgabe: *Gene, Völker und Sprachen. Die biologischen Grundlagen unserer Zivilisation*. Deutscher Taschenbuch Verlag, München 2001.

Chabakrabarty, Dipesh (2021): *The climate of history in a planetary age*. The University of Chicago Press, Chicago; deutsche Ausgabe: *Das Klima der Geschichte im planetarischen Zeitalter*. Suhrkamp Verlag, Berlin 2022.

Childe, Vere Gordon (1951): *Social evolution*. C.A. Watts & Co., London; deutsche Ausgabe: *Soziale Evolution*. Suhrkamp Verlag, Frankfurt am Main 1975.

Childe, Vere Gordon (1942): *What happened in history*. Penguin Books, Harmondsworth; deutsche Ausgabe: *Stufen der Kultur. Von der Urzeit zur Antike*. W. Kohlhammer Verlag, Stuttgart 1952.

Childe, Vere Gordon (1936): *Man makes himself*. Watts & Co., London; deutsche Ausgabe: *Der Mensch schafft sich selbst*. Verlag der Kunst, Dresden 1959.

Cholet, Jérôme (2010): *Die schleichende Katastrophe. Wo die Wüste ankommt, stirbt fruchtbares Land*. In: Das Parlament vom 09.08.2010, Nr. 32–33, Titelseite.

Christ, Julia/Honneth, Axel, Hrsg. (2022): *Zweite Natur. Stuttgarter Hegel-Kongress 2017*. Vittorio Klostermann, Frankfurt am Main.

Clark, Grahame (1980): *Mesolithic prelude. The palaeolithic-neolithic transition in old world prehistory*. Edinburgh University Press, Edinburgh.

Clastres, Pierre (1974): *La société contre l'état. Recherches d'anthropologie politique*. Les Éditions de Minuit, Paris; deutsche Ausgabe: *Staatsfeinde. Studien zur politischen Anthropologie*. Konstanz University Press, Konstanz 2020.

Corballis, Michael C. (2017): *The truth about language. What it is and where it came from*. The University of Chicago Press, Chicago.

Crosby, Alfred W. (1987): *Ecological imperialism. The biological expansion of Europe 900 – 1900*. Cambridge University Press, Cambridge, new edition 2015; deutsche Ausgabe: *Die Früchte des weißen Mannes. Ökologischer Imperialismus 900–1900*. Campus Verlag, Frankfurt am Main/New York 1991.

Curry, Andrew (2014): *Die Milchrevolution*. In: Spektrum der Wissenschaft, Heft 4, S. 70–74.

Dahl, Jürgen (1984): *Der unbegreifliche Garten und seine Verwüstung. Über Öko-*

logie und über Ökologie hinaus. Klett-Cotta, Stuttgart; Nachdruck: Oekom Verlag, München 2020.

Dahl, Jürgen (1974): *Einrede gegen Plastic.* Nachdruck in: Jürgen Dahl: *Einrede gegen die Mobilität und andere Texte.* Verlag das kulturelle Gedächtnis, Berlin 2020, S. 73–102.

Descola, Philippe (2005): *Par-delà nature et culture.* Éditions Gallimard, Paris; deutsche Ausgabe: *Jenseits von Natur und Kultur.* Suhrkamp Verlag, Berlin 2013.

Diamond, Jared (2013): *The world until yesterday. What we can learn from traditional societies?* Penguin Group, New York; deutsche Ausgabe: *Vermächtnis. Was wir von traditionellen Gesellschaften lernen können.* S. Fischer Verlag, Frankfurt am Main 2013.

Diamond, Jared (2005): *Collapse. How societies choose to fail or succeed.* Viking Editions, New York; deutsche Ausgabe: *Kollaps. Warum Gesellschaften überleben oder untergehen.* Fischer Taschenbuch Verlag, Frankfurt am Main 2006.

Diamond, Jared (1997): *Guns, germs, and steel. The fate of human societies.* Norton & Co., New York; deutsche Ausgabe: *Arm und Reich. Die Schicksale menschlicher Gesellschaften.* Fischer Taschenbuch Verlag, Frankfurt am Main 2000.

Diamond, Jared (1991): *The rise and fall of the third chimpanzee. How our animal heritage affects the way we live.* Hutchinson Radius Publisher, London; erweiterte deutsche Ausgabe: *Der dritte Schimpanse. Evolution und Zukunft des Menschen.* Fischer Taschenbuch Verlag, Frankfurt am Main 2006.

Dieckvoß, Gerd (2002): *Wie kam Krieg in die Welt? Ein archäologisch-mythologischer Streifzug.* Konkret Literatur Verlag, Hamburg.

Duerr, Hans Peter (1984): *Sedna oder die Liebe zum Leben.* Suhrkamp Verlag, Frankfurt am Main.

Dunbar, Robert (2010): *Warum die Menschen völlig anders wurden.* In: Erst Peter Fischer/Klaus Wiegandt (Hrsg.): *Evolution und Kultur des Menschen.* Fischer Taschenbuch Verlag, Frankfurt am Main, S. 244–269.

Eder, Klaus, Hrsg. (1973): *Die Entstehung von Klassengesellschaften.* Suhrkamp Verlag, Frankfurt am Main.

Eggert, Manfred (2008): *Prähistorische Archäologie. Konzepte und Methoden.* UTB, Stuttgart, 4. Auflage 2012.

Ehlers, Eckart (2008): *Das Anthropozän. Die Erde im Zeitalter des Menschen.* Wissenschaftliche Buchgesellschaft, Darmstadt.

Eibl-Eibesfeldt, Irenäus (1991): *Das verbindende Erbe. Expeditionen zu den Wurzeln unseres Verhaltens.* Kiepenheuer & Witsch, Köln.

Eich, Armin (2015): *Die Söhne des Mars. Eine Geschichte des Krieges von der Steinzeit bis zum Ende der Antike.* C.H.Beck, München.

Eisenstadt, Shmuel N. (2006): *The great revolutions and the civilizations of modernity.* Brill Academic Publishers, Leiden/Boston; deutsche Ausgabe: *Die großen Revolutionen und die Kulturen der Moderne.* VS Verlag für Sozialwissenschaften, Wiesbaden 2006.

Eisenstadt, Shmuel N. (2005): *Die Achsenzeit in der Weltgeschichte.* In: Hans

Joas/Klaus Wiegandt (Hrsg.): *Die kulturellen Werte Europas*. Fischer Taschenbuch Verlag, Frankfurt am Main, S. 40–68.

Eliade, Mircea (1951): *Le chamanisme et les techniques archaïques de l'extase*. Éditions Payot, Paris; deutsche Ausgabe: *Schamanismus und archaische Ekstasetechnik*. Rascher Verlag, Zürich/Stuttgart 1957.

Eliade, Mircea (1949): *Traité d'histoire des religions*. Éditions Payot, Paris; deutsche Ausgabe: *Die Religionen und das Heilige. Elemente der Religionsgeschichte*. Insel Verlag, Frankfurt am Main 1986.

Engels, Friedrich (1845): *Die Lage der arbeitenden Klasse in England. Nach eigener Anschauung und authentischen Quellen*. Dietz-Verlag, Berlin 1972.

Erckenbrecht, Corinna (1998): *Traumzeit. Die Religion der Ureinwohner Australiens*. Herder Verlag, Freiburg/Basel/Wien.

Everett, Daniel L. (2008): *Don't sleep – there are snakes. Life and Language in the Amazonian jungle*. Pantheon Books, New York; deutsche Ausgabe: *Das glücklichste Volk. Sieben Jahre bei den Pirahã-Indianern am Amazonas*. Deutsche Verlags-Anstalt, München 2010.

Fels, Edwin (1954): *Der wirtschaftende Mensch als Gestalter der Erde*. Franckh'sche Verlagshandlung, Stuttgart.

Finke, Peter (2022): *Mut zum Gaiazän. Das Anthropozän hat versagt*. Oekom-Verlag, München.

Fischer, Ernst Peter (2013): *Wie der Mensch seine Welt neu erschaffen hat*. Springer Spektrum, Berlin/Heidelberg.

Fischer, Hugo (1960): *Die Geburt der Hochkultur in Ägypten und Mesopotamien. Der primäre Entwurf des menschlichen Dramas*. Ernst Klett Verlag, Stuttgart; Klett-Cotta im Ullstein Taschenbuch, Frankfurt am Main/Berlin/Wien 1981.

Fischer, Joachim (2016): *Exzentrische Positionalität. Studien zu Helmuth Plessner*. Velbrück Wissenschaft, Weilerswist.

Fischer, Joachim (2008): *Philosophische Anthropologie. Eine Denkrichtung des 20. Jahrhunderts*. Karl Alber, Freiburg/München.

Foley, Robert (1995): *Humans before Humanity*. Blackwell Publishers, Oxford; deutsche Ausgabe: *Menschen vor Homo sapiens. Wie und warum unsere Art sich durchsetzte*. Jan Thorbecke Verlag, Stuttgart 2000.

Foucault, Michel (1975): *Surveiller et punir. La naissance de la prison*. Éditions Gallimard, Paris; deutsche Ausgabe: *Überwachen und Strafen. Die Geburt des Gefängnisses*. Suhrkamp Taschenbuch Verlag, Frankfurt am Main 1994.

Foucault, Michel (1961): *Histoire de la folie*. Librairie Plon, Paris; deutsche Ausgabe: *Wahnsinn und Gesellschaft. Eine Geschichte des Wahns im Zeitalter der Vernunft*. Suhrkamp Verlag, Frankfurt am Main, 1996.

Fourastié, Jean (1949): *Le grand Espoir du XXe siècle. Progrès technique, progrès économique, progrès social*. Presses Universitaires de France, Paris; deutsche Ausgabe: *Die große Hoffnung des 20. Jahrhunderts*. Bund-Verlag, Köln 1954.

Frankopan, Peter (2023): *The earth transformed. An untold history*. Bloomsbury, London; deutsche Ausgabe: *Zwischen Erde und Himmel. Klima – eine Menschheitsgeschichte*. Rowohlt·Berlin, Berlin 2023.

Freeman, Derek (1983): *Margaret Mead and Samoa. The making and unmaking of an anthropological myth.* Harvard University Press, Cambridge; deutsche Ausgabe: *Liebe ohne Aggression. Margaret Meads Legende von der Friedfertigkeit der Naturvölker.* Kindler-Verlag, München 1983.

Frei, Philippe (2017): *Transferprozesse der Moderne. Die Nachbenennungen «Alpen» und «Schweiz» im 18. bis 20. Jahrhundert.* Peter Lang, Frankfurt am Main.

Fromm, Erich (1973): *The anatomy of human destructiveness.* Holt, Rinehart & Winston, New York/San Francisco; deutsche Ausgabe: *Anatomie der menschlichen Destruktivität.* Rowohlt Taschenbuch Verlag, Reinbek bei Hamburg 1977.

Gehlen, Arnold (1956): *Urmensch und Spätkultur. Philosophische Ergebnisse und Aussagen.* Athenäum Verlag, Frankfurt am Main/Bonn, 2., neu bearbeitete Auflage 1964; Neuausgabe: Vittorio Klostermann, Frankfurt am Main 2022.

Gehlen, Arnold (1940): *Der Mensch. Seine Natur und seine Stellung in der Welt.* Neuausgabe: Vittorio Klostermann, Frankfurt am Main 2016.

Gehrke, Hans-Joachim, Hrsg. (2017): *Die Welt vor 600. Frühe Zivilisationen.* C.H.Beck, München (*Geschichte der Welt* Bd. 1).

Gerlitz, Peter (1992): *Mein Totem ist zornig. Mensch und Natur in archaischen Kulturen.* Walter-Verlag, Olten/Freiburg im Breisgau.

Glaeser, Bernhard/Teherani-Krönner, Parto, Hrsg. (1992): *Humanökologie und Kulturökologie. Grundlagen, Ansatze, Praxis.* Westdeutscher Verlag, Opladen.

Gläser, Birgit, Redaktion (2011): *Die ersten Erfindungen. Geniale Erfindungen – großartige Entdeckungen 700 000 – 1200 v. Chr.* Verlag Das Beste, Stuttgart/Zürich/Wien.

Götschmann, Dirk (2010): *Wirtschaftsgeschichte Bayerns. 19. und 20. Jahrhundert.* Verlag Friedrich Pustet, Regensburg.

Goudsblom, Johan (2000): *Die Entdeckung des Feuers.* Insel Verlag, Frankfurt am Main/Leipzig.

Graeber, David/Wengrow, David (2021): *The dawn of everything. A new history of humanity.* Penguin Random House, London/New York; deutsche Ausgabe: *Anfänge. Eine neue Geschichte der Menschheit.* Klett-Cotta, Stuttgart 2022.

Graeber, David (2001): *Towards an anthropological theory of value – the false coin of our dreams.* Palgrave, New York; deutsche Ausgabe: *Die falsche Münze unserer Träume – Wert, Tausch und menschliches Handeln.* Diaphanes-Verlag, Zürich 2012.

Groh, Ruth und Dieter (1996): *Natur als Maßstab – eine Kopfgeburt.* In: Ruth und Dieter Groh: *Die Außenwelt der Innenwelt. Zur Kulturgeschichte der Natur* 2. Suhrkamp Verlag, Frankfurt am Main, S. 83–146.

Groh, Dieter (1992): *Strategien, Zeit und Ressourcen. Risikominimierung, Unterproduktivität und Mußepräferenz – die zentralen Kategorien von Subsistenzökonomien.* In: Dieter Groh: *Anthropologische Dimensionen der Geschichte.* Suhrkamp Verlag, Frankfurt am Main, S. 54–113.

Grünert, Heinz, Hrsg. (1982): *Geschichte der Urgesellschaft.* VEB Verlag der Wissenschaften, Berlin.

Grüter, Thomas (2021): *Offline! Der Kollaps der globalen digitalen Zivilisation.* Springer-Verlag, Berlin.

Haarmann, Harald (2023): *Die Erfindung des Rades. Als die Weltgeschichte ins Rollen kam.* C.H.Beck, München.

Haarmann, Harald (2006): *Weltgeschichte der Sprachen. Von der Frühzeit des Menschen bis zur Gegenwart.* C.H.Beck, München.

Habermas, Jürgen (1968): *Erkenntnis und Interesse.* Suhrkamp, Frankfurt am Main.

Häußermann, Hartmut/Siebel, Walter (1995): *Dienstleistungsgesellschaften.* Suhrkamp Verlag, Frankfurt am Main.

Hambloch, Hermann (1983): *Kulturgeographische Elemente im Ökosystem Mensch – Erde. Eine Einführung unter anthropologischen Aspekten.* Wissenschaftliche Buchgesellschaft, Darmstadt.

Hands, John (2015): *Cosmosapiens. Human evolution from the origin of the universe.* Duckworth Overlook, London; deutsche Ausgabe: *Cosmo sapiens. Die Naturgeschichte des Menschen von der Entstehung des Universums bis heute.* Knaus Verlag, München 2017.

Hanusch, Frederic/Leggewie, Claus/Meyer, Erik (2021): *Planetar denken. Ein Einstieg.* Transcript Verlag, Bielefeld.

Hanzig-Bätzing, Evelyn (2024): *Restrisiko Leben. Die neuen Grenzen des Menschen* (in Vorbereitung).

Hanzig-Bätzing, Evelyn/Bätzing, Werner (2005): *Entgrenzte Welten. Die Verdrängung des Menschen durch Globalisierung von Fortschritt und Freiheit.* Rotpunkt-Verlag, Zürich.

Hanzig-Bätzing, Evelyn (1996): *Selbstsein als Grenzerfahrung. Versuch einer nichtontologischen Fundierung von Subjektivität zwischen Theorie (Hegel) und Praxis (Borderline-Persönlichkeit).* Akademie-Verlag, Berlin.

Hanzig, Evelyn (1989): *Die «Katastrophe» in den Naturwissenschaften. Philosophische Grenzfragen im Naturbild der neuen mathematisch-physikalischen «Chaostheorien» (Theorien nichtlinearer Gleichungssysteme).* In: Hegel-Jahrbuch 1989 (Germinal Verlag Giessen), S. 355–364.

Harari, Yuval Noah (2016): *Homo Deus. A brief history of tomorrow.* Penguin Random House Group, London; deutsche Ausgabe: *Homo Deus. Eine Geschichte von Morgen.* C.H.Beck, München 2017.

Harari, Yuval Noah (2011): *A brief history of mankind.* Penguin Random House Group, London; deutsche Ausgabe: *Eine kurze Geschichte der Menschheit.* Pantheon Verlag, München 2013.

Hardin, Garett (1968): *The tragedy of the commons.* In: Science n. 162, S. 1243–1248; deutsche Ausgabe: *Die Tragik der Allmende.* In: Michael Lohmann (Hrsg.): *Gefährdete Zukunft. Prognosen amerikanischer Wissenschaftler.* Deutscher Taschenbuch Verlag, München 1973, S. 29–42.

Harris, Marvin (1987): *Cultural Anthropology.* Harper & Row Publishers, New York; deutsche Ausgabe: *Kulturanthropologie. Ein Lehrbuch.* Campus Verlag, Frankfurt am Main/New York 1989.

Hawkes, Kristen (2010): *Der Großmutter-Effekt.* In: Ernst Peter Fischer/Klaus Wiegandt (Hrsg.): *Evolution und Kultur des Menschen.* Fischer Taschenbuch Verlag, Frankfurt am Main, S. 170–196.

Headrick, Daniel R. (2020): *Humans versus nature. A global environmental his-*

tory. Oxford University Press, Oxford; deutsche Ausgabe: *Macht euch die Erde untertan. Die Umweltgeschichte des Anthropozäns.* WBG/Theiss, Darmstadt 2021.

Hegel, Georg Wilhelm Friedrich (1805/06): *Jenaer Realphilosophie.* In: G.W.F. Hegel: *Frühe politische Systeme.* Ullstein, Frankfurt am Main/Berlin/Wien, S. 201–289.

Heidegger, Martin (1962): *Die neuzeitliche mathematische Naturwissenschaft und die Entstehung einer Kritik der reinen Vernunft.* In: Martin Heidegger: *Die Frage nach dem Ding. Zu Kants Lehre von den transzendentalen Grundsätzen.* Max Niemeyer, Tübingen, S. 49–83.

Heidegger, Martin (1954): *Die Frage nach der Technik.* In: Martin Heidegger: *Vorträge und Aufsätze. Teil I.* Günther Neske, Pfullingen, S. 5–36.

Hermann, Bernd/Glaeser, Bernhard/Potthast, Thomas (2021): *Humanökologie.* Springer Spektrum, Wiesbaden.

Hofmeister, Sabine/Mölders, Tanja, Hrsg. (2021): *Für Natur sorgen? Dilemmata feministischer Positionierungen zwischen Sorge- und Herrschaftsverhältnissen.* Verlag Barbara Budrich, Opladen/Berlin/Toronto.

Honnefelder, Ludger (2008): *Woher kommen wir? Ursprunge der Moderne im Denken des Mittelalters.* Berlin University Press, Berlin.

Hrdy, Sarah B. (2009): *Mothers and others. The evolutionary origins of mutual understanding.* Belknap Press, Cambridge; deutsche Ausgabe: *Mütter und andere. Wie die Evolution uns zu sozialen Wesen gemacht hat.* Berlin Verlag, Berlin 2010.

Hrdy, Sarah B. (1999): *Mother nature. A history of mother, infants, and natural selection.* Pantheon Books, New York; deutsche Ausgabe: *Mutter Natur. Die weibliche Seite der Evolution.* Berliner Taschenbuch Verlag, Berlin 2002.

Hughes, J. Donald (2009): *An environmental history of the world. Humankind's changing role in the community of life.* Routledge, London/New York, second edition.

Hultkrantz, Åke (1982): *Religion and experience of nature among North American hunting indians.* In: Åke Hultkrantz/Ørnulf Vorren (Hrsg.): *The hunters. Their culture and way of life.* Universitetsforlaget, Tromsø/Oslo/Bergen, S. 163–186.

Immler, Hans (1989): *Vom Wert der Natur. Zur ökologischen Reform von Wirtschaft und Gesellschaft.* Westdeutscher Verlag, Opladen.

Jantsch, Erich (1979): *Die Selbstorganisation des Universums. Vom Urknall zum menschlichen Geist.* Carl Hanser Verlag, München.

Jaspers, Karl (1949): *Vom Ursprung und Ziel der Geschichte.* R. Piper, München.

Jensen, Adolf E. (1951): *Mythos und Kult bei Naturvölkern. Religionswissenschaftliche Betrachtungen.* Franz Steiner Verlag, Wiesbaden.

Jockenhövel, Albrecht, Hrsg. (2009): *WBG-Weltgeschichte.* Band I: *Grundlagen der globalen Welt. Vom Beginn bis 1200 v. Chr.* Wissenschaftliche Buchgesellschaft, Darmstadt.

Julien, Catherine (1998): *Die Inka. Geschichte, Kultur, Religion.* C.H.Beck, München, 4. Auflage 2007.

Junker, Thomas (2006): *Die Evolution des Menschen.* C.H.Beck, München.

Kirsten, Ernst (1956): *Die griechische Polis als historisch-geographisches Problem des Mittelmeerraumes.* Ferdinand Dümmlers Verlag, Bonn.

Kocka, Jürgen (2013): *Geschichte des Kapitalismus.* C.H.Beck, München.

Köhler, Ulrich/Seitz, Stefan (1993): *Agrargesellschaften.* In: Thomas Schweizer/Margarete Schweizer/Waltraud Kokot (Hrsg.): *Handbuch der Ethnologie.* Dietrich Reimer Verlag, Berlin, S. 561–592.

König, Gudrun M. (1996): *Eine Kulturgeschichte des Spazierganges. Spuren einer bürgerlichen Praktik 1780–1850.* Böhlau Verlag, Wien/Köln/Weimar.

König, Wolfgang (2000): *Geschichte der Konsumgesellschaft.* Franz Steiner Verlag, Stuttgart.

Koestler, Arthur (1978): *Janus. A summing up.* Hutchinson & Co., London; deutsche Ausgabe: *Der Mensch – Irrläufer der Evolution.* Wilhelm Goldmann Verlag, München 1981.

Kohl, Karl-Heinz (1993): *Ethnologie – die Wissenschaft vom kulturell Fremden. Eine Einführung.* C.H.Beck, München, 2., erweiterte Auflage 2000.

Konersmann, Ralph (2021): *Welt ohne Maß.* S. Fischer, Frankfurt am Main.

Kramer, Fritz/Sigrist, Christian, Hrsg. (1978): *Gesellschaften ohne Staat. Gleichheit und Gegenseitigkeit.* Syndikat Autoren- und Verlagsgesellschaft, Frankfurt am Main.

Krause, Johannes/Trappe, Thomas (2021): *Hybris. Die Reise der Menschheit zwischen Aufbruch und Scheitern.* Propyläen Verlag, Berlin.

Kupper, Patrick (2021): *Umweltgeschichte.* Vandenhoeck & Ruprecht, Göttingen.

Kurz, Robert (1999): *Schwarzbuch Kapitalismus. Ein Abgesang auf die Marktwirtschaft.* Eichborn Verlag, Frankfurt am Main.

Kurzweil, Ray (2005): *The singularity is near. When humans transcend biology.* Penguin Books, New York/London; deutsche Ausgabe: *Menschheit 2.0. Die Singularität naht.* Lola Books, Berlin 2013.

Kurzweil, Ray (1999): *The age of spiritual machines. When computers exceed human intelligence.* Penguin Books, New York/London; deutsche Ausgabe: *Homo s@piens. Leben im 21. Jahrhundert. Was bleibt vom Menschen.* Kiepenheuer & Witsch, Köln 1999.

Landes, David S. (1998): *The wealth and poverty of nations. Why some are so rich and some so poor.* Norton & Comp., New York; deutsche Ausgabe: *Wohlstand und Armut der Nationen. Warum die einen reich und die anderen arm sind.* Siedler Verlag, Berlin 1999.

Le Corbusier (1933): *La charte d'Athènes.* Éditions de Minuit, Paris 1957; deutsche Ausgabe: *Die «Charte d'Athènes».* Rowohlt Taschenbuch Verlag, Reinbek bei Hamburg 1962.

Le Goff, Jacques (2003): *L'Europe est-elle née au Moyen Âge?* Éditions du Seuil, Paris; deutsche Ausgabe: *Die Geburt Europas im Mittelalter.* C.H.Beck, München 2004.

Le Roy Ladurie, Emmanuel (1975): *Montaillou – village occitan de 1294 à 1324.* Éditions Gallimard, Paris; deutsche Ausgabe: *Montaillou – ein Dorf vor dem Inquisitor 1294 bis 1324.* Propyläen Verlag, Frankfurt am Main/Berlin/Wien 1980.

Lehmann, Gustav Adolf/Schmidt-Glintzer, Helwig, Hrsg. (2009): *WBG-Welt-*

geschichte. Band 2: *Antike Welten und neue Reiche 1200 v. Chr. bis 600 n. Chr.* Wissenschaftliche Buchgesellschaft, Darmstadt.

Leitner, Gerhard (2006): *Die Aborigines Australiens.* C.H.Beck, München.

Leroi-Gorhan, André (1992): *L'art pariétal. Langage de la préhistoire.* Jérôme Millon éditeur, Grenoble.

Leroi-Gourhan, André (1964/65): *La geste et la parole.* Éditions A. Michel, Paris; deutsche Ausgabe: *Hand und Wort. Die Evolution von Technik, Sprache und Kunst.* Suhrkamp Verlag, Frankfurt am Main 1988.

Lesch, Harald/Kamphausen, Klaus (2018): *Die Menschheit schafft sich ab. Die Erde im Griff des Anthropozän.* Knaur Taschenbuch Verlag, München.

Lévi-Strauss, Claude (2011): *L'Anthropologie face aux problèmes du monde moderne.* Éditions du Seuil, Paris; deutsche Ausgabe: *Anthropologie in der modernen Welt.* Suhrkamp Verlag, Berlin 2012.

Lorenz, Konrad (1973): *Die Rückseite des Spiegels. Versuch einer Naturgeschichte menschlichen Erkennens.* Piper Verlag, München.

Lovelock, James (1988): *The ages of Gaia. A biography of our living earth.* Norton & Co., New York/London; deutsche Ausgabe: *Das Gaia-Prinzip. Die Biographie unseres Planeten.* Artemis & Winkler Verlag, Zürich/München 1991; Neuausgabe: Oekom Verlag, München 2021.

Lübbe, Hermann (1986): *Ökologische Probleme im kulturellen Wandel.* In: Hermann Lübbe/Elisabeth Ströker (Hrsg.): *Ökologische Probleme im kulturellen Wandel.* Wilhelm Fink/Ferndinand Schöningh, München/Paderborn, S. 9–14.

Malaurie, Jean (1976): *Les derniers rois de Thulé. Avec les Esquimaux polaires face à leur destin.* Éditions Plon, Paris; deutsche Ausgabe: *Die letzten Könige von Thule. Leben mit den Eskimos.* Wolfgang Krüger Verlag, Frankfurt am Main 1977.

Martin, Robert D. (2010): *Die Evolution des menschlichen Körpers.* In: Ernst Peter Fischer/Klaus Wiegandt (Hrsg.): *Evolution und Kultur des Menschen.* Fischer Taschenbuch Verlag, Frankfurt am Main, S. 74–109.

Marx, Karl (1890): *Das Kapital. Kritik der politischen Ökonomie.* 1. Band: *Der Produktionsprozeß des Kapitals.* 4., von Friedrich Engels hrsg. Auflage. Dietz-Verlag, Berlin 1972.

Maturana, Humberto R./Varela, Francisco J. (1984): *El árbol del conocimiento. Las bases biológicas del conocimiento.* Ed. Lumen, Buenos Aires; deutsche Ausgabe: *Der Baum der Erkenntnis. Die biologischen Wurzeln der Erkenntnis.* Fischer Taschenbuch Verlag, Frankfurt am Main 2009.

Maul, Stefan M., Übersetzer (2007): *Gilgamesch.* C.H.Beck, München (Die großen Geschichten der Menschheit 2).

Mauss, Marcel (1950): *Essai sur le don.* Presses Universitaires de France, Paris; deutsche Ausgabe: *Die Gabe. Form und Funktion des Austauschs in archaischen Gesellschaften.* Suhrkamp Verlag, Frankfurt am Main 1990.

Mead, Margaret (1928): *Coming of age in Samoa. A psychological study of primitive youth for western civilization.* William Morris, New York, Nachdruck 2001; deutsche Ausgabe: *Kindheit und Jugend in Samoa.* dtv, München 1971.

Meier, Christian (2009): *Kultur, um der Freiheit willen. Griechische Anfänge – Anfänge Europas?* Siedler Verlag, München.

Meier, Christian (1993): *Athen. Ein Neubeginn der Weltgeschichte.* Siedler Verlag, Berlin.

Mensching, Horst G. (1990): *Desertifikation. Ein weltweites Problem der ökologischen Verwüstung in den Trockengebieten der Erde.* Wissenschaftliche Buchgesellschaft, Darmstadt.

Mitscherlich, Alexander (1965): *Die Unwirtlichkeit unserer Städte. Anstiftung zum Unfrieden.* Suhrkamp Verlag, Frankfurt am Main.

Mittelstraß, Jürgen (1998): *Die Häuser des Wissens. Wissenschaftstheoretische Studien.* Suhrkamp-Verlag, Frankfurt am Main.

Mitterauer, Michael (2003): *Warum Europa? Mittelalterliche Grundlagen eines Sonderwegs.* C.H.Beck, München.

Mitterauer, Michael (1992): *Familie und Arbeitsteilung. Historisch vergleichende Studien.* Böhlau Verlag, Wien/Köln/Weimar.

Moore, Robert I. (2000): *The first European revolution. c. 970 – 1215.* Blackwell, Oxford; deutsche Ausgabe: *Die erste europäische Revolution. Gesellschaft und Kultur im Hochmittelalter.* C.H.Beck, München 2001.

Morin, Edgar (1973): *Le paradigm perdu – la nature humaine.* Éditions du Seuil, Paris; deutsche Ausgabe: *Das Rätsel des Humanen. Grundfragen einer neuen Anthropologie.* Piper Verlag, München/Zürich 1974.

Morris, Desmond (1967): *The naked ape. A zoologist's study of the human animal.* J. Cape Publisher, London; deutsche Ausgabe: *Der nackte Affe.* Droemer Knaur Verlag, München/Zürich 1967.

Müri, Helen (2021): *Zwischen Verbundenheit und Ausbeutung. Das Mensch-Natur-Verhältnis im Laufe der Zeit.* Oekom-Verlag, München.

Mumford, Lewis (1967/70): *The myth of the machine.* Vol. 1: *Technics and human development.* Vol 2: *The pentagon of power.* Harcourt, Brace & World, New York; deutsche Ausgabe: *Mythos Maschine. Kultur, Technik und Macht.* Fischer Taschenbuch Verlag, Frankfurt am Main 1977.

Mumford, Lewis (1961): *The city in history. Its origins, its transformations, and its prospects.* Harcourt, Brace & World, New York; deutsche Ausgabe: *Die Stadt. Geschichte und Ausblick.* Kiepenheuer & Witsch, Köln/Berlin 1963.

Nicolis, Grégoire/Prigogine, Ilya (1985): *Exploring complexity. An introduction.* St. Martin's Press, New York; deutsche Ausgabe: *Die Erforschung des Komplexen. Auf dem Weg zu einem neuen Verständnis der Naturwissenschaften.* Piper Verlag, München/Zürich 1987.

Nicolis, Grégoire/Prigogine, Ilya (1977): *Self-Organization in nonequilibrium systems. From dissipative structures to order through fluctuations.* John Wiley, New York.

Niemitz, Carsten (2004): *Das Geheimnis des aufrechten Gangs. Unsere Evolution verlief anders.* C.H.Beck, München.

North, Michael (2009): *Kleine Geschichte des Geldes. Vom Mittelalter bis heute.* C.H.Beck, München.

Ober, Josiah (2015): *The rise and fall of Classical Greece.* Princeton University Press, Princeton; deutsche Ausgabe: *Das antike Griechenland. Eine neue Geschichte.* Klett-Cotta, Stuttgart 2016.

Osterhammel, Jürgen/Petersson, Niels P. (2003): *Geschichte der Globalisierung.*

Dimensionen, Prozesse, Epochen. C.H.Beck, München, 5., durchgesehene Ausgabe 2012.

Ostrom, Elinor (1990): *Governing the commons – the evolution of institutions for collective action.* Cambridge University Press, Cambridge; deutsche Ausgabe: *Die Verfassung der Allmende – jenseits von Staat und Markt.* Mohr Siebeck, Tübingen 1999.

Parzinger, Hermann (2014): *Die Kinder des Prometheus. Eine Geschichte der Menschheit vor der Erfindung der Schrift.* C.H.Beck, München.

Patou-Mathis, Marylène (2020): *L'homme préhistorique est aussi une femme. Une histoire de l'invisibilité des femmes.* Allary Éditions, Paris; deutsche Ausgabe: *Weibliche Unsichtbarkeit. Wie alles begann.* Hanser Verlag, München 2021.

Pfister, Christian, Hrsg. (1995): *Das 1950er Syndrom. Der Weg in die Konsumgesellschaft.* Paul Haupt, Bern/Stuttgart/Wien.

Pichot, André (1991): *La naissance de la science.* Éditions Gallimard, Paris; deutsche Ausgabe: *Die Geburt der Wissenschaft. Von den Babyloniern zu den frühen Griechen.* Campus Verlag, Frankfurt am Main/New York 1995.

Pievani, Telmo/Zeitoun, Valéry (2019): *Le grand atlas homo sapiens.* Éditions Glénat, Grenoble; deutsche Ausgabe: *Homo sapiens. Der große Atlas der Menschheit.* WBG/Theiss, Darmstadt 2020.

Pievani, Telmo (2019): *Imperfezione. Una storia naturale.* Raffaele Cortina editori, Milano.

Platon (o. J.): *Nomoi.* In: Platon: *Sämtliche Werke, Band 4.* Rowohlt Taschenbuch Verlag, Reinbek bei Hamburg 2009.

Plessner, Helmuth (1961): *Philosophische Anthropologie. Göttinger Vorlesung vom Sommersemester 1961.* Suhrkamp Verlag, Berlin 2019.

Plessner, Helmuth (1941): *Lachen und Weinen. Eine Untersuchung der Grenzen menschlichen Verhaltens.* Wiederabdruck in: Helmuth Plessner: *Ausdruck und menschliche Natur.* Suhrkamp Verlag, Frankfurt am Main 2003.

Plessner, Helmuth (1928): *Die Stufen des Organischen und der Mensch. Einleitung in die philosophische Anthropologie.* Neuausgabe: Suhrkamp Verlag, Frankfurt am Main 2003.

Plumpe, Werner (2019): *Das kalte Herz. Kapitalismus – Die Geschichte einer andauernden Revolution.* Rowohlt Verlag, Berlin.

Pohlmann, Friedrich (1997): *Die europäische Industriegesellschaft. Voraussetzungen und Grundstrukturen.* Leske & Budrich, Opladen.

Polanyi, Karl (1944): *The great transformation. The political and economic origins of our time.* Beacon Press, Boston; deutsche Ausgabe: *The Great Transformation. Politische und ökonomische Ursprünge von Gesellschaften und Wirtschaftssystemen.* Suhrkamp Verlag, Frankfurt am Main 1978.

Popitz, Heinrich (1995): *Der Aufbruch zur Artifiziellen Gesellschaft. Zur Anthropologie der Technik.* J. C. B. Mohr (Paul Siebeck), Tübingen.

Portmann, Adolf (1970): *Entlässt die Natur den Menschen? Gesammelte Aufsätze zur Biologie und Anthropologie.* Piper, München.

Portmann, Adolf (1956): *Zoologie und das neue Bild des Menschen. Biologische Fragmente zu einer Lehre vom Menschen.* Rowohlt, Reinbek bei Hamburg.

Poschlod, Peter (2015): *Geschichte der Kulturlandschaft. Entstehungsursachen und Steuerungsfaktoren der Entwicklung der Kulturlandschaft, Lebensraum- und Artenvielfalt in Mitteleuropa.* Eugen Ulmer Verlag, Stuttgart.

Price, T. Douglas/Bar-Yosef, Ofer (2011): *The origins of agriculture – new data, new ideas.* In: Current Anthropology 52, supplement 4, S. S163–S174.

Radkau, Joachim (2011): *Die Ära der Ökologie. Eine Weltgeschichte.* C.H.Beck, München.

Radkau, Joachim (2000): *Natur und Macht. Eine Weltgeschichte der Umwelt.* C.H.Beck, München.

Rao, Aparna (1993): *Zur Problematik der Wildbeuterkategorie.* In: Thomas Schweizer/Margarete Schweizer/Waltraud Kokot (Hrsg.): *Handbuch der Ethnologie.* Dietrich Reimer Verlag, Berlin, S. 491–520.

Rathjens, Carl (1979): *Die Formung der Erdoberfläche unter dem Einfluss des Menschen. Grundzüge einer Anthropogenetischen Geomorphologie.* Teubner Verlag, Stuttgart.

Raulet, Gérard (2020): *Das kritische Potenzial der philosophischen Anthropologie. Studien zum historischen und aktuellen Kontext.* Verlag Traugott Bautz, Nordhausen.

Reichholf, Josef H. (2008): *Warum die Menschen sesshaft wurden. Das größte Rätsel unserer Geschichte.* S. Fischer Verlag, Frankfurt am Main.

Reichholf, Josef H. (2003): *Das Rätsel der Menschwerdung. Entscheidende Stufen in der Evolution des Menschen.* In: Ernst Peter Fischer/Klaus Wiegandt (Hrsg.): *Evolution. Geschichte und Zukunft des Lebens.* Fischer Taschenbuch Verlag, Frankfurt am Main, S. 102–126.

Reichholf, Josef H. (1990): *Das Rätsel der Menschwerdung. Die Entstehung des Menschen im Wechselspiel mit der Natur.* Deutscher Taschenbuchverlag, München 1997.

Reinhard, Volker (2012): *Machiavelli oder: Die Kunst der Macht. Eine Biographie.* C.H.Beck, München.

Renn, Jürgen (2020): *The evolution of knowledge. Rethinking science for the Anthropocene.* Princeton University Press, Princeton; deutsche Ausgabe: *Die Evolution des Wissens. Eine Neubestimmung der Wissenschaft für das Anthropozän.* Suhrkamp Verlag, Berlin 2022.

Rexroth, Frank (2018): *Fröhliche Scholastik. Die Wissenschaftsrevolution des Mittelalters.* C.H.Beck, München.

Riehl, Simone (2014): *Der lange Weg zur Landwirtschaft.* In: Spektrum der Wissenschaft, Heft 4, S. 64–68.

Riese, Berthold (1995): *Die Maya. Geschichte – Kultur – Religion.* C.H.Beck, München, 6. Auflage 2006.

Ritter, Hans (1980): *Die letzten Salzkarawanen in der Sahara.* Atlantis Verlag, Luzern/Herrsching.

Ritter, Joachim (1962): *Landschaft. Zur Funktion des Ästhetischen in der modernen Gesellschaft.* In: Joachim Ritter: *Metaphysik und Politik. Studien zu Aristoteles und Hegel.* Erweiterte Neuausgabe mit einem Nachwort von Odo Marquard. Suhrkamp Verlag, Frankfurt am Main 2003, S. 407–434.

Roberts, Patrick (2021): *Jungle. How tropical forests shaped the world – and us.* Viking, London; deutsche Ausgabe: *Die Wurzeln des Menschen. Wie der*

Dschungel die Erde formte, das menschliche Leben hervorbrachte und unsere Zukunft bestimmt. Deutscher Taschenbuch Verlag, München 2021.

Robinson, Eric W. (2011): *Democracy beyond Athens. Popular government in the Greek classical age.* Cambridge University Press, Cambridge.

Röder, Brigitte, Hrsg. (2014): *Ich Mann – Du Frau. Feste Rollen seit Urzeiten?* Rombach-Verlag, Freiburg i. Br.

Sahlins, Marshall (1972): *Stone age economics.* Aldine Publishing Company, Chicago; Übersetzung von Kapitel 1 unter dem Titel *Ökonomie der Fülle. Die Subsistenzwirtschaft der Jäger und Sammler* in: Freimut Duve (Hrsg.): *Die Zukunft der Ökonomie I.* Rowohlt Verlag, Reinbek bei Hamburg 1978, S. 154–204.

Sassen, Saskia (1991): *The global city. New York, London, Tokyo.* Princeton University Press, Priceton, 2. revised edition 2001.

Sauer, Carl O. (1952): *Agricultural origins and dispersals.* The American Geographical Society, New York; Nachdruck 2012.

Schaik, Carel van/Michel, Kai (2020): *Die Wahrheit über Eva. Die Erfindung der Ungleichheit von Frauen und Männern.* Rowohlt Verlag, Hamburg.

Schaik, Carel van/Isler, Karin (2010): *Gehirne, Lebensverläufe und die Evolution des Menschen.* In: Ernst Peter Fischer/Klaus Wiegandt (Hrsg.): *Evolution und Kultur des Menschen.* Fischer Taschenbuch Verlag, Frankfurt am Main, S. 142–169.

Scheler, Max (1928): *Die Stellung des Menschen im Kosmos.* Neuausgabe: Felix Meiner, Hamburg 2015.

Schmidt, Klaus (2006): *Sie bauten die ersten Tempel. Das rätselhafte Heiligtum der Steinzeitjäger.* Deutscher Taschenbuch Verlag, München 2008.

Schmidt, Siegfried J., Hrsg. (1987): *Der Diskurs des Radikalen Konstruktivismus.* Suhrkamp Verlag, Frankfurt am Main.

Schmidt-Glintzer, Helwig (1995): *Das alte China. Von den Anfängen bis zum 19. Jahrhundert.* C.H.Beck, München.

Schmithüsen, Josef (1976): *Allgemeine Geosynergetik. Grundlagen der Landschaftskunde.* Walter de Gruyter, Berlin/New York.

Scholz, Fred (1995): *Nomadismus. Theorie und Wandel einer sozio-ökologischen Kulturweise.* Franz Steiner Verlag, Stuttgart.

Schrenk, Friedemann (1997): *Die Frühzeit des Menschen. Der Weg zum Homo sapiens.* C.H.Beck, München, 6., grundlegend neu bearbeitete Auflage 2019.

Schrödinger, Erwin (1944): *What is life? The physical aspect of the living cell.* Cambridge University Press, Cambridge; deutsche Ausgabe: *Was ist Leben? Die lebende Zelle mit den Augen des Physikers betrachtet.* Piper Verlag, München 1989.

Schroer, Markus (2022): *Geosoziologie. Die Erde als Raum des Lebens.* Suhrkamp Verlag, Berlin.

Schulze, Gerhard (1992): *Die Erlebnisgesellschaft. Kultursoziologie der Gegenwart.* Campus Verlag, Frankfurt am Main/New York.

Schwind, Moritz (1951): *Kulturlandschaft als objektivierter Geist.* In: Schriften der Wittheit zu Bremen – Deutsche Geographische Blätter 46, Heft 1, S. 5–28.

Scott, James C. (2017): *Against the grain. A deep history of the earliest states.* Yale University Press, New Haven/London; deutsche Ausgabe: *Die Mühlen der*

Zivilisation. Eine Tiefengeschichte der frühesten Staaten. Suhrkamp Verlag, Berlin 2019.

Scott, James C. (2009): *The art of not being governed. An anarchist history of upland southeast Asia.* Yale University Press, New Haven/London.

Senghaas, Dieter (1982): *Von Europa lernen. Entwicklungsgeschichtliche Betrachtungen.* Suhrkamp Verlag, Frankfurt am Main.

Sennett, Richard (2008): *The craftsmen.* Yale University Press, New Haven; deutsche Ausgabe: *Handwerk.* Berlin-Verlag, Berlin 2008.

Sick, Wolf-Dieter (1983): *Agrargeographie.* Westermann Schulbuchverlag, Braunschweig; 2. Auflage 1993.

Sieferle, Rolf-Peter/Krausmann, Fridolin/Schandl, Heinz/Winiwarter, Verena (2006): *Das Ende der Fläche. Zum gesellschaftlichen Stoffwechsel der Industrialisierung.* Böhlau Verlag, Köln/Weimar/Wien.

Sieferle, Rolf Peter (2003): *Der europäische Sonderweg. Ursachen und Faktoren.* Breuninger-Stiftung, Stuttgart.

Sieferle, Rolf Peter (1997): *Rückblick auf die Natur. Eine Geschichte des Menschen und seiner Umwelt.* Luchterhand Verlag, München.

Sieferle, Rolf-Peter (1984): *Fortschrittsfeinde? Opposition gegen Technik und Industrie von der Romantik bis zur Gegenwart.* C.H.Beck, München.

Sieferle, Rolf-Peter (1982): *Der unterirdische Wald. Energiekrise und Industrielle Revolution.* C.H.Beck, München.

Sieverts, Thomas (1997): *Zwischenstadt – zwischen Ort und Welt, Raum und Zeit, Stadt und Land.* Vieweg Verlag, Braunschweig, 2. Auflage 1998.

Simmons, Ian Gordon (2008): *Global environmental history.* The University of Chicago Press, Chicago/London.

Smil, Vaclav (2022): *How the world really works.* Penguin Random House, New York; deutsche Ausgabe: *Wie die Welt wirklich funktioniert. Die fossilen Grundlagen unserer Zivilisation und die Zukunft der Menschheit.* C.H.Beck, München 2023.

Sohn-Rethel, Alfred (1970): *Geistige und körperliche Arbeit. Zur Theorie der gesellschaftlichen Synthesis.* Suhrkamp Verlag, Frankfurt am Main; Neuausgabe: *Geistige und körperliche Arbeit. Zur Epistemologie der abendländischen Geschichte.* VCH-Verlagsgesellschaft, Weinheim 1989.

Sommer, Michael (2013): *Wirtschaftsgeschichte der Antike.* C.H.Beck, München.

Staab, Philipp (2022): *Anpassung. Leitmotiv der nächsten Gesellschaft.* Suhrkamp Verlag, Berlin.

Tainter, Joseph A. (1988): *The collapse of complex societies.* Cambridge University Press, Cambridge.

Tanner, Nancy (1981): *On becoming human. A model of the transition from ape to human & the reconstruction of early human social life.* Cambridge University Press, Cambridge/New York; deutsche Ausgabe: *Der Anteil der Frau an der Entstehung des Menschen. Eine neue Theorie zur Evolution.* dtv, München 1997.

Teherani-Krönner, Parto (1992): *Human- und kulturökologische Ansätze zur Umweltforschung. Ein Beitrag zur Umweltsoziologie.* Deutscher Universitätsverlag, Wiesbaden.

Tomasello, Michael (2019): *Becoming human. A theory of ontogeny.* Harvard

University Press, Cambridge/London; deutsche Ausgabe: *Mensch werden. Eine Theorie der Ontogenese.* Suhrkamp Verlag, Berlin 2020.

Tomasello, Michael (2009): *Why we cooperate.* MIT Press, Cambridge/London; deutsche Ausgabe: *Warum wir kooperieren.* Suhrkamp Verlag, Berlin 2010.

Tomasello, Michael (2008): *Origins of human communication.* Harvard University Press, Cambridge/London; deutsche Ausgabe: *Die Ursprünge der menschlichen Kommunikation.* Suhrkamp Verlag, Frankfurt am Main 2009.

Toynbee, Arnold (1976): *Mankind and mother earth. A narrative history of the world.* Oxford University Press, Oxford; deutsche Ausgabe: *Menschheit und Mutter Erde. Die Geschichte der großen Zivilisationen.* Claassen Verlag, Düsseldorf 1979.

Uekötter, Frank (2021): *Wie das Anthropozän in die Welt kam – zur Ökologie der Modewörter.* In: Politische Ökologie Heft 167, S. 18–23.

Uekötter, Frank, editor (2010): *The turning points of environmental history.* University of Pittsburgh Press, Pittsburgh.

Veyne, Paul (1976): *Le pain et le cirque. Sociologie historique d'un pluralisme politique.* Éditions du Seuil, Paris; deutsche Ausgabe: *Brot und Spiele. Gesellschaftliche Macht und politische Herrschaft in der Antike.* Campus Verlag, Frankfurt am Main/New York 1988.

Wagner, Gernot (2023): *Und wenn wir einfach die Sonne verdunkeln? Das riskante Spiel, mit Geoengineering die Klimakrise aufhalten zu wollen.* Oekom Verlag, München.

Wagner, Horst-Günter (2001): *Mittelmeerraum. Geographie, Geschichte, Wirtschaft, Politik.* Wissenschaftliche Buchgesellschaft, Darmstadt.

Weber, Alfred (1935): *Kulturgeschichte als Kultursoziologie.* Piper Verlag, München, 2. Auflage 1960; Neuausgabe: Metropolis-Verlag, Marburg 1997.

Weber, Max (1921/22): *Wirtschaft und Gesellschaft.* Hrsg. von Johannes Winckelmann. Mohr Siebeck, Tübingen 2002.

Weber, Max (1920): *Die protestantische Ethik und der Geist des Kapitalismus. Vollständige Ausgabe.* Hrsg. von Dirk Kaesler. C.H.Beck, München 2004.

Weizsäcker, Ernst Ulrich von/Wijkman, Anders (2017): *Wir sind dran. Was wir ändern müssen, wenn wir bleiben wollen. Eine neue Aufklärung für eine volle Welt.* Gütersloher Verlagshaus, Gütersloh.

Wesel, Uwe (1985): *Frühformen des Rechts in vorstaatlichen Gesellschaften. Umrisse einer Frühgeschichte des Rechts bei Sammlern und Jägern und akephalen Ackerbauern und Hirten.* Suhrkamp Verlag, Frankfurt am Main.

Wilson, Edward O. (2012): *The social conquest of earth.* Norton & Comp., New York/London; deutsche Ausgabe: *Die soziale Eroberung der Erde. Eine biologische Geschichte des Menschen.* C.H.Beck, München 2013.

Wilson, Edward O. (1978): *On human nature.* Harvard University Press, Cambridge/London; deutsche Ausgabe: *Biologie als Schicksal. Die soziobiologischen Grundlagen menschlichen Verhaltens.* Ullstein, Frankfurt am Main 1980.

Wilson, Frank R. (1998): *The hand. How its use shapes the brain, language, and human culture.* Pantheon Books, New York; deutsche Ausgabe: *Die Hand – Geniestreich der Evolution. Ihr Einfluss auf Gehirn, Sprache und Kultur des Menschen.* Klett-Cotta, Stuttgart 2000.

Winiwarter, Verena/Knoll, Martin (2007): *Umweltgeschichte – eine Einführung*. Böhlau-Verlag, Köln/Wien/Weimar.

Wittfogel, Karl A. (1957): *Oriental despotism. A comparative study of total power*. Yale University Press, New Haven/London; deutsche Ausgabe: *Die Orientalische Despotie. Eine vergleichende Untersuchung totaler Macht*. Ullstein, Frankfurt am Main/Berlin/Wien 1977.

Wood, Michael (1992): *Legacy. A search for the origins of civilization*. Network Books, London; deutsche Ausgabe: *Babylons Vermächtnis. Auf der Suche nach den Ursprüngen unserer Kultur*. Knesebeck Verlag, München 1997.

Woolf, Greg (2020): *The life and death of ancient cities. A natural history*. Oxford University Press, Oxford; deutsche Ausgabe: *Metropolis. Aufstieg und Niedergang antiker Städte*. Klett-Cotta, Stuttgart 2022.

Wrangham, Richard (2009): *Catching fire. How cooking made us human*. Basic Books, New York; deutsche Ausgabe: *Feuer fangen. Wie uns das Kochen zum Menschen machte – eine neue Theorie der menschlichen Evolution*. DVA, München 2009.

Zerries, Otto (1954): *Wild- und Buschgeister in Südamerika. Eine Untersuchung jägerzeitlicher Phänomene im Kulturbild südamerikanischer Indianer*. Franz Steiner Verlag, Wiesbaden.

Sachregister

Neben dem Sachregister verzeichnet das «ausführliche Inhaltsverzeichnis» (S. 9–18) viele wichtige Begriffe in zeitlicher Gliederung. Beide Hilfsmittel dienen dazu, in diesem Buch schnell Aussagen zu einzelnen Themen zu finden.